NOMOSREFERENDARIAT

Walter Gierl
Richter am Oberlandesgericht München

Andreas Köhler
Richter am Landgericht Stuttgart

Zivilprozess

Stagen und Examen

12. Auflage

Die Deutsche Nationalbibliothek verzeichnet diese Publikation in
der Deutschen Nationalbibliografie; detaillierte bibliografische
Daten sind im Internet über http://dnb.d-nb.de abrufbar.

ISBN 978-3-8487-5798-5 (Print)
ISBN 978-3-8452-9880-1 (ePDF)

Das von Dr. Walter Baumfalk begründete Werk ist bis zur 10. Auflage
im Verlag Alpmann & Schmidt erschienen.

12. Auflage 2023
© Nomos Verlagsgesellschaft, Baden-Baden 2023. Gesamtverantwortung für Druck
und Herstellung bei der Nomos Verlagsgesellschaft mbH & Co. KG. Alle Rechte, auch die
des Nachdrucks von Auszügen, der fotomechanischen Wiedergabe und der Übersetzung,
vorbehalten.

Vorwort

Das von Herrn Dr. Walter Baumfalk begründete Werk liegt nunmehr in 12. Auflage vor. Es hat dabei eine grundlegende Änderung sowohl in drucktechnischer Gestaltung als auch in der Darstellung der Themenbereiche erfahren. Hierdurch soll die Konzeption des Werks als Hilfe für Rechtsreferendare in ihrer zivilrechtlichen Ausbildungsstation bei Gericht und Anwalt, aber auch für Berufseinsteiger im Zivilrecht, gefördert und verstärkt werden.

Mit dieser Auflage wird das Werk durch Herrn Dr. Andreas Köhler mitbetreut, der seine umfangreichen Erfahrungen in der Wissenschaft und der Praxis nunmehr miteinbringt. Insofern wird das Werk unter dem Namen der beiden Bearbeiter fortgeführt.

Die seit der letzten Auflage erfolgten Gesetzesänderungen wie auch die ergangene Rechtsprechung konnten bis zum 1.9.2022 eingearbeitet werden.

Die Neugestaltung des Werks war mit entsprechendem Arbeitsaufwand verbunden. Insofern gilt unser Dank allen Mitarbeitern des Verlags, die an der Umsetzung der Neugestaltung beigetragen haben. Für die engagierte redaktionelle Betreuung und der ausgezeichneten Unterstützung danken wir besonders Herrn Dr. Schmidt.

Inhaltsübersicht

1. Teil: Die Einleitung des Verfahrens

§ 1	Der Beginn des Verfahrens	33
§ 2	Die Tätigkeit des Rechtsanwalts im Hinblick auf die Einleitung des Verfahrens	57
§ 3	Das vorbereitende Verfahren des Gerichts	71

2. Teil: Das Verfahren erster Instanz

§ 4	Der Verhandlungstermin	79
§ 5	Der Erlass der Entscheidung, insbesondere des Urteils	102

3. Teil: Prozessuale Fragen im Verfahren erster Instanz

§ 6	Die Parteien und die sonstigen Verfahrensbeteiligten	138
§ 7	Klagebegehren: Die Klagearten	159
§ 8	Streitgegenstand: Objektive Klagehäufung, Klageänderung	187
§ 9	Die Zulässigkeit der Klage (Sachurteilsvoraussetzungen)	203
§ 10	Das Verhalten des Beklagten zur Klage, insbesondere: Aufrechnung und Widerklage	229
§ 11	Der Beweis	255

4. Teil: Besondere Verfahrenssituationen

§ 12	Das Säumnisverfahren	295
§ 13	Klagerücknahme und Klageverzicht	311
§ 14	Anerkenntnis – Abgrenzung	323
§ 15	Die Erledigung des Rechtsstreits in der Hauptsache	336
§ 16	Der Prozessvergleich	356
§ 17	Der Urkundenprozess	380
§ 18	Wechsel- und Scheckprozess	406

5. Teil: Nach dem erstinstanzlichen Urteil

§ 19 Berufung 408
Literaturverzeichnis 461
Stichwortverzeichnis 463

Inhalt

1. Teil: Die Einleitung des Verfahrens

§ 1 Der Beginn des Verfahrens   33
- I. Übersicht   33
- II. Einreichung einer Klageschrift (§ 253)   33
  1. Zur Einleitung des Verfahrens geeignete Klageschrift   33
     - a) Zwingend notwendige Voraussetzungen an eine Klageschrift (§ 253 Abs. 2)   33
       - aa) Inhalt   33
       - bb) Unterschrift des Klägers bzw. Anwalts (§§ 253 Abs. 4, 130 Nr. 6)   34
       - cc) Prozesshandlungsfähigkeit des die Klage Einreichenden iSd § 51 – insbesondere seine Postulationsfähigkeit iSd § 78   34
       - dd) Einreichung der Klage entweder in Schriftform (§ 253) oder auf elektronischem Wege (§ 130 a Abs. 2)   34
     - b) Mängel der Klageschrift   35
       - aa) Schwerwiegende Mängel   35
       - bb) Sonstige Mängel   35
  2. Einzahlung des Gerichtskostenvorschusses (§ 12 Abs. 1 GKG)   35
  3. Anhängigkeit   36
     - a) Begriff   36
     - b) „Vorwirkung" der Anhängigkeit (§ 167)   36
       - aa) Grundprinzip   36
       - bb) Anwendungsbereich   36
       - cc) Voraussetzungen   37
  4. Rechtshängigkeit   38
     - a) Begriff   38
     - b) Materiellrechtliche Wirkungen (§ 262)   39
     - c) Prozessuale Wirkungen der Rechtshängigkeit   40
- III. Verfahrensbeginn durch Prozesskostenhilfeantrag   40
  1. „Reiner" Prozesskostenhilfeantrag   40
     - a) Begriff   40
     - b) Voraussetzungen für die Bewilligung von PKH (§ 114)   40
       - aa) Mittellosigkeit (§§ 114, 115)   40
       - bb) Hinreichende Aussicht auf Erfolg (s. u. → Rn. 34)   41
       - cc) Keine Mutwilligkeit der Prozessführung   41
       - dd) PKH-Antrag des Beklagten   41
     - c) Verfahren („PKH-Prüfungsverfahren")   41
       - aa) Antrag   41
       - bb) Gelegenheit zur Stellungnahme für den Antragsgegner (§ 118 Abs. 1 S. 1)   42
       - cc) Prüfung der Bewilligungsvoraussetzung   42
     - d) Entscheidung   44
       - aa) Bewilligung   44
       - bb) Ablehnung des Antrags   44
     - e) Kostenauswirkungen der PKH-Bewilligung   45

	2.	Verbindung von Prozesskostenhilfeantrag und Klage	46
		a) Gleichzeitige Einreichung von (wirksamer) Klageschrift und PKH-Antrag	46
		b) Einreichung einer Klageschrift unter der Bedingung einer Bewilligung der PKH	47
IV.	Einleitung durch Mahnverfahren (§§ 688 ff.)		48
	1.	Vor- und Nachteile der Durchführung eines Mahnverfahrens	48
	2.	Beginn des Mahnverfahrens: Antrag – Mahnbescheid	49
		a) Voraussetzungen für den Erlass des Mahnbescheids (§§ 688, 690)	49
		aa) Verwendung von Vordrucken (§ 703 c)	49
		bb) Bezeichnung des Anspruchs durch dessen Individualisierung	49
		cc) Angabe des Gerichts des streitigen Verfahrens (§ 690 Abs. 1 Nr. 5)	49
		b) Mahnbescheid (§ 692)	50
	3.	Widerspruch des Antragsgegners (§ 694)	50
		a) Widerspruch	50
		b) Frist	50
		c) Übergang des Mahnverfahrens in das streitige Verfahren	51
		aa) Auf Antrag	51
		bb) Abgabe	51
		d) Durchführung des (normalen) Klageverfahrens durch das Streitgericht	52
		aa) Aufforderung zur Anspruchsbegründung (§ 697)	52
		bb) Weiteres Verfahren nach Eingang der Anspruchsbegründung	53
	4.	Verfahren bei Vollstreckungsbescheid	53
		a) Erlass eines Vollstreckungsbescheids	53
		b) Verfahren bei Einspruch	54
		aa) Erklärung	54
		bb) Übergang in das Streitverfahren	54
		cc) Säumnis des Beklagten im Verhandlungstermin	55

§ 2 Die Tätigkeit des Rechtsanwalts im Hinblick auf die Einleitung des Verfahrens   57

I.	Einholung der erforderlichen Information		57
II.	Die Beratung des Mandanten		58
	1.	Allgemeines	58
	2.	Beratung über die Art und Weise des weiteren Vorgehens	60
		a) Anforderungsschreiben an den Gegner	60
		b) Wahl der Verfahrenseinleitung	61
		c) Festlegung der Prozessparteien	61
		d) Teilklage	61
		e) Zug-um-Zug-Einschränkung	62
		f) Hilfsanträge, Stufenklage und besondere Verfahrensarten	62
		g) Selbständiges Beweisverfahren	62
		h) Streitverkündung	62

	3. Beratung über die Wahl des anzurufenden Gerichts	63
	4. Beratung über die Bestellung eines anderen Rechtsanwalts	63
	a) Eigene Prozessführung	63
	b) Bestellung eines Unterbevollmächtigten	64
	c) Bestellung eines Prozessanwaltes	64
	d) Bestellung eines auswärtigen Anwalts als alleinigen Anwalt	65
	e) Fazit	65
	5. Weisungsrecht des Mandanten	65
III.	Der Inhalt der Klageschrift	66
	1. Formelle Anforderungen	66
	2. Begründung der Klageschrift	67
	3. Sonstiges	69
IV.	Zum Kontakt mit dem Mandanten	70

§ 3 Das vorbereitende Verfahren des Gerichts   71

I.	Beim Landgericht: Einzelrichter oder (vollbesetzte) Kammer	71
	1. Allgemeines	71
	2. Originäre Zuständigkeit	71
	3. Übertragene Zuständigkeit	72
	a) Bei originärer Zuständigkeit des Einzelrichters (§ 348 Abs. 1 S. 1)	72
	b) Bei originärer Zuständigkeit der Kammer (§ 348 Abs. 1 S. 2)	72
	c) Anfechtbarkeit	72
II.	Der Weg zur mündlichen Verhandlung	73
	1. Die Wahl der Verfahrensarten zur mündlichen Verhandlung	73
	2. Der frühe erste Termin (§ 275) im Überblick	74
	3. Das schriftliche Vorverfahren zum Haupttermin (§ 276) im Überblick	74
III.	Die nachträgliche Erhebung weiterer oder anderer Ansprüche	75
IV.	Vorbereitung des Verhandlungstermins durch das Gericht	76
	1. Die Verpflichtung zu vorbereitenden Maßnahmen (§ 273)	76
	2. Hinarbeit auf gütliche Beilegung (§ 278 Abs. 1)	76
	3. Letzte Förderungsmaßnahmen	77
	4. Für die Verhandlung im Termin: Votum	77

2. Teil: Das Verfahren erster Instanz

§ 4 Der Verhandlungstermin   79

I.	Die Bedeutung des Verhandlungstermins	79
	1. Der Grundsatz der Notwendigkeit der mündlichen Verhandlung	79
	2. Die Festlegung des Streitgegenstands durch die Verhandlung	80
	3. Der Grundsatz der Einheit der mündlichen Verhandlung	82
II.	Der Ablauf des Verhandlungstermins	83
	1. Aufruf der Sache	83
	2. Eröffnung der Verhandlung	83
	3. Güteverhandlung	84
	4. Mündliche Verhandlung ieS (§ 279 Abs. 1 S. 1)	85
	a) Antragstellung (§ 137 Abs. 1)	85
	b) Erörterung des Sach- und Streitstandes, Hinweispflichten (§ 139)	85

Inhalt

		c) Verhandlung der Parteien (§ 137 Abs. 2, 3)	87
	5.	Beweisaufnahme (§ 279 Abs. 2)	87
	6.	Vergleichsanregungen	88
	7.	Abschluss des Verhandlungstermins	88
III.	Wiedereröffnung der bereits geschlossenen Verhandlung		89
IV.	Zurückweisung verspäteten Vorbringens		90
	1.	Allgemeines	90
	2.	Die einzelnen von § 296 erfassten Konstellationen	91
		a) Versäumung bestimmter richterlich gesetzter Fristen (§ 296 Abs. 1)	91
		aa) Fristen iSv § 296 Abs. 1	91
		bb) Verzögerung der Erledigung des Rechtsstreits bei Zulassung	92
		cc) Verschulden	95
		b) Verletzung der Prozessförderungspflicht (§ 296 Abs. 2)	96
		aa) Verletzung einer Prozessförderungspflicht gem. § 282 Abs. 1, Abs. 2	96
		bb) Verzögerung der Erledigung des Rechtsstreits bei Zulassung	96
		cc) Verschulden	96
		c) Verspätung verzichtbarer Zulässigkeitsrügen (§ 296 Abs. 3)	97
		aa) Zulässigkeitsrügen gem. § 296 Abs. 3	97
		bb) Verschulden	97
	3.	Verfahren und Entscheidung der Zurückweisung	97
	4.	„Fluchtwege" zur Vermeidung der Zurückweisung	98
		a) Klagerücknahme	98
		b) „Flucht in die Säumnis"	98
		c) Klageerweiterung bzw. Widerklage	99
		d) Klageänderung	99
		e) Verständigung unter den Parteien (Ruhen des Verfahrens)	99
		f) „Flucht in den Widerrufsvergleich"	100
V.	Referendare in der mündlichen Verhandlung		100
	1.	Referendare in der RA-Stage	100
	2.	Referendare in der Gerichtsstage	100

§ 5 Der Erlass der Entscheidung, insbesondere des Urteils — 102

	I.	Das Finden der Entscheidung	102
	II.	Die zur Entscheidung berufenen Richter	102
		1. Beratung (§§ 192 ff. GVG)	102
		2. Richterwechsel	103
	III.	Referendare in der Beratung: der Aktenvortrag	103
		1. Allgemeines zum Aktenvortrag	103
		2. Aufbau des Aktenvortrags	105
		a) Der gerichtliche Aktenvortrag	105
		aa) Einleitung	105
		bb) Sachbericht	105
		cc) Entscheidungsvorschlag in Kurzform	106
		dd) Der beurteilende Teil (rechtliche Würdigung)	107

			ee) Abschließender Entscheidungsvorschlag	107
		b)	Der anwaltliche Aktenvortrag	108
	3.		Erarbeitung des Aktenvortrags in der mündlichen Prüfung	109
	4.		Art und Weise des Vortrags	110
IV.	Die Art der Entscheidung			110
	1.	Sachurteil – Prozessurteil		110
	2.	Endurteile		111
		a)	Endurteil (§ 300)	111
		b)	Teilurteil (§ 301)	111
			aa) Voraussetzungen für den Erlass eines Teilurteils	111
			bb) Erlass eines Teilurteils	112
			cc) Schlussurteil	113
			dd) Rechtskraft und Rechtsmittel	113
		c)	Vorbehaltsurteile	114
	3.	Zwischenurteile		114
		a)	Zwischenurteil über die Zulässigkeit der Klage (§ 280)	114
		b)	Zwischenurteil über einen Zwischenstreit (§ 303)	114
		c)	Zwischenurteil über den Grund (§ 304, Grundurteil)	115
			aa) Voraussetzungen des Grundurteils	115
			bb) Erlass des Grundurteils	117
			cc) Nebenentscheidungen	117
			dd) Betragsverfahren	118
		d)	Zwischenurteil bei Zwischenstreit mit Dritten	118
	4.	Streitiges Urteil – Versäumnisurteil		118
	5.	Verbindung mehrerer Urteilsarten		119
V.	Der Erlass des Urteils			119
	1.	Verkündung		119
		a)	Bedeutung	119
		b)	Verkündung	119
		c)	Verkündungszeitpunkt	120
		d)	Verkündungsersatz bei ohne mündliche Verhandlung erlassenem Anerkenntnis (§ 307 S. 2) und Versäumnisurteil (§ 331 Abs. 3)	120
	2.	Inhalt des Urteils: § 313		121
		a)	Vollständiges Urteil	121
			aa) Rubrum, 313 Abs. 1 Nr. 1–3	121
			bb) Urteilsformel (Tenor), Abs. 1 Nr. 4	121
			cc) Tatbestand, Abs. 1 Nr. 5	121
			dd) Entscheidungsgründe, Abs. 1 Nr. 6	122
		b)	Ausnahmen – Weglassen von Tatbestand und Entscheidungsgründen	123
			aa) § 313 a	123
			bb) § 313 b	123
			cc) § 495 a	123
	3.	Zustellung des Urteils		123
	4.	Berichtigung und Ergänzung des Urteils		124
		a)	Berichtigung offenbarer Unrichtigkeiten (§ 319)	124
			aa) Voraussetzungen (weit auszulegen – Prozessökonomie)	124

		bb) Gegenstand der Berichtigung:	124
	b)	Berichtigung des Tatbestandes (§ 320)	124
	c)	Ergänzung des Urteils bei Entscheidungslücken	124
5.	Abhilfe bei Verletzung des rechtlichen Gehörs (§ 321 a)		125
	a)	Bedeutung und Zweck	125
	b)	Zulässigkeit der Rüge	125
		aa) Statthafthaftigkeit	125
		bb) Frist	125
		cc) Form	125
		dd) Beschwer des Rügeführers durch die angegriffene Entscheidung.	125
		ee) Begründung der Rüge	125
	c)	Entscheidung	126
		aa) Unzulässigkeit oder Unbegründetheit der Rüge	126
		bb) Begründetheit der Rüge	127
VI. Streitwert und Kosten (Gebühren)			127
1. Streitwert			127
2. Insbesondere: der Gebührenstreitwert			127
	a)	Bestimmung des Gebührenstreitwert	127
	b)	Festsetzung des Gebührenstreitwerts	128
3. Kosten			128
	a)	Gerichtskosten	129
	b)	Rechtsanwaltskosten	129
		aa) Grundsätzliches	129
		bb) Der Vergütungsanspruchs des Anwalts gegen seinen Mandanten	130
		cc) RVG-Vergütungsansprüche gegen seinen Mandanten im Zusammenhang mit einem Zivilprozess	130
	c)	Kostenfestsetzung	131
4. Die Kosten(grund)entscheidung			131
	a)	Vollunterliegen einer Partei (§ 91)	131
	b)	Teilweises Obsiegen bzw. Unterliegen der Parteien (§ 92)	131
		aa) Grundsatz der Kostenverteilung	131
		bb) Kostenentscheidung iSd § 92	132
		cc) Kosten bei Streitgenossen (§ 100)	132
5. Die Kostenerstattung			132
	a)	Umfang des Kostenerstattungsanspruch	133
	b)	Erstattungsfähigkeit	133
	c)	Kostenfestsetzungsverfahren (§§ 103 ff.)	133
		aa) Antrag der berechtigten Partei (§ 103 Abs. 2).	133
		bb) Kostenfestsetzungsbeschluss	134
	d)	Materiellrechtlicher Kostenerstattungsanspruch	134
6. Vorläufige Vollstreckbarkeit			134
	a)	Grundsätze	134
	b)	Vorläufige Vollstreckbarkeit ohne Sicherheitsleistung (§ 708)	135
	c)	Vollstreckung gegen Sicherheitsleistung (§ 709)	136
		aa) Grundsatz	136
		bb) Bestimmung der Sicherheitsleistung	136

3. Teil: Prozessuale Fragen im Verfahren erster Instanz

§ 6 Die Parteien und die sonstigen Verfahrensbeteiligten — 138
- I. Die Parteien: Kläger, Beklagter — 138
  1. Partei — 138
  2. Sachurteilsvoraussetzungen in Bezug auf die Parteien — 138
  3. Die Postulationsfähigkeit — 138
     - a) Begriff — 138
     - b) Anwaltszwang — 139
       - aa) Grundsatz — 139
       - bb) Ausnahmen vom Anwaltszwang — 139
- II. Parteimehrheit (Streitgenossenschaft, subjektive Klagehäufung) — 139
  1. Entstehung — 139
  2. Einfache Streitgenossenschaft (§§ 59–61, 63) — 140
     - a) Bedeutung — 140
     - b) Zulässigkeitsvoraussetzungen der Streitgenossenschaft — 140
     - c) Behandlung der einfachen Streitgenossenschaft — 140
       - aa) Prozesshandlungen — 140
       - bb) Zulässigkeit der Klage — 140
       - cc) Begründetheit der Klage — 141
       - dd) Die Entscheidung — 142
       - ee) Anwaltliche Vertretung im Prozess — 142
     - d) Rechtsmittel und Rechtskraft — 143
  3. Notwendige Streitgenossenschaft (§§ 62, 63) — 143
     - a) Fallgruppen der notwendigen Streitgenossenschaft — 143
       - aa) Aus prozessrechtlichen Gründen (§ 62 Abs. 1, Alt. 1) — 143
       - bb) Aus materiellrechtlichen Gründen (§ 62 Abs. 1 Alt. 2) — 144
     - b) Keine notwendige Streitgenossenschaft — 144
     - c) Rechtswirkungen der notwendigen Streitgenossenschaft — 145
       - aa) Vertretungsfiktion des § 62 — 145
       - bb) Verhalten eines einzelnen Streitgenossen — 145
  4. Zusammenfassung — 146
- III. Parteiwechsel (Parteiänderung) — 146
  1. Begriff — 146
     - a) Voraussetzung — 146
     - b) Abgrenzung zur Berichtigung — 146
  2. Der Parteiwechsel kraft Gesetzes — 148
     - a) Fallgruppen — 148
     - b) Wirkung des gesetzlichen Parteiwechsels — 148
  3. Der gewillkürte Parteiwechsel — 148
     - a) Der gewillkürte Parteiwechsel in der 1. Instanz — 148
       - aa) Wechsel des Beklagten — 148
       - bb) Wechsel des Klägers (in der Praxis selten) — 149
     - b) Der Beklagtenwechsel in der Berufungsinstanz — 150
- IV. Parteibeitritt (Parteierweiterung) — 150
  1. Begriff — 150
  2. Beitrittsvoraussetzungen (entspr. dem dogmatischen Ansatz) — 150
     - a) In der ersten Instanz — 150

				b)	In der Berufungsinstanz	151
		3.	Wirkung			151
	V.	Weitere Verfahrensbeteiligte				151
		1.	Nebenintervention (Streithilfe, §§ 66–71)			151
			a)	Voraussetzung des Beitritts eines Dritten als Streithelfer		151
			b)	Beitritt (§ 70)		152
			c)	Stellung des Streithelfer		152
			d)	Entscheidung		153
			e)	Die Interventionswirkung als Folge der Nebenintervention (§ 68)		154
				aa)	Inhalt	154
				bb)	Die Voraussetzungen für diese Wirkungen sind	154
		2.	Streitverkündung an einen Dritten (§§ 72–74)			155
			a)	Zweck der Streitverkündung		155
			b)	Zulässigkeitsvoraussetzungen der Streitverkündung		155
				aa)	Anhängigkeit des Rechtsstreits.	155
				bb)	Streitverkündungsgrund (§ 72)	156
				cc)	Formell/inhaltlich ordnungsgemäße Streitverkündungsschrift (§ 73)	156
			c)	Handlungsmöglichkeiten des Streitverkündungsempfänger (Streitverkündete)		157
			d)	Auswirkungen der Streitverkündung für den Folgeprozess		157

§ 7 Klagebegehren: Die Klagearten 159

	I.	Die Leistungsklage (Verurteilungsklage)				159
		1.	Gegenstand			159
		2.	Bestimmtheit des Klageantrages			159
			a)	Allgemeines		159
			b)	Zahlungsklagen		159
				aa)	Grundsatz: Der bezifferte Zahlungsantrag	159
				bb)	Ausnahme: Der unbezifferte Zahlungsantrag	160
				cc)	Sonderfall: Die Stufenklage (§ 254)	164
			c)	Herausgabeklagen		167
			d)	Klage auf Abgabe einer Willenserklärung		167
			e)	Unterlassungs- und Beseitigungsklagen		167
				aa)	Unterlassungsklage	167
				bb)	Beseitigungsklage	168
				cc)	Vermischung von Unterlassungs- und Beseitigungsbegehren	168
				dd)	Materielle Anspruchsgrundlagen	170
		3.	Das Rechtsschutzbedürfnis (Rechtsschutzinteresse) für eine Leistungsklage			170
			a)	Einfacherer und schnellerer Weg		170
			b)	Ehrkränkende Äußerungen als Klagegrund		171
			c)	Teilklage		171
			d)	Sonderkonstellation: Bereits bestehender Titel		171
		4.	Klage auf künftige Leistung (§§ 257–259)			172
			a)	Allgemeines		172

Inhalt

		b)	Klage bei kalendermäßig bestimmter oder bestimmbarer Fälligkeit (§ 257)		173
			aa) Besondere Zulässigkeitsvoraussetzungen		173
			bb) Sachentscheidung		173
			cc) Urteilstenor		173
		c)	Klage auf wiederkehrende Leistungen (§ 258)		173
			aa) Besondere Zulässigkeitsvoraussetzungen		173
			bb) Sachentscheidung		174
			cc) Urteilstenor		174
			dd) Abänderung einer bereits ergangenen Entscheidung		175
		d)	Klage bei Besorgnis der Nichterfüllung (§ 259)		175
		e)	Sonderfall: Klage mit Fristsetzung (§ 255) und auf künftige Leistung		175
	II.	Die Feststellungsklage (§ 256)			176
		1. Allgemeines			176
		2. Zulässigkeit der selbstständigen ("normalen") Feststellungsklage (§ 256 Abs. 1)			176
		a)	Allgemeine Sachurteilsvoraussetzungen		176
			aa) Bestimmtheit des Klageantrages		176
			bb) Zuständigkeit		177
		b)	Besondere Sachurteilsvoraussetzungen		177
			aa) Gegenwärtiges Rechtsverhältnis		177
			bb) Rechtliches Interesse an alsbaldiger Feststellung		179
		c)	Anmerkungen zur Entscheidung über eine Feststellungsklage		182
			aa) Darlegungs-/ Beweislast		182
			bb) Unzulässigkeit		182
			cc) Begründetheit		182
		d)	Tenorierung		183
		e)	Rechtskraft des Feststellungsurteils		183
			aa) Für die positive Feststellungsklage		183
			bb) Für die negative Feststellungsklage		184
		3. Die – unselbstständige – Zwischenfeststellungsklage (§ 256 Abs. 2)			184
		a)	Zweck der unselbstständigen Zwischenfeststellungsklage		184
		b)	Erhebung		185
		c)	Besondere Zulässigkeitsvoraussetzung		185
		d)	Anmerkung zur Entscheidung über eine Zwischenfeststellungsklage/Tenorierung		186
	III.	Die Gestaltungsklage			186
§ 8	**Streitgegenstand: Objektive Klagehäufung, Klageänderung**				**187**
	I.	Streitgegenstand			187
		1. Bestimmtheit des Klageantrages			187
		2. Unbedingtheit des Klageantrages			187
		3. Bestimmtheit des Klagegrundes			187
		4. Sonstige Voraussetzungen			188
	II.	Die objektive Klagehäufung (§ 260)			188
		1. Begriff			188
		2. Entstehung der objektiven Klagehäufung			189

17

Inhalt

	3.	Besondere Zulässigkeitsvoraussetzungen: § 260	190
	4.	Verhältnis der Streitgegenstände	190
		a) Kumulative Antragstellung	190
		b) Alternative Antragstellung	191
		c) Antragstellung im Eventualverhältnis: Haupt- und Hilfsantrag	191
		d) Sonderfall: Ein einziger Antrag, gestützt auf mehrere Lebenssachverhalte	194
III.	Klageänderung		195
	1.	Begriff	195
	2.	Vornahme der Klageänderung	196
	3.	Zulässigkeit der Klageänderung	196
		a) Allgemeines	196
		b) Zulässige Konstellationen	196
		aa) Erweiterung oder Beschränkung des Klageantrags (264 Nr. 2)	196
		bb) Anderer Gegenstand oder Interesse (§ 264 Nr. 3)	197
		cc) Einwilligung des Beklagten (§ 263)	197
		dd) Sachdienlichkeit der Klageänderung (§ 263)	198
		c) Prüfung der Klageänderungsvoraussetzungen	198
	4.	Wirkungen der Klageänderung	199
		a) Bei zulässiger Klageänderung	199
		b) Bei unzulässiger Klageänderung	200
	5.	Die Entscheidung über die Zulässigkeit der Klageänderung	202

§ 9 Die Zulässigkeit der Klage (Sachurteilsvoraussetzungen)   203

I.	Verfahrensvoraussetzungen		203
II.	Übersicht über die Sachurteilsvoraussetzungen		203
	1.	Ordnungsgemäßheit der Klageerhebung	204
		a) Obligatorisches Schlichtungsverfahren gem. § 15 a EGZPO	204
		b) Ordnungsgemäße Klageerhebung (§ 253 Abs. 1)	204
	2.	Sachurteilsvoraussetzungen in Bezug auf die Parteien	205
		a) Existenz der Parteien und Parteifähigkeit (§ 50)	205
		b) Prozessfähigkeit (§ 51 ff.)	205
		c) Ordnungsgemäße Vertretung	205
		d) Prozessführungsbefugnis	205
		e) Bei gewillkürtem Parteiwechsel oder Parteibeitritt: Einwilligung oder Sachdienlichkeit	206
	3.	Sachurteilsvoraussetzungen in Bezug auf das Gericht	206
	4.	Sachurteilsvoraussetzungen in Bezug auf den Streitgegenstand	206
		a) Klagbarkeit des Anspruchs	206
		b) Bei Klageänderung: Klageänderungsvoraussetzungen	206
		c) Rechtsschutzinteresse (Rechtsschutzbedürfnis)	207
		d) Fehlen anderweitiger Rechtshängigkeit (§ 261 Abs. 3 Nr. 1) sowie Fehlen einer rechtskräftigen Vorentscheidung	207
	5.	Gesichtspunkt der „prozessualen Arglist": Keine Vereinbarung eines Verzichts auf Klage oder einer Klagerücknahme	207
	6.	Besondere Sachurteilsvoraussetzungen für bestimmte Verfahrens-/Klagearten	207

7. Prozesshindernisse 208
   a) Fehlende Ausländersicherheitsleistung (§§ 110 ff.) 208
   b) Fehlende Kostenerstattung gem. § 269 Abs. 6 208
   c) Schiedsgerichtsvereinbarung (§ 1032): 208
III. Prozessuale Behandlung der Sachurteilsvoraussetzungen 209
   1. Zwingender prozessualer Vorrang der Zulässigkeitsfeststellung 209
   2. Maßgeblicher Zeitpunkt 209
   3. Feststellung der Sachurteilsvoraussetzungen 211
      a) Für jeden einzelnen Streitgegenstand 211
      b) Berücksichtigung von Amts wegen 211
         aa) Prüfung der Sachurteilsvoraussetzungen von Amts wegen 211
         bb) Keine Ermittlung von Amts wegen 212
         cc) Feststellung der Sachurteilsvoraussetzungen 212
      c) Prüfungsreihenfolge 214
   4. Verfahren und Entscheidung 214
   5. Rechtskraft 214
IV. Zur Zuständigkeit im Einzelnen 215
   1. Internationale Zuständigkeit 215
   2. Sachliche Zuständigkeit 215
   3. Örtliche Zuständigkeit („Gerichtsstand") 218
      a) Allgemeiner Gerichtsstand 218
      b) Besondere Gerichtsstände 218
         aa) Ausschließliche besondere Gerichtsstände 218
         bb) Nicht ausschließliche besondere Gerichtsstände 219
         cc) Weitere besondere Gerichtsstände 221
      c) Konkurrierende Gerichtsstände 221
      d) Prüfungskompetenz 221
   4. Begründung sonst nicht gegebener Zuständigkeit 222
      a) Gerichtsstandsvereinbarung (§ 38) 222
      b) Zuständigkeit infolge rügeloser Einlassung (§ 39) 223
   5. Feststellung der Zuständigkeit 223
   6. Verfahren bei örtlicher oder sachlicher Unzuständigkeit 224
      a) Prozessurteil 224
      b) Verweisung bei Verweisungsantrag (§ 281) 225
         aa) Voraussetzungen für eine Verweisung 225
         bb) Entscheidungsform: Beschluss 225
         cc) Folgen der Verweisung 225
         dd) Kosten der Verweisung 226
V. Fehlerhaftes Verfahren im Allgemeinen 227
   1. Verzichtbare Mängel 227
   2. Nicht verzichtbare Mängel 228

§ 10 Das Verhalten des Beklagten zur Klage, insbesondere: Aufrechnung und Widerklage 229

I. Grundsätzliche Erwägungen zur Verteidigung 229
   1. Beratung des Beklagten 229
   2. Verhalten bei aussichtsloser Verteidigung 230
      a) Angebot einer außergerichtlichen Regelung: Vergleichsangebot 230

		b) „Klaglosstellen": (sofortige) Erfüllung der Klageforderung	231
		c) Anerkenntnis (§ 307)	232
		d) Ergehenlassen eines Versäumnisurteils (§ 331)	233
		e) Zusammenfassung	233
	3.	Verteidigungsanzeige und Klageerwiderung	234
		a) Formelle Anforderungen	234
		b) Begründung der Klageerwiderung	234
II.	Aufrechnung		235
	1.	Die Aufrechnung als Prozesshandlung	235
		a) Prozessuale Voraussetzungen der Geltendmachung	236
		b) Prozessuale Bedeutung der Aufrechnung	237
	2.	Die Prüfung des Aufrechnungseinwandes	238
	3.	Primäraufrechnung und Eventualaufrechnung	239
		a) Primäraufrechnung	239
		b) Eventual-(Hilfs-)aufrechnung	239
	4.	Rechtskraft der Entscheidung über die Aufrechnungsforderung, § 322 Abs. 2	241
	5.	Materiellrechtliche Aufrechnungswirkung bei prozessualer Unzulässigkeit	243
	6.	Vorbehaltsurteil: § 302	244
III.	Widerklage		245
	1.	Allgemeinen Erwägungen für die Erhebung einer Widerklage	245
	2.	Erhebung/Entstehung der Widerklage	246
	3.	Zulässigkeitsvoraussetzungen der Widerklage	246
		a) Rechtshängigkeit der Hauptklage	246
		b) Parteien der Widerklage	248
		c) Selbstständiger Streitgegenstand der Widerklage	248
		d) Sachzusammenhang der Widerklage zur Klage	248
		e) Gleiche Prozessart wie die Hauptklage	249
		f) Allgemeine Sachurteilsvoraussetzungen der Widerklage	249
	4.	Verhandlung und Entscheidung	250
	5.	Besondere Formen der Widerklage	251
		a) Eventual-(Hilfs-)widerklage des Beklagten	251
		aa) Eventualwiderklage bei möglicherweise unzulässiger Aufrechnung	251
		bb) Eventualwiderklage mit Eventualaufrechnung	251
		cc) Eventualwiderklage für den Fall des Klageerfolgs	251
		dd) Eventualwiderklage für den Fall der Klageabweisung	252
		ee) Widerklage mit Hilfsanträgen	252
		b) Wider-Widerklage	252
		c) Die petitorische Widerklage	252
		d) Widerklage mit Drittbeteiligung	253

§ 11 Der Beweis 255

I.	Zweck: Klärung der entscheidungserheblichen streitigen Tatsachen		255
	1.	Festlegung der entscheidungserheblichen streitigen Tatsachen	255
	2.	Feststellung der Beweisbedürftigkeit	256

	3.	Klärung – Feststellung – der beweisbedürftigen Tatsachen	257
		a) Beweisverfahren	257
		b) Festlegung der Beweislast	257
		c) Durchführung der Beweisaufnahme	258
		d) Beweiswürdigung	258
	4.	Übertragung des Beweisergebnisses auf die entscheidungserheblichen Rechtsnormen	258
II.	Die Beweislast		258
	1.	Die Bedeutung der Beweislast im Prozess	258
		a) Beweislastfragen aus Sicht des Rechtsanwaltes	258
		aa) Beratung zur Klageerhebung oder Verteidigung	258
		bb) Anwaltlicher Vortrag im Prozess	259
		cc) Prozessverhalten im Übrigen	259
		b) Beweislastfragen aus Sicht des Gerichts	259
	2.	Verteilung der Beweislast	259
III.	Durchführung der Beweisaufnahme		262
	1.	Auf Antrag und/oder von Amts wegen	262
	2.	Beweisantrag (Beweisangebot, Beweisantritt)	263
		a) Behandlung eines Beweisantrages	263
		b) Voraussetzungen für einen wirksamen Beweisantrag	263
		aa) Allgemeines	263
		bb) Behauptung einer bestimmten Tatsache	263
		cc) Angabe eines bestimmten Beweismittels	264
		dd) Rücknahme/Verzicht	265
		ee) Ablehnung von Beweisanträgen	266
	3.	Anordnung der Beweisaufnahme	269
	4.	Der (formelle) Beweisbeschluss	269
		a) Umfang der Beweisanordnung	269
		b) Inhalt des Beweisbeschlusses	270
		c) Beispiel für einen Beweisbeschluss	272
	5.	Der Beweistermin (§ 370 Abs. 1)	273
	6.	Referendare im Beweistermin	274
		a) ▶Gerichtsstage: Vernehmung von Zeugen	274
		aa) Vorbereitung der Beweisaufnahme	274
		bb) Vernehmung mehrerer Zeugen	274
		cc) Der Beginn der Vernehmung	275
		dd) Vernehmung zur Sache (§§ 396, 397)	275
		ee) Protokollierung der Aussage (§ 160 Abs. 3 Nr. 4)	277
		b) ▶RA-Stage: Wahrnehmung eines Beweistermins	278
	7.	Beendigung der Beweisaufnahme	279
IV.	Beweismittel		279
	1.	Zeuge (§§ 373 ff.)	279
		a) Beweisantritt	279
		b) Begriff und Abgrenzung zu anderen Beweismitteln	279
		c) Zeugnisfähigkeit	280
		d) Pflichten des Zeugen	282
		e) Verwertung einer Zeugenaussage im Wege des Urkundenbeweises	282

	2.	Sachverständiger (§§ 402 ff.)	282
		a) Beweisantritt	282
		b) Aufgabe des Sachverständigen: Tatsachenfeststellung	283
		c) Sachverständigengutachten	284
		d) Haftung des Sachverständigen/Vergütung	285
	3.	Parteivernehmung (§§ 445 ff.)	285
		a) Abgrenzung zur Anhörung der Partei	285
		b) Zulässigkeit der Parteivernehmung	285
		aa) Parteivernehmung des Gegners auf Antrag der beweisbelasteten Partei (§ 445 Abs. 1)	285
		bb) Parteivernehmung der beweisbelasteten Partei auf Antrag einer Partei (§ 447)	286
		cc) Parteivernehmung einer oder beider Parteien von Amts wegen (§ 448)	286
	4.	Urkundenbeweis (§§ 415 ff.)	287
		a) Begriff und Abgrenzung zu anderen Beweismitteln	287
		b) Beweisantritt	288
		c) Beweiskraft der Urkunde	288
	5.	Augenschein (§§ 371 ff.)	290
		a) Begriff und Abgrenzung zu anderen Beweismitteln	290
		b) Beweisantritt	290
		c) Beweisverfahren	291
		aa) Beweisbeschluss	291
		bb) Durchführung des Augenscheins	291
V.	Das selbstständige Beweisverfahren (§§ 485 ff.)		292
	1.	Allgemeines	292
	2.	Zulässigkeitsvoraussetzungen	292
		a) Antrag	292
		b) Zuständigkeit	292
		c) Satthaftigkeit	292
	3.	Entscheidung über den Antrag	293
	4.	Weiteres Verfahren	294

4. Teil: Besondere Verfahrenssituationen

§ 12 Das Säumnisverfahren 295

I.	Vorbemerkung		295
	1.	Begriff	295
	2.	Taktische Erwägungen für den Erlass eines Versäumnisurteils gegen sich	295
II.	Erlass des Versäumnisurteils		295
	1.	Voraussetzungen bei Verhandlungstermin	295
		a) Antrag auf Erlass eines Versäumnisurteils (§§ 330, 331)	295
		b) Säumnis der gegnerischen Partei im Verhandlungstermin	296
		aa) Ordnungsgemäße – insbes. rechtzeitige – Ladung (§ 335 Abs. 1 Nr. 2),	296
		bb) Nichterscheinen oder Nichtverhandeln im Verhandlungstermin.	296

	cc) Keine schuldhafte Verhinderung (§ 337).	298
	dd) Nichtvorliegen einer Säumnis	298
c)	Zulässigkeit der Klage	298
	aa) Unzulässigkeit der Klage	298
	bb) Feststellung der Zulässigkeit	299
d)	Bei Säumnis des Klägers	299
e)	Bei Säumnis des Beklagten	299
f)	Entscheidungen	301

      2. Voraussetzungen im schriftlichen Vorverfahren (§ 331 Abs. 3)   302
      3. Das Versäumnisurteil   303
         a) Erlass   303
         b) Inhalt   303
         c) Rechtskraft des Versäumnisurteils   303
  III. Der Einspruch gegen das Versäumnisurteil   304
      1. Die Zulässigkeit des Einspruchs   304
         a) Zulässigkeitsvoraussetzungen   304
            aa) Statthaftigkeit des Einspruchs   304
            bb) Einlegung   304
            cc) Prozesshandlungsvoraussetzungen, insbes. Postulationsfähigkeit bei LG.   305
            dd) Einhaltung der Zwei-Wochen Frist (§ 339)   305
         b) Unzulässigkeit des Einspruchs   306
            aa) Grundsatz   306
            bb) Entscheidung   306
            cc) Säumnis des Einspruchsführers im Verhandlungstermin   306
      2. Verfahren bei zulässigem Einspruch   307
         a) Normalablauf   307
            aa) Verfahrensablauf   307
            bb) Entscheidung (§ 343)   307
         b) Sonderfall: Zweites Versäumnisurteil   308
            aa) Grundsatz   308
            bb) Voraussetzungen   308
            cc) Entscheidung   309
            dd) Rechtsmittel   309
      3. Teileinspruch   310
      4. Einstweilige Einstellung der Vollstreckung aus dem VU   310

§ 13 Klagerücknahme und Klageverzicht   311

  I. Verhaltensmöglichkeiten des Klägers und prozesstaktische Überlegungen der Parteien   311
      1. Überblick   311
      2. Prozesstaktische Überlegungen der Parteien (wichtig für ▶RA-Stage, das anwaltliche Prüfungsgespräch und insbes. die RA-Klausur)   312
         a) Für den Kläger/Klägeranwalt   312
         b) Für den Beklagten/Beklagtenanwalt   313
            aa) Bei günstiger Prozesslage   313
            bb) Bei ungünstiger Prozesslage   313

II. Klagerücknahme (§ 269) ... 313
   1. Zeitraum ... 313
   2. Voraussetzungen der Klagerücknahme ... 314
      a) Klagerücknahmeerklärung des Klägers ... 314
      b) Einwilligung des Beklagten in die Klagerücknahme ... 315
   3. Wirkungen der Klagerücknahme ... 315
      a) Bedeutung des Wegfalls der Rechtshängigkeit ... 315
      b) Kostenregelung ... 316
         aa) Grundsatz ... 316
         bb) Ausnahmen ... 316
      c) Kostenentscheidung ... 318
   4. Streit um die Wirksamkeit einer Klagerücknahme ... 318
   5. Teilweise Klagerücknahme ... 318
      a) Voraussetzungen ... 318
      b) Kostenentscheidung ... 319
         aa) Grundsatz ... 319
         bb) Im Verhältnis von Streitgenossen ... 319
   6. Verpflichtung des Klägers zur Klagerücknahme ... 320
III. Klageverzicht (§ 306) ... 321
   1. Hintergrund ... 321
   2. Voraussetzungen ... 321
      a) Erklärung durch den Kläger ... 321
      b) Keine Einwilligung des Beklagten ... 321
   3. Entscheidung ... 321

§ 14 Anerkenntnis – Abgrenzung ... 323

I. Anerkenntnisformen ... 323
   1. Abgrenzung zum Geständnis (§ 288) ... 323
   2. Bedeutung – Wirkungen eines Anerkenntnisses ... 324
      a) Prozessuales Anerkenntnis iSv § 307 ... 324
      b) Prozessuales Anerkenntnis zum Anspruchsgrund ... 324
      c) Vertragliche Anerkennung eines Rechtsverhältnisses durch die Parteien ... 325
      d) Materiellrechtliches Anerkenntnis des Anspruchs (§ 781 BGB, Vertrag der Parteien) ... 325
   3. Unterwerfung des Klägers gegenüber Vorbringen des Beklagten ... 325
II. Anerkenntnis iSv § 307 – Wirksamkeitsvoraussetzungen ... 325
   1. Verfügungsbefugnis der Parteien über den Gegenstand des Anerkenntnisses ... 325
   2. Anerkennung des Klagebegehrens ... 326
      a) Erklärung eines Anerkenntnisses ... 326
      b) Unbedingte Erklärung ... 326
      c) Uneingeschränktes Anerkenntnis ... 326
      d) Vorbehaltslose Erklärung ... 327
   3. Prozesshandlungsvoraussetzungen ... 327
   4. Erklärung gegenüber dem Gericht ... 327

III.	Das Anerkenntnisurteil		327
	1. Voraussetzungen		327
		a) Wirksame Anerkenntniserklärung des Beklagten	327
		b) Zulässigkeit der Klage	328
		c) Eingeschränkte Sachprüfung	328
	2. Inhalt des Urteils		328
		a) Hauptausspruch	328
		b) Kostenentscheidung	328
		aa) Grundsatz	329
		bb) Ausnahme des § 93	329
		cc) Prüfung der Voraussetzungen	330
		dd) Anfallende Gebühren	331
		c) Vorläufige Vollstreckbarkeit	331
		d) Urteil	331
	3. Rechtsmittel		331
		a) Gegen das Anerkenntnisurteil als solches	331
		b) Nur gegen die Kostenentscheidung	332
	4. Rechtskraft		332
IV.	Beseitigung des Anerkenntnisses		332
	1. Grundsatz		332
	2. Ausnahmen		332
V.	Teilanerkenntnis		333
	1. Grundsatz		333
	2. Erlass eines Teilanerkenntnisurteils		333
	3. Verbindung von Teilanerkenntnisurteil und streitigem Urteil		333
	4. Schlussurteil		334
		a) Grundsatz	334
		b) Entscheidung	334
	5. Anfechtung		334
		a) Berufung	334
		b) Sofortige Beschwerde (§ 99 Abs. 2)	335

§ 15 Die Erledigung des Rechtsstreits in der Hauptsache   336

I.	Einführung		336
II.	Übereinstimmende Erledigungserklärungen: § 91a		337
	1. Wirksame Erledigungserklärungen der Parteien (Voraussetzung)		337
		a) Durch den Kläger	337
		b) Durch den Beklagten	338
		c) Wirksamkeitsvoraussetzungen	338
		aa) Erklärung	338
		bb) Prozesshandlungsvoraussetzungen.	338
	2. Wirkungen der übereinstimmenden Erledigungserklärungen		338
		a) Hinsichtlich der Rechtshängigkeit der Klage	338
		b) Hinsichtlich bereits im Rechtsstreit ergangene, noch nicht rechtskräftige Entscheidungen	339
		c) Rechtshängigkeit der Kostenentscheidung	339
	3. Die Kostenentscheidung		340
		a) Grundsatz	340

		b) Ermessenserwägungen		340
		aa) Bisheriger Sach- und Streitstand		340
		bb) „Nach billigem Ermessen"		341
		c) Alternatives Vorgehen für den Kläger		342
	4.	Beschluss		343
		a) Fassung der Entscheidung		343
		b) Anfechtung		343
		c) Rechtskraft		344
	5.	Übereinstimmende Erledigung eines Teils des Rechtsstreits		344
		a) Voraussetzung		344
		b) Kostenentscheidung		344
		c) Fassung der Entscheidung		345
		d) Rechtsmittel		345
III.	Einseitige Erledigungserklärung des Klägers			346
	1.	Begriff und Bedeutung		346
	2.	Entscheidung über diesen Feststellungsantrag		346
		a) Zulässigkeit		346
		aa) Anträge		346
		bb) Zulässigkeit der Klageänderung		347
		cc) Feststellungsinteresse (§ 256)		347
		dd) Sachurteilsvoraussetzungen		347
		b) Begründetheit der Feststellungsklage		347
		aa) Grundsatz		347
		bb) Voraussetzungen der Erledigung		348
		c) Entscheidung		349
		aa) Fassung der Entscheidung		349
		bb) Tenorierung		349
		cc) Kostenentscheidung		350
		dd) Vorläufige Vollstreckbarkeit		350
		ee) Tatbestand		350
		ff) Entscheidungsgründe		351
		d) Rechtskraftwirkung		351
		e) Rechtsmittel		351
	3.	Einseitige Erledigung eines Teils des Rechtsstreits		352
		a) Bei im Übrigen ursprünglichem streitigem Begehren		352
		b) Bei im Übrigen übereinstimmender Erledigung		352
IV.	„Erledigung" vor Rechtshängigkeit			352
	1.	Ausgangspunkt		352
	2.	Reaktionsmöglichkeiten des Klägers		353
		a) Klagerücknahme		353
		b) Erledigungserklärung		353
		c) Selbstständige Geltendmachung eines materiellrechtlichen Kostenerstattungsanspruchs		353
		d) Klageänderung auf eine Kostenpflicht des Beklagten		354
		aa) Ausgangspunkt		354
		bb) Bezifferter Zahlungsantrag		354
		cc) Unbezifferte Kostenfeststellungsklage		354
		dd) Einigung mit dem Gegner		355

§ 16 Der Prozessvergleich — 356

    I. Allgemeines — 356
        1. Gründe für den Abschluss eines Vergleichs — 356
        2. Abgrenzung Prozessvergleich ieS und Zwischenvergleich — 357
    II. Wirksamkeitsvoraussetzungen des Prozessvergleichs — 359
        1. Wirksamkeitsvoraussetzungen als Prozesshandlung — 359
        2. Materiellrechtliche Wirksamkeitsvoraussetzungen — 360
        3. Bedingung — 361
    III. Die Wirkungen des Prozessvergleichs — 362
    IV. Das Zustandekommen des Vergleichs im Zusammenwirken von Gericht, Anwälten und Parteien — 366
        1. Aufgabe des Gerichts — 366
            a) Allgemeines — 366
            b) Schriftlicher Vergleichsvorschlag — 366
            c) Vergleichsverhandlungen — 369
        2. Die Tätigkeit des Anwalts — 369
        3. Typische Vergleichsinhalte — 371
            a) Präambel — 371
            b) Regelung des Streitgegenstandes — 371
            c) Weitere Regelungen — 372
            d) Abfindungs-/Regelungsklauseln — 373
            e) Kostenregelung — 373
            f) Widerrufsvorbehalt, Rücktrittsrecht — 373
    V. Streit der Parteien um Wirksamkeit, Fortbestand oder Durchsetzbarkeit des Vergleichs — 373
        1. Der Streit um ein Nichtzustandekommen oder eine Nichtigkeit — 373
        2. Der Streit um den Fortbestand eines wirksam geschlossenen Prozessvergleichs — 375
        3. Der Streit um die Auslegung des Vergleichs — 376
        4. Einwendungen gegen eine im Vergleich titulierte Verpflichtung — 376
    VI. Außergerichtlicher Vergleich der Parteien über den Streitgegenstand — 376
        1. Prozessvergleich — 377
        2. Anerkenntnis, Verzicht, Klagerücknahme oder übereinstimmende Erledigungserklärung — 377
        3. Klageänderung — 377
        4. Außergerichtliche Verpflichtung zur Klagerücknahme — 377
        5. Nichtmehrbetreiben des Rechtsstreits — 378
        6. Kostenregelung
        ⁰(.4£
        ,-(6: — 378
    VII. Der Anwaltsvergleich — 378

§ 17 Der Urkundenprozess — 380

    I. Zweck, Vor- und Nachteile, Prozesstaktik — 380
        1. Zweck — 380
        2. Vorteile des Urkundenverfahrens im Verhältnis zum Normalprozess — 380
        3. Nachteile des Urkundenprozesses — 380
        4. Prozesstaktik — 381

Inhalt

	II.	Bestimmung des Urkundenprozesses durch den Kläger	381
		1. Einleitung des Urkundenprozesses	381
		2. Ein Abstehen vom Urkundenprozess (§ 596)	382
	III.	Der eigentliche Urkundenprozess („Vorverfahren")	383
		1. Begriff	383
		2. Zulässigkeit der Urkundenklage	383
		a) Allgemeine Zulässigkeitsvoraussetzungen	383
		b) Besondere Zulässigkeitsvoraussetzungen (= Statthaftigkeit der Urkundenklage, § 592)	383
		aa) Geltendmachung eines Anspruchs iSd § 592	383
		bb) Beweisbarkeit der anspruchsbegründenden Tatsachen durch Urkunden	384
		cc) Prüfung der Statthaftigkeitsvoraussetzungen	386
		3. Begründetheit der Urkundenklage	386
		a) Schlüssigkeit der Klage	386
		aa) Unschlüssigkeit der Klage	386
		bb) Schlüssigkeit der Klage	387
		b) Verhalten/Verteidigung des Beklagten	389
		aa) Säumnis des Beklagten	389
		bb) Anerkenntnis	389
		cc) Gegenwehr des Beklagten gegen eine vorbehaltlose Verurteilung	389
		dd) Sonderfall: Hilfsaufrechnung durch den Beklagten	392
		4. Zum Verfahren	392
		a) Klageerhebung	392
		b) Verfahren	393
		c) Entscheidung nach den dargestellten Entscheidungskonstellationen	393
		aa) Klageabweisung	393
		bb) Anerkenntnis- oder stattgebendes Versäumnisurteil	393
		cc) Vorbehaltsurteil	393
		d) Rechtsmittel, Rechtskraft	393
		aa) Bei Abweisung der Klage	393
		bb) Bei Verurteilung des Beklagten	394
	IV.	Das Nachverfahren	394
		1. Statthaftigkeit (§ 600 Abs. 1)	394
		2. Antrag	394
		3. Grundsätze des Nachverfahrens	395
		a) Fortsetzung des bisherigen Verfahrens	395
		b) Die Bindung im Nachverfahren an das Vorbehaltsurteil	395
		aa) Grundsätze	395
		bb) Bindungswirkung hinsichtlich der einzelnen Entscheidungselemente des Vorbehaltsurteils:	396
		c) Einlassung des Beklagten	397
		aa) Bindung an das Vorbehaltsurteil	397
		bb) Keine Bindung an Vorbehaltsurteil	397
		cc) Sonstige Einwendungen	398
		d) Klageänderung und Klageerweiterung	398

4. Durchführung des Nachverfahrens	399
a) Anträge	399
b) Widerklage	399
c) Beweisaufnahme	399
d) Urteilstenor	399
aa) Die Klage ist auch im Nachverfahren begründet	399
bb) Die Klage erweist sich nunmehr als unbegründet	399
cc) Bei teilweiser Begründetheit/Unbegründetheit	399
e) Rechtsmittel: Berufung; Rechtskraft: nach allgemeinen Grundsätzen.	400

§ 18 Wechsel- und Scheckprozess   406

I. Vorverfahren: Wechsel bzw. Scheckprozess ieS.	406
1. Allgemeine Zulässigkeitsvoraussetzungen	406
2. Statthaftigkeit (Fehlen: Abweisung „als im Wechselprozess unstatthaft"):	406
a) Anspruch aus Wechsel bzw. Scheck,	406
b) Beweisbarkeit der anspruchsbegründenden Tatsachen durch Urkunden	406
3. Sachprüfung – Entscheidungskonstellationen des Urkundenprozesses	406
4. Verfahrenssonderregelungen	406
II. Nachverfahren	407

5. Teil: Nach dem erstinstanzlichen Urteil

§ 19 Berufung   408

I. Vorbemerkung	408
II. Taktische Überlegungen zur Einlegung einer Berufung (▶ RA-Stage)	408
1. Allgemeines	408
2. Anwaltliche Beratungsgesichtspunkte	408
a) Funktionelle Zuständigkeit	409
b) Erfolgsaussichten einer Berufung	409
c) Kostenrisiko	409
d) Teilanfechtung zur Risikobegrenzung	409
e) Gefahr der Verschlechterung des bisherigen Prozessergebnisses	410
f) Tatbestandsberichtigungsantrag (§ 320)	410
3. Weiteres anwaltliches Vorgehen	410
III. Die Zulässigkeit der Berufung	411
1. Zwingender prozessualer Vorrang	411
2. Zulässigkeitsvoraussetzungen der Berufung	411
a) Statthaftigkeit	412
aa) Echte Versäumnisurteile	412
bb) Isolierte Anfechtung der Kostenentscheidung	412
cc) Inkorrekte Entscheidungsform	413
b) Beschwer des Berufungsführers	414
aa) Allgemeines	414

		bb) Die Beschwer des Klägers		415
		cc) Die Beschwer des Beklagten		415
	c)	Mindestwert der Beschwer oder Zulassung der Berufung		416
	d)	Zulässige Parteien des Berufungsverfahrens		418
	e)	Frist- und formgerechte Einlegung der Berufung (§§ 517, 519)		419
		aa) Zuständiges Gericht, Form und Frist		419
		bb) Inhalt der Berufungsschrift		420
		cc) Mehrfache Berufungseinlegung		421
		dd) Berufungseinlegung und Prozesskostenhilfeantrag		421
	f)	Frist- und formgerechte Berufungsbegründung (§ 520)		424
		aa) Frist- und Form		424
		bb) Berufungsanträge		425
		cc) Berufungsgründe		426
		dd) Art und Umfang der Berufungsbegründung		428
	g)	Erstreben der Beseitigung der Beschwer		430
	h)	Berufungssumme		431
	i)	Allgemeine Verfahrensvoraussetzungen		433
	j)	Kein Verzicht auf Berufung		434
	3.	Verfahren und Entscheidung bei Unzulässigkeit der Berufung		434
IV.	Die Zulässigkeit der Anschlussberufung (§ 524)			435
	1.	Begriff und Bedeutung der Anschlussberufung		435
	2.	Die Zulässigkeit der Anschlussberufung		436
	3.	Verhältnis der Anschlussberufung zur Hauptberufung		437
V.	Die Begründetheit der Berufung			438
	1.	Entscheidungsgegenstand und Entscheidungsgrundlage		438
		a) Entscheidungsgegenstand		438
		aa) Einschränkung: „von dem Berufungsführer angefochten"		438
		bb) Einschränkung: „Entscheidung erster Instanz"		438
		cc) Einschränkung: „soweit angefochten"		439
		b) Entscheidungsgrundlage		440
	2.	Die Untersuchung der Begründetheit der Berufung		440
		a) Die Zulässigkeit der Klage		440
		b) Die Begründetheit der Klage		442
		aa) Die Schlüssigkeits- und Erheblichkeitsprüfung		442
		bb) Tatsachenfeststellung (Beweisstation)		443
		cc) Die Sachentscheidung zur Begründetheit der Klage		449
	3.	Entscheidung über die Begründetheit: Urteil – Beschluss		451
		a) Voraussetzungen für eine Entscheidung durch Beschluss		451
		aa) Zulässigkeit der Berufung		451
		bb) Offensichtliche Aussichtslosigkeit der Berufung (§ 522 Abs. 2 Nr. 1)		451
		cc) Keine grundsätzliche Bedeutung		452
		dd) Keine gebotene mündliche Verhandlung		452
		b) Weiteres Verfahren		452
	4.	Beiderseitige Berufung oder Anschlussberufung		453
	5.	Klageänderung, Widerklage und Aufrechnung in der Berufungsinstanz		453

VI.	Das Berufungsverfahren		454
	1. Allgemeines		454
	2. Rücknahme der Berufung		455
	3. Erledigung der Hauptsache		455
	4. Prozessvergleich		456
VII.	Berufungsurteil		456
	1. Rubrum		456
	2. Entscheidungstenor		456
		a) Hauptausspruch	456
		b) Kostenentscheidung	457
		aa) Bei erfolgloser Berufung	457
		bb) Bei begründeter Berufung	457
		cc) Bei teilweise begründeter, teilweise erfolgloser Berufung	457
		dd) Bei beidseitiger Berufung bzw. Anschlussberufung	458
		c) Vorläufige Vollstreckbarkeit	458
		d) Zulassung der Revision	458
	3. Begründung des Berufungsurteils (§ 540)		459

Literaturverzeichnis 461

Stichwortverzeichnis 463

1. Teil:
Die Einleitung des Verfahrens

§ 1 Der Beginn des Verfahrens

I. Übersicht

Für die Einleitung des Verfahrens stehen grds. drei Wege zur Verfügung: die Einreichung einer Klageschrift, ein Antrag auf Prozesskostenhilfe oder ein Mahnverfahren.

Außerdem besteht bei Verfahren vor dem Amtsgericht die in der Praxis wenig bedeutsame Möglichkeit, die Klage zu Protokoll der Geschäftsstelle eines beliebigen Amtsgerichts (vgl. § 129 a Abs. 1) anzubringen (§ 496 ZPO)[1]. Hierbei gilt das Protokoll als Klageschrift (§ 498). Gem. § 129 a Abs. 2 hat die Geschäftsstelle die unverzügliche Weiterleitung des Protokolls an das erkennende Gericht zu bewirken, sofern die Partei nicht selbst die Übermittlung durchführen will (§ 129 a Abs. 2 S. 3).

Während eines laufenden Prozesses ist zudem eine mündliche Klageerhebung bei Widerklage, Zwischenfeststellungsklage und bei Klageänderung zulässig.[2]

II. Einreichung einer Klageschrift (§ 253)

Der – gesetzliche – „Normalfall" des Beginns des Verfahrens ist die Einreichung einer Klageschrift durch den Kläger und die Zustellung dieser Klageschrift durch das Gericht an den Beklagten (§ 253).

Die grundsätzliche Regelung des Ablaufs des Verfahrens in §§ 253 ff. stellt auch auf diesen Verfahrensbeginn ab; die übrigen Einleitungsmöglichkeiten münden in dieses Verfahren ein.

1. Zur Einleitung des Verfahrens geeignete Klageschrift
a) Zwingend notwendige Voraussetzungen an eine Klageschrift (§ 253 Abs. 2)
aa) Inhalt

Das Schriftstück muss sich überhaupt als eine „Klageschrift" darstellen, dh es muss ein Begehren an das Gericht um Gewährung von Rechtsschutz durch Erlass eines Urteils zum Ausdruck kommen.[3]

Inhaltlich müssen die **Parteien** so bezeichnet werden, dass deren Identität zweifelsfrei feststeht (§ 253 Abs. 2 Nr. 1 Alt. 1.). Da sich diese Bezeichnung in dem Rubrum eines nachfolgenden Urteils widerspiegelt (vgl. § 313 Abs. 1 Nr. 1) und dies Grundlage der Zwangsvollstreckung ist, ist Maßstab für eine hinreichende Identifizierung der Parteien, ob aufgrund der in der Klageschrift erfolgten Bezeichnung der Parteien aus Sicht eines Gerichtsvollziehers eine Zwangsvollstreckung möglich wäre.

Wenngleich die Angabe der **Anschriften** der Parteien in § 253 nicht ausdrücklich vorgeschrieben ist, ist sie nach der Rspr. für eine ordnungsgemäße Klageerhebung zwin-

---

[1] Paragrafenangaben ohne Bezeichnung des Gesetzes beziehen sich im Folgenden auf die ZPO.
[2] HK-ZPO/Saenger § 253 Rn. 2.
[3] Mu/Foerste § 253 Rn. 1.

gend erforderlich, sofern sie ohne Weiteres möglich ist und kein schützenswertes Interesse entgegensteht.[4] Ist die Anschrift des Beklagten nicht bekannt, kann aber die Klageschrift dennoch eingereicht werden, da deren Zustellung im Wege der öffentlichen Zustellung (§ 185) bewirkt werden kann. Im Verfahren vor dem Amtsgericht kann bei unbekanntem Aufenthalt des Empfängers eine Willenserklärung (zB Kündigung) an diese im Rahmen einer Klageschrift abgegeben werden, da diese ebenfalls nach § 132 Abs. 1 BGB öffentlich zugestellt werden kann.

6   Der in der Klageschrift verfolgte **Anspruch** ist zum einen nach dem diesem zugrunde liegenden Sachverhalt (= Klagegrund) zu individualisieren (§ 253 Abs. 2 Nr. 2 Alt. 2), wobei zwar grds. eine Bezugnahme auf Anlagen möglich ist, diese aber aus sich selbst heraus verständlich sein muss, da das Gericht nicht verpflichtet ist, ein Konvolut zum Zwecke der Konkretisierung durchzuarbeiten[5]. Daneben ist das aus dem Sachverhalt abgeleitete Rechtsschutzbegehren mittels hinreichend bestimmten Antrags zu bezeichnen (§ 253 Abs. 2 Nr. 1 Alt. 2). Leitlinie kann auch hier sein, ob der Antrag für eine etwaige nachfolgende Zwangsvollstreckung eine taugliche Grundlage sein kann.

bb) Unterschrift des Klägers bzw. Anwalts (§§ 253 Abs. 4, 130 Nr. 6)

7   Entgegen dem Wortlaut der §§ 253 Abs. 3, 130 Nr. 6 ist nach der Rspr. des BGH eine Unterschrift grds. zwingendes Erfordernis bei bestimmenden Schriftsätzen wie Klage u. Rechtsmittel. Die Unterschrift dient der Identifizierung des Urhebers und des Nachweises des Einreichungswillen und der Übernahme der vollen Verantwortung für den Inhalt des Schriftsatzes.[6]

Wird die Klage in Form eines elektronischen Dokuments (§ 130 a Abs. 1 und 2) eingereicht, wird das Erfordernis der Unterschrift durch die Signatur iSd § 130 a Abs. 3, 4 ersetzt.

cc) Prozesshandlungsfähigkeit des die Klage Einreichenden iSd § 51 – insbesondere seine Postulationsfähigkeit iSd § 78

8   Zwingende Voraussetzung für eine Klageschrift ist, dass der sie Einreichende prozessfähig iSd § 51 ist wie auch die Fähigkeit hat, in eigener Person rechtswirksam zu handeln (§ 78).

dd) Einreichung der Klage entweder in Schriftform (§ 253) oder auf elektronischem Wege (§ 130 a Abs. 2)

9   Die Einreichung kann auch durch Telefax erfolgen, sofern dieses eine eigenhändige Unterschrift der einreichenden Person aufweist (§ 130 Nr. 6 Hs. 2). Bei einem Computerfax genügt eine eingescannte Unterschrift dem Formerfordernis[7], nicht dagegen bei Übermittlung durch normales Faxgerät[8], da Voraussetzung ist, dass die Kopiervorlage unterschrieben worden ist und die Unterschrift auf der Telekopie wiedergegeben wird.[9]

---

4   BGHZ 102, 332 = NJW 1988, 2114.
5   BVerfG NJW 1994, 2683; BGH NJW 2016, 2747 (2748 Rn. 19).
6   BGH NJW 2005, 2086 (2087) mwN; aA Zö/Greger, § 130, 21 ff.: auch anderweitige Feststellung ausreichend.
7   GmS-OGB 5.4.2002 – GmS-OGB 1/98, NJW 2000, 2340; BGH VersR 2008, 1277. Entsprechend bei Übermittlung durch E-Mail BGH NJW 2008, 2649 (2650 Rn. 11).
8   BGH NJW 2006, 3784. Differenzierung nicht verfassungswidrig, BVerfG NJW 2007, 3117 (3118).
9   BGH NJW 2015, 3246 (3247 Rn. 9); zur Lesbarkeit der Unterschrift vgl. BGH NJW-RR 2019, 441.

II. Einreichung einer Klageschrift (§ 253)

Die bloße Beifügung des Namens in Computerschrift genügt nicht, da dies keine Gewähr für Unterschrift und Einreichungswille bietet.[10]

Die (Neu)Fassung des § 130 a ermöglicht nunmehr ohne besondere Zulassung die Einreichung elektronischer Dokumente, sofern die in § 130 a Abs. 2–4 geregelten Voraussetzungen erfüllt sind. Ab 1.1.2022 sind Rechtsanwälte und Behörden grds. verpflichtet, die Klageschrift als elektronisches Dokument einzureichen. Dies erfordert eine Signatur iSd § 130 a Abs. 3 sowie eine Übermittlung des Dokuments auf einem sicheren Übermittlungsweg iSd § 130 a Abs. 4.

b) Mängel der Klageschrift

aa) Schwerwiegende Mängel

Dabei handelt es sich um solche, die die **Klageschrift** für ihren Zweck, ein Prozessrechtsverhältnis zu begründen, **absolut funktionsuntauglich** machen. Darunter fallen Einreichungsmängel wie zB unvollständige, nicht zustellungsfähige Bezeichnung des Beklagten, oder fehlende Postulationsfähigkeit. Diese betreffen sog. echte Prozessvoraussetzungen. Sofern sie fehlen bzw. wenn Einreichungsmängel vorliegen, entsteht kein Prozess; die Klage wird dem Beklagten nicht zugestellt, ein Termin nicht anberaumt.

bb) Sonstige Mängel

Andere Mängel, wie zB Unbestimmtheit des Antrags (§ 253 Abs. 2 Nr. 2) oder das Fehlen des Feststellungsinteresses (§§ 256 Abs. 1), hindern die Entstehung des Prozesses dagegen nicht, führen aber zur Unzulässigkeit der Klage (Abweisung durch Prozessurteil, → § 9 Rn. 1 ff.), sofern keine Heilung des Mangels erfolgt.

Weist die Klageschrift absolute Mängel dieser Art auf, so ist bei behebbaren Mängeln die Klage an den Einreichenden unter Hinweis auf den Mangel und seine Behebbarkeit zurückzugeben oder dem Einreichenden in anderer Weise die Behebung des Mangels zu ermöglichen. Bei unbehebbaren Mängeln ist idR der Einreichende ebenfalls zu unterrichten, mit dem Hinweis, dass das Gericht deshalb nichts veranlassen könne und die Klage als unzulässig verworfen werden wird. Insofern erhält der Einreichende die Möglichkeit zur Klagerücknahme.

Bei Fehlen der Postulationsfähigkeit (Klage der Partei persönlich an LG) ist zu erwägen, ob die Klage nicht als eine Prozesshandlung ausgelegt werden kann, die die Partei auch selbst wirksam vornehmen kann, so zB Antrag auf PKH (§§ 117, 78 Abs. 3), Antrag auf einen Notanwalt (§§ 78 b, c) oder Antrag auf Erlass einer einstweiligen Verfügung oder eines Arrests (§§ 920 Abs. 3, 936, 78 Abs. 3).

2. Einzahlung des Gerichtskostenvorschusses (§ 12 Abs. 1 GKG)

Voraussetzung für die Bearbeitung der Klage, insbes. deren Zustellung, ist die Zahlung der dreifachen Gerichtsgebühr (KV GKG Nr. 1210). Diese stellt aber eine Sollvorschrift dar, so dass deren Verstoß unschädlich ist. Sofern der Vorschuss nicht erbracht ist, fordert die Geschäftsstelle den Kläger zur Zahlung auf; bis zum Eingang des Vorschusses wird die Klage nicht dem Richter/Vorsitzenden vorgelegt. Ist der Vorschuss auch nach 6 Monaten nicht eingezahlt, wird die Akte weggelegt (vgl. § 7 Abs. 3 e) Ba-

---

10 BGH NJW 2005, 2086 (2088).

yAktO). Die Vorschusspflicht gilt auch für beantragte einstweilige Maßnahmen (zB Einstellung der Vollstreckung gemäß § 769 ZPO[11]).

Ausnahmen von diesem Grundsatz sehen § 12 Abs. 3 GKG und § 14 GKG vor (zB Bewilligung von Prozesskostenhilfe, Kostenfreiheit des Klägers (zB Bund oder Land, § 2 GKG), Absehen durch Gericht auf Antrag).

3. Anhängigkeit

a) Begriff

14 Mit dem Eingang der Klage bei Gericht wird der Rechtsstreit „anhängig". Dies bedeutet, dass das Gericht überhaupt mit der Klage befasst ist.[12] Es entsteht insofern eine Rechtsbeziehung zwischen Kläger und Gericht; das Prozessrechtsverhältnis zum Beklagten entsteht dagegen erst durch die Zustellung der Klage (erst hierdurch tritt die „Rechtshängigkeit" ein).[13] Sonderregelungen finden sich ua in §§ 281 Abs. 2 S. 3; 696 Abs. 1 S. 4.

Die Rechtsanhängigkeit ist **maßgebend** für die Begründung der Zuständigkeit des „Gerichts der Hauptsache" in den Fällen des „selbstständiges Beweisverfahrens" (§ 486) und des einstweiligen Rechtsschutzes von „Arrest und einstweiliger Verfügung" (§§ 919, 937, 943).

b) „Vorwirkung" der Anhängigkeit (§ 167)

aa) Grundprinzip

15 Nach § 204 Abs. 1 Nr. 1 BGB wird die Verjährung durch Klageerhebung, also durch Zustellung der Klage (§ 253 Abs. 1), gehemmt. § 167 verlegt den Zeitpunkt des Eintritts der Hemmung auf den der Einreichung der Klage vor. Insofern ist bereits der Eingang der Klageschrift vor Ablauf der Verjährungsfrist ausreichend, um die Verjährung zu hemmen, während die Zustellung als solche noch nach Ablauf der Frist kann. Demgemäß kommt die Vorschrift des § 167 in der Praxis, insbes. zum Jahresabschluss, maßgebliche Bedeutung zu!

bb) Anwendungsbereich

16 Die Vorschrift gilt nur für die Hemmung bzw. den Neubeginn von Verjährungsfristen und für die Wahrung solcher **Fristen, die durch gerichtliche Geltendmachung gewahrt werden können**, da § 167 lediglich sicherstellen soll, dass gerichtsbedingte Zustellungsverzögerungen nicht zulasten des Klägers gehen. Darunter fallen zB Klagen nach §§ 3 ff. AnfG, Klagefrist im Mieterhöhungsverfahren (§ 558 b Abs. 2 BGB), Frist für aktienrechtliche Anfechtungs- oder Nichtigkeitsklagen[14]). Desweitern gilt § 167 für solcher Fristen, die an sich durch außergerichtliche Geltendmachung, jedoch auch die gerichtliche Zustellung gewahrt werden können (zB Antrag auf Zustellung einer Willenserklärung nach § 132 BGB[15]; Widerspruch des Vermieters gegen die Verlängerung

---

11 Hk-ZPO/Kindl § 769 Rn. 3; Mu/Voit/Lackmann § 769 Rn. 2.
12 Schellhammer Rn. 68.
13 Schellhammer Rn. 68.
14 BGH NJW 1989, 904 (905).
15 BGHZ 177, 319/326 f. = NJW 2009, 765 (767).

des Mietverhältnisses nach § 545 BGB mittels Klageerhebung[16], Ausgleichsanspruch des Handelsvertreters nach § 89 b Abs. 4 S. 2 HGB).

Im Umkehrschluss kommt die Vorschrift jedoch nicht bei der Anfechtungsfrist gem. §§ 121, 124 BGB zur Anwendung, da diese durch einfache materiellrechtliche Erklärung gewahrt werden kann[17] wie auch nicht in den Fällen, in denen der Eintritt der Rechtshängigkeit nicht nur rechtswahrende, sondern rechtsstärkende oder rechtsvernichtende Wirkung hat (zB §§ 286 Abs. 1 S. 2, 407 Abs. 2, 818 Abs. 4, 987 ff., 996 BGB)[18] und wenn es für die Wirksamkeit einer Willenserklärung nicht auf den Zugang, sondern auf die Absendung ankommt (zB § 121 Abs. 1 S. 2 BGB).[19]

cc) Voraussetzungen

Voraussetzungen für den Eintritt der Vorwirkung ist, dass die Klage bei Gericht vor Fristablauf (auch noch am letzten Tag)[20] eingegangen ist, wobei es unmaßgeblich ist, ob dieses überhaupt zuständig ist,[21] und die Klageschrift den Anforderungen des § 253 Abs. 2 entspricht (ua Postulationsfähigkeit, Bestimmtheit des Streitgegenstandes), so dass bei Zustellung Rechtshängigkeit eintritt. Nicht notwendig sind hingegen Zulässigkeit und Schlüssigkeit der Klage. Demgemäß kann auch mit einer „mängelbehafteten" Klage, mittels § 167 eine Hemmung der Verjährung eines Anspruchs bewirkt werden (ergänzend → Rn. 12).

Die „Vorwirkung" tritt jedoch nur dann ein, wenn die Zustellung nach Anhängigkeit „demnächst" erfolgt. Entsprechend dem Sinn und Zweck des § 167, die Partei bei der Zustellung von Amts wegen vor Nachteilen durch Zustellungsverzögerungen innerhalb des gerichtlichen Geschäftsbetriebs zu bewahren, ist nicht nur maßgebend, dass sich die Verzögerung in einem hinnehmbaren Rahmen hält, sondern auch, dass der Zustellende alles in seinem Machtbereich Erforderlich getan hat, um eine zügige Zustellung zu bewirken.[22]. Insoweit unterscheidet die Rspr. danach, ob die Verzögerung auf den Zustellungsbetreiber zurückzuführen ist oder im Geschäftsbereich des Gerichts seine Ursache hat.

Der Partei sind nur solche **Verzögerungen zuzurechnen**, die sie oder ihr Prozessbevollmächtigter (§ 85 Abs. 2) bei gewissenhafter Prozessführung hätte vermeiden können[23], wobei leichte Fahrlässigkeit genügt. Eine Nachlässigkeit der Partei kann dabei im Einzelfall auch darin liegen, dass sie bei Gericht nicht nachgefragt hat, aus welchem Grund die Zustellung nicht erfolgt[24], wobei eine Nachfrage bei der Verzögerung der Zustellung dann nicht veranlasst ist, wenn der Kläger alle für eine ordnungsgemäße Klagezustellung erforderlichen Mitwirkungshandlungen erbracht u. insbes. auch den Kostenvorschuss eingezahlt hat, weil dann das Zustellungsverfahren ausschließlich in den Händen des Gerichts liegt.[25] Verzögerungen im Zustellungsverfahren, die durch eine fehlerhafte Sachbehandlung des Gerichts verursacht sind, muss sich die Paretei,

---

16 BGH NJW 2014, 2568 (2569 Rn. 25).
17 BGH NJW 1975, 39; vgl. dazu aber auch BGH NJW 2009, 765 (767); LG Nürnberg-Fürth MDR 2006, 413.
18 Zö/Greger § 167 Rn. 4.
19 BGH NJW 1975, 39; LG Nürnberg-Fürth MDR 2006, 413; Zö/Greger § 167 Rn. 3.
20 BGH FamRZ 1995, 1485.
21 BGHZ 86, 323; 90, 251.
22 BGH NJW 2015, 2666 Rn. 6 ff..
23 BGH NJW 2015, 310 (3102 Rn. 15).
24 BGH NJW 2005, 1194 (1195).
25 BGH NJW 2022, 2196 (2198 Rn. 21); NJW 2006, 3206 Rn. 11.

der die Fristwahrung obliegt, hingegen grundsätzlich nicht zurechnen lassen.[26] Auch sind bis zum Fristablauf eingetretene Versäumnisse des Klägers für die Bewertung der Frist nicht mit einzurechnen, da eine Partei die ihr eingeräumte Frist bis zum letzten Tag ausnutzen darf.[27] Eine absolute zeitliche Obergrenze besteht nicht, sondern der Zeitraum bestimmt sich nach den Besonderheiten des Einzelfalls.[28]

Es gilt der **Grundsatz**, dass Verzögerungen von **bis zu 14 Tagen** idR als „geringfügig" anzusehen sind, ohne dass das Merkmal „demnächst" überhaupt in Frage gestellt ist.[29]

Bei der **Berechnung** der Zeitdauer der Verzögerung ist auf die Zeitspanne abzustellen, um die sich der ohnehin erforderliche Zeitraum für die Zustellung der Klage als Folge der Nachlässigkeit des Klägers verzögert[30], wobei sich zB die der Partei nicht zu zurechnenden Verzögerung idR mit drei Werktage verlängert, sofern der Kostenvorschuss verfahrenswidrig nicht von der klagenden Partei selbst, sondern über deren Anwalt angefordert wurde.

Soweit das Gericht die Klageforderung unter Verstoß dieser Grundsätze als verjährt ansieht, stellt dies eine Verletzung des Grundrechts auf Gewährung effektiven Rechtsschutzes iSd Art. 2 Abs. 1 iVm Art. 20 Abs. 3 GG dar.[31]

20 Im Falle des Gerichtsvorschusses iSd § 12 Abs. 1 GKG muss der Kläger grds. nicht von sich den Vorschuss mit Einreichung der Klage einzahlen, sondern kann dessen Einforderung abwarten.[32] Falls die Kostenanforderung jedoch längere Zeit – mehr als fünf Wochen[33] – ausbleibt, obliegt dem Kläger eine Pflicht zur Nachfrage bzw. zur Einzahlung des Vorschusses.[34] Schuldhaft unzureichende Bezeichnung des Beklagten und seiner Anschrift gehen Rückfragen und erfolglose Zustellungsversuche durch das Gericht zulasten des Klägers[35]

4. Rechtshängigkeit

a) Begriff

21 Die Rechtshängigkeit setzt das Prozessrechtsverhältnis zum Beklagten voraus und tritt daher (erst) mit der Zustellung der Klage ein (§§ 261 Abs. 1, 253 Abs. 1). Sie wird für den prozessualen Anspruch durch jede Klage begründet, die ihn zum Streitgegenstand hat, gleich welche Klageart dieser gerichtlichen Geltendmachung zu Grunde liegt, also zB mittels Leistungs-, Feststellungs- oder Stufenklage. Unmaßgeblich auch, ob die Klage zulässig oder begründet ist[36], denn diese Frage ist erst im Rahmen des Prozesses zu klären.[37]

---

26 BGH NJW 2022, 2196 (2198 Rn. 17); NJW 2021, 1598 (1599 Rn. 18 mwN).
27 BGH NJw 2022, 2196 (2198 Rn 18 mwN).
28 BGH NJW 2022. 2196 (2198 Rn. 17); NJW-RR 2003, 599 (600).
29 BGH NJW 2022, 2196 (2198 Rn. 18 mwN); NJW 2015, 3101 (3102 Rn. 15); NJW 2011, 1227 Rn. 9.
30 BGH NJW 2015, 2666 Rn. 6; NJW 2011, 1227 Rn. 9.
31 BVerfG NJW 2012, 2869 (2870 Rn. 11).
32 BGH NJW 2015, 3101 Rn. 19 mwN.
33 BGH NJW 2017, 2623 Rn. 18.
34 BGH NJW 2017, 2623 Rn. 18; NJW-RR 2015, 125 (127) Rn. 16; spätestens nach sechs Wochen.
35 BGH NJW 2001, 885 (887).
36 BGH NJW 2016, 151 (152) Rn. 12.
37 BGH NJW 1967, 2304; OLG Frankfurt FamRZ 1980, 711.

II. Einreichung einer Klageschrift (§ 253) § 1

b) Materiellrechtliche Wirkungen (§ 262)

Der Eintritt der Rechtshängigkeit hemmt die Verjährung (§ 204 Abs. 1 Nr. 1 BGB), sofern das Prozessrechtsverhältnis durch eine den Anforderungen des § 253 Abs. 2 ZPO entsprechender Klage eingeleitet worden ist, so dass zwingende Voraussetzung ist, dass der Gläubiger die richtige ladungsfähige Anschrift des Schuldners angegeben hat[38] und keine schwerwiegenden Mängel in Bezug auf die Klageschrift vorliegen, die der Begründung eines Prozessrechtsverhältnisses entgegenstehen (→ Rn. 11), so zB fehlende Postulationsfähigkeit[39] oder Unbestimmtheit des Streitgegenstandes[40]. Obwohl § 204 anders als § 209 aF nicht ausdrücklich auf den Berechtigten abstellt, ist auch weiterhin Voraussetzung für eine Hemmung, dass der Kläger der Berechtigte des geltend gemachten Anspruch ist bzw. die Prozessführungsbefugnis innehat. Die Klage eines Nichtberechtigten hemmt die Verjährung nicht.[41] 22

Die Hemmung tritt sowohl bei einer unzulässigen als auch bei einer nicht schlüssigen sowie bei einer nicht hinreichend substanziierten Klage ein.[42] Bei einer unzulässigen Klage endet die Hemmung bei Klageabweisung als unzulässig durch Prozessurteil nach sechs Monaten ab Eintritt der Rechtskraft (§ 204 Abs. 2 BGB). Der Kläger kann daher innerhalb dieser sechs Monate – und der restlichen Verjährungsfrist – erneut klagen.

Hinweis Insofern kann auch durch die Erhebung einer unzulässigen Klage der Eintritt der Verjährung hinausgeschoben!

Der **Umfang** der Hemmung erstreckt sich – aber auch nur – auf alle vom selben Streitgegenstand der Klage her erfassten materiellrechtlichen Ansprüche.[43] Insoweit erfasst eine Teilklage – auch bei verdeckter Teilklage[44] – nur den eingeklagten Teilbetrag[45], eine unbezifferte Feststellungsklage den gesamten Anspruch[46]. Bei einem Haupt- und Hilfsantrag tritt die Verjährungshemmung auch hins. Hilfsantrag ein, da dieser mit dem Hauptantrag sogleich rechtshängig wird[47]; bei Erfolg des Hauptantrages endet die Hemmung hins. des Hilfsantrags wieder nach sechs Monaten ab Rechtskraft (§ 204 Abs. 2).[48] 23

Die Rechtshängigkeit **bewirkt** den Eintritt des Verzugs und begründet den Anspruch auf Prozesszinsen (§§ 291, 288 BGB) gemäß § 187 Abs. 1 BGB von dem der Zustellung nachfolgenden (nach weitgehendem Gerichtsgebrauch dagegen einschließlich des Zustellungs-) Tag an, sofern der Verzug nicht bereits vorprozessual eingetreten ist (§ 286 Abs. 1 S. 2 BGB). Außerdem bewirkt sie Haftungsverschärfungen (zB §§ 292, 818 Abs. 4, 987 ff. BGB), unterbricht die Ersitzung u. bestimmte Ausschlussfristen (zB §§ 864, 1002 BGB), macht Ansprüche auf Pflichtteil, Notbedarf u. Zugewinnausgleich pfändbar (§ 852) und stellt in zeitlicher Hinsicht die Grenze des Vertrauensschutzes (§ 407 Abs. 2 BGB) dar. 24

---

38 BGH NJW 2016, 151 (152) Rn. 11.
39 BGHZ 100, 207.
40 BGH NJW 2001, 305 (307).
41 BGH NJW 1999, 2110 (2111); NJW 2010, 2270 (2271 Rn. 38); Grüneberg/Ellenberger § 204 Rn. 9; hM aA Kähler NJW 2006, 1769, da § 204 BGB nF nur noch von Klage spreche, nicht mehr wie § 209 BGB a.F.: „des Berechtigten".
42 BGH NJW 2016, 151 (152 Rn. 12); NJW 2000, 1420 (1421); BGH NJW 2004, 3772 (3773).
43 BGH NJW 1999, 2110 (2111).
44 BGH NJW 2002, 2167 (2168); BGH NJW-RR 2008, 521 (522 Rn. 11 f.).
45 BGH NJW-RR 1988, 692 (693); BGH NJW-RR 2008, 521 (522 Rn. 11 f.).
46 BAG NJW 2004, 2848 (2850).
47 Grüneberg/Ellenberger § 204 Rn. 13, s. u. § 8 Rn. 14 f.
48 StJ/Roth § 260 Rn. 19.

c) Prozessuale Wirkungen der Rechtshängigkeit

25 Die Rechtshängigkeit führt zur Unzulässigkeit einer weiteren Klage mit gleichem Gegenstand (§ 261 Abs. 3 Nr. 1), bewirkt aber auch den Fortbestand der Zuständigkeit des angerufenen Gerichts (perpetuatio fori, § 261 Abs. 3 Nr. 2), wobei der Streitgegenstand selbst nunmehr allein unter den Voraussetzungen der §§ 263 ff. geändert werden kann. Andererseits ist nun die Erhebung von Widerklage und Zwischenfeststellungsklage möglich.

Die Rechtshängigkeit hat zudem Bedeutung im Rahmen der Veräußerung des streitbefangenen Gegenstandes oder Anspruchs nach Rechtshängigkeit (§§ 265, 266, 325), insbes. ist bei einem streitbefangenen Grundstück zum Ausschluss des Gutglaubensschutzes gem. § 325 Abs. 2 ein Rechtshängigkeitsvermerk im Grundbuch möglich (einstweilige Verfügung oder § 22 GBO entsprechend).[49]

III. Verfahrensbeginn durch Prozesskostenhilfeantrag

1. „Reiner" Prozesskostenhilfeantrag

a) Begriff

26 Der Antragsteller – zukünftiger Kläger – beantragt PKH für eine beabsichtigte Klage, die er erst nach Bewilligung bei Gericht einreichen will. Ein solcher Antrag stellt noch keine Klage dar und hat daher grds. noch nicht die Wirkungen der Anhängigkeit und Rechtshängigkeit einer Klage.

Es tritt aber eine Hemmung der Verjährung mit der auf Veranlassung des Gerichts dem Gegner erfolgten Bekanntgabe (nicht Zustellung) des Antrags auf Bewilligung von PKH ein.[50] Erfolgt diese „demnächst" iSd § 167, wird der Eintritt der Hemmung auf den Zeitpunkt der Einreichung vorverlegt (§ 204 Abs. 1 Nr. 14 Hs. 2 BGB), falls der Antrag den wesentlichen Anforderungen des § 117 entspricht. Insofern gelten in Bezug auf die Darstellung des verfolgten Anspruchs die Grundsätze des § 253 Abs. 2 (Gleichstellung zur Verjährungshemmung durch Klage)[51].

b) Voraussetzungen für die Bewilligung von PKH (§ 114)

aa) Mittellosigkeit (§§ 114, 115)

27 Diese bestimmt sich danach, ob der Antragsteller seine eigenen voraussichtlichen Prozesskosten, also Anwaltskosten, gerichtliche Gebühren und Auslagen, in der Lage ist, zu erbringen. Hierbei werden seine Einkommens- und Vermögensverhältnisse nach SGB II/XII-Grundsätzen und einer – jährlich angepassten – Tabelle (vgl. § 115) errechnet. Insofern kommt uU Raten-PKH in Betracht.

Eine Mittellosigkeit besteht nicht, soweit die Partei einen durchsetzbaren Anspruch auf Prozesskostenvorschuss hat, zB aus § 1360a BGB;[52] bei Eingreifen einer Rechtsschutzversicherung;[53] oder falls sie ihre Arbeitskraft (= Vermögen) nicht ausnutzt.[54] Wenngleich es unmaßgeblich ist, dass die Partei ihr Unvermögen verschuldet hat, ist für eine

---

49 BayObLG NJW-RR 2003, 234; 2004, 1461; OLG München NJW-RR 2000, 384 (385).
50 S. dazu BGH NJW 2018, 1939 (Rn. 7 f.): ohne diese gerichtliche Maßnahme keine Hemmung.
51 OLG Stuttgart FamRZ 2005, 526; Grüneberg/Ellenberger § 204 Rn. 29, 30.
52 BGH NJW-RR 2008, 1531 Rn. 9; Anders/Gehle/Dunkhase § 114 Rn. 59 ff.
53 BGH NJW 1991, 110.
54 BGH NJW 2009, 3658 (3659 Rn. 11); KG FamRZ 2008, 2302.

III. Verfahrensbeginn durch Prozesskostenhilfeantrag

Bewilligung kein Raum, wenn die Partei in Kenntnis des sich abzeichnenden Prozesses ihre Bedürftigkeit mutwillig herbeigeführt hat, und sich so der Antrag als missbräuchlich darstellt.[55]

Wer in gewillkürter Prozessstandschaft klagt, muss auch die Mittellosigkeit des Rechtsinhabers belegen,[56] wer eine ohne triftigen Grund an ihn abgetretene Forderung einklagt, auch die Mittellosigkeit des Zedenten.[57] Für Parteien kraft Amtes gilt § 116 Nr. 1; ein Insolvenzverwalter ist uU auf Kostenvorschuss von Insolvenzgläubigern zu verweisen, denen ein Erfolg der Klage zugutekommt.[58]

bb) Hinreichende Aussicht auf Erfolg (s. u. → Rn. 34)

Der Antrag erfordert eine hinreichende Darlegung, inwiefern die beabsichtigte Klageerhebung in der Sache erfolgreich sein wird (vgl. dazu näher → Rn. 34).

cc) Keine Mutwilligkeit der Prozessführung

Maßgebliches Kriterium ist insoweit, ob auch eine verständige vermögende Partei ihr Recht in gleicher Weise verfolgen würde. So liegt zB eine Mutwilligkeit bei einer Klage Zug um Zug gegen eine Gegenleistung vor, die der Antragsteller nicht erbringen kann;[59] bei völliger Aussichtslosigkeit einer Vollstreckung[60], wobei diese nur ausnahmsweise gegeben ist, da aus einem Titel 30 Jahre vollstreckt werden kann (§ 197 BGB).

dd) PKH-Antrag des Beklagten

Die vorgenannten Voraussetzungen gelten entsprechend.

c) Verfahren („PKH-Prüfungsverfahren")

aa) Antrag

Es besteht kein Anwaltszwang (§§ 117 Abs. 1 S. 1 Hs. 2, 78 Abs. 3), so dass es der Partei möglich ist, den Antrag persönlich bei dem Landgericht zu stellen. Eine Bezeichnung als „Klage" ist ggf. als PKH-Antrag zu werten.

Inhaltlich ist das Streitverhältnis mit den Beweismitteln so darzustellen, dass eine Beurteilung der Erfolgsaussichten der Rechtsverfolgung möglich ist. Bei einer Antragstellung im Zusammenhang mit einer Klageerhebung ist die Beifügung des Klageentwurfes üblich. Daneben bedarf es der Angabe der persönlichen und wirtschaftlichen Verhältnisse samt Belegen, wobei das eingeführte Formular zwingend zu verwenden ist (§ 117 Abs. 4).

Sind die formellen Voraussetzungen nicht erfüllt (zB Nichtverwendung des Formulars, nicht hinreichende Angaben oder Belege), ist der Antrag – nach Hinweis – abzulehnen (§ 118 Abs. 2 S. 4). Im Rahmen der Vorlage der hiergegen erhobenen Beschwerde an

---
55 Zö/Schultzky § 114 Rn. 13.
56 BGH BeckRS 1991, 00914.
57 KG MDR 2002, 1396.
58 BGH NJW-RR 2007, 993 (994 Rn. 8); vgl. aber auch BGH NJW-RR 2013, 422 (423 Rn. 5); s. Steenbuck MDR 2004, 1155 (1157).
59 OLG Düsseldorf MDR 1982, 59.
60 OLG Celle NJW 1997, 532; OLG Koblenz FamRZ 2001, 234.

das Beschwerdegericht (§ 127) können die Belege nachgereicht werden. Ebenso ist die Stellung eines neuen Antrags unter Beseitigung der Mängel möglich.

bb) Gelegenheit zur Stellungnahme für den Antragsgegner (§ 118 Abs. 1 S. 1)

33 Hierbei darf grds. nur die Darstellung des verfolgten Anspruchs dem Antragsgegner übersandt werden, nicht aber die Erklärung iSd § 117 Abs. 2 S. 2–4 (persönliche und wirtschaftliche Verhältnisse des Antragstellers bzw. Belege).

Eine Stellungnahme des Antragsgegners unterbleibt häufig aus Taktikgründen, um statt einer PKH-Ablehnung für den Antragsteller ohne Kostenerstattungsanspruch (§ 118 Abs. 1 S. 4) später selbst PKH oder einen Kostenerstattungsanspruch bei Prozessverlust des Antragstellers zu erhalten. Da sich der Antragsgegner nicht zu äußern braucht – er erhält ja gerade nur „Gelegenheit" (also das Recht, keine Verpflichtung)-, steht das Unterlassen einer Erklärung einem späteren eigenen PKH-Antrag des Antragsgegners grds. nicht entgegen.[61]

cc) Prüfung der Bewilligungsvoraussetzung

34 Hauptprüfpunkt in der Praxis ist idR die **hinreichende Aussicht auf Erfolg** der Rechtsverfolgung/-verteidigung. Maßgebliches Kriterium hierfür ist, ob der von einem Kläger vertretene Rechtsstandpunkt zumindest vertretbar erscheint und in tatsächlicher Hinsicht die Möglichkeit einer Beweisführung besteht.[62]

Die Anforderungen an die Erfolgsaussicht dürfen dabei nicht überspannt werden. Die Prüfung der Erfolgsaussicht darf nicht dazu dienen, die Rechtsverfolgung in das summarische PKH-Verfahren zu verlagern; denn dieses Verfahren soll den gerichtlichen Rechtsschutz zugänglich machen, nicht aber selbst bieten.[63] Daher ist bei entscheidungserheblichen schwierigen ungeklärten Rechtsfragen oder bei Erforderlichkeit einer Beweiserhebung[64] – zur Gewährung des grundgesetzlich gebotenen Rechtsschutzes auch für den Mittellosen – PKH zu bewilligen.[65] Andererseits darf Prozesskostenhilfe verweigert werden, wenn ein Erfolg in der Hauptsache zwar nicht schlechthin ausgeschlossen, die Erfolgschance aber nur eine entfernte ist.[66]

Da lediglich Erfolgsaussicht, nicht aber Erfolgsgewissheit erforderlich ist, genügt grds. die Zulässigkeit der beabsichtigten Klage und die schlüssige Darlegung des Anspruchs mit Beweisantritt.[67] Für die Prüfung gelten die allgemeinen Grundsätze, zB Berücksichtigung von Einwendungstatbeständen – wie Mitverschulden – von Amts wegen[68], von Einreden – wie Verjährung – nur dann, wenn der Antragsgegner sie erhebt;[69] sowie die Feststellung, ob erhebliche Tatsachen unstreitig oder streitig sind.

---

61 OLG Hamm FamRZ 2008, 1264; OLG Schleswig MDR 2007, 118; Benkelberg FamRZ 2006, 869; Nickel MDR 2008, 65. aA OLG Brandenburg JurBüro 2006, 37; MDR 2008, 103: „mutwillig".
62 BGH NJW 1994, 1160 (1161).
63 BVerfG NJW 2016, 1377 Rn. 19.
64 BVerfG NJW 2012, 2870 (Ls.).
65 BVerfG FamRZ 2010, 867; BVerfG NJW 2006, 3412; BVerfG NJW 2008, 1060 (1061 Rn. 23); BGH MDR 2003, 405; BVerfG NJW 2012, 2722 (Ls.); BGH NJW-RR 2007, 908 Rn. 7; BGH NJW 2012, 1964 (1965 Rn. 14).
66 BVerfG NJW 2015, 2173 (2174) Rn. 12.
67 HK-ZPO/Kießling § 114 Rn. 17 ff. Zö/Schultzky § 114 Rn. 26, 29; ThP/Seiler § 114 Rn. 2 ff.
68 KG MDR 1979, 672.
69 Zö/Schultzky § 114 Rn. 30.

III. Verfahrensbeginn durch Prozesskostenhilfeantrag

Da eine Beweisaufnahme im PKH-Prüfverfahren nicht stattfindet, ist PKH idR dann zu bewilligen, wenn eine Beweisaufnahme ernsthaft in Betracht kommt und keine konkreten und nachvollziehbaren Anhaltspunkte dafür vorliegen, dass die Beweisaufnahme mit großer Wahrscheinlichkeit zum Nachteil des Antragstellers ausgehen würde.[70] Das Verbot der Vorwegnahme der Beweiswürdigung gilt nur abgeschwächt; denn die Prüfung der Erfolgsaussicht enthält gerade auch eine Prognose, die den voraussichtlichen Ausgang einer erforderlich werdenden Beweisaufnahme – in eng begrenztem Ausmaß – einbeziehen darf.[71] Ergibt daher die Würdigung aller schon feststehenden Gesamtumstände und Indizien, dass eine positive Beweisführung zugunsten des Antragsteller sehr unwahrscheinlich ist und eine vernünftig wirtschaftlich denkende Partei von einer Prozessführung absehen würde, ist für eine Gewährung von PKH kein Raum.[72] So kann zB Erfolgsaussicht verneint werden, wenn beigezogene Akten – etwa Vernehmungsprotokolle in Strafakten – ergeben, dass der Klägervortrag nicht beweisbar sein wird, oder wenn der Antragsteller sich nur auf Parteivernehmung des Antragsgegners berufen kann, dessen Stellungnahme jedoch ergibt, dass er eine entgegenstehende Darstellung geben wird.[73] Zu einem noch nicht erhobenen Zeugenbeweis ist jedoch keine Aussageprognose gestattet: Bei erheblichem Beweisantritt durch noch unvernommene Zeugen ist daher grds. PKH zu gewähren.[74]

Maßgeblich für die Feststellung der Erfolgsaussicht ist grds. der **Zeitpunkt** der Entscheidung über den PKH-Antrag.[75] Demgemäß ist auch das Rechtsmittelgericht bei der Beurteilung der Erfolgsaussicht der Rechtsverfolgung oder -verteidigung an die inzwischen eingetretene Rechtskraft der Hauptsacheentscheidung gebunden.[76] Bei Verzögerung der Entscheidung durch das Gericht oder wenn eine zweifelhafte Rechtsfrage verfahrensfehlerhaft in das PKH-Verfahren verlagert worden ist, ist jedoch die Beurteilungssituation im Zeitpunkt der Bewilligungsreife maßgeblich[77], dh zu dem Zeitpunkt, zu dem bei ordnungsgemäßem Verfahrensablauf über den PKH-Antrag hätte entschieden werden können und müssen. Wenn zu diesem Zeitpunkt eine hinreichende Erfolgsaussicht bestanden hat, muss PKH daher auch nachträglich noch bewilligt werden; für den Antragsteller nachteilige Veränderungen des Sach- und Streitstandes – etwa durch eine ungünstige Beweisaufnahme – dürfen insoweit nicht zu seinen Lasten berücksichtigt werden.[78] Daher sind ggf. PKH-Bewilligung und gleichzeitig Klageabweisung geboten.

35

Zum Zwecke der Prüfung der Voraussetzungen für die erstrebte Bewilligung kann das Gericht einen Erörterungstermin anberaumen (§ 118 Abs. 1 S. 3), für den kein Anwaltszwang besteht. Ein in dessen Rahmen geschlossener Vergleich stellt einen Vollstreckungstitel (§ 794 Abs. 1 Nr. 19) dar.

36

---

70 BVerfG NJW 2008, 1060 (1061).
71 BVerfG NJW-RR 2002, 1069; BVerfG NJW 2003, 2976 (2077); BVerfG NJW-RR 2005, 140.
72 BVerfG NJW 2010, 288 (289 Rn. 5); BVerfG NJW 2003, 2976 (2977); BVerfG NJW-RR 2005, 140; BVerfG NJW 2008, 1060 (1061).
73 OLG Köln VersR 2000, 638; FamRZ 2001, 1352; MDR 2007, 605.
74 BGH NJW 1988, 267 (278); OLG Hamm VersR 1991, 219; 2001, 1175; 2002, 1233.
75 Hk-ZPO/Kießling § 114 Rn. 17 mwN.
76 BGH 7.3.2012 – XII ZB 391/10, NJW 2012, 1964.
77 BGH 7.3.2012 – XII ZB 391/10, NJW 2012, 1964.
78 BVerfG NVwZ-RR 2018, 873 Rn. 15 mwN; BGH NJW 2012, 1964 (1065 Rn. 16); KG FamRZ 2007, 1469; OLG Naumburg FamRZ 2000, 431; OLG Hamburg FamRZ 2000, 1587; Anders/Gehle/Dunkhase § 114 Rn. 82, 83 mN; Zö/Schultzky § 127 Rn. 15 ff.; ThP/Seiler § 119 Rn. 4.

Falls für beide Parteien Erfolgsaussicht besteht – bei streitigem Vortrag und beiderseitigem Beweisantritt –, kann beiden Parteien PKH zu bewilligen sein.

d) Entscheidung

aa) Bewilligung

37 Die Bewilligung ergeht in Form eines Beschlusses, wobei der Wirkungszeitpunkt zu benennen ist. Dieser bedarf keiner Begründung (idR mittels Formular), sofern er antragsgemäß ratenfrei ergeht.

38 Bei einer **Bewilligung unter Ratenzahlung** bedarf es einer konkreten und fallbezogenen Begründung sowohl für die Anordnung der Ratenzahlung als auch die Höhe der festgesetzten Raten. Die Verwendung nicht fallbezogener Textbausteine ist hierfür nicht genügend.[79] Die Ratenzahlung ist betragsmäßig zu bestimmen. Das Gericht kann zudem den Beginn der Zahlung, der in der Zukunft liegen muss, festgelegen. Sofern dies nicht erfolgt, beginnt die Zahlungspflicht mit dem Beginn des Folgemonats nach Zugang der PKH-Bewilligung.

39 Bei Verfahren vor dem Landgericht ist zudem ein Anwalt beizuordnen (§ 121 Abs. 1); bei Verfahren vor dem Amtsgericht erfolgt eine Beiordnung nur, wenn dies erforderlich erscheint – zB wegen der Schwierigkeit der Sache oder der Prozessführung für den Antragsteller[80] – oder wenn der Gegner anwaltlich vertreten ist (Waffengleichheit, § 121 Abs. 2).

40 Nach hM kann PKH grds. nur für die beabsichtigte Klage bewilligt werden, nicht schon für das PKH-Prüfungsverfahren als solches[81]. Nach hM kann jedoch PKH beschränkt für den Abschluss eines Vergleichs bewilligt werden.[82] Streitig ist, ob dann nicht die Bewilligung auch für das PKH-Verfahren zu erstrecken ist[83]. Problematisch ist auch, ob die Rspr. des BGH mit EU-Recht vereinbar, nach dem sich eine PKH-Gewährung auf das gesamte Verfahren erstrecken muss.[84]

Bei Bewilligung hat der Antragsteller nunmehr eine Klageschrift einzureichen; nach deren Eingang läuft das Verfahren dann in normaler Weise an.

bb) Ablehnung des Antrags

41 Die Ablehnung des Antrags erfolgt durch einen zu begründenden **Beschluss**, der üblicherweise keine Sachverhaltsdarstellung enthält, sondern lediglich die Begründung der Ablehnung. Falls sowohl Erfolgsaussicht als auch Bedürftigkeit zu verneinen sind, sind beide Gesichtspunkte auszuführen.

Der Beschluss enthält keine Kostenentscheidung, da dem Gegner entstandene Kostenerstattung nicht erstattet werden (s. § 118 Abs. 1 S. 4).

---

79 HK-ZPO/Kießling § 127 Rn. 6; OLG Köln MDR 2009, 408; OLG Saarbrücken FamRZ 2010, 1753.
80 BVerfG NJW-RR 2007, 1713 (1714).
81 BGH NJW 2004, 2595 (2596); BVerfG NJW 2018, 449 (449) Rn. 21.
82 BGH NJW 2004, 2595 (2596).
83 So ua OLG Hamm FamRZ 2005, 528; Fischer MDR 2008, 477 (auch zu den anfallenden Gebühren). abl. BGH NJW 2004, 2595, dessen Rechtsprechung nicht gegen das Gebot der Rechtsschutzgleichheit (Art. 3 Abs. 1 iVm Art. 20 Abs. 3 GG) und das Grundrecht der freien Berufsausübung (Art. 12 Abs. 1 GG) verstößt; vgl. BVerfG NJW 2012, 3293 Rn. 12 und 13.
84 S. Nickel MDR 2016, 438 (439); MDR 2007, 749.

III. Verfahrensbeginn durch Prozesskostenhilfeantrag

Gegen die Ablehnung der PKH findet „**sofortige Beschwerde**" statt (§ 127 Abs. 2 S. 2). Die Beschwerde ist jedoch unzulässig bei einem Streitwert bis 600 EUR, da im PKH-Verfahren kein weitergehender Rechtszug als zur Hauptsache eröffnet ist[85]. Die Rechtsbeschwerde an den BGH (§ 133 GVG) findet in den Fällen, in denen das Rechtsmittelgericht die PKH für die Rechtsmittelinstanz verweigert hat oder das Beschwerdegericht eine PKH-Beschwerde zurückgewiesen hat, nur statt, wenn sie in dem angefochtenen Beschluss durch die Kammer oder den Senat entsprechend den Grundsätzen des § 574 Abs. 2 zugelassen worden ist. Die Zulassung darf nur wegen solchen Fragen erfolgen, die die persönlichen oder wirtschaftlichen Verhältnisse der Partei oder das Verfahren der PKH betreffen.[86]

Eine PKH-Ablehnung erwächst nicht in Rechtskraft, so dass ein neuer Antrag grds. zulässig ist, sofern er sich auf neue Gründe stützt, anderenfalls fehlt das Rechtsschutzinteresse.[87]

Falls die Bewilligungsvoraussetzungen nur für einen **Teil der beabsichtigten Klage** gegeben sind, ist die PKH nur zu diesem Teil zu bewilligen, im Übrigen abzulehnen.

> „Dem Antragsteller wird Prozesskostenhilfe für eine Klage über 2.500 EUR – oder: lediglich unter Berücksichtigung einer Mitverschuldensquote von 50 % – bewilligt; im Übrigen wird der Antrag auf Bewilligung von Prozesskostenhilfe abgelehnt."

Bei **Unzuständigkeit des angerufenen Gerichts** für eine beabsichtigte Klage fehlt die Erfolgsaussicht, so dass dann PKH zu versagen ist. Nimmt das Landgericht eine Erfolgsaussicht in der Sache nur zu dem Teil der Forderung an, der in die Zuständigkeit des Amtsgerichts fällt, ist die PKH nach hM[88] insgesamt zu versagen, zu einem Teil mangels Erfolgsaussicht, im Übrigen mangels sachlicher Zuständigkeit des Landgerichts.

Ist aber die Klage bereits mit einem Antrag erhoben, der die Zuständigkeitsgrenze des Landgerichts überschreitet, kann der PKH-Antrag nicht vollumfänglich zurückgewiesen werden, sofern die Erfolgsaussicht nur in einem Umfang besteht, der die Zulässigkeitsgrenze unterschreitet. Im Hinblick auf § 261 Abs. 3 Nr. 2 bleibt das Landgericht zuständig, wenn der Antragsteller die Klage in Bezug auf den aussichtslosen Teil zurücknimmt; im Übrigen kann der Antragsteller den Prozess auf eigene Kosten führen. Insoweit ist die PKH für den aussichtsreichen Teil zu bewilligen.[89]

Es ist aber auch eine Verweisung entspr. § 281 im PKH-Verfahren möglich, mit Bindung jedoch nur für das PKH-Verfahren, nicht aber für die nachfolgende Klage.[90]

e) Kostenauswirkungen der PKH-Bewilligung

Der Antragsteller ist für den Prozess nicht gerichtskostenpflichtig (§ 122 Abs. 1 Nr. 1 a)[91]; die Klage wird daher ohne Kostenvorschuss zugestellt, auch während des Rechtsstreits besteht keine Vorschusspflicht (etwa nach § 379).

---

[85] S. BGH NJW 2005, 1659.
[86] BGH NJW-RR 2018, 763 (764 Rn. 7 mwN).
[87] BGH NJW 2004, 1805 (1806); OLG Frankfurt MDR 2007, 1286.
[88] BGH NJW-RR 2004, 1437; KG JurBüro 2007, 437.
[89] S. Zö/Schultzky § 114 Rn. 28.
[90] BGH NJW-RR 1991, 1343; 1992, 59 (60); BAG NJW 1993, 751 (752).
[91] Vgl. dazu OLG Frankfurt a.M. NJW 2012, 2049.

Es besteht auch keine Vorschusspflicht für den Antragsgegner (§ 122 Abs. 2), sofern nicht PKH mit Ratenzahlung bewilligt wurde. Falls umgekehrt nur dem Beklagten PKH bewilligt wird, bleibt dagegen der Kläger vorschusspflichtig!

Der Antragsteller hat nur die ihm auferlegten Ratenzahlungen an die Staatskasse zu leisten. Der beigeordnete Rechtsanwalt erhält seine – idR geringere – Vergütung nur aus der Staatskasse (gem. §§ 45 ff. RVG); er hat keinen weiteren Anspruch gegen seine Partei (§ 122 Abs. 1 Nr. 3, wohl aber gegen den unterliegenden Beklagten (§ 126).

46 Die Bewilligung von PKH hat jedoch auf eine Verpflichtung, **die dem Gegner entstandenen Kosten** zu erstatten, keinen Einfluss (§ 123): Verliert also der Kläger den Prozess und werden ihm demgemäß die Kosten des Rechtsstreits gemäß § 91 ZPO auferlegt, so hat er die dem Beklagten entstandenen Kosten zu erstatten; diese Kosten werden nicht von der Staatskasse getragen.

Demgemäß darf einem Antragsteller nicht leichtfertig PKH aus dem Gedanken heraus bewilligt werden, dass er damit ja nur begünstigt werde. Denn wenn er dann den Prozess verliert, ist er dem Kostenerstattungsanspruch des Gegners ausgesetzt, so dass er im Ergebnis schlechter dasteht als bei Ablehnung von PKH, wodurch keine dem Gegner zu erstattenden Kosten angefallen wären (§ 118 Abs. 1 S. 4), und Unterlassung der Klage. Aber auch der Gegner muss davor geschützt werden, dass er bei einem gewonnenen Prozess seinen Kostenerstattungsanspruch gegen den Mittellosen nicht durchsetzen kann.

2. Verbindung von Prozesskostenhilfeantrag und Klage

a) Gleichzeitige Einreichung von (wirksamer) Klageschrift und PKH-Antrag

47 In diesem Fall sind zwei Verfahren gleichzeitig anhängig, das Klageverfahren und das Verfahren auf Bewilligung von PKH, es sein, dass der **Antragsteller** eindeutig klarstellt, dass er den Klageantrag nur bedingt für den Fall der Bewilligung der PKH stellen will (→ Rn. 51).

Sofern eine solche Klarstellung nicht vorliegt bzw. eine wirksame Klageschrift iSd § 253 vorliegt, wird diese gemäß § 12 GKG zunächst noch nicht zugestellt, so dass die Klage zwar anhängig, aber noch nicht rechtshängig wird. Die Klage soll nach dem Willen des Klägers zur Vermeidung von Kostennachteilen auch noch nicht zugestellt werden. Wird sie gleichwohl zugestellt, ist sie allerdings wirksam erhoben und rechtshängig; ihre Rücknahme löst die Kostenfolge des § 269 Abs. 3 aus. Es kommt auch vor, dass der Kläger, damit die Rechtshängigkeit alsbald entsteht, neben dem PKH-Antrag den Gerichtskostenvorschuss einzahlt: Dann muss sogleich zugestellt werden.

Vor Zustellung der Klageschrift ist das PKH-Bewilligungsverfahren durchzuführen. Der Beklagte wird formlos angehört (§ 118 Abs. 1 S. 1), da eine Zustellung zur Rechtshängigkeit der Klage führen würde.

Nach Bewilligung von PKH stellt das Gericht die Klage zu (§ 14 Nr. 1 GKG); mit der Zustellung der Klageschrift entsteht nunmehr die Rechtshängigkeit. Sofern die PKH abgelehnt wird, kann der Kläger den Kostenvorschuss einzahlen, und damit erreichen, dass die Klage zugestellt wird.

Will der Kläger dagegen den Prozess nicht durchführen, kann er die „Klage zurücknehmen". Etwaige Kosten des Beklagten hat er in diesem Fall nicht zu erstatten (§ 118 Abs. 1 S. 4); § 269 Abs. 3 S. 2 gilt nicht, da mangels Rechtshängigkeit keine Klagerück-

III. Verfahrensbeginn durch Prozesskostenhilfeantrag § 1

nahme ieS vorliegt.[92] Die bereits mit der Einreichung der Klage gem. § 6 GKG entstandene Kostenpflicht hins. der Verfahrensgebühr des Gerichts ermäßigt sich zwar auf 1,0 (GKG KV 1211, 1), bleibt aber auch in dieser Höhe bestehen.[93] Insofern besteht bei dieser Verfahrensgestaltung ein Kostenrisiko![94]

Der **Beklagte** seinerseits kann den Prozess jedoch dadurch in Gang setzen, dass er den Kostenvorschuss zahlt;[95] er zwingt dadurch den Kläger zum Betreiben des Prozesses oder zur Klagerücknahme und damit zur Klärung der Rechtslage. 48

b) Einreichung einer Klageschrift unter der Bedingung einer Bewilligung der PKH

Der Kläger will durch eine solche Verfahrensgestaltung verhindern, dass etwa versehentlich durch Zustellung der Klage das Prozessrechtsverhältnis mit dem Beklagten begründet wird, was ihn bei Versagung von PKH und Klagerücknahme gegenüber dem Beklagten kostenerstattungspflichtig machen würde (§ 269 Abs. 3 S. 2), ferner, dass ihn ein Kostenrisiko aus § 6 GKG, KV 1211, 1 trifft. Dies ist in **zweifacher Weise** möglich: 49

- Der Kläger fügt dem PKH-Antrag eine **formell nicht wirksame** Klage bei, zB eine Klageschrift ohne Unterschrift, eine Klageschrift mit Bezeichnung als „Entwurf" oder als „beabsichtigte Klage".[96] Dies ist im Grunde ein „reiner" PKH-Antrag (Klageentwurf als Begründung), so dass seine Zustellung keine Klagezustellung darstellt und insofern auch keine Rechtshängigkeit bedingt. Wird PKH versagt, ist es beim PKH-Verfahren geblieben. Bei Bewilligung von PKH muss nunmehr die Klageschrift zugestellt werden. Hierfür würde es an sich noch der Einreichung einer formell wirksamen Klage bedürfen; aus praktischen Erwägungen wird aber idR die Zustellung der nicht unterschriebenen Klage (Klageentwurf) zugelassen. Unterlässt das Gericht die Zustellung und setzt es sogleich Termin an, wird dieser Verfahrensmangel durch rügelose Verhandlung geheilt (§ 295).[97]

- Der Kläger reicht eine **wirksame Klageschrift** ein unter der Bedingung, dass sie nur für den Fall der Bewilligung von PKH zugestellt werden soll. Dies ist eine zulässige innerprozessuale Bedingung.[98] Denn es wird nicht die Klage bedingt erhoben – was nach hM an sich unzulässig wäre[99], sondern lediglich die Klageschrift wird von der Zustellung abhängig gemacht. Eine solche Bedingung erfordert eine eindeutige Erklärung des Klägers[100], zB ausdrücklich oder durch Bitte, „vorab" über die PKH zu entscheiden[101] oder nach Bewilligung „sodann" die Klage zuzustellen. Anderenfalls (zB bei der Formulierung: „die Klage soll nur soweit durchgeführt werden, soweit PKH bewilligt werde"[102]) liegt eine unbedingte gleichzeitige Einreichung von Klage

---

92 OLG Nürnberg MDR 1999, 1409.
93 S. OLG Zweibrücken NJW-RR 2001, 1653.
94 OLG Zweibrücken JurBüro 2008, 94.
95 Anders/Gehle/Hunke § 271 Rn. 5.
96 BGH NJW-RR 2000, 879.
97 BGH NJW 1996, 1351; OLG Zweibrücken NJW-RR 1998, 429.
98 HM: BGHZ 4, 333; OLG Köln NJW 1994, 3360; OLG München MDR 1988, 972; OLG Bamberg FamRZ 2001, 1380; Anders/Gehle/Dunkhase § 117 Rn. 9; Mus/Voit/Fischer § 117 Rn. 5; aA MK/Becker-Eberhard § 253 Rn. 29 iVm § 271 Rn. 20/21 mwN.
99 Zö/Greger § 253 Rn. 2; ThP/Seiler § 117 Rn. 4; HK-ZPO/Saenger § 253 Rn. 4.
100 BGH MDR 2009, 400; BGH FamRZ 1995, 797; OLG München NJW-RR 1998, 205 (206); OLG Köln JurBüro 2005, 546.
101 KG MDR 2008, 584.
102 BGH FamRZ 2007, 1726; BGH MDR 2009, 400.

und PKH-Antrag mit entsprechendem Kostenrisiko vor.[103] Insofern ist unbedingt auf die konkrete Formulierung zu achten!

Die Klageschrift kann dem Beklagten zum Zwecke seiner Anhörung formlos mitgeteilt. Dessen förmliche Zustellung bedingt im Hinblick auf die gestellte Bedingung noch nicht die Rechtshängigkeit der Klage. Bei Bewilligung der PKH muss die Klage grds. noch zugestellt werden. Insofern ist zugleich mit der Bewilligung (Bedingungseintritt) Klage erhoben und die Rechtshängigkeit nunmehr begründet worden.

Bei Versagung der PKH erfolgt hingegen keine Zustellung mehr; eine bereits erfolgte Zustellung hat mangels Bedingungseintritt die Rechtshängigkeit nicht herbeigeführt. Bei „Rücknahmen der Klage" gilt daher § 269 Abs. 3 S. 2 nicht.[104]

IV. Einleitung durch Mahnverfahren (§§ 688 ff.)

1. Vor- und Nachteile der Durchführung eines Mahnverfahrens

50 Das Mahnverfahren gibt dem Gläubiger für Zahlungsansprüche die Möglichkeit, auf einfachem, schnellem und billigem Wege zu einem Vollstreckungstitel – Vollstreckungsbescheid (§ 794 Abs. 1 Nr. 4) – zu kommen, dann nämlich, wenn sich der Schuldner nicht wehrt. Wehrt sich der Schuldner – durch Widerspruch oder Einspruch, so ist das Mahnverfahren nur eine besondere Art der Einleitung des Prozesses.

51 Die **Vorteile** des Mahnverfahrens gegenüber der Klage liegen zum einen in der für den Gläubiger einfachen Verfahrensdurchführung: Das Verfahren nimmt seinen Beginn grds. bei dem Amtsgericht, bei dem der Gläubiger seinen allgemeinen Gerichtsstand hat (§ 689 Abs. 2), es sei denn, dass gem. § 689 Abs. 3 zentrale Mahngerichte eingeführt sind, was mittlerweile der Fall ist[105]. Das Verfahren ist formalisiert durch Einführung von Vordrucken. Für die Durchführung des Mahnverfahrens besteht selbst bei einer Forderungshöhe, für die an sich das Landgericht sachlich zuständig wäre, kein Anwaltszwang. Es ist im Vergleich zu einer Klage kostengünstiger, da lediglich eine 0,5-Prozessgebühr für Gericht, § 12 Abs. 3 GKG, KV 1110 anfällt, während für eine Klage dagegen drei volle Gebühren als Vorschuss erforderlich sind. Daher stellt das Mahnverfahren auch eine kostengünstige Möglichkeit zur Verjährungshemmung dar (§ 204 Abs. 1 Nr. 3 BGB).

52 **Nachteil** des Mahnverfahren ist jedoch, dass der Schuldner kann auch bei einem Streitwert, der an sich die Zuständigkeit begründet, persönlich Widerspruch und Einspruch persönlich einlegen kann, was viele Schuldner schon wegen des damit verbundenen Zeitgewinns machen. In diesem Fall entfallen die Vorteile des Mahnverfahrens; für den Gläubiger entsteht durch die Abgabe vom Mahn- zum Streitgericht und durch die dann erst anlaufenden Fristen ein zusätzlicher Zeitverlust. Dem kann der Gläubiger durch Klage entgehen, bei der der Beklagte bei LG-Prozessen die Verteidigungserklärung nur durch einen RA abgeben kann (was er eher, schon aus Kostengründen, unterlässt; so dass dann sogleich ein Vollstreckungstitel in Form eines schriftlichen Versäumnisurteils (§ 331 Abs. 3) erlangt werden kann. Die Klage muss allerdings beim allgemein zuständigen Gericht, im Fall einer Zuständigkeit des Landgerichts durch einen Anwalt, erhoben werden.

---

103 OLG Zweibrücken JurBüro 2008, 94.
104 OLG Dresden NJW-RR 1997, 1424.
105 Vgl. dazu Habersack, Deutsche Gesetz § 689 BGB Fn. 3.

IV. Einleitung durch Mahnverfahren (§§ 688 ff.)

Demgemäß kann **Leitlinie** für die Art der Einleitung des jeweiligen Verfahrens sein, ob der Gläubiger davon ausgehen kann, dass der Schuldner sich überhaupt nicht wehren wird. Ist dies der Fall ist die Durchführung eines Mahnverfahrens anzuraten. Muss der Gläubiger hingegen mit einer Verteidigung im Mahnverfahren, wenn auch nur zum Zeitgewinn, rechnen, ist es zweckmäßigerweise sofort Klage zu erheben.

2. Beginn des Mahnverfahrens: Antrag – Mahnbescheid
a) Voraussetzungen für den Erlass des Mahnbescheids (§§ 688, 690)
aa) Verwendung von Vordrucken (§ 703 c)

Gemäß § 703 sind Formulare zur Bearbeitung des Mahnantrags eingeführt worden, die zwingend zu verwenden sind (§§ 703 c Abs. 2, 702 Abs. 1 S. 2). Für Anwälte und registrierte Personen iSd § 10 RDG ist die Übermittlung des Antrags an das Mahngericht allein in einer Form zulässig, die für eine maschinelle Bearbeitung geeignet ist (§ 702 Abs. 2 S. 2).

bb) Bezeichnung des Anspruchs durch dessen Individualisierung

Der Antragsgegner muss aus dem Mahnbescheid erkennen können, welchen Anspruch der Antragsteller ihm gegenüber geltend macht. Problematisch ist dies, wenn zwischen den Parteien mehrere Rechtsbeziehungen bestehen oder ein Teilbetrag einer Gesamtforderung geltend gemacht wird. Insofern muss der Schuldner durch die Bezeichnung des Anspruchs in die Lage versetzt werden, zu erkennen, welchen Anspruch der Gläubiger konkret mit dem Mahnbescheid verfolgt. Dies erfordert eine **hinreichende Individualisierung des verfolgten Anspruchs**[106]; eine Substantiierung oder eine Begründung sind hingegen nicht erforderlich.[107] Die Beantwortung der Frage, ob der Anspruch hinreichend individualisiert ist, ist entscheidungserheblich, ob mit der Zustellung/Einreichung des Mahnantrags in Bezug auf den Anspruch eine Hemmung der Verjährung eingetreten ist.

cc) Angabe des Gerichts des streitigen Verfahrens (§ 690 Abs. 1 Nr. 5)

Der Antragsteller hat das Gericht anzugeben, das er für zuständig hält. Insofern hat er – wie bei einer Klageerhebung – die Auswahl zwischen den allgemeinen Gerichtsstand des Beklagten oder eines anderen ausschließlichen oder nicht ausschließlichen Gerichtsstandes. Mit dieser Angabe übt der Antragsteller bei mehreren zuständigen Gerichten aber sein Wahlrecht aus (§ 35), so dass er eine Änderung nicht mehr von sich allein aus erreichen kann.[108]

Grds. ist das Amtsgericht des allg. Gerichtsstandes des Antragstellers örtlich und sachlich ausschließlich zuständig (§ 689 Abs. 2), tatsächlich aber die zur EDV-Bearbeitung eingerichteten „Zentrale (AG-)Mahngerichte" (§ 689 Abs. 3).[109] Funktionell ist der Rechtspfleger (§ 20 Nr. 1 RPflG), zuständig.

---

106 Vgl. dazu näher HK-ZPO/Gierl § 690 Rn. 30 f.
107 BGH NJW 2002, 520.
108 BGH NJW 1993, 1273.
109 S. Mus/Voit/Voit § 689 Rn. 3.

b) Mahnbescheid (§ 692)

57 Der Rechtspfleger prüft lediglich, ob die allg. Prozessvoraussetzungen und die besonderen Zulässigkeitsvoraussetzungen für die Durchführung des Mahnverfahrens vorliegen (vgl. § 691)[110]. Es erfolgt jedoch keine Schlüssigkeitsprüfung ieS (nur Individualisierung), sofern nicht das Nichtbestehen des Anspruchs bzw. dessen gerichtliche Undurchsetzbarkeit offensichtlich ist.[111]

Die Zustellung des Mahnbescheids an den Antragsgegner bewirkt eine Hemmung der Verjährung (§ 204 Abs. 1 Nr. 3 BGB), deren Wirkungen jedoch auf den Zeitpunkt des Antragseingangs zurückbezogen werden, sofern der Mahnbescheid „demnächst" iSd § 167 zugestellt wird. Im Hinblick auf die gesetzliche Wertung des § 691 Abs. 2 beträgt die „geringfügige Frist" hier einen Monat.[112] Die Verjährungshemmung tritt jedoch nur dann ein, wenn der Anspruch dergestalt individualisiert ist, dass er Grundlage eines der materiellen Rechtskraft fähigen Vollstreckungstitels sein kann und wenn der Schuldner erkennen kann, welcher Anspruch gegen ihn geltend gemacht wird.[113] Schlüssigkeit ist nicht erforderlich. Bei fehlender Individualisierung tritt eine Verjährungshemmung auch dann nicht ein, wenn der Mahnbescheid gleichwohl erlassen worden ist (und sich dies erst später im Prozess herausstellt).[114] Die mangelnde Individualisierung des Anspruchs kann somit zur Haftungsfalle für den Anwalt werden.

3. Widerspruch des Antragsgegners (§ 694)

a) Widerspruch

58 Es genügt ist jede Äußerung, dem in dem Mahnbescheid verfolgten Anspruch nicht nachzukommen. Dieser erfolgt idR in dem dafür vorgesehenen Formular, wobei eine Begründung nicht notwendig ist. Der Widerspruch ist für Anwälte und Personen iSd § 10 RDG zwingend mittels einer maschinell lesbaren Form zu übermitteln (§ 702 Abs. 2 S. 2).

b) Frist

59 Der Widerspruch ist zwei Wochen ab Zustellung des Mahnbescheids (§ 692 Abs. 1 Nr. 3), zu erheben. Bei der Frist handelt es jedoch um keine Ausschlussfrist, so dass der Widerspruch auch noch nach Ablauf der Frist erhoben werden kann. Die zeitliche Grenze wird vielmehr durch den Zeitpunkt der Verfügung des Vollstreckungsbescheids bestimmt (vgl. § 694 Abs. 1). Bis dahin kann – auch noch nach Ablauf der Frist – durch Erhebung des Widerspruchs der Erlass des Vollstreckungsbescheids verhindert werden.

> Daher ist es für den Antragsgegner sinnvoll und ihm anzuraten, auch noch nach Fristablauf sofort Widerspruch einlegen, um möglichst noch den Erlass des Vollstreckungsbescheids, und somit einen Vollstreckungstitel (§ 794 Abs. 1 Nr. 4), zu verhindern.

Der nach Erlass des Vollstreckungsbescheides eingegangene Widerspruch wird als Einspruch behandelt (§ 694 Abs. 2). Die Fiktion des § 694 Abs. 2 gilt auch bei „inkorrek-

---

110 HK-ZPO/Gierl § 691 Rn. 3 und 4.
111 HK-ZPO/Gierl § 691 Rn. 5.
112 BGH NJW 2002, 2794 (2795); BGH MDR 2007, 45; BGH NJW 2008, 1672 (1673 Rn. 12).
113 BGH NJW 2001, 305 (306); BGH NJW 2007, 1952 (1956); BGH NJW 2008, 3498 (3499 Rn. 7).
114 BGH NJW 2008, 3498 (3499 Rn. 7); BGH NJW 2009, 56 (Rn. 15).

IV. Einleitung durch Mahnverfahren (§§ 688 ff.) § 1

tem Erlass eines Vollstreckungsbescheids" (zB wenn der Vollstreckungsbescheid trotz Eingangs des Widerspruchs versehentlich ergangen ist).

Ein sog. „inkorrekter Erlass eines Vollstreckungsbescheids" hat jedoch Auswirkungen für die Frage, ob ein sog. „zweites Versäumnisurteil" ergehen kann bzw. für die Frage, ob die Zwangsvollstreckung nur gegen Sicherheitsleistung durch den Beklagten (§§ 719, 707) eingestellt werden kann (→ Rn. 66 und 68).

c) Übergang des Mahnverfahrens in das streitige Verfahren
aa) Auf Antrag

Die Besonderheit des Übergangs vom Mahnverfahren in das streitige Verfahren liegt darin, dass der Antrag gem. § 696 Abs. 1 der von **jeder der Parteien** („eine" Partei) gestellt werden kann, also auch durch den Antragsgegner. Damit kann das streitige Verfahren – im Gegensatz zum „normalen Klageverfahren" – auch durch den späteren Beklagten in Gang gesetzt werden. 60

Wird der Antrag nicht gestellt, erfolgt mangels Abgabe an das Streitgericht kein Übergang ins Streitverfahren und es tritt auch keine Rechtshängigkeit des im Mahnbescheid verfolgten Anspruchs ein. Die Sache bleibt im Mahnverfahren anhängig. Wird die Streitsache später anderweitig rechtshängig gemacht, führt das noch anhängige Mahnverfahren daher nicht zur Unzulässigkeit des neuen Verfahrens gemäß § 261 Abs. 3 Nr. 1. Ein „Anhängigbleiben" im Mahnverfahren ist nicht selten, so zB wenn der Mahnbescheid lediglich zum Zwecke einer Verjährungshemmung beantragt worden war. Die Hemmung endet sechs Monate nach der Zustellung des Mahnbescheids (§ 204 Abs. 2 S. 3 BGB), so dass z Zur Vermeidung des Wegfalls der Hemmung der Antrag auf Abgabe des Verfahrens an das Streitgericht vor Ablauf dieses Zeitraums zu stellen ist.

Stellt der Antragsteller den Antrag, hat er den restlichen Gebührenvorschusses einzuzahlen (§ 12 Abs. 3 S. 3 GKG; weitere 2,5 Gebühren, KV Nr. 1110, 1210). Die Vorschusspflicht gilt zwar nicht für den Antragsgegner. Er haftet aber als „Antragsteller" iSd § 22 Abs. 1 S. 1 GKG als Gesamtschuldner neben dem Antragsteller gem. § 31 Abs. 1 S. 1 GKG für die Gerichtskosten.[115]

bb) Abgabe

Der Rechtsstreit wird vom Rechtspfleger an das Streitgericht abgegeben (§ 696 Abs. 1 S. 1), grds. an das im Mahnbescheid (§ 690 Abs. 1 Nr. 5) bezeichnete Gericht (→ Rn. 59). Eine Abgabe an ein anderes Gericht erfolgt (nur) bei übereinstimmendem Antrag beider Parteien; ein abweichender Antrag allein des Antragstellers ist also unbeachtlich.[116] Ist das Streitgericht das Mahngericht selbst, so wird die Sache an die Abteilung für streitige Prozesse abgegeben (§ 698). 61

Mit dem Eingang beim Empfangsgericht wird der Rechtsstreit dort anhängig. Sie gilt als mit Zustellung des Mahnbescheids eingetreten, sofern die Sache „alsbald nach Erhebung des Widerspruchs" abgegeben wird (§ 696 Abs. 3). „Alsbald" ist wie „dem-

---

[115] OLG Celle NJW-RR 2020, 127 (128 Rn. 9 mwN).
[116] Vgl. dazu näher HK-ZPO/Gierl Rn. 10 und 11, insbes. zur Problematik, dass der Wert der Hauptsache infolge mittlerweile erfolgter Teilzahlung sinkt .

nächst" isV § 167 zu verstehen, wobei die „geringfügige Frist" 14 Tage beträgt, nicht – wie hins. der Zustellung – einen Monat.[117]

Mit der Rechtshängigkeit treten auch die Rechtshängigkeitswirkungen rückwirkend ein (zB Prozesszinsen, Unzulässigkeit neuer Klage).[118] Verjährungshemmung und Verzug (§ 286 Abs. 1 S. 2 BGB) sind dagegen nicht an diese Rechtshängigkeit, sondern allein an die Zustellung des Mahnbescheids geknüpft.[119]

Bei nicht „alsbaldiger" Abgabe ist die früher umstrittene Frage des Eintritts der Rechtshängigkeit mittlerweile geklärt. Maßgebend ist der Eingang der Akten beim Empfangsgericht.[120] Mit dem Eingang der Akten beim Empfangsgericht ist auch das Mahnverfahren beendet; die Parteien werden nunmehr als Kläger bzw. Beklagter bezeichnet.

62 Das Empfangsgericht ist an die Abgabe nicht gebunden (§ 696 Abs. 5), sondern kann den Rechtsstreit bei Zuständigkeit eines anderen Gerichts an dieses unter den Voraussetzungen des § 281 verweisen. Voraussetzung ist daher die Unzuständigkeit des Empfangsgerichts. Bei dessen Zuständigkeit ist hingegen eine Weiterverweisung an ein anderes zuständiges Gericht nicht mehr möglich, da der Kläger durch die Angabe des zuständigen Gerichts im Mahnbescheid (§ 690 Abs. 1 Nr. 5) sein Wahlrecht endgültig ausgeübt hat.[121] Eine Verweisung ist auch dann möglich, wenn sich der Streitwert vor Beginn des Streitverfahrens so verringert hat, dass das im Mahnbescheid bezeichnete Gericht nicht mehr zuständig ist.

Beispiel Mahnbescheid des K gegen B über 10.000 EUR bei AG A; Streitgericht: das LG A. B erhebt nur iHv 4.000 EUR Widerspruch, so dass über 6.000 EUR Vollstreckungsbescheid ergeht. Oder: B zahlt 6.000 EUR, so dass K nur wegen 4.000 EUR das streitige Verfahren beantragt. Der Streitwert für das Streitverfahren beträgt dann nur noch 4.000 EUR; das LG A, an das die Sache zunächst abzugeben ist, kann auf Antrag an das AG A verweisen.[122] Anders ist es, wenn B erst nach vollem Widerspruch und Eintritt der Rechtshängigkeit (= erfolgte Abgabe) beim LG A 6.000 EUR zahlt; dann war die Zuständigkeit des LG entstanden, die nachträgliche Verringerung des Streitwerts hat keinen Einfluss mehr (§ 261 Abs. 3 Nr. 2).

Des Weiteren bedarf es eines Antrags des Klägers, der diesen bei einem vor dem Landgericht rechtshängigen Verfahren außerhalb einer Verhandlung selbst (ohne Anwalt) stellen kann (vgl. §§ 281 Abs. 2 S. 1, 78 Abs. 3).[123] Die Verweisung erfolgt nach Anhörung des Beklagten

d) Durchführung des (normalen) Klageverfahrens durch das Streitgericht

aa) Aufforderung zur Anspruchsbegründung (§ 697)

63 Das Streitgericht fordert den Kläger auf, den Anspruch zu begründen (§ 697). Dies bedeutet im Kern, dass diese Ausführungen grds. den Anforderungen einer Klageschrift des § 253 entsprechen muss. Es ist jedoch streitig, ob sie auch einen selbstständig for-

---

117 BGH NJW 2008, 1672 (1673 Rn. 12/13) mAnm Roth JZ 2008, 894.
118 BGH MDR 1989, 623.
119 HK-ZPO/Gierl § 696 Rn. 16; LG Köln NJW-RR 1991, 59 (60); Ebert NJW 2003, 732 (733).
120 BGH NJW 2009, 1213; zum früheren Streitstand vgl. HK-ZPO/Gierl § 691 Rn. 18 f..
121 BGH NJW 1993, 1273.
122 OLG Frankfurt JurBüro 1993, 557; NJW-RR 1995, 831.
123 allg. Meinung, ua Anders/Gehle/Becker § 696 Rn. 26, Anders/Gehle/Anders § 281 Rn. 19; Hk-ZPO/Gierl § 696 Rn. 42.

IV. Einleitung durch Mahnverfahren (§§ 688 ff.)

mulierten Klageantrag iSv § 253 Abs. 2 Nr. 2 enthalten muss[124] oder ob eine Bezugnahme auf den Mahnbescheid ausreicht[125].

In der Praxis ist es weitgehend die Formulierung üblich:

„Im Rechtsstreit K./. B werde ich den Antrag aus dem Mahnbescheid stellen."

Am sichersten und aus Gründen der Klarheit ist zweckmäßig ist eine selbstständige Formulierung des Klageantrags zweckmäßig[126].

Bei einem vor dem Landgericht geführten Rechtsstreit bedarf es im Hinblick auf § 78 Abs. 1 einer Anspruchsbegründung durch einen Anwalt. Jedoch ist eine bereits beim Mahngericht eingereichte Begründung durch die Partei zu berücksichtigen, sofern auf sie von einem RA in Bezug genommen wird.[127]

Sollte keine Anspruchsbegründung eingehen, veranlasst das Gericht nichts Weiteres.

bb) Weiteres Verfahren nach Eingang der Anspruchsbegründung

Nach Eingang bzw. bei Vorliegen der Anspruchsbegründung wird wie nach dem Eingang einer Klage weiterverfahren (§ 697 Abs. 2 S. 1), dh das weitere Verfahren läuft nach den allgemeinen Grundsätzen des Klageverfahrens ab.

64

Der Richter entscheidet daher zunächst, ob er ein schriftliches Vorverfahren anordnet oder einen frühen ersten Termin anberaumt, und trifft dann die entsprechenden Maßnahmen (→ § 3 Rn. 8 ff.).

Im Vorverfahren ist daher auch bei Vorliegen der Voraussetzungen (→ § 12 Rn. 3 ff.), insbes. keine Verteidigungsanzeige (bei LG durch RA) – der Widerspruch reicht hierzu nicht aus[128] –, der Erlass eines Versäumnisurteils gemäß § 331 Abs. 3 möglich.[129] Demgemäß sollte dies im Rahmen der Anspruchsbegründung beantragt werden (§ 331 Abs. 3 S. 2).

4. Verfahren bei Vollstreckungsbescheid

a) Erlass eines Vollstreckungsbescheids

Nach Ablauf der Widerspruchsfrist ergeht – soweit kein Widerspruch eingegangen ist – auf Antrag ein Vollstreckungsbescheid (§ 699). Im Falle eines Teilwiderspruchs ergeht in Bezug auf den nicht vom Widerspruch erfassten Teil ein Teilvollstreckungsbescheid, für den übrigen Teil gelten die Grundsätze nach Widerspruch. Diesbezüglich wird das Verfahren an das Streitgericht abgegeben.

65

Der Vollstreckungsbescheid steht einem **Versäumnisurteil gleich** (§ 700 Abs. 1). Daher ist gegen ihn die Einlegung des Einspruchs der statthafte Rechtsbehelf (§§ 700, 338 ff.). Sofern kein Einspruch eingelegt wird, ist das Verfahren ist beendet. Es tritt formelle und materielle Rechtskraft ein[130], wobei jedoch keine Bindung des Vollstreckungsgerichts an eine rechtliche Einordnung des im Vollstreckungsbescheids durch den Gläubi-

---

124 Ua Anders/Gehle/Becker § 697 Rn. 4.
125 Ua Zö/Seibel § 697 Rn. 2.
126 MK/Schüler § 697 Rn. 6.
127 BGHZ 84, 136; s. BGH MDR 1994, 1036.
128 Zö/Seibel § 697 Rn. 9.
129 Anders/Gehle/Becker § 697 Rn. 13.
130 BGH NJW 1998, 2818; NJW 1991, 30; NJW 1987, 3259 (3260).

ger bezeichneten Anspruchs besteht.[131] Eine Durchbrechung der Rechtskraft ist über § 826 BGB möglich.[132]

b) Verfahren bei Einspruch

aa) Erklärung

66 Für die Form der Erklärung gelten die Voraussetzungen des § 340 Abs. 2, nicht aber Abs. 3 (vgl. § 700 Abs. 3 S. 3). Er ist schriftlich zu erheben; ein Anwaltszwang besteht nicht. Da kein Formular eingeführt ist, muss er nicht zwingend in maschinell lesbarer Form iSd § 702 Abs. 2 S. 2 erhoben werden.

> **Hinweis:** Grds. sollte mit der Einlegung des Einspruchs zur Verhinderung von Zwangsvollstreckungsmaßnahmen zugleich ein **Antrag auf Einstellung der Vollstreckung** (§§ 719, 707) gestellt werden. Diese wird idR nur gegen Sicherheitsleistung des Beklagten (§ 719 Abs. 1 S. 2) angeordnet, ohne Sicherheitsleistung jedoch zB bei Nichtberücksichtigung eines rechtzeitigen Widerspruchs.

bb) Übergang in das Streitverfahren

67 Das Mahngericht gibt den Rechtsstreit von Amts wegen (grds.) an das im Mahnbescheid als Streitgericht bezeichnete Gericht ab (§ 700 Abs. 3). Eine Weiterverweisung gem. § 281 ist wie nach Widerspruch möglich (§§ 700 Abs. 3 S. 2, 696 Abs. 5).

Das Streitgericht prüft zunächst die **Zulässigkeit des Einspruchs,** insbes. die Einspruchsfrist, die zwei Wochen ab Zustellung (§§ 700 Abs. 1, 339 Abs. 1 beträgt. Die Zustellung des Vollstreckungsbescheid erfolgt nicht zwingend von Amts wegen (§ 699 Abs. 4). Bei Übergabe des Vollstreckungsbescheids an den Antragsteller zum Zwecke der Zustellung kann daher die Rechtzeitigkeit des Einspruchs oft nicht aus der Akte festgestellt werden. In diesem Fall ist eine Anfrage an Antragsteller nach dem Zeitpunkt der Zustellung (Zustellungsurkunde) geboten. Ohne wirksame Zustellung läuft die Einspruchsfrist überhaupt nicht![133] Zur Zulässigkeit des Einspruchs im Übrigen: → § 12 Rn. 32 ff.

Bei **Unzulässigkeit des Einspruchs** wird der Einspruch als unzulässig verworfen, und zwar idR ohne mündliche Verhandlung durch Urteil (§ 341 Abs. 2). Statthaftes Rechtsmittel hiergegen ist die Berufung nach den allgemeinen Vorschriften.

Das **weitere Verfahren** vor dem Streitgericht läuft grundsätzlich so ab wie nach Widerspruch (§ 700 Abs. 3, 4). Es gelten grds. die Grundsätze des „normalen streitigen Verfahrens".

> **Hinweise** Im Vorverfahren ergeht kein VU (§ 700 Abs. 4 S. 2),[134] da dies ein „zweites Versäumnisurteil iSv § 345 wäre, und der Beklagte nach dem Willen des Gesetzgebers nicht mit den Wirkungen eines zweiten Versäumnisurteiles überzogen werden soll, sofern er nicht die Möglichkeit hatte, seine Rechte in mündlicher Verhandlung geltend zu machen.[135]
>
> Bleibt die Anspruchsbegründung hinter dem in dem Vollstreckungsbescheid titulierten Betrag zurück, findet die Vorschrift des § 697 Abs. 2 S. 2 (Fiktion einer (teilweisen) Kla-

---

131 BGH NJW 2005, 1663 (1664) im Hinblick auf § 850 f Abs. 2.
132 Vgl. dazu Grüneberg/Sprau § 826 Rn. 55, 56/57.
133 MK/Prütting § 339 Rn. 2/3.
134 OLG Nürnberg NJW-RR 1996, 58; Anders/Gehle/Becker § 700 Rn. 21.
135 Zö/Seibel § 700 Rn. 13.

IV. Einleitung durch Mahnverfahren (§§ 688 ff.) § 1

gerücknahme, sofern der Kläger diesbezüglich belehrt wurde[136]) weder direkt[137] noch analog Anwendung[138].[139] Die Tenorierung des späteren Urteils erfolgt entspr. § 343.

cc) Säumnis des Beklagten im Verhandlungstermin

In diesem Fall ist ein sog. „**zweites Versäumnisurteil**" gemäß § 345 auf „Verwerfung des Einspruchs" nur zulässig[140], sofern die Klage nicht nur zulässig, sondern auch schlüssig ist (§ 700 Abs. 6), da eine Schlüssigkeitsprüfung ieS bisher noch nicht stattgefunden hat (→ § 1 Rn. 59). Bei Verneinung der Voraussetzungen ist der Vollstreckungsbescheid aufzuheben und die Klage durch Prozess- oder Sachurteil[141] (sog. „unechtes Versäumnisurteil) abzuweisen.

68

Sofern der **Vollstreckungsbescheid verfahrensfehlerhaft ergangen** war (zB der Rechtspfleger hatte den Vollstreckungsbescheid erlassen, obwohl bereits ein Widerspruch vorlag), steht dies dem Erlass eines zweiten Versäumnisurteils iSd § 345 trotz Zulässigkeit und Schlüssigkeit der Klage entgegen. Insofern besteht im Vergleich zu dem Erlass eines zweiten Versäumnisurteils im Klageverfahren die Besonderheit, dass das erste Versäumnisurteil auf seine verfahrensmäßige Zulässigkeit mitgeprüft wird und so die Erlassvoraussetzungen des Vollstreckungsbescheids inzident überprüft wird.

Da aber der Kläger einen Anspruch auf ein stattgebendes Versäumnisurteil hat, kann daher nur der Vollstreckungsbescheid aufgehoben und der Beklagte durch ein erstes Versäumnisurteil verurteilt werden,[142] gegen das er dann „normal" Einspruch gemäß § 338 einlegen kann.

Wird gleichwohl ein zweites Versäumnisurteil erlassen, ist statthaftes Rechtsmittel Berufung gemäß § 514 Abs. 2, da ein „Fall der Versäumung" auch dann fehlt, wenn die Klage unzulässig oder unschlüssig oder der VB verfahrensfehlerhaft ergangen ist.[143] Insofern gilt der Grundsatz des sog. „Gleichlaufs der Prüfung" für den Erlass eines zweiten VU und bei der Berufung.[144] Zur Rechtslage nach erstem Versäumnisurteil dagegen: → § 12 Rn. 51.

---

136 Vgl. dazu HK-ZPO/Gierl § 697 Rn. 11.
137 *Schultzky* MDR 20, 1, 6.
138 So *Fölsch* NJW 20, 801, 806.
139 HK-ZPO/Gierl § 700 Rn. 28.
140 Vgl. dazu näher HK-ZPO/Gierl § 700 Rn. 31.
141 BGH NJW 1999, 2599 (2600); Anders/Gehle/Becker 700 Rn. 30.
142 S. Zö/Herget § 345 Rn. 4 aE.
143 BGHZ 73, 87; 85, 365; BGH NJW 1991, 43 (44).
144 BGH NJW 1999, 2599 (2600).

1. Teil: Die Einleitung des Verfahrens

Übersicht der Prüfung für den Erlass eines zweiten Versäumnisurteils[145]

Voraussetzungen	Folge bei Nichtvorliegen der Voraussetzungen
Zulässigkeit des Einspruchs	Verwerfungsurteil nach § 341
Zulässigkeit u ordnungsgemäßer Erlass des Vollstreckungsbescheids	Aufhebung des Vollstreckungsbescheids u Erlass eines 1. Versäumnisurteils bei Vorliegen der sonstigen Erlassvoraussetzungen
Säumnis des Beklagten	– Zurückweisung des Antrags bei Unzulässigkeit einer Entscheidung (§ 335)
	– Vertagung der Verhandlung (§ 335 Abs. 2, 337)
Antrag des Klägers	Ruhen des Verfahrens (§ 251 a Abs. 3)
Zulässigkeit der Klage	unter Aufhebung des Vollstreckungsbescheids Abweisung der Klage durch Prozessurteil (§ 343 S. 2)
Schlüssigkeit der Klage	unter Aufhebung des Vollstreckungsbescheids Abweisung der Klage durch Sachurteil (§ 343 S 2)

---

[145] Hk-ZPO/Gierl § 700 Rn. 31.

§ 2 Die Tätigkeit des Rechtsanwalts im Hinblick auf die Einleitung des Verfahrens

Die folgenden Ausführungen und Hinweise sind zum einen für die **Arbeit in der ▶RA-Stage**[1] von Bedeutung, zum anderen für die **RA-Klausur** – ua zweckmäßiges prozessuales Vorgehen des Klägers, Abfassung einer Klageschrift – und für das **RA-Prüfungsgespräch** in der mündlichen Prüfung des Assessorexamens.

I. Einholung der erforderlichen Information

Zu Beginn des Mandats hat der Rechtsanwalt zunächst die für die Vertretung des Mandanten erforderlichen Informationen einzuholen. Dies erfolgt regelmäßig – jedenfalls einleitend – durch ein **Informationsgespräch** und nur ausnahmsweise schriftlich; im Verlaufe des Rechtsstreits werden dagegen häufiger gezielt schriftliche Information einzuholen sein (so zB nach einem Verhandlungstermin, zu einem Auflagenbeschluss, zu einem gegnerischen Schriftsatz). Über den Inhalt des Informationsgesprächs ist ein **Aktenvermerk** anzufertigen,[2] der zu der (anzulegenden) **Handakte** (§ 50 BRAO) zu nehmen ist. Ferner ist das Ausstellen einer schriftlichen Vollmacht (regelmäßig mittels Formulars) sowie das Anlegen eines Stammdatenbogens mit den persönlichen Daten des Mandanten erforderlich.

In dem Informationsgespräch ist insbesondere der **Gegenstand der Beratung** zu ermitteln,[3] also die **Konfliktsituation, Interessenlage und die Zielvorstellung** des Mandanten. Dessen Zielvorstellung bildet den Ausgangspunkt für die anwaltliche Beratung und für den Vorschlag zum weiteren Vorgehen. Falls die Zielvorstellung nicht zu verwirklichen ist, sind Alternativen mit gleicher, ähnlicher oder auch nur geringerer Ergebniserwartung zu klären. Weiter ist sodann der konkrete **Sachverhalt zu ermitteln**. Der Rechtsanwalt ist zur genauen und vollständigen Aufklärung des Sachverhalts verpflichtet – daher auch zur sorgfältigen Befragung des Mandanten –, da er nicht davon ausgehen darf, dass dieser von sich aus die tatsächlich und rechtlich erheblichen Umstände erkennt. Ggf. ist sogar eine schriftliche Information des Mandanten zu verlangen, wenn dieser den Sachverhalt aufgrund der Komplexität nicht mündlich darlegen kann.[4] **Auf die Richtigkeit der tatsächlichen Angaben des Mandanten** darf der Rechtsanwalt grundsätzlich **vertrauen**, solange er die Unrichtigkeit oder Unvollständigkeit weder kennt noch erkennen muss.[5] Etwas anderes gilt jedoch bei sog. **Rechtstatsachen**, also solchen Tatsachen, bei denen auch eine rechtliche Beurteilung einfließt (zB Zustellung, Kündigung, Zugang). Hier darf man sich nicht mit den Angaben des Mandanten (der dies nicht unbedingt sicher beurteilen kann) begnügen, sondern muss diese vielmehr eigenständig überprüfen und feststellen.[6] Bei Zweifeln an der Richtigkeit der Angaben ist der Mandant auf die Folgen einer Falschinformation (Prozessverlust, Strafbarkeit uä) hinzuweisen. Auch im Übrigen ist kritisches Nachfragen angebracht, um Schwachstellen im Sachvortrag aufzudecken.

Zur Beurteilung der prozessualen Erfolgsaussichten sind zudem die vorhandenen oder beschaffbaren **Beweismittel** abzuklären, allen voran die erforderlichen und vorhande-

---

1 Zum anwaltlichen Berufsrecht vgl. ferner: Henssler/Özman/Sossna JuS 2022, 385.
2 Beispiel für einen Aktenvermerk: Huber JuS 2017, 737.
3 Zur Vorbereitung und Durchführung des Mandantengesprächs näher Breßler/Cichy JuS 2006, 975.
4 BGH NJOZ 2010, 234.
5 BGH NJW 1996, 2929; NJW 2002, 1413; NJW 2006, 501; NJW 2019, 1151.
6 BGH NJW 1996, 2929; NJW 2002, 1413; NJW 2006, 501; NJW 2019, 1151.

nen **Unterlagen** wie zB Vertragsurkunden, Schriftwechsel, Rechnungen und Vorkorrespondenz. Aus diesen Unterlagen ergibt sich auch, ob der **Gegner bereits anwaltlich vertreten** ist, was der Rechtsanwalt beachten muss (vgl. § 12 der Berufsordnung für Rechtsanwälte – BORA). Zudem sind ggf. mögliche **Zeugen** zu ermitteln. Eine außergerichtliche Befragung potenzieller Zeugen zur Klärung der Frage, ob diese Erhebliches bekunden können, ist grundsätzlich gestattet, wobei natürlich jede Beeinflussung zu unterbleiben hat. Im Vorfeld angebracht sein kann auch die Einholung eines **Privatgutachtens** (zB zu Baumängeln, Schadenspositionen bei einem Verkehrsunfall etc).

Nicht zuletzt muss auch eine besondere **Eilbedürftigkeit** abgeklärt werden, dies etwa wegen **drohender Verjährung** (die der Anwalt durch rechtzeitige geeignete Maßnahmen zu verhindern hat),[7] wegen **laufender** Klage-, Anfechtungs- oder Kündigungsfristen, wegen drohenden Verlusts eines Beweismittels oder drohender Vollstreckungsverschlechterung. Soweit eine Eilbedürftigkeit festgestellt wird, sind geeignete (Eil-)Maßnahmen (Beweissicherung, Arrest etc.) zu treffen.

4   Zur Informationsbeschaffung kann zuletzt auch eine **eigene Tätigkeit des Rechtsanwalts** erforderlich werden, so etwa eine Anfrage bei Behörden, Akteneinsicht (zB in Straf- oder Ermittlungsakten), eine Grundbucheinsicht, das Anfordern eines Handelsregisterauszuges etc. Darüber hinaus besteht jedoch grundsätzlich keine eigene Nachforschungspflicht, insbesondere nicht dahin gehend, ob die Angaben des Mandanten richtig sind.[8]

II. Die Beratung des Mandanten

1. Allgemeines

5   Ausgangspunkt der anwaltlichen Beratung bildet der seitens des Mandanten geschilderte oder ermittelte Sachverhalt (Rn. 2 ff.). Dieser ist daraufhin zu prüfen, ob er geeignet ist, den von dem Mandanten erstrebten Erfolg – also die Verwirklichung seiner Zielvorstellungen – herbeizuführen. Auf Grundlage dieser Prüfung sind dem Mandanten diejenigen Schritte anzuraten, die zu dem erstrebten Ziel führen können, dies stets unter Vermeidung von Nachteilen für den Mandanten, soweit solche voraussehbar und vermeidbar sind. Dazu ist dem Mandanten – unter Aufklärung sämtlicher möglicher Risiken – der **sicherste und gefahrloseste Weg** vorzuschlagen.[9] Hinsichtlich des Inhalts der Belehrung trifft den Rechtsanwalt im Fall eines Regressprozesses[10] eine sog. sekundäre Darlegungslast.[11]

6   **Inhalt und Umfang der anwaltlichen Rechtsberatungspflicht** richten sich nach dem erteilten Mandat, den erkennbaren Interessen des Mandanten und den Umständen des Einzelfalles. Ziel der Beratung ist es, dem Mandanten eine eigenverantwortliche sachgerechte Entscheidung zum Vorgehen in seiner Rechtsangelegenheit zu ermöglichen. Sie muss daher alle (andererseits aber auch nur) die Hinweise enthalten, die dem Man-

---

[7] BGH NJW 1992, 820; NJW 2002, 1117.
[8] BGH NJW 1985, 1154; NJW 2019, 1151.
[9] BGH NJW 1996, 2931; NJW 1999, 1391; NJW 2000, 731; NJW 2006, 501; NJW 2007, 2485; NJW 2009, 2949; NJW 2012, 2435; NJW 2015, 3519; NJW 2021, 3324 (3326). Vgl. hierzu auch Grüneberg/Grüneberg § 280 Rn. 69.
[10] Zur Rechtsanwaltshaftung vgl. Grüneberg/Grüneberg § 280 Rn. 66 ff.
[11] BGH NJW 2012, 2435 (2437) mAnm Grunewald. Beweiserleichterungen bestehen zudem für den Ursachenzusammenhang zwischen Pflichtverletzung und Schaden zugunsten des Mandanten nach den Grundsätzen des Anscheinsbeweises, vgl. hierzu BGH NJW 2015, 3447; NJW 2014, 2795.

II. Die Beratung des Mandanten

danten die insoweit notwendige Entscheidungsgrundlage geben.[12] Dies erfordert eine umfassende und möglichst erschöpfende **Beratung über Erfolgsaussichten des Begehrens und der Prozessrisiken**, konkret in rechtlicher, tatsächlicher und wirtschaftlicher Hinsicht.

Die Beratung **in rechtlicher Hinsicht** muss insbesondere die – jeweils aktuellen – **höchstrichterliche Rechtsprechung** beachten,[13] da diese für die konkreten Erfolgsaussicht des Mandantenbegehrens maßgeblich ist. Die anwaltlichen Hinweise, Belehrungen und Empfehlungen sind daher regelmäßig an dieser auszurichten, dies auch dann, wenn die Rechtsprechung für unzutreffend gehalten wird.[14] Freilich ist das Vertreten einer abweichenden Rechtsmeinung möglich und ggf. auch geboten, wenn sich eine Rechtssprechungsänderung bereits abzeichnet; allerdings muss der Mandant über die hiermit einhergehenden Risiken umfassend aufgeklärt werden.

In tatsächlicher Hinsicht muss insbesondere auch die Beweissituation (Beweislast, Beweismittel) und die Prozesslage des Gegners (**Beweisprognose**) beachtet werden. So besteht etwa kaum Erfolgsaussicht, wenn die Parteivernehmung des Gegners das einzige Beweismittel für eine zu beweisende Tatsache ist.

> **Hinweis:** Die Prüfung der Erfolgsaussicht in rechtlicher und tatsächlicher Hinsicht ist ein Hauptteil des Gutachtens und überhaupt der Lösung in der Anwaltsklausur.

Nicht zuletzt muss der Mandant **in wirtschaftlicher Hinsicht** umfassend beraten werden. So ist der Mandant etwa auf schädliche Auswirkungen einer Klage (zB in geschäftlicher Hinsicht), auf die voraussichtliche Dauer des Rechtsstreits sowie auf Vollstreckungsmöglichkeiten hinzuweisen. Insbesondere hat eine Aufklärung über Kostenrisiken (ggf. mit Klärung des Eintritts einer Rechtsschutzversicherung – Deckungszusage? –[15] oder mit Beratung zu einer Prozessfinanzierung)[16] zu erfolgen. Über die Höhe der entstehenden gerichtlichen und außergerichtlichen Kosten ist der Mandant jedoch grundsätzlich nur bei entsprechender Nachfrage[17] oder erkennbarem Aufklärungsbedarf[18] zu unterrichten. Richten sich die zu erhebenden Gebühren nach dem Gegenstandswert, hat der Rechtsanwalt hierauf indes vor Übernahme des Auftrags hinzuweisen (§ 49b Abs. 5 BRAO).[19] (Nur) falls Anlass dazu besteht (zB Mandant weist auf Bedürftigkeit hin oder der Rechtsanwalt kennt sie), ist zudem über die **Möglichkeiten von Beratungs- und Prozesskostenhilfe** zu beraten (§ 16 BORA);[20] in diesem Falle hat auch eine Aufklärung über die Kostenpflicht gem. § 123 bei Prozessverlust, ferner über die **1,0-Gebühr bei Ablehnung des PKH-Antrages** (Nr. 3335 VV RVG) zu erfolgen.

Bei **Aussichtslosigkeit oder Zwecklosigkeit** muss der Rechtsanwalt von einer Klageerhebung abraten. Bleibt der Mandant jedoch (trotz Darstellung der Prozessrisiken) bei der Klageabsicht, kann das Mandat dennoch übernommen werden.[21] Die Ent-

---

12 BGH NJW 2007, 2485; NJW 2021, 3324 (3326).
13 BGH NJW 1989, 1156; NJW 1993, 3324; NJW 2001, 675 (678); BGH NJW-RR 2003, 1212; BGH NJW 2009, 1593.
14 BGH NJW 2021, 3324 (3326).
15 Zum Rechtsschutzversicherungsmandat näher: van Bühren MDR 1998, 745.
16 Vgl. etwa Dethloff NJW 2000, 2225; Bruns JZ 2002, 232; Frechen/Kochheim NJW 2004, 1213.
17 BGH MDR 1998, 1313; BGH NJW 2007, 2333.
18 BGH FamRZ 2006, 478.
19 Ein unterlassener Hinweis kann eine Schadensersatzpflicht gem. §§ 280 Abs. 1, 311 Abs. 2 BGB begründen, vgl. BGH NJW 2007, 2333.
20 OLG Köln NJW 1986, 725; OLG Düsseldorf AnwBl. 1987, 147.
21 BGH NJW-RR 1990, 1243; NJW-RR 1997, 1017 (1018); BGH VersR 1997, 974; OLG Koblenz VersR 2001, 1027; NJW 2021, 3324 (3326 f.). Vgl. hierzu auch Grüneberg/Grüneberg § 280 Rn. 69.

scheidung über die Klageerhebung trifft der Mandant; insoweit besteht ein **Weisungsrecht**.[22]

Trifft der Mandant eine entsprechende Weisung, sollte die Belehrung über die Aussichtslosigkeit bzw. über die Prozessrisiken unbedingt **schriftlich festgehalten** werden, dies durch schriftliche Bestätigung des Mandanten, Schreiben an den Mandanten oder zumindest mittels eines Vermerks zur Handakte.[23] Denn Bedeutung kann dies für einen etwaigen späteren **Regressprozess** entfalten: Zwar liegt die Beweislast für eine fehlende Belehrung grundsätzlich bei dem Mandanten (Anspruchsvoraussetzung für einen Schadensersatzanspruch), der Rechtsanwalt muss jedoch nach der Rechtsprechung substantiiert darlegen, welche Belehrungen und Ratschläge er erteilt und wie der Mandant darauf reagiert hat;[24] der Mandant hat dann nur die Unrichtigkeit dieser Darstellung zu beweisen.[25] Insoweit sind schriftliche Belege für den Rechtsanwalt sehr hilfreich.[26]

2. Beratung über die Art und Weise des weiteren Vorgehens

8   Ist die Entscheidung über ein Vorgehen (und über die Annahme des Mandats) generell getroffen worden, muss **über die Art und Weise des weiteren Vorgehens** beraten werden. Bestehen **Vorgehensalternativen**, hat der Rechtsanwalt stets den – bei Abwägung der jeweiligen Rechtsfolgen – vorteilhaftesten,[27] insbesondere **sichersten und gefahrlosesten Vorgehensweg** vorzuschlagen (**Grundsatz des sichersten Weges**).[28]

Beispiele: Rücktritt und Herausgabeanspruch statt Geltendmachung eines Erfüllungs- oder Schadensersatzanspruch;[29] ausdrückliche Fristsetzung statt eines Verlassens auf eine für den Mandanten günstige Interessenabwägung (§ 281 BGB);[30] Beachtung kürzerer statt möglicher längerer Verjährungsfrist; vorsorgliche Wiederholung einer unklaren Kündigung; ggf. Stellung von Hilfsanträgen; Klage am allgemeinen Gerichtsstand statt an einem problematischen besonderen Gerichtsstand.

a) Anforderungsschreiben an den Gegner

9   Häufig wird zunächst ein **Aufforderungsschreiben an den Gegner** zu verfassen sein. Denn mit einem solchen Schreiben kann auf einfachem Wege abgeklärt werden, ob der Gegner dem Begehren außergerichtlich nachkommen wird oder vergleichsbereit ist, zudem auch, was der Gegner gegenüber dem Vortrag des Mandanten voraussichtlich einwenden wird. Insbesondere lässt sich mittels eines solchen Schreibens vermeiden, dass sich der Beklagte durch sofortiges Anerkenntnis gem. § 93 der Kostenlast entziehen kann. Nicht zuletzt kann ein solches Schreiben auch dazu dienen, ggf. noch fehlende

---

22 Grüneberg/Grüneberg § 280 Rn. 69.
23 Heinemann NJW 1990, 2345; Hansens JurBüro 1992, 510; Lange VersR 2007, 36. Vgl. auch Grüneberg/Grüneberg § 280 Rn. 69.
24 BGH VersR 2007, 393; BGH NJW 2008, 371.
25 BGH NJW 2008, 371; Lange VersR 2007, 36.
26 Zur Beweislast bei Regressprozessen vgl. Borgmann NJW 2010, 1924 (1929 f.); Borgmann/Jungk/Schwaiger, Anwaltshaftung, Kapitel IX.
27 BGH NJW 2007, 2485.
28 Ständige Rechtsprechung des BGH, vgl. ua BGH NJW-RR 2003, 1212; BGH VersR 2007, 393; BGH NJW 2007, 2485; NJW 2009, 2949; NJW 2010, 73; NJW 2012, 2523: ggf. parallele Einlegung zweier Rechtsbehelfe. Vgl. auch Grüneberg/Grüneberg § 280 Rn. 69.
29 BGH NJW 2007, 2485.
30 BGH FamRZ 2006, 1602.

II. Die Beratung des Mandanten §2

materiellrechtliche Anspruchsvoraussetzungen (zB Mahnung für Verzug, Fristsetzung zur Nacherfüllung für § 281 BGB) zu schaffen.

b) Wahl der Verfahrenseinleitung

Bei der **Verfahrenseinleitung** kann zwischen **Klage, Mahnbescheid** oder **PKH-Antrag** gewählt werden (→ § 1 Rn. 1 ff.). Der „reine" PKH-Antrag (→ § 1 Rn. 26) stellt die kostengünstigste Möglichkeit dar, **die Erfolgsaussicht** bei Gericht – und erforderlichenfalls durch Beschwerde bei dem Berufungsgericht – **zu testen**. 10

c) Festlegung der Prozessparteien

Aus prozesstaktischen Gründen kann zudem zu erwägen sein, wer auf **Kläger- oder Beklagtenseite Prozesspartei** werden soll. 11

▸ **RA-Stage:** Prozesstaktische Erwägungen stellen etwa dar

auf der Klägerseite: eine Klage nur eines Gesamtgläubigers, um den anderen Gläubiger als Zeugen benennen zu können (allerdings besteht insoweit die Gefahr einer Widerklage, um diese Zeugenstellung zu beseitigen → § 10 Rn. 51); eine Abtretung der Forderung an den Kläger, um den Zedenten als Zeugen zu erhalten (allerdings hat eine derartige Zeugenaussage nur einen geringen Beweiswert, zudem besteht die Gefahr einer isolierten negativen Feststellungswiderklage).[31] Entsprechendes gilt bei Einräumung einer Prozessführungsbefugnis (falls eine solche möglich ist, → § 9 Rn. 8).

auf der Beklagtenseite: eine Klage gegen BGB-Gesellschaft und Gesellschafter als Gesamtschuldner;[32] eine Klage auch gegen Personen, die als Zeugen ausgeschaltet werden sollen (zB Klage nicht nur gegen den Kfz-Halter, sondern auch gegen den Fahrer) – falls die Klage jedoch gegen einen der Beklagten unbegründet ist (zB: die mitverklagte Ehefrau hat dem klagenden Werkunternehmer keinen Auftrag erteilt), kann das Gericht die Klage durch Teilurteil (§ 301) abweisen, was dann die Zeugenstellung doch ermöglicht und bei der Schlussentscheidung Kostennachteile für den Kläger auslöst (Baumbachsche Formel!).

d) Teilklage

Zu erwägen sein kann ferner die **Erhebung (nur) einer Teilklage**, dies insbesondere zur **Verminderung des Kostenrisikos** oder zur Erreichung der **Zuständigkeit des Amtsgerichts** (wobei in letzterem Falle regelmäßig das Rechtsschutzbedürfnis fehlt, → § 1 Rn. 31). 12

▸ **RA-Stage:** Im Falle einer Teilklage aus verschiedenen Schadensposten ist eine Aufteilung oder Eventualstellung erforderlich, da der Antrag andernfalls unbestimmt wäre (→ § 8 Rn. 16).[33]

Weiter ist zu beachten, dass eine Teilklage nur die **Verjährung hinsichtlich des eingeklagten Teils** hemmt (→ § 1 Rn. 23). Zur Vermeidung der Verjährung der restlichen Forderung kann etwa eine Vereinbarung mit dem Gegner geschlossen werden, dass sich dieser nicht auf die Verjährung beruft. Soweit eine solche Vereinbarung nicht getroffen werden kann, kommt ein **zusätzlicher Mahnbescheid** über die restliche Forderung (aber Ende der Hemmung beachten: § 204 Abs. 2 BGB) oder auch eine bedingte Klageerweiterung auf den Forderungsrest für den Fall der Begründetheit des Hauptantrages (uneigentli-

---

31 BGH NJW 2011, 460; BGH NJW 2007, 1753; dazu Fleck JR 2008, 441. Zur negativen Feststellungswiderklage → § 7 Rn. 49 ff.
32 BGH NJW 2001, 1056.
33 BGH NJW 1998, 1140; BGH JA 2006, 564.

cher Hilfsantrag, → § 8 Rn. 18) in Betracht.[34] Zu beachten ist zuletzt, dass der Beklagte durch Erhebung einer **negativen Feststellungswiderklage** – oder durch Antrag auf Streitverfahren bei Mahnbescheid – auch die restliche Forderung zum Prozess bringen kann; dann entstehen der volle Streitwert und wieder das volle Prozess- und Kostenrisiko (worauf der Mandant hinzuweisen ist).

e) Zug-um-Zug-Einschränkung

13   Besteht ein Zurückbehaltungsrecht des Beklagten, muss an eine **Zug-um-Zug-Einschränkung** des Klageantrags gedacht werden, dies ggf. (wegen § 756 ZPO) verknüpft mit einem Antrag auf **Feststellung des Annahmeverzugs**.

Beispiel: Bei Rücktritt von einem Pkw-Kauf: Antrag, *„1. den Beklagten zu verurteilen, an den Kläger 8.500 EUR Zug um Zug gegen Rückübereignung des PKW Mercedes-Benz C 220 CDI mit der Fahrzeugidentifikationsnummer [...] zu zahlen. 2. festzustellen, dass sich der Beklagte mit der Rückübereignung des in Klageantrag Ziffer 1 genannten Fahrzeugs in Annahmeverzug befindet".*[35]

f) Hilfsanträge, Stufenklage und besondere Verfahrensarten

14   Je nach Einzelfall zu erwägen sind zudem **Hilfsanträge** (→ § 8 Rn. 14 ff.), **Stufenklage** (→ § 7 Rn. 14 ff.) sowie die Wahl **besonderer Verfahrensarten** wie Urkunden-(Wechsel-/Scheck-)prozess (§§ 592 ff., 602 ff.; hierzu im Einzelnen → § 17, § 18) oder besondere Verfahrensschritte (Eilverfahren: Arrest, einstweilige Verfügung).

Hinweis: Ein Eilverfahren ist uU geboten auf Erwirkung eines Eintragungsverbots gegen den Gegner zur Verhinderung eines Eigentumserwerbs, zur Verhinderung einer Vormerkung zur Sicherung des Anspruchs auf Eintragung einer **Bauwerkunternehmersicherungshypothek** gem. § 650 e BGB oder zur Sicherung der Vollstreckung eines Anspruchs. **Allerdings** wird insoweit nur eine vorläufige Regelung getroffen, es besteht eine Haftungsgefahr nach § 945. Falls das Gericht die Dringlichkeit verneint (weil es, wie nicht selten, darüber anders denkt als der Mandant) und den Antrag zurückweist, entstehen dem Mandanten zudem erhebliche zusätzliche Kosten.

g) Selbständiges Beweisverfahren

15   Zu erwägen sein kann auch die Durchführung eines **selbständigen Beweisverfahrens** (§§ 485 ff.). Das selbstständige Beweisverfahren dient insbesondere der Beweissicherung, der Klärung tatsächlicher Streitpunkte (Vorbereitung des Prozesses oder Herbeiführung einer Einigung) sowie der Verjährungshemmung (§ 204 Abs. 1 Nr. 7 BGB).[36] Zum selbstständigen Beweisverfahren im Einzelnen → § 11 Rn. 95 ff.

h) Streitverkündung

16   Schließlich muss – insbesondere im Falle eines möglichen Regresses gegen einen Dritten – die Möglichkeit einer **Streitverkündung** bedacht werden. Zur Streitverkündung im Einzelnen → § 6 Rn. 58 ff.

Hinweis: Eine Streitverkündung sollte **möglichst frühzeitig**, daher grundsätzlich schon mit der Klage erfolgen, um dem Verkündungsempfänger die Möglichkeit zu nehmen, im Folgeprozess die Interventionswirkung (§§ 74, 68) durch den Vortrag einer fehlerhaften Prozessführung zu entkräften (**Vorteil** der Streitverkündung: Verjährungshemmung,

---

34 MK/Becker-Eberhard § 260 Rn. 19. A.A. Mus/Voit/Foerste § 260 Rn. 9.
35 BGH NJW 2000, 2663.
36 Vgl. dazu BGH NJW 2012, 2263.

II. Die Beratung des Mandanten

§ 204 Abs. 1 Nr. 6 BGB; **Form:** § 73). Zu beachten ist, dass eine Kostenpflicht entsteht, wenn der Streitverkündungsempfänger dem Beklagten beitritt und der Prozess verloren wird (§ 101); daher besteht insoweit ein zusätzliches Kostenrisiko.

3. Beratung über die Wahl des anzurufenden Gerichts

Die Wahl des anzurufenden Gerichts ist von besonderer Bedeutung: Denn wird ein unzuständiges Gericht angerufen, muss – bei Rüge, bei anderweitiger ausschließlicher Zuständigkeit oder im Säumnisverfahren – zur Vermeidung einer Klageabweisung **Verweisung beantragt** werden, was zwingend den **Kostennachteil** gem. § 281 Abs. 3 S. 2 auslöst. Aus diesem Grunde ist die **sachliche und örtliche Zuständigkeit** stets sorgfältig überprüfen.

Bei Zulässigkeit einer **Prorogation** (§§ 38, 40; hierzu im Einzelnen → § 9 Rn. 61 f.) kann uU eine Gerichtsstandsvereinbarung mit dem Gegner (§ 38 Abs. 3) getroffen oder eine Vereinbarung geschlossen werden, dass er rügelos verhandeln wird (§ 39). Falls der Rechtsstreit einen der Fälle des § 95 GVG betrifft, ist zu erwägen, ob die Sache durch einen entsprechenden Antrag in der Klageschrift (§ 96 GVG) an die **Kammer für Handelssachen** (KfH) gebracht werden soll. **Sinnvoll** ist dies zB bei Prozessen, deren Schwerpunkte mehr im wirtschaftlichen oder handelsmäßigen Bereich liegen, **weniger** bei Rechtsstreiten, die komplizierte Rechtsfragen betreffen.

4. Beratung über die Bestellung eines anderen Rechtsanwalts

Muss die Klage **vor einem auswärtigen Gericht** erhoben werden, stellt sich die Frage, ob der Rechtsanwalt den Prozess selbst führen oder ob ein Anwalt am Sitz des Gerichts eingeschaltet werden soll. Dies ist eine **Frage** der Praktikabilität, der Kosten sowie insbesondere der Beziehung zwischen Mandanten und Rechtsanwalt, wenn der Mandant – wie regelmäßig – auf eine vollständige und ausschließliche Vertretung durch „seinen" Anwalt Wert legt.

a) Eigene Prozessführung

Der Anwalt kann den Rechtsstreit zunächst selbstverständlich **selbst und alleine** führen. Die Anwaltsgebühren fallen in diesem Falle nur einmal an. Allerdings wird durch die erforderlichen Terminswahrnehmungen in der Regel ein erheblicher Reisekosten- und Zeitaufwand (Vereinbarung von Stunden- oder Tagessätzen üblich) entstehen, den der Mandant zu tragen hat. Dies steht jedoch der Prozessführung durch den Anwalt nicht entgegen: Denn diese Kosten sind bei Obsiegen **grundsätzlich** gem. § 91 Abs. 2 S. 1 Hs. 2 von dem Gegner – allerdings nur nach den Sätzen des RVG VV 7003 ff. – zu erstatten („**erstattungsfähige Kosten**"), da die Beauftragung des heimischen Anwalts mit der Prozessführung wegen dessen Nähe, der einfachen (insbesondere mündlichen) Kontaktmöglichkeiten und der persönlichen Vertrauensbeziehung regelmäßig als „zur zweckentsprechenden Rechtsverfolgung notwendig" anzusehen ist. **Der Mandant braucht daher grundsätzlich nicht zur Kostenersparnis einen Anwalt am Sitz des Prozessgerichts zu beauftragen.**[37]

> **Hinweis:** Ausnahmsweise ist dies **anders**, wenn ein eingehendes Mandantengespräch nicht erforderlich ist (dies etwa bei Unternehmen mit eigener Rechtsabteilung, die

---

[37] BGH NJW 2003, 898; NJW 2006, 3008; BGH MDR 2008, 350 vgl. dazu HK-ZPO/Gierl § 91 Rn. 47 ff.

den Verkehr mit dem Anwalt am Prozessgericht schriftlich führen kann)[38] oder bei einem überschaubaren Rechtsstreit mit Erklärung des Gegners, keine Einwendungen zu erheben;[39] aber dann ist ohnehin ggf. ein Mahnverfahren angebracht oder ein Versäumnisurteil im Vorverfahren zu erwarten, was der Anwalt auch selbst bewirken kann. Ist der **„heimische" Anwalt nicht am Wohnort oder Geschäftssitz des Mandanten ansässig, sondern an einem dritten Ort** (zB auswärtiger Hausanwalt, „Outsourcing"), sind jedenfalls die Kosten erstattungsfähig, die angefallen wären, wenn der Mandant einen Anwalt an seinem Wohnort oder Geschäftssitz beauftragt hätte: Also gleiche Grundsätze, dh Gebühren und entsprechende (fiktive) Reisekosten.[40]

b) Bestellung eines Unterbevollmächtigten

20 Weiter kann ein **Unterbevollmächtigter am Sitz des Gerichts** (nur) für die Wahrnehmung der anfallenden Termine (vgl. § 81 Hs. 2 – „Terminsvertreter") bestellt werden. Der Unterbevollmächtigte wird nicht zum Prozessbevollmächtigten, vielmehr bleibt dies der Rechtsanwalt selbst. **Dieser behält also auch bei Einschaltung eines Unterbevollmächtigten den Prozess in seiner Hand**, erhält Zustellungen und Ladungen und kann schnell auf Hinweise und Auflagen des Gerichts reagieren. Durch die Einschaltung eines Unterbevollmächtigten tritt aber regelmäßig eine Gebührensteigerung ein, da der Unterbevollmächtigte eigene Gebührenansprüche erhält (VV RVG 3401, 3402), denen aber Kostenersparnisse durch das Entfallen von Reisekosten des Prozessbevollmächtigten gegenüberstehen: Die Kosten des Unterbevollmächtigten sind gem. § 91 Abs. 1 S. 1 erstattungsfähig, soweit sie die ersparten Reisekosten nicht wesentlich (nicht über 10 %) übersteigen.[41]

c) Bestellung eines Prozessanwaltes

21 Als dritte Möglichkeit kann zudem ein **Rechtsanwalt am Sitz des Gerichts als Prozessanwalt** bestellt werden, zu dem der heimische Anwalt als Verkehrsanwalt lediglich den Kontakt (**Verkehr**) mit dem – dann gemeinsamen – Mandanten führt. Die **eigentliche Prozessführung** (ua die rechtliche Beurteilung des Falles, das Auftreten und Handeln gegenüber dem Gericht, die Prozesstaktik) obliegt in einem solchen Falle dem **Prozessanwalt** als dem Prozessbevollmächtigten. Der Verkehrsanwalt hat den Prozessanwalt dabei zwar nicht zu überwachen, muss aber seine Verpflichtungen im Verkehr mit dem Prozessanwalt (Unterrichtung, Hinweise, Fristwahrung etc) und gegenüber dem Mandanten (Beratung, Ermittlung von Beweismitteln etc.) ordnungsgemäß erfüllen.[42]

Da jeder Rechtsanwalt vor allen Landgerichten postulationsfähig ist, hat diese wenig praktikable Gestaltungsmöglichkeit für die erste Instanz nur **geringe praktische Bedeutung**, zumal sie auch noch kostenungünstig ist:[43] Für den Prozessanwalt fallen die normalen Gebühren an, für den Verkehrsanwalt die Verfahrensgebühr gem. VV RVG 3400 (in der Regel Teilungsvereinbarung, §§ 49b Abs. 3 S. 2 BRAO, 22 BORA). Mehrkosten sind grundsätzlich auch nur bis zur Höhe ersparter fiktiver Reisekosten erstattungsfähig.[44]

---

38 BGH NJW 2003, 2027; BGH NJW-RR 2005, 922; BGH NJW 2008, 2122.
39 BGH MDR 2005, 177.
40 BGH NJW-RR 2004, 858; BGH NJW 2006, 3008; BGH VersR 2007, 1289.
41 BGH NJW 2003, 898; NJW 2006, 301 (303).
42 BGH NJW 2006, 3496; OLG Celle NJW-RR 2006, 346.
43 Enders JurBüro 2005, 337 (339).
44 Mus/Voit/Flockenhaus § 91 Rn. 27.

II. Die Beratung des Mandanten § 2

d) Bestellung eines auswärtigen Anwalts als alleinigen Anwalt

Zuletzt kann ein **auswärtiger Anwalt als alleinigen Anwalt** bestellt werden, mit dem der Mandant in der Folgezeit allein und unmittelbar – ohne Beteiligung des heimischen Anwalts – verkehrt. In der Regel ist diese Möglichkeit schon wegen der Fallkenntnisse, der Vertrauensbeziehung und der einfacheren Kontakte zum Mandanten nicht sinnvoll und auch aus Kostengründen nicht geboten. Zudem ist diese Möglichkeit auch nicht kostengünstiger als die Bestellung des heimischen Anwalts zum Verkehrsanwalt, da für diesen regelmäßig bereits die Geschäftsgebühr (RVG VV 2300) entstanden ist und für den Mandanten erheblicher zusätzlicher Kostenaufwand durch die erforderlichen Informationsreisen entstehen kann.

22

e) Fazit

Vor diesem Hintergrund ist in der Regel eine **eigene Prozessführung** durch den Rechtsanwalt angebracht. Alle diese Überlegungen gelten auch, soweit ein **Beklagter** sich vor einem auswärtigen Gericht vertreten lassen muss, ferner für die Vertretung im Berufungsverfahren (in dem der Anwalt immer auch selbst den Mandanten vertreten kann).[45]

23

5. Weisungsrecht des Mandanten

Gem. **§§ 675, 665 BGB** ist der Rechtsanwalt grundsätzlich an die Weisungen seines Mandanten gebunden,[46] so dass dieser auch zur Prozessführung die **Weisungen des Mandanten** einzuholen hat. Daher muss der Rechtsrwalt den Mandanten zwar umfassend über die Rechtslage und die Vorgehensmöglichkeiten unterrichten sowie die zweckmäßigen Maßnahmen zur Erreichung der Zielvorstellungen vorschlagen; die **Entscheidung** über das Ob und die Art und Weise des Vorgehens **obliegt** jedoch stets dem – informierten und beratenen – **Mandanten**.[47]

24

Der Rechtsrwalt muss mit dem Mandanten grundsätzlich alle zu treffenden Maßnahmen absprechen, jedoch kann der Mandant seinem Anwalt – je nach konkreter Vereinbarung – für die Durchführung auch freie Hand lassen; selbstverständlich ist der Rechtsanwalt aber dann verpflichtet, nur zweckmäßige Maßnahmen durchzuführen.[48] Von einer Weisung des Mandanten darf der Rechtsanwalt grundsätzlich nicht abweichen;[49] bei wesentlicher Änderung der Prozesslage und neu zu treffenden Entscheidungen muss er neue Weisungen einholen. Bei unsachgemäßen Weisungen (zu wenig oder nicht aussichtsreichen Maßnahmen) hat der Rechtsanwalt auf seine Bedenken hinzuweisen; bleibt der Mandant bei der Weisung, darf der Rechtsanwalt sie ausführen (→ Rn. 7). Wenn der Rechtsanwalt eine Weisung nicht ausführen will (oder bei Rechts- oder Sittenwidrigkeit nicht ausführen darf), muss er das Mandat ablehnen bzw. niederlegen, und dies unverzüglich.[50]

---

[45] Eingehend zu diesen Kostenfragen: Enders JurBüro 2005, 62; Karczewski MDR 2005, 481.
[46] BGH NJW 1985, 43; NJW 2015, 770.
[47] BGH NJW-RR 2003, 1212.
[48] Grüneberg/Grüneberg § 280 Rn. 69.
[49] BGH MDR 1977, 476.
[50] Grüneberg/Grüneberg § 280 Rn. 69.

III. Der Inhalt der Klageschrift

25 Gem. § 253 Abs. 2 muss eine **Klageschrift zwingend enthalten** die Bezeichnung der Parteien und des Gerichts (Nr. 1), zudem die bestimmte Angabe des Gegenstandes und des Grundes des erhobenen Anspruchs sowie einen bestimmten Antrag (Nr. 2). Fehlt es an diesen zwingenden Mindestvoraussetzungen (und wird deren Mangel – nach Hinweis des Gerichts gem. § 139 – auch nicht behoben), ist die Klage unzulässig. Im Übrigen ergeben sich weitere, nicht zwingende Formerfordernisse aus §§ 253 Abs. 3, Abs. 4 (iVm § 130), Abs. 5 sowie aus § 12 GKG.

Hinweis: Entsprechendes gilt für die **Anspruchsbegründung nach einem Mahnverfahren** (§ 697 Abs. 1).

1. Formelle Anforderungen

26 1) **Bezeichnung als Klage:** Zwar muss die Klageschrift nicht zwingend als „Klage" bezeichnet werden, vielmehr genügt es, dass der Schriftsatz als solche zweifellos erkennbar ist. Dennoch ist eine entsprechende Bezeichnung sinnvoll und auch allgemeine Praxis.

2) **Bezeichnung des angerufenen Gerichts (§ 253 Abs. 2 Nr. 1):** Zwingend zu bezeichnen ist das sachlich und örtlich zuständige Gericht („Landgericht Stuttgart"). Ein einzelner Spruchkörper muss nicht angegeben werden; soll jedoch vor der Kammer für Handelssachen verhandelt werden, ist dies gem. § 96 Abs. 1 GVG bereits in der Klageschrift zu beantragen.

3) **Bezeichnung der Parteien (§ 253 Abs. 2 Nr. 1):** Ebenfalls zwingend zu bezeichnen sind die Parteien, und dies auf eine solche Weise, dass keine Zweifel über ihre Identität bestehen. Die Bezeichnung der Parteien hat so genau und vollständig wie im Urteilsrubrum zu erfolgen, daher also mit Vor- und Zuname und ladungsfähiger Anschrift, ggf. unter Angabe etwaiger gesetzliche Vertreter. Bei Kaufleuten ist die Firma ausreichend (§ 17 Abs. 2 HGB), die zusätzliche Aufnahme des Namens des Firmeninhabers ist jedoch in der Regel zweckmäßig. Bei Handelsgesellschaften und juristischen Personen ist die registermäßige Bezeichnung anzugeben, bei einer BGB-Gesellschaft die identifizierbare Bezeichnung oder die Angabe der Gesellschafter. Im Falle einer **Parteienmehrheit** gilt dies bezüglich aller Parteien.

Hinweis: Die „richtige" Bezeichnung der Parteien ist Grundlage für eine „erfolgreiche" Zwangsvollstreckung (vgl. § 750 Abs. 1)!

4) **Angabe des gegnerischen Anwalts:** Ist der gegnerische Anwalt bekannt, ist dessen Angabe aus kollegialen Gründen vielfach üblich. Da jedoch nicht immer sicher ist, ob der Gegenanwalt wirklich bereits Prozessvollmacht für das konkrete Verfahren besitzt, ist es ratsam, diese Angabe wegzulassen: Denn lag keine Prozessvollmacht vor, war die gegenüber dem vermeintlichen Bevollmächtigten veranlasste Zustellung unwirksam[51] (zwar heilbar nach § 295, jedoch ggf. problematisch im Hinblick auf die Verjährung). Etwas anderes gilt indes, wenn der gegnerische Anwalt ausdrücklich mitgeteilt hatte, Prozessvollmacht zu haben: Dann ist der gegnerische Anwalt anzugeben.[52]

---

51 Zö/Schultzky § 172 Rn. 6.
52 Zö/Schultzky § 172 Rn. 6. Vgl. hierzu auch BVerfG NJW 2007, 3486 (3488).

III. Der Inhalt der Klageschrift

Hinweis: Bei Vollstreckungsgegenklagen ist die Angabe des Beklagten-Rechtsanwalts des Vorprozesses stets erforderlich, da nur an ihn wirksam zugestellt werden kann (§§ 172, 81).

5) **Anträge:** Zwingend ist ein bestimmter Antrag zur Hauptsache (§ 253 Abs. 2 Nr. 2), auch zu Nebenansprüchen (wie zB Zinsen), ggf. mit Hilfsanträgen. Der Antrag muss so bestimmt sein, dass er den Zulässigkeitsvoraussetzungen entspricht und dass eine antragsgemäße Titulierung die Vollstreckung ermöglicht (zur Leistungsklage → § 7 Rn. 3 ff.). Bei **mehreren Beklagten** ist deren Verhältnis (zB Gesamtschuldner) anzugeben. Zweckmäßig ist zudem ein **Antrag gem. § 331 Abs. 3**, so dass – im Falle eines schriftlichen Vorverfahrens – ggf. ein Versäumnisurteil ergehen kann. Ein Antrag zu den **Nebenentscheidungen** (Kosten, vorläufige Vollstreckbarkeit) ist zwar grundsätzlich nicht nötig, da die Entscheidung von Amts wegen (§§ 308 Abs. 2, 708 ff.; Ausnahme: §§ 710, 711 S. 3) ergeht, jedoch in der Praxis üblich. Im Übrigen zu stellen sind ggf. **Anträge zu Eilmaßnahmen** (zB Einstellung der Vollstreckung, § 769; Abkürzung von Einlassungs- und Ladungsfristen, §§ 274 Abs. 3, 217, 226), ein **Prozesskostenhilfe-Antrag** oder ein Antrag gem. § 14 Nr. 3 GKG (Zustellung ohne Kostenvorschuss).

Hinweis: Wichtig ist eine optische Hervorhebung aller Anträge durch Einrücken und Zusammenstellung an einer auffallenden Stelle der Klageschrift (üblicherweise am Anfang der Klageschrift; möglich – wenngleich selten – aber auch am Ende), damit nicht einzelne Anträge (wie etwa ein Einstellungsantrag) von dem Gericht übersehen werden.

6) **Nicht zwingend notwendig,** jedoch uU **zweckmäßig** oder **von der Prozesslage her geboten** ist:
   – die Angabe, ob vor Klageerhebung der Versuch einer **Mediation** oder eines anderen Verfahrens der außergerichtlichen Konfliktbeilegung vorausgegangen ist sowie die Angabe, ob der Durchführung eines solchen Verfahrens Gründe entgegenstehen (§ 253 Abs. 3 Nr. 1),
   – die Angabe zum **Streitwert** (§ 253 Abs. 3 Nr. 2; → § 5 Rn. 96 ff.),
   – vor dem Landgericht: eine Äußerung zur Entscheidung durch den **Einzelrichter** (§ 253 Abs. 3 Nr. 3; → § 3 Rn. 1 ff.),
   – ggf. eine Erklärung, dass im **Urkunden- oder Wechsel-/Scheckprozess** geklagt werde (§§ 593, 604, 605 a; ohne eine solche Erklärung wird im normalen Prozess geklagt, → § 17 Rn. 8),
   – ggf. ein Antrag gem. § 96 Abs. 1 GVG, dass der Rechtsstreit vor der **Kammer für Handelssachen** verhandelt wird (ansonsten wird die Klage vor einer herkömmlichen Zivilkammer erhoben),
   – ggf. die Hervorhebung einer besonderen **Eilbedürftigkeit** der Klagezustellung (etwa bei drohender Verjährung),
   – sowie ggf. die **Beifügung der Prozessvollmacht,** wenn in der Klage eine Gestaltungserklärung für den Mandanten abgegeben wird (§ 174 BGB, von der Prozessvollmacht gedeckt).[53]

2. Begründung der Klageschrift

Als **Mindestbegründung einer Klageschrift** bedarf es einer schlüssigen Darlegung der **Klageforderung.** Der Tatsachenvortrag hat in geordneter Form zu erfolgen. Zweckmä-

---

53 BGH NJW 2003, 963.

ßig ist zunächst eine kurze Einführung in den Prozessstoff, dann – in der Regel im historischen Aufbau – eine Darstellung des zugrunde liegenden Lebenssachverhalts, ausgerichtet an den Normvoraussetzungen der Anspruchsgrundlage(n), auf die das Begehren gestützt wird, unter Berücksichtigung der Darlegungslast, und zwar nicht nur zum Grund, sondern auch zur Höhe des Anspruchs.[54]

Die Begründung kann zwar **oft recht knapp** gehalten werden, weil für die schlüssige Darlegung einer Anspruchsgrundlage in der Regel bereits der Vortrag einiger weniger Haupttatsachen ausreichen kann. Um jedoch dem Vorwurf der Unschlüssigkeit, der Unsubstantiiertheit oder etwaigen späteren Verspätungsproblemen von vornherein zu entgehen (aber auch wegen der Beschränkung von neuem Vortrag in der Berufungsinstanz, → § 19 Rn. 88 ff.), sollte der Vortrag zur Klageforderung **sogleich vollständig und umfassend** sein, dies unter Mitteilung aller Haupt- sowie Hilfstatsachen und auch der Einzelheiten des Geschehens. Der Grund ist **konkretisiert darzulegen**, und zwar in dem Umfang, dass der **Klageanspruch** eindeutig **individualisiert** ist (Daten, Zeitpunkte etc → § 8 Rn. 4).[55]

28 Eine **Bezugnahme** auf andere Schriftstücke ist zulässig, soweit die dortige Darstellung aus sich selbst heraus verständlich ist.[56] Unzureichend ist die nicht substantiierte Bezugnahme auf den Inhalt eines der Klageschrift beigegebenen umfangreichen Aktenstücks,[57] die Ausführlichkeit der Darstellung hängt jedoch von dem jeweiligen Fall ab. Dabei muss uU auch eine mögliche andere rechtliche Beurteilung durch das Gericht berücksichtigt werden. Im **Grundsatz** gilt daher: **Lieber zu viel als zu wenig, lieber zu früh als zu spät.**

Falls **mehrere Anspruchsgrundlagen** in Betracht kommen, empfiehlt es sich, sogleich ausreichend zu allen vorzutragen, des Weiteren zu mehrfachen Klagegründen oder Klagebegründungen, Hilfsbegründungen und Hilfsanträgen.[58]

Die Klage sollte auch substantiierten Vortrag zu einem **erwarteten Bestreiten** von Normvoraussetzungen durch den Beklagten enthalten.

Ob der Klageforderung **entgegenstehende unstreitige Umstände**, etwa eine ungünstige Urkunde, bereits in der Klage angesprochen werden sollten, bestimmt sich nach dem konkreten Fall: Besteht die begründete Erwartung, dass der Beklagte diese sicherlich vortragen wird, so dass sie ohnehin zur Sprache kommen werden, ist es eher ratsam, sogleich dazu Stellung zu nehmen; es kann das Prozessklima zum Nachteil des Klägers schwerwiegend belasten, wenn der Eindruck entsteht, dass er diese Umstände habe verschweigen wollen.

Wichtig sind stets **Beweisantritte zu den Behauptungen** (§§ 253 Abs. 4, 130 Nr. 5). Grundsätzlich sind **alle** Beweismittel anzugeben. Soweit die Beweislast nicht bei dem Kläger liegt, ist ein Hinweis: *„unter Verwahrung gegen die Beweislast"* oder besser: *„gegenbeweislich"* üblich. Die Beweisantritte werden regelmäßig durch Einrücken hervorgehoben. Zum Beweisantrag → § 11 Rn. 21 ff.

---

54 Vgl. hierzu auch Oberheim Rn. 158 ff.
55 BGH MDR 2004, 824. Vgl. auch Oberheim Rn. 159.
56 Zö/Greger § 253 Rn. 12; vgl. auch BGH NJW 2016, 2747.
57 Zö/Greger § 253 Rn. 12. Vgl. auch BGH NJW 2016, 2747: Die ausschließliche Bezugnahme in der Klageschrift auf ein von der Partei selbst erstelltes Schriftstück genügt im Anwaltsprozess den Voraussetzungen des § 253 Abs. 2 Nr. 2 nicht.
58 BGH NJW 2002, 1413; NJW 2016, 957 (958).

III. Der Inhalt der Klageschrift

Die – in der Praxis oft zu finden – **Bitte um Hinweis** des Gerichts gem. § 139 zur Ergänzung des Vortrags ist indes mit Vorsicht zu begegnen. Eine formularmäßige Bitte ist ohnehin unerheblich, eine **konkrete Bitte** kann zwar im Einzelfall (bzw. bei komplizierten oder umfangreichen Verfahren) zweckmäßig sein, rechtfertigt aber auch dann kein unbedingtes Vertrauen, dass das Gericht einen Hinweis geben wird, und befreit daher nicht von der eigenen Verantwortung zu vollständigem Vortrag.[59]

Zu möglichen **Einwendungen oder Einreden des Beklagten** muss in der Klageschrift grundsätzlich noch nicht Stellung genommen werden. Denn es ist nicht sicher – und sollte daher abgewartet werden –, ob und inwieweit der Beklagte solche Verteidigungsmöglichkeiten vortragen wird (und ob er sie überhaupt sieht). Es besteht auch die Gefahr, dass die Klage dadurch unschlüssig wird, was dann auch dem Erlass eines Versäumnisurteils entgegenstehen würde. Falls jedoch aus der Vorkorrespondenz sicher ist, dass und wie der Beklagte sich verteidigen wird, kann dazu schon in der Klage vorgetragen werden. 29

Rechtsausführungen sind **grundsätzlich erforderlich**. Zwar müssen in der Klageschrift zwingend nur die für den Klageerfolg erforderlichen Tatsachen vorgetragen werden. Der Rechtsanwalt hat jedoch gegenüber seinem Mandanten auch die Verpflichtung, dafür Sorge zu tragen, dass die erheblichen rechtlichen Gesichtspunkte in den Rechtsstreit eingeführt und bei der Entscheidung des Gerichts berücksichtigt werden.[60] Der Umfang der Rechtsausführungen hängt jedoch selbstverständlich von dem jeweiligen Einzelfall ab: Bei rechtlich einfach gelagerten Fällen kann der Hinweis auf eine Anspruchsgrundlage genügen, bei rechtlich komplizierten Fällen mit einfachem Sachverhalt wird die Klagebegründung dagegen weitgehend aus Rechtsausführungen zu bestehen haben. 30

Einfachere Rechtsausführungen können mit dem entsprechenden Tatsachenvortrag verbunden werden, längere und schwierigere Ausführungen werden zweckmäßiger von der Sachverhaltsdarstellung abgesetzt und **im Urteilsstil** abgehandelt. Etwaige **Fundstellen sollten angeben**, entlegenere in Kopie beifügen werden. Der **Stil der Ausführungen muss stets sachlich sein**; sie können zwar deutlich, dürfen aber keinesfalls polemisch sein (anwaltliches **Sachlichkeitsgebot**, § 43 a Abs. 3 BRAO).

Nicht vergessen werden darf zuletzt die Begründung von **Nebenansprüchen** (zB für den Zinsanspruch: Verzugsbeginn; Vortrag und Nachweis der Inanspruchnahme von Bankkredit in Höhe der Klageforderung zu dem geforderten Zinssatz ab Verzugszeitpunkt; oder: zur miteingeklagten vorprozessualen Geschäftsgebühr).

3. Sonstiges

Die Klageschrift war bislang von dem Rechtsanwalt zu unterschreiben (§§ 253 Abs. 4, 130 Nr. 6),[61] nunmehr ist sie – bei elektronischer Übermittlung (130 d) – **qualifiziert zu signieren** (§§ 253 Abs. 4, 130 a). Im Übrigen sind der Klageschrift diejenigen **Urkunden** (Kaufvertrag, Rechnung, Fahrzeugschein, Mahnschreiben etc) beizufügen, auf die in der Klageschrift Bezug genommen wurde (§§ 253 Abs. 4, 131); andernfalls werden sie nicht Vortrags- und Aktenbestandteil. Bei mehreren Anlagen ist eine durchlaufende 31

---

59 BGH NJW-RR 1990, 1241. Vgl. hierzu auch BGH NJW 2016, 957: Die Verpflichtung des Rechtsanwalts, die zugunsten seiner Partei sprechenden tatsächlichen und rechtlichen Gesichtspunkte so umfassend wie möglich darzustellen, erfährt durch den Grundsatz „iura novit curia" keine Einschränkung.
60 BGH NJW 1996, 2648; NJW 2000, 3560; NJW 2002, 1413; NJW 2006, 3494. Vgl. insoweit auch § 1 Abs. 3 BORA.
61 Zu den Anforderungen vgl. BGH MDR 2012, 797.

Bezeichnung (auch in den folgenden Schriftsätzen) mit „K1, K2" usw (K = Kläger) üblich, damit sie später einfacher zitiert werden können.

IV. Zum Kontakt mit dem Mandanten

32 Der Rechtsanwalt hat den **Mandanten** über das von ihm Veranlasste durch ein sog. „**Mandantenschreiben**" **unterrichten,** so zB von der Einreichung der Klageschrift (unter Übersendung einer Abschrift). Er sollte aber auch – schon zur eigenen Absicherung – dem Mandanten bereits den Aktenvermerk über das Informationsgespräch übersenden und insbesondere den **Entwurf der Klageschrift**, mit der Bitte um Überprüfung und Billigung in tatsächlicher Hinsicht, damit Unrichtigkeiten im Tatsachenvortrag (etwa durch Missverständnisse) von vornherein vermieden werden.

Selbstverständlich muss auch **während des Prozesses** ständiger Kontakt mit dem Mandanten gehalten werden, dies etwa durch Übersendung von Abschriften der gegnerischen Schriftsätze (zur schriftlichen oder mündlichen Stellungnahme), durch Übersendung der eigenen Schriftsätze (Entwürfe), Mitteilung gerichtlicher Maßnahmen (wie Terminsanberaumungen, Beweisbeschlüsse), Übersendung von Terminberichten, der Gerichtsprotokolle, von eingegangenen Sachverständigengutachen uä (§ 11 BORA). Der Mandant muss stets über den Stand des Prozesses informiert sein; das weitere Vorgehen muss mit ihm abgestimmt werden (Weisungsrecht).

§ 3 Das vorbereitende Verfahren des Gerichts

I. Beim Landgericht: Einzelrichter oder (vollbesetzte) Kammer

1. Allgemeines

Gem. Art. 101 Abs. 2 GG, § 16 S. 2 GVG darf niemand seinem gesetzlichen Richter entzogen werden. Hieraus folgt, dass „die Person der zur Entscheidung im Einzelfall berufenen Richter aufgrund von allgemeinen Regeln im Voraus so eindeutig wie möglich"[1] feststehen muss. Um dies sicherzustellen, haben die Gerichte (konkret das Präsidium, § 21 a GVG) vor dem Beginn des Geschäftsjahres für dessen Dauer einen Geschäftsverteilungsplan zu erlassen (§ 21 e GVG), ebenso die einzelnen Kammern (§ 21 g GVG).

Nachdem die Klage beim Landgericht eingegangen ist, registriert und der nach dem Geschäftsverteilungsplan des Gerichtes zuständigen Kammer zugeleitet wurde, teilt der Kammervorsitzende das Verfahren einem Mitglied der Kammer entsprechend dem internen Geschäftsverteilungsplan der Kammer zu; dies entweder als Einzelrichter oder – im Falle einer originären Zuständigkeit der Kammer – als Berichterstatter.

Ob der Rechtsstreit durch die (vollbesetzte) Kammer oder den Einzelrichter zu entscheiden ist, regeln §§ 348, 348 a. Hiernach gilt der **Grundsatz des originären Einzelrichters** (§ 348 Abs. 1 S. 1), jedoch wird sichergestellt, dass besonders schwierige oder grundsätzliche Streitigkeiten von der – mit drei Richtern vollbesetzten – Kammer entschieden werden.[2]

2. Originäre Zuständigkeit

Gem. § 348 Abs. 1 S. 1 entscheidet die Zivilkammer grundsätzlich durch eines ihrer Mitglieder als **Einzelrichter**, nicht durch die vollbesetzte Kammer. Der Einzelrichter tritt damit an die Stelle der Kammer – er ist die Kammer, mit allen Funktionen der Kammer und des Vorsitzenden, die er in sich vereinigt; er allein bearbeitet, verhandelt und entscheidet den Rechtsstreit.

Eine **originäre Zuständigkeit der (vollbesetzten) Kammer** besteht nur in den von § 348 Abs. 1 S. 2 geregelten Ausnahmefällen. Eine Kammerzuständigkeit ist hiernach gegeben, wenn der an sich zuständige Einzelrichter ein **Proberichter** ist, der noch nicht ein Jahr lang Zivilsachen bearbeitet hat (Nr. 1), oder – wichtiger – eine **Spezialzuständigkeit der Kammer** besteht (Nr. 2), dies etwa bei Streitigkeiten aus Bank- und Finanzgeschäften, bei Bausachen, Arzthaftungssachen oder erbrechtlichen Streitigkeiten.

Zwingend vorgesehene, damit also bei jedem Landgericht zu findende Spezialzuständigkeiten stellen die von § 72 a GVG genannten Streitigkeiten dar. Daneben sind die einzelnen Landgerichte frei, durch Änderung ihres jeweiligen Geschäftsverteilungsplans weitere Spezialzuständigkeiten zu schaffen (beispielsweise für Streitigkeiten, die den Landgerichten ohne Rücksicht auf den Wert des Streitgegenstandes ausschließlich zugewiesen sind, etwa Ansprüche im Zusammenhang mit falscher, irreführender oder unterlassener öffentlicher Kapitalmarktinformation gem. § 71 Abs. 2 Nr. 3 GVG). Wird eine solche (fakultativ geschaffene) Spezialzuständigkeit von dem Katalog des § 348 Abs. 1 S. 2 erfasst, ist durch die (vollbesetzte) Kammer zu entscheiden. Im umge-

---

1 BVerfG NJW 1965, 2291.
2 Vgl. hierzu auch Stackmann JuS 2008, 129.

kehrten Fall – Streitigkeit iSv § 348 Abs. 1 S. 2, jedoch besteht bei dem zuständigen Landgericht keine Spezialkammer – fällt diese wiederrum in die originäre Zuständigkeit des Einzelrichters.

3. Übertragene Zuständigkeit

4 Von der originären Zuständigkeitsverteilung ist in bestimmten Fällen abzuweichen. Maßgeblich ist insoweit der konkrete Einzelfall. Gewährleistet werden soll, dass (nur) **besonders schwierige oder grundsätzliche Rechtsstreitigkeiten** von der vollbesetzten Kammer entschieden werden. Hierfür bedient sich die ZPO eines besonderen Systems.

a) Bei originärer Zuständigkeit des Einzelrichters (§ 348 Abs. 1 S. 1)

5 § 348 Abs. 3 verpflichtet (und berechtigt) den originären Einzelrichter, die Sache der Kammer zur Entscheidung über eine Übernahme **vorzulegen** (§ 348 Abs. 3 S. 1), wenn sie tatsächlich oder rechtlich **besonders schwierig** ist (Nr. 1), wenn sie **grundsätzliche Bedeutung** hat (Nr. 2) oder wenn **beide Parteien dies beantragen** (Nr. 3).

Die Kammer muss die Sache übernehmen, wenn sie das Vorliegen der Voraussetzungen von § 348 Abs. 3 S. 1 Nr. 1 oder Nr. 2 bejaht (§ 348 Abs. 3 S. 2). An einen übereinstimmenden Antrag der Parteien (Nr. 3) ist sie dagegen nicht gebunden,[3] vielmehr hat diese Alternative allein den Zweck, eine Kammerentscheidung über die – seitens des Einzelrichters ggf. verneinen – Voraussetzungen von § 348 Abs. 3 S. 1 Nr. 1 oder Nr. 2 herbeizuführen.

b) Bei originärer Zuständigkeit der Kammer (§ 348 Abs. 1 S. 2)

6 Ist die Kammer originär zuständig, hat sie die Sache **auf den Einzelrichter zu übertragen,** wenn sie keine besonderen tatsächlichen oder rechtlichen Schwierigkeiten aufweist oder keine grundsätzliche Bedeutung hat (§ 348a Abs. 1 Nr. 1 und Nr. 2): Der Einzelrichter tritt auch dann an die Stelle der Kammer, die ihre Zuständigkeit verliert. Da die Übertragung bei Vorliegen dieser Voraussetzungen zwingend ist, wird der Einzelrichter insoweit als **obligatorischer Einzelrichter** bezeichnet.

Eine **Übertragung** ist indes **ausgeschlossen,** wenn bereits im Haupttermin zur Hauptsache verhandelt worden ist (§ 348a Abs. 1 Nr. 3). Dabei ist unter **Haupttermin** jeder Termin (unabhängig von seiner Bezeichnung, daher auch ein früher erster Termin) zu verstehen, wenn er von dem Gericht durch entsprechende Vorbereitung bereits als Haupttermin vorgesehen war und zur Hauptsache verhandelt wurde.[4] Zulässig ist die **Übertragung** jedoch nach einem Vorbehalts-, Teil- oder Zwischenurteil. Daher kann die Sache zB nach einem Grundurteil (§ 304) für die Entscheidung zur Höhe des Anspruchs dem Einzelrichter übertragen werden.

c) Anfechtbarkeit

7 Übertragung, Vorlage oder Übernahme oder ihr Unterbleiben sind nicht mit Rechtsmitteln anfechtbar (§§ 348 Abs. 4, 348a Abs. 3). Eine Ausnahme besteht bei **Willkür**.[5]

---

3 Dies wegen des eindeutigen Wortlauts von § 348 Abs. 3 S. 2: MK/Stackmann § 348 Rn. 23 mwN auch zur Gegenauffassung.
4 StJ/Bartels § 348a Rn. 8; Zö/Greger § 348a Rn. 3.
5 BGH MDR 2007, 734; HK-ZPO/Kießling § 348 Rn. 13.

Allerdings kann die Berufung darauf gestützt werden, dass der Einzelrichter in Kammersache oder die Kammer in Einzelrichtersache entschieden hat.[6]

II. Der Weg zur mündlichen Verhandlung

1. Die Wahl der Verfahrensarten zur mündlichen Verhandlung

Nach Zuteilung des Verfahrens (und Eingang des von der Klägerseite anzufordernden Gerichtskostenzuschusses, § 12 Abs. 1 S. 1 GKG) hat der Einzelrichter/Vorsitzende die Klage unverzüglich an den Beklagten **zuzustellen** und diesen – bei Verfahren vor dem Landgericht – **aufzufordern, einen Rechtswalt zu bestellen,** wenn er eine Verteidigung gegen die Klage beabsichtigt (§ 271). Zugleich muss eine Entscheidung über die weitere Verfahrensweise getroffen werden. Grundsätzlich ist der Rechtsstreit in einem umfassend vorbereiteten Termin zur mündlichen Verhandlung (Haupttermin) zu erledigen (§ 272 Abs. 1). Hierzu stehen **zwei Wege zur Wahl** (§ 272 Abs. 2): **der frühe erste Termin** (mit evtl. Haupttermin) gem. § 275 sowie **das schriftliche Vorverfahren** zum Haupttermin gem. § 276. Die Auswahl zwischen beiden Alternativen steht im **pflichtgemäßen Ermessen** des Gerichts.[7] Die Wahl ist danach zu treffen, auf welchem Wege im konkreten Fall am schnellsten die **Entscheidungsreife** herbeigeführt werden kann.

8

Der **frühe erste Termin** ist ein **vollwertiger Verhandlungstermin**, in dem der Prozess – bei Entscheidungsreife – durch streitiges Urteil entschieden werden kann.[8] Mit einem frühen ersten Termin kann daher zweierlei bezweckt werden: Entweder (nur) eine Förderung des Rechtsstreits zu einem noch folgenden Haupttermin oder aber bereits auch die Erledigung des Rechtsstreits.

9

So kann ein früher erster Termin gerade in komplexeren Verfahren zweckmäßig sein, in denen eine frühzeitige Erörterung zur Eingrenzung und vielleicht auch teilweisen Klärung und Erledigung des Streitstoffes, ferner zur Abstimmung des Verfahrens mit den Anwälten (Beweisaufnahme, Vergleichsverhandlungen?) möglich erscheint *(„case management conference")*. Bei einem amtsgerichtlichen Verfahren kann ein früher erster Termin insbesondere bei nicht anwaltlich vertretenen Parteien sinnvoll sein, um den Prozessstoff frühestmöglich zu strukturieren. In diesen Fällen dient der frühe erste Termin der **Förderung des Rechtsstreits** zu einem noch folgenden Haupttermin

Demgegenüber kommt eine **Erledigung des Rechtsstreits** im Rahmen des frühen ersten Termins insbesondere in einfach gelagerten Verfahren (etwa bei Unzulässigkeit der Klage, bei Urkundenprozessen, in deren Rahmen die Beweismittelführung eingeschränkt ist) oder bei bereits ausreichend vorbereiteten (und durch Schriftsätze entsprechend aufbereiteten) Verfahren (etwa aufgrund eines vorangegangenen PKH-Verfahrens) in Betracht. Bei entsprechender Vorbereitung – zB durch Fristen (mit Präklusionswirkung), Ladung von Zeugen – kann der frühe erste Termin praktisch auch **zu einem „Haupttermin" werden.** In einem solchen Falle entsteht eine **„Mischform":** Zwar handelt es sich um einen frühen ersten Termin, die Vorbereitung entspricht aber derjenigen des schriftlichen Vorverfahrens; es ist natürlich gestattet (§ 273) und durch die Konzentrationsmaxime auch geboten, die Zeit bis zum Termin zur Vorbereitung zu nutzen.[9] Keinesfalls darf der Termin als ein bloßer „Durchlauftermin" bezweckt wer-

---

6 Zö/Greger § 348 Rn. 23. A.A. MK/Stackmann § 348 Rn. 69.
7 BGH NJW 1983, 575 (576): Entscheidung unanfechtbar.
8 BGH NJW 1983, 575 (576); NJW 1983, 2507 (2508); vgl. auch StJ/Thole § 275 Rn. 18; MK/Prütting § 275 Rn. 14.
9 Zö/Greger § 275 Rn. 2.

den, ohne Vorbereitung, nur zur formalen „Verhandlung" (Antragstellung).[10] In einem solchen Termin darf das Gericht Vortrag nicht als verspätet zurückweisen (→ § 4 Rn. 29).

10 Das **schriftliche Vorverfahren** bietet sich dagegen an, wenn eine **weitere Aufklärung** (insbesondere durch weiteren Vortrag der Parteien) vor der mündlichen Verhandlung **erforderlich** erscheint. Für den Prozess am Landgericht wird das schriftliche Vorverfahren häufig **als Regelfall** bezeichnet,[11] und dies nicht ohne Grund: Erst nachdem die Parteien umfassend vorgetragen haben (durch Klage, Klageerwiderung, ggf. Replik und Duplik), kann das Gericht den Prozessstoff vollständig überblicken und den Prozess – durch Ladung von Zeugen, Erteilen von Hinweisen etc. – entsprechend vorbereiten. Vor diesem Hintergrund dürfte jedenfalls bei komplexeren Verfahren das schriftliche Vorverfahren regelmäßig der erfolgversprechendste Weg sein, das Verfahren in einem einzigen Verhandlungstermin zu erledigen (§ 272 Abs. 1).

2. Der frühe erste Termin (§ 275) im Überblick

11 Entscheidet sich das Gericht für einen frühen ersten Termin, ist ein solcher anzuordnen. Zugleich ist ein **Termin zur mündlichen Verhandlung** (sowie zur obligatorisch vorgeschalteten Güteverhandlung, vgl. § 278 Abs. 2) zu bestimmen, die **Parteien** (bzw. deren Prozessbevollmächtigten, § 172) zu **laden** und **die Klage zuzustellen** (§ 274 Abs. 2; ggf. mit Anwaltsaufforderung, § 271 Abs. 2), dies **regelmäßig mit Fristsetzung zur schriftlichen Klageerwiderung** (§ 275 Abs. 1 S. 1; Folge einer Fristversäumung: § 296 Abs. 1).

Zumeist wird zudem **das persönliche Erscheinen der Parteien** (§§ 141, 273 Abs. 2 Nr. 3, 278 Abs. 3) anzuordnen sein, uU sind **weitere Vorbereitungsmaßnahmen** veranlasst (insbesondere aufgrund der Klageerwiderung, etwa Aufforderung an Kläger zur Stellungnahme gem. § 275 Abs. 4, Maßnahmen nach § 273, Hinweise gem. § 139 Abs. 4, Beweiserhebung gem. § 358 a, ggf. auch die Unterbreitung eines Vergleichsvorschlags). Führt der frühe erste Termin nicht zum Abschluss des Rechtsstreits, ist ein neuer **Haupttermin** anzuberaumen und es sind entsprechende Vorbereitungsmaßnahmen (§§ 275 Abs. 2, 273) zu treffen.

3. Das schriftliche Vorverfahren zum Haupttermin (§ 276) im Überblick

12 Soll hingegen ein schriftliches Vorverfahren durchgeführt werden, hat das Gericht den Beklagten mit Zustellung der Klageschrift (ggf. mit Anwaltsaufforderung, § 271 Abs. 2) aufzufordern, seine **Verteidigungsabsicht** binnen einer – nicht verlängerbaren – Notfrist von zwei Wochen nach Zustellung der Klageschrift gegenüber dem Gericht schriftlich anzuzeigen (§ 276 Abs. 1 S. 1), dies zugleich mit der Belehrung über die Folgen einer Fristversäumung (ggf. Erlass eines Versäumnisurteils, vgl. § 331 Abs. 3 S. 1) sowie – vor dem Landgericht – darüber, dass die Verteidigungsanzeige wirksam nur durch einen Rechtsanwalt abgegeben werden kann. Zudem ist dem Beklagten eine **Frist zur Klageerwiderung** von mindestens **zwei weiteren Wochen** zu setzen (§ 276 Abs. 1 S. 2), dies wiederum mit einer **Belehrung** über die Folgen einer Fristversäumung (§§ 277 Abs. 2, 296 Abs. 1).

---

10 StJ/Thole § 275 Rn. 22; Zö/Greger § 272 Rn. 1.
11 Vgl. Schellhammer Rn. 274.

III. Die nachträgliche Erhebung weiterer oder anderer Ansprüche

Das weitere Verfahren ist von dem **Verhalten des Beklagten abhängig** (zu den jeweiligen prozesstaktischen Erwägungen → § 10 Rn. 2 ff.). Erkennt der Beklagte den Klageanspruch an (vor dem Landgericht ist der Anwaltszwang zu beachten), ergeht bei Vorliegen der entsprechenden Voraussetzungen ein **Anerkenntnisurteil** (§ 307 S. 2). Geht bei Gericht keine (wirksame) **Verteidigungserklärung** ein, ist auf entsprechenden Antrag des Klägers bei Vorliegen der weiteren Voraussetzungen ein **Versäumnisurteil gegen den Beklagten im schriftlichen Verfahren** zu erlassen (§ 331 Abs. 3). Andernfalls ist ein **Verhandlungstermin** zu bestimmen.

13

> **Hinweis:** Ein Versäumnisurteil kann trotz Fristversäumung nicht mehr erlassen werden, wenn die Verteidigungserklärung **auf der Geschäftsstelle** eingeht, bevor **dort** das vollständige, von dem bzw. allen Richter/n unterschriebene Versäumnisurteil eingegangen ist. Aus Anwaltssicht kann daher auch noch nach Fristablauf (sofort!) eine Verteidigungsanzeige geboten sein.

Wurde demgegenüber – wie regelmäßig – die **Verteidigungsbereitschaft** gegenüber dem Gericht rechtzeitig erklärt, ist die Klageerwiderung bzw. der Ablauf der Klageerwiderungsfrist abzuwarten. Mit Eingang der **Klageerwiderung** sind regelmäßig weitere Maßnahmen veranlasst, etwa

- eine **Fristsetzung für die Klägerseite** zur Stellungnahme auf die Klageerwiderung (§ 276 Abs. 3), soweit aus Sicht des Gerichts eine Replik veranlasst ist;

  > **Beispiel:** Im Falle einer (begründeten) Zuständigkeitsrüge des Beklagten ist dem Kläger Gelegenheit zur Stellungnahme zu gewähren, so dass dieser ggf. Verweisungsantrag stellen und das Gericht – ohne mündliche Verhandlung – nach § 281 verfahren kann.

- **vorbereitende Maßnahmen gemäß § 273**, die im Ermessen des Gerichts liegen;

  > **Hinweis:** § 273 erfasst sämtliche Maßnahmen, die **zweckmäßig** sind. § 273 Abs. 2 enthält nur Beispielsfälle („insbesondere"), etwa rechtliche Hinweise, Auflagen an die Parteien zur Ergänzung ihres Vorbringens (§§ 139 Abs. 1 S. 2, 273 Abs. 2 Nr. 1) oder zur Vorlage von Urkunden (§ 142, uU auch gegenüber Dritten!), Beiziehung von Akten.

- ggf. der Erlass eines **Beweisbeschlusses** für den Haupttermin (uU auch schon Durchführung der Beweisaufnahme selbst vor dem Termin, § 358 a; → § 11 Rn. 38 ff.);

- schließlich die **Anberaumung des Haupttermins** (mit Güteverhandlung), grundsätzlich mit **Anordnung des persönlichen Erscheinens der Parteien** (§§ 141, 273 Abs. 2 Nr. 3, 278 Abs. 3) und ggf. mit vorbereitender **Ladung von Zeugen und Sachverständigen** (grundsätzlich von Auslagenvorschuss abhängig, § 379). Zur Vorbereitung des Verhandlungstermins → § 3 Rn. 15 ff.

  > **Hinweis:** Ein Haupttermin ist auch dann zu bestimmen, wenn keine Klageerwiderung vorliegt. Geht die Klage verspätet ein, besteht für die Beklagtenpartei die Gefahr einer Zurückweisung gemäß § 296 Abs. 1 (→ § 4 Rn. 28 ff.).

III. Die nachträgliche Erhebung weiterer oder anderer Ansprüche

Nach Klageeinreichung kann die Klagepartei ggf. weitere oder andere Ansprüche erheben, mithin einen **weiteren oder anderen Streitgegenstand** (zum Begriff → § 8 Rn. 1 ff.) einführen, dies etwa durch **Klageerweiterung** (§ 264 Nr. 2, 3; → § 8 Rn. 34 f.), nachträgliche objektive **Klagehäufung** (§ 260; → 8 Rn. 10 ff.), **Klageänderung** (§ 263; → § 8 Rn. 29 ff.) oder eine **Zwischenfeststellungsklage** (§ 256 Abs. 2; → § 7 Rn. 74 ff.).

14

Der anderweitige Streitgegenstand wird mit Eingang des entsprechenden Schriftsatzes **anhängig**, zudem mit Antragstellung oder früherer Zustellung des Schriftsatzes **rechtshängig** (§ 261 Abs. 2).

Soweit sich der **Streitwert erhöht**, erhöht sich auch der Gerichtskostenvorschuss, von dessen Einzahlung (dh der Differenz zu dem bereits eingezahlten Vorschuss) die Zustellung grundsätzlich abhängig zu machen ist (§ 12 Abs. 1 S. 2 GKG). Zu beachten ist zudem, dass sich mit einer Streitwerterhöhung auch die **sachliche Zuständigkeit ändern** kann; ist in Folge der Streitwerterhöhung nunmehr die Zuständigkeit des Landgerichts begründet, besteht eine Hinweispflicht gem. § 504,[12] zudem ist der Rechtsstreit – (nur) auf Antrag einer Partei – an das Landgericht zu verweisen (§ 506).

IV. Vorbereitung des Verhandlungstermins durch das Gericht

1. Die Verpflichtung zu vorbereitenden Maßnahmen (§ 273)

15 Gem. § 273 Abs. 1 hat das Gericht erforderliche vorbereitende Maßnahmen (→ Rn. 11 ff.) rechtzeitig zu veranlassen. Dies bedeutet, dass das Gericht durch eine **aktive Vorbereitung** auf die Vervollständigung des Prozessstoffes und auf die Herbeiführung der Entscheidungsreife im Termin entscheidenden Einfluss nehmen soll.[13] Der Einzelrichter bzw. Vorsitzende muss daher stets prüfen, **ob** vorbereitende Maßnahmen erforderlich sind, und diese ggf. alsbald in die Wege leiten. Diese Pflicht kann praktisch nur erfüllt werden, wenn der Prozessstoff ständig – dh bei Eingang der Klage, der Erwiderung, eines jeden Schriftsatzes – **relationsmäßig** durchdacht wird.

Welche konkreten Maßnahmen getroffen werden, steht im pflichtgemäßen **Ermessen** des Gerichts. Sie werden durch **Verfügung** getroffen, die Parteien sind von dem Veranlassten zu unterrichten.

2. Hinarbeit auf gütliche Beilegung (§ 278 Abs. 1)

16 Das Gericht soll gem. § 278 Abs. 1 auf eine gütliche Beilegung des Rechtsstreits oder einzelner Streitpunkte bedacht sein, dies **in jeder Lage des Verfahrens**. Hieraus folgt, dass das Gericht auf eine gütliche Einigung nicht nur im Rahmen der – dem Haupttermin vorgeschalteten – **Güteverhandlung** (→ § 4 Rn. 15 f.) hinwirken soll, sondern ggf. bereits im PKH-Verfahren (§ 118 Abs. 1), vor der Verhandlung (schriftlicher Vergleichsvorschlag im Vorverfahren oder mit der Ladung), in den Verhandlungsterminen (zB während oder nach einer Beweisaufnahme) oder auch nach Schluss der mündlichen Verhandlung (durch Wiedereröffnung, § 156).

Gem. § 278 Abs. 5 S. 1 kann das Gericht die Parteien für die Güteverhandlung sowie für weitere Güteversuche auch vor einen hierzu beauftragten oder ersuchten Richter (sog. **Güterichter**) verweisen, der alle Methoden der Konfliktbeilegung einschließlich der Mediation – unter Wahrung der Vertraulichkeit (vgl. § 159 Abs. 2 S. 2) – einsetzen kann (§ 278 Abs. 5). Zudem kann das Gericht den Parteien gem. § 278 a Abs. 1 die Durchführung einer Mediation oder eines anderen Verfahrens der **außergerichtlichen Konfliktbeilegung** vorschlagen. Sofern sich die Parteien hierzu entscheiden, ordnet das Gericht das Ruhen des Verfahrens an (§ 278 a Abs. 2). Bei (außergerichtlicher) Kon-

---

12 Zö/Herget § 506 Rn. 3; StJ/Berger § 506 Rn. 10, § 504 Rn. 3.
13 StJ/Thole § 273 Rn. 1.

fliktbeilegung kann das Verfahren durch Vergleichsschluss gem. § 278 Abs. 6 oder durch übereinstimmende Erledigungserklärungen iSd § 91 a beendet werden.

3. Letzte Förderungsmaßnahmen

Aufgrund seiner Förderungspflicht muss das Gericht auch bei verspätetem, also nach Fristablauf eingegangenem Vorbringen der Parteien noch soweit wie möglich vor dem Termin aktiv werden und **versuchen, die drohende Verzögerung durch zumutbare vorbereitende Maßnahmen zu verhindern**[14] (dies etwa durch die Ladung nachträglich benannter Zeugen oder eines aufgrund verspäteten Vorbringens benötigten Sachverständigen). Verletzt das Gericht diese Verpflichtung, kommt eine Zurückweisung des verspäteten Vorbringens gem. 296 nicht in Betracht (→ § 4 Rn. 41).

17

Die Förderungspflicht besteht indes nur **in zumutbarem Rahmen**. So muss das Gericht **keinesfalls Eilmaßnahmen** treffen[15] (etwa Zeugen telefonisch laden), sondern kann grundsätzlich im **normalen Geschäftsbetrieb** verfahren.

18

> **Beispiele:** Eine Ladungsfrist von 2 bis 3 Tagen dürfte daher in der Regel zu kurz sein (allerdings ist dies eine Frage des Einzelfalls!),[16] 6 Tage dürften hingegen ausreichend sein.[17] U.U. kann ein telefonischer Hinweis an den Prozessvertreter geboten sein, den Zeugen zum Termin zu stellen[18] (was der Gegenseite mitzuteilen wäre).

Vielmehr hat das Gericht nur solche Maßnahmen zu treffen, die in dem Termin – auch mit Rücksicht auf andere am Terminstag anstehende Verhandlungen – noch **zumutbar** durchgeführt werden können. Eine Verlegung des Termins wegen des verspäteten Vorbringens scheidet – schon im Interesse des Gegners – regelmäßig aus.

> **Beispiele:** Daher ist auch keine Ladung mehrerer nachträglich benannter Zeugen geboten, wenn deren Vernehmung längere Zeit in Anspruch nehmen und zu einer unzumutbaren Verzögerung der weiteren anstehenden Verhandlungen führen würde. Die Zuladung eines Zeugen ist aber immer zumutbar,[19] auch von mehreren Zeugen zu einem eingegrenzten Beweisthema,[20] nicht aber von acht Zeugen zu einem umfangreichen Prozessstoff.[21] Das Gericht braucht auch nicht von vornherein die einzelnen Verhandlungstermine so anzusetzen, dass immer noch eine kurzfristige Zuladung von mehreren, nur zeitaufwendig zu vernehmenden Zeugen möglich wäre (anders bei sehr langfristiger Terminierung).[22]

4. Für die Verhandlung im Termin: Votum

Der den Fall bearbeitende/verhandelnde Richter fertigt für den Termin regelmäßig ein – je nach Einzelfall mehr oder weniger ausführliches – **Votum** an. Darin legt er seine (derzeitige) Beurteilung des Falles, nach relationsmäßiger Durcharbeitung des Sach- und Streitstandes, nieder, dies ua zur **Vorbereitung** der Verhandlung mit den Parteien (s. § 139 Abs. 1 S. 1), zur **Klärung**, inwieweit Fragen und Hinweise an die Parteien erforderlich sind, zur **Ermittlung** der beweiserheblichen und -bedürftigen Tatsachen und

19

---

14 BVerfG NJW 1992, 300; BGH NJW 1991, 1182; NJW 1999, 585; BGH NJW-RR 1991, 728; 1994, 1145; BGH NJW 2002, 290; vgl. auch StJ/Thole § 273 Rn. 8, § 296 Rn. 58 ff.
15 Vgl. etwa MK/Prütting § 296 Rn. 123 mit weiteren Beispielen.
16 Vgl. auch Zö/Greger § 296 Rn. 14 a: 5 Tage zu kurz.
17 BGH NJW-RR 1991, 728.
18 BGH NJW 1980, 1848.
19 BVerfG NJW-RR 1995, 1469; BGH NJW-RR 1991, 728.
20 BVerfG NJW 1992, 300; BGH NJW 1991, 1182; NJW 1996, 528; NJW 2002, 290.
21 BGH NJW 1999, 3272.
22 BVerfG NJW 1992, 300.

der Beweismittel, zudem – falls eine Beweiserhebung ansteht – zur **Eingrenzung** der Beweisthemen oder bei Kammersachen zur entsprechenden **Information** des Vorsitzenden.

Das Votum ist eine gerichtsinterne Arbeitsgrundlage, kein Aktenbestandteil; die Parteien haben daher kein Einsichtsrecht gem. § 299 (vgl. insoweit Abs. 4).

20 **Grundsätzlicher Aufbau und Inhalt eines Votums:**[23]

Das Erstellen von Voten zu anstehenden Sachen ist oft eine **Referendarsaufgabe in der** ▶ **Gerichtstage.** Solche Voten können in Aufbau, Inhalt und Umfang unterschiedlich sein, feste Regeln bestehen insoweit nicht. Üblich ist jedoch folgender Aufbau:

1) **Überschrift:** Aktenzeichen und Angabe der Parteien, dies mit einem entsprechenden **Hinweis**, wenn die Angaben unvollständig sind (zB gesetzlicher Vertreter fehlt).

2) Zusammenstellung der – aktuellen, nicht überholten – **Anträge der Parteien** unter Angabe der Blattzahlen der Akte, dies ggf. mit erforderlichen **Hinweisen** (zB Umformulierung, Bestimmtheit, Zinskorrektur).

3) Feststellung der zu prüfenden **Formalien** (zB Einspruchsfristen), ebenfalls mit Angabe der relevanten Blattzahlen.

4) **In der Regel erfolgt sodann der Vorschlag.** – Z.B.: Der Klage ist stattzugeben oder (ganz oder teilweise) abzuweisen; ggf. auch: Erlass eines Beweisbeschlusses. Falls noch **vorbereitende Maßnahmen** für zweckmäßig erachtet werden, sind diese im Rahmen des Votums ebenfalls auszuführen (und idealerweise noch vor dem Termin zu besprechen, so dass diese ggf. noch veranlasst werden können).

5) **Ausführungen zur Zulässigkeit:** Diese sind – wie stets (→ § 9 Rn. 2) – nur bei entsprechendem Anlass erforderlich. Soweit die Parteien auf entsprechende **Bedenken** hingewiesen werden müssen, ist dies besonders hervorzuheben.

6) **Gutachtliche Stellungnahme zur Sachprüfung:** Diese ist auf alles zu erstrecken, was zur Falllösung untersucht werden muss, abhängig natürlich von dem konkreten Einzelfall und dessen jeweiliger prozessualer Lage. Es ist eine knappe Darstellung (weitgehend im Urteilstil) zu wählen, nur problematische Stellen sollten allenfalls im Gutachtenstil verfasst werden. Beweisbedürftige Fragen sind einschließlich der angebotenen Beweismittel (unter Angabe der maßgeblichen Blattzahlen) herauszuarbeiten. Sind **Hinweise und Fragen an die Parteien** (insbesondere auch: **Aufforderung zu Beweisantritten**) erforderlich, ist hierauf ausdrücklich hinzuweisen.

7) Bei entsprechendem Anlass kann die Unterbreitung eines **Vergleichsvorschlag** auf Grundlage des bisherigen Sach- und Streitstands (und hieraus folgender jeweiliger Prozessrisiken) erfolgen.

8) Falls eine **Entscheidung** im Termin in Betracht kommt (zB Versäumnisurteil), ist der **Tenor vollständig auszuformulieren**, damit dieser sogleich verkündet werden kann. Entsprechendes gilt bei einem zu erwartenden Beweisbeschluss, der dann ggf. sogleich in das Verhandlungsprotokoll diktiert werden kann.

---

23 Vgl. hierzu auch Oberheim Rn. 454 ff.

2. Teil:
Das Verfahren erster Instanz

§ 4 Der Verhandlungstermin

I. Die Bedeutung des Verhandlungstermins

Gem. § 128 Abs. 1 verhandeln die Parteien über den Rechtsstreit vor dem erkennenden Gericht mündlich (**sog. Mündlichkeitsgrundsatz**). Durch die vorbereitenden Schriftsätze (Klage, Klageerwiderung, ggf. Replik und Duplik etc.) werden die jeweiligen Sachvorträge und Anträge nur *angekündigt*, der Inhalt der vorbereitenden Schriftsätze wird erst dann Prozessstoff, wenn er in der mündlichen Verhandlung vorgetragen wird.[1] Dies bedeutet indes nicht, dass die Parteien sämtliche vorbereitenden Schriftsätze in der mündlichen Verhandlung verlesen müssen, vielmehr ist ausreichend, dass die Parteien – regelmäßig auch konkludent – auf ihr bisheriges schriftsätzliches Vorbringen Bezug nehmen (§ 137 Abs. 3). In der Praxis gilt der Grundsatz: „Was in den Akten steht, ist auch mündlich vorgetragen, soweit es dem mündlichen Vortrag nicht widerspricht und die Parteien rechtliches Gehör hatten".[2]

Aus dem **Mündlichkeitsgrundsatz** folgt damit zweierlei: Zum einen kann der Rechtsstreit – jedenfalls im Grundsatz – nur aufgrund einer mündlichen Verhandlung entschieden werden (→ Rn. 3 ff.), zum anderen kann nur der in der Verhandlung vorgetragene Streitstoff Entscheidungsgrundlage für das Urteil bilden (→ Rn. 5 ff.).[3]

1. Der Grundsatz der Notwendigkeit der mündlichen Verhandlung

Der Mündlichkeitsgrundsatz besagt zunächst: **Kein Urteil ohne mündliche Verhandlung.**

Allerdings bestehen **Ausnahmen**. So können auch Urteile ohne mündliche Verhandlung – nämlich im schriftlichen Verfahren – ergehen, sofern die Parteien hiermit einverstanden sind, mithin auf die Mündlichkeit verzichten. Das **schriftliche Verfahren (§ 128 Abs. 2)** dient der Vereinfachung sowie Beschleunigung.[4] Der Übergang in das schriftliche Verfahren setzt stets die **Zustimmung beider Parteien** voraus; diese muss eindeutig erklärt werden, Schweigen genügt nicht.[5] Die **Anordnung des schriftlichen Verfahrens** ergeht durch Beschluss; zugleich ist – neben einem Verkündungstermin, der nicht später als 3 Monaten nach der Zustimmung der Parteien liegen darf (§ 128 Abs. 2 S. 3) – ein Zeitpunkt zu bestimmen, der dem Schluss der mündlichen Verhandlung entspricht und bis zu dem Schriftsätze eingereicht werden können.

> **Formulierungsbeispiel:** *„1. Mit Zustimmung der Parteien wird gem. § 128 Abs. 2 ZPO ohne mündliche Verhandlung entschieden. 2. Als Zeitpunkt, der dem Schluss der mündlichen Verhandlung entspricht und bis zu dem Schriftsätze eingereicht werden können, wird der 2.10.2022 bestimmt. 3. Termin zur Verkündung einer Entscheidung wird bestimmt auf 15.10.2022, 14:00 Uhr, Sitzungssaal 157 des Landgerichts Stuttgart."*

---

1 BGH NJW 1997, 397.
2 So plastisch Schellhammer Rn. 439.
3 StJ/Kern § 128 Rn. 9.
4 MK/Fritsche § 128 Rn. 27.
5 BGH NJW 2007, 2122.

Im Übrigen bestehen weitere Ausnahmen von dem Mündlichkeitsgrundsatz, die besonderen Situationen geschuldet sind. So bedürfen insbesondere **Anerkenntnisurteile** (§ 307 S. 2) und **Versäumnisurteile im schriftlichen Vorverfahren** (§ 331 Abs. 3) keiner mündlichen Verhandlung, ebenso Urteile, in deren Rahmen nur noch **über die Kosten zu entscheiden** ist (§ 128 Abs. 3; für Kostenbeschlüsse gilt § 128 Abs. 4) oder die die **Verwerfung eines unzulässigen Einspruchs** gegen ein Versäumnisurteil zum Gegenstand haben (§ 341 Abs. 2; kontradiktorisches Endurteil ohne Sachprüfung). **Vor den Amtsgerichten** ist zuletzt im Verfahren nach billigem Ermessen gem. § 495 a (Streitwert nicht über 600 Euro) ein Urteil ohne mündliche Verhandlung möglich, allerdings muss auf Antrag (nur) einer Partei mündlich verhandelt werden (§ 495 a S. 2).

4 Demgegenüber erfordern **Beschlüsse** (etwa Verweisungsbeschluss gem. § 281, Trennungs- oder Verbindungsbeschluss gem. §§ 145, 147 etc) grundsätzlich **keine mündliche Verhandlung** (§ 128 Abs. 4), eine solche ist jedoch zulässig (**fakultative mündliche Verhandlung**). Bevor ein Beschluss ergeht, muss indes stets rechtliches Gehör gewährt werden. **Stets ohne mündliche Verhandlung** zu treffen sind zuletzt **prozessleitende Maßnahmen** (Anordnungen gem. § 273, Verfügungen des Gerichts etc).

2. Die Festlegung des Streitgegenstands durch die Verhandlung

5 Der Mündlichkeitsgrundsatz begrenzt darüber hinaus den Streitgegenstand: **Alles, aber andererseits auch nur das in der mündlichen Verhandlung Vorgetragene** (oder zulässigerweise in Bezug Genommene) bildet den für das Urteil zu berücksichtigenden Streitstoff.[6]

Bei der Entscheidung zu berücksichtigen ist daher auch **neuer, schriftsätzlich bislang nicht angekündigter Vortrag in der mündlichen Verhandlung**, nicht jedoch zuvor angekündigter, dann aber in der mündlichen Verhandlung **nicht mehr aufrechterhaltender Vortrag**.

> **Hinweis:** Hinsichtlich **neuen Vortrags** in der mündlichen Verhandlung kommt ggf. eine Zurückweisung wegen Verspätung (§§ 296, 282; → Rn. 28 ff.) in Betracht. Eine solche muss jedoch gerade deswegen im Urteil ausgesprochen werden, weil auch das verspätet Vorgetragene durch den Vortrag Streitstoff geworden ist.[7]

Zu berücksichtigen sind nur die gem. § 297 durch Verlesung oder Bezugnahme (zuletzt) gestellten **Anträge**. Hinsichtlich schriftsätzlich angekündigter, in der mündlichen Verhandlung aber nicht gestellter Anträge ist der Kläger säumig (§ 333), so dass eine **Abweisung durch Versäumnisurteil** erfolgt (→ § 12 Rn. 4 ff.).

Prozessrügen sind nur beachtlich, wenn sie in der mündlichen Verhandlung erhoben werden.[8] Dies gilt etwa für die **Unzuständigkeitsrüge**; wird diese nur schriftsätzlich angekündigt, jedoch nicht in der mündlichen Verhandlung erhoben, liegt eine rügelose Einlassung iSv § 39 vor (→ § 9 Rn. 63).

Sachvortrag ist ebenfalls nur beachtlich, soweit er in der mündlichen Verhandlung vorgetragen wurde. In der Praxis erfolgt dies weitestgehend durch **Bezugnahme gem. § 137 Abs. 3** auf die vorbereitenden Schriftsätze. Im Zweifel ist davon auszugehen, dass der **gesamte Akteninhalt** durch – auch konkludente – Bezugnahme vorgetragen

---

6 StJ/Kern § 128 Rn. 39 ff.; ThP/Seiler § 128 Rn. 6; MK/Fritsche § 128 Rn. 3.
7 Vgl. auch ThP/Seiler § 128 Rn. 9.
8 ThP/Seiler § 128 Rn. 6.

I. Die Bedeutung des Verhandlungstermins § 4

worden ist (→ Rn. 1).[9] Dies gilt auch für die in den Schriftsätzen enthaltenen **Beweisanträge**, die daher grundsätzlich ebenfalls als durch Bezugnahme gestellt zu behandeln sind. Nur wenn nach einer von dem Gericht erkennbar als erschöpfend durchgeführten Beweisaufnahme noch einzelne (etwa aus Versehen unerledigt gebliebene) Beweisanträge gestellt sein sollen, ist eine ausdrückliche Erklärung in der mündlichen Verhandlung erforderlich.[10]

Beigezogene Akten sind nur zu berücksichtigen, wenn sie zum Gegenstand der Verhandlung gemacht wurden.[11] Dies ist auch konkludent möglich, muss sich daher also nicht aus dem Verhandlungsprotokoll ergeben. Voraussetzung ist jedoch stets, dass die beigezogenen Akten den Parteien **zugänglich** sind; Akten, in die die Parteien keine Einsicht haben, dürfen bei der Entscheidung folglich nicht berücksichtigt werden.[12]

Demgegenüber ist **nach Schluss der mündlichen Verhandlung eingegangener Vortrag** grundsätzlich (zu Ausnahmen → Rn. 7) unbeachtlich (§ 296 a). **Unberücksichtigt** bleiben daher nachträgliche **Angriffs- und Verteidigungsmittel** – Behauptungen, Bestreiten, Einwendungen, Einreden, Beweismittel und Beweiseinreden (vgl. § 282 Abs. 1) – sowie nachträgliche **weitere Sachanträge**[13] (zur nachträglichen **Widerklage** → § 10 Rn. 55; Entsprechendes gilt für eine nachträgliche Klageerweiterung).[14]

6

Derartiges Vorbringen nach Schluss der mündlichen Verhandlung wird schlicht unberücksichtigt gelassen, **es bedarf keiner besonderen Zurückweisung**. Allerdings muss das Gericht einen nach Schluss der mündlichen Verhandlung eingegangenen Schriftsatz stets zur Kenntnis nehmen, weil er Anlass zu einer Wiedereröffnung der Verhandlung geben könnte (§§ 156, 296 a S. 2).[15] Die Nichtberücksichtigung sollte daher im Urteil daher klargestellt werden; dies dahin gehend, dass im Tatbestand auf die nach Schluss der mündlichen Verhandlung eingegangenen Schriftsätze Bezug genommen[16] und in den Entscheidungsgründen unter einer eigenen Gliederungsnummer kurz ausgeführt wird:

„Der nicht nachgelassene, nach Schluss der mündlichen Verhandlung eingegangene Schriftsatz v. (…) gab keine Veranlassung, die Verhandlung gem. § 156 wiederzueröffnen".

Der sich aus § 296 a ergebende Grundsatz (→ Rn. 6) gilt indes nicht uneingeschränkt. So kann bei der Entscheidung **ausnahmsweise auch nachträgliches Vorbringen zu berücksichtigen** sein, und zwar im Falle eines **nachgelassenen Schriftsatzes**, einer **Entscheidung nach Lage der Akten** oder einer **Wiedereröffnung der Verhandlung**.

7

Wird einer Partei zu nicht rechtzeitigem (§§ 132, 282) Vortrag der Gegenseite, zu dem sich die Partei wegen dieser Verspätung im Termin nicht erklären konnte (hinsichtlich einer etwaigen Präklusion → Rn. 43) ein **Schriftsatznachlass** (§ 283) gewährt, so **muss** das Gericht diesen Schriftsatz jedenfalls dann berücksichtigen, wenn der Schriftsatz fristgemäß eingegangenen ist; andernfalls liegt die Berücksichtigung im Ermessen des

---

9 BGH NJW 1994, 3295; NJW 1999, 2805; NJW 2004, 1876 (1879); BGH NJW-RR 1996, 379; NJW-RR 2002, 381.
10 BGH NJW 1994, 329; Zö/Greger Vor § 284 Rn. 3 mwN.
11 StJ/Kern § 128 Rn. 37; MK/Prütting § 299 Rn. 6.
12 StJ/Kern § 128 Rn. 37. Verbietet die aktenführende Behörde die Einsichtsgewährung der Parteien, so kann die Akte – auch wenn sie dem Gericht übersandt sein sollte – nicht berücksichtigt werden; vgl. hierzu StJ/Kern § 128 Rn. 70; MK/Prütting § 299 Rn. 6.
13 BGH NJW-RR 1992, 1085; 1997, 1486; Zö/Greger § 296 a Rn. 2 a (wegen §§ 261 Abs. 2, 297).
14 BGH NJW-RR 1992, 1085; 1997, 1486.
15 BGH NJW 2002, 1426.
16 Zö/Feskorn § 313 Rn. 17.

Gerichts (§ 283 S. 2). Die mit § 283 einhergehende Durchbrechung des Mündlichkeitsgrundsatzes wird indes durch den Zweck dieser Vorschrift beschränkt: Zu berücksichtigen ist nur die **Entgegnung** auf den Vortrag der Gegenseite, auf den sich die Partei im Termin nicht erklären konnte (und zu dem ihr daher der Schriftsatznachlass gewährt wurde), nicht dagegen darüberhinausgehendes Vorbringen und neue Anträge; diese bleiben gem. § 296 a unberücksichtigt.[17] Entsprechendes gilt für einen **Schriftsatznachlass auf einen gerichtlichen Hinweis** (§ 139 Abs. 5).

Eine weitere Ausnahme von § 296 a gilt im Falle einer **Entscheidung nach Lage der Akten** (§§ 251 a, 331 a). Wird nach Lage der Akten entschieden, sind – außer dem in einer früheren mündlichen Verhandlung vorgetragenen Prozessstoff – auch die inzwischen noch eingegangenen Schriftsätze für die Entscheidung zu berücksichtigen (§ 296 gilt insoweit nicht).[18] Auch dies stellt eine Durchbrechung des Mündlichkeitsgrundsatzes dar.

Wird aufgrund nachträglichen Vorbringens die **mündliche Verhandlung wiedereröffnet** (→ Rn. 25 ff.), ist in dem neuen Termin – allgemeinen Grundsätzen entsprechend – auch dieser Vortrag zu berücksichtigen. Insoweit stellt die **Wiedereröffnung der Verhandlung** ebenfalls eine Ausnahme von § 296 a dar. Da eine wiedereröffnete Verhandlung jedoch letztlich fortgesetzt wird, wird der Mündlichkeitsgrundsatz in einem solchen Falle gewahrt.

3. Der Grundsatz der Einheit der mündlichen Verhandlung

8 Im Laufe eines Rechtsstreits können aufgrund der Prozessentwicklung weitere Termine notwendig oder sinnvoll werden. Finden mehrere Verhandlungstermine statt, so bilden sie alle zusammen die „einheitliche mündliche Verhandlung". Grundlage der Entscheidung wird daher der gesamte (sich uU aus mehreren Terminen ergebende) Prozessstoff.

9 Was in einem Termin Prozessstoff geworden ist, bleibt dies grundsätzlich auch in den folgenden Terminen (**Gleichwertigkeit der einzelnen Termine**). Der in einem Verhandlungstermin gestellte **Antrag** wirkt fort und braucht daher in einem neuen Termin **nicht wiederholt** zu werden.[19]

> **Hinweis:** In der Praxis ist eine – ohnehin zur Kontrolle stets zweckmäßige – Antragswiederholung jedoch weitgehend üblich. – **Protokoll:** „*Die Parteien verhandelten mit den Anträgen wie am ... (Bl. ... der Akten)."*

Der **Tatsachenvortrag** wirkt ebenfalls fort; es braucht also nicht das in einem Termin Vorgetragene im folgenden Termin wiederholt zu werden.

Eine **bindend gewordene Prozesslage** bleibt auch im Falle von Folgeterminen weiterhin bindend, so etwa die Auswirkungen und Rechtsfolgen einer rügelosen Verhandlung zur Hauptsache (Zuständigkeit gem. § 39), die Einwilligung in eine Klageänderung (§ 267), die Erforderlichkeit der Zustimmung des Beklagten zur Klagerücknahme (§ 269 Abs. 1) sowie der Verlust von Verfahrensrügen (§ 295). Anerkenntnis und Verzicht (§§ 307, 306) wirken ebenfalls fort, ebenso ein Geständnis (§ 288), das daher nur unter den Voraussetzungen des § 290 widerrufen werden kann.

10 Die **Grundlage für die Entscheidung** bildet der Prozessstoff **zum Schluss der (letzten) mündlichen Verhandlung**. Soweit keine Bindung eingetreten ist, kann sich daher die

---

17 BGH NJW 1993, 134; vgl. auch StJ/Thole § 283 Rn. 32 mwN; ThP/Seiler § 283 Rn. 4.
18 Mus/Voit/Stadler § 251 a Rn. 3; MK/Stackmann § 251 a Rn. 12.
19 Zö/Greger § 137 Rn. 2.

Prozesslage in einem folgenden Termin (bis hin zum letzten) noch ändern. Zu entscheiden ist über die **bis zum Schluss der mündlichen Verhandlung zuletzt gestellten Anträge**. Bis zu diesem Zeitpunkt können die Anträge also noch durch Klageerweiterung (§§ 261 Abs. 2, 297), Klageänderung (§ 263) und Klagerücknahme (§ 269) – soweit freilich prozessual zulässig – verändert werden. Auch der **Tatsachenvortrag** kann grundsätzlich noch bis zum letzten Termin geändert werden, etwa eine bislang nicht bestrittene Behauptung bestritten werden. Grenzen bestehen jedoch aufgrund § 296 (Zurückweisung verspäteten Vorbringens, → Rn. 28 ff.), zudem im Falle eines Geständnisses aufgrund von § 290.

Durchbrochen wird die Einheit der mündlichen Verhandlung indes von § 332. Hiernach kann jeder Verhandlungstermin (nicht nur der erste, sondern auch ein nachfolgender) Grundlage eines Versäumnisurteils sein. Der Säumige gilt dann als **schlechthin säumig**, mit der Folge, dass über den Antrag des Gegners auf Erlass eines Versäumnisurteils nach den allgemeinen Grundsätzen der §§ 330 ff. – unabhängig von den zwischenzeitlichen Prozessergebnissen – zu entscheiden ist.

11

> Beispiel: Ist der Beklagte in einem späteren Termin säumig, so ist bei Schlüssigkeit der Klage gegen ihn auf Antrag des Klägers Versäumnisurteil zu erlassen, und dies ohne Berücksichtigung des zwischenzeitlichen Vorbringens des Beklagten und der Ergebnisse einer Beweisaufnahme,[20] also auch, wenn eine vorherige Beweisaufnahme die Behauptungen des Klägers nicht bestätigt hatte: Gem. § 331 sind nur die (jetzt gegebene) Säumnis des Beklagten und die Schlüssigkeit der Klage von Entscheidungsrelevanz → § 11 Rn. 43 f., → § 12 Rn. 7.

II. Der Ablauf des Verhandlungstermins

Der Ablauf des Verhandlungstermins ist – etwas verstreut – geregelt in §§ 136 ff., 220, 278, 279. Diese Regelungen gelten für alle Termine – also für den frühen ersten Termin und den Haupttermin –, dies jedoch **mit Unterschiedlichkeiten in der Handhabung aus prozessualen Zweckmäßigkeitserwägungen im Einzelfall**.[21] Im Einzelnen läuft ein typischer Verhandlungstermin folgendermaßen ab:

12

1. Aufruf der Sache

Der Verhandlungstermin beginnt mit Aufruf der Sache (§ 220 Abs. 1).

13

> Protokoll: „Zum Aufruf kommt die Sache Maier gegen Müller, Aktenzeichen 29 O 123/22."

2. Eröffnung der Verhandlung

Nach dem Aufruf der Sache eröffnet der Vorsitzende (bei Einzelrichterzuständigkeit: der Einzelrichter als Vorsitzender, → § 3 Rn. 2) die Verhandlung (§ 136 Abs. 1) und stellt fest, **wer erschienen** und insbesondere, ob eine Partei säumig ist.

14

> Protokoll: „Es erschienen bei Aufruf: Der Kläger persönlich mit Rechtsanwältin X, die Beklagte persönlich mit Rechtsanwalt Y. Zudem sind erschienen: Die geladenen Zeugen (…)." **Bei Säumnis:** „Es erschienen bei Aufruf: Der Kläger persönlich mit Rechtsanwältin X, für die Beklagtenseite: Niemand. Es wird festgestellt, dass die Beklagte mit Zustellungsurkunde v. (…) ordnungsgemäß zum heutigen Termin geladen wurde. Eine Entschuldigung liegt nicht vor."

---

20 StJ/Bartels § 332 Rn. 1; Zö/Herget § 332 Rn. 1.
21 Näher zum Ablauf Schellhammer Rn. 499 ff.

Regelmäßig folgt sodann eine **Einführung in den Sach- und Streitstand** durch das Gericht.

Protokoll: *„Das Gericht führt in den Sach- und Streitstand ein."*

Hinweis: Eine Einführung, in der das Gericht zunächst sein Verständnis des Sachverhalts und seine Auffassung zu den zu entscheidenden Rechtsfragen darlegt, ist zwar nicht mehr explizit vorgeschrieben (anders noch § 278 Abs. 1 in der Fassung v. 1.1.2000), jedoch stets sinnvoll, da sie eine zielgerichtete Erörterung und Verhandlung mit den Parteien ermöglicht.[22]

3. Güteverhandlung

15 Der mündlichen Verhandlung hat gem. § 278 Abs. 2 S. 1 zum Zwecke der gütlichen Beilegung des Rechtsstreits stets eine Güteverhandlung vorauszugehen, soweit nicht bereits ein Einigungsversuch vor einer außergerichtlichen Gütestelle stattgefunden hat oder die Güteverhandlung erkennbar aussichtslos erscheint. In deren Rahmen hat das Gericht den Sach- und Streitstand mit den Parteien unter freier Würdigung aller Umstände zu erörtern, zudem sollen die erschienenen Parteien hierzu persönlich gehört werden (§ 278 Abs. 2 S. 2, 3). Zur Führung von Vergleichsverhandlungen → § 16 Rn. 23 ff.

Wird im Rahmen der Güteverhandlung ein **Vergleich** (im Einzelnen → § 16) erzielt, ist dieser zu protokollieren (§ 160 Abs. 3 Nr. 1). **Der Prozess ist damit beendet.**

Protokoll: *„Es wird in die Güteverhandlung eingetreten. Der Sach- und Streitstand wird mit den Parteien erörtert. Die Parteien schließen sodann folgenden Vergleich: (...). Vorgespielt und genehmigt."*

Kosten: Die Verfahrensgebühr des Gerichts ermäßigt sich auf 1,0 (GKG KV 1211 Nr. 3); für die Anwälte entstehen – außer der Verfahrensgebühr von 1,3 (RVG VV 3100) – die Terminsgebühr von 1,2 (VV 3104, Vorbem. 3 [3]) und die Einigungsgebühr von 1,0 (VV 1003, 1000).

▶**Gerichtstage:** Aufgrund der Erörterung in der Güteverhandlung können natürlich auch andere Erledigungsmöglichkeiten in Betracht kommen, etwa eine Klagerücknahme, ein Anerkenntnis- oder Versäumnisurteil (nach entsprechender Antragstellung): Bei Klagerücknahme und Anerkenntnis ermäßigt sich ebenfalls die Verfahrensgebühr des Gerichts auf 1,0 (KV GKG 1211 Nr. 1, 2); die Einigungsgebühr fällt für die Rechtsanwälte bereits an, wenn diese Prozessbeendigung auf einer entsprechenden Einigung (Einigungsvertrag) beruht, ein Vergleich iSd § 779 BGB (gegenseitiges Nachgeben) ist für die Entstehung der Einigungsgebühr nicht erforderlich (→ § 10 Rn. 8).[23]

Soweit ein Vergleich **zur Zeit nicht möglich** ist, andererseits aber als noch herbeiführbar erscheint, ist die Güteverhandlung zu beenden und es sind folgende Möglichkeiten alternativ in Betracht zu ziehen:

- die Anberaumung eines **neuen Güte- und Verhandlungstermins**,[24]
- das Unterbreiten eines **schriftlichen Vergleichsvorschlags** des Gerichtes (→ § 16 Rn. 25 ff.), dessen Annahme die Parteien außergerichtlich entscheiden und dann schriftsätzlich erklären können (§ 278 Abs. 6),

▶**Gerichtstage:** In diesem Falle sollten die Anträge noch gestellt werden, damit für den Fall einer Ablehnung eine streitige Entscheidung (Urteil, Beweisbeschluss) – ergehen kann.

---

22 Vgl. auch Schellhammer Rn. 499, 503.
23 BGH NJW 2007, 2187.
24 Zö/Greger § 278 Rn. 19.

II. Der Ablauf des Verhandlungstermins § 4

- die Anordnung des **Ruhens des Verfahrens** (§ 251), damit die Parteien außergerichtlich untereinander weiterverhandeln (dies setzt jedoch den übereinstimmenden Antrag beider Parteien voraus),
- ggf. auch Vorschlag einer **außergerichtlichen Konfliktbeilegung** (§ 278 a) oder einer gerichtsinternen Streitschlichtung (§ 278 Abs. 5).

Falls der **Güteversuch erfolglos** bleibt, wird der Termin **mit der mündlichen Verhandlung ieS** (§ 279 Abs. 1 S. 1) fortgesetzt, dies je nach der Terminierung als früher erster Termin oder als Haupttermin. 16

> **Protokoll:** *„Es wird in die Güteverhandlung eingetreten. Der Sach- und Streitstand wird mit den Parteien erörtert. Es wird festgestellt: Eine gütliche Einigung kommt nicht zu Stande. Die mündliche Verhandlung schließt sich unmittelbar an."*

Hinweis: Soweit der Termin als **reiner Gütetermin** bestimmt war (möglich, jedoch selten sinnvoll), kann die mündliche Verhandlung aufgrund einzuhaltender Ladungsfristen (§ 217: bei Anwaltsfristen mindestens eine Woche) nicht einfach angeschlossen werden, auch kann in diesem Fall gegen eine säumige Partei – mangels Säumnis im (noch nicht anberaumten) Termin zur mündlichen Verhandlung (§§ 330, 331) – kein Versäumnisurteil ergehen. Es ist dann die **Anberaumung eines Verhandlungstermins** erforderlich (§ 279 Abs. 1 S. 2); eine sofortige Verhandlung kommt nur in Betracht, wenn beide Parteien (daher nicht im Falle der Säumnis!) auf Fristen und Ladungen verzichten (§ 295).

4. Mündliche Verhandlung ieS (§ 279 Abs. 1 S. 1)

a) Antragstellung (§ 137 Abs. 1)

Gem. § 137 Abs. 1 wird die mündliche Verhandlung dadurch eingeleitet, dass die Parteien ihre **Anträge** stellen. Die Antragstellung, die den **Beginn der „streitigen" Verhandlung** (vgl. § 279 Abs. 2) markiert, erfolgt gem. § 297 grundsätzlich durch **Verlesung** aus Schriftsätzen oder Protokollanlage, in der Regel jedoch durch **Bezugnahme auf die Schriftsätze** oder durch Erklärung zu Protokoll (so etwa bei Änderung des Antrags aufgrund eines gerichtlichen Hinweises). 17

> **Protokoll:** *„Die Parteien stellen folgende Anträge: Die Klägerin beantragt wie aus der Klageschrift v. (...). Der Beklagte beantragt: Klageabweisung."*

▶**Gerichtstage:** § 297 bezieht sich **nur auf Sachanträge**, nicht dagegen auf den **Klageabweisungsantrag**[25] und auf sog. **Prozessanträge** (zB Beweisanträge, Anträge auf Abkürzung oder Verlängerung von Fristen, Vertagung, Verweisung usw),[26] die daher **mündlich gestellt** werden können und die auch nicht gem. §§ 282, 335 Abs. 1 Nr. 3 **angekündigt** zu werden brauchen.

b) Erörterung des Sach- und Streitstandes, Hinweispflichten (§ 139)

Gem. § 139 Abs. 1 S. 1 hat das Gericht das Sach- und Streitverhältnis, soweit erforderlich, mit den Parteien nach der tatsächlichen und rechtlichen Seite zu erörtern und Fragen zu stellen. 18

> **Protokoll:** *„Die Sach- und Rechtslage wird mit den Parteien erörtert."*

Zwar wird die mündliche Verhandlung durch die Antragstellung eingeleitet (§ 137 Abs. 1), allerdings folgt hieraus nicht, ob die Erörterung nach § 139 Abs. 1 der Antragstellung vorangehen muss, kann oder der Antragstellung nachzufolgen hat, so dass das

---

25 BGH NJW 1965, 397; vgl. auch StJ/Thole § 297 Rn. 5, 9.
26 StJ/Thole § 297 Rn. 13.

Köhler

Gericht die Reihenfolge (als Teil der Prozessleitung) frei bestimmen und nach der **Zweckmäßigkeit im Einzelfall**[27] entscheiden kann. Falls bereits eine ausreichende Erörterung im Rahmen der Güteverhandlung stattgefunden hat, wird im Regelfall sogleich die Antragstellung erfolgen. Zu beachten ist, dass **eine Erörterung ohne Antragstellung** (im Unterschied zur Erörterung mit Antragstellung) **noch keine Verhandlung iSd §§ 269 Abs. 1, 333** darstellt, somit eine Klagerücknahme ohne Einwilligung des Beklagten oder der Erlass eines Versäumnisurteils nach Erörterung, aber vor Antragstellung noch möglich ist.[28] Dies kann für das Vorziehen der Erörterung sprechen, um dem Kläger die **kostengünstige** Klagerücknahme oder einer Partei das Ergehenlassen eines Versäumnisurteils zu ermöglichen; durch eine sofortige Antragstellung würde dies verbaut (uU „**Antragsfalle**" für den Rechtsanwalt). Für die **Terminsgebühr** hat der Zeitpunkt der Antragstellung hingegen keine Bedeutung, da diese durch die Terminsteilnahme als solche entsteht, also unabhängig davon, ob streitig verhandelt wird oder ob Anträge gestellt werden (es entsteht immer **nur die eine Terminsgebühr**).

Der **Umfang der Erörterung** ist naturgemäß von den Erfordernissen und Besonderheiten des jeweiligen Einzelfalles abhängig und bestimmt sich nach dessen Umfang, Übersichtlichkeit bzw. Unübersichtlichkeit und Schwierigkeit. Das Gericht muss – als zentraler Bestandteil der materiellen Prozessleitung – gem. § 139 Abs. 1 S. 2 durch entsprechende **Hinweise** darauf hinwirken, dass sich die Parteien vollständig über alle **entscheidungserheblichen Tatsachen** erklären, **Beweismittel** bezeichnen und **sachdienliche Anträge** stellen. Soweit dies nicht schon im Vorfeld geschehen ist, sind die neuralgischen Punkte im Rahmen der mündlichen Verhandlung zu erörtern und – soweit möglich – zu klären. Insbesondere besteht **gem. § 139 Abs. 2 eine Hinweispflicht** bezüglich entscheidungserheblicher Gesichtspunkte, die eine Partei erkennbar übersehen, für unerheblich gehalten hat oder die das Gericht anders beurteilt als beide Parteien. Das Gericht muss den Parteien zu den erteilten Hinweisen Gelegenheit zur Stellungnahme geben. Soweit eine Stellungnahme im Termin nicht möglich ist, ist ein Schriftsatznachlass zu gewähren (§ 139 Abs. 5), erforderlichenfalls kann auch eine Vertagung nötig sein.[29] Die Hinweise sind aktenkundig zu machen (§ 139 Abs. 4).[30]

Protokoll: „*Das Gericht weist darauf hin, dass (...)*"

Hinweispflichten besteht grundsätzlich auch gegenüber einer **anwaltlich vertretenen Partei**,[31] wenngleich diese im Einzelfall geringer ausfallen mögen.[32] Ein Hinweis ist jedoch nicht geboten, soweit die Partei durch eingehenden und von ihr erfassten Vortrag der Gegenpartei zutreffend über die Sach- und Rechtlage unterrichtet ist.[33] Davon unberührt bleibt indes die Pflicht des Gerichts, auf sachdienliche Anträge hinzuwirken.[34]

Die **Hinweispflicht nach § 139 Abs. 2** besteht zuletzt **nicht bezüglich Nebenforderungen**. Darunter sind grundsätzlich Nebenforderungen iSv § 4 zu verstehen, also Zinsen und Kosten. Zum Teil wird eine Hinweispflicht in wirtschaftlicher Auslegung des Be-

---

27 BGH VersR 1990, 325; StJ/Kern § 137 Rn. 4; Zö/Greger § 137 Rn. 1.
28 Zur Klagerücknahme: OLG Nürnberg NJW-RR 1994, 1343; OLG Dresden NJW-RR 1997, 765. Zum Versäumnisurteil: BAG NJW 2003, 1548.
29 BGH NJW-RR 2007, 412; NJW-RR 2008, 973.
30 BGH NJW 2006, 60: grundsätzlich im Protokoll oder durch Aktenvermerk, bei versehentlichem Unterbleiben auch noch im Urteil (dazu Rensen MDR 2006, 1201).
31 BGH NJW 2002, 3317; NJW 2003, 3626; vgl. auch StJ/Leipold § 139 Rn. 26; ThP/Seiler § 139 Rn. 12.
32 Vgl. hierzu Mus/Voit/Stadler § 139 Rn. 6 mwN.
33 BGH NJW-RR 2008, 581; hierzu Rensen MDR 2008, 581.
34 BGH MDR 2009, 998; Zö/Greger § 139 Rn. 7.

II. Der Ablauf des Verhandlungstermins § 4

griffs „Nebenforderung" darüber hinaus auch bei einem verhältnismäßig geringfügigen Teil der Hauptforderung (bis etwa 10–15 %) verneint.[35]

c) Verhandlung der Parteien (§ 137 Abs. 2, 3)

Der Mündlichkeitsgrundsatz erfordert das Verhandeln der Parteien über den Rechtsstreit (§ 128 Abs. 1, → Rn. 1 ff.). Der jeweilige Parteivortrag soll gem. § 137 Abs. 2 in freier Rede gehalten werden und das Streitverhältnis in tatsächlicher und rechtlicher Beziehung umfassen. Bezugnahmen auf den bisherigen (schriftsätzlichen) Vortrag sind jedoch gestattet (137 Abs. 3) und in der Praxis der Regelfall: Typischerweise wird im Rahmen der mündlichen Verhandlung nur über die problematischen Sach- und Rechtsfragen gesprochen, im Übrigen (regelmäßig stillschweigend) auf den bisherigen Vortrag Bezug genommen. In Anwaltsprozessen sind ggf. auch die Parteien selbst anzuhören (**Parteianhörung** gem. §§ 137 Abs. 4, 141, auch als Beweismittel, → § 11 Rn. 76 ff.).

19

> Protokoll: *„Die Parteien verhandeln streitig zur Sache."* Hinzugefügt werden kann: *„(…) und nehmen auf ihren bisherigen Vortrag Bezug."* Bei Anhörung der Parteien: *„Die Parteien werden sodann persönlich angehört. Die Klägerin erklärt: (…)"*.

Die Verhandlung der Parteien überschneidet sich in der Regel mit der Erörterung des Rechtsstreits bzw. geht in dieser auf, eine strenge Trennung wird in der Praxis kaum durchgehalten. Sofern die Parteien persönlich angehört werden, folgt dies jedoch regelmäßig nach der Erörterung des Rechtsstreits mit den Parteivertretern. Eine mehrmalige Erörterung bzw. Parteianhörung ist gestattet und eine Frage des natürlichen Ablaufs der Verhandlung.

5. Beweisaufnahme (§ 279 Abs. 2)

Soweit erforderlich und möglich, soll die Beweisaufnahme dem streitigen Verfahren unmittelbar folgen (§ 279 Abs. 2). Der unmittelbare Übergang in die Beweisaufnahme setzt eine entsprechende Vorbereitung des Gerichts voraus (insbesondere Ladung der benannten Zeugen, § 273 Abs. 2 Nr. 4), gerade in komplexeren Verfahren kann jedoch auch die Bestimmung eines Fortsetzungstermins zur Beweisaufnahme erforderlich sein (dies insbesondere dann, wenn – etwa in einer Bausache – ein umfangreiches Sachverständigengutachten einzuholen ist). Zum Beweistermin → § 11 Rn. 43 ff.

20

> Protokoll: *„Es wird in die Beweisaufnahme eingetreten. Die Zeugin Müller wird hereingerufen. Beschlossen und verkündet [Beweisbeschluss]: Es wird Beweis erhoben über die Behauptung des Klägers, der Beklagte sei mit seinem Fahrzeug bei roter Ampel in die Kreuzung (…) gefahren, durch Vernehmung der Zeugin Müller. Zur Person: Ingrid Müller, Alter: 37 Jahre, von Beruf Ärztin, Wohnort: (…), mit den Parteien weder verwandt noch verschwägert. Die Zeugin wird zur Wahrheit ermahnt und auf die strafrechtlichen Folgen von Falschaussagen hingewiesen. Zur Sache erklärt die Zeugin: (…) Laut diktiert und genehmigt, auf nochmaliges Vorspielen wird allseits verzichtet. Die Zeugin wird um 10:30 Uhr entlassen."*

Die Beweisaufnahme löst **keine zusätzlichen Gebühren** aus. Werden Beweisanträge erst im Termin gestellt, kommt ggf. eine Zurückweisung wegen Verspätung in Betracht (§ 296, → Rn. 28 ff.). Gleiches gilt bei mitgebrachten, nicht zuvor angekündigter Zeugen, auf deren sofortige Vernehmung sich der Gegner nach den Umständen nicht einzulassen braucht.[36]

---

35 So etwa ThP/Seiler § 139 Rn. 24 mwN. A.A. Mus/Voit/Stadler § 139 Rn. 20; vgl. auch StJ/Kern § 139 Rn. 82 ff.
36 Zö/Greger § 279 Rn. 4.

21 Im Anschluss an die Beweisaufnahme ist erneut der Sach- und Streitstand, insbesondere aber (soweit zu diesem Zeitpunkt schon möglich) das **Ergebnisses der Beweisaufnahme** (§§ 279 Abs. 3, 285 Abs. 1), zu erörtern. Insoweit wird die – durch die Beweisaufnahme unterbrochene – mündliche Verhandlung ieS fortgesetzt.

Die Verhandlung der Parteien zum Beweisergebnis ist im **Protokoll** zu vermerken. Andernfalls steht aufgrund der Beweiskraft gem. §§ 165, 160 Abs. 2 ein Verfahrensfehler (Verstoß gegen §§ 285 Abs. 1, 279 Abs. 3) fest, wodurch in der Regel zugleich das Recht der Parteien auf rechtliches Gehör verletzt ist.[37]

> **Protokoll:** *„Nach der Beweisaufnahme wird erneut der Sach- und Streitstand sowie das Ergebnis der Beweisaufnahme mit den Parteien erörtert."*

Die Parteien müssen zur Beweisaufnahme Stellung nehmen können (rechtliches Gehör).[38] Grundsätzlich besteht kein Anspruch auf Vertagung, sie kann jedoch im Einzelfall geboten sein. Kann der Beweisführer erst aufgrund der Beweisaufnahme erkennen, dass es auf weitere Zeugen ankommen kann, ist es ihm auch im Hinblick auf das Gebot, zu einem Beweisthema sogleich alle Zeugen zu benennen, auf die er sich berufen will, nicht verwehrt, **weitere Zeugen** mittels eines Beweisantrags zu benennen. Insoweit stellt der Beweisantrag eine Reaktion auf das Ergebnis der durchgeführten Beweisaufnahme dar. Die grundsätzliche Zulässigkeit eines solchen Beweisangebots ergibt sich aus §§ 279 Abs. 3, 285.[39] Wird den Parteien nachgelassen, zum Ergebnis der Beweisaufnahme schriftlich Stellung zu nehmen und geht die Stellungnahme fristgerecht ein, muss das Gericht diese grundsätzlich mitberücksichtigen. Eine Zurückweisung des Vorbringens als verspätet ist nur insofern möglich, als das Gericht die mündliche Verhandlung wiedereröffnet und auf die beabsichtigte Präklusion hinweist, um der Partei Gelegenheit zur Stellungnahme und ggf. zur Entschuldigung der Verspätung zu geben.[40]

6. Vergleichsanregungen

22 Vergleichsanregungen sind auch während des Termins jederzeit möglich (§ 278 Abs. 1: in jeder Lage des Verfahrens), hängen aber natürlich von der jeweiligen Prozesssituation im Einzelfall ab. Ggf. kann ein Vorschlag zur Mediation erfolgen (→ Rn. 15).

7. Abschluss des Verhandlungstermins

23 Der Abschluss des Verhandlungstermins ist von der konkreten Situation abhängig.

Wird der Rechtsstreit im Termin **durch Parteihandlungen** (etwa durch Vergleich oder durch Klagerücknahme) abgeschlossen, ist damit auch der Termin beendet. In diesem Falle können jedoch noch im Termin **Abwicklungsmaßnahmen** vorgenommen werden, die zwar auch nachträglich schriftlich erfolgen könnten, praktischerweise aber **sogleich – zum Protokoll –** erledigt werden sollten (so etwa ein Kostenbeschluss gem. § 269 Abs. 3 S. 2 oder die Festsetzung des Streitwerts).

24 Ist hingegen streitig zu entscheiden, kommt es darauf an, ob die Sache nach Ansicht des Gerichts vollständig erörtert wurde (§ 136 Abs. 4), mithin **entscheidungsreif** (§ 300 Abs. 1) ist oder nicht.

---

[37] BGH NJW 2012, 2354.
[38] BGH NJW 2012, 2354; BGH NJW 1990, 121.
[39] BGH MDR 2013, 487 (Ls. Ziff. 1 u. 2).
[40] BGH MDR 2013, 487 (Ls. Ziff. 3).

III. Wiedereröffnung der bereits geschlossenen Verhandlung

Liegt Entscheidungsreife vor, wird die **Verhandlung geschlossen** (§ 136 Abs. 4): Damit wird der Prozessstoff für ein aufgrund dieses Termins ergehendes Urteil zeitlich festgelegt, ein weiterer Vortrag ist nicht mehr möglich (§ 296 a, → Rn. 6 f.). Es kann sodann sogleich ein Urteil verkündet werden (§ 310 Abs. 1 S. 1 Alt. 1, sog. **Stuhlurteil**), regelmäßig wird jedoch ein **Termin zur Verkündung einer Entscheidung** bestimmt (§ 310 Abs. 1 S. 1 Alt. 2) und das Urteil dann in diesem Termin – der grundsätzlich binnen drei Wochen anzuberaumen ist (§ 310 Abs. 1 S. 2) – verkündet; das Urteil muss in letzterem Falle – anders als bei einem Stuhlurteil – bei der Verkündung in vollständiger Form abgefasst sein (§ 310 Abs. 2).

Ist die Sache hingegen noch **nicht entscheidungsreif**, muss die Verhandlung **fortgesetzt** werden. Dies ist jedenfalls dann der Fall, wenn nicht das **Ruhen des Verfahrens** angeordnet (§ 251) oder das Verfahren aus bestimmten Gründen (§§ 148, 149, §§ 246 ff.) **ausgesetzt** wird. Wie im Falle einer notwendigen Fortsetzung zu verfahren ist, hängt von den Umständen des Einzelfalls ab, regelmäßig wird das Gericht – entweder noch im Termin oder in einem sogleich zu bestimmenden separaten Verkündungstermin – einen **Beschluss** zur weiteren Förderung des Rechtsstreits (typischerweise einen Beweisbeschluss) verkünden und/oder sogleich einen Fortsetzungstermin (**Vertagung** iSv § 227 Abs. 1) bestimmen.

▶**Gerichtstage:** Sind weitere Zeugen zu vernehmen, wird regelmäßig sogleich ein Fortsetzungstermin unter Ladung der zu vernehmenden Zeugen bestimmt. Muss hingegen ein Sachverständigengutachten eingeholt werden, dessen Fertigstellungszeitpunkt nicht absehbar ist, wird in der Regel ein Termin zur Verkündung einer Entscheidung bestimmt und der entsprechende Beweisbeschluss verkündet; die Bestimmung des Fortsetzungstermins erfolgt dann nach Fertigstellung des Gutachtens (und sich regelmäßig anschließender Stellungnahme der Parteien).

III. Wiedereröffnung der bereits geschlossenen Verhandlung

Nach Schluss der mündlichen Verhandlung können Umstände eintreten (oder seitens des Gerichts erstmalig erkannt werden), die eine Widereröffnung einer bereits geschlossenen Verhandlung erforderlich machen. So ist das Gericht zur Wiedereröffnung **verpflichtet** (§ 156 Abs. 2),

- wenn es einen **entscheidungserheblichen Verfahrensfehler**, insbesondere eine Verletzung des § 139 oder des rechtlichen Gehörs, feststellt (Nr. 1),

    Beispiele: Nachträgliches erhebliches Vorbringen aufgrund eines erst im Verhandlungstermin erteilten Hinweises,[41] Übersehen eines Beweisantritts seitens des Gerichts – dann ist der Streitstoff aufgrund von Versäumnissen des Gerichts selbst unvollständig.

- wenn **Wiederaufnahmegründe** glaubhaft gemacht werden (Nr. 2), da eine Verweisung auf eine Wiederaufnahme prozessunökonomisch wäre,
- oder wenn vor der Beratung der bzw. – in Kammersachen – ein verhandelnder Richter ausgeschieden ist (Nr. 3).

Daneben ist das Gericht zur Wiedereröffnung verpflichtet, wenn das Gericht einer Partei ein **Schriftsatznachlass** gewährt hat und es seine Entscheidung auf den in dem Schriftsatz vorgebrachten neuen entscheidungserheblichen Sachvortrag stützen will.[42]

---

41 BGH NJW-RR 2007, 412.
42 ThP/Seiler § 156 Rn. 5, § 283 Rn. 7.

26 Im Übrigen steht die Wiedereröffnung **im Ermessen des Gerichts** (§ 156 Abs. 1). Nachträglicher (nicht nachgelassener) neuer Vortrag gibt daher noch keinen Anspruch auf eine Wiedereröffnung,[43] das Gericht ist jedoch zu dessen Kenntnisnahme verpflichtet, um die Frage einer Wiedereröffnung zu prüfen.[44] Eine Wiedereröffnung ist jedenfalls ausgeschlossen, wenn der Vortrag gem. § 296 Abs. 1 als verspätet zurückzuweisen ist (→ Rn. 31 ff.), in den Fällen des § 296 Abs. 2 (→ Rn. 43 ff.) kann sie – je nach Einzelfall – erwogen werden. Gleiches gilt bei nunmehr bestehender Vergleichsbereitschaft oder zwischenzeitlich eingetretener Erledigung der Hauptsache.[45]

27 Die Wiedereröffnung erfolgt durch – unanfechtbaren – **Beschluss**, dies mit (meist knapper) Begründung.

Beispiel: „*Wegen des Schriftsatzes des Klägers vom... wird die mündliche Verhandlung wiedereröffnet. Neuer Verhandlungstermin:...*"

Die Wiedereröffnung erfolgt **von Amts wegen**. Etwaige Anträge der Parteien sind daher nur Anregungen für das Gericht, die **bei Ablehnung keines Beschlusses** bedürfen: Es wird die beabsichtigte Entscheidung verkündet, in den Entscheidungsgründen sollte die Ablehnung jedoch kurz begründet werden.[46] Gegen einen die Wiedereröffnung ablehnenden Beschluss ist ebenfalls **keine Beschwerde** möglich, jedoch kann ein Verstoß gegen § 156 in der **Berufung** als Verfahrensfehler gerügt werden (im Übrigen: Gehörsrüge nach § 321 a, danach Verfassungsbeschwerde).[47]

IV. Zurückweisung verspäteten Vorbringens

1. Allgemeines

28 Gem. § 282 sind die Parteien verpflichtet, ihre Angriffs- und Verteidigungsmittel so zeitig vorzubringen, wie es nach der Prozesslage einer sorgfältigen und auf Förderung des Verfahrens bedachten Prozessführung entspricht. Wird diese **Prozessförderungspflicht** verletzt, kann unter den Voraussetzungen des § 296 entsprechender Vortrag zurückgewiesen werden **(Präklusion)**.[48] Zweck der Präklusionsvorschrift ist die Prozessbeschleunigung.[49]

Gegenstand einer Zurückweisung bilden ausschließlich **Angriffs- und Verteidigungsmittel**, somit also Tatsachenbehauptungen, ihr Bestreiten sowie Beweisangebote (§ 282 Abs. 1), **nicht dagegen Rechtsausführungen**,[50] da die Parteien zu solchen nicht verpflichtet sind *(iura novit curia)*, zudem insbesondere **nicht Sachanträge** wie Klageänderung, Klageerweiterung oder Widerklage, da diese nicht bloß Angriffs*mittel* sind, sondern vielmehr **unmittelbarer Angriff**. Derartige Anträge können daher – auch wenn erstmalig in der mündlichen Verhandlung gestellt – nicht zurückgewiesen werden[51] (und somit ggf. verspätetes Vorbringen ermöglichen, → Rn. 55 f.).

---

[43] BGH NJW 1993, 134; NJW 2000, 142.
[44] BGH NJW 2002, 1426.
[45] MK/Fritsche § 156 Rn. 12.
[46] StJ/Roth § 156 Rn. 15.
[47] Mus/Voit/Stadler § 156 Rn. 8.
[48] Vgl. hierzu ferner: Stackmann JuS 2011, 133.
[49] Mus/Voit/Huber § 296 Rn. 1.
[50] StJ/Thole § 296 Rn. 39; MK/Prütting § 296 Rn. 46; Zö/Greger § 282 Rn. 2, § 296 Rn. 4.
[51] BGH NJW 1995, 1223; NJW 1993, 1393; BGH FamRZ 1996, 1072; BGH MDR 1997, 288; StJ/Thole § 296 Rn. 31; Zö/Greger § 296 Rn. 4.

IV. Zurückweisung verspäteten Vorbringens § 4

Hinweis: Kein (neues) Angriffsmittel iSv § 296 soll nach Auffassung des BGH auch sein, wenn eine Partei im Laufe des Prozesses die materiellrechtlichen Voraussetzungen des Anspruchs erst schafft (etwa die Erstellung einer – nunmehr prüfbaren – Schlussrechnung) und dann einführt.[52] Denn die prozessrechtlichen Präklusionsvorschriften sollen die Partei anhalten, zu einem bereits vorliegenden Tatsachenstoff rechtzeitig vorzutragen, sie haben hingegen nicht den Zweck, auf eine beschleunigte Schaffung der materiellrechtlichen Anspruchsvoraussetzungen hinzuwirken.

Eine Zurückweisung verspäteten Vorbringens ist nicht nur **für den Haupttermin** möglich, sondern auch **für den frühen ersten Termin**; dies jedenfalls dann, wenn dieser Termin bereits auch für eine Entscheidung des Rechtsstreits bestimmt und insbesondere entsprechend vorbereitet war,[53] nicht jedoch, wenn er lediglich als „Durchlauftermin" bezweckt war, wenn in ihm also eine abschließende streitige Verhandlung mangels entsprechender Vorbereitung von vornherein nicht durchgeführt werden sollte und konnte.[54]

29

2. Die einzelnen von § 296 erfassten Konstellationen

§ 296 erfasst **drei** unterschiedlich ausgestaltete Konstellationen, nämlich die Versäumung bestimmter **richterlich gesetzter Fristen** (Abs. 1), die Verletzung der **allgemeinen Prozessförderungspflicht** (Abs. 2) sowie den verspäteten Vortrag verzichtbarer **Prozessrügen** (Abs. 3).

30

a) Versäumung bestimmter richterlich gesetzter Fristen (§ 296 Abs. 1)

Werden **bestimmte richterliche Fristen** versäumt, ist das verspätete Vorbringen gem. § 296 Abs. 1 zwingend zurückzuweisen, wenn dessen Zulassung zu einer **Verzögerung** des Rechtsstreits führen würde und die Verspätung **verschuldet** ist.

31

aa) Fristen iSv § 296 Abs. 1

Eine zwingende Zurückweisung gem. § 296 Abs. 1 kommt nur im Falle der Versäumung einer **von dieser Norm genannten richterlichen Frist** in Betracht, konkret der **Klageerwiderungsfrist** (§§ 275 Abs. 1, 276 Abs. 1 S. 2), der **Frist zur Replik** (§§ 275 Abs. 4, 276 Abs. 3) oder einer – mit vorbereitender Verfügung gem. § 273 Abs. 1 Nr. 1 und 5 einer Partei gesetzten – Frist zur Abgabe einer Erklärung oder Vorlage einer Urkunde bzw. Gegenstands.

32

Kraft ausdrücklicher Verweisung ist § 296 Abs. 1 darüber hinaus anwendbar auf die Einspruchsbegründungsfrist (§ 340 Abs. 3 S. 3),[55] auf die Frist zur Stellungnahme auf ein schriftliches Sachverständigengutachten (§ 411 Abs. 4 S. 2) sowie auf die Frist zur Begründung eines durch Mahnbescheid geltend gemachten Anspruchs nach Widerspruch bzw. Einspruch gegen einen Vollstreckungsbescheid (§§ 697 Abs. 3 S. 2, 700 Abs. 5). Auf andere Fristen ist § 296 Abs. 1 nicht – auch nicht entsprechend – anwendbar; insoweit kann jedoch § 296 Abs. 2 eingreifen (→ Rn. 43 ff.).[56]

---

52 BGH NJW-RR 2004, 167; NJW-RR 2005, 1687; zustimmend ThP/Seiler § 296 Rn. 1. A.A. Schenkel MDR 2004, 790; StJ/Thole § 296 Rn. 36.
53 BGH NJW 1983, 575; NJW 1983, 2507.
54 BVerfG NJW 1985, 1149; NJW 1992, 300; BGH NJW 1983, 575; NJW 1987, 500; BGH NJW-RR 2005, 1296.
55 Vgl. dazu BGH NJW 2012, 2808.
56 ThP/Seiler § 296 Rn. 26.

33 Die Anwendung von § 296 Abs. 1 setzt eine **formell ordnungsgemäße Fristsetzung** voraus. Eine solche liegt vor, wenn die fristsetzende Verfügung von dem zuständigen Richter[57] unterschrieben und (in den Fällen von §§ 276 Abs. 2, 277 Abs. 2, 277 Abs. 4 zwingend) mit einer **Belehrung** über die Folgen der Fristversäumung versehen wurde,[58] eine beglaubigte Abschrift der fristsetzenden Verfügung an die Partei (im Anwaltsprozess an die Prozessbevollmächtigten) **zugestellt** wurde (§ 329 Abs. 2)[59] und die Fristsetzung hinreichend klar[60] und ausreichend bemessen[61] war. Liegt keine formell ordnungsgemäße Fristsetzung vor, darf verspätetes Vorbringen nicht wegen einer Fristversäumung zurückgewiesen werden; eine Heilung nach § 295 kommt nicht in Betracht.

▸**RA-Stage:** Bei drohender Zurückweisung sollte eine **Überprüfung** gerade dieser – nicht selten fehlenden – formellen Voraussetzungen erfolgen[62]

34 Maßgebend für die Fristwahrung ist allein, dass der Schriftsatz an das Gericht vor Ablauf der Frist gelangt ist. Unerheblich ist, dass der Schriftsatz infolge Angabe eines falschen Aktenzeichens nicht innerhalb der Frist in die richtige Akte gelangt ist.[63]

bb) Verzögerung der Erledigung des Rechtsstreits bei Zulassung

35 Da die Präklusionsvorschriften der Prozessbeschleunigung dienen, kann verspätetes Vorbringen nur zurückgewiesen werden, wenn dessen Berücksichtigung die Erledigung des Rechtsstreites verzögert. Der **Begriff** der „Verzögerung" war lange Zeit umstritten,[64] es standen sich zwei Grundpositionen gegenüber.

36 Nach dem **absoluten Verzögerungsbegriff des BGH** liegt eine Verzögerung bereits dann vor, wenn der Rechtsstreit bei Zulassung des verspäteten Vorbringens **länger dauern** würde **als im Falle seiner Zurückweisung**; darauf, wann das Verfahren bei fristgemäßem Vorbringen voraussichtlich beendet worden wäre, kommt es nicht an.[65]

Beispielsfall: Auf schlüssige Klage bestimmt das Gericht sogleich einen Termin zur mündlichen Verhandlung. Ein Tag vor dem Termin – und 3 Wochen nach Ablauf der zur Klageerwiderung gesetzten Frist – geht die Klageerwiderung ein, welche die Einholung eines Sachverständigengutachtens zur Folge hätte.

Lösung Beispielsfall: Nach dem absoluten Verzögerungsbegriff ist eine Verzögerung ohne Weiteres zu bejahen, da bei Zulassung des verspäteten Vorbringens eine Beweisaufnahme erforderlich wäre, ohne Zulassung dagegen nicht; der (hypothetische) Einwand, dass bei rechtzeitigem Vorbringen ein Sachverständigengutachten hätte eingeholt werden müssen, für welches ggf. auch ein weiterer Termin benötigt worden wäre, ist nach dieser Auffassung unerheblich.

37 Demgegenüber ist nach dem **hypothetischen (kausalen, relativen) Verzögerungsbegriff**[66] auf den hypothetischen Ablauf des Rechtsstreits bei fristgemäßem Vortrag abzustellen: Wäre der Rechtsstreit hiernach voraussichtlich auch nicht früher erledigt

---

57 BGH NJW 1991, 2774; Mus/Voit/Huber § 296 Rn. 11.
58 Mus/Voit/Huber § 296 Rn. 11.
59 BGH NJW 1990, 2389; NJW 1991, 2774; Mus/Voit/Huber § 296 Rn. 11.
60 BGH NJW 1990, 2389; Mus/Voit/Huber § 296 Rn. 11.
61 BGH NJW 1994, 736; Mus/Voit/Huber § 296 Rn. 11.
62 Schneider MDR 2002, 684.
63 BVerfG NJW 2013, 925.
64 Ausführliche Darstellung des Streits bei StJ/Thole § 296 Rn. 44 ff.; MK/Prütting § 296 Rn. 75 ff.
65 BGH NJW 1979, 1988; NJW 1980, 945 (946 f.); NJW 1980, 1167 (1168); NJW 1983, 575 (576); NJW 2012, 2808 (2809). Vgl. auch ThP/Seiler § 296 Rn. 14; Zö/Greger § 296 Rn. 22; MusVoit/Huber § 296 Rn. 13; HK-ZPO/Saenger § 296 Rn. 18 f.; Schellhammer Rn. 462.
66 OLG Hamm NJW 1979, 1715; OLG Hamburg NJW 1979, 1717; OLG Dresden NJW-RR 1999, 214.

worden als bei Zulassung des verspäteten Vortrags, liegt keine Verzögerung vor. Denn der absolute Verzögerungsbegriff könne, so das zentrale Argument dieser Auffassung, dazu führen, dass der Prozess wegen der Verspätung von Vorbringen kürzer sei als bei fristgemäßem Vortrag; eine solche „Überbeschleunigung" sei jedoch nicht Zweck der Verspätungsvorschriften.

Lösung Beispielsfall: Nach dem hypothetischen Verzögerungsbegriff ist in dem vorherigen Beispielsfall zu fragen, wann die Beweisaufnahme bei rechtzeitigem Vortrag stattgefunden hätte; hätte diese voraussichtlich nicht mehr in dem bereits bestimmten Termin erfolgen können (dies etwa deswegen, weil ein umfangreiches schriftliches Sachverständigengutachten einzuholen ist), liegt keine Verzögerung vor; denn andernfalls wäre das Verfahren (mangels Beweisaufnahme) früher beendet als bei ordnungsgemäßem Verlauf.

Im Wesentlichen gelöst wurde die Streitfrage durch eine **Entscheidung des BVerfG**: Zwar billigte das BVerfG den absoluten Verzögerungsbegriff im Grundsatz, konkretisierte jedoch, dass eine Zurückweisung mit dem Anspruch auf rechtliches Gehör (Art. 103 Abs. 1 GG) nicht vereinbar ist, wenn **offenkundig** ist, dass **dieselbe Verzögerung auch bei rechtzeitigem Vortrag eingetreten wäre**, wenn also die Verspätung **eindeutig nicht kausal** für die Verzögerung ist.[67] Begründet wurde diese Einschränkung damit, dass es einerseits „nicht Sinn der der Beschleunigung dienenden Präklusionsvorschriften sein (kann), das Gericht mit schwierigen Prognosen über hypothetische Kausalverläufe zu belasten und damit weitere Verzögerungen zu bewirken; diese Vorschriften dürfen aber andererseits auch nicht dazu benutzt werden, verspätetes Vorbringen auszuschließen, wenn ohne jeden Aufwand erkennbar ist, dass die Pflichtwidrigkeit – die Verspätung allein – nicht kausal für eine Verzögerung ist. In diesen Fällen ist die Präklusion rechtsmissbräuchlich, denn sie dient erkennbar nicht dem mit ihr verfolgten Zweck."

Mit dieser verfassungsrechtlich gebotenen Einschränkung geht eine bedeutsame Annäherung an den hypothetischen Verzögerungsbegriff einher,[68] der sich das überwiegende Schrifttum[69] sowie der BGH[70] in der Folgezeit angeschlossen haben. Nach herrschender Ansicht gilt somit grundsätzlich der **absolute Verzögerungsbegriff**, indes kommt eine Zurückweisung (nur) bei **eindeutig fehlender Kausalität**,[71] nicht jedoch aufgrund sonstiger hypothetischer Erwägungen in Betracht.

Lösung Beispielsfall: Demnach ist in obigem Beispielsfall grundsätzlich von einer Verzögerung auszugehen (absoluter Verzögerungsbegriff). Ist allerdings ohne Weiteres erkennbar („**offenkundig**"), dass bei rechtzeitigem Vortrag ein weiterer Termin zur Beweisaufnahme hätte bestimmt werden müssen (so im Falle der Notwendigkeit eines komplexen Sachverständigengutachtens), kommt eine Zurückweisung – mangels Kausalität der Verspätung für die Verzögerung – nicht in Betracht. Das Ergebnis entspricht damit demjenigen bei Zugrundelegung des hypothetischen Verzögerungsbegriffs, jedoch mit der entscheidenden Besonderheit, dass die mangelnde Kausalität der Verspätung „*ohne jeden Aufwand erkennbar*" sein muss.

Eine Verzögerung ist nach diesen Grundsätzen stets ausgeschlossen, wenn der verspätete Vortrag **sogleich im Termin berücksichtigt**, der Termin also trotz der Verspätung

---

[67] BVerfG NJW 1987, 2733; NJW 1989, 705; NJW 1995, 1417.
[68] Vgl. auch StJ/Thole § 296 Rn. 45; Mus/Voit/Huber § 296 Rn. 13. A.A. HK-ZPO/Saenger § 296 Rn. 19 (keine Modifikation des Verzögerungsbegriffs).
[69] StJ/Thole § 296 Rn. 45 ff.; ThP/Seiler § 296 Rn. 14; Zö/Greger § 296 Rn. 22; Mus/Voit/Huber § 296 Rn. 13, 17.
[70] BGH NJW-RR 2005, 1296; BGH NJW 2012, 2808 (2809).
[71] StJ/Thole § 296 Rn. 45 ff.; ThP/Seiler § 296 Rn. 14; Zö/Greger § 296 Rn. 22; Mus/Voit/Huber § 296 Rn. 13, 17; HK-ZPO/Saenger § 296 Rn. 19.

wie geplant durchgeführt werden kann. Dies ist insbesondere der Fall, wenn der Gegner den Vortrag **nicht bestreitet** (denn unstreitiger Vortrag ist – als beiderseitiger Vortrag – ohne Weiteres der Entscheidung zugrunde zu legen und kann daher nicht verzögern),[72] wenn der Vortrag – insbesondere aufgrund bereits erfolgter Beweisaufnahme – bereits **feststeht** oder wenn eine erforderliche **Beweisaufnahme sogleich im Termin** erfolgen kann („präsente Beweismittel").

Beispiele: Vernehmung einer anwesenden Person, Inaugenscheinnahme zum Termin mitgebrachter Urkunden etc. Das Gericht muss – jedenfalls in gewissem Umfang – zu einer sofortigen Beweisaufnahme in der Lage sein, nicht aber zu einer Vernehmung zahlreicher Zeugen. Wird aufgrund der präsenten Beweismittel noch eine weitere, im Termin aber nicht mögliche Beweisaufnahme erforderlich, liegt eine Verzögerung vor.

▸**RA-Stage:** Das Beibringen präsenter Beweismittel kann zur Vermeidung der Zurückweisung eines verspäteten Beweisantritts zweckmäßig sein.

40   Eine Verzögerung des Rechtsstreits tritt ferner dann nicht ein, wenn der Rechtsstreit **ohne das verspätete Vorbringen noch nicht entscheidungsreif ist**.[73] Ist ohnehin noch eine Beweisaufnahme erforderlich, kann verspätetes Vorbringen somit nicht zurückgewiesen werden.[74] Maßgeblich ist nach (umstrittener) Auffassung des BGH, dass der Rechtsstreit **im Ganzen** entscheidungsreif ist, nicht nur einzelne (im Wege der objektiven Klagehäufung verbundene) Teile: Daher stellt die Verhinderung nur eines ohne das verspätete Vorbringen möglichen **Teilurteils (§ 301) keine** Verzögerung dar.[75] Demgegenüber ist die Zurückweisung verspäteten Vorbringens durch **Grundurteil (§ 304)** nach Auffassung des BGH zulässig, da das Zwischenurteil über den Klagegrund den ganzen Rechtsstreit betrifft.[76]

Ist einer Partei ein **Schriftsatznachlass gem. § 283** zu gewähren (Voraussetzung: Antrag; in materieller Hinsicht: nicht rechtzeitig vor dem Termin mitgeteiltes Vorbringen, auf das sich der Gegner nicht sogleich erklären kann), führt dieser Umstand nicht automatisch zu einer Verzögerung des Rechtsstreits, weil die nachgeholte Erklärung nur der Vorbereitung der seitens des Gerichts zu treffenden Entscheidung über die Verspätung dient.[77] Hierbei ist zu unterscheiden: Bestreitet der Gegner in dem nachgelassenen Schriftsatz das verspätete Vorbringen nicht, ist es – wie jedes unstreitige Vorbringen – zu berücksichtigen. Andernfalls bleibt – herkömmlichen Grundsätzen entsprechend – zu prüfen, ob durch die Zulassung eine Verzögerung eintreten würde. Ist dies der Fall (weil etwa eine Beweisaufnahme erforderlich wird), ist das verspätete Vorbringen zurückzuweisen.

Hinweis: Wenn sich der Gegner im Termin nicht zu dem verspäteten Vorbringen erklären kann, aber andererseits **keinen Schriftsatznachlass beantragt**, hat das Gericht einen solchen Antrag anzuregen (§ 139). Stellt der Gegner auch dann keinen entsprechenden Antrag, ist das verspätete Vorbringen gem. § 138 Abs. 2, 3 als **zugestanden** zu berücksichtigen. Somit ist es dem Gegner nicht möglich, durch das Unterlassen eines Antrages nach § 283 eine Vertagung – und hierdurch eine zu der Präklusion führende Verzögerung – zu erzwingen.[78]

---

[72] BGH NJW 2005, 291; MK/Prütting § 269 Rn. 45; Mus/Voit/Huber § 296 Rn. 5.
[73] BGH NJW-RR 1999, 787.
[74] BGH NJW-RR 1999, 787.
[75] BGH NJW 1980, 2355; NJW 1995, 1223; ebenso ThP/Seiler § 296 Rn. 12. A.A. etwa MK/Prütting § 296 Rn. 111; StJ/Thole § 296 Rn. 57; Zö/Greger § 296 Rn. 12.
[76] BGH NJW 1980, 2355.
[77] BGH NJW 1985, 1539.
[78] BGH NJW 1985, 1539; OLG Naumburg NJW-RR 1994, 704.

IV. Zurückweisung verspäteten Vorbringens § 4

Eine Zurückweisung verspäteten Vorbringens ist zuletzt ausgeschlossen, wenn die Verfahrensverzögerung der Partei nicht zurechenbar ist. Dies ist der Fall, wenn die Verzögerung auf einer **Verletzung der Förderungspflicht durch das Gericht selbst** beruht, etwa

- weil die Verfahrensleitung oder Terminsvorbereitung des Gerichts unzureichend war oder das Gericht einen gebotenen Hinweis nicht, nicht ordnungsgemäß oder nicht rechtzeitig gegeben hat,[79]
- wenn die Verzögerung durch zumutbare Förderungsmaßnahmen auszugleichen gewesen wäre[80] (etwa durch die Ladung verspätet benannter Zeugen, → Rn. 39),

   Hinweis: Die Ladung oder die Vernehmung eines erst im Termin präsentierten Zeugen kann jedoch dann unterbleiben, wenn bei einem für den Beweisführer günstigen Beweisergebnis eine **weitere** Beweisaufnahme (zB Vernehmung von Gegenzeugen) erforderlich würde, die in dem Termin nicht möglich ist, so dass **hierzu vertagt** werden müsste.[81]

- oder wenn die **Verfahrensverzögerungen von der Partei nicht zu vertreten sind**.

   Hinweis: Das Ausbleiben eines verspätet benannten, aber noch ordnungsgemäß und rechtzeitig geladenen Zeugen führt nicht zur Anwendung der Präklusionsvorschriften.[82] Anders ist es jedoch, wenn die Partei es dazu hat kommen lassen, dass sie allein auf einen freiwillig erscheinungsbereiten Zeugen vertrauen muss, diesem also mangels ordnungsgemäßer und rechtzeitiger Ladung gerade keine Pflicht zum Erscheinen vor Gericht oblag. In solch einem Fall beruht die Verzögerung gerade nicht auf Gründen, die dem Prozess unabhängig von dem rechtzeitigen Vorbringen der Angriffs- und Verteidigungsmittel innewohnen.

cc) Verschulden

Eine Zurückweisung gem. § 296 Abs. 1 scheidet aus, wenn die Partei die Verspätung genügend entschuldigt. Die säumige Partei muss sich also entlasten (die Darlegungs- und Beweislast liegt bei ihr), **ihr Verschulden wird vermutet**.[83] Der Entschuldigungsgrund ist auf Verlangen des Gerichts glaubhaft zu machen (§ 296 Abs. 4). Ein Verschulden ist ausgeschlossen, wenn die Partei die Frist nicht hatte einhalten können, **leichte Fahrlässigkeit** schadet jedoch bereits.[84] Die Partei muss sich das Verschulden ihres **Anwalts** anrechnen lassen (§ 85 Abs. 2).[85]

Demgemäß sind die Parteien grundsätzlich gehalten, zu einem Beweisthema sofort alle Zeugen zu benennen, auf die sie sich berufen wollen. Insofern ist eine Zurückhaltung einzelner Beweismittel, um diese je nach Prozesssituation sukzessiv in den Prozess einzuführen, nicht gestattet. Dieser Grundsatz gilt jedoch dann nicht, wenn erst aufgrund der Beweisaufnahme ersichtlich wird, dass es auf weitere Zeugen ankommen kann.[86] Die grundsätzliche Zulässigkeit, einen entsprechenden Beweisantrag als Reaktion auf das Ergebnis der Beweisaufnahme zu stellen, ergibt sich aus §§ 279 Abs. 3, 285.[87]

---

79 BVerfG NJW 1987, 2003; NJW 1992, 680; MK/Prütting § 296 Rn. 123; Zö/Greger § 296 Rn. 3.
80 BVerfG NJW-RR 1995, 377, NJW-RR 1995, 1469; NJW-RR 1999, 1079; BGH NJW 1983, 575; NJW 1983, 822; NJW 1996, 528; NJW 1999, 585; BGH NJW-RR 2002, 646.
81 BGH NJW 1982, 1535; NJW 1983, 1495.
82 BGH NJW 1987, 1949; NJW 1989, 719 (720): dies weil das Risiko, dass ein Zeuge nicht erscheine, nicht mehr der Partei anzulasten sei; zustimmend StJ/Thole § 296 Rn. 76; MK/Prütting § 296, 129 f.
83 ThP/Seiler § 296 Rn. 28; Mus/Voit/Huber § 296 Rn. 24.
84 Mus/Voit/Huber § 296 Rn. 24.
85 Nicht aber (nur) seiner Büroangestellten, vgl. StJ/Thole § 296 Rn. 89.
86 BGH MDR 2013, 487 (Ls. Ziff. 1).
87 BGH MDR 2013, 487 (Ls. Ziff. 2).

b) Verletzung der Prozessförderungspflicht (§ 296 Abs. 2)

43 Werden Angriffs- und Verteidigungsmittel (zum Begriff → Rn. 28) entgegen der der Partei gem. § 282 Abs. 1 oder Abs. 2 obliegenden Prozessförderungspflicht nicht rechtzeitig vorgebracht, **kann** das verspätete Vorbringen gem. § 296 Abs. 2 zurückzuweisen werden, wenn dessen Zulassung zu einer **Verzögerung** des Rechtsstreits führen würde und die Verspätung **auf grober Nachlässigkeit** beruht. Im Unterschied zu § 296 Abs. 1 knüpft Abs. 2 somit nicht an die Versäumung *bestimmter* Frist an, sondern vielmehr an die **Verletzung von (allgemeinen) Prozessförderungspflichten**; insoweit erfüllt Abs. 2 eine Auffangfunktion.[88] Anders als bei Abs. 1 steht die Zurückweisung im *Ermessen* des Gerichts, zudem wird das Verschulden für die Verspätung (wiederum anders als bei Abs. 1) *nicht vermutet*.

aa) Verletzung einer Prozessförderungspflicht gem. § 282 Abs. 1, Abs. 2

44 § 296 Abs. 2 knüpft an Prozessförderungspflichten, die 282 Abs. 1 und Abs. 2 den Parteien auferlegen.

Die allgemeine Prozessförderungspflicht aus 282 Abs. 1 betrifft nur die mündliche Verhandlung. Sie verpflichtet die Parteien zu so frühzeitigem Vortrag, wie es einer sorgfältigen und zügigen Prozessführung entspricht. Der maßgebliche Zeitpunkt, zu dem das Angriffs- bzw. Verteidigungsmittel vorgebracht sein muss, richtet sich nach der jeweiligen Prozesslage, dh nach dem bisherigen Vorbringen des Gegners, bislang erteilten gerichtlichen Hinweisen etc.[89] § 282 Abs. 1 setzt jedoch voraus, dass innerhalb einer Instanz mehrere Verhandlungstermine stattfinden; demgemäß kann ein Vorbringen im ersten Termin zur mündlichen Verhandlung niemals verspätet sein.[90]

Die besondere Prozessförderungspflicht aus 282 Abs. 2 verpflichtet die Parteien zu so rechtzeitigem Vortrag **mit vorbereitendem Schriftsatz** vor dem **Termin**, dass dem Gegner noch eine etwa **erforderliche Erkundigung** vor – und damit eine Entgegnung in – dem Termin möglich ist. Bedarf der **Gegner** hingegen zur Erwiderung keiner Erkundigung, ist ein Vortrag erst im Termin nicht verspätet. Auf das Gericht kommt es insoweit nicht an.[91]

bb) Verzögerung der Erledigung des Rechtsstreits bei Zulassung

45 Auch im Rahmen von § 296 Abs. 2 kann verspätetes Vorbringen nur zurückgewiesen werden, wenn dessen Berücksichtigung die Erledigung des Rechtsstreites verzögert. Zum Begriff der Verzögerung → Rn. 35 ff.; auf die dortigen Ausführungen kann verwiesen werden.

cc) Verschulden

46 Eine Zurückweisung gem. § 296 Abs. 2 setzt weiter zusätzlich voraus, dass die Verspätung auf grober Nachlässigkeit beruht. Diese wird – anders als im Rahmen von § 296 Abs. 1 und Abs. 3 – **nicht vermutet**. Grob nachlässig handelt eine Partei, wenn sie ihre Prozessförderungspflicht in besonders hohem Maße vernachlässigt, also dasjenige un-

---

[88] Schellhamer Rn. 471.
[89] Mus/Voit/Foerste § 288 Rn. 3.
[90] BGH NJW 2012, 3787 (3788) mAnm Kaiser; NJW-RR 2005, 1007. Vgl. auch Zö/Greger § 288 Rn. 3 b.
[91] BGH NJW 1999, 2446.

terlässt, was jeder Partei nach dem Stand des Verfahrens als notwendig hätte einleuchten müssen.[92]

Beispiel: Der Prozessbevollmächtigte einer Partei kann sich nicht rechtzeitig zu erheblichem Vorbringen der Gegenseite erklären, weil die Partei trotz Kenntnis des anhängigen Rechtsstreits eine mehrwöchige Urlaubsreise unternahm, ohne ihre Erreichbarkeit sicherzustellen.

Das Gericht muss die für die Annahme der groben Nachlässigkeit erforderlichen Tatsachen in seinem Urteil feststellen. Dabei setzt die Feststellung der notwendigen Tatsachen wiederum voraus, dass das Gericht der Partei Gelegenheit gibt, sich zu den Gründen für den verspäteten Vortrag zu äußern.[93]

c) Verspätung verzichtbarer Zulässigkeitsrügen (§ 296 Abs. 3)

Werden Rügen, welche die Zulässigkeit der Klage betreffen und auf die der Beklagte verzichten kann, entgegen § 282 Abs. 3 verspätete vorgebracht, sind sie gem. § 296 Abs. 3 nur zuzulassen, wenn der Beklagte die Verspätung genügend entschuldigt. Die Zurückweisung ist – ebenso wie bei § 296 Abs. 1, anders jedoch als bei Abs. 2 – zwingend, das Verschulden wird vermutet. Auf die Frage, ob es zu einer Verzögerung des Rechtsstreits kommt, kommt es nicht an.[94]

47

aa) Zulässigkeitsrügen gem. § 296 Abs. 3

Zulässigkeitsrügen sind alle Tatsachenbehauptungen und Beweismittel, welche die Zulässigkeit der Klage betreffen.[95] Von § 296 Abs. 3 erfasst sind indes ausschließlich solche Rügen, über welche die Parteien disponieren können – denn die Zulässigkeit der Klage hat das Gericht von Amts wegen in jeder Lage des Verfahrens zu prüfen.

48

Beispiele: Fehlende Vollmacht (§ 88 Abs. 1), Rüge der fehlende Ausländersicherheit (§ 110), fehlende Kostenerstattung bei erneuter Erhebung der zurückgenommenen Klage (§ 269 Abs. 4), Schiedsgerichtseinrede (→ § 9 Rn. 20).

bb) Verschulden

Es gilt der Verschuldensmaßstab von § 296 Abs. 1, auf die oben Ausführungen (→ Rn. 42) wird verwiesen.

49

3. Verfahren und Entscheidung der Zurückweisung

Ist das verspätete Vorbringen **zurückzuweisen**, muss das Gericht einen entsprechenden Hinweis erteilen (§ 139 Abs. 2, 3) und **rechtliches Gehör** gewähren; das Parteivorbringen hat das Gerichte stets zur Kenntnis zu nehmen.[96] Die Entscheidung über die Zurückweisung erfolgt im Rahmen des **Urteils** (nicht etwa durch eine Zwischenentscheidung) und muss in den Entscheidungsgründen begründet werden. Die Zurückweisung ist konkret darzulegen, allgemein gehaltene Erwägungen genügen nicht.[97] Die entsprechenden Ausführungen erfolgen **an der Stelle**, an der das Angriffs- oder Verteidigungs-

50

---

92 BGH NJW 1997, 2244.
93 BGH NJW 1982, 2561; BGH MDR 1985, 403.
94 Zö/Greger § 296 Rn. 28.
95 MK/Prütting § 296 Rn. 152 ff.; Hk-ZPO/Saenger § 296 Rn. 49.
96 ThP/Seiler § 296 Rn. 42.
97 BGH NJW 1999, 585.

mittel bei rechtzeitigem Vortrag zum Tragen gekommen wäre; die Sachprüfung ist dann so vorzunehmen, als hätte die Partei das verspätete Vorbringen nicht vorgetragen.[98] Die **Darstellung und Schilderung des verspäteten Vortrags** selbst erfolgt im Tatbestand des Urteils im Rahmen der Prozessgeschichte.

Ist das verspätete Vorbringen hingegen **zuzulassen**, erfolgt dies durch eine der jeweiligen Prozesslage entsprechende Berücksichtigung, etwa durch Gewährung eines Schriftsatznachlasses, Vertagung oder Beweiserhebung; eine Zwischenentscheidung ergeht auch in diesem Falle nicht.

51 Die **Zurückweisung des verspäteten Vorbringens bindet** – falls **zu Recht erfolgt** – das **Berufungsgericht** (§ 531 Abs. 1) und kann – falls **zu Unrecht erfolgt** – als Verfahrensfehler die **Berufung** begründen (§§ 513, 538 Abs. 2 Nr. 1).

Demgegenüber ist eine Zulassung verspäteten Vorbringens **unanfechtbar** und bindet das Rechtsmittelgericht, auch wenn an sich zurückzuweisen gewesen wäre;[99] denn nach der Berücksichtigung eines an sich zurückzuweisenden Vorbringens kann die Beschleunigungswirkung, die mit den Verspätungsvorschriften erreicht werden soll, nicht mehr erzielt werden.

4. „Fluchtwege" zur Vermeidung der Zurückweisung

52 ▸**RA-Stage:** Wichtig für **RA-Klausur** und insbesondere das **RA-Prüfungsgespräch**.

Zur Vermeidung einer Präklusion verspäteten Vorbringen kommen folgende taktische Möglichkeiten in Betracht:[100]

a) Klagerücknahme

53 Der Kläger, der eine Zurückweisung von verspätetem benötigtem Vortrag befürchtet, kann seine Klage zunächst zurücknehmen und dann neu erheben; in der neuen Klage kann er sodann umfassend vortragen. Als **Nachteile** zu bedenken sind bei einem solchen Vorgehen die Kostentragungspflicht gem. § 269 Abs. 3 S. 2, zudem etwaige Verjährungsgefahren, da die Hemmungswirkung der ersten Klage (§ 204 Nr. 1 BGB) entfällt. Im Übrigen ist eine Klagerücknahme ohne Einwilligung des Beklagten nur bis zum Beginn der mündlichen Verhandlung möglich (§ 269 Abs. 1), so dass der Beklagte diesen „Fluchtweg" nach diesem Zeitpunkt durch Versagung der Einwilligung verbauen kann.

b) „Flucht in die Säumnis"

54 Der klassische Weg zur Vermeidung einer Präklusion stellt die „Flucht in die Säumnis" dar: Der verspätet Vortragende lässt gegen sich zunächst ein **Versäumnisurteil** ergehen, gegen das er Einspruch einlegt. Für den Einspruchstermin (§ 341 a) bleibt der Vortrag zwar verspätet; die Frage der Verzögerung ist jedoch **von diesem Termin aus** neu zu beurteilen, so dass das Vorbringen nicht zurückgewiesen werden kann, wenn es in die-

---

98 BGH NJW-RR 1996, 961; StJ/Thole § 296 Rn. 144 ff.; MK/Prütting § 296 Rn. 182.
99 BGH NJW 1991, 1896; NJW 2006, 1657 (1659); BAG NJW 2008, 2362.
100 Vgl. hierzu auch Hk-ZPO/Saenger § 296 Rn. 58 f.

sem Termin – auch aufgrund von zumutbaren Förderungsmaßnahmen des Gerichts – berücksichtigt werden kann.[101]

Auch ein solches Vorgehen ist jedoch mit **Nachteilen** verbunden, die es zu bedenken gilt: So ergeht ein ohne Sicherheitsleistung vollstreckbares Versäumnisurteil ergeht (§ 708 Nr. 2), zudem sind mit diesem Fluchtweg ggf. weitere Kosten verbunden (uU Kostenfolge gem. § 344, mögliche Verzögerungsgebühr gem. § 38 GKG).[102] War bereits früher verhandelt worden, kann der Gegner zudem ein (streitiges) Urteil nach Lage der Akten beantragen (§§ 331a, 251a) und dadurch die „Flucht" verhindern. Besonders gefährlich ist ein solches Vorgehen, wenn ein zweites Versäumnisurteil droht (§§ 345, 700 Abs. 6).

▶**RA-Stage:** Aus Anwaltssicht zu beachten ist, dass eine „Flucht in die Säumnis" **nach Antragstellung im Termin nicht mehr möglich** ist, da es dann an den Erlassvoraussetzungen für ein Versäumnisurteil fehlt.[103] Hinsichtlich **Haftungsrisiken** ist zu bedenken, dass ein Rechtsanwalt nach einer „Flucht in die Säumnis" grundsätzlich verpflichtet ist, auch ohne ausdrückliche Weisung des Mandanten Einspruch gegen das Versäumnisurteil einzulegen.[104]

c) Klageerweiterung bzw. Widerklage

Klageerweiterung und Widerklage können nicht gem. § 296 zurückgewiesen werden (→ Rn. 28). Da nach der Rechtsprechung des BGH der Erlass eines Teilurteils aufgrund Zurückweisung von Vortrag (auch hinsichtlich der Klage bei Vorliegen einer Widerklage) nicht zulässig ist,[105] ermöglichen die Klageerweiterung oder Widerklage somit die Verhinderung einer Zurückweisung von Vortrag, wenn über den neuen Antrag nicht sogleich entschieden werden kann. Allerdings kann das Gericht diesem Fluchtweg ggf. durch Prozesstrennung gem. § 145 begegnen.

55

d) Klageänderung

Ebenfalls nicht nach § 296 zurückgewiesen werden kann eine Klageänderung,[106] somit auch nicht früherer verspäteter Vortrag. Eine Zurückweisung ist aber möglich bei Versagung der Einwilligung des Beklagten und Nichtzulassung durch das Gericht (§ 263): Dann bleibt die Vortragsverspätung bestehen, so dass Präklusion eintreten kann.

56

e) Verständigung unter den Parteien (Ruhen des Verfahrens)[107]

Eine Zurückweisung des verspäteten Vortrags kommt zudem dann nicht in Betracht, wenn das Ruhen des Verfahrens angeordnet wird (im Falle eines übereinstimmenden Antrags der Parteien gem. § 251; bei Säumnis beider Parteien gem. § 251a Abs. 3). Eine solche „Flucht" ist jedoch nur möglich, wenn in keinem früheren Termin verhandelt wurde (§ 251a Abs. 2); ansonsten besteht die **Gefahr**, dass ein Urteil nach Lage der Akten ergehen kann (§ 251a Abs. 1).

57

---

101 BGH NJW 1980, 1105; NJW 2002, 290. Ausführlich hierzu StJ/Thole § 296 Rn. 79 ff.; vgl. auch Zö/Greger § 296 Rn. 40.
102 OLG Celle NJW-RR 2007, 1726; vgl. auch Hk-ZPO/Saenger § 296 Rn. 59.
103 BGH NJW 1994, 665.
104 BGH NJW 2002, 290.
105 BGH NJW 1986, 2258; NJW 1995, 1223.
106 BGH NJW 1986, 2258.
107 Hk-ZPO/Saenger § 296 Rn. 63.

f) „Flucht in den Widerrufsvergleich"

58 Wird ein widerruflicher Vergleich (wirksam) **widerrufen**, muss der Prozess **fortgesetzt** werden. Aufgrund der hiermit einhergehenden Verzögerung können Verspätungsfolgen abgewendet werden, so dass eine „**Flucht in den Widerrufsvergleich**" in die prozesstaktischen Überlegungen miteinbezogen werden kann. Zu bedenken ist jedoch, dass ein solches Vorgehen letztlich unseriös ist und den Anwalt auf Dauer unglaubwürdig macht.

V. Referendare in der mündlichen Verhandlung

1. Referendare in der RA-Stage

59 Referendare, die im Rahmen der Anwaltsstation einem Rechtsanwalt zur Ausbildung zugewiesen sind, können **vor dem Amtsgericht** mit entsprechender vorzulegender **Untervollmacht des ausbildenden Anwalts** selbstständig und uneingeschränkt in der mündlichen Verhandlung auftreten und verhandeln (§ 157). **Vor dem Landgericht** ist dies nicht möglich, im Beisein des ausbildenden Anwalts und im Einverständnis des Gerichts können Referendare aber Teile des Vortrags und der Verhandlung übernehmen.[108]

> **Hinweis:** Uneingeschränkt auftreten und verhandeln – auch beim Landgericht – können Referendare nur, wenn sie „**amtlich bestellte Vertreter**" eines Anwalts sind (§ 53 Abs. 2 BRAO). Eine solche Bestellung ist sogleich bei Terminsbeginn mitzuteilen und nachzuweisen.

60 Für die **Vorbereitung des Verhandlungstermins**[109] zunächst erforderlich ist eine sorgfältige Einarbeitung in die tatsächlichen, rechtlichen und wirtschaftlichen Probleme des Verfahrens (genaue Aktenkenntnis). Die Verhandlungslinie ist mit dem ausbildenden Rechtsanwalt zuvor abzustimmen. Es sollte sichergestellt werden, dass dieser telefonisch zu erreichen ist, um eine sich im Termin ergebende, sogleich zu entscheidende Frage klären zu können. Das Gericht wird der Bitte um Unterbrechung für einen Anruf immer entsprechen. In unvorhergesehenen Situationen ist ein Schriftsatznachlass oder – falls die eigene Prozesslage bedenklich erscheint – eine Vertagung zu beantragen und darauf zu bestehen. Ein Schriftsatznachlass ist ebenfalls zu beantragen, wenn eine Erklärung zu einem tatsächlichen Vorbringen der Gegenseite oder zu einer Frage des Gerichts nicht möglich ist. Generell sollte man sich nicht scheuen, das Gericht um Unterstützung – zB bei der Antragsformulierung oder sonstigem prozessualen Verhalten – zu bitten; das Gericht wird einer solchen Bitte im Rahmen des Zulässigen (§ 139) nachkommen. Zum Abschluss ist ein **Terminsbericht** an den Mandanten zu erstellen, also eine ausführliche Mitteilung über Verlauf und Ergebnisse des Termins sowie die sich daraus ergebenden Folgerungen.

2. Referendare in der Gerichtsstage

61 Referendare können gem. § 10 GVG einen Verhandlungstermin nur unter **Aufsicht des Richters** – also nur in ständiger Anwesenheit des Ausbilders – durchführen.

Für die **Vorbereitung des Verhandlungstermins** ist wiederum eine sorgfältige Einarbeitung in das Verfahren und eine Vorbesprechung mit dem Ausbilder erforderlich. Es ist

---

[108] Vgl. Zö/Greger § 157 Rn. 1.
[109] Eingehend zur Terminswahrnehmung: Breßler JuS 2004, 307.

V. Referendare in der mündlichen Verhandlung

ein Aktenspiegel oder auch ein vollständiges Votum (→ § 3 Rn. 19 f.) vorzubereiten, der als Grundlage für die Verhandlung dienen kann. Prozessuale Situationen, die eintreten können, sollten hierbei gedanklich durchgespielt werden, damit keine Überraschungen in der Verhandlung eintreten. Vor dem Termin sollte unbedingt der – durchaus herausfordernde – Umgang mit dem Diktiergerät geübt werden (hierzu den Ausbilder fragen!) und die Bestimmungen über das **Protokoll** (§§ 159 ff.) durchgearbeitet werden. Zum **Ablauf der Verhandlung** sowie zu einzelnen Formulierungsbeispiele für das Protokoll wird auf → Rn. 12 ff. verwiesen, für die **Beweisaufnahme** (▸Gerichts-/RA-Stage) auf → § 11 Rn. 44 ff. sowie für **Vergleichsverhandlungen** (▸Gerichts-/RA-Stage) auf → § 16 Rn. 26 ff.

§ 5 Der Erlass der Entscheidung, insbesondere des Urteils

1 Zum Abschluss des Verhandlungstermins oder in einem Verkündungstermin wird die Entscheidung erlassen, je nach Entscheidungsreife und Prozesslage als Urteil oder als Beschluss. Die formellen Regelungen zum Urteil in §§ 309 ff. gelten weitgehend auch für Beschlüsse (§ 329).

I. Das Finden der Entscheidung

2 Der grundsätzliche Weg zum Finden der Entscheidung besteht in der Durchprüfung des Prozessstoffes nach den Grundsätzen der **Relationstechnik**.[1] Daher besteht grundsätzlich folgender Prüfungsweg, immer in Verknüpfung mit der erforderlichen Arbeit am Sachverhalt:

- Feststellung der Parteien (und sonstigen Beteiligten) und des Klagebegehrens
- Zulässigkeit der Klage (Verfahrensstation)
- Schlüssigkeitsprüfung:
- Schlüssigkeit des Klägervortrags (Klägerstation)
- Erheblichkeit der Einlassung des Beklagten (Beklagtenstation)
- Bei Erforderlichkeit: Tatsachenfeststellung (Beweisstation)

und daraus folgend: Feststellung des Ergebnisses und Festlegung der Entscheidung (ggf. mit den Nebenentscheidungen).

Die Prüfungsmethode gilt grundsätzlich für die Erarbeitung der Entscheidung eines jeden zivilprozessualen Rechtsstreits, wobei natürlich im „wirklichen" Prozess die in Klausurfällen zum Teil mangels tatsächlicher Erledigungsmöglichkeiten erforderlichen Unterstellungen (zB hinsichtlich einer noch erforderlichen Beweisaufnahme) entfallen, die noch durchzuführende Maßnahmen vielmehr tatsächlich, etwa durch Vorschlag und Durchführung eines Beweisbeschlusses, getroffen werden.

II. Die zur Entscheidung berufenen Richter

3 Das Urteil – bzw. die anderweitige Entscheidung – kann nur von denjenigen Richtern gefällt werden, die an der der Entscheidung zugrunde liegenden Verhandlung, dh am letzten Verhandlungstermin, teilgenommen haben (§ 309). Die Entscheidung ist daher von diesen Richtern zu beraten und zu beschließen.

1. Beratung (§§ 192 ff. GVG).

4 In der Praxis der Kollegialgerichte wird die Beratung idR so durchgeführt, dass zunächst der Berichterstatter die Sache „vorträgt", dh den Sachverhalt darstellt und die möglichen Lösungswege und das von ihm für richtig gehaltene Ergebnis darlegt und vorschlägt (sog. **Votum**), auch um damit das Mitglied, das die Akten nicht kennt (den sog. „dritten Mann"), ins Bild zu setzen und ihm eine sachgemäße Mitwirkung zu ermöglichen). Im Anschluss an diesen Vortrag erörtern die Richter den Fall und verständigen sich – ggf. durch Abstimmung – über die Entscheidung.[2]

---

1 Vgl. dazu Anders/Gehle 1. Abschnitt A I. 2.; Abschnitt D II.
2 S. Schellhammer Rn. 726, 727.

2. Richterwechsel

Bei einem Richterwechsel zwischen Verhandlungsschluss und Beratung (zB durch Tod, Versetzung oder Wechsels eines Richters in eine Kammer bzw. Senat) muss die Verhandlung zwingend wiedereröffnet ($ 156 Abs. 2 Nr. 3) und das Urteil von dem Richter/den Richtern des neuen Verhandlungstermins gefällt werden.[3] Ebenso muss bei Einräumung einer Schriftsatzfrist iSd § 283 S. 1 ZPO (vor dessen Ablauf das Urteil nicht gefällt werden) die mündliche Verhandlung wieder eröffnet werden, sofern ein an der mündlichen Verhandlung beteiligter Richter vor Fristablauf ausscheidet.[4]

Unerheblich ist dagegen ein – nicht seltener – Richterwechsel während des Prozesses vor dem letzten Termin, zB zwischen Beweisaufnahme und Schlussverhandlung:[5] Es entscheiden dann die bzw. der Richter des letzten Verhandlungstermins, unter Verwertung des gesamten Prozessstoffs, auch der Beweisergebnisse. Insofern ist nicht grds. eine Wiederholung der Beweiserhebung geboten, da eine Zeugenaussage auch im Wege des Urkundenbeweises verwertet werden kann.[6] Dies gilt selbst dann, wenn die Glaubwürdigkeit eines Zeugen entscheidungserheblich ist, sofern die für deren Beurteilung maßgebenden Umstände protokolliert sind (§ 160 Abs. 3 S. 4).[7] Nicht im Beweisprotokoll festgehaltene Umstände, zB ein persönlicher Eindruck, dürfen dann allerdings von den entscheidenden Richtern nicht berücksichtigt werden.[8] Kommt es aber für die Beurteilung eines Zeugen auf nicht protokollierte Eindrücke an, ist die Beweiserhebung zu wiederholen.[9]

Unerheblich ist auch ein Richterwechsel nach der Beratung und Beschlussfassung[10] oder wenn nach diesem Zeitpunkt nicht nachgelassene Schriftsätze eingehen.[11] Die gefällte Entscheidung kann auch von anderen Richtern verkündet werden. Die Unterschrift des ausgeschiedenen Richters kann gem. § 315 Abs. 1 S. 2 ersetzt werden.

III. Referendare in der Beratung: der Aktenvortrag

1. Allgemeines zum Aktenvortrag

Referendare können gem. § 193 GVG zur Beratung zugelassen werden (▶Gerichtstage). Ihre Aufgabe besteht dann häufig darin, in den von ihnen bearbeiteten Sachen die Rolle des Berichterstatters zu übernehmen, dh die Sache vorzutragen. Selbstverständlich können Referendare aber auch von ihrem Ausbilder beauftragt werden, einen Fall „schulmäßig" vorzutragen. Von ihnen wird dann ein Vortrag verlangt, der dem Aktenvortrag entspricht, der in der **mündlichen Prüfung des Assessorexamens** zu halten ist.

Ein Aktenvortrag ist in fast allen Bundesländern Gegenstand der mündlichen Prüfung. Das – gerichtliche oder anwaltliche – Aktenstück wird in der Regel zwischen 60 und 90 Minuten (in Baden-Württemberg: 75 Minuten) vor Beginn der mündlichen Prüfung zur Vorbereitung ausgegeben. Im Rahmen der mündlichen Prüfung ist – als eigener Prüfungsblock – regelmäßig in 10 bis 15 Minuten ein Sachbericht und ein

---

[3] BGH NJW-RR 2012, 508 (509 Rn. 9).
[4] BGH NJW-RR 2015, 893 (895 Rn. 17 f.).
[5] BGH NJW 1979, 2518; OLG Hamm MDR 1993, 1253.
[6] BGH NJW-RR 2011, 1079 Rn. 13.
[7] Zö/Schultzky § 355 Rn. 6.
[8] BVerfG NJW 2008, 2243 (2244 Rn. 18); BGH VersR 1998, 111.
[9] BGH NJW 2017, 1313 (1314 Rn. 28) BGH NJW 1997, 1586 (1587).
[10] BGHZ 61, 370.
[11] BGH NJW-RR 2015, 893 (894 Rn. 13); BGH NJW 2002, 1426 (1427 f.).

Gutachten mit einem Vorschlag zu der zu treffenden Entscheidung oder zu dem weiteren Vorgehen zu erstatten. Der Aktenvortrag soll zeigen, ob die Kandidaten befähigt sind, „nach kurzer Vorbereitung in freier Rede den Inhalt einer Akte darzustellen, einen praktisch brauchbaren Entscheidungsvorschlag zu unterbreiten und diesen zu begründen".[12]

8   Da der Vortrag von großer Bedeutung für die mündliche Prüfung ist – Bewertung, aber auch erster Eindruck auf die Prüfungskommission, der den weiteren Ablauf der Prüfung entscheidend beeinflussen kann („Visitenkarte") –, die Vortragstechnik jedoch nur durch ständiges Üben zu beherrschen ist, ist **dringend zu raten, möglichst häufig schulmäßige Aktenvorträge zu halten** (dies in der Gerichtsstage, in der Arbeitsgemeinschaft und insbesondere auch **in privater Kleingruppenarbeit**). Wichtig ist zudem, sich frühzeitig mit den entsprechenden **Richtlinien oder Weisungen des Justizprüfungsamts** vertraut zu machen und sie grundsätzlich bei jedem Vortrag – nicht erst im Examen – berücksichtigen.

Bestimmungen/Hinweise zum Aktenvortrag:
- Für Baden-Württemberg: https://www.justiz-bw.de/,Lde/Startseite/Pruefungsamt/Hinweisblatt+Aktenvortrag
- Für Berlin: https://www.berlin.de/gerichte/kammergericht/karriere/rechtsreferendariat/vorbereitungsdienst/downloads/
- Für Hamburg: https://justiz.hamburg.de/wichtige-vorschriften-und-termine/
- Für Hessen: https://justizpruefungsamt.hessen.de/juristenausbildung/2-staatsprüfung
- Für Mecklenburg-Vorpommern: https://www.mv-justiz.de/karriere/Prüfungen/
- Für Niedersachsen: https://justizportal.niedersachsen.de/startseite/karriere/landesjustizprufungsamt/zweite_juristische_staatsprufung/die-muendliche-pruefung-158531.html
- Für Nordrhein-Westfalen: https://www.justiz.nrw.de/Gerichte_Behoerden/landesjustizpruefungsamt/2_jur_staatspr/mdl_pruefung/weisungen_aktenvortrag_ab_dem_22_02_2021/index.php
- Für Rheinland-Pfalz: https://jm.rlp.de/de/service/landespruefungsamt-fuer-juristen/zweite-juristische-staatspruefung/hinweise/
- Für das Saarland: https://www.saarland.de/mdj/DE/themen-karriere/karriere/formulare/dl_formulare_zjs_hinweise_aktenvortrag.html
- Für Sachsen: https://www.justiz.sachsen.de/download/Hinweise-AV-ab-21-2.pdf
- Für Sachsen-Anhalt: https://ljpa.sachsen-anhalt.de/fileadmin/Bibliothek/Politik_und_Verwaltung/MJ/MJ/ljpa/zjs-hin-vor-zr.pdf

Für einzelne Aktenvorträge wird insbesondere verwiesen auf
- die Webseite des Landesjustizprüfungsamtes von Nordrhein-Westfalen: https://www.justiz.nrw.de/Gerichte_Behoerden/landesjustizpruefungsamt/juristischer_vorbereitungsdienst/kurzvortraege/index.php
- sowie die Webseite des Justizprüfungsamtes von Hessen: https://justizpruefungsamt.hessen.de/juristenausbildung/2-staatsprüfung, auf denen Kurzvorträge zum Download zur Verfügung gestellten werden,
- zudem auf die klassischen Ausbildungszeitschriften wie **JuS** (etwa: JuS 2020, 555 (1206); JuS 2019: 479, 699; JuS 2018, 63) und **JA** (etwa: JA 2021, 322 (856), 938).

---

[12] S. 2 der Bestimmungen zum Aktenvortrag in der mündlichen Prüfung des Landes Baden-Württembergs, abrufbar unter: https://www.justiz-bw.de/site/pbs-bw-rebrush-jum/get/documents_E-1344310519/jum1/JuM/Justizministerium%20NEU/Prüfungsamt/Aktenvortrag%20Zweite%20jur.%20Staatsprüfung/5_Bestimmungen_zum_Aktenvortrag_H21.docx%281%29.pdf.

III. Referendare in der Beratung: der Aktenvortrag § 5

Literatur zum Aktenvortrag (Auswahl): *Budde-Hermann/Schöneberg*, Der Kurzvortrag im Assessorexamen – Zivilrecht, 6. Aufl. 2009; *Jäckel*, Der zivilrechtliche Aktenvortrag im Assessorexamen, 6. Auflage 2021; *Pagenkopf/Pagenkopf/Rosenthal*, Der Aktenvortrag im Assessorexamen, 6. Aufl. 2021. *Beiträge aus Ausbildungszeitschriften: Formann/Schroeder*, Der zivilrechtliche Aktenvortrag aus Anwaltssicht im Assessorexamen, JA 2006, 47; *von Hartz/Streiter*, Mündliche Prüfung und Aktenvortrag im Assessorexamen, JuS 2001, 791.

2. Aufbau des Aktenvortrags

a) Der gerichtliche Aktenvortrag

Die grundsätzliche Gestaltung des gerichtlichen Aktenvortrags bestimmt sich von seinem Zweck – als Grundlage einer Beratung und Entscheidung – her. Der Vortrag soll eine noch zu treffende Entscheidung vorbereiten. Er muss daher die für die Entscheidung erheblichen tatsächlichen Umstände und rechtlichen Gesichtspunkte enthalten, auch für eine vom Vorschlag des Vortragenden abweichende Lösung. Es handelt sich also noch nicht – anders als das Urteil – um die Begründung einer getroffenen Entscheidung. Andererseits wendet sich der mündliche Vortrag an Zuhörer, deren Aufnahme- und Konzentrationsfähigkeit naturgemäß begrenzt ist und die durch eine vollständige gutachtensmäßige Darstellung des Falles und seiner Lösungsmöglichkeiten überfordert wären. Der Vortrag muss daher wesentlich knapper als ein Gutachten sein, grundsätzlich beschränkt – insoweit ähnlich dem Urteil – auf die wirklich tragenden Umstände und Erwägungen, aber doch auch so ausführlich, dass der Zuhörer in die Lage versetzt wird, uU nachzufragen und weiterzudenken. Der Aktenvortrag steht daher gewissermaßen zwischen Gutachten und Urteil. 9

Der Aktenvortrag ist regelmäßig folgendermaßen zu gliedern: 10

1) Einleitung
2) Sachbericht
3) Entscheidungsvorschlag in Kurzform
4) Beurteilende Teil (rechtliche Würdigung)
5) Abschließender Entscheidungsvorschlag

aa) Einleitung

Für die **Einleitung** erforderlich ist eine kurze Bezeichnung der **Parteien** (grundsätzlich nur: Namen und Wohnort, ohne Anschrift), des **Gegenstandes des Rechtsstreits** (zB Kaufpreisklage) sowie einer etwaigen **besonderen Prozesslage** (zB Berufungsverfahren, PKH-Antrag), zudem die Angabe, in welchem Jahr und bei welchem Gericht der Rechtsstreit anhängig war. 11

> Formulierungsbeispiel: „*Ich berichte über einen im Jahr 2021 am Landgericht Stuttgart anhängigen Rechtsstreit. Der Kläger, wohnhaft in Karlsruhe, begehrt von dem Beklagten Zahlung von 10.000 EUR aus einem am 14.5.2021 geschlossenen Kaufvertrag.*"

bb) Sachbericht

Der berichtende Teil, der regelmäßig mit der Formulierung „*Dem liegt folgender Sachverhalt zu Grunde*" eingeleitet wird, entspricht **aufbaumäßig der Sachdarstellung im Tatbestand des Urteils**, wenngleich gestraffter. Es bedarf einer Mitteilung des unstreitigen und streitigen Parteivortrags, beschränkt auf die Tatsachen, die das Gerüst des 12

Falles bilden: Es muss (nur) die **„große Linie"** des Streites der Parteien dargestellt werden. Der Streit der Parteien muss insbesondere auch für einen Zuhörer deutlich werden, der die Akte nicht kennt und der den Fall zum ersten Mal hört. Daher ist der Sachbericht **nicht mit Einzelheiten zu belasten**, vielmehr sind diese grundsätzlich wegzulassen und allenfalls anzudeuten. Zahlen und Daten müssen regelmäßig nicht genau mitgeteilt werden (das kann sich der Zuhörer nicht merken), vielmehr nur verständlich geschildert werden (zB in der zeitlichen Reihenfolge: „kurz vorher", „etwa drei Wochen später"). Falls es jedoch auf einen Umstand entscheidend ankommt (zB Datum für bestimmte Frist, eine besondere Vertragsformulierung etc) entscheidend ankommt, ist dieser selbstverständlich mitzuteilen, dies unter **besonderer Hervorhebung** seiner Bedeutung.

Die Darstellung **muss nicht vollständig zu sein**. Es ist vielmehr in der Regel angebracht, Einzelheiten (Daten, Zahlen, Wortlaut von Verträgen, Korrespondenz etc) im **beurteilenden Teil nachzuschieben**, um auf diese Weise den berichtenden Teil zu entlasten und den Zuhörer erst dann mit detailliertem Vortrag zu befassen, wenn es auf diesen ankommt (dies uU mit dem **Hinweis auf die spätere Darstellung im beurteilenden Teil**).

> **Formulierungsbeispiel:** *„Der Beklagte wendet gegenüber dem Anspruch des Klägers Minderung des Werklohnes wegen Mängeln ein, auf die ich im beurteilenden Teil im Einzelnen eingehen werde."*

Allerdings sind nicht nur die die vertretene Lösung stützenden Umstände, sondern auch möglicherweise **entgegenstehende Tatsachen** mitzuteilen; **insoweit** darf der Bericht natürlich nicht unvollständig sein.

Rechtsausführungen der Parteien sind nur dann mitzuteilen, wenn sie zum Verständnis des Streits der Parteien erforderlich sind.

Die **Anträge** (Begehren) sind in der Regel wörtlich mitzuteilen, ausgenommen wiederum Einzelheiten, wie etwa: umfangreiche Zinsstaffeln (dann zB: *„an den Kläger 10.000 EUR nebst – im Einzelnen gestaffelte – Zinsen zu zahlen"*), komplizierte Grundbuchbezeichnungen, Beschreibung herauszugebender Gegenstände etc.

Hinsichtlich einer **Beweisaufnahme** sind nur die Beweisthemen und die Beweismittel – in Kurzform – anzugeben, während bezüglich des Beweisergebnisses auf den beurteilenden Teil zu verweisen ist.

> **Formulierungsbeispiel:** *„Das Gericht hat über den Unfallhergang durch Vernehmung von drei Unfallzeugen Beweis erhoben. Auf das Ergebnis dieser Beweisaufnahme werde ich – soweit erforderlich – im beurteilenden Teil zurückkommen."* Ggf. kann auch eine Mitteilung erfolgen, dass kein Beweis erhoben wurde.

Formalien und Prozessgeschichte sind nur mitzuteilen, soweit sie für die Entscheidung erheblich oder für das Verständnis des Falles unerlässlich sind.

cc) Entscheidungsvorschlag in Kurzform

13 Als Übergang zum beurteilenden Teil stets erforderlich ist ein **Entscheidungsvorschlag in Kurzform**.

> **Formulierungsbeispiele:** *„Ich schlage vor, der Klage stattzugeben."*; oder: *„der Klage im Wesentlichen (bis auf die Zinsen)"* bzw. *„zu einem Teilbetrag von 3.000 EUR stattzugeben und sie im Übrigen abzuweisen"*; oder: *„die Klage abzuweisen"*, *„einen Auflagen- und Beweisbeschluss zu erlassen"*, *„den Rechtsstreit an das Verwaltungsgericht zu verweisen."*

dd) Der beurteilende Teil (rechtliche Würdigung)

Der **beurteilende Teil** ist in seinem Inhalt und Umfang natürlich von der konkreten Falllösung abhängig. Er entspricht insoweit den **Entscheidungsgründen des Urteils**, als nur die „**tragenden Gründe**" für den Entscheidungsvorschlag darzulegen sind, weicht aber insoweit von ihnen ab, als – da es sich ja um eine **Beratungsgrundlage** handelt – auch etwaige **Bedenken** gegen die vorgeschlagene Lösung (kurz) angesprochen werden müssen. Er darf daher kein einseitiges Plädoyer für die vorgeschlagene Lösung sein, sondern soll diese überzeugend begründen.

Grundsätzlich ist ein einschichtiger **Aufbau** (wie in den Entscheidungsgründen eines Urteils, überwiegend **im Urteilsstil**) zu wählen. Ein relationsmäßiger Aufbau unter grundsätzlicher Trennung von Kläger- und Beklagtenstation und der Gutachtenstil sind im Allgemeinen für einen mündlichen Vortrag zu umständlich und zeitraubend. Für **Einzelabschnitte** können allerdings auch eine mehr relationsmäßige Darstellung und der Gutachtenstil angebracht sein (zB zur Entwicklung der Lösung einer entscheidungserheblichen Zweifelsfrage).

Auch die **Beweisaufnahme** ist in diesen einschichtigen Aufbau einzubeziehen: Hier ist das Beweisergebnis und die Beweiswürdigung an der – einen – Stelle des Vortrags mitzuteilen, an der es (erstmals) auf die Beweisaufnahme ankommt.

Ausführungen zur **Zulässigkeit** sind – wie im Urteil – nur bei Fehlen, ernstlichen Bedenken oder Streit der Parteien um Zulässigkeitsvoraussetzungen zu machen (→ § 9 Rn. 2). Soweit eine Klageabweisung vorgeschlagen wird, sind alle ernsthaft in Betracht kommenden Anspruchsgrundlagen zu erörtern, bei Vorschlag des Stattgebens in der Regel nur die am eindeutigsten durchgreifende Anspruchsgrundlage (uU mit einem Hinweis auf weitere mögliche Anspruchsgrundlagen) unter Berücksichtigung aller in Betracht kommenden Einwendungen/Einreden.

Förmlichkeiten sind nur zu erörtern, soweit sie entscheidungserhebliche Probleme aufwerfen; hinsichtlich einfach zu behebender Mängel kann im Examensvortrag unterstellt werden (was jedoch im Vortrag mitgeteilt werden muss), dass sie nach Ausübung der Hinweispflicht gem. § 139 behoben worden sind.

Nebenforderungen und Nebenentscheidungen sind nur kurz zu begründen. **Wichtig ist immer** eine Konzentrierung auf die tragenden Erwägungen, dies mit Vertiefung bei entscheidungserheblichen Zweifelsfragen und Streitpunkten durch ausführlichere Darstellung und Begründung (**Schwerpunkte bilden!**).

ee) Abschließender Entscheidungsvorschlag

Zum Abschluss bedarf es eines konkreten Entscheidungsvorschlags, im Falle eines Urteils also einen – schriftlich vollständig durchformulierten – **Entscheidungstenor**, der vorgelesen werden kann.

> **Formulierungsbeispiel:** „*Daher schlage ich folgenden Urteilstenor vor: 1. Der Beklagte wird verurteilt, an die Klägerin 6.000 EUR zu zahlen. 2. Im Übrigen wird die Klage abgewiesen. (...).*"

b) Der anwaltliche Aktenvortrag

16 Der **Aufbau** des anwaltlichen Aktenvortrags entspricht grundsätzlich demjenigen eines gerichtlichen Aktenvortrag, jedoch bestehen Besonderheiten, **die sich aus der anwaltlichen Aufgabenstellung ergeben.**[13]

1) **Einleitung:** In der Einleitung sind Angaben zu dem Mandanten und zu seinem generellen Begehren zu machen (etwa Durchsetzung einer Werklohnforderung, Abwehr einer Mietzinsklage etc).

   Formulierungsbeispiel: *„Ich berichte über eine anwaltliche Rechtsberatung der Rechtsanwältin Müller aus dem Jahr 2021. Der Mandant, Herr Peter Paul aus Stuttgart, begehrt von Herrn Markus Maier aus Bremen Zahlung von 10.000 EUR aus einem am 14.5.2021 geschlossenen Kaufvertrag";* oder: *„Der Mandant, Herr Peter Paul aus Stuttgart, wurde von einem Herrn Markus Maier aus Bremen vor dem Landgericht Stuttgart auf Zahlung von 10.000 EUR aus einem am 14.5.2021 geschlossenen Kaufvertrag verklagt. Er will sich gegen die Klage verteidigen."*

2) **Sachbericht:** Im Rahmen des Sachberichts, der regelmäßig mit der Formulierung: *„Der Mandant schildert folgenden Sachverhalt: (...)"* eingeleitet wird, ist zu berücksichtigen, dass im Falle einer anwaltlichen Beratung (insoweit anders als bei einem gerichtlichen Aktenvortrag) der Sachverhalt in der Regel noch nicht geklärt ist; so steht oft nicht fest, wie sich der Gegner äußern bzw. verhalten, insbesondere ob er die Darstellung des Mandanten bestreiten wird. Auch sind Anträge regelmäßig noch nicht gestellt, sondern nur angekündigt – und bei einem Vortrag aus Sicht eines Anspruchstellers überhaupt erst noch zu formulieren.

3) **Entscheidungsvorschlag in Kurzform:** Der Entscheidungsvorschlag ist auf das weitere Vorgehen gerichtet (etwa auf den Rat zur Klageerhebung, Verteidigung, zur Abgabe eines Anerkenntnisses etc).

   Formulierungsbeispiele: *„Ich schlage vor, Klage vor dem Landgericht Stuttgart zu erheben.";* oder *„Ich schlage vor, dass sich der Mandant gegen die Klage zu verteidigt";* oder *„Ich schlage vor, dass der Mandant die Klageforderung in Höhe von 2.000 EUR anerkennt und sich im Hinblick auf die restliche Forderung gegen die Klage verteidigt."*

4) **Der beurteilende Teil:** Der beurteilende Teil ist auf die Klärung der Frage gerichtet, ob für die Durchsetzung des Begehrens des Mandanten eine **hinreichende Erfolgsaussicht** besteht, was hinsichtlich entscheidungsrelevanter streitiger Tatsachen zu einer **Beweisprognose** führt.

   Ist der Mandant der **Anspruchsteller**, sind die Erfolgsaussichten für die Darlegung und ggf. Beweisbarkeit des Anspruchs zu prüfen; erst wenn das Begehren erfolgversprechend ist, stellen sich prozessuale Fragen im Rahmen der Zweckmäßigkeitserwägungen. Demgegenüber geht es aus Sicht des **Anspruchsgegners** um die Erfolgsaussichten seiner Verteidigung; zu prüfen kann daher sein, ob gegenüber einer Klage bereits Zulässigkeitsrügen erhoben werden können, Angriffe gegenüber der Schlüssigkeit (in rechtlicher Hinsicht), ein Bestreiten anspruchsbegründender Tatsachen oder Vortrag (und Beweisbarkeit) zu Gegennormen möglich sind. Durchzuprüfen ist eine möglichst umfassende Verteidigung; falls eine solche nicht erfolgversprechend ist, ist eine kostengünstige Erledigung anzustreben (→ § 10 Rn. 5 ff.).

   Im Unterschied zum gerichtlichen Aktenvortrag sind im Rahmen des anwaltlichen Aktenvortrags stets besondere **Zweckmäßigkeitserwägungen** erforderlich, also Er-

---

[13] Hierzu ausführlich: Formann/Schroeder JA 2006, 47.

wägungen aufgrund der Beurteilung der Rechts- und Beweislage zu den dem Mandanten zweckmäßigerweise anzuratenden – gerichtlichen oder außergerichtlichen – Maßnahmen, wobei zwischen verschiedenen Vorgehensmöglichkeiten abzuwägen ist (**Grundsatz des „sichersten Weges"**!).

Beispiele: Aus Klägersicht (im Falle eines Rats zur Klageerhebung; → § 2 Rn. 5 ff.): Zweckmäßigster – weitestreichender – Anspruch (erforderliche Erklärungen)? Auswahl der Beklagten und Zeugen, Zuständigkeit des anzurufenden Gerichts? Eilmaßnahmen (Arrest, einstweilige Verfügung)? Streitverkündung? Aus Beklagtensicht (→ § 10 Rn. 2 ff.): Aufrechnung, (negative Feststellungs-)Widerklage, ggf. gegen Dritte? Abgabe von Erklärungen (Anfechtung, Rücktritt, Verjährungseinrede)?

5) **Abschließender Vorschlag:** Der abschließende (konkrete) Vorgehensvorschlag ist zusammenzufassen, im Falle einer Klageerhebung regelmäßig mit Formulierung der entsprechenden Klageanträge.

Formulierungsbeispiel: *„Ich schlage daher vor, eine Klage mit folgenden Anträgen zu erheben: 1. Der Beklagte wird verurteilt, an die Klägerin 6.000 EUR zu zahlen. (...)."*

3. Erarbeitung des Aktenvortrags in der mündlichen Prüfung

Regelmäßig wird das Aktenstück erst am Morgen der mündlichen Prüfung ausgehändigt, die Vorbereitungszeit beträgt in der Regel 60 bis 90 Minuten. Die kurze Vorbereitungszeit erfordert eine konzentrierte Erarbeitung des Vortrags. Ausgangspunkt hierfür sollte der **Bearbeitungsvermerk** sein, aus dem sich die konkrete Aufgabenstellung ergibt.

Die Bearbeitung sollte in folgenden Schritten erfolgen:

1) **Schritt 1:** Zunächst muss der Sachverhalt sorgfältig erfasst und eine **Sachverhaltsskizze** (für den Sachbericht) angefertigt werden. Da der Fall in Anbetracht der knappen Vorbereitungszeit rechtlich einfach sein wird, ist die richtige Erfassung und Darstellung des Sachverhalts naturgemäß von ganz besonderem Gewicht.

2) **Schritt 2:** Sodann hat eine relationsmäßige Durchprüfung des Falles zu erfolgen, denn anders sind eine folgerichtige Lösung, ein ökonomischer Lösungsweg und eine prägnante Lösungsbegründung nicht zu finden. Auf dieser Grundlage ist eine **Lösungsskizze** bzw. ein **Stichwortzettel** über den Vortragsweg und die anzusprechenden Punkte anzufertigen, der als Manuskript für den zu haltenden Vortrag dient. Die Lösungserarbeitung wird in der Regel keine besonderen Schwierigkeiten bereiten (keine rechtlichen Probleme in den Fall hineingeheimnissen!), Nebenentscheidungen sind nicht selten erlassen (Bearbeitervermerk). Nach Anfertigung der Lösungsskizze sollte das Aktenstück zur Sachverhalts- und Plausibilitätskontrolle nochmals durchgehangen werden. Wichtig ist zudem, dass die Lösungsskizze übersichtlich und gut leserlich gestaltet wird; nur dann kann sie ein *geeignetes* Hilfsmittel für den (frei zu haltenden) Vortrag bilden.

3) **Schritt 3:** Zuletzt sollte der Vortrag (möglichst mehrfach) **gedanklich durchgegangen werden**. Insbesondere die ersten Sätze (Einleitung), der Entscheidungsvorschlag in Kurzform sowie die abschließenden Anträge müssen sicher und souverän vorgetragen werden. Angesichts der Prüfungssituation mag es daher ratsam sein, diese in der Lösungsskizze vollständig auszuformulieren, damit insoweit keine Unsicherheit eintritt.

Als **Faustregel für die Zeiteinteilung bei der Vorbereitung des Aktenvortrags** gilt: Etwa ein **Viertel** der zur Verfügung stehenden Zeit sollte für die Sachverhaltserfassung verwenden, die **Hälfte** für die Lösungserarbeitung, den Rest für das gedankliche Durchspielen des Vortrags.[14]

4. Art und Weise des Vortrags

20 Der Vortrag ist **in freier Rede** zu halten, von einem Ablesen der – sowieso nicht gänzlich ausformulierten – Lösungsskizze ist weitestgehend (ggf. mit Ausnahme „kritischer Stellen", vgl. Rn. 18) Abstand zu nehmen. Herangezogen werden kann jedoch die Vortragsakte, soweit es auf die wörtliche Mitteilung ihres Inhalts – zB Anträge – ankommt; ein solcher Umgang mit der Akte kann souverän wirken. Die betreffenden Stellen sollten idealerweise markiert werden, damit sie auch sofort gefunden werden.

21 Die **Darstellung** ist der Aufnahmefähigkeit der Zuhörer für das gesprochene Wort anzupassen: Verständliche kurze Sätze, ruhige Sprechweise, Hervorhebung wichtiger Passagen durch Betonung oder besondere Hinweise, Pausen bei Übergängen der Gedankenführung.

22 Der **Schwerpunkt der Darstellung** muss stets auf den **beurteilenden Teil** gelegt werden. Als Faustformel gilt insoweit: Ein Drittel der Zeit sollte für den berichtenden, etwa zwei Drittel für den beurteilenden Teil verwendet werden.

23 Die **Dauer des Vortrags** beträgt – je nach Bundesland – regelmäßig zwischen 10 und 15 Minuten. Die vorgesehene **Zeit ist unbedingt einzuhalten**, üblicherweise werden nur kurze Überschreitungen der Vortragszeit (eine Minute) geduldet. Das Einhalten der Zeit sollte durch Konzentration des Vortrags (und ggf. durch dessen Kürzung) erreicht werden, keinesfalls durch schnelleres Sprechen. Üblicherweise (und auf Wunsch der Kandidaten) gibt die Prüfungskommission eine Minute vor Ablauf der Zeit ein entsprechendes Zeichen.

IV. Die Art der Entscheidung

24 Ob eine Entscheidung in Form eines Urteils oder eines Beschlusses ergeht, kommt nur formale Bedeutung zu; eine allgemeine Abgrenzungsformel gibt es nicht.

Als **Grundsatz** gilt jedoch, dass die Entscheidung in Form eines **Urteils** ergeht, sofern über eine Klage nach mündlicher Verhandlung entschieden wird (§ 128 Abs. 1). Ausnahmen sehen §§ 128 Abs. 2, 251 a, 307, 331 a 922 Abs. 1, 936 vor.

Beschlüsse betreffen idR die bloße Verfahrensdurchführung (zB Beweisbeschluss, Vertagung, Verweisung), sowie Entscheidungen ohne mündliche Verhandlung oder aufgrund einer in das Ermessen des Gerichts gestellten mündlichen Verhandlung (§ 128 Abs. 4). IdR wird keine Entscheidung über den Klageanspruch oder einzelner Streitpunkt getroffen. Ausnahmen von diesem Grundsatz ergeben sich aus ausdrücklichen gesetzlichen Regelungen (vgl. § 91 a; Arrest und einstweilige Verfügung, Rechtsmittelverwerfung oder -zurückweisung, §§ 522 Abs. 3, 552 Abs. 2).

1. Sachurteil – Prozessurteil

25 Durch das Sachurteil wird in der Sache selbst – über den Streitgegenstand – entschieden. Das **Prozessurteil** enthält dagegen nur eine Entscheidung über die Zulässigkeit der Klage (insbesondere: Abweisung wegen Unzulässigkeit); entsprechend diesem begrenz-

---

14 Vgl. auch Anders/Gehle Abschnitt E Rn. 21.

IV. Die Art der Entscheidung

ten Inhalt ist die Rechtskraft des Prozessurteils auf die entschiedene prozessuale Frage beschränkt.[15] Zum Prozessurteil: → § 9 Rn. 36.

Sachurteile sind nach ihrem Inhalt zu unterscheiden: Leistungsurteile, Feststellungsurteile (zu denen auch die Klageabweisung zählt, da durch sie „festgestellt" wird, dass dem Kläger der geltend gemachte prozessuale Anspruch nicht zusteht), sowie Gestaltungsurteile. Die Art des Sachurteils wird durch das jeweilige Klagebegehren bestimmt.

2. Endurteile

Endurteile entscheiden über den Streitgegenstand – ganz oder teilweise (§ 301) – abschließend für die Instanz; **Zwischenurteile** (§ 303) erledigen dagegen nur einzelne Streitpunkte des Rechtsstreits, nicht dagegen den Streitgegenstand als solchen.

a) Endurteil (§ 300)

Bei Entscheidungsreife des gesamten Rechtsstreits ergeht ein Vollendurteil (§ 300 Abs. 1). Gleiches gilt bei Entscheidungsreife eines von mehreren verbundenen Rechtsstreiten iS einer subjektiven Klagehäufung (§ 300 Abs. 2). Hier ergeht ein Vollendurteil über diesen Rechtsstreit iSd § 300, nicht aber ein Teilurteil gem. § 301. Durch dessen Erlass werden die Prozesse auch ohne ausdrückliche Aufhebung der Verbindung getrennt.[16] Im Falle der objektiven Klagehäufung iSd § 260 ergeht bei Entscheidungsreife eines Klageanspruchs ein Teilurteil iSd § 301.

b) Teilurteil (§ 301)

Hierbei handelt es sich um ein Endurteil, das nicht den ganzen Streitgegenstand, sondern lediglich einen Teil davon erledigt.

aa) Voraussetzungen für den Erlass eines Teilurteils

Ein Teilurteil darf nur ergehen, wenn es seinen quantitativen, zahlenmäßig oder sonst bestimmten Teil eines **teilbaren Streitgegenstands** unabhängig von der Entscheidung über den Rest des Anspruchs abschließend so bescheidet, dass die Gefahr widerstreitender Entscheidungen ausgeschlossen ist, wobei für die Annahme einer den Erlass eines Teilurteils ausschließenden Divergenzgefahr die Möglichkeit abweichender Entscheidungen im Instanzenzug genügt[17], und bezüglich dieses Teil ein Vollendurteil iSd § 300 ergehen könnte, wenn nur dieser Teil im Streit wäre (sog. Entscheidungsreife).

Kriterien für den Erlass eines Teilurteils sind daher Teilbarkeit des Streitgegenstandes, Entscheidungsreife und das Gebot des Ausschlusses der Widersprüchlichkeit von Teil -und Schlussurteil.

Eine **Teilbarkeit des Streitgegenstandes** liegt zB vor bei verschiedenen Ansprüchen iSv § 260, Hauptantrag und Hilfsantrag, bei einfacher Streitgenossen,[18] und bei Klage und Widerklage[19] (→ § 10 Rn. 57) nicht dagegen hinsichtlich einzelner Anspruchsgrundla-

---

15 BGH NJW 1985, 2535; NJW 1991, 1116 (1117); BGH FamRZ 2007, 536; Hk-ZPO/Saenger vor §§ 300–329 Rn. 4..
16 HK-/ZPO/Saenger § 300 Rn. 9.
17 BGH NJW 2000, 137 (138); BGH NJW 2002, 145; NJW-RR 2003, 303 (394); MDR 2004, 898; NJW 2011, 2736 (2737) (Tz. 13); NJW 2013, 1009 (Tz.9).
18 (nur) bei Unabhängigkeit der Entscheidungen: BGH NJW 2004, 1452.
19 Vgl. dazu BGH NJW 2021, 2438 (2439 Rn. 17 f.).

gen oder Begründungselemente,[20] einzelner Klagegründe bei einheitlichem Klageantrag,[21] notwendiger Streitgenossen.[22]

32 Die **Gefahr inhaltlich widersprechender Entscheidungen** liegt zB vor, wenn über solche Einwendungen noch nicht entschieden werden kann, die Einfluss auf das Schlussurteil haben können, wie etwa eine Hilfsaufrechnung,[23] oder eine streitige Mietzinsminderung, die ergeben kann, dass die mit Zahlungsverzug begründete Kündigung, auf die ein Teilurteil auf Räumung gestützt ist, nicht gerechtfertigt war[24] oder bei einer Klage auf Feststellung des Mieters, dass sein Mietverhältnis durch fristlose Kündigung aus wichtigem Grund beendet worden ist, wenn der Vermieter widerklagend Mietzins für die Zeit vor oder nach dem angeblichen Beendigungstermin begehrt (sog. „hängende" Widerklage).[25]

Eine solche Gefahr ist auch in Bezug auf einen Teil eines einheitlichen streitigen Anspruchs gegeben, wenn nicht zugleich ein Grundurteil ergehen kann (§ 301 Abs. 1 S. 2) oder wenn einzelne prozessuale Ansprüche auf einem einheitlichen Geschehen fußen, wie zB Zahlungs- u. Feststellungsantrag.[26]

Hinsichtlich selbstständiger prozessualer Ansprüche besteht die Gefahr der Widersprüchlichkeit nur bei deren materiellrechtlicher Verzahnung oder wenn die Ansprüche prozessual in ein Abhängigkeitsverhältnis (zB Haupt- und Hilfsantrag) gestellt sind[27]. Ansonsten ist ein Teilurteil möglich, auch wenn hinsichtlich aller Ansprüche dieselbe Rechtsfrage relevant ist, mit der Gefahr unterschiedlicher Entscheidung.[28]

bb) Erlass eines Teilurteils

33 Der Erlass eines Teilurteils steht grundsätzlich **im Ermessen** des Gerichts. Da allerdings oft die – auch nur theoretische – Gefahr widersprechender Entscheidungen besteht, ist der Erlass eines Teilurteils fast immer prozessual problematisch. Es muss jedoch erlassen werden über die erste Stufe einer Stufenklage (§ 254); bei Teilanerkenntnis oder -verzicht und bei Säumnis einzelner Streitgenossen, bei unzulässiger Widerklage, die die Rechtsverfolgung des Klägers beeinträchtigt,[29] ggf. bei entspr. Antrag.

34 Der Tenor des **Teilurteils** betrifft im Hauptausspruch den entschiedenen Teil, mit Vollstreckbarerklärung gemäß §§ 708 ff. bei vollstreckungsfähigem Inhalt. Es ergeht grds. keine Kostenentscheidung, da das endgültige Verhältnis von Obsiegen und Unterliegen noch nicht feststeht; insofern erübrigt sich auch der – unschädliche – Hinweis, dass die „Kostenentscheidung dem Schlussurteil vorbehalten" bleibe. Nur beim Ausscheiden eines Streitgenossen ist eine Entscheidung über dessen außergerichtliche Kosten möglich.[30]

---

20 BGH NJW 1992, 2081; NJW 2009, 1824 Rn. 7.
21 MK/Musielak § 301 Rn. 6.
22 BGH NJW 1996, 1060 (1061).
23 BGH NJW-RR 1994, 380.
24 BGH MDR 2008, 331.
25 BGH NJW 2009, 1824 Rn. 8.
26 BGH NJW 1997, 1709; BGH NJW 2000, 1405 (1406).
27 BGH NJW 2011, 2736 (2737 Tz. 13).
28 BGH NJW 2004, 1662 (1664).
29 BGH NJW 1987, 3138 (3139): für die Klage kommt es auf eine Vernehmung der widerbeklagten Dritten als Zeugen an.
30 HK-ZPO/Saenger § 301 Rn. 15; MK/Musielak § 301 Rn. 37; ThP/Seiler § 301 Rn. 5.

IV. Die Art der Entscheidung

Durch das Teilurteil wird der Prozess in zwei – bei mehreren Teilurteilen in mehrere – selbstständige Teile aufgespalten. Hinsichtlich des entschiedenen Teils ist der Rechtsstreit für diese Instanz beendet, das Gericht ist an das Urteil gebunden (§ 318); im Übrigen nimmt der Rechtsstreit seinen Fortgang.

Der Erlass eines **unzulässigen Teilurteils** stellt einen wesentlichen Verfahrensmangel dar, der in der Revisionsinstanz von Amts wegen zu berücksichtigen ist[31]. Ein unzulässiges Teilurteil muss nicht aufgehoben werden, wenn sich die prozessuale Situation so entwickelt hat, dass es nicht mehr zu widersprüchlichen Entscheidungen kommen kann.[32] Wird ein unzulässiges Teilurteil nur teilweise angefochten, so steht einer auf diesen Verfahrensfehler gestützten Aufhebung des gesamten Teilurteils das Verbot der reformatio in peius entgegen.[33] Das Rechtsmittelgericht kann bei einem zulässigen Teilurteil grds. nicht über den beim Untergericht verbliebenden Streitteil mitentscheiden, es sei denn, dass die Parteien mit einer solchen Entscheidung einverstanden sind.[34] Bei einem unzulässigen Teilurteil kann jedoch das Berufungsgericht den Streitteil auch ohne Antrag und Einverständnis der Parteien an sich ziehen.[35]

cc) Schlussurteil

Im Schlussurteil wird über den verbliebenen Teil des Streitgegenstandes entschieden und eine einheitliche Kostenentscheidung für den gesamten Rechtsstreit getroffen.

> **Beispiel** bei Klageforderung von 5.000 EUR und Teilurteil über 2.000 EUR: „Der Beklagte wird verurteilt, an den Kläger weitere 3.000 EUR zu zahlen" oder: „Die Klage wird, soweit nicht bereits durch das Teilurteil vom... über sie entschieden worden ist, abgewiesen."

dd) Rechtskraft und Rechtsmittel

Teil- und Schlussurteil sind **selbstständig anfechtbar**. Wird nur gegen ein Urteil Berufung eingelegt, wird das andere rechtskräftig, auch bei Unzulässigkeit des Teilurteils. Die Berufungsvoraussetzungen, insbes. die Beschwer, müssen jeweils selbstständig vorliegen.[36] Dies kann dazu führen, dass durch ein Teilurteil ein sonst zulässiges Rechtsmittel ausgeschlossen wird – zB Klage über 1.000 EUR, Teil- und Schlussurteil über je 500 EUR (§ 511 Abs. 2 Nr. 1); dann sollte ein Teilurteil fairerweise unterbleiben.[37]

Die **Kostenentscheidung**, die in dem Schlussurteil erfolgt, kann nur mit dem Schlussurteil (vgl. § 99 Abs. 1) angefochten werden. Beschränkt sich die Berufung allein auf das Teilurteil muss der entsprechende Teil der Kostenentscheidung des Schlussurteils selbstständig – ebenfalls (!) mit der Berufung (Beschwer gem. dem Teilurteil) – angefochten werden, anderenfalls wird die Kostenentscheidung des Schlussurteils rechtskräftig.[38]

---

31 BGH NJW 2011, 2736 (2737 Rn. 20 f.).
32 BGH NJW-RR 2014, 979 (980 Rn. 16).
33 BGH NJW 2013, 1009 (Rn. 9).
34 BGH NJW 1986, 2108 (2112).
35 BGH NJW 2009, 230 Rn. 7.
36 BGH NJW 1998, 686 (687); NJW 2000, 27 (218).
37 Schellhammer Rn. 926.
38 vgl. dazu näher HK-ZPO/Gierl § 99 Rn. 11.

c) Vorbehaltsurteile

39 Bei solchen Urteilen handelt es sich um **auflösend bedingte Endurteile**[39]. Durch das Vorbehaltsurteil wird der Rechtsstreit zunächst für die Instanz abgeschlossen, aber unter der Bedingung, dass das Vorbehaltsurteil nicht durch das in der gleichen Instanz ergehende Schlussurteil aufgehoben wird. Vorbehaltsurteile gibt es in zwei Fällen, im Urkundenprozess (§ 599; § 17) sowie als Urteil unter dem Vorbehalt der Aufrechnung (§ 302; → § 10 Rn. 45 ff.).

40 Davon ist das ein Urteil unter dem **Vorbehalt der beschränkten Erbenhaftung** (§ 305 Abs. 1) zu unterscheiden. Dieses ist ein endgültiges Endurteil ohne nachfolgendes Nachverfahren, bei dem einem Erben lediglich hinsichtlich der Zwangsvollstreckung die Beschränkung der Erbenhaftung durch Klage gem. § 780 vorbehalten wird.

3. Zwischenurteile

41 Sie erledigen den Streitgegenstand als solchen auch nicht teilweise, sondern **nur einzelne Streitpunkte**. Insofern wird der Rechtsstreit durch sie nicht beendet, sondern im Übrigen in derselben Instanz fortgesetzt. Zwischenurteile dienen der Entlastung des Rechtsstreits um diese Streitpunkte (§ 318) und führen zur Klärung bestimmter Vorfragen vor Fortsetzung des Rechtsstreits. Sie sind nur in folgenden Fällen zulässig:

a) Zwischenurteil über die Zulässigkeit der Klage (§ 280)

42 Insofern soll bei Streit der Parteien oder Bedenken des Gerichts die Zulässigkeit der Klage vorab abschließend geklärt werden. Nach abgesonderter Verhandlung (§ 280 Abs. 1) muss, ohne abgesonderte Verhandlung kann ein solches Zwischenurteil erlassen werden.

Bei Bejahung ergeht ein Zwischenurteil, durch das die Zulässigkeit festgestellt wird. Bei Verneinung der Zulässigkeit erfolgt Abweisung der Klage durch Prozessurteil, bei fehlender Zuständigkeit Verweisung des Rechtsstreits auf Antrag des Klägers (§ 281).

b) Zwischenurteil über einen Zwischenstreit (§ 303)

43 Voraussetzung ist, dass ein (Zwischen)Streit der Parteien über eine den Verfahrensfortgang betreffende Prozessfrage besteht (zB Zulässigkeit eines Rechtsmittels, einer Klageänderung; Wirksamkeit des Widerrufs eines Geständnisses (§ 290); Begründetheit eines Wiedereinsetzungsantrags (§ 238), nicht aber betreffend die Frage der Zulässigkeit der Klage als solche, da insoweit § 280 als Sonderregelung vorgeht.

Nicht zulässig ist dagegen ein Zwischenurteil über materiellrechtliche Vorfragen oder über einzelne Elemente der Sachentscheidung.[40] Daher kann zB nicht durch Zwischenurteil vorweg die streitige Frage einer Verjährung der Klageforderung dahin entschieden werden, dass Verjährung nicht eingetreten sei (bei Annahme der Verjährung dagegen Klageabweisung durch Endurteil!).

44 Der Erlass des Zwischenurteils steht **im Ermessen** des Gerichts. Dieses ist nicht selbstständig anfechtbar, sondern nur mit dem Endurteil[41] (s. §§ 511, 512), es sei denn, das Zwischenurteil entscheidet unzulässiger Weise über den materiellen Streitgegenstand

---

[39] BGH NJW 1978, 43; HK-ZPO/Saenger § 302 Rn. 1.
[40] BGHZ 8, 383; 72, 36.
[41] BGH NJW 1988, 1733.

(Gedanke des Meistbegünstigungsgrundsatzes).[42] Der „Zwischenstreit" kann somit nicht vorweg rechtskräftig geklärt werden. Die praktische Bedeutung dieses Zwischenurteils ist daher nur gering.

c) Zwischenurteil über den Grund (§ 304, Grundurteil)

Mit einem Grundurteil kann die Berechtigung einer nach Grund und Höhe streitigen Klageforderung dem Grunde nach vorweg rechtskräftig geklärt werden, was der Prozessökonomie dienen kann.

Zum einen wird erreicht, dass eine uU aufwändige Beweisaufnahme zur Höhe erst und nur dann durchgeführt werden muss, wenn es auf sie auch wirklich ankommt; sie wäre überflüssig, wenn das Rechtsmittelgericht bereits den Grund verneint und die Klage schon deshalb abweist. Zum anderen erledigt sich erfahrungsgemäß in vielen Fällen – zB in Verkehrsunfallsachen – der Streit zur Höhe außergerichtlich, wenn die Haftung des Beklagten bzw. die Haftungsquote dem Grunde nach feststeht. Das Grundurteil ist daher von erheblicher praktischer Bedeutung, allerdings auch mit möglichen Nachteilen für die Parteien (Verzögerung und Verteuerung des Prozesses).[43]

aa) Voraussetzungen des Grundurteils[44]

Gegenstand der zulässigen Klage muss ein Anspruch auf Leistung einer bezifferten Geldsumme (Regelfall) oder auf eine Leistung vertretbarer der Höhe nach summenmäßig bestimmter Sachen sein, weil nur dann eine Trennung von Grund und „Betrag" möglich.[45]

Die Klageforderung muss dabei nach **Grund** und **Höhe** streitig sein. Falls nur der Grund oder nur die Höhe streitig ist, muss der streitige Teil geklärt und durch einheitliches Endurteil entschieden werden. Daher kann kein Grundurteil bei einer unbezifferten Feststellungsklage/antrag ergehen, da dann nur der Grund im Streit ist.[46] Soweit der Grund gegeben ist, ist die begehrte Feststellung durch Endurteil auszusprechen. Ebenso kann bei Verbindung einer bezifferten Schadensersatzklage mit einer Feststellungsklage/-antrag betreffend der Ersatzfähigkeit des weiteren Schadens kein umfassendes Grundurteil ergehen, da die Feststellungsklage nicht grundurteilsfähig ist → Rn. 53[47].

Hingegen kann ein Grundurteil ergeben, wenn die Bezifferung einer Leistungsklage, zB auf angemessenes Schmerzensgeld zulässigerweise in das Ermessen des Gerichts gestellt ist, weil auch dann der Betrag streitig und vom Grund abtrennbar ist,[48] ebenso bei bezifferter Feststellungsklage.[49]

Desweitern muss die Klage dem Grunde nach ganz oder teilweise **stattgebend** entscheidungsreif sein. Sofern eine Entscheidungsreife für eine – evtl. nur teilweise -zur Abweisung gegeben ist, kann kein Grundurteil ergehen, sondern die Klage ist durch

---

42 Zö/Feskorn § 303 Rn. 11.
43 Hk-ZPO/Saenger § 304 Rn. 1; MK/Musielak § 304 Rn. 2; eingehend Keller JA 2007, 433.
44 S. auch BGH MDR 2013, 538.
45 BGH NJW 2000, 1572-.
46 BGH NJW 2002, 302 (303); BGH NJW 1997, 3176 (3177).
47 BGH NJW 2009, 2814 (2815 Rn. 11); BGH NJW 2000, 1405 (1406).
48 BGH NJW 2006, 2110 (2111 Rn. 10).
49 Keller JA 2007, 433 (434).

Endurteil[50] bzw. bei Abweisungsreife zu einem teilurteilsfähigen Teil durch Teilurteil[51] abzuweisen neben einem Grundurteil im Übrigen.

49 Ein Grundurteil darf **nur ergehen**, soweit alle Fragen, die zum Grund des Anspruchs gehören, erledigt sind[52]. Insofern bedarf es einer Abgrenzung von „Grund und Betrag" des Anspruchs, wobei über alle Tatbestandsmerkmale entschieden werden muss, von deren Vorliegen der geltend gemachte Klageanspruch abhängt.[53]

50 Zum **Grund des Anspruchs** gehören[54] – und müssen daher zum Erlass des Grundurteils vorliegen – alle anspruchsbegründenden Tatsachen, die haftungsbegründende Kausalität, die Ausräumung aller der Klage insgesamt entgegenstehenden Einwendungen und Einreden (wie Erfüllung oder Verjährung). Der Grund muss insgesamt feststehen,[55] bei alternativer Feststellung zu allen Anspruchsgrundlagen.[56] Eine Feststellung nur einzelner Begründungselemente ist nicht möglich.[57] Bei Anspruchsgrundlagen, die zu unterschiedlichen Höhen führen, muss die durchgreifende festgestellt und die Klage hinsichtlich einer weitergehenden nicht durchgreifenden abgewiesen werden.[58]

Mitverschulden (und Betriebsgefahr) sind – falls es den Anspruch insgesamt ausräumt – beim Grund zu berücksichtigen[59], mit der Folge der Klageabweisung. Falls es dem Anspruch nur zu einem Bruchteil entgegensteht, kann es im Grundurteil berücksichtigt werden – Grundurteil zu einer Quote (idR zweckmäßig und auch üblich) – oder dem Betragsverfahren vorbehalten bleiben, wenn das mitwirkende Verschulden des Geschädigten zweifellos zu einer Minderung, nicht aber zu einer Beseitigung der Schadenshaftung führen kann.[60]

51 Zur **Höhe des Anspruchs** gehören dagegen (und sind daher dem Betragsverfahren zu überlassen) die Höhe des Anspruchs und der einzelnen Anspruchspositionen, idR die haftungsausfüllende Kausalität (vgl. auch § 287), Mitverschulden zu einzelnen Schadenspositionen, anders aber bei einer Feststellungsklage (auf Feststellung des Grundes), so dass die Quote in das Feststellungsurteil aufgenommen werden muss.[61]

52 Der Rechtsstreit darf zwar zur Höhe nicht (voll) entscheidungsreif sein; der Anspruch muss jedoch **mit hoher Wahrscheinlichkeit** jedenfalls in irgendeiner Höhe bestehen können.[62] Falls keine Wahrscheinlichkeit eines Schadens besteht, kann kein Grundurteil – da nicht prozessökonomisch – ergehen, sondern es bedarf zunächst der Klärung des Schadens. Falls dies zu verneinen ist, erfolgt Klageabweisung.

Bei mehreren Ansprüchen kann ein einheitliches Grundurteil nur ergehen, wenn die Voraussetzungen hinsichtlich aller Ansprüche vorliegen. Ist dies nur in Bezug eines Anspruchs der Fall, ergeht diesbezüglich ein Teilgrundurteil.[63]

---

50 BGH NJW 1985, 1959.
51 BGH VersR 2005, 248.
52 BGH NJW-RR 2012, 880 (881 Rn. 13).
53 BGH NJW 2001, 224 (225); vgl. dazu näher Hk-ZPO/Saenger § 304 Rn. 6.
54 BGH NJW 2011, 3242 (3243 Rn. 18 f.).
55 BGH MDR 2007, 602.
56 BGH NJW 2001, 224 (225).
57 BGHZ 108, 259; BGH NJW-RR 1994, 319.
58 Vgl. dazu näher Zö/Feskorn § 304 Rn. 23.
59 BGH NJW 2005, 1935 (1936); BGH NJW 1997, 3176 (3177).
60 BGHZ 110, 202; BGH NJW 1997, 3176 (3177); NJW 1999, 2440 (2441).
61 BGH NJW 1997, 3176 (3177); BGH NJW 2003, 2986.
62 BGH NJW-RR 2012, 880 (881) Rn. 12; BGH NJW-RR 2005, 1008 (1009) mwN; BGH MDR 2007, 602; BGH NJW-RR 2008, 1397 (1398 Rn. 10 f.).
63 MK/Musielak § 304 Rn. 26; Keller JA 2007, 433 (435).

IV. Die Art der Entscheidung § 5

bb) Erlass des Grundurteils

Der Erlass des Grundurteils steht im *Ermessen* des Gerichts. 53

Ist die Klage dem Grunde nach **in vollem Umfang begründet** wird, lautet der Tenor „Die Klage ist dem Grunde nach gerechtfertigt." oder: „Die Klage wird dem Grunde nach für gerechtfertigt erklärt."

nicht aber: „Es wird festgestellt, dass...", da es sei dem Grundurteil um kein Feststellungsurteil handelt.[64]

Bei nur **teilweiser Begründetheit** ergeht ein Grundurteil hinsichtlich des begründeten Teils, im Übrigen erfolgt Klageabweisung (durch Teil-Endurteil) hinsichtlich des unbegründeten Teils:

„Die Klage ist dem Grunde nach zur Hälfte gerechtfertigt. Im Übrigen wird die Klage abgewiesen."

> **Sonderfälle:** Bei **Schmerzensgeldansprüchen und Quotierung** ist – im Ergebnis ohne praktische Auswirkung – streitig, ob der Anspruch zB „zu 1/3" für begründet erklärt werden kann[65] oder ob – weil das Mitverschulden nur einer der Bemessungsfaktoren ist – dahin tenoriert werden muss, dass der Anspruch auf Zahlung eines angemessenen Schmerzensgeldes unter Berücksichtigung eines Mitverschuldens des Klägers von 2/3 begründet" sei.[66]

Bei Entscheidungsreife über einen Teil des Betrages ergeht insoweit Teilendurteil sowie ein Grundurteil hinsichtlich des Restbetrages (→ Rn. 30 f., zum Teilurteil).

Ist ein Zahlungsantrag mit einem Feststellungsantrag verbunden (häufig bei Unfallklagen: bezifferter Zahlungsantrag, Feststellungsantrag hinsichtlich Zukunftsschaden) kann zwar kein umfassendes Grundurteil erlassen werden (→ Rn. 47), jedoch ein Grundurteil zum Zahlungsantrag sowie ein stattgebendes Endurteil hinsichtlich des Feststellungsantrag. Entsprechendes gilt bei Quotierung unter Teilabweisung.

cc) Nebenentscheidungen

Das Grundurteil enthält **keinen Ausspruch** über die Kosten und Vollstreckbarkeit. 54
Über die Kosten wird erst abschließend im Endurteil befunden; ein Ausspruch über die Vollstreckbarkeit ist lediglich dann veranlasst, sofern ein vollstreckbarer Inhalt (zB bei Teilverurteilung) vorliegt.

Das Grundurteil ist als Endurteil mit den **allgemeinen Rechtsmitteln anfechtbar** (§ 304 Abs. 2). Das Grundurteil führt idR zu einem tatsächlichen Stillstand des Verfahrens bis zum Eintritt seiner Rechtskraft, sofern nicht auf Antrag einer Partei Termin zur Verhandlung über den Betrag stellt (§ 302 Abs. 2 Hs. 2). Dessen Anberaumung steht im Ermessen des Gerichts, das die Interessen der Parteien abzuwägen hat. Nach Eintritt der Rechtskraft hat das Gericht vom Amts wegen Termin zur Verhandlung über den Betrag zu bestimmen.[67]

---

64 Keller JA 2007, 433 (438).
65 Anders/Gehle/Hunke § 304 Rn. 16.
66 Zö/Feskorn § 304 Rn. 29; ThP/Seiler § 304 Rn. 17; Hk-ZPO/Saenger § 304 Rn. 8.
67 BGH NJW 1979, 2307 (2308).

Gierl

dd) Betragsverfahren

55 Das Gericht ist an seine im Grundurteil getroffene Feststellung des Bestehens des Anspruchs dem Grunde nach gebunden. Hinsichtlich des Umfangs der **Bindung** gelten die Grundsätze des § 318.

Der **Umfang** der Bindungswirkung bestimmt sich grds. danach, worüber das Gericht wirklich entschieden hat, was durch Auslegung von Urteilsformel und Entscheidungsgründen zu ermitteln ist. Eine Bindungswirkung tritt ein, soweit das Grundurteil den Klageanspruch bejaht hat und dessen Höhe durch den anerkannten Klagegrund gerechtfertigt ist. Insofern hat das Grundurteil für das Betragsverfahren Bindungswirkung, soweit es den Klageanspruch bejaht hat und dessen Höhe durch den anerkannten Klagegrund gerechtfertigt ist. Es legt fest, auf welcher Grundlage das Betragsverfahren aufzubauen hat und welche Umstände bereits – für die Parteien bindend – abschließend im Grundverfahren geklärt sind.[68]

Zu klären ist daher grds. nur noch der Betrag des Anspruchs, außerdem aber auch – und zwar nur – solche Einwendungen und Einreden zum Grund, die im Grundurteil dem Betragsverfahren vorbehalten worden sind (zB Mitverschulden), sowie nachträglich entstandene Einwendungen bzw. Umstände. Insofern gelten die gleichen Grundsätze wie in § 767 Abs. 2.[69] Demgemäß tritt auch keine Bindungswirkung in Bezug einer Klageerweiterung im Betragsverfahren ein, da sich die Bindung nur auf den bis dahin rechtshängigen Anspruchsbetrag bezogen hat. Insofern bedarf es einer neuen selbstständigen Entscheidung zum Grund.[70]

56 Durch das Schlussurteil (Endurteil) wird der Beklagte zur Zahlung des festgestellten Betrages verurteilt. Stellt sich allerdings heraus, dass die Anspruchshöhe null ist, zB weil doch kein Schaden entstanden war, so ist die Klage abzuweisen. Das Grundurteil bindet nur in der Beurteilung des Anspruchsgrundes und steht daher einer Klageabweisung im Schlussurteil aus anderen Gründen, zB wegen jetzt erst festgestellter Unzulässigkeit der Klage[71], nicht entgegen.[72]

Die **Kostenentscheidung** bestimmt sich nach dem Verhältnis von Obsiegen und Unterliegen, bezogen auf den zuerkannten Betrag im Verhältnis zur Klageforderung; die **vorläufige Vollstreckbarkeit** nach §§ 708 ff.

d) Zwischenurteil bei Zwischenstreit mit Dritten

57 Dieses betrifft die Fälle der §§ 71, 135, 387 sowie entspr. die der §§ 372a, 402. Statthaftes Rechtsmittel sind hier nicht die normalen Urteilsrechtsmittels, sondern die sofortige Beschwerde.

4. Streitiges Urteil – Versäumnisurteil

58 Die Unterscheidung zwischen streitiges (kontradiktorisches) Urteil und (echtes) Versäumnisurteil ist wichtig für die Anfechtungsmöglichkeit:

---

[68] BGH NJW 2016, 3244 (3246 Rn. 29 mwN); NJW-RR 2014, 118 (120 Rn. 17 mwN).
[69] MK/Musielak § 304 Rn. 40.
[70] BGH NJW 1985, 496; OLG Stuttgart NJW-RR 1996, 1085; Hk-ZPO/Saenger § 304 Rn. 15.
[71] MK/Musielak § 304 Rn. 11.
[72] BGH NJW 1986, 2507; MK/Musielak § 304 Rn. 31.

Gegen ein **echtes Versäumnisurteil** ist allein Einspruch (§§ 338 ff.) statthaft. Eine Ausnahme gilt für ein „zweites Versäumnisurteil" gegen das Berufung, jedoch mit eingeschränktem Prüfungsumfang zulässig ist (§§ 345, 514 Abs. 2).

Bei **allen anderen Urteilen** (auch „unechtes" VU, Anerkenntnisurteil) handelt es um kontradiktorische Urteile. Insoweit finden die allgemeinen Rechtsmittel (Berufung, Revision) Anwendung.

5. Verbindung mehrerer Urteilsarten

Möglich ist eine Verbindung mehrerer Urteilsarten in einem Urteil, so zB Leistungs- und Feststellungsurteil (Verurteilung des Beklagten zur Zahlung eines Geldbetrages – als Schadensersatz – mit Feststellung der Ersatzpflicht für Zukunftsschäden), Grundurteil zu einem Bruchteil, im Übrigen Klageabweisung durch Teilendurteil, teils streitiges Urteil, teils Versäumnisurteil, so wenn der Beklagte zu einem von mehreren Anträgen nicht verhandelt (§ 333); dann wird er insoweit durch Versäumnisurteil verurteilt (insoweit Einspruch), während im Übrigen durch streitiges Urteil entschieden wird (Berufung), oder bei begründeter Klage ist einer von mehreren Beklagten säumig; gegen diesen ergeht Versäumnisurteil (Einspruch), gegen die übrigen Beklagten streitiges Urteil (Berufung).

Hingegen können Urteil und Beschluss nicht zu einer einheitlichen Entscheidung verbunden werden, (zB Teilurteil und Beweisbeschluss hinsichtlich des übrigen Teils). Möglich ist aber natürlich der gleichzeitige Erlass (Verkündung).

V. Der Erlass des Urteils

1. Verkündung

Das Urteil bedarf der Verkündung (§§ 310 Abs. 1 S. 1, 311 Abs. 2 S. 1), auch bei Entscheidung im schriftlichen Verfahren (§ 128 Abs. 2).

a) Bedeutung

Erst mit der Verkündung wird das Urteil existent. Vor der Verkündung ist das Urteil – auch wenn es bereits unterschrieben ist – noch kein Urteil im Rechtssinne, sondern ein bloßer Entwurf, der auch noch geändert werden kann.[73]

b) Verkündung

Sie erfolgt durch **Vorlesung der Urteilsformel** (§ 311 Abs. 2 S. 1), die durch Bezugnahme auf die Urteilsformel ersetzt werden kann, wenn bei der Verkündung keine Partei erschienen ist (§ 311 Abs. 2 S. 2).

Verkündungsmängel stehen dem wirksamen Erlass eines Urteils nur dann entgegen, wenn gegen elementare, zum Wesen der Verlautbarung gehörende Formerfordernisse verstoßen wurde, so dass eine Verlautbarung im Rechtssinne nicht mehr gegeben ist. Bei Wahrung dieser Mindestanforderungen hindert auch eine Verletzung zwingender Formvorschriften nicht das Entstehen eines wirksamen Urteils.[74]

---

[73] BGH NJW 1994, 3358; NJW 1999, 794.
[74] BGH NJW-RR 2018, 127 (128 Rn. 7); BGH NJW 2012, 1591 (1592 Rn. 13).

64 Zwingendes **Wirksamkeitserfordernis** ist allein die beabsichtigte Verlautbarung des Urteils durch das Gericht bzw. die Parteien haben eine solche derart verstanden und wurden von Erlass und Inhalt der Entscheidung förmlich unterrichtet[75], sowie die schriftliche Niederlegung des Tenors. Liegt dieser bei der Verkündung nicht schriftlich vor, wird das Urteil nicht existent.[76] Eine Ausnahme gilt für Versäumnis-, Anerkenntnis- u. Verzichtsurteile (§ 311 Abs. 2 S. 3).

Noch nicht vorzuliegen brauchen Tatbestand, Entscheidungsgründe,[77] Unterschriften.[78] Bei deren Fehlen liegt eine wirksame Entscheidung vor, die nur auf ein zulässiges Rechtsmittel hin aufgehoben werden kann.[79]

Für den Nachweis einer wirksamen Verkündung gilt die Beweiskraft des Protokolls § 165 iVm § 160 Abs. 3 Nr. 7, wobei es nicht genau erkennen lassen muss, ob das Urteil durch Bezugnahme auf die Urteilsformel oder durch Verlesen der Formel verkündet wurde und ob das Urteil zu diesem Zeitpunkt bereits vollständig abgefasst war.[80]

65 Formelle Mängel, zB fehlende Öffentlichkeit[81], Verkündung zu anderem Zeitpunkt als angekündigt, bloße Zustellung statt gebotener Verkündung hindern das Existenzwerden des Urteils nicht.[82]

c) Verkündungszeitpunkt

66 Die Verkündung erfolgt entweder nach Abschluss des letzten Verhandlungstermins („Stuhlurteil") oder im Rahmen eines eigens angesetzten Verkündungstermin (§ 310 Abs. 1).

67 Das „**Stuhlurteil**" ist, wenngleich gesetzliche Regelfall, wegen der mit ihm verbundenen Nachteile (wegen der Schnelligkeit seines Ergehens – idR ohne vertiefte Beratung –, und des Fehlens der Inhaltskontrolle durch die schriftliche Abfassung der Begründung besteht die erhöhte Gefahr der Voreiligkeit und Unrichtigkeit) jedenfalls in der Praxis der erstinstanzlichen Gerichte eher die Ausnahme.

d) Verkündungsersatz bei ohne mündliche Verhandlung erlassenem Anerkenntnis (§ 307 S. 2) und Versäumnisurteil (§ 331 Abs. 3)

68 In diesen Fällen tritt die von Amts wegen zu bewirkender Zustellung des Urteils an die Parteien (§ 310 Abs. 3) an die Stelle der Verkündung. Die Verkündungswirkung tritt mit der Zustellung an **alle** Parteien ein[83], so dass maßgebend der Zeitpunkt der letzten Zustellung ist.

---

75 BGH NJW 2012, 1591 (1592 Rn. 13), NJW 2004, 2019 (2020); NJW 1954, 1281.
76 BGH NJW 2015, 2342 Rn. 10 mwN.
77 BGH NJW 2015, 2342 (2343 Rn. 16); NJW 1999, 144.
78 Mus/Musielak § 311 Rn. 5; Hk-ZPO/Saenger § 311 Rn. 4.
79 BGH NJW 2015, 2342 (2343 Rn. 16).
80 BGH NJW 2015, 2342 (2343 Rn. 12).
81 BGH NJW-RR 2018, 127 (128 Rn. 7.).
82 BGH FamRZ 2004, 1187.
83 BGH NJW 2012, 1591 (1592 Rn. 17); NJW 1994, 3359 (3360); NJW 1996, 1969 (1970).

V. Der Erlass des Urteils § 5

2. Inhalt des Urteils: § 313[84]

a) Vollständiges Urteil

aa) Rubrum, 313 Abs. 1 Nr. 1–3

Nr. 1: auf die genaue Bezeichnung der Parteien zum Zwecke deren Identifizierung ist zu achten. Diese ist bedeutsam für Rechtskraft, Zustellung und die Zwangsvollstreckung (vgl. § 750 Abs. 1). 69

Nr. 3: der Tag, an dem die mündliche Verhandlung geschlossen wurde, ist bedeutsam für den Zeitpunkt der materiellen Rechtskraft sowie für die Zeitpunkte iSd §§ 296 a, 323 Abs. 2, 767 Abs. 2.

bb) Urteilsformel (Tenor), Abs. 1 Nr. 4

Der Tenor muss im Hinblick auf die gestellten Anträge erschöpfend – möglichst in kurzer Form – die Entscheidung des Gerichts so bestimmt und aus sich selbst heraus verständlich wiedergeben, dass er die Zwangsvollstreckung ermöglicht.[85] 70

Hinweis der Rechtsgrund wird im Tenor nicht erwähnt, es finden sich darin keine Bezugnahmen[86] und es ist zwischen Klage und Widerklage zu differenzieren.

cc) Tatbestand, Abs. 1 Nr. 5

Aufgabe des Tatbestandes ist es, einen objektiven knappen Bericht über die wesentlichen Urteilsgrundlagen (§ 313 Abs. 2) wiederzugeben. Er hat Beurkundungs- und Beweisfunktion für das mündliche Parteivorbringen (§ 314).[87] 71

Grundschema:[88] 72

Einleitungssatz <Präsens>	Kurzbezeichnung, was Kern des Prozesses ist
Unstreitiger Sachverhalt <Imperfekt>	übereinstimmend vorgetragener Geschehensablauf samt zugestandene und nicht ausreichend streitig geäußerte Tatsachenbehauptungen, soweit entscheidungserheblich
streitiger Klägervortrag <Präsens; indirekte Rede, Konjunktiv>	bestrittene Tatsachenbehauptungen, unerledigte Beweisanträge, geäußerte Rechtsansichten
Prozessgeschichte bzgl. der Anträge <Perfekt>	soweit zu dem Verständnis der Anträge erforderlich (zB bei vorausgegangenem Versäumnisurteil od. Vollstreckungsbescheid)
Klägerantrag <Präsens>	zuletzt gestellte Sachanträge, also nicht zu Kosten und zur vorläufigen Vollstreckbarkeit (Ausnahme: § 710; § 711 S. 3)
Beklagtenantrag <Präsens>	evtl. Vollstreckungsschutzanträge (vgl. § 712)
streitiger Beklagtenvortrag <Präsens>	wie bei Kläger

---

[84] Weigl JA 2019, 59;.
[85] HK-ZPO/Saenger § 313 Rn. 11.
[86] Zu Ausnahmen vgl. BGH NJW 2000, 2207 (2208); NJW 1986, 192 (197).
[87] Vgl. auch BGH NJW-RR 2014, 381 (382 Rn. 11).
[88] TP/Seiler § 313 Rn. 12 ff.; HK-ZPO/Saenger § 313 Rn. 16 f.; Stein JuS 2014, 607.

Gierl

(evtl.) Erwiderung des Klägers (Replik) bzw. des Beklagten (Duplik) Prozessgeschichte <Perfekt> konkrete Bezugnahmen (§ 313 Abs. 2 S. 2)	nur soweit vorherige Schilderung des Beklagtenvortrags unverständlich wäre z.B. Hinweise, Beweisbeschlüsse

Die Gliederung erfolgt durch Absätze, nicht durch Gliederungsziffern!

dd) Entscheidungsgründe, Abs. 1 Nr. 6[89]

73 Grundschema[90]

Einleitungssatz I. Ausführungen zu Rechtsbehelfen II. Prozessrechtliche Ausführungen III. Materiellrechtliche Ausführungen (zB bei Zahlungsklage) 1. Anspruch entstanden a) dem Grunde nach aa) Prüfung bzgl. der einzelnen Anspruchsvoraussetzungen, ob die dafür erforderlichen Tatsachen unstreitig bzw. bewiesen sind bb) Verneinung rechthindernder Tatsachen b) der Höhe nach aa) Anspruchsbegründende Tatsachenbehauptungen bb) Verneinung anspruchseinschränkender Tatsachenbehauptungen 2. Verneinung rechtsvernichtender Tatsachenbehauptungen 3. Verneinung rechtshemmender Tatsachen (zB Verjährung) IV. Nebenforderungen und Nebenentscheidungen	Kurze Zusammenfassung des Ergebnisses **Einspruch, Berufung, Revision** bei Unzulässigkeit wäre die angegriffene Entscheidung rechtskräftig und eine weitere Prüfung nicht mehr möglich **Vorneweg:** Wirksamkeit solcher Prozesshandlungen, die Auswirkungen auf die weitere prozess-rechtliche Prüfung haben können zB Klageänderung (§ 263), ■ Zulässigkeit der Klage nur, soweit überhaupt problematisch ■ besondere Prozessvoraussetzungen (zB § 256, § 592) **Vorneweg:** Wiedergabe des Ergebnisses des Prozesses unter Angabe der anspruchsbegründenden Norm: der **Aufbau** hat sich dabei nach dem gewonnenen Ergebnis zu orientieren: ■ bei erfolgreicher Klage genügt grds. die Angabe einer von mehreren den Klageanspruch stützenden Anspruchsgrundlagen. ■ bei erfolgloser Klage sind alle in Betracht kommenden Anspruchsgrundlagen zu erörtern die **Darstellung** erfolgt **im Urteilsstil:** 1. Obersatz (Ergebnis vorne weg) 2. Definition 3. Subsumtion und zwar bzgl. jeder Einzelfrage der maßgeblichen Anspruchsgrundlage 1. Zinsen und Mahnauslagen 2. Kosten (idR § -Zitat) 3. Vorläufige Vollstreckbarkeit (idR § -Zitat)

---

89 Stein JuS 2014, 320.
90 Hk-ZPO/Saenger § 313 Rn. 29 f.; GF-ZPO/Boeckh § 300 Rn. 110.

V. Der Erlass des Urteils

Rechtsbehelfsbelehrung[91] (vgl. § 232)
Unterschrift

b) Ausnahmen – Weglassen von Tatbestand und Entscheidungsgründen

aa) § 313 a

Falls Rechtsmittel unstatthaft sind, bedarf es keinen Tatbestand und -bei Verzicht oder Aufnahme der Entscheidungsgründe ins Protokoll – auch keine Entscheidungsgründe (Abs. 1); generell bei Rechtsmittelverzicht (Abs. 2). 74

bb) § 313 b

Bei Erlass eines VU, Anerkenntnis- oder Verzichtsurteil ist lediglich eine Begründung der Kostenentscheidung im Fall des § 93 oder bei widersprechenden Kostenanträgen notwendig.[92] 75

cc) § 495 a

Bei Urteil in sog. **Bagatellverfahren** kann sowohl auf den Tatbestand (§ 313 a Abs. 1 S. 2 Alt. 2) als auch auf die Entscheidungsgründe verzichtet werden, wenn der wesentliche Inhalt in das Protokoll aufgenommen wurde (§ 313 a Abs. 1 S. 2). 76

3. Zustellung des Urteils

Die Zustellung des Urteils (§ 317) ist keine Voraussetzung des Wirksamwerdens des Urteils; sie setzt jedoch die Rechtsmittelfristen in Lauf (§§ 517, 548) und ist grds. Voraussetzung für die Vollstreckung (§ 750 Abs. 1). Die Zustellung erfolgt von Amts wegen. 77

Ausnahmen (Titelzustellung im Parteibetrieb) gelten für durch Beschluss erlassener Arrest oder einstweilige Verfügung (§§ 922 Abs. 2, 936; bei Erlass durch Urteil Amtszustellung); Vollstreckungsbescheid bei Antrag des Gläubigers (§ 699 Abs. 4) sowie für die Vollstreckung (§ 750 Abs. 1 S. 2, auch einer abgekürzten Ausfertigung). Die Zustellung ist allerdings bei Verkündungsersatz Wirksamkeitsvoraussetzung (→ Rn. 68). 78

Zustellungszeitpunkt beim Anwalt ist die Entgegennahme als Zustellung und datierte Unterzeichnung des Empfangsbekenntnisses (§ 174),[93] nicht bereits der bloße Eingang in der Kanzlei. Der Anwalt hat umgehend seine Partei vom Zeitpunkt der Zustellung und über die daraus folgenden Umstände der Rechtsmitteleinlegung zu unterrichten, damit diese den Auftrag zur Einlegung des Rechtsmittels auch unter Berücksichtigung einer ausreichenden Überlegungsfrist noch innerhalb der Rechtsmittelfrist erteilen kann.[94] 79

---

91 S. dazu näher Hartmann MDR 2013, 61; Fölsch NJW 2013, 970 (Formulierungshilfen).
92 Zö/Feskorn § 313 b Rn. 3 mN.
93 BGH FamRZ 1999, 578; BGH NJW 2007, 600 (601 Rn. 7).
94 BGH NJW 2007, 2331 (Rn. 7).

4. Berichtigung und Ergänzung des Urteils

80 Das Gericht ist an das Urteil gebunden (§ 318); daher sind grundsätzlich keine Änderungen gestattet. Möglich sind aber:

a) Berichtigung offenbarer Unrichtigkeiten (§ 319)

aa) Voraussetzungen (weit auszulegen – Prozessökonomie[95])

81 Es muss eine „**Unrichtigkeit**" gegeben sein. Darunter fallen allein unrichtige und unvollständige Verlautbaren des vom Gericht Gewollten, also eine Unstimmigkeit zwischen Willen und Erklärung, nicht aber Fehler in der Willensbildung selbst, zB falsche oder unterlassene Subsumtion.[96]

Diese Unrichtigkeit muss „**offenbar**" sein, also „auf der Hand liegen". Dies ist dann der Fall, wenn sie sich für einen außenstehenden Dritten aus dem Zusammenhang des Urteils oder Vorgängen bei Erlass und Verkündung des Urteils von selbst ergibt,[97] zB: „Klageabweisung im Übrigen" im Tenor vergessen.[98]

Das Urteil ist auf Antrag, kann aber auch von Amts wegen berichtigt werden. Die Berichtigung ist jederzeit möglich, selbst nach Eintritt der Rechtskraft![99]

Strittig ist, ob die Vorschrift eng[100] oder weit auszulegen ist.[101]

bb) Gegenstand der Berichtigung:

82 Alle Teile des Urteils können berichtigt werden: Rubrum (auch Parteibezeichnung, wenn Identität gewahrt, selbst wenn die Unrichtigkeit von einer Partei veranlasst wurde), Tenor (Rechenfehler, unrichtige Kostenentscheidung), Tatbestand, Entscheidungsgründe. Dabei kann der Tenor sogar in sein Gegenteil verkehrt werden, so zB wenn die Entscheidungsgründe eindeutig ergeben, dass der Klage stattgegeben werden sollte, kann der versehentliche Ausspruch der Klageabweisung im Tenor berichtigt werden.

b) Berichtigung des Tatbestandes (§ 320)

83 Diese dient der Vorbereitung einer Berufung (→ § 19 Rn. 9) und betrifft Unrichtigkeiten, die nicht „offenbar" sind (dann § 319). Sie erfolgt allein **auf Antrag** binnen einer Frist von zwei Wochen ab Zustellung des in vollständiger Form abgefassten Urteils (§ 320 Abs. 1).

c) Ergänzung des Urteils bei Entscheidungslücken

84 Dies betrifft zum einen den Fall, dass ein erhobener Anspruch oder der Kostenpunkt ganz oder teilweise „übergangen", dh versehentlich nicht berücksichtigt[102] wurde (§ 321), worunter jedoch nicht ein Rechtsfehler fällt, wie zB dem Übersehen eines Zu-

---

95 BGH NJW 1985, 742.
96 BGHZ 106, 373; BGH NJW 2014, 3101 (3102 Rn. 8); BGH NJW 1989, 1281; BGH NJW 1985, 742; BGH FamRZ 2003, 1270.
97 BGH NJW 2014, 3101 (3102 Rn. 7); BGH NJW 2013, 2124 (2125 Rn. 10)., s. auch vorstehende Fußnote.
98 BGH VersR 1989, 530.
99 Zö/Feskorn § 319 Rn. 33.
100 BGH MDR 2008, 1292.
101 BGH NJW 1985, 742; Stackmann NJW 2009, 1539.
102 BGH MDR 1996, 1061; BGH NJW 2006, 1351 (1352 Rn. 9).

V. Der Erlass des Urteils § 5

rückbehaltungsrechts[103], zum anderen den Fall, wenn versehentlich über die vorläufige Vollstreckbarkeit (§§ 708, 709) nicht entschieden wurde (§ 716 iVm § 321).

5. Abhilfe bei Verletzung des rechtlichen Gehörs (§ 321 a)

a) Bedeutung und Zweck

Bei der Vorschrift eröffnet dem Ausgangsgericht die Möglichkeit der Selbstkorrektur bei unanfechtbaren Urteilen.[104] 85

b) Zulässigkeit der Rüge

aa) Statthafthaftigkeit

Die Rüge ist bei allen unanfechtbaren instanzbeendenden Entscheidungen statthaft, also ua bei erstinstanzlichen Urteilen mit Beschwer bis 600 EUR ohne Zulassung der Berufung, Berufungszurückweisung durch Beschluss gemäß § 522 Abs. 2, Berufungsurteilen mit Beschwer unter 20.000 EUR (§ 544 Abs. 2 Nr. 1) ohne Revisionszulassung.[105] 86
Bei Zulässigkeit eines Rechtsmittels – auch der Revisionszulassungsbeschwerde[106] – muss die Gehörsverletzung hingegen mit diesem Rechtsmittel gerügt werden.

bb) Frist

Die Rüge ist binnen zwei Wochen ab Kenntniserlangung von der Gehörsverletzung, also ggf. auch nach Eintritt der Rechtskraft, zu erheben, wobei der Zeitpunkt glaubhaft zu machen ist (§ 321 a Abs. 2). Nach Ablauf eines Jahres seit Bekanntgabe der Entscheidung ist die Rüge ausgeschlossen. 87

cc) Form

Die Erhebung der Rüge hat schriftlich beim Gericht der angegriffenen Entscheidung (judex a quo) zu erfolgen, damit der Richter, dem die Gehörsverletzung vorgeworfen wird, selbst über diesen Vorwurf entscheiden kann.[107] 88

dd) Beschwer des Rügeführers durch die angegriffene Entscheidung.

Die Rüge kann nur eine Partei oder ein Nebenintervenient, der durch die Endentscheidung beschwert ist, einlegen, nicht aber ein Dritter. Insoweit muss die Entscheidung für ihn im Hinblick auf die von ihm gestellten Anträgen nachteilig sein. 89

ee) Begründung der Rüge

Es bedarf einer substantiierten Darlegung der Verletzung des rechtlichen Gehörs in entscheidungserheblicher Weise. 90

---

103 BGH NJW 2003, 1463.
104 BTDrs. 17/15/4706 S: 14, 15.
105 S. Zö/G. Vollkommer § 321 a Rn. 5.
106 BVerfG NJW 2007, 3418 (3419 Rn. 19); MK/Musielak § 321 a Rn. 4.
107 Kritisch hierzu ua Schneider MDR 2006, 969.

91 Die Vorschrift erfasst nur Gehörsverletzungen iSv Art. 103 Abs. 1 GG[108], nicht aber weitergehend jeden Verstoß gegen zivilprozessuale Gehörsanforderungen (der zivilprozessuale Gehörsbegriff ist insofern weiter als der verfassungsrechtliche).[109] Darunter fallen insbesondere Pannen des Gerichts, fehlerhafte Anwendung der Präklusion, Überraschungsentscheidungen sowie „krasse Fehlentscheidungen".[110]

Problematisch ist, ob eine **analoge Anwendung des § 321a** bei Verletzung anderer Verfahrensgrundrechte (zB Verstoß gegen den gesetzlichen Richter, Willkür) möglich ist. Dies wird von der herrschenden Meinung verneint, weil das Anhörungsrügengesetz trotz Kenntnis dieser Problematik den Anwendungsbereich ausdrücklich auf Gehörsverletzungen beschränkt habe (keine Regelungslücke).[111]

Gegenstand der Rüge kann nur eine neue eigenständige Gehörsverletzung in der durch die angegriffene Entscheidung abgeschlossenen Instanz sein (sog. „originäre Gehörsverletzung"), nicht aber eine Gehörsverletzung durch die Vorinstanz (sog. „sekundäre" Gehörsrüge).[112]

Mit der Vorschrift kann jedoch nicht die inhaltliche Richtigkeit der Entscheidung zur Überprüfung gestellt werden.[113]

92 Die Verletzung des rechtlichen Gehörs muss sich **in entscheidungserheblicher Weise** bei der Entscheidungsfindung ausgewirkt haben. Insofern ist die Kausalität der Gehörsverletzung für die Entscheidung festzustellen, wozu ausreicht, dass nicht ausgeschlossen werden kann, dass ohne die Gehörsverletzung eine für den Rügeführer günstigere Entscheidung ergangen wäre.[114] Bei unterlassenen Hinweis des Gerichts (§ 139) bedarf es der Darlegung voraus, dass und welchen weiteren Vortrag erfolgt wäre bzw. welchen weiteren erheblichen Beweis er angetreten hätte, wenn der Hinweis erfolgt wäre.[115]

c) Entscheidung

aa) Unzulässigkeit oder Unbegründetheit der Rüge

93 In diesen Fällen wird die Rüge durch Beschluss verworfen bzw. zurückgewiesen Beschluss (§ 321a Abs. 4). Eine Kostenentscheidung ergeht nicht. Der Beschluss soll „kurz" begründet werden. Er ist unanfechtbar, also auch keine erneute („sekundäre") Gehörsrüge gegen diese Entscheidung statthaft,[116] ggf. aber die Verfassungsbeschwerde.[117]

---

108 HM: BVerfG NJW 2009, 3710 (3711 Rn. 18); NJW 2007, 3418 (3419); BGH NJW 2008, 2126 (2127 Rn. 4); Hk-ZPO/Saenger § 321a Rn. 6 MK/Musielak § 321a Rn. 14..
109 BVerfG NJW 2007, 2242 (2243); BGH NJW 2009, 148 (150).
110 Vgl. dazu näher Zö/G. Vollkommer § 321a Rn. 8–11.
111 BGH NJW 2008, 2126; BGH MDR 2008, 1175; BGH NJW-RR 2009, 144; MK/Musielak § 321a Rn. 14; Zö/G. Vollkommer § 321a Rn. 3a.
112 BVerfG NJW 2007, 3418 (3419 Rn. 23); BGH NJW 2008, 2635 (2636); NJW 2009, 1609 (Rn. 4); MDR 2010, 100; Zö/G. Vollkommer § 321a Rn. 7 mwN.
113 BVerfG GRUR-RR 2009, 441 (442); BGH GRUR 2009, 90 (91).
114 MK/Musielak § 321a Rn. 7; ThP/Seiler § 321a Rn. 4; Zö/G. Vollkommer § 321a Rn. 12.
115 BGH NJW 2008, 378 (379); 2009, 148 (150 Rn. 10).
116 BVerfG NJW 2008, 2635 mAnm Zuck, auch nicht bei Erfolglosigkeit der Anhörungsrüge im Rahmen eines Rechtsmittels.
117 Zö/G. Vollkommer § 321a Rn. 16, 17; ThP/Seiler § 321a Rn. 13.

VI. Streitwert und Kosten (Gebühren) § 5

bb) Begründetheit der Rüge

Das ursprüngliche Verfahren wird in die Lage zurückversetzt, in der es sich vor dem Schluss der mündlichen Verhandlung befunden hat (§ 321a Abs. 5 S. 2) und wie bei einem Einspruch nach Versäumnisurteil fortgesetzt (sog. Abhilfeverfahren (§ 321a Abs. 6 S. 2). Ein gesonderter Ausspruch betreffend die Fortsetzung des Verfahrens bedarf es nicht, kann aber sinnvoll sein.[118]   94

Das Verfahren nimmt nur insoweit seinen Fortgang, als es aufgrund der Rüge geboten ist, dh die angegriffene Entscheidung auf der Gehörsverletzung beruht; im Übrigen bleibt die angegriffene Entscheidung von dem weiteren Verfahren unberührt. Ein Verbot der reformatio in peius besteht nicht.[119]

VI. Streitwert und Kosten (Gebühren)

Nach dem die Instanz beendenden Urteil sind die Kosten abzuwickeln. Kostenfragen sind aber auch vor und während des Rechtsstreits von Bedeutung, zB zur Beratung des Mandanten (zum Beklagten → § 10 Rn. 5 ff.)   95

1. Streitwert

Es sind **drei Streitwertbegriffe** zu unterscheiden:[120]   96

- **Zuständigkeitsstreitwert**
  Dieser ist maßgebend zur Bestimmung der sachlichen Zuständigkeit des Amts- bzw. des Landgerichts (§§ 2–9; → § 9 Rn. 40 ff.).
- **Rechtsmittelstreitwert** (= Wert des Beschwerdegegenstandes)
  Danach beurteilt sich die Zulässigkeit von Berufung und Beschwerde (§§ 511 Abs. 2, 567 Abs. 2). Für Berufung → § 19 Rn. 20 ff.
- **Gebührenstreitwert**.

2. Insbesondere: der Gebührenstreitwert

Nach dem Gebührenstreitwert bestimmen sich die Gebühren des Gerichts und der Rechtsanwälte, auch die Quotenbildung im Falle des § 92. Dieser Streitwert betrifft daher die gesamte kostenmäßige Abwicklung.   97

a) Bestimmung des Gebührenstreitwert

Hinsichtlich der Gerichtsgebühren ist bzgl. **vermögensrechtliche Streitigkeiten** der Streitwert nach §§ 39 ff. GKG zu bestimmen. Der sich danach ergebende Wert ist über § 23 RVG auch für den Gegenstandswert der im gerichtlichen Verfahren erwachsenen Anwaltsgebühren maßgebend. Soweit die §§ 39 ff. GKG nicht eingreifen, gelten gem. § 48 Abs. 1 GKG die Zuständigkeitsregelungen iSd §§ 3 ff. ZPO), also zunächst die Einzelbestimmungen in §§ 4 ff., letztlich § 3 (Ermessen).   98

---

118 Hk-ZPO/Saenger § 321a Rn. 13.
119 BGH NJW-RR 2012, 977 (978 Rn. 14); Zö/G. Vollkommer § 321a Rn. 18; ThP/Seiler § 321a Rn. 15.
120 S. Nöhre JA 2006, 793. zu Streitwertfragen: Schneider/Herget, Streitwertkommentar für Zivilprozess und FamFG, 14. Aufl. 2015.

Die §§ 39 ff. GKG haben somit den Vorrang. Dies ist insofern wichtig, weil die Regelungen des GKG zum Teil von der Zuständigkeitsregelung gemäß §§ 3 ff. ZPO abweichen:

So sind hinsichtlich der Widerklage für den Gebührenstreitwert nach § 45 Abs. 1 S. 1, 3 GKG die Werte von Klage und Widerklage zusammenzurechnen, soweit sie nicht denselben Streitgegenstand betreffen. Für die Bestimmung der Zuständigkeit erfolgt hingegen nach § 5, Hs. 2 ZPO keine Zusammenrechnung. Für Klage und Widerklage über je 4.000 EUR ist daher das Amtsgericht zuständig, während sich die Gebühren – bei unterschiedlichem Streitgegenstand – nach 8.000 EUR berechnen;

Für Klagen aus Miet- oder Pachtverhältnis ist für die Bestimmung des Zuständigkeitswerts § 8 ZPO maßgebend, für den Gebührenstreitwert jedoch § 41 (Gebührenstreitwert, maximal Jahresmiete bzw. -pacht) zur Anwendung,[121] betreffend wiederkehrende Leistungen gelten § 42 GKG bzw. § 9 ZPO.

99 Für **nichtvermögensrechtliche Streitigkeiten** gilt § 48 Abs. 2 GKG (Ermessen).

b) Festsetzung des Gebührenstreitwerts

100 Grds. bedarf es einer Festsetzung des Gebührenstreitwertes mittels eines (Streitwert-)Beschluss (§ 63 GKG), soweit er sich nicht von selbst ergibt (zB Zahlungsklage).

101 Gegen den Beschluss findet **Beschwerde** (§ 68 GKG) statt. Beschwerdeberechtigt sind nicht nur die Parteien, soweit sich gegen eine sie beschwerende zu hohe, nicht jedoch gegen eine zu niedrige Festsetzung wenden[122], sondern auch die Anwälte aus eigenem Recht gegen eine ihre Gebühren beeinträchtigende zu niedrige Festsetzung (§ 32 Abs. 2 RVG).[123] Das Verbot der reformatio in peius gilt nicht.[124]

Eine **Änderung der Streitwertfestsetzung** ist gemäß §§ 63 Abs. 3, 68 GKG möglich. Eine solche Änderung hat aber keinen Einfluss auf die Kostenentscheidung des Urteils: Diese kann auch dann, wenn dadurch die ausgeworfenen Kostenquoten rechnerisch unrichtig werden, nicht entspr. § 319 an die Streitwertänderung angepasst werden (Bindung des Gerichts gem. § 318 auch an die Kostenentscheidung).[125]

3. Kosten

102 Welche Partei die Kosten des Prozesses zu tragen hat, bestimmt sich nach der Kostenentscheidung im Urteil (oder Kostenbeschluss, Vergleichsregelung). Diese Kostenentscheidung ist lediglich eine Grundentscheidung über die grundsätzliche Verpflichtung zur Kostentragung; sie besagt aber nichts über die konkrete Höhe der zu tragenden Kosten, die erst im Kostenfestsetzungsbeschluss bestimmt werden. Insofern kann aus der Kostengrundentscheidung auch nicht vollstreckt werden. Die in der Kostenentscheidung getroffene Regelung ist für die Kostenfestsetzung bindend.[126]

---

[121] BGH JurBüro 2006, 369.
[122] OLG Brandenburg MDR 2005, 47; BGH BeckRS 2009, 86436 Rn. 3; KG 2016, 411.
[123] BGH NJW-RR-RR 1986, 737; vgl. dazu auch B. Schneider NJW 2017, 3765.
[124] OLG Düsseldorf MDR 2009, 1188.
[125] BGH FamRZ 2008, 1925; vgl. auch OLG Stuttgart NJW 2015, 421 (422 Rn. 6).
[126] HK-ZPO/Gierl § 104 Rn. 5.

VI. Streitwert und Kosten (Gebühren) § 5

a) Gerichtskosten

An Gerichtskosten fallen idR Gerichtsgebühren und den Auslagen (zB für Zeugen und Sachverständige, Schreibauslagen) an. 103

Die Gerichtsgebühren sind im GKG geregelt. Insoweit fällt im Klageverfahren eine dreifache Verfahrensgebühr (KV GKG Nr. 1210) an, die sich bei einer vollständigen – daher nicht bei einer nur teilweisen – Verfahrensbeendigung durch Klagerücknahme, Anerkenntnis- oder Verzichtsurteil, Vergleich oder übereinstimmende Erledigungserklärungen (ohne Kostenentscheidung) auf eine Gebühr ermäßigt (KV Nr. 1211). Dies gilt jedoch nicht bei Erledigungserklärungen mit § 91 a-Entscheidung (es sei denn, es liegen die Voraussetzungen der KV Nr. 1211 Nr. 4 vor!) und einem Versäumnisurteil, da dann das Gericht eine sachliche Prüfung des Prozessstoffs vornehmen muss.

Eine Vergleichsgebühr erhält das Gericht idR nicht (nur 1/4-Gebühr nach der Differenz des Verfahrensstreitwerts zu einem etwa höheren Wert des Vergleichs, KV Nr. 1900).

Für diese Kosten haftet der Staatskasse als Kostenschuldner in erster Linie diejenige Partei, der die Kosten durch die Kostenentscheidung auferlegt worden sind (sog. Verurteilungsschuldner, §§ 29 Nr. 1, 31 Abs. 2 GKG), in zweiter Linie – zB wenn der Verurteilungsschuldner nicht zahlungsfähig ist – diejenige Partei, die das Verfahren der betreffenden Instanz beantragt hat, also idR der Kläger (sog. Antragsschuldner, §§ 22, 31 Abs. 2 GKG), also zB nicht der Beklagte, der im Rechtsstreit obsiegt hat, da er weder Verurteilungs- noch Antragsschuldner ist, wohl aber der obsiegende Kläger bei Zahlungsunfähigkeit des Beklagten.

> Über dieses Kostenrisiko ist der Kläger, der zudem seine eigenen Anwaltskosten bei Zahlungsunfähigkeit des Beklagten zu tragen hat, im Rahmen der Beratung aufzuklären.

Die Gerichtskosten werden durch den Kostenansatz (§ 19 GKG) gegen den Kostenschuldner festgesetzt und nach der JustizbeitreibungsO vollstreckt. Gegen den Kostenansatz findet Erinnerung und Beschwerde (§ 66 GKG) statt.

b) Rechtsanwaltskosten

aa) Grundsätzliches

Hinsichtlich der durch einen Zivilprozess entstehenden Rechtsanwaltskosten sind grds. 104
zwei Fragen sorgfältig auseinanderzuhalten: Der Vergütungsanspruch des Rechtsanwalts für seine Tätigkeit gegenüber dem Mandanten und der Erstattungsanspruch gegen den Prozessgegner:

- Der **Vergütungsanspruch des Anwalts** richtet sich nur gegen seinen Mandanten und ergibt sich dem Grunde nach aus dem Anwaltsvertrag (§§ 611, 612, 675 BGB, Innenverhältnis), nicht dagegen gegen den unterlegenen Prozessgegner, zu dem der Anwalt ja in keiner Vertragsbeziehung steht.
- Ob und in welcher Höhe ein Kostenerstattungsanspruch besteht, also in welcher Höhe der Prozessgegner die von dem Mandanten zu tragenden Anwaltskosten dem Mandanten erstatten hat, ergibt sich grds. aus der Kostenentscheidung des Prozesses, ferner ua aus der Kostenregelung eines Prozessvergleichs.

Gierl

bb) Der Vergütungsanspruchs des Anwalts gegen seinen Mandanten

105 Dessen Höhe ergibt sich, soweit keine abweichende Vereinbarung getroffen worden ist, aus dem **Rechtsanwaltsvergütungsgesetz** (RVG). Dieses ist wie das GKG aufgebaut: die einzelnen Vergütungstatbestände/-sätze sind in einem besonderen Vergütungsverzeichnis (VV) aufgelistet; die Höhe der betreffenden Gebühr ergibt sich aus § 13 RVG (Gebührentabelle, nach dem Geschäftswert).

Eine vom RVG abweichende Gebührenvereinbarung ist grds. zulässig (§ 4 RVG): Auf eine höhere Vergütung, zB Stundensätze, wie vielfach üblich, grds. aber keine niedrigere (§ 49 b Abs. 1 BRAO), nur ausnahmsweise ein Erfolgshonorar (§ 49 b Abs. 2 BRAO, § 4 a RVG nF).

Nur die gesetzlichen (RVG-) Gebühren können im Rahmen der **Kostenerstattung** gegen den Prozessgegner geltend gemacht werden, nicht eine mit dem Mandanten vereinbarte höhere Vergütung: Diese trägt daher immer der Mandant selbst, auch bei Prozessgewinn. Darüber ist der Mandant zu belehren!

cc) RVG-Vergütungsansprüche gegen seinen Mandanten im Zusammenhang mit einem Zivilprozess[127]

106 An Gebühren, grds. nur einmal in jeder Instanz (§ 15 Abs. 2 RVG) für die Beratung des Mandanten u. die Vorbereitung des Rechtsstreits idR **Geschäftsgebühr** von 0,5–2,5 (VV 2300, Regelgebühr: 1,3) sowie für das (nachfolgende)Betreiben des Prozesses (dh für die allgemein mit dem Prozess verbundenen Tätigkeiten, wie Informationsgespräche/-korrespondenz, Erstellung und Einreichung der Klage und der Schriftsätze) eine **Verfahrensgebühr** von 1,3 (VV 3100), die sich bei mehreren Auftraggebern erhöht (VV 1008).

Nach Vorbem. 3 (4) vor 3100 wird eine vorprozessual entstandene Geschäftsgebühr zur Hälfte (maximal mit 0,75) auf die Verfahrensgebühr angerechnet. Die Streitfrage, ob dadurch die Verfahrensgebühr abgeschmolzen wird – was faktisch zu einer Kürzung der Kostenerstattungsansprüche führt, ist durch den Gesetzgeber mit Einführung des § 15 a RVG gelöst worden. Der Rechtsanwalt kann danach grds. sowohl die volle Geschäfts- als auch Verfahrensgebühr abrechnen. Die Kürzung erfolgt dadurch, dass er nicht mehr als den um den Anrechnungsbetrag verminderten Gesamtbetrag beider Gebühren ansetzen kann. Diese Prüfung erfolgt nicht von Amts wegen, sondern grds. dann, wenn sich der Erstattungspflichtige auf die Anrechnung selbst beruft. Zur Berücksichtigungsfähigkeit des Einwands vgl. § 15 a Abs. 2 RVG. Durch die im Zuge des KostRÄG 2021 aufgenommene Neuregelung des § 15 a Abs. 3 RVG ist sichergestellt, dass dem Anwalt für das gerichtliche Verfahren auch faktisch zumindest ein Teil der Verfahrensgebühr verbleibt.

Für die Vertretung des Mandanten in einem – wie auch immer gearteten – Gerichtstermin (s. Vorbem. 3 (3)) erwächst eine **Terminsgebühr** von 1,2 (VV 3104), die bei Säumnis des Gegners und bei Stellung lediglich eines VU-Antrag: 0,5 (VV 3105) beträgt. Die Terminsgebühr kann auch ohne Gerichtstermin – sogar ohne/vor Prozess – anfallen, so

---

[127] S. im Übrigen zu konkreten Kostenfragen im Zöller, Musielak und HK-ZPO, die zu zahlreichen Bestimmungen besondere Anmerkungen zu den Gerichts- u. RA-Gebühren haben.

zB bei Besprechung mit dem Gegner zur Vermeidung oder Erledigung des Prozesses.[128] Voraussetzung ist aber, dass der betreffende Gegenstand rechtshängig war.[129]

Bei Mitwirkung an einer Einigung entsteht zudem eine **Einigungsgebühr** von 1,0 (VV 1300, 1000).

Daneben können **Auslagen** (ua Porto und ähnliche Auslagen (VV 7001, 7002),) auch als Pauschalbetrag von maximal 20 EUR, Kosten für Fotokopien (VV 7000); Reisekosten (VV 7003 ff.) in Rechnung gestellt werden.

In Bezug auf Gebühren und Auslagen fallen zudem grds. **Umsatz-/Mehrwertsteuer** (VV 7008) an.

c) Kostenfestsetzung

Der RA kann seine (gesetzliche) Vergütung gegen seinen Mandanten gerichtlich festsetzen lassen (§ 11 RVG). Der Kostenfestsetzungsbeschluss ist ein Vollstreckungstitel (§§ 794 Abs. 1 Nr. 2 ZPO, 11 Abs. 2 S. 3 RVG). Macht jedoch der Mandant Einwendungen geltend, die nicht im Gebührenrecht ihren Grund haben – wie zB Aufrechnung mit einem Schadensersatzanspruch wegen fehlerhafter Prozessführung, so wird die Kostenfestsetzung abgelehnt (§ 11 Abs. 5 RVG); der RA muss dann seine Ansprüche im Klagewege verfolgen, wobei dann auch über die Einwendungen des Mandanten zu entscheiden ist.

107

4. Die Kosten(grund)entscheidung

Die Kostengrundentscheidung[130] ergeht grds. bei Abschluss des Verfahrens von Amts wegen; ein Antrag der Parteien ist hierfür nicht erforderlich (§ 308 Abs. 2). Grundlage für die Verteilung der Kosten sind die §§ 91–101, sofern keine Spezialregelungen (zB § 269 Abs. 3, 4) einschlägig sind.

108

a) Vollunterliegen einer Partei (§ 91)

Der unterliegenden Partei sind die Kosten des Rechtsstreits aufzuerlegen, sofern nicht die Voraussetzungen des § 93[131] gegeben sind. In diesem Fall hat der Kläger die Kosten zu tragen, obwohl er in der Hauptsache voll obsiegt hat.

109

b) Teilweises Obsiegen bzw. Unterliegen der Parteien (§ 92)

aa) Grundsatz der Kostenverteilung

Ausgehend vom Gebührenstreitwert (→ Rn. 97 ff. ist bei der Kostenverteilung der **Grundsatz der Einheitlichkeit der Kostenentscheidung** zu beachten. Dieser besagt, dass grds. keine Aufspaltung der Kostenentscheidung in Verfahrensabschnitte (zB Haupt- und Hilfsantrag oder Klage und Widerklage) erfolgen darf, sofern nicht ausdrücklich ein gesonderter Ausspruch geregelt ist (zB §§ 94–96, 97 Abs. 2, 281 Abs. 3 S. 2, § 344).

110

---

128 Vorbem. 3 (3) vor 3100. s. BGH NJW-RR 2007, 720 Rn. 6 f..
129 BGH NJW 2009, 233 Rn. 9.
130 Zur Tenorierung HK-ZPO/Gierl §§ 91 f.; GF-ZPO/Gierl §§ 91 f.
131 Vgl. dazu HK-ZPO/Gierl § 93 Rn. 7 f.

Fallen in Prozess- oder Zeitabschnitten unterschiedliche Gebühren (zB nach Klageänderung, Teilerledigterklärung, Teilklagerücknahme oder Teilanerkenntnis) an, müssen im **1. Schritt** die Kosten der einzelnen Abschnitte errechnet werden. Sodann sind im **2. Schritt** die jeweiligen Kostenanteile der Parteien entsprechend dem Maß des Obsiegens und Unterliegens zu ermitteln. Letztlich sind dann im **3. Schritt** die Summen des jeweiligen Obsiegens bzw. Unterliegens ins Verhältnis zu den Gesamtkosten zu setzen.[132]

bb) Kostenentscheidung iSd § 92

111 Eine **Kostenaufhebung** (§ 92 Abs. 1 S. 1 Alt. 1) ist angezeigt, wenn die Quote des Obsiegens und Unterliegens ungefähr die Hälfte beträgt. Konsequenz dieser Entscheidung ist, dass die Gerichtskosten jeder Partei zur Hälfte zur Last fallen, während jede der Parteien ihre außergerichtlichen Kosten (insbes. ihre Anwaltskosten) selbst zu tragen hat.

112 Bei **verhältnismäßiger Teilung der Kosten** (§ 92 Abs. 1 S. 1 Alt. 2) wird die Verlust- bzw. Obsiegensquote ins Verhältnis zum Gesamt(gebühren)streitwert gesetzt. Die Verteilung erfolgt durch Bruch- (zB 1/3) oder Prozentzahlen (zB 33 %). Eine mathematisch genaue Angabe bedarf es dabei nicht. Ist die Obsiegens- und Verlustquote ungefähr gleich groß, kann neben der Kostenaufhebung auch eine jeweils hälftige Auferlegung der Kosten erfolgen. Dies hat jedoch zur Folge, dass auch die Kosten des gegnerischen Anwalts zu tragen sind. Daher ist eine Kostenaufhebung dann vorzuziehen, wenn nur eine Partei anwaltschaftlich vertreten ist.

113 Möglich ist aber auch die **Auferlegung der gesamten Kosten des Rechtsstreits** (§ 92 Abs. 2) zulasten einer Partei. Praxisrelevant ist dabei Abs. 2 Nr. 1: Der einen Partei können die gesamten Kosten des Rechtsstreits auferlegt werden, wenn die Zuvielforderung der anderen Partei lediglich verhältnismäßig geringfügig war (ca. 10 % der Klageforderung) und (kumulativ!) diese Mehrforderung keine oder nur geringfügig (ca. 10 %) höhere Kosten (zu ermitteln anhand der Gebührentabellen) verursacht hat.[133]

cc) Kosten bei Streitgenossen (§ 100)

114 Unterliegen alle Kläger bzw. Beklagte voll, so haften sie grds. nach § 100 Abs. 1 (kraft Gesetzes) nach Kopfteilen; eine Modifizierung der Kostenfolge sehen Abs. 2 und 3 vor. Bei gesamtschuldnerischer Verurteilung mehrerer Beklagter haften sie (auch) als Gesamtschuldner (§ 100 Abs. 4).

Der Fall, dass alle Streitgenossen obsiegen, ist in § 100 nicht geregelt. Es gilt § 91.

Unterliegen einzelner von mehreren Streitgenossen bzw. einzelner Streitgenossen zu unterschiedlichen Teilen (nicht geregelt in § 100), so findet die sog. Baumbach´sche Formel Anwendung: Kostenaufspaltung in Gerichtskosten und außergerichtliche Kosten bei entsprechender Anwendung der §§ 91, 92.[134]

5. Die Kostenerstattung

115 Die Partei, der in der Kostenentscheidung oder -regelung die Kosten – ganz oder zu einer Quote (§§ 91, 92 ff.) – auferlegt worden sind, hat der anderen Partei die dieser

---

[132] Vgl. dazu näher HK-ZPO/Gierl Vor §§ 91–107 Rn. 23.
[133] Vgl. dazu näher HK-ZPO/Gierl § 92 Rn. 14 f.
[134] Vgl. zu den Grundsätzen samt Berechnungsbeispiel HK-ZPO/Gierl § 100 Rn. 20 f.

VI. Streitwert und Kosten (Gebühren) § 5

durch eine zweckentsprechende Prozessführung entstandenen notwendigen Kosten entsprechend der Kostenentscheidung zu erstatten; die andere Partei hat daher insoweit einen prozessualen Kostenerstattungsanspruch.[135] Dessen **Verjährung** beginnt mit der Fälligkeit des Kostenanspruchs, die mit dem Erlass einer (vorläufigen) vollstreckbaren Kostengrundentscheidung eintritt.[136] Zur Verhinderung, dass der Kostenerstattungsanspruch bereits verjährt, bevor die Entscheidung über ihn rechtskräftig oder der Rechtsstreit auf andere Weise beendet wurde, sieht **§ 91 Abs. 5** einen eigenen materiell-rechtlichen Hemmungstatbestand vor. Hintergrund der Regelung ist, dass die Regelverjährungsfrist von 30 Jahren im Rahmen der Schuldrechtsreform auf 3 Jahre verkürzt worden ist und dies auch Auswirkungen auf die Verjährung von prozessualen Kostenerstattungsansprüche hat, die der dreijährigen Verjährungsfrist iSd § 195 BGB unterfallen. Um einer Verjährung entgegenzuwirken, war ein Kostengläubiger vor Erlass des § 91 Abs. 5 gehalten, den Kostenerstattungsanspruch aus einem (nur) vorläufig vollstreckbaren Urteil festsetzen zu lassen, obwohl die Kostenentscheidung im Rechtsmittelverfahren noch geändert werden konnte.

a) Umfang des Kostenerstattungsanspruch

Der Anspruch der anderen Partei umfasst die Gerichtskosten, soweit bereits aufgewendet (zB Gerichtskostenvorschuss, Vorschüsse für Zeugen und Sachverständige) sowie deren außergerichtlichen Kosten, nämlich die ihr entstandenen Anwaltskosten und ihre zusätzlichen eigenen Kosten, zB für Informationsreisen zu ihrem Anwalt oder für die Teilnahme an Gerichtsterminen, für vorprozessuales Gutachten, soweit bereits auf den konkreten Prozess bezogen,[137] für zu einer erfolgreichen Rechtsverfolgung notwendige Detektivkosten.[138]

116

b) Erstattungsfähigkeit

Nur die notwendigen Kosten iSv § 91 Abs. 1 u. 2 sind in der Höhe der gesetzlichen Gebühren erstattungsfähig[139], nicht aber vereinbarte höhere, diese hat die Partei selbst zu tragen.

117

Nicht erstattungsfähig als Prozesskosten über die Kostenentscheidung ist die Geschäftsgebühr gem. VV 2300, da sie außerprozessual entstanden ist.[140] Ihre Erstattung durch den Prozessgegner kann daher ggf. nur dadurch erreicht werden, dass sie aufgrund eines materiellrechtlichen Kostenerstattungsanspruchs (s. u.) bereits im Prozess (in voller Höhe) miteingeklagt wird, vom Beklagten ggf. mittels Widerklage.[141]

c) Kostenfestsetzungsverfahren (§§ 103 ff.)

aa) Antrag der berechtigten Partei (§ 103 Abs. 2).

Dieser wird idR durch den Anwalt aufgrund seiner Prozessvollmacht (§ 81) gestellt. Der Anwalt nimmt in den Antrag auch seine Kosten auf. Zwar hat er keinen unmittel-

118

---

135 Und dessen Abgrenzung zum materiellrechtlichen Kostenerstattungsanspruch: HK-ZPO/Gierl Vor §§ 91–107 Rn. 11 f.
136 OLG Düsseldorf NJW-RR 18, 766 Rn. 8.
137 Vgl. dazu Hk-ZPO/Gierl § 91 Rn. 18.
138 Vgl. dazu Hk-ZPO/Gierl § 91 Rn. 28.
139 Einzelheiten: Zö/Herget § 91 Rn. 13 ff.; HK-ZPO/Gierl § 91 Rn. 13 ff
140 BGH NJW 2006, 2560 Rn. 4; NJW 2008, 1323 (1324 Rn. 5).
141 BGH NJW 2007, 2050 Rn. 8; Fölsch MDR 2008, 847.

bar eigenen Anspruch gegen den Gegner; er kann aber den Erstattungsanspruch seiner Partei für diese geltend machen. Soweit er dann vom Gegner seine Kosten erhält, braucht er sie nicht von seinem Mandanten zu erheben; Vorschusszahlungen erhält der Mandant zurück. Im Übrigen wird der Vergütungsanspruch des Anwalts gegen seine Partei durch deren Erstattungsanspruch gegen die andere Partei nicht berührt.

bb) Kostenfestsetzungsbeschluss

119 Der Kostenfestsetzungsbeschluss ist **Vollstreckungstitel** (§ 794 Abs. 1 Nr. 2), allerdings ein unselbstständiger Vollstreckungstitel, da er lediglich die Kostengrundentscheidung des Urteils um den zu erstattenden Kostenbetrag ergänzt. Daher unterliegt er allen Beschränkungen, etwa einer vorl. Vollstreckbarkeit gegen Sicherheitsleistung, die das Urteil für die Vollstreckung enthält.[142]

Der Festsetzungsbeschluss kann auf Antrag auf das Urteil bzw. die Ausfertigung gesetzt werden (sog. „vereinfachter Kostenfestsetzungsbeschluss", § 105). Dies führt zur Vereinfachung und Beschleunigung des Kostenfestsetzungs- wie auch des Zwangsvollstreckungsverfahrens (vgl. §§ 795 a, 798).[143]

Zuständig für dessen Erlass ist der Rechtspfleger (§ 21 Nr. 1 RPflG), statthaftes Rechtsmittel die sofortige Beschwerde (§ 103 Abs. 2).

Materiellrechtliche Einwendungen sind im Kostenfestsetzungsverfahren grds. unbeachtlich und ggf. über § 767 – ohne Einschränkung gem. Abs. 2 – geltend zu machen.[144]

d) Materiellrechtlicher Kostenerstattungsanspruch

120 Neben und auch abweichend von diesem prozessualen kann ein materiellrechtlicher Kostenerstattungsanspruch gegen den Gegner bestehen, soweit die entstandenen Kosten vom Gegner durch Verzug oder pVV verursacht worden sind. Insofern besteht ein selbstständig einklagbarer Schadensersatzanspruch auf Erstattung.[145]

6. Vorläufige Vollstreckbarkeit[146]

a) Grundsätze

121 Gem. § 704 findet die Zwangsvollstreckung nur aus rechtskräftigen oder für vorläufig vollstreckbar erklärten Endurteilen statt. Tritt daher nach der Verkündung keine formelle Rechtskraft ein, bedarf es grds. im Urteil eines Ausspruches über die vorläufige Vollstreckbarkeit.

Davon ausgenommen[147] sind Urteile, die einen Arrest oder eine einstweilige Verfügung anordnen und bestätigen (§§ 922, 925 Abs. 2, 936 (beachte aber auch § 708 Nr. 6)), Urteile der Arbeitsgerichte (§ 62 Abs. 1 ArbGG); Ehesachen (§ 116 Abs. 2 FamFG), Abstammungssachen (§ 184 Abs. 1 S. 1 FamFG) und Urteile, die mit Verkündung sofort rechtskräftig werden (zB Revisionsurteile des BGH).

---

142 Hk-ZPO/Gierl § 103 Rn. 5.
143 Vgl. GF-ZPO/Gierl § 105 Rn. 1 ff.
144 Vgl. dazu näher Hk-ZPO/Gierl § 104 Rn. 8.
145 BGH NJW 2002, 680; vgl. dazu näher HK-ZPO/Gierl Vor §§ 91–107 Rn. 14 f.
146 Zu den einzelnen Tenorierungen vgl. die jeweiligen Kommentierungen in TP und Hk-ZPO bzw. GF-ZPO.
147 TP/Seiler § 704 Rn. 3–5; 705 Rn. 6; Vorbem. §§ 708–720 Rn. 3 f.

VI. Streitwert und Kosten (Gebühren) §5

Der **Ausspruch** umfasst grds. bei dem Klageantrag stattgebenden Leistungsurteilen die Hauptsache und die Kostenentscheidung. Eine Ausnahme gilt bei Verurteilung zur Abgabe einer Willenserklärung; insoweit beschränkt sich die Vollstreckung vor Eintritt der Rechtskraft allein auf die Kostenentscheidung (vgl. § 894: Fiktion der Abgabe der Erklärung tritt mit Eintritt der Rechtskraft ein). Eine Ausnahme hiervon wieder sieht § 895 S. 1 vor.

Bei klageabweisenden Urteilen umfasst der Anspruch die gegen den Kläger ergehende Kostenentscheidung, bei Feststellungsurteilen nur die Kostenentscheidung und bei Gestaltungsurteilen – mit Ausnahme bei stattgebenden Gestaltungsurteilen des Vollstreckungsgerichts (§§ 767, 771) im Hinblick auf § 775 Nr. 1 – grds. ebenfalls nur die Kostenentscheidung.

122

Der **Vollstreckungsausspruch** bestimmt sich entweder nach § 708 oder nach § 709. Dabei ist zu beachten, dass die Regelungen für jeden Vollstreckungsgläubiger gesondert zu prüfen sind. Denn auch der Beklagte kann nämlich bei einem Teilunterliegen des Klägers hinsichtlich der Kostenentscheidung Vollstreckungsgläubiger sein (dh evtl. doppelter Ausspruch mit Kombination von § 708 und § 709!). Hinsichtlich der Vorgehensweise ist es zweckmäßig, zuerst die Voraussetzungen des § 708 zu prüfen (vgl. § 709: „andere Urteile als in § 708").

123

b) Vorläufige Vollstreckbarkeit ohne Sicherheitsleistung (§ 708)

In der Praxis ist der wichtigste Fall § 708 Nr. 11, der nur bei vermögensrechtlichen Streitigkeiten gilt (ansonsten § 709, sofern nicht § 708 Nr. 1–10 einschlägig sind).

124

Folgende **Prüfungsreihenfolge** erscheint zweckmäßig:

1. Schritt: zu unterscheiden sind zwei Fallgruppen:

1. Variante: stattgebende Urteile in der Hauptsache, wenn der Gegenstand der Verurteilung 1.250,00 EUR (ohne Kosten, Zinsen und Nebenforderungen) nicht übersteigt.

2. Variante: die zu vollstreckenden Kosten belaufen sich im Wert auf nicht mehr als 1.500 EUR.

> **Merksatz:** die 1. Variante kann nur für den, auch nur teilweise, erfolgreichen Kläger bedeutsam sein.
>
> Die 2. Variante kann für den Kläger nur dann relevant werden, wenn er nur die Kostenentscheidung vollstrecken kann (zB Feststellungsurteil od. Gestaltungsurteil); dh aber andererseits auch, dass bei einem auch nur teilweisen Erfolg in der Hauptsache nie die 2. Variante eingreifen kann! Für den Beklagten gilt die 2. Variante immer dann, wenn im Urteil eine Kostenentscheidung zu seinen Gunsten getroffen wurde.

Tenor: „Das Urteil ist vorläufig vollstreckbar"

2. Schritt: Festlegung der Abwendungsbefugnis für den Schuldner (§ 711 S. 1 Alt. 1)

Unterbleiben von Schuldnerschutzanordnungen (§ 713), sofern die Rechtsmittelsumme für beide (!) Parteien überhaupt nicht erreicht ist.

Bestimmung der Abwendungsbefugnis von Amts wegen entweder durch einen bezifferten „Sicherungsbetrag", wobei für dessen Höhe der von dem Vollstreckungsgläubiger zu vollstreckende Betrag (also zB Hauptsachenverurteilung samt Nebenforderungen und Kostenerstattungsanspruch) zu errechnen ist, oder durch den Ausspruch eines bestimmten Verhältnisses zum vollstreckbaren Betrag (idR 110 %) bezogen auf den insgesamt (!) aus dem Urteil vollstreckbaren Betrag (§ 711 S. 2).

Gierl 135

Insoweit muss der Vollstreckungsschuldner daher stets die volle Sicherungssumme erbringen. Diese umfasst neben der Hauptforderung auch Nebenforderungen, insbesondere bereits aufgelaufene Zinsen, die bis zur Vollstreckung angefallen sind, oder auch die Kosten des Rechtsstreits, soweit sie bereits durch einen Kostenfestsetzungsbeschluss beziffert sind.[148]

3. Schritt: Ausräumbefugnis des Gläubigers (§ 711 S. 1 „wenn nicht der Gläubiger") von Amts wegen

Im Gegensatz zum Schuldner muss der Gläubiger bei einer Teilvollstreckung nicht den vollen Sicherungsbetrag leisten, sondern nur entsprechend dem von ihm jeweils vollstreckenden Betrag (samt prozentualen Zuschlag).

4. Schritt: Vollstreckungsschutzantrag des Schuldners (§ 712)

Insofern entfällt die Ausräumbefugnis des Gläubigers.

5. Schritt: Schutzantrag des Gläubigers (§ 711 S. 3)

> Bei beidseitiger Vollstreckungsmöglichkeit – ohne Vollstreckungsschutzantrag des Schuldners/Gläubigers – lautet der Tenor wie folgt:
>
> „Das Urteil ist vorläufig vollstreckbar. Beide Parteien können die Zwangsvollstreckung durch Sicherheitsleistung iHv 110 % des aus dem Urteil vollstreckbaren Betrages abwenden, wenn nicht die Gegenseite vor der Vollstreckung Sicherheit iHv 110 % des jeweils vollstreckbaren Betrags leistet."

c) Vollstreckung gegen Sicherheitsleistung (§ 709)

aa) Grundsatz

125 Die Regelung ist nur dann einschlägig, **sofern kein Fall des § 708 vorliegt** („andere Urteile"). Sie dient der Absicherung des Schuldners eines evtl. Schadens, der ihm durch die Vollstreckung des Urteils oder durch eine von ihm zur Abwendung der Vollstreckung gemachten Leistung entstanden ist (vgl. § 717 Abs. 2). Die Höhe der Sicherheitsleistung ist daher in diesem Sinne zu bestimmen; dh nur bei Erbringung dieser Sicherheitsleistung kann der Vollstreckungsgläubiger die Zwangsvollstreckung durchführen.

bb) Bestimmung der Sicherheitsleistung

126 Insofern unterscheidet § 709 danach, ob eine Geldforderung oder eine anderweitige Verurteilung (zB Herausgabe, Unterlassung) zu vollstrecken ist. Grds. ist ein Sicherungsbetrag in einer bestimmten Höhe (§ 709 S. 1) festzulegen; bei einer Geldforderung jedoch ist die Angabe eines bestimmten Verhältnisses zur Höhe des jeweils zu vollstreckbaren Betrages ausreichend (§ 709 S. 2).

Folgende **Prüfungsreihenfolge** erscheint daher zweckmäßig:

1. Schritt: „anderes Urteil" als iSd § 708 Nr. 1–11.

2. Schritt: Art des vollstreckenden Gegenstandes („Geldforderung" od. „sonstige Verurteilung").

- bei einer **Geldforderung** (darunter fallen auch zu vollstreckende Kosten) ist es aus Gründen der Zweckmäßigkeit ratsam, die Sicherheitsleistung durch die Angabe ei-

---

[148] BGH NJW 2015, 77 (78 Rn. 12 ff.).

VI. Streitwert und Kosten (Gebühren) § 5

nes „Verhältnisses (idR 110 %) zur Höhe des jeweils zu vollstreckbaren Betrages" anzugeben (§ 709 S. 2).

„Das Urteil ist gegen Sicherheitsleistung in Höhe von 110 % des jeweils vollstreckbaren Betrages vorläufig vollstreckbar."

- bei einer „**sonstigen Verurteilung**" ist der Sicherungsbetrag konkret zu beziffern (§ 709 S. 1). Dieser setzt sich zusammen aus dem Betrag bzw. Wert der Verurteilung in der Hauptsache, den Zinsen (für die Vergangenheit, für die Zukunft bis zum möglichen Zeitpunkt der Befriedigung (idR 6 Monate)) sowie sonstigen Nebenforderungen (zB Mahnkosten) sowie den konkreten Kostenerstattungsanspruch. Einer mathematischen Genauigkeit bedarf es dabei nicht. In der Praxis wird der errechnete Betrag nach oben gerundet.

„Das Urteil ist gegen Sicherheitsleistung des Klägers in Höhe von 15.000 EUR vorläufig vollstreckbar".

- soweit **sowohl eine Geldforderung als auch eine „sonstige Verurteilung"** zu vollstrecken sind, kann § 709 S. 2 nur bzgl. der Geldforderung Anwendung finden. Im Übrigen gilt § 709 S. 1 (dh gesonderter Ausspruch erforderlich).

3. Schritt: Feststellung der Urteilsart („Versäumnisurteil") und dessen Tenor, § 709 S. 3

Für die Anwendung des § 709 S. 3 ist zunächst Voraussetzung, dass überhaupt ein Fall des § 709 S. 1 vorliegt, dh das Urteil muss die Wertgrenze des § 708 Nr. 11 übersteigen. Ist dies nicht der Fall, so gelten die allgemeinen Regeln der §§ 708, 709 S. 1, 2.

Wird das Versäumnisurteil wird aufrechterhalten, lautet der Tenor:

„Das Urteil ist gegen Sicherheitsleistung des Klägers in Höhe von 15.000 EUR vorläufig vollstreckbar. Die Vollstreckung aus dem Versäumnisurteil vom 2.2.2021 darf nur gegen Leistung dieser Sicherheit fortgesetzt werden."

Wird das Versäumnisurteil wird aufgehoben, gelten die allgemeinen Regeln der §§ 708, 709 S. 1, 2.

4. Schritt: Schutzantrag des Gläubigers (§ 710)

Die Sicherheitsleistung durch den Gläubiger entfällt; dh das Urteil wird ohne Sicherheitsleistung für vorläufig vollstreckbar erklärt.

5. Schritt: Schutzantrag des Schuldners (§ 712)

Der Schuldner kann die Vollstreckung durch Erbringung einer Sicherheitsleistung abwenden.

3. Teil:
Prozessuale Fragen im Verfahren erster Instanz

§ 6 Die Parteien und die sonstigen Verfahrensbeteiligten

I. Die Parteien: Kläger, Beklagter

1. Partei

1 Kläger bzw. Beklagter ist, wer als solcher in der Klage bezeichnet ist, unabhängig von seiner materiellrechtlichen Beziehung zum Streitgegenstand, sog. formeller Parteibegriff. Eine unrichtige oder unklare Bezeichnung ist auslegungsfähig: Danach ist grundsätzlich diejenige Person als Partei anzusehen, die nach dem Gesamtzusammenhang – aus der (objektiven) Sicht des Gerichts und des Prozessgegners – als Partei gemeint (betroffen) ist.[1]

2. Sachurteilsvoraussetzungen in Bezug auf die Parteien

2 Die Sachurteilsvoraussetzungen in Bezug auf die Parteien sind Existenz, Parteifähigkeit, Prozessfähigkeit, Wirksamkeit der Vertretung bei gewillkürter oder gesetzlicher Vertretung (zB bei prozessunfähiger und die Prozessführungsbefugnis.

3. Die Postulationsfähigkeit

a) Begriff

3 Darunter ist die Fähigkeit zu verstehen, in eigener Person vor Gericht wirksam prozessual handeln zu können. Sie ist keine Sachurteilsvoraussetzung ieS, sondern eine Prozesshandlungsvoraussetzung.[2]

Grundsätzlich ist zwar jede prozessfähige Partei auch postulationsfähig. Die Postulationsfähigkeit ist jedoch eingeschränkt, soweit Anwaltszwang besteht (§ 78, Anwaltsprozess). Insoweit sind nur die zugelassenen Anwälte postulationsfähig; die nicht selbst postulationsfähige Partei muss sich daher durch einen zugelassenen Anwalt vertreten lassen.

Die Klage eines Nichtpostulationsfähigen – zB Partei persönlich beim Landgericht - ist daher nicht unzulässig ieS, sondern wirkungslos: es erfolgt keine Klagezustellung, keine Terminsanberaumung.[3]

Ist die Klage wirksam erhoben, so hat ein Fehlen oder Entfallen der Postulationsfähigkeit, da diese ja keine Sachurteilsvoraussetzung ist, keinen Einfluss auf die Zulässigkeit der Klage. Es wird lediglich für die Partei nicht mehr wirksam gehandelt, mit entsprechenden Säumnisfolgen.

Ist zB die Klage vom Kläger persönlich bei Amtsgericht wirksam erhoben (auch mittels Mahnbescheid) und erfolgt dann eine Verweisung an Landgericht, bei dem der Kläger

---

[1] BGH MDR 2013, 420 Rn. 13, 14; NJW-RR 2006, 42; NJW-RR 2008, 582 (583 Rn. 7), zB eine BGB-Gesellschaft bei Klage gegen mehrere Personen mit dem Zusatz „GbR", OLG Karlsruhe MDR 2008, 408; vgl. dazu auch HK-ZPO/Bendtsen § 50 Rn. 4 f. sowie Zö/Althammer Vor § 50 Rn. 2 und 6 f.
[2] BGH NJW 2005, 3773; Zö/Althammer Vor § 50 Rn. 14.
[3] Zö/Althammer § 78 Rn. 12; zur Heilung → § 9 Rn. 33.

II. Parteimehrheit (Streitgenossenschaft, subjektive Klagehäufung) § 6

nicht durch einen RA vertreten ist, so ist zwar Klage zulässig, erscheint der Kläger der im Termin vor dem Landgericht nur persönlich ohne Anwalt, ist er säumig, mit der Folge eines Erlasses eines Versäumnisurteils bei Antrag des anwaltlich vertretenen Beklagten (§ 330).[4]

b) Anwaltszwang

aa) Grundsatz

Anwaltszwang besteht bei den Landgerichten und den höheren Gerichten. Dabei ist gem. § 78 Abs. 1 vor den Landgerichten und den Oberlandesgerichten jeder bei (irgend-) einer Rechtsanwaltskammer zugelassene Anwalt postulationsfähig, so dass auch jeder zugelassene Anwalt bei jedem Land- oder Oberlandesgericht auftreten kann. Einer besonderen Zulassung bedarf es nur noch beim BGH.[5]

Beim Amtsgericht sind die Parteien persönlich postulationsfähig (Parteiprozess, § 79). Beim Familiengericht besteht jedoch grds. Anwaltszwang für Ehe- und Folgesachen sowie in selbstständigen Familienstreitsachen iSd § 112 FamFG (vgl. § 114 Abs. 1 FamFG).[6]

4

5

bb) Ausnahmen vom Anwaltszwang

- **§ 78 Abs. 3**: für Prozesshandlungen, die vor dem Urkundsbeamten der Geschäftsstelle vorgenommen werden können, wie zB Zuständigkeitsrüge und Verweisungsantrag (§ 281 Abs. 2 S. 1), Antrag auf Arrest und einstweilige Verfügung (§§ 920 Abs. 3, 936), Antrag auf Prozesskostenhilfe (§ 117 Abs. 1).
- **§ 13 RPflG**: Verfahren vor dem Rechtspfleger, einschl. Beschwerde,[7] die daher auch beim Landgericht durch die Partei persönlich eingelegt werden kann.[8]
- **§ 114 Abs. 4 FamFG**: in den dort geregelten Fällen bedarf es trotz grds. Anwaltszwanges keiner Vertretung durch einen Rechtsanwalt.

6

II. Parteimehrheit (Streitgenossenschaft, subjektive Klagehäufung)

1. Entstehung

Eine subjektive Klagehäufung entsteht durch Klageerhebung von mehreren bzw. gegen mehrere Parteien (ursprüngliche Streitgenossenschaft), im Prozess durch Parteibeitritt bzw. -erweiterung, Rechtsnachfolge einer Parteimehrheit nach einer Partei (nachträgliche Streitgenossenschaft sowie durch Verbindung mehrerer Prozesse mit unterschiedlichen Parteien (§ 147).

Eine Klageerhebung gegen eine Partei nur für den Fall der Erfolglosigkeit der Klage gegen eine andere, begründen hingegen keine subjektive Klagehäufung, da insoweit eine unzulässige bedingte Klageerhebung vorliegt.[9]

7

---

4 HK-ZPO/Kießling Vor §§ 330–347 Rn. 8.
5 BVerfG NJW 2002, 3765.
6 Gesetz über das Verfahren in Familiensachen und in Angelegenheiten der freiwilligen Gerichtsbarkeit v. 17.12.2008, -BGBl. I 2586; vgl. dazu auch HK-ZPO/Bendtsen § 78 Rn. 14.
7 BGH Rpfleger 2006, 416.
8 Weitere Ausnahmen: s. HK-ZPO/Bendtsen § 78 Rn. 17 f.
9 LAG Köln MDR 1999, 376; OLG Hamm MDR 2005, 533.

Gierl

2. Einfache Streitgenossenschaft (§§ 59–61, 63)

a) Bedeutung

8   Die Streitgenossenschaft stellt lediglich eine Zusammenfassung mehrerer Prozesse aus Zweckmäßigkeitserwägungen zu einem einheitlichen Prozess dar, wobei die einzelnen Prozessrechtsverhältnisse rechtlich selbstständig und voneinander unabhängig sind und bleiben (§ 61).[10]

Insofern muss die Zulässigkeit der Klage also für jeden Streitgenossen gesondert geprüft werden; entweder im Rahmen des üblichen Prüfungsaufbaus bzgl. der allgemeinen Sachurteilsvoraussetzungen, so dass die „einzelnen Streitgenossen" Untergliederungspunkte der einzelnen Sachurteilsvoraussetzungen sind, oder durch Aufspaltung der Zulässigkeitsprüfung entsprechend der einzelnen Streitgenossen.

b) Zulässigkeitsvoraussetzungen der Streitgenossenschaft

9   Die gemeinsame Prozessführung muss **zweckmäßig** sein, wobei hierfür aus Gründen der Prozessökonomie nur geringer Anforderungen zu stellen sind[11]. Voraussetzung ist aber, dass die für und gegen die Streitgenossen verfolgten Ansprüche in einem inneren sachlichen Zusammenhang, so zB bei Gesamtgläubiger, -schuldner (§ 59) stehen.[12]

Die verfolgen Ansprüchen müssen **in derselbe Prozessart** (zB Urkunden-, Wechselprozess) verfolgt werden (§ 260 analog, da gleichzeitig auch eine objektive Klagehäufung vorliegt). Daher ist es nicht zulässig, die Klage gegen einen Streitgenossen im Urkundenprozess, gegen anderen im ordentlichen Prozess zu erheben). Die Klageart (Leistungs-, Feststellungsklage) muss jedoch nicht identisch sein muss. Des Weiteren darf **kein Verbindungsverbot** (§§ 126 Abs. 2, 179 Abs. 2 FamFG) betreffend die einzelnen Klagen bestehen.

Bei Fehlen dieser Zulässigkeitsvoraussetzungen erfolgt lediglich eine Trennung der – ohnehin selbstständigen – Prozesse (§ 145, nicht etwa Klageabweisung).

c) Behandlung der einfachen Streitgenossenschaft

aa) Prozesshandlungen

10 Die von einem Streitgenossen vorgenommene Prozesshandlungen gelten nur für diesen (§ 61, zB Anerkenntnis, Prozessvergleich, Klagerücknahme).

bb) Zulässigkeit der Klage

11 Die Zulässigkeit der Klage ist hinsichtlich jedes Prozessrechtsverhältnisses und jedes Streitgenossen selbstständig festzustellen.[13]

Für den Zuständigkeitsstreitwert gilt jedoch § 5: Grundsätzlich sind die Streitwerte der einzelnen Klagen zusammen zu rechnen, falls nicht, wie etwa bei Gesamtschuldnern, eine (wirtschaftliche) Identität der Ansprüche gegeben ist.[14] Für eine Klage gegen zwei Beklagte auf Zahlung von je 4.000 EUR ist daher das Landgericht sachlich zuständig,

---

10   BGH FamRZ 2003, 1175; Hk-ZPO/Bendtsen § 60 Rn. 1; ThP/Seiler § 61 Rn. 1.
11   BGH NJW 1992, 981; JZ 1990, 1036.
12   BGH NHW 2018, 2200 (2201 Rn. 12).
13   BGH NJW 1994, 3102 (3103); Hk-ZPO/Bendtsen § 61 Rn. 5.
14   BGH NJW-RR 2004, 638 (639); ThP/Hüßtege § 5 Rn. 8.

II. Parteimehrheit (Streitgenossenschaft, subjektive Klagehäufung) § 6

bei Klage auf Verurteilung zu 4.000 EUR als Gesamtschuldner dagegen das Amtsgericht.[15]

Bei unterschiedlicher örtlicher Zuständigkeit bedarf es der Gerichtsstandbestimmung gem. § 36 Abs. 1 Nr. 3.[16]

Bei Unzulässigkeit der Klage bzgl. eines Streitgenossen ist diese durch Prozessurteil abzuweisen.

cc) Begründetheit der Klage

Insoweit gilt ebenfalls der **Grundsatz**, dass die Begründetheit jeweils selbstständig für jede Klage festzustellen ist.

12

Der **Tatsachenvortrag** sowie Angriffs- und Verteidigungsmittel der Streitgenossen wie auch Anerkenntnis (§ 307) oder Verzicht (§ 306) sind daher grundsätzlich selbstständig zu beurteilen. Das Vorbringen kann und darf sich daher widersprechen; streitige und unstreitige Tatsachen können voneinander abweichen.[17] IdR werden die Streitgenossen natürlich übereinstimmend vortragen; es ist idR auch anzunehmen, dass sich Streitgenossen den günstigen Vortrag der anderen zu eigen machen, insbes. auch Beweisantritte, selbst wenn eine diesbezügliche Erklärung nicht abgegeben hat.[18]

Die **Tatsachenfeststellung** muss – logischerweise – gleich ausfallen.[19] Eine Ausnahme gilt für das Geständnis (§ 288) eines Streitgenossen. Dieses bindet – nur – diesen. Wenn die zugestandene Tatsache streitig ist, kann aber im Verhältnis zu den anderen Streitgenossen durch Beweiswürdigung – bei der das Geständnis oder Anerkenntnis jedoch als Indiz verwertbar ist – auch das Gegenteil festgestellt werden.[20]

Strittig ist, ob ein Streitgenosse im Prozessrechtsverhältnis des anderen **als Zeuge** vernommen werden kann. Die hM lässt die Vernehmung eines Streitgenossen als Zeuge nur insoweit zu, als die Tatsache, zu der er benannt ist, ausschließlich den Prozess des anderen Streitgenossen betrifft, nicht jedoch, soweit die Tatsache auch für seinen Rechtsstreit von Bedeutung ist; dadurch soll verhindert werden, dass der Streitgenosse praktisch in seinem eigenen Prozess als Zeuge aussagen könnte.[21] Nach a.A.[22] folgt aus der Selbstständigkeit der Prozessrechtsverhältnisse dagegen, dass ein Streitgenosse uneingeschränkt im Verhältnis zum anderen als Zeuge vernommen werden kann (mit natürlich entsprechend kritischer Beweiswürdigung).

13

> **Beispiel** Klage gegen den Halter und den Fahrer des Unfallfahrzeugs, wobei sich der Halter zum Nachweis der höheren Gewalt (§ 7 Abs. 2 StVG) auf den Fahrer als Zeugen beruft.

Nach der hM kann im Beispielsfall der Fahrer nicht als Zeuge vernommen werden.

Daraus folgt als prozesstaktische Erwägung für den Kläger, in Fällen dieser Art Halter und Fahrer stets gemeinsam zu verklagen, damit der Fahrer als Zeuge des Halters für den Unfallhergang ausscheidet (ähnlich bei Klagen gegen anderweitige mögliche Gesamtschuldner, wie bei Eheleuten aus gemeinsamem Vertragsschluss). Andererseits

---

15 S. Schellhammer Rn. 1418.
16 S. Vossler NJW 2006, 117.
17 BGH NJW-RR 2003, 1344.
18 BGH NJW 2015, 2125 (2126 Rn. 14).
19 Hk-ZPO/Bendtsen § 61 Rn. 8.
20 ThP/Hüßtege § 61 Rn. 12.
21 BGH NJW 1983, 2508; NJW-RR 1991, 256; Hk-ZPO/Bendtsen § 61 Rn. 6; ThP/Hüßtege § 61 Rn. 7.
22 Ua Lindacher JuS 1986, 381.

kann der Beklagte aus denselben Erwägungen neben dem Kläger einen Dritten – zB den Fahrer des Klägerfahrzeugs – durch Widerklage in den Prozess einbeziehen, um diesen Dritten als Zeugen auszuschalten.

dd) Die Entscheidung

14 Diese kann hinsichtlich der Streitgenossen unterschiedlich ausfallen, so zB: wenn sich nur einer von mehreren Gesamtschuldnern gegenüber der im Übrigen begründeten Klage wirksam auf Verjährung berufen hat (s. § 425 Abs. 2 BGB); dann wird die Klage gegen diesen Streitgenossen abgewiesen, während die übrigen verurteilt werden.

Von Bedeutung ist auch eine unterschiedliche Prozesslage: Bei Erledigungserklärung in einem Prozessrechtsverhältnis ergeht insoweit eine Entscheidung nach Erledigungsgrundsätzen, im Übrigen streitige Entscheidung. Entsprechendes gilt bei Säumnis eines Streitgenossen: uU insoweit Versäumnisurteil.

15 Der Erlass eines Teilurteils (§ 301) hinsichtlich einzelner Streitgenossen ist zulässig.[23]

Die Kostenentscheidung bestimmt sich bei beim Obsiegen aller Streitgenossen nach § 91, beim Unterliegen aller Streitgenossen als Teilschuldner nach § 100 Abs. 1, als Gesamtschuldner nach § 100 Abs. 4 sowie bei unterschiedlicher Beteiligung nach § 100 Abs. 2 und 3.

Obsiegen bzw. Unterliegen nur einzelner Streitgenossen (in § 100 nicht geregelt – Kombination von §§ 91, 92 – Baumbachsche Formel).[24] Sie bezieht sich nur auf das Verhältnis zum Prozessgegner; unter den Streitgenossen selbst findet dagegen keine prozessuale Kostenerstattung statt.

Die vorläufige Vollstreckbarkeit ist gem. §§ 708 ff. für jeden einzelnen Streitgenossen gesondert festzustellen.

ee) Anwaltliche Vertretung im Prozess

16 Die Streitgenossen können sich jeweils durch einen eigenen, aber auch durch einen gemeinsamen Rechtsanwalt vertreten lassen; für den gemeinsamer RA gilt RVG VV 1008. Der Erstattungsanspruch eines obsiegenden Streitgenossen besteht grds. nur entspr. seiner Beteiligung am Rechtsstreit[25] und nur hinsichtlich der ihm tatsächlich entstandenen Kosten.[26]

Bei Vertretung durch einzelne Anwälte stehen diesen gegen ihre Mandanten jeweils die normalen Gebühren zu.[27] Ein Erstattungsanspruch der Streitgenossen gegen den Prozessgegner besteht aber nur in Höhe der Kosten eines gemeinsamen Anwalts, wenn die Bestellung einzelner Anwälte nicht notwendig war (Pflicht der Parteien, erstattungsfähige Kosten so niedrig zu halten, wie sich dies mit ihren berechtigten Belangen vereinbaren lässt).[28]

---

23 BAG NJW 2004, 2848 (2849); Hk-ZPO/Bendtsen § 61 Rn. 9.
24 Vgl. dazu HK-ZPO/Gierl § 100 Rn. 19 mit Berechnungsbeispiel.
25 BGH NJW-RR 2006, 1508; vgl. HK-ZPO/Gierl § 100 Rn. 27.
26 Vgl. dazu näher Hk-ZPO/Gierl § 100 Rn. 27.
27 ThP/Hüßtege § 61 Rn. 19.
28 Vgl. dazu näher HK-ZPO/Gierl § 100 Rn. 23.

d) Rechtsmittel und Rechtskraft

Im Hinblick auf die Selbständigkeit der einzelnen Prozessrechtsverhältnisse, sind diese hinsichtlich jedes Streitgenossen **gesondert** zu beurteilen.

Eine Rechtskrafterstreckung auf das jeweilige andere Verfahren tritt nicht ein. Demgemäß bleibt jedem der rechtskräftig als Gesamtschuldner verurteilten Streitgenossen im nachfolgenden Rechtsstreit um den Innenausgleich damit die Möglichkeit erhalten, die im Vorprozess bejahte Verbindlichkeit dem Gläubiger gegenüber und damit auch das Bestehen eines Gesamtschuldverhältnisses überhaupt infrage zu stellen.[29]

Ist das Rechtsmittel des Gegners nur gegen einen der obsiegenden Streitgenossen gerichtet, ist dieses aber dahin gehend auszulegen, dass es gegen alle Streitgenossen eingelegt wurde, sofern keine Umstände vorliegen, die eine Beschränkung des Rechtsmittels nahelegen.[30]

3. Notwendige Streitgenossenschaft (§§ 62, 63)

a) Fallgruppen der notwendigen Streitgenossenschaft

Eine notwendige Streitgenossenschaft liegt dann vor, wenn die Entscheidung des Rechtsstreits gegenüber allen Streitgenossen aus rechtlichen Gründen zwingend einheitlich ausfallen muss.

Die rechtliche Notwendigkeit einheitlicher Entscheidung kann folgen:

aa) Aus prozessrechtlichen Gründen (§ 62 Abs. 1, Alt. 1),

also wenn die Rechtskraft des Urteils gegen einen Streitgenossen sich kraft gesetzlicher Vorschrift auch auf die anderen Streitgenossen erstreckt oder wenn eine Gestaltungswirkung des Urteils allen Streitgenossen gegenüber eintritt, zB: Feststellungsklage eines Insolvenzgläubigers gegen mehrere widersprechende Gläubiger (§§ 179, 183 InsO);[31] Klage mehrerer OHG-Gesellschafter gegen einen auf Auflösung der OHG (§ 133 HGB). § 856 Abs. 2, 4: mehrere Pfandgläubiger bei Klage gegen Drittschuldner.

Hier brauchen zwar nicht alle Streitgenossen gemeinsam klagen; wenn sie aber gemeinsam klagen, sind sie notwendige Streitgenossen, weil die Entscheidung dann nur einheitlich ergehen kann.[32]

> **Stichwort:** „Die Rechtskrafterstreckung bei einem Nacheinander der Prozesse führt zur notwendigen Streitgenossenschaft bei einem Nebeneinander der Prozesse".[33]

Strittig ist, ob auch bei **Identität bzw. Unteilbarkeit des Streitgegenstandes** eine notwendige Streitgenossenschaft gegeben ist (Fälle der §§ 2039. 1011, 432 BGB). Die Literatur bejaht bei Aktivprozessen von einzelnen in Rechtsgemeinschaft zueinanderstehenden Anspruchsinhabern das Vorliegen einer notwendigen Streitgenossenschaft aufgrund der Identität/Unteilbarkeit des Streitgegenstandes auch dann, wenn diese in Ausübung ihrer Einzelprozessführungsbefugnis klagen.[34] Der BGH lehnt dies ab, da einer

---

[29] BGH NJW 2019, 1751 Rn. 12 mAnm Bacher MDR 2019, 535.
[30] BGH NJW-RR 2011, 359 (360 Rn. 12, 13).
[31] BGH NJW 1990, 3207 (3208).
[32] BGH NJW 1990, 3207 (3208); vgl. dazu näher Hk-ZPO/Bendtsen § 62 Rn. 4, 5; ThP/Hüßtege § 62 Rn. 8–10; Zö/Althammer § 62 Rn. 3–4.
[33] BGHZ 92, 354 = NJW 1985, 385.
[34] Zö/Althammer § 62 Rn. 16; ThP/Hüßtege § 62 Rn. 13; Lindacher JuS 1986, 383; Wieser NJW 2000, 1163.

solchen „Einzelklage" (auch) keine Rechtskraft den anderen Rechtsinhabern gegenüber beizumessen ist.[35]

bb) Aus materiellrechtlichen Gründen (§ 62 Abs. 1 Alt. 2)

21 Eine notwendige Streitgenossenschaft aus materiellrechtlichen Gründen ist gegeben, wenn wegen nur gemeinsamer Verfügungsbefugnis die Klage auch nur (!) gemeinschaftlich erhoben werden kann oder gegen alle gemeinschaftlich gerichtet werden muss, so dass die Klage nur eines Berechtigten oder gegen nur einen Berechtigten als unzulässig abgewiesen werden müsste. Das Erfordernis einer gemeinschaftlichen Klage ergibt sich somit aus der lediglich gemeinschaftlich vorhandenen materiellrechtlichen Verfügungsbefugnis.[36]

> **Beispiele:** Aktivprozesse einer Gesamthand, §§ 719, 2038, 2040 BGB (eine BGB-Außengesellschaft muss aber, da parteifähig, als Anspruchsinhaberin als solche klagen (nicht die Gesellschafter)[37]; Auflassungsklage nur gegen alle Miteigentümer gemeinsam.[38]

In diesen Fällen der notwendigen Streitgenossenschaft müssen die Streitgenossen gemeinsam klagen; ein Einzelner ist nicht prozessführungsbefugt,[39] seine Klage ist daher unzulässig.

22 In wichtigen Gemeinschaftsbeziehungen ist jedoch den einzelnen Mitgliedern gesetzlich eine Einzelprozessführungsbefugnis eingeräumt (zB §§ 2039, 432, 1011 BGB); dann besteht für die zulässige Einzelklage natürlich keine notwendige Streitgenossenschaft (→ Rn. 22), wohl jedoch dann, wenn gleichwohl mehrere oder alle Gemeinschaftsbeteiligten – was sie natürlich können – gemeinsam klagen.[40]

In Passivprozessen nimmt auch der BGH in solchen Fällen, in denen ein einzelner von mehreren Mitberechtigten das begehrte Recht nicht erfüllen kann, eine notwendige Streitgenossenschaft aus materiellrechtlichen Gründen (Unteilbarkeit des Streitgegenstandes) an (zB § 2059 Abs. 2 BGB; § 747 S. 2 BGB).[41]

> **Merksatz** der Streit zwischen BGH und Literatur bzgl. des Vorliegens einer notwendigen Streitgenossenschaft aufgrund Unteilbarkeit des Streitgegenstandes kommt daher lediglich bei Aktivprozessen zum Tragen!

b) Keine notwendige Streitgenossenschaft

23 Eine notwendige Streitgenossenschaft ist hingegen nicht gegeben, wenn eine einheitliche Entscheidung jedenfalls nicht aus rechtlichen, sondern nur aus logischen Gründen geboten ist oder angesichts der Folgeprobleme wünschenswert wäre.[42]

Keine notwendige, sondern einfache Streitgenossenschaft besteht daher bei einer Klage gegen Gesamtschuldner (Gesamtschuldklage im Gegensatz zur Gesamthandsklage),[43]

---

35 BGHZ 92, 354 (zu § 1011 BGB); NJW 2006, 1969 (zu § 2039 BGB).
36 BGH NJW-RR 2019, 590 (591 Rn. 6); NJW 1990, 2689.
37 BGH MDR 2016, 401; NJW 2003, 1043; BGH MDR 2004, 330; BGH NJW-RR 2006, 42. aA OLG Dresden NJW-RR 2002, 544.
38 BGH NJW 1996, 1060 (1061), es sei denn, einzelne haben sich bereits verpflichtet BGH NJW 1992, 1102.
39 BGHZ 92, 351 (353).
40 Zu den – zT sehr kompliziert liegenden – Fällen der notw. Streitgenossenschaft ua näher: Zö/Althammer § 61 Rn. 2 ff.
41 BGH NJW 1996, 1060 (1061): Bestellung/Duldung eines Notweges – Erklärung der Auflassung.
42 BGH NJW NJW-RR 2017, 1317 (1318 Rn. 20).
43 BAG NJW 2004, 2848 (2849); vgl. dazu zB näher Grüneberg/Weidlich § 2059 Rn. 11 f.

II. Parteimehrheit (Streitgenossenschaft, subjektive Klagehäufung) § 6

gegen Bürgen und Hauptschuldner,[44] gegen OHG/KG und Gesellschafter (§ 129 HGB),[45] gegen BGB-Gesellschaft und Gesellschafter,[46] gegen die BGB-Gesellschafter,[47] ferner gegen Kfz-Halter/Fahrer und Haftpflichtversicherung.[48]

c) Rechtswirkungen der notwendigen Streitgenossenschaft[49]

aa) Vertretungsfiktion des § 62[50]

Sie dient der Ermöglichung einer einheitlichen Entscheidung und hat zur Folge, dass bei Säumnis nur eines der Streitgenossen gegen diesen kein Versäumnisurteil, sondern nur ein einheitliches kontradiktorisches Urteil ergehen kann. Im Gegensatz dazu ist bei einfacher Streitgenossenschaft ein Versäumnisurteil gegen einen einzelnen Säumigen möglich.

24

Der säumige Streitgenosse kann sich aber von den während seiner Säumnis erfolgten Prozesshandlungen wieder lösen, sofern es noch nicht zu einer unanfechtbaren Endentscheidung gekommen ist. Demgemäß kann auch ein durch einen im Termin anwesenden Streitgenossen abgegebenes Anerkenntnis iSd § 307 trotz des Grundsatzes der Widerruflichkeit von Prozesshandlungen im Nachgang im Hinblick auf die gebotene teleologische Reduktion des § 62 widerrufen.[51]

bb) Verhalten eines einzelnen Streitgenossen

Ein einer einheitlichen Entscheidung entgegenstehendes Verhalten eines einzelnen Streitgenossen ist grds. wirkungslos.

25

Geständnis, Verzicht, Anerkenntnis[52] oder eine einseitige Erledigterklärung durch einen einzelnen Streitgenossen haben daher keine Wirkung gegen die anderen Streitgenossen.[53]

Die Wirkungen einer Klagerücknahme, Zustimmung zur Klagerücknahme des Gegners, übereinstimmender Erledigterklärung (§ 91a) hängen von der Art der notwendigen Streitgenossenschaft ab:

26

- Bei einer notwendigen Streitgenossenschaft aus prozessrechtlichen Gründen sind die Prozesshandlungen eines Streitgenossen zulässig und wirksam, da auch die Einzelklage eines Streitgenossen zulässig ist und eine einheitliche Sachentscheidung gegenüber den im Prozess verbleibenden notwendigen Streitgenossen möglich ist.[54]
- Bei einer notwendigen Streitgenossenschaft aus materiellrechtlichen Gründen führen diese Prozesshandlungen entweder zu deren Unwirksamkeit wegen Zwangs zur

---

44 Zö/Althammer § 62 Rn. 7.
45 BGH NJW 1988, 2113.
46 BGH NJW 2001, 1056 (1060).
47 OLG Frankfurt JuS 2002, 1232.
48 BGH NJW 1982, 999; trotz § 3 Nr. 8 PflichtVersG (aF)/§ 124 VVG; BGH NJW-RR 2010, 1725, NJW-RR 2012, 233 Rn. 4..
49 Mayer Jura 2015, 1095.
50 BGH NJW 2016, 716 (717 Rn. 13).
51 BGH NJW 2016, 716 (717 Rn. 19 f.).
52 Vgl. aber BGH NJW 2016, 716 (717 Rn. 13).
53 Zö/Althammer § 62 Rn. 25 (aber Indiz für Beweiswürdigung); THP/Hüßtege § 62 Rn. 17.
54 THP/Hüßtege § 62 Rn. 17; BGH NJW 2009, 2132 (2134 Rn. 22): zur Klagerücknahme; BGH NJW-RR 2011, 618 (619 Rn. 19): zur Erledigterklärung durch einen Streitgenossen.

gemeinsamen Klage[55] oder – bei Annahme der Wirksamkeit – zur (nunmehrigen) Unzulässigkeit der Klage bzgl. der übrigen notwendigen Streitgenossen, da eine einheitliche Sachentscheidung nicht mehr ergehen kann (den restlichen Klägern fehlt die Prozessführungsbefugnis).[56]

27 Im Übrigen sind die Prozessrechtsverhältnisse selbstständig. Soweit zur Gewährleistung der einheitlichen Entscheidung nicht Sonderregelungen eingreifen, gelten dieselben Regeln wie bei einfacher Streitgenossenschaft[57], zB hins. Angriffs- u. Verteidigungsmittel. Eine Verjährungshemmung durch Klage gegenüber einem Streitgenossen wirkt daher nicht gegen den anderen.

Behauptungen und Bestreiten wirken jeweils nur für und gegen den einzelnen Streitgenossen, wobei aber günstige Tatsachen idR den anderen (notwendigen) Streitgenossen zu gute.[58]

4. Zusammenfassung

28 Die notwendige Streitgenossenschaft ist die Ausnahme, die einfache daher die Regel.[59] Daher kann bei einer Beteiligung von Streitgenossen grundsätzlich davon ausgegangen werden, dass es sich um eine einfache Streitgenossenschaft handelt. Wenn die Entscheidung ohnehin einheitlich ausfällt, stellt sich die Frage, ob eine notwendige Streitgenossenschaft vorliegen kann, nicht und bedarf daher dann auch keiner Erörterung. Nur dann, wenn eine unterschiedliche Entscheidung in Betracht kommt oder wenn die Streitgenossen unterschiedlich prozessieren und die Frage der Wirksamkeit ihres prozessualen Verhaltens zu entscheiden ist, ist zu prüfen, ob die Streitgenossenschaft notwendig ist.[60] Dies wird im Regelfall – mit einfachen Überlegungen – zu verneinen sein, weil im Allgemeinen die Entscheidung hinsichtlich der einzelnen Streitgenossen unterschiedlich ausfallen kann und darf.

III. Parteiwechsel (Parteiänderung)

1. Begriff

a) Voraussetzung

29 Ein Parteiwechsel liegt nur bei einer wirklichen Auswechselung einer Partei – also der Rechtsperson auf Kläger- und/oder Beklagtenseite – vor. Insoweit tritt anstelle einer bisherigen Partei eine andere, von der bisherigen Partei personenverschiedene – nicht identische – neue Partei in das Verfahren ein.

b) Abgrenzung zur Berichtigung

30 Partei ist (von vornherein), wer von der Parteibezeichnung der Klageschrift erkennbar betroffen werden sollte.[61] Für die Ermittlung der Parteien im Weg der Auslegung ihrer Bezeichnung sind nicht nur die im Rubrum der Klageschrift enthaltenen Angaben,

---

55 Zö/Althammer § 62 Rn. 25.
56 Mus/Voit/Weth § 62 Rn. 18 mwN.
57 BGH NJW 1996, 1060.
58 BGH NJW-RR 2011, 979 (980 Rn. 13).
59 ThP/Hüßtege § 62 Rn. 15; Lindacher JuS 1986, 379.
60 GF-ZPO/Gierl § 62 Rn. 3.
61 BGH NJW 2017, 2472 Rn. 19–21; NJW 2011, 1453 Rn. 11; BAG NJW 2009, 1293 Rn. 14; BGH NJW-RR 2008, 582. → Rn. 1.

III. Parteiwechsel (Parteiänderung)

sondern auch der gesamte Inhalt der Klageschrift einschließlich etwaiger beigefügter Anlagen zu berücksichtigen. Dabei gilt der Grundsatz, dass die Klageerhebung durch die oder gegen die in Wahrheit gemeinte Partei oder der durch die Antragstellung bezweckte Erfolg nicht an der fehlerhaften Bezeichnung scheitern darf, wenn diese Mängel in Anbetracht der jeweiligen Umstände letztlich keine vernünftigen Zweifel an dem wirklich Gewollten aufkommen lassen.[62]

War diese Bezeichnung unklar oder unrichtig und wird sie dahin berichtigt, dass die erkennbar betroffene Partei nunmehr auch zutreffend bezeichnet wird, so ist dies – auch wenn es sich äußerlich um verschiedene Personen handeln könnte – keine Parteiänderung, sondern lediglich eine zulässige Berichtigung der Parteibezeichnung. Eine bloße Berichtigung der Parteibezeichnung („Berichtigung des Rubrums") ist jederzeit, auch von Amts wegen und ohne besondere Voraussetzungen zulässig.[63]

Bei einer Klage gegen eine nicht eingetragene **Firma**, unter der zwei Personen gehandelt haben sind mit der Bezeichnung der „Firma" von vornherein, für diese erkennbar, die beiden Handelnden betroffen, und zwar hins. ihrer gemeinsamen geschäftlichen Tätigkeit, so dass die von ihnen gebildete BGB-Gesellschaft oder OGH die Beklagte ist, uU (zugleich) auch die Handelnden als Gesamtschuldner (Auslegungsfrage).

Gleiches gilt, wenn eine **KG**, vertreten durch den persönlich haftenden Gesellschafter A, verklagt wird und sich herausstellt, dass die KG bereits bei Klageerhebung eine Einzelfirma mit A als Inhaber war; dann war von vornherein A Beklagter. Dagegen tritt bei Übernahme der KG während des Rechtsstreits durch den persönlich haftenden Gesellschafter in Bezug auf die KG Gesamtrechtsnachfolge und damit ein Parteiwechsel kraft Gesetzes entspr. § 239 ein; Partei ist nunmehr der Übernehmer.[64]

Wenn eine „Änderung oder Berichtigung des Rubrums" beantragt wird, ist insbesondere bei einer **GbR** und der **WEG** stets sorgfältig zu prüfen, ob die Identität der Partei weiterhin besteht (Berichtigung möglich) oder ob nicht in Wirklichkeit eine andere Partei (andere Person) in den Rechtsstreit einbezogen werden soll. In diesem Fall müssen die Voraussetzungen für einen Parteiwechsel erfüllt sein. So mussten zB vor Anerkennung der Teilrechts- und Parteifähigkeit der WEG die Voraussetzungen für einen Parteiwechsel gegeben sein, wenn die Wohnungseigentümer zunächst gesamtschuldnerisch auf Werklohn wegen Arbeiten am Gemeinschaftseigentum in Anspruch genommen werden und nunmehr die WEG verklagt sein sollte; allein wegen der Änderung der Rechtsprechung konnte das Rubrum nicht entsprechend berichtigt werden.[65] Eine (bloße) Berichtigung des Rubrums erfolgt hingegen zB bei Umstellung einer Klage der BGB-Gesellschafter auf die BGB-Gesellschaft selbst.[66]

---

62 BGH NJW 2017, 2472 (2473 Rn. 20).
63 BVerfG NJW 2014, 205 (Rn. 22); BGH NJW 1981, 1453; 1983, 2448; 1994, 3288; Zö/Althammer vor § 50 Rn. 7; ThP/Hüßtege vor § 50 Rn. 4.
64 BGH NJW 2002, 1207; BGH NJW-RR 2006, 1289 (1290 Rn. 10); MK/Stackmann § 239 Rn. 18.
65 BGH NJW 2011, 1453 (1454 Rn. 13, 14).
66 BGH NJW 2003, 1043; BGH NJW-RR 2004, 275 (276); BGH NJW-RR 2006, 42; vgl. dazu näher Grüneberg/Sprau § 714 Rn. 22/23.

2. Der Parteiwechsel kraft Gesetzes

a) Fallgruppen

31 ▪ Gesamtrechtsnachfolge auf Seiten einer Partei, so zB Eintritt des Erben bei Tod der Partei (§ 239), entspr. in anderen Fällen der Gesamtrechtsnachfolge (zB Übergang von OHG oder KG auf alleinübernehmenden Gesellschafter); Eintritt der Nacherbfolge (§ 242).

▪ Beginn oder Beendigung der Prozessstandschaft einer Partei kraft Amtes, also Insolvenzverwalter (§ 240 ZPO, § 80 InsO); Testamentsvollstrecker (§ 243).

b) Wirkung des gesetzlichen Parteiwechsels

32 Die neue Partei tritt aufgrund der Rechtsnachfolge so in den Rechtsstreit ein, wie dieser sich im Zeitpunkt des Parteiwechsels befunden hat; Prozesshandlungen der früheren Partei und eine bereits durchgeführte Beweisaufnahme wirken daher gegen die neue Partei.[67] IdR tritt zugleich- zur Klärung für die neuen Beteiligten – eine Unterbrechung des Prozesses ein (vgl. §§ 239, 240; für das Insolvenzverfahren vgl. §§ 85, 86, 180 InsO).

3. Der gewillkürte Parteiwechsel

33 Der Parteiwechsel aufgrund von Parteierklärungen ist gesetzlich nicht generell geregelt (§§ 265, 266 stellen gesetzliche Sonderfälle dar), dessen grundsätzliche Zulässigkeit ist jedoch allgemein anerkannt.

34 Die **dogmatische Behandlung** des gewillkürten Parteiwechsels ist umstritten. Nach der Rechtsprechung finden die Regeln der Klageänderung iSd § 263 (sog. Klageänderungstheorie) Anwendung[68], während nach dem herrschenden Schrifttum eine Gesetzeslücke besteht, die aus den allgemeinen prozessualen Grundsätzen heraus – unter Berücksichtigung auch der Vorschriften über Klageänderung, Klagerücknahme und Klageerhebung – auszufüllen ist (prozessuales Rechtsinstitut eigener Art).[69]

a) Der gewillkürte Parteiwechsel in der 1. Instanz

aa) Wechsel des Beklagten

35 Hierfür ist eine entsprechende Parteiwechselerklärung des Klägers (unstreitig) Voraussetzung[70], da der Kläger bestimmt, wer Beklagter sein soll.

36 Zur **Einbeziehung** des neuen Beklagten bedarf es – als Klage im Verhältnis zum neuen Beklagten – der **Zustellung eines Schriftsatzes** gemäß § 253 Abs. 2 (unstreitig; Rügeverzicht gemäß § 295 möglich), sowie nach der Rechtsprechung[71] außerdem die **Einwilligung des neuen Beklagten** oder Zulassung der Einbeziehung als sachdienlich (entspr.

---

67 ThP/Hüßtege Vorbem. § 50 Rn. 18.
68 BGH NJW 2003, 1043; NJW-RR 2004, 640 (641); BGH NJW 2006, 1351 (1354 Rn. 25): jedenfalls grds. in 1. Instanz.
69 ThP/Hüßtege Vorb § 50 Rn. 15; Hk-ZPO/Saenger § 263 Rn. 17; MK/Becker-Eberhard § 263 Rn. 6; Mu/Voit/Foerste § 263 Rn. 13.
70 ThP/Hüßtege Vorbem. § 50 Rn. 22.
71 BGH NJW 1962, 347; NJW 2003, 1043.

III. Parteiwechsel (Parteiänderung)

§ 263), die nach dem Schrifttum nicht erforderlich ist, da der Kläger ohnehin gegen den neuen Beklagten eine neue Klage erheben könnte.[72]

Für ein **Ausscheiden** des ursprünglichen Beklagten ist eine **Einwilligung des ursprünglichen Beklagten** nach Maßgabe des § 269 Abs. 1 ab Beginn der mündlichen Verhandlung des Beklagten zur Hauptsache zwingend erforderlich. Zwar müsste an sich diese Einwilligung nach der Klageänderungstheorie des BGH auch durch Annahme der Sachdienlichkeit ersetzt werden können.[73] Da aber aus § 269 Abs. 1 folgt, dass der Beklagte von Beginn der mündlichen Verhandlung an einen unentziehbaren Anspruch auf eine Sachentscheidung hat, wird von der Rspr. von diesem Zeitpunkt an die Einwilligung des ursprünglichen Beklagten für erforderlich gehalten[74] (also Durchbrechung der Klageänderungstheorie!). 37

Vor mündlicher Verhandlung zur Hauptsache dagegen kann ein Wechsel auf Beklagtenseite nach der Rspr. entweder bei Einwilligung des ursprünglichen Beklagten oder durch Zulassung als sachdienlich erfolgen; insoweit kann also eine fehlende Einwilligung durch Sachdienlichkeit ersetzt werden.[75]

Bei **Wirksamkeit des Beklagtenwechsels** wird der Rechtsstreit nur noch gegen den neuen Beklagten fortgesetzt; der frühere Beklagte ist nicht mehr Partei. Entspr. § 269 Abs. 3 S. 2, Abs. 4 sind seine Kosten – durch Beschluss oder im späteren Urteil – dem Kläger aufzuerlegen.[76] Eine Bindung des neuen Beklagten an den bisherigen Prozessverlauf (Vortrag und Prozesshandlungen des ursprünglichen Beklagten, Beweisergebnisse) tritt nur dann ein, wenn er dem Parteiwechsel zugestimmt hat oder wenn er den Rechtsstreit insoweit ohne Widerspruch fortsetzt.[77] 38

Bei **Unwirksamkeit des erklärten Beklagtenwechsels** wird die Klage gegen den neuen Beklagten als unzulässig abgewiesen und der Prozess gegen den ursprünglichen Beklagten fortgesetzt,[78] wobei aber zu klären ist, ob insoweit nicht eine wirksame Klagerücknahme (oder Verzicht, Erledigungserklärung, Nichtbetreiben des Prozesses) seitens des Klägers anzunehmen ist. 39

bb) Wechsel des Klägers (in der Praxis selten)

Hier bedarf es (unstreitig) **Parteiwechselerklärungen** des alten und neuen Klägers (in denen zugleich die (unstreitig) geforderten **Einwilligungen** des alten und neuen Klägers zum Klägerwechsel liegen) sowie deren **Zustellung** an den Beklagten (Möglichkeit des Rügeverzichts). Ein Klägerwechsel kann jedoch nicht wirksam unter der Bedingung erklärt werden, dass das Gericht die Zulässigkeit der Klage des ursprünglichen Klägers als Prozessstandschafter verneint.[79] 40

Des Weiteren ist die zwar grds. die **Einwilligung des Beklagten** erforderlich, diese kann – jedenfalls vor Beginn der mündlichen Verhandlung[80] – nach BGH auch durch 41

---

72 StJ/Roth § 263 Rn. 54.
73 So ersichtlich früher BGHZ 16, 317 (321).
74 BGH NJW 2012, 3642 (3643) Rn. 15 mwN; BGH NJW 1981, 989; BGH NJW 2006, 1351 (1354 Rn. 24); OLG Bremen JurBüro 1984, 622; OLG Hamm NJW-RR 1991, 60 (61).
75 S. BGHZ 123, 136 zum Klägerwechsel.
76 BGH NJW 2006, 1351 (1353).
77 Zö/Greger § 263 Rn. 25; ThP/Hüßtege Vorbem. § 50 Rn. 22; Schellhammer Rn. 1683.
78 ThP/Hüßtege Vorbem. § 50 Rn. 29; Schellhammer Rn. 1685.
79 BGH NJW-RR 2004, 640 (641).
80 BGHZ 123, 136.

Zulassung als sachdienlich ersetzt werden[81]. Die Einwilligung ist auch entbehrlich, sofern deren Verweigerung rechtsmissbräuchlich ist.[82]

42 Bei wirksamem Wechsel ist nur der neue Kläger Partei; der ursprüngliche Kläger ist aus dem Rechtsstreit ausgeschieden. Der Beklagte hat Anspruch auf Erstattung von Mehrkosten infolge des Parteiwechsels und der bis dahin entstandenen Kosten (auch) gegen den ursprünglichen Kläger (entspr. § 269 Abs. 3 S. 2).[83]

b) Der Beklagtenwechsel in der Berufungsinstanz

43 Dieser setzt – auch nach der Rspr. neben der **Zustimmung des bisherigen Beklagten** (entspr. § 269) – zudem die **Zustimmung des neuen Beklagten** voraus, da diesem nicht gegen seinen Willen eine Tatsacheninstanz genommen werden darf.[84] Sachdienlichkeit reicht daher nicht aus (weitere Durchbrechung der Klageänderungstheorie!). Die Zustimmung ist jedoch entbehrlich, wenn sich ihre Verweigerung als Rechtsmissbrauch darstellt, dh, wenn der neue Beklagte kein schutzwürdiges Interesse an der Verweigerung besitzt und keinerlei prozessuale Nachteile befürchten muss. Allerdings ist wegen der erforderlichen weiteren Voraussetzungen gem. § 533 Nr. 2 ein Parteiwechsel in der Berufungsinstanz praktisch kaum möglich.[85]

IV. Parteibeitritt (Parteierweiterung)

1. Begriff

44 Ein Parteibeitritt liegt vor, wenn eine weitere Partei – zusätzlich – in den Rechtsstreit einbezogen wird, ohne dass insoweit eine Auswechselung erfolgt.

Die Rspr. behandelt auch den Parteibeitritt grds. als Klageänderung.[86] Das Schrifttum lehnt diese Auffassung überwiegend ab, da lediglich ein neues zusätzliches Prozessrechtsverhältnis begründet werde, im Verhältnis zum fortbestehenden bisherigen Prozessrechtsverhältnis aber keine Änderung eintrete.[87]

2. Beitrittsvoraussetzungen (entspr. dem dogmatischen Ansatz)

a) In der ersten Instanz

45 Nach allg. Meinung müssen die **Zulässigkeitsvoraussetzungen einer Streitgenossenschaft** gemäß §§ 59 ff. vorliegen, die durch den Beitritt entsteht.

Bei dem Beitritt in der ersten Instanz bedarf es zur Einbeziehung eines **weiteren Beklagten** neben der **Zustellung** eines den Anforderungen des § 253 Abs. 2 entsprechenden Schriftsatzes seitens des Klägers an den weiteren Beklagten nach der Rspr. der **Zustimmung des neuen Beklagten**, die nicht rechtsmissbräuchlich verweigert werden darf, oder das Vorliegen der **Sachdienlichkeit** iSd § 263[88]. Bei entsprechendem Antrag des Beklagten muss die Beweisaufnahme wiederholt werden, wenn dieser sonst in seiner

---

[81] NJW 1996, 2799 mwN; NJW 2003, 1043, MDR 2003, 1054; Widerspruch zu BGH NJW 1981, 989; NJW 2006, 1351.
[82] ThP/Hüßtege Vor § 50 Rn. 21.
[83] OLG Hamm MDR 2007, 1447; ThP/Hüßtege Vorbem. § 50 Rn. 21.
[84] BGH NJW 1981, 989; NJW 1987, 1946; NJW 1998, 1496; NJW-RR 1986, 356.
[85] Zö/Greger § 263 Rn. 19; Zö/Heßler § 533 Rn. 4.
[86] BGHZ 40, 189; 65, 268; BGH NJW 1996, 196; NJW 1999, 62.
[87] Hk-ZPO/Saenger § 263 Rn. 21; RS/Gottwald § 42 Rn. 21.
[88] S. BGH NJW 1975, 1228.

V. Weitere Verfahrensbeteiligte

Rechtsverteidigung beeinträchtigt wäre; insoweit ist der neue Beklagte auch nicht mit einem Beweismittel präkludiert sein, der ursprüngliche Bekl. könne damit nicht mehr gehört werden.[89]

Hingegen ist nach dem Schrifttum die Zustimmung des neuen Beklagten nicht erforderlich ist, da der Kläger diesen ohnehin von vornherein hätte mitverklagen können.[90] Insofern bleibt es dem neuen Beklagten unbenommen, selbstständig Prozesshandlungen (zB zusätzliche Beweisangebote) zu bewirken.

Der Beitritt eines **weiteren Klägers** erfordert – neben die **Zulässigkeit der Streitgenossenschaft** gem. §§ 59 ff. – die **Zustellung eines Schriftsatzes** gemäß § 253 Abs. 2 des weiteren Klägers an den Beklagten, die **Zustimmung** des **bisherigen Klägers** (unstr.) sowie die **Zustimmung des Beklagten** oder die **Sachdienlichkeit** iSd § 263 (Rspr., nach Literaturmeinung nicht erforderlich).

b) In der Berufungsinstanz

Nach der Rspr. setzt die Einbeziehung eines weiteren Beklagten die **Zustimmung des neuen Beklagten** voraus, die jedoch bei Rechtsmissbrauch entbehrlich ist.[91]

Nach a.A.[92] ist eine Parteierweiterung in der Berufungsinstanz ausgeschlossen: Für die hierdurch entstehende Begründung eines neuen Prozessrechtsverhältnisses fehle dem Berufungsgericht die funktionelle Zuständigkeit, da eine Klage bei einem erstinstanzlichen Gericht erhoben werden kann; ein Berufungsverfahren sei auch nicht möglich, weil es hins. der neuen Partei an einem erstinstanzlichen Urteil fehle.

3. Wirkung

Da durch den Beitritt eine Streitgenossenschaft entsteht, gelten vollständig deren Regelungen (→ Rn. 11 ff.): es bestehen grds. selbstständige Prozessrechtsverhältnisse, so dass Zulässigkeit und Begründetheit der Klagen selbstständig zu prüfen und festzustellen sind.

Bei Unzulässigkeit des Beitritts in erster Instanz erfolgt eine Trennung der Prozesse;[93] in zweiter Instanz Zurückweisung der Berufung/Abweisung der weiteren Klage.

V. Weitere Verfahrensbeteiligte

1. Nebenintervention (Streithilfe, §§ 66–71)

a) Voraussetzung des Beitritts eines Dritten als Streithelfer

Der Dritte muss ein **rechtliches Interesse** am Obsiegen der unterstützten Partei haben, was dann der Fall ist, wenn der Ausgang des Rechtsstreits die Rechtsstellung des Dritten beeinflussen kann. Es ist also erforderlich, dass der Nebenintervenient zu der unterstützten Partei oder zu dem Gegenstand des Rechtsstreits in einem Rechtsverhält-

---

[89] BGH NJW 1996, 196 (197).
[90] Hk-ZPO/Saenger § 263 Rn. 21; ThP/Hüßtege Vorb § 50 Rn. 25; Zö/Althammer § 263 Rn. 21; aA MüKoZPO/Becker-Eberhard § 263 Rn. 84.
[91] BGHZ 90, 18; BGH NJW 1997, 2885; NJW 1999, 62; BGH NJW-RR 2008, 176.
[92] ThP/Hüßtege Vorbem. § 50 Rn. 26.
[93] ThP/Hüßtege Vorbem. § 50 Rn. 31.

Gierl

nis steht, auf das die Entscheidung des Rechtsstreits durch ihren Inhalt oder ihre Vollstreckung unmittelbar oder auch nur mittelbar rechtlich einwirkt.[94]

Wenngleich insoweit eine weite Auslegung zu erfolgen hat, ist ein nur allgemeines, tatsächliches, wirtschaftliches oder sonstiges Interesse des Dritten (zB Wunsch, dass der Prozess zu seinen Gunsten entschieden wird) nicht ausreichend.[95]

Insoweit haben sich Hauptgruppen herausgebildet: Rechtskraftentfaltung bzw. Gestaltungswirkung des Urteils gegen den Nebenintervenienten, drohende Vollstreckung in dessen Vermögen, akzessorische Schuld und Haftung sowie Regressfälle.[96]

b) Beitritt (§ 70)

50   Der Beitritt erfolgt – auch im Rahmen eines selbstständigen Beweisverfahrens[97], wobei es bei einem Landgericht anhängigen kein Anwaltszwang besteht[98] – durch **Einreichung eines Schriftsatzes** mit dem notwendigen Inhalt iSd § 70 Abs. 1 S. 2.

51   Das Gericht prüft **von Amts wegen** nur die **persönlichen Prozesshandlungsvoraussetzungen**; die Prüfung der Zulässigkeit erfolgt nur bei Antrag auf Zurückweisung des Beitritts (§ 71). Das Gericht lässt daher den Streithelfer grds. stillschweigend selbst dann zu, wenn die Voraussetzungen des § 66 nicht vorliegen.[99] § 295 gilt, so dass Mängel (rechtliches Interesse, Beitrittserklärung) dadurch geheilt werden, wenn die Partei mit dem Streithelfer rügelos verhandelt.[100] Soweit der Beitritt des Nebenintervenienten noch nicht rechtskräftig (!) zurückgewiesen ist, ist er weiterhin mit allen Rechten am Verfahren beteiligt (§ 71 Abs. 3). Insofern kann der Streithelfer ungeachtet der Voraussetzungen des § 66 bis zur rechtskräftigen Zurückweisung der Nebenintervention Berufung für die Hauptpartei einlegen.[101]

c) Stellung des Streithelfer

52   Der Streithelfer unterstützt die Partei, der er beigetreten ist; er ist jedoch nicht selbst Partei, so dass er uneingeschränkt als Zeuge vernommen werden kann.[102] Er kann grds. alle die Partei unterstützenden Prozesshandlungen mit Wirkung für die von ihm unterstützte Partei vornehmen, zB Tatsachenvortrag,[103] Anbringen von Angriffs- und Verteidigungsmittel (wie Verjährungseinrede),[104] Rechtsmittel einlegen (§ 66 Abs. 2)[105] und begründen[106], womit der Streithelfer selbst Rechtsmittelkläger wird, die von ihm unterstützte Partei aber Hauptpartei des Rechtsmittelverfahren bleibt[107]; sein Verhan-

---

94   Vgl dazu näher BGH MDR 2020, 1387 für Nebenintervention im Patentnichtigkeitsverfahren auf Klägerseite.
95   BGH NJW 2018, 3016 (3017 Rn. 10); NJW 2017, 3518 (3720 Rn. 19) mAnm Roth JZ 2018, 151; NJW 2016, 1018 (1019 Rn. 13) mAnm Schwenker S. 989.
96   Hk-ZPO/Saenger § 66 Rn. 7 ff.; Zö/Althammer § 66 Rn. 11 ff.; ThP/Hüßtege § 66 Rn. 5.
97   BGH NJW 2016, 1018 (1019 Rn. 14) mAnm Schwenker S. 989.
98   BGH NJW 2012, 2810 Rn. 11 mAnm Schwenker.
99   ThP/Hüßtege § 70 Rn. 6; Hk-ZPO/Saenger § 70 Rn. 4.
100 OLG Köln NJW-RR 2010, 1679 (1681); vgl. auch ThP/Hüßtege § 66 Rn. 11.
101 BGH MDR 2020, 1270.
102 ThP/Seiler Vorb § 373 Rn. 7.
103 BGH NJW-RR 1991, 358 (361).
104 BGH VersR 1985, 80.
105 BGH MDR 2020, 1270.
106 BGH NJW 1999, 2046 (2047).
107 BGH NJW 2014, 3521 Rn. 6; NJW-RR 2012, 1042 Rn. 6; NJW 1997, 2385; NJW-RR 1997, 919.

V. Weitere Verfahrensbeteiligte

§ 6

deln verhindert ein Versäumnisurteil.[108] Der Streithelfer kann grundsätzlich alle Prozesshandlungen einschließlich der Behauptungen von Tatsachen vornehmen. Diese **Wirkung** bleibt so lange bestehen, als sich nicht zumindest aus dem Gesamtverhalten der unterstützten Partei ergibt, dass diese die Prozesshandlung des Streithelfers nicht gegen sich gelten lassen will.[109] Der Widerspruch der Hauptpartei muss nicht ausdrücklich erklärt werden. Es genügt, wenn er sich aus dem Gesamtverhalten der Hauptpartei ergibt.[110] Prozesshandlungen des Streithelfers, die bis zur rechtskräftigen Zurückweisung seines Beitritts wirksam vorgenommen wurden, behalten auch nach Rechtskraft der Zurückweisungsentscheidung ihre Wirksamkeit.[111]

Der Streithelfer muss vom Gericht so behandelt werden **wie die Partei selbst**: alle Ladungen, Zustellungen, die an die Partei zu erfolgen haben, müssen auch dem Streithelfer gegenüber bewirkt werden. Ist der Streithelfer nicht ordnungsgemäß geladen, so kann daher gegen die säumige Hauptpartei auch kein Versäumnisurteil (§ 335 Abs. 1 Nr. 2 iVm § 71 Abs. 3) ergehen.

Der Streithelfer kann jedoch nicht über den Streitgegenstand verfügen, etwa durch Klagerücknahme, Anerkenntnis, Vergleich, dies kann nur die Partei. Auch kann er sich nicht im Widerspruch zu der unterstützten Partei (§ 67) setzen. Daher ist zB keine Rechtsmitteldurchführung zulässig, wenn sich die unterstützte Partei mit dem Gegner außergerichtlich verglichen hat[112] oder die Partei der Rechtsmitteleinlegung oder -verfolgung zweifelsfrei widerspricht.[113] Auch ist ein von Erklärungen der Partei abweichender Sachvortrag grds. unbeachtlich[114]; es besteht grds. eine Bindung an das Geständnis der unterstützten Partei.[115]

53

d) Entscheidung

Die Entscheidung ergeht nach den allgemeinen Grundsätzen – wenn auch unter Berücksichtigung des Unterstützungshandelns des Streithelfers – (nur) zwischen den Parteien; dem Streithelfer kann nichts zugesprochen, er kann nicht verurteilt werden.

54

In dem **Rubrum** wird der Streithelfer nach der unterstützten Hauptpartei aufgeführt.

55

Die **Kostenentscheidung** zwischen den Parteien bestimmt sich nach §§ 91 ff. Hinsichtlich des Streithelfers gilt § 101 (Grundsatz der Kostenparallelität):[116] Soweit die unterstützte Partei obsiegt, hat der Gegner auch die Kosten der Streithilfe zu tragen; soweit sie unterliegt, trägt der Streithelfer seine Kosten selbst (uU Quote); bei Kostenaufhebung, auch durch Vergleich, keine Erstattung.[117] Die unterstützte Partei wird dagegen nie mit den Kosten des Streithelfers belastet.[118]

Im **Tatbestand** wird der Vortrag des Streithelfers wie der der Hauptpartei behandelt wird und daher nicht eigenständig ausgeführt. Anderes gilt nur, wenn sein Vortrag von

---

108 BGH NJW 2010, 3522 (3523 Rn. 9); ThP/Hüßtege § 67 Rn. 7.
109 BGH BeckRS 2015, 15161 Rn. 24.
110 BGH NJOZ 2019, 986 (989 Rn. 37); NJW-RR 2008, 261 Rn. 8.
111 BGH MDR 2020, 1270.
112 BGH NJW 1988, 712.
113 BGH NJW 1993, 2944.
114 OLG Hamm MDR 1996, 962; 1998, 286.
115 OLG Schleswig MDR 1999, 1152.
116 Hk-ZPO/Gierl § 101 Rn. 5 f., 18.
117 BGH NJW-RR 2005, 1159 mwN.
118 Zö/Herget § 101 Rn. 3.

dem der Hauptpartei abweicht; die Fakten des Beitritts sind in der Prozessgeschichte wiederzugeben.

e) Die Interventionswirkung als Folge der Nebenintervention (§ 68)
aa) Inhalt

56 Der Streithelfer kann in einem späteren Rechtsstreit (**Folgeprozess**) zwischen unterstützter Partei und Streithelfer – zB nach ungünstigem Ausgang des Vorprozesses – grds. nicht geltend machen, dass der Vorprozess unrichtig entschieden worden sei. Das Gericht des Folgeprozesses hat daher insoweit ohne neue Prüfung die tragenden tatsächlichen (sic!) Feststellungen und rechtlichen Erwägungen des Urteils im Vorprozess – die Entscheidungselemente – zugrunde zu legen[119], nicht dagegen die nicht tragenden „überschießenden" Feststellungen und Erwägungen.[120] Maßgebend hierfür ist nicht die subjektive Sichtweise des Gerichts, sondern worauf die Entscheidung des Erstprozesses objektiv nach zutreffender Rechtsauffassung beruht.[121] Die Interventionswirkung ergreift den im Vorprozess geltend gemachten Anspruch und wirkt auch im Folgeprozess, in dem dieser Anspruch aus abgetretenem Recht geltend gemacht wird.[122]

Die Interventionswirkung tritt aber **nur zugunsten** (!), nicht aber zuungunsten der unterstützten Partei ein.[123] Da sie daher stets zuungunsten des Streithelfers wirkt[124], ist der Streitbeitritt in der Praxis weitgehend bedeutungslos!

Der Einwand, dass die unterstützte Partei den Vorprozess mangelhaft geführt – und hierdurch dessen ungünstigen Ausgang verursacht – habe, kann nur eingeschränkt geltend gemacht werden, nämlich nur insoweit, als er nicht selbst zu einer besseren Prozessführung in der Lage gewesen ist.

bb) Die Voraussetzungen für diese Wirkungen sind

57
- Das Urteil aus dem Vorprozess ist rechtskräftig.
- Der Beitritt ist nicht im Vorprozess nach § 71 zurückgewiesen worden.
- Fehlt das Zurückweisungsurteil des Vorprozesses, darf im Folgeprozess nicht mehr geprüft werden, ob der Beitritt fehlerhaft war oder das Interesse iSd § 66 fehlte.[125]
- Die tatsächlichen Feststellungen des Vorprozesses bzw. die dort entschiedenen rechtlichen Fragen sind im Folgeprozess streitig bzw. problematisch.
- Diese Feststellungen bzw. Rechtsfragen sind im Folgeprozess objektiv entscheidungserheblich (also nicht überschießend oder „obiter dictum"[126]).
- Die Feststellungen bzw. Rechtsfragen wirken im Folgeprozess zugunsten der unterstützten Hauptpartei (also zulasten des Streithelfers!).[127]

---

[119] BGHZ 103, 278; 116, 102; BGH BeckRS 2020, 39397 Rn. 39; BGH NJW 1998, 80; BGH MDR 2004, 464; BGH NJW 2004, 1521/1522.
[120] BGH MDR 2004, 464; BGH FamRZ 2008, 1435.
[121] BGH NJW 2021, 1242 (1244 Rn. 39).
[122] BGH NJW 2021, 1242 (1244 Rn. 37); BeckRS 2020, 39397 Rn. 37.
[123] BGHZ 100, 257; NJW 1987, 2874.
[124] BGH MDR 2015, 459 Rn. 7.
[125] BGH WM 1972, 346.
[126] BGH NJW 2021, 1242 (1244 Rn. 39; 348 ff); NJW 2015, 559 (560 Rn. 20); MDR 2015, 459 Rn. 6.
[127] HK-ZPO/Bendtsen § 68 Rn. 9.

- Der Streithelfer war nicht iSd § 67 behindert (Darlegungs- und Beweislast liegt bei ihm).
- Die Interventionswirkung ist von Amts wegen zu berücksichtigten (hM).[128]

Hinweise: Diese Voraussetzungen sind im Folgeprozess nicht allgemein zu prüfen, sondern konkret bei jedem (!) entscheidungserheblichen Tatbestandsmerkmal

Liegen alle Voraussetzungen vor, so darf das Gericht im Folgeprozess bzgl. der entscheidungserheblichen Tatsachen keine erneute Beweisaufnahme durchführen wie auch die entscheidungserheblichen Rechtsfragen nicht anders wie im Vorprozess beurteilen, und zwar selbst dann nicht, wenn sich deren vorherige Prüfung nunmehr als fehlerhaft herausstellt.

Die Interventionswirkung tritt in vollem Umfang auch dann ein, wenn nur über einen Teil der Forderung entschieden ist (Teilurteil bzw. Geltendmachung einer Teilforderung).[129]

2. Streitverkündung an einen Dritten (§§ 72–74)[130]

a) Zweck der Streitverkündung

Die Streitverkündigung stellt ein prozessuales Mittel einer Partei dar, einen am Prozess nicht beteiligten Dritten zum Beitritt des Rechtsstreits zum Zwecke seiner Unterstützung zu veranlassen, sowie um eine drohende Verjährung eines möglichen Rückgriffsanspruchs gegen den Dritten zu hemmen (§ 204 Abs. 1 Nr. 6 BGB).[131]

58

Sie aber dient in erster Linie zur **Herbeiführung der Interventionswirkung** iSd § 68 iVm § 74 Abs. 1, insbes. zur Vorbereitung eines etwaigen Rückgriffsprozesses gegen den Dritten, um so den Dritten an die Ergebnisse des Vorprozesses zu binden. Da die Interventionswirkung für den Streithelfer sehr gefährlich ist, tritt in der Praxis nur ganz selten ein Dritter von sich aus dem Rechtsstreit bei; Dritte hält sich durch das Unterlassen eines Beitritts vielmehr gerade alle prozessualen Möglichkeiten für einen Folgeprozess offen. In den weitaus meisten Fällen entsteht eine Streithilfe daher über eine Streitverkündung, aufgrund derer sich der Dritte der Interventionswirkung nicht mehr entziehen kann.

b) Zulässigkeitsvoraussetzungen der Streitverkündung

aa) Anhängigkeit des Rechtsstreits.

Eine Rechtshängigkeit ist nicht erforderlich; die Streitverkündungsschrift kann daher sogleich mit einer Klage eingereicht bzw. mit ihr verbunden werden.[132] Die Streitverkündigung wird erst durch Zustellung des Schriftsatzes an den Streitverkündungsempfänger wirksam (§ 73 S. 3). § 295 Abs. 1 gilt im Folgeprozess.[133]

59

---

128 BGH NJW 2015, 1948 Rn. 15; Zö/Vollkommer § 68 Rn. 1; HK-ZPO/Bendtsen § 68 Rn. 1.
129 THP/Hüßtege § 68 Rn. 7; Zö/Althammer § 68 Rn. 10; BGH NJW 2012, 674 (675 Rn. 9); BGH NJW 1969, 1480.
130 Thora NJW 2019, 3624; Lühl JA 2017, 700 (Anwaltsklausur) Wintermeier JA 2016, 528 Im selbstständigen Beweisverfahren'); Krüger/Rahlmeyer JA 2014, 202 (Allgemein).
131 Vgl. dazu näher BGH NJW 2019, 1953 (1955 Rn. 29); NJW 2012, 674 (675 Rn. 9); NJW 2012, 3087 (3088 Rn. 11).
132 BGH NJW 1988, 1378 (1379); NJW 1985, 328 (329).
133 BGH NJW 1976, 292.

bb) Streitverkündungsgrund (§ 72)

60 Die erklärende Partei muss im Zeitpunkt der Streitverkündigung glauben, bei ungünstigem (!) Prozessausgang einen behaupteten Rückgriffsanspruch im Verhältnis zu dem Dritten zu haben bzw. dass ihr von dem Dritten ein Anspruch droht. Maßgeblich ist, ob der Rechtsstreit später einen für den Streitverkünder ungünstigen Ausgang nimmt.[134] Insoweit dürfen für die Prognose des Streitverkünders keine überzogenen Anforderungen gestellt werden.[135]

Der Begriff des „**Anspruchs auf Gewährleistung und Schadloshaltung**" ist insofern weit auszulegen.[136] Er umfasst auch die Fälle, dass der vermeintliche Anspruch gegen den Dritten, mit dem im Erstprozess vom Streitverkünder geltend gemachten Anspruch in einem Verhältnis der wechselseitigen Ausschließung (Alternativverhältnis) steht[137], zB Streitverkündung des Bauherrn bei Mängelklage gegen den Bauunternehmer an den Baubetreuer/Architekten[138]; wobei das Alternativverhältnis auch auf auch aus tatsächlichen Gründen beruhen kann (zB Ungewissheit, ob A oder B der Schädiger ist, da die Streitverkündung nicht dieses Beweisrisiko beseitigen soll)[139].

Hingegen werden Fälle, in denen der Dritte vorrangig vor dem zunächst Verklagten haftet (sog. Primär-, Sekundärfälle, zB § 19 BNotO), von § 72 nicht erfasst[140]. Ebenso ist die Vorschrift bei gesamtschuldnerischer Haftung nicht anwendbar, sofern die inmitten stehenden Ansprüche nach Lage der Dinge von vornherein gegenüber dem Beklagten des Vorprozesses als auch gegenüber dem Dritten geltend gemacht werden können[141], jedoch dann anwendbar, wenn der Streitverkünder gegen einen Dritten im Zeitpunkt der Streitverkündung glaubt, einen Gesamtschuldnerausgleichsanspruch erheben zu können.[142]

Ein **Sonderfall** ist in § 841 ausdrücklich geregelt (bei Klage aus gepfändeter Forderung an den Schuldner).

cc) Formell/inhaltlich ordnungsgemäße Streitverkündungsschrift (§ 73)

61 Es bedarf einer individualisierten **Darlegung des Grundes** der Streitverkündung und **der Lage des Rechtsstreits**. Insoweit ist das Rechtsverhältnis, aus dem sich der Rückgriffsanspruch gegen den Dritten oder dessen Anspruch gegen den Streitverkündenden ergeben soll, unter Angabe der tatsächlichen Grundlagen so genau zu bezeichnen, dass der Streitverkündungsempfänger Kenntnis davon erlangt, welchen Anspruchs sich der Streitverkündende gegen ihn berühmt, und er prüfen kann, ob Veranlassung besteht, dem Streit beizutreten.[143] Die Angabe der Höhe des in dem Folgeprozess geltend zu machenden Anspruchs ist jedoch nicht erforderlich.[144]

---

134 BGH NJW 1976, 39 (40).
135 BGH NJW 2009, 1488 (1491 Rn. 37.).
136 BGHZ 116, 100; BGH VersR 1997, 1365; KG NJW 2017, 3530 (3535 Rn. 58.).
137 BGH NJW 2015, 550 (560 Rn. 15).
138 BGH NJW 2015, 550 (560 Rn. 15); BGH NJW 1978, 643; Zö/Althammer § 72 Rn. 8; Köper JA 2004, 741 (743); Knöringer JuS 2007, 338.
139 Zö/Althammer § 72 Rn. 8; BGH NJW 2015, 550 (560 Rn. 17), str.
140 BGH NJW 2008, 519 (520 Rn. 17).
141 BGH NJW-RR 2015, 1058 Rn. 24 mwN.
142 BGH NJW-RR 2015, 1058 Rn. 25 mwN.
143 BGH NJW 2012, 674 (675 Rn. 14 mwN); BGH NJW 2008, 519 (520 Rn. 29 f.).
144 BGH NJW 2012, 674 (675 Rn. 14).

Im Zweifel ist das Rechtsverhältnis so umfassend wie möglich darzustellen, um die Interventionswirkung im Folgeprozess nicht zu gefährden. § 295 Abs. 1 findet zwar grds. Anwendung, sofern der Streitverkündungsgrund unzureichend angegeben wurde[145]. Eine Heilung ist aber dann nicht möglich, wenn die Ausführungen nicht geeignet sind, dem Empfänger Klarheit zu verschaffen, ob er dem Rechtsstreit beitreten soll.[146]

Desweitern bedarf es der Mitteilung des Standes des Rechtsstreits, in der Praxis idR durch Beifügung aller Schriftsätze, Gerichtsbeschlüsse und -protokolle, Beweisergebnisse uä.

Das Streitverkündungsgericht prüft **von Amts wegen** nur die persönlichen Prozesshandlungsvoraussetzungen, jedoch nicht die Zulässigkeit der Streitverkündung. Sind diese gegeben, stellt es den Streitverkündungsschriftsatz dem Dritten von Amts wegen zu, nicht aber, wenn sie eine in dem betroffenen Verfahren generell unstatthafte Streitverkündung (zB gegen Sachverständige, § 72 Abs. 2) bewirken soll.[147]

Erst im **Folgeprozess** mit dem Dritten wird – wenn es dort auf die Interventionswirkung oder Verjährungshemmung ankommt – die Zulässigkeit/Wirksamkeit der Streitverkündung geprüft.[148]

c) Handlungsmöglichkeiten des Streitverkündungsempfänger (Streitverkündete)

Er kann dem Rechtsstreit als Streithelfer des **Streitverkünders**, aber auch dessen **Gegner**[149] beitreten. Dann gelten die Regelungen über die Streithilfe und daher insbesondere die Interventionswirkung unmittelbar. In diesem Fall kommt es auf die Wirksamkeit der Streitverkündigung nicht an[150] und sie wird daher im Folgeprozess auch nicht geprüft.

62

Der Streitverkündete kann aber auch einen Beitritt unterlassen. In diesem Fall wird er nicht am Prozess beteiligt, der aber ohne Rücksicht auf ihn fortgesetzt wird (§ 74 Abs. 2). Die Interventionswirkung trifft den Streitverkündeten gleichwohl (§ 74 Abs. 3), da er ja seine prozessualen Rechte hätte ausüben können. Maßgebend ist der Zeitpunkt des möglichen Beitritts. Der Unterlassung des Beitritts gleich steht der Fall, dass der Streitverkündete auf Seiten des Prozessgegners der Streitverkünders beitritt (→ Rn. 63).[151]

63

d) Auswirkungen der Streitverkündung für den Folgeprozess

Die Interventionswirkung tritt nur **gegen** den Streitverkündungsempfänger ein, nicht dagegen auch gegen die streitverkündende Partei selbst, die daher im Folgeprozess nicht an die Ergebnisse des Vorprozesses gebunden ist[152] und zwar unabhängig davon, ob die Partei, die im Vorprozess dem Dritten den Streit verkündet hat, sich im Folgeprozess auf die Bindungswirkung beruft. Die Streithilfewirkung tritt kraft Gesetzes ein und ist im Folgeprozess von Amts wegen zu prüfen.[153]

64

---

145 NJW 1976, 292 (293); BGH NJW 2008, 519 (522 Rn. 32).
146 BGH NJW 2008, 519 (522 Rn. 32).
147 BGH NJW 2017, 3718 (3720) Rn. 23.
148 BGHZ 65, 127 (130); 70, 189; 100, 259; BGH NJW 2011, 1078 Rn. 7.
149 BGHZ 103, 278; BGH NJW 2021, 1242 (1243 Rn. 33 ff); BeckRS 2020, 39397.
150 BGH WM 1976, 56; ThP/Hüßtege § 68 Rn. 3.
151 BGH NJW 2021,1241 (1243 Rn. 33 ff).
152 BGH NJW 2015, 1824 (1825 Rn. 7 mwN); BGHZ 100, 257.
153 BGH NJW 2021, 1242 (1243 Rn. 27); NJW 2015, 1824 (1825 Rn. 7 mwN).

Die Interventionswirkung kann daher **immer nur zulasten des Streitverkündungsempfängers** gehen, nicht aber gegen die Partei, die im Vorprozess den Streit verkündet hat.[154]

65 Der Streitverkündungsempfänger dringt mit der **Einrede der schlechten Prozessführung** gegen die Interventionswirkung im Folgeprozess nur insoweit durch, als er im Vorprozess daran gehindert war, die Feststellungen im Vorprozess das Prozessergebnis zu beeinflussen (§ 68 Hs. 2). Dies ist dann der Fall, wenn die Prozesslage im Zeitpunkt des (möglichen) Beitritts bereits unabänderlich war (§ 68 Hs. 2 Alt. 1), seine Erklärung und Prozesshandlungen in Widerspruch zu denen der Hauptpartei seinen Prozesshandlungen gestanden hätten (§ 68 Hs. 2 Alt. 2) oder ein Rechtsmittel unzumutbar erschwert gewesen wäre.[155]

Tritt der Streitverkündete dem Rechtsstreit im Vorprozess jedoch nicht auf Seiten des Streitverkünders, sondern auf Seiten von dessen Prozessgegners bei, kommen ihm die sich aus § 67 ZPO ergebenden Beschränkungen der Interventionswirkung nicht zugute.[156]

Hinweise Im Vorprozess wird bei nicht erfolgtem Eintritt an keiner Stelle (auch nicht in der Prozessgeschichte des Tatbestandes) auf die Streitverkündung eingegangen, da sie dort bedeutungslos ist.

Die Prüfung erfolgt erst im Folgeprozess[157], und zwar von Amts wegen[158]. Sowohl im Tatbestand wie auch in den Entscheidungsgründen muss dann auf die im Vorprozess erfolgte Streitverkündung eingegangen werden

Interventionswirkung und Verjährungshemmung treten nur bei zulässiger Streitverkündung ein.[159]

---

154 BGH NJW 1997, 2385; OLG Köln NJW-RR 1995, 1085.
155 Vgl. dazu Zö/Althammer § 68 Rn. 12.
156 BGH NJW 2012, 1241 (1246 Rn. 57), BeckRS 2020, 39397 Rn. 57.
157 BGH NJW 2011, 1078 (Rn. 7).
158 BGH NJW 2015, 1948 Rn. 15; Zö/Althammer § 68 Rn. 1; HK-ZPO/Bendtsen § 68 Rn. 1.
159 BGH NJW 2008, 519 (520 Rn. 20); aA Althammer/Würdinger NJW 2008, 2620.

§ 7 Klagebegehren: Die Klagearten

Die ZPO stellt mit der **Leistungsklage** (II.), der **Feststellungsklage** (III.) sowie der **Gestaltungsklage** (III.) drei verschiedene Klagearten zur Verfügung. Welche Klageart statthaft ist, richtet sich nach dem jeweiligen Klagebegehren: Soll ein Anspruch, also ein Tun oder Unterlassen (§ 194 BGB), durchgesetzt werden, bedarf es einer Leistungsklage, mittels derer ein – ggf. im Wege der Zwangsvollstreckung durchsetzbarer – Titel erwirkt werden kann. Geht es dem Kläger ausschließlich um die Feststellung des Bestehens oder Nichtbestehens eines Rechtsverhältnisses ohne Durchsetzung einer konkreten Rechtsfolge mittels staatlichen Leistungsbefehls, ist die Feststellungsklage maßgeblich. Wird zuletzt eine Umgestaltung einer bestehenden Rechtslage begehrt, ist diese mittels einer Gestaltungsklage durchzusetzen. Auf die jeweiligen Besonderheiten der unterschiedlichen Klagearten ist im Folgenden näher einzugehen.

I. Die Leistungsklage (Verurteilungsklage)

1. Gegenstand

Gegenstand einer Leistungsklage kann jede vollstreckbare Leistung sein, also insbesondere Zahlungs- und Vertragserfüllungsansprüche (häufigste Fälle), daneben aber auch Ansprüche auf Abgabe einer Willenserklärung (§ 894), auf Vornahme oder Unterlassung von Handlungen (§§ 887 ff.), auf Duldung der Zwangsvollstreckung oder auf Widerruf einer Behauptung (§ 888).

2. Bestimmtheit des Klageantrages

a) Allgemeines

Der Klageantrag muss bei einer Leistungsklage grundsätzlich so bestimmt sein, dass er einen **vollstreckungsfähigen Inhalt** hat.[1] Dies gilt auch für eine Zug-um-Zug-Einschränkung,[2] obwohl diese als solche nicht vollstreckbar ist (nur nach entsprechender Widerklage → § 10 Rn. 50).

Bestehen Bedenken hinsichtlich der Bestimmtheit des Antrags, ist zu untersuchen, ob aus einem Tenor nach dem Klageantrag eine Vollstreckung möglich ist oder nicht; soweit dies nicht der Fall ist, bedarf es eines Hinweises nach § 139. Wird der Antrag auch hierauf hin nicht angepasst, kommt ggf. eine Auslegung oder Umdeutung in einen Feststellungsantrag in Betracht.[3]

b) Zahlungsklagen

aa) Grundsatz: Der bezifferte Zahlungsantrag

Bei einer auf Zahlung gerichteten Leistungsklage ist der begehrte Betrag grundsätzlich **zu beziffern**;[4] gleiches gilt bei einem Antrag auf Freistellung von einer Zahlungspflicht.[5] Die Bezifferungspflicht folgt aus § 253 Abs. 2, wonach ein *bestimmter* Antrag zu stellen ist. Soweit dem Kläger für die Bezifferung noch Angaben fehlen, muss er sich diese grundsätzlich zunächst (zB über eine Auskunfts- oder eine Stufenklage,

---

1 BGH NJW 1999, 954; NJW 2003, 668.
2 BGH NJW 1993, 324; NJW 1994, 586; NJW 1994, 3222.
3 StJ/Roth § 253 Rn. 50.
4 BGH NJW 1994, 587.
5 BGH NJW 2001, 156.

→ Rn. 14 ff.) beschaffen. **Ausnahmen von der Bezifferungspflicht** sind jedoch in bestimmten Fällen anerkannt, auf die im Folgenden einzugehen ist.

bb) Ausnahme: Der unbezifferte Zahlungsantrag

(1) Allgemeines

5 Ein unbezifferter Zahlungsantrag ist im Hinblick auf die Notwendigkeit eines grundsätzlich *bezifferten* Zahlungsantrags (→ Rn. 4) dann – und nur dann – zulässig, wenn dem Kläger eine Bezifferung **nicht möglich oder aus besonderen Gründen nicht zumutbar ist**.[6] Anzunehmen ist dies zumindest in solchen Fällen, in denen die Höhe des geschuldeten Betrages seitens des Gerichts festzusetzen ist. Dies ist wiederum der Fall, wenn das materielle Recht einen **Anspruch nach billigem Ermessen** gewährt (wichtigster Fall: **Schmerzensgeld**,[7] daneben auch: Ausgleichsanspruch des Handelsvertreters gem. § 89 b HGB, angemessene Entschädigung gem. § 651 n Abs. 2 BGB oder gem. § 15 Abs. 2 AGG)[8] oder wenn nach dem materiellen Recht die „**Bestimmung der Leistung**" durch Urteil erfolgt (zB §§ 315 Abs. 3 S. 2, 319 Abs. 1 S. 2, 2048 S. 3, 2156 BGB), ferner dann, wenn die Höhe des klägerseits begehrten Betrages nur durch **Einholung eines Sachverständigengutachtens** oder **aufgrund einer Schätzung** (§ 287; zB Klage auf Minderung, auf Bereicherungserstattung, angemessene Vergütung etc) bestimmt werden kann.

In Fällen dieser Art ist dem Kläger eine Bezifferung der Klageforderung regelmäßig nicht möglich, da sich erst im Laufe des Rechtsstreits herausstellt, auf welchen Betrag sich der Anspruch beläuft. Würde der Kläger beziffern müssen, so liefe er Gefahr, entweder zu einem Teilbetrag abgewiesen zu werden oder aber weniger zu erhalten, als ihm eigentlich zusteht. Dieses Risiko – sowie das hiermit einhergehende Kostenrisiko – soll der Kläger durch die Stellung eines unbezifferten Antrages vermeiden können.

Andererseits soll dem Kläger aber auch **nur dieses Risiko** abgenommen werden. Dagegen darf er nicht mittels eines unbezifferten Antrages das grundsätzlich ihm obliegende Prozessrisiko hinsichtlich anderer Fragen von sich abwälzen können. Ist zB die Schadenshöhe unstreitig, so darf der Kläger nicht einen unbezifferten Antrag deshalb stellen, um dem Prozessrisiko wegen eines ihn möglicherweise treffenden Mitverschuldens zu entgehen; der Kläger muss vielmehr beziffern und sich hinsichtlich des Mitverschuldens festlegen, ein unbezifferter Antrag ist dann unzulässig.

(2) Formulierung des unbezifferten Klageantrags

6 Die Formulierung des unbezifferten Klageantrages muss so bestimmt sein, dass aus dem Antrag ersichtlich wird, welches Klagebegehren der Kläger verfolgt.

> **Beispiel:** *„Der Beklagte wird verurteilt, an den Kläger ein angemessenes, der Höhe nach in das Ermessen des Gerichts gestelltes Schmerzensgeld zu zahlen."*

Falls der Kläger zur Vermeidung einer Teilabweisung wegen Mitverschuldens oder eigener Betriebsgefahr von vornherein nur einen entsprechend verminderten Betrag einklagen will, wäre folgendermaßen zu formulieren:

---

[6] BGH NJW 1970, 281; NJW-RR 1994, 1272 mwN.
[7] Zum unbezifferten Klagantrag bei einem Schmerzensgeldantrag vgl. Huber JuS 2019, 209.
[8] BAG NJW 2010, 2970.

I. Die Leistungsklage (Verurteilungsklage)

> Beispiel: *„ ... 75 % eines angemessenen, der Höhe nach in das Ermessen des Gerichts gestellten Schmerzensgeldes zu zahlen"*; oder: *„ ... ein unter Berücksichtigung eines Mitverschuldens (oder einer Eigenhaftung) des Klägers von 25 % angemessenes, der Höhe nach in das Ermessen des Gerichts gestelltes Schmerzensgeld zu zahlen."*

Zinsen (Rechtshängigkeits-, höhere Verzugszinsen)[9] können auch bei einem unbezifferten Antrag verlangt werden; dies wird oft übersehen (und begründet eine Regressgefahr für den Prozessvertreter).

(3) Besonderes Zulässigkeitserfordernis: Vortrag zur Schätzungsgrundlage und Angabe einer Größenordnung

Als **besonderes Zulässigkeitserfordernis** eines unbestimmten Zahlungsantrags bedarf es eines Vortrags zu den für die Festsetzung des Betrages erforderlichen **tatsächlichen Schätzungs-, Ermessens- oder Berechnungsgrundlagen**. Fehlen solche Angaben, ist die Klage mangels Bestimmtheit als unzulässig abzuweisen:[10] Denn dem Kläger wird **nur die Bezifferung als solche** erspart; er muss jedoch die tatsächlichen Umstände vortragen, die dem Gericht die diesem überlassene Festsetzung/Bezifferung erst ermöglichen.

> Beispiele: So müssen bei einer unbezifferten Schmerzensgeldklage etwa die Verletzungen, die Art und Dauer der Behandlung, verbliebene Dauerfolgen etc vorgetragen werden. Bei einer Minderungsklage hat die Klagepartei zu Art, Umfang und Auswirkung der konkret anzugebenden Mängel vorzutragen.

Grundsätzlich erforderlich ist zudem die Angabe einer **Größenordnung** des begehrten Betrags. Diese kann etwa dadurch erfolgen, dass der Kläger einen **Mindestbetrag**[11] (*„Schmerzensgeld in Höhe von mindestens 6.000 EUR"*), einen ungefähren Betrag (*„Schmerzensgeld in Höhe von ca. 6.000 EUR"*) oder auch nur einen Rahmen (*„Schmerzensgeld in Höhe von 6.000 EUR bis 8.000 EUR"*) angibt, den er begehrt. Die Angabe einer Größenordnung stellt nach – bislang jedenfalls nicht ausdrücklich aufgegebener – Auffassung des BGH eine **weitere Zulässigkeitsvoraussetzung** des unbestimmten Klageantrags dar,[12] wenngleich in der Sache großzügig verfahren wird: So muss die Größenordnung nicht zwingend im Klageantrag selbst angegeben werden, vielmehr kann sie sich aus der Klagebegründung oder gar aus der schlichten Streitwertangabe ergeben;[13] ausreichend soll auch sein, dass sich der Kläger eine Streitwertfestsetzung durch das Gericht stillschweigend zu eigen macht,[14] so dass ein etwaiges Fehlen dieser Angabe regelmäßig nicht zur Abweisung der Klage als unzulässig führt.

> Hinweis: Die Angabe einer Größenordnung des begehrten Betrags ist jedenfalls im Falle einer Berufung bedeutsam für die Feststellung der **Beschwer**, falls der Kläger den zugesprochenen Betrag für zu niedrig erachtet (→ Rn. 13); daher ist für den Kläger die Angabe seiner Betragsvorstellung – zweckmäßig: eines **Mindestbetrags** – ohnehin **unbedingt geboten**.

---

9 BGH NJW 1995, 733.
10 BGH NJW 1974, 1551; NJW 1982, 340; NJW 1992, 311. Vgl. auch MK/Becker-Eberhard § 253 Rn. 121.
11 BGH NJW 2002, 3769.
12 BGH NJW 1982, 340; NJW 1984, 1807 (1809); zusammenfassen BGH NJW 2002, 3769. Ebenso StJ/Roth § 253 Rn. 47; MK/Becker-Eberhard § 253 Rn. 121. A.A. ThP/Seiler § 253 Rn. 12; von Gerlach VersR 2000, 525.
13 BGH NJW 1982, 340 (341).
14 BGH NJW 1982, 340.

(4) Anmerkungen zur Entscheidung

9 Im Tenor des Endurteils ist der **zuerkannte Betrag zu beziffern**, also konkret auszusprechen.

> *Beispiel:* „*Der Beklagte wird verurteilt, an die Klägerin ein angemessenes Schmerzensgeld in Höhe von 30.000 EUR zu zahlen.*"

Möglich ist eine entsprechende Verurteilung auch durch **Versäumnisurteil**; zu beziffern ist dann der Betrag, der sich aus dem – gem. § 331 Abs. 1 S. 1 als zugestanden geltenden – Sachvortrag des Klägers (etwa zu seinen Verletzungen) ergibt.[15] Zur Zulässigkeit eines **Grundurteils** → § 5 Rn. 46 ff.

10 Bei der **Festsetzung** des für angemessen gehaltenen Betrages, insbesondere des beantragten Schmerzensgeldes, ist dem Gericht durch die Angabe eines Mindestbetrages oder der Größenordnung **nach oben keine Grenze gezogen**.[16] Denn mit seinem unbezifferten Antrag auf ein angemessenes Schmerzensgeld bringt der Kläger (ausgenommen bei einer ausdrücklichen anderweitigen Erklärung) gerade keine Begrenzung nach oben zum Ausdruck, sondern vielmehr, dass er die Festsetzung entsprechend § 253 Abs. 2 BGB eben dem Ermessen des Gerichts überlassen will. Eine Überschreitung der klägerischen Größenordnung durch das Gericht verstößt daher nicht gegen § 308 Abs. 1 S. 1.

> *Hinweis:* Die Größenordnungsangabe begrenzt daher auch nicht den **Streitwert**,[17] der vielmehr gerade den *im Ergebnis angemessenen* Betrag betrifft. Dementsprechend ist die Erhöhung der Betragsvorstellung auch **keine Klageänderung**.[18] Somit kann das Gericht zB bei einer Größenordnungsangabe des Klägers von 25.000 EUR ein weit höheres Schmerzensgeld (etwa 50.000 EUR) ohne Verstoß gegen § 308 zusprechen, wenn es diesen Betrag gem. § 253 Abs. 2 BGB für angemessen hält. Früher war dagegen weitgehend eine **Entscheidungsbandbreite von 20 % nach oben und unten** in Bezug auf die von dem Kläger angegebene Größenordnung angenommen worden mit der Folge, dass eine Überschreitung der Größenordnung um mehr als 20 % aufgrund von § 308 Abs. 1 nicht möglich und eine teilweise Klageabweisung erst bei Unterschreitung von mehr als 20 % auszusprechen war. Diese Auffassung hat der BGH jedenfalls in Bezug auf eine Entscheidungsbegrenzung nach oben eindeutig abgelehnt.

11 Eine **Teilabweisung** mit Kostenquotelung ist demgegenüber auszusprechen, wenn das Klagebegehren nur zu einer Quote Erfolg hat[19] oder wenn das Gericht nur einen Betrag für angemessen hält und zuspricht, der **hinter den Vorstellungen des Klägers zurückbleibt**.[20]

> *Beispiel:* Der Kläger klagt ein unbeziffertes „volles" Schmerzensgeld von mindestens 5.000 EUR ein, das Gericht spricht wegen Mitverschuldens von 50 % nur 2.500 EUR zu: „Im Übrigen wird die Klage abgewiesen", Kostenaufhebung.

Eine Teilabweisung mit Kostenquotelung hat auch bei Unterschreitung eines von dem Kläger angegebenen **Mindestbetrages**[21] oder einer von ihm angegebenen Größenordnung[22] zu erfolgen. Dabei wird **jede** Unterschreitung der Größenordnung zu einer teil-

---

[15] BGH NJW 1969, 1427.
[16] BGH NJW 1996, 2425; NJW 2002, 3769.
[17] BGH NJW 2002, 3769.
[18] BGH NJW 2002, 3769.
[19] OLG Köln VersR 1993, 616.
[20] BGH NJW 1992, 311; NJW 1996, 2425.
[21] BGH NJW 1992, 312.
[22] BGH NJW 1996, 2425.

I. Die Leistungsklage (Verurteilungsklage) § 7

weisen Klageabweisung führen müssen, nicht erst eine Abweichung von mehr als 20 %.[23]

Die **Kostenquotelung** erfolgt – herkömmlichen Grundsätzen entsprechend – im **Verhältnis des zuerkannten Betrages zum Streitwert** (ggf. ist § 92 Abs. 2 zu beachten). Als Streitwert ist derjenige Betrag festzusetzen, der nach den zur Begründung von dem Kläger vorgetragenen Tatsachen festzusetzen **wäre**,[24] wobei aber ein von dem Kläger angegebener Mindestbetrag oder seine Größenordnungsangabe die Untergrenze darstellt.[25]

(5) Rechtskraft

Durch das Urteil wird der gesamte **objektive Streitstoff** erledigt. Von dem Schmerzensgeldurteil werden daher alle bereits vorliegenden und vorhersehbaren Verletzungsfolgen erfasst und abgegolten, die entweder bereits eingetreten und objektiv erkennbar waren oder deren Eintritt jedenfalls vorhergesehen und bei der Entscheidung berücksichtigt werden konnte, auch wenn sie im Urteil tatsächlich nicht berücksichtigt worden sind.[26] Eine **weitere Schmerzensgeldklage** ist daher nur möglich für solche nachträglichen Verletzungsfolgen, die bei Erlass des Urteils aus objektiver Sicht noch nicht so nahe liegend waren, dass sie bei der Bemessung des Schmerzensgeldes berücksichtigt werden konnten.[27]

12

▸**RA-Stage:** Um den Ausschluss einer weiteren Klage bei nicht übersehbarer zukünftiger Entwicklung zu vermeiden, lässt der BGH eine **Teilklage** zu, gerichtet auf das Schmerzensgeld, das nach dem Stand im Zeitpunkt der Entscheidung gerechtfertigt ist;[28] dann kann im Falle des Eintritts weiterer Schadensfolgen ein weiteres Schmerzensgeld eingeklagt werden, unabhängig von der Vorhersehbarkeit dieser Folgen.[29] Hinsichtlich nicht erfasster Zukunftsschäden ist aus **anwaltlicher Sicht** ein entsprechender Feststellungsantrag zu stellen (→ Rn. 55).

(6) Rechtsmittelinstanz: Beschwer für den Kläger

Eine **Beschwer für den Kläger** mit der Folge, dass ein Rechtsmittel mit dem Ziel einer Erhöhung des zugesprochenen Betrages statthaft sein kann, liegt im Falle **einer Teilabweisung** vor, aber auch **ohne förmliche Teilabweisung**, wenn und soweit der zuerkannte Betrag **hinter den Betragsvorstellungen des Klägers zurückgeblieben** ist.

13

Beispiel: Der zugesprochene Betrag bleibt unter dem geforderten Mindestbetrag[30] oder hinter der Größenordnungsangabe des Klägers;[31] eine Beschwer liegt also immer dann vor, wenn eine Teilabweisung hätte ausgesprochen werden müssen.

Keine Beschwer liegt dagegen vor, wenn dem Kläger der **begehrte Mindestbetrag** oder ein Betrag in **begehrter Größenordnung**[32] zuerkannt wurde (denn dann hat der Kläger

---

23 BGH NJW 1996, 2425; von Gerlach VersR 2000, 525 (528).
24 MK/Wöstmann § 3 Rn. 121; Zö/Herget § 3 Rn. 16.171.
25 BGH NJW 1992, 312; 1996, 2425.
26 BGH NJW 2001, 3414.
27 BGH NJW 1995, 1614; NJW 2004, 1243.
28 BGH NJW 2004, 1243.
29 Vgl. dazu Diederichsen VersR 2005, 433 (438 ff.); Terbille VersR 2005, 37.
30 BGH NJW 1992, 312; NJW 1999, 1339; BGH NJW-RR 2004, 102.
31 BGH NJW 1996, 2425; NJW 2002, 3769.
32 BGH NJW 1996, 2425; NJW 1999, 1339; BGH NJW-RR 2004, 863.

das bekommen, was er wollte), zudem wenn er **überhaupt keine Betragsvorstellung** geäußert hatte,[33] selbst bei Annahme eines streitigen Mitverschuldens des Klägers.[34]

cc) Sonderfall: Die Stufenklage (§ 254)

(1) Allgemeines

14 Ein Sonderfall des (jedenfalls zunächst) unbezifferten Klageantrags stellt die **Stufenklage**[35] dar. Sie betriff solche Fälle, in denen der Kläger zur Stellung eines *inhaltlich bestimmten* Klageantrags **zunächst eine Auskunft oder Rechnungslegung** des Beklagten benötigt.

> **Beispiele:** Der Pflichtteilsberechtigte kennt den Bestand und Wert des Nachlasses nicht und kann daher den Anspruch erst beziffern, wenn ihm der Erbe gem. § 2314 BGB Auskunft erteilt hat. Oder: Für die Bestimmung von Ansprüchen ist eine Auskunft oder Rechnungslegung des Geschäftsführers aus §§ 681, 666 BGB erforderlich.

In derartigen Fällen kann der Kläger zum einen selbstverständlich zunächst eine **Klage lediglich auf Auskunft** oder Rechnungslegung **und anschließend** eine neue selbstständige (also eine **weitere**) Klage auf die aufgrund der Auskunft oder Rechnungslegung geschuldete Leistung erheben. Zum anderen kann er nach § 254 jedoch auch – als Sonderfall einer **objektiven Klagehäufung** (§ 260) – sogleich **in einer einzigen Klage** die Anträge auf Verurteilung des Beklagten zur Auskunftserteilung bzw. Rechnungslegung, zur eidesstattlichen Versicherung der Richtigkeit und zur – zunächst noch unbestimmten – Leistung dessen, was sich aufgrund der Auskunft oder Rechnungslegung ergeben wird, **miteinander verbinden**.

Die **Vorteile einer Stufenklage** liegen darin, dass über alle Ansprüche in einem einzigen Rechtsstreit entschieden wird; dies ist kostengünstiger, in der Regel schneller und mit einer geringeren Gefahr sich widersprechender Entscheidungen verbunden. Darüber hinaus wird der gesamte, somit auch der noch unbezifferte Leistungsanspruch **sogleich rechtshängig**,[36] so dass die **Verjährung** hinsichtlich des gesamten Anspruchs gehemmt wird;[37] die alleinige Auskunftsklage hemmt die Verjährung dagegen nicht.[38]

(2) Formulierung des Antrages der Stufenklage

15 Im Rahmen einer Stufenklage sind die einzelnen Stufen bereits im Antrag aufzunehmen.

> **Formulierungsbeispiel hinsichtlich einer Pflichtteilsklage:**
> „Der Beklagte wird verurteilt,
> 1. dem Kläger Auskunft über den Bestand und den Wert des Nachlasses des am 12.4.2022 verstorbenen Kaufmanns Otto Meyer zu erteilen,
> 2. die Richtigkeit und Vollständigkeit der Auskunft eidesstattlich zu versichern,
> 3. an den Kläger 1/8 des sich aufgrund der Auskunft ergebenden Nachlasswertes zu zahlen, zuzüglich Zinsen iHv... ab Zustellung der Klage" (sofortige Rechtshängigkeit!).

---

33 BGH NJW 1999, 1339.
34 BGH NJW 2002, 212. A.A. Mertins VersR 2006, 47 (48).
35 Zur Stufenklage ferner: Huber JuS 2019, 1057; Kellermann-Schröder JuS 2015, 998; Schäuble JuS 2011, 506.
36 BGH NJW-RR 1995, 513; OLG Brandenburg FamRZ 2007, 55.
37 BGH NJW 2012, 2180; BGH FamRZ 2006, 862; OLG Naumburg FamRZ 2006, 267.
38 OLG Zweibrücken NJW-RR 2001, 865.

I. Die Leistungsklage (Verurteilungsklage) § 7

Ist dem Kläger bereits die teilweise Bezifferung seines Anspruchs möglich (etwa eines Mindestbetrags), kann er mit der Stufenklage einen bezifferten Antrag verbinden:[39]

4. *„an den Kläger – unter Anrechnung auf den Antrag zu 3. – 20.000 EUR zu zahlen."*

(3) Das Verfahren der Stufenklage

Grundsätzlich kann **über die Anträge** einer Stufenklage nicht gleichzeitig, sondern nur nacheinander („stufenweise") **verhandelt und entschieden** werden. Zur nächsten Stufe kann daher grundsätzlich erst übergegangen werden, wenn die vorherige Stufe rechtskräftig entschieden oder anderweitig erledigt und – ggf. durch Vollstreckung[40] – abgewickelt worden ist; die Erledigung der vorangegangenen Stufe ist daher stets Voraussetzung für die Entscheidung über die nächste.[41] Nach Abschluss einer Stufe ist das Verfahren nicht von Amts wegen, sondern nur auf Antrag einer Partei – auch des Beklagten – fortzusetzen.[42]

Bezüglich des **Zuständigkeitsstreitwert** ist zu beachten, dass gem. § 5 eine Zusammenrechnung der einzelnen Streitwerte erfolgt, da alle Anträge sogleich insgesamt rechtshängig werden.

1. Stufe: Auskunfts- oder Rechnungslegungsbegehren

Ob ein Anspruch auf Auskunft oder Rechnungslegung besteht, ist eine **Frage des materiellen Rechts**. Wenn die Klage insgesamt unzulässig ist oder wenn der letztlich verfolgte Anspruch **dem Grunde nach** nicht bestehen kann, so wird die Klage **insgesamt** – also sogleich für alle Stufen – **abgewiesen**.[43]

Beispiel: Dem Kläger steht kein Pflichtteilsanspruch zu, weil ihm der Pflichtteil wirksam entzogen worden ist. In diesem Falle ist zu tenorieren: *„Die Klage wird abgewiesen"*.

Erfolgt **keine Abweisung der Klage**, wird nur – **durch Teilurteil** – über den Auskunfts- bzw. Rechnungslegungsantrag entschieden. Gegen dieses Teilurteil kann mit der Berufung vorgegangen werden (→ § 19 Rn. 77).

Tenorierungsbeispiele:

Bei einem stattgebenden Teilurteil: *„1. Der Beklagte wird verurteilt, dem Kläger Auskunft über ... zu erteilen (Rechnung zu legen ...)."* Es ergeht **keine Kostenentscheidung**, diese ist dem Schlussurteil vorbehalten; daher ist zu formulieren: *„2. Die Kostenentscheidung bleibt dem Schlussurteil vorbehalten")*. Die **vorläufige Vollstreckbarkeit** bestimmt sich nach §§ 708 Nr. 11, 709 (nach dem Wert des Interesses des Klägers an der Auskunft).[44]

Falls **nur** der **Auskunftsanspruch** als solcher nicht besteht (zB die Auskunft ist bereits erteilt): *„Der Klageantrag zu 1. wird abgewiesen"*, ohne Nebenentscheidungen.

Falls sich der Auskunftsantrag während des Verfahrens der ersten Stufe (etwa durch Erteilung der Auskunft) **erledigt**, ist das weitere klägerische Vorgehen strittig: der

---

39 BGH NJW-RR 2003, 68.
40 OLG Stuttgart NJW 2012, 2289.
41 BGH NJW 1991, 1893; BGH NJW-RR 1994, 1185; BGH NJW 2002, 1042.
42 BGH NJW 2002, 1042; OLG Stuttgart NJW 2012, 2289 mwN; Hk-ZPO/Saenger § 254 Rn. 13; MK/Becker-Eberhard § 254 Rn. 23.
43 BGH NJW-RR 1990, 390; BGH NJW 1991, 1893; NJW 2002, 1042 (1044).
44 OLG München NJW-RR 1990, 1022 (jedoch streitig).

Kläger muss den Auskunftsantrag für erledigt zu erklären,[45] ggf. auch einseitig,[46] nach der Gegenansicht dagegen einfach zur nächsten Stufe überzugehen.[47]

Nach der Entscheidung oder Erledigung wartet das Gericht ab: In die nächste Stufe ist erst auf **Fortsetzungsantrag einer der Parteien** einzutreten.[48]

18 **2. Stufe: Antrag auf eidesstattliche Versicherung**

Die 2. Stufe muss **nicht zwingend** durchgeführt werden; der Kläger kann auch sogleich zum Antrag der 3. Stufe übergehen (oder auch von vornherein nur den Auskunfts- und den unbestimmten Leistungsantrag stellen, auf den Versicherungs-Antrag also verzichten). Ob der Kläger einen **Anspruch auf die Versicherung** hat, richtet sich wiederum **nach materiellem Recht**; in der Regel ist erforderlich, dass Grund zu der Annahme besteht (dh von dem Kläger vorgetragen und bewiesen wird), dass die Auskunft oder Rechnung nicht mit der erforderlichen Sorgfalt erteilt worden ist (vgl. §§ 259, 260 BGB). Die Entscheidung über diesen Antrag erfolgt durch weiteres Teilurteil; danach wartet das Gericht wieder einen Fortsetzungsantrag ab.

19 **3. Stufe: Zahlungs- oder Herausgabeantrag**

Im Rahmen der 3. Stufe muss der Kläger nunmehr den **Klageantrag bestimmt formulieren**, einen geforderten Geldbetrag also beziffern.[49] Dabei braucht sich der Kläger nicht nach dem Ergebnis der Auskunft zu richten, sondern kann seine Forderung auch anders beziffern. Beziffert er den Antrag hingegen nicht, so ist die Klage insoweit nunmehr mangels eines bestimmten Antrags unzulässig.[50]

Stellt sich **aufgrund der Auskunft** heraus, **dass ein Anspruch nicht besteht**, so ist der Zahlungsantrag an sich als unbegründet abzuweisen.[51] Streitig ist, ob der Kläger in einem solchen Falle den Leistungsantrag mit Erfolg **einseitig für erledigt erklären** kann (Feststellungsantrag). Nach Auffassung des BGH[52] scheidet dies aus, weil der Leistungsanspruch von Anfang an unbegründet gewesen sei; der Kläger könne jedoch einen **materiellrechtlichen Kostenerstattungsanspruch** (etwa aus Verzug des Beklagten mit der Auskunft) haben, den er im anhängigen Rechtsstreit durch Klageänderung geltend machen könne (→ § 15 Rn. 61 ff.).

> **Hinweis:** Bei übereinstimmender Erledigungserklärung gilt insoweit (ggf. neben § 91 hinsichtlich des Auskunftsantrages) **§ 91a**: Kostenlast des Beklagten bei vorprozessualem Verzug mit der Auskunftspflicht.[53]

20 Über den Antrag auf der 3. Stufe ist nach allgemeinen Grundsätzen zu entscheiden. Dabei ist auch über den Grund des Anspruches selbstständig zu entscheiden, so dass der Antrag noch mit der Begründung abgewiesen werden kann, ein Anspruch bestehe

---

45 MK/Becker-Eberhard § 254 Rn. 25; StJ/Roth § 254 Rn. 23.
46 MK/Becker-Eberhard § 254 Rn. 25; StJ/Roth § 254 Rn. 23.
47 Zö/Greger § 254 Rn. 12; vgl. auch OLG Düsseldorf NJW-RR 1996, 839; OLG Köln MDR 1996, 637.
48 Also nicht nur auf Antrag des Klägers, sondern auch auf Antrag des Beklagten, vgl. StJ/Roth § 254 Rn. 21; Zö/Greger § 254 Rn. 11; ThP/Seiler § 254 Rn. 8; MK/Becker-Eberhard § 254 Rn. 23; zudem auch BGH NJW 2012, 2180 (2183); BGH NJW-RR 2015, 188.
49 BGH NJW-RR 1987, 1030.
50 Zö/Greger § 254 Rn. 11; MK/Becker-Eberhard § 254 Rn. 23.
51 StJ/Roth § 254 Rn. 24; MK/Becker-Eberhard § 254 Rn. 24.
52 BGH NJW 1994, 2895 (mAnm Bork JZ 1994, 1011; Lüke JuS 1995, 147).
53 OLG Brandenburg NJW-RR 2003, 795; StJ/Roth § 254 Rn. 25: ebenfalls aufgrund eines materiellrechtlichen Kostenerstattungsanspruch.

I. Die Leistungsklage (Verurteilungsklage) § 7

bereits dem Grunde nach nicht; die Entscheidung über Auskunft oder Rechnungslegung schafft **keine Rechtskraft** für den Grund des Zahlungsanspruches.[54]

Das **Schlussurteil** muss die **Gesamtkostenentscheidung** enthalten. Dazu ist zunächst für jede Stufe eine Entscheidung gem. §§ 91 ff. zu treffen und dann daraus eine **einheitliche Kostenentscheidung** zu bilden, dies uU durch eine Quote unter Berücksichtigung der unterschiedlichen Einzelstreitwerte (§ 92).[55] So ist etwa eine Quote zu bilden, wenn der Kläger mit dem Auskunftsanspruch Erfolg hatte, mit dem Leistungsantrag aber zum Teil unterliegt. Für den **Gebühren(gesamt)streitwert** ist nur der höchste Antrag maßgeblich (§ 44 GKG), die **vorläufige Vollstreckbarkeit** erfolgt nach allgemeinen Grundsätzen (Verurteilungsbetrag, Kosten). 21

c) Herausgabeklagen

Im Falle einer Klage auf Herausgabe muss die Sache so bestimmt bezeichnet werden, dass eine Vollstreckung aus einem zusprechenden Urteil möglich ist. Dies setzt voraus, dass ein Dritter – auch der Gerichtsvollzieher – die Sache nach ihrer Bezeichnung im Tenor bestimmen kann; entsprechend bestimmt muss der Klageantrag sein.[56] 22

> **Beispiel:** *„Die Beklagte wird verurteilt, an den Kläger das Fahrzeug Mercedes-Benz C 200 CDI mit der Fahrzeugidentifikationsnummer [...] nebst zweier Fahrzeugschlüssel herauszugeben."*

d) Klage auf Abgabe einer Willenserklärung

Bei einer Klage auf Abgabe einer Willenserklärung muss die begehrte Willenserklärung so bestimmt formuliert werden, dass bei Eintritt der Rechtskraft der Inhalt der als abgegeben geltenden Willenserklärung eindeutig feststeht.[57] Hierzu ist zweckmäßigerweise die abzugebende Erklärung in ihrem **Wortlaut** in den Antrag aufzunehmen; dies ist immer hinreichend bestimmt. 23

> **Beispiel** für eine Auflassungsklage: *„Der Beklagte wird verurteilt, folgende Willenserklärung abzugeben: Ich bin mir mit dem Kläger darüber einig, dass das Eigentum an dem im Grundbuch von Bonn Band 28 Blatt 734 eingetragenen Grundstück auf den Kläger übergeht."*

Es ist aber auch zulässig, eine **übliche und eindeutige Kurzbezeichnung** der Erklärung zu verwenden; auch dann ist zweifelsfrei, dass die Abgabe einer Willenserklärung verlangt wird und welchen juristisch bestimmten Inhalt diese Erklärung haben soll.

> **Beispiel:** *„Der Beklagte wird verurteilt, das ... Grundstück an den Kläger aufzulassen"* (oder: ein Angebot „anzunehmen", einen Betrag „freizugeben", eine Sache „zu übereignen").

e) Unterlassungs- und Beseitigungsklagen

aa) Unterlassungsklage

Bei einer **reinen Unterlassungsklage** soll dem Beklagten **für die Zukunft** ein bestimmtes Verhalten untersagt werden, wobei der Beklagte das Unterlassungsbegehren bereits 24

---

54 BGH NJW 1985, 862; OLG Karlsruhe MDR 1992, 804.
55 OLG München MDR 1990, 636; ThP/Seiler § 254 Rn. 11; MK/Becker-Eberhard § 254 Rn. 32; Hk-ZPO/Saenger § 254 Rn. 21; Oberheim Rn. 1140.
56 Schellhammer Rn. 42.
57 BGH NJW 2011, 3161.

durch bloßes Unterlassen – Passivität – erfüllt und erfüllen kann. Im **Antrag** muss dann das von dem Beklagten zu unterlassende Verhalten grundsätzlich **bestimmt bezeichnet** werden.[58]

> **Bespiele:** Eine bestimmte Störung oder eine bestimmte Werbemaßnahme ist zu unterlassen, eine bestimmte Behauptung ist nicht (mehr) aufzustellen. Eine allgemeinere Bezeichnung ist zulässig, wenn (wie zB bei Geruchsimmissionen) eine bestimmte Bezeichnung nicht möglich ist.[59]

Die Vollstreckung erfolgt im Falle einer Unterlassungsklage nach § 890. Aufgrund von § 890 Abs. 2 ist es **zweckmäßig**, mit dem Klageantrag den **Antrag auf Androhung** der Verurteilung zu Ordnungsgeld/Ordnungshaft zu verbinden; dann kann die Androhung sogleich im Urteil ausgesprochen werden.

bb) Beseitigungsklage

25 Bei einer **reinen Beseitigungsklage** erstrebt der Kläger, dass der Beklagte eine **bestehende Beeinträchtigung** durch ein aktives Tun beseitigt.

> **Bespiele:** Beseitigung der Beeinträchtigungen durch einen von dem Grundstück des Beklagten auf das des Klägers hinüberwachsenden Baum (§ 1004 BGB).

Der Antrag ist grundsätzlich lediglich auf „Beseitigung" der **bestimmt zu bezeichnenden Beeinträchtigung** zu richten, **nicht dagegen auf eine konkrete Beseitigungsmaßnahme**; es liegt in der Wahl des Beklagten (Störers, § 262 BGB), mit welchen konkreten Maßnahmen er die Beeinträchtigung beseitigen will.[60]

> **Bespiele:** Der Antrag kann daher etwa darauf gerichtet sein, *„den Beklagten zu verurteilen, den Hinüberwuchs der an der Nordwestecke seines Grundstückes stehenden Birke auf das Grundstück des Klägers zu beseitigen."* Dem Beklagten bleibt dann überlassen, wie er den Überwuchs beseitigt (ob zB durch Kappen oder Absägen von Ästen oder gar durch Entfernung des gesamten Baumes); der Kläger hat nur einen Anspruch auf den Erfolg, nicht aber darauf, wie der Beklagte diesen bewirkt. Oder: bestimmte Geräusche/Gerüche *„durch geeignete Maßnahmen zu verhindern".*[61]

Die **Vollstreckung** erfolgt gem. §§ 887, 888; erst im Vollstreckungsverfahren kann und muss der Kläger eine **bestimmte Beseitigungsmaßnahme** angeben, die er dann durchsetzen kann.[62] Anders ist dies nur dann, wenn lediglich eine einzige Beseitigungsmaßnahme in Betracht kommt; in diesem Falle kann sogleich auf Vornahme dieser Maßnahme geklagt werden.[63]

> **Beispiel:** So etwa bei einer Klage auf Widerruf einer ehrverletzenden Behauptung (= Beseitigungsklage).

cc) Vermischung von Unterlassungs- und Beseitigungsbegehren

26 Möglich ist zuletzt auch eine Vermischung beider Begehren: Der Kläger erstrebt ein Unterlassen, das aber nicht bereits durch ein nur passives Verhalten des Beklagten bewirkt wird, sondern auch sein aktives Tätigwerden erfordert. In der **Praxis** ist diese Fallkonstellation von erheblicher Bedeutung.

---

58 BGH NJW 1991, 1114; NJW 2002, 2879; StJ/Roth § 253 Rn. 34; MK/Becker-Eberhard § 253 Rn. 133.
59 BGH NJW 1999, 356.
60 BGH NJW-RR 1996, 659; MK/Becker-Eberhard § 253 Rn. 140. Auch Grünewald/Herrler § 1004 Rn. 51.
61 BGH NJW 1993, 1657; BGH NJW-RR 1996, 659.
62 OLG Stuttgart NJW-RR 1999, 356.
63 BGH NJW 1977, 146; NJW 2004, 1035; OLG Köln VersR 1997, 121.

I. Die Leistungsklage (Verurteilungsklage) § 7

> **Beispiele:** Der Kläger verlangt von dem Beklagten die Unterlassung der von dessen Betrieb ausgehenden störenden Geräusch- und Geruchsimmissionen, was aber voraussetzt, dass der Beklagte die Störungsquelle beseitigt, also insoweit aktiv Maßnahmen trifft; oder: der Beklagte soll eine unzulässige Firmenbezeichnung unterlassen, was aber auch deren Entfernung von Firmenschildern und Firmenfahrzeugen erfordert.

Im Falle einer Vermischung von Unterlassungs- und Beseitigungsbegehren bestehen **drei verschiedene Antragsmöglichkeiten:** So kann der Kläger entweder auf **Unterlassung**, auf **Beseitigung** oder aber auch auf **Unterlassung und Beseitigung** klagen.

Antrag auf Unterlassung

Stellt der Kläger lediglich einen **Antrag auf Unterlassung** – dies etwa dahingehend, dass der Beklagte verurteilt wird, *„die von dem Grundstück des Beklagten ausgehenden ... Immissionen auf das Grundstück des Klägers zu unterlassen"* – führt dies im Falle seiner Begründetheit zu einem reinen Unterlassungstitel. Die **Vollstreckung** wegen neuer Verstöße erfolgt – insoweit unzweifelhaft – stets gem. § 890. Wie jedoch hinsichtlich des aktiv zu Veranlassenden zu verfahren ist, ist streitig:[64] Während die hM ebenfalls nach § 890 verfährt (eben weil es sich um einen reinen Unterlassungstitel handelt),[65] kann nach der Gegenauffassung auch auf §§ 887, 888 abgestellt werden; insoweit bestehe ein Wahlrecht.[66] Nach – vorzugswürdiger – Auffassung des BGH ist der Titel auszulegen, dies bei „einer Handlung, die einen fortdauernden Störungszustand geschaffen hat, (...) der die Handlung verbietende Unterlassungstitel mangels abweichender Anhaltspunkte regelmäßig dahin [...], dass er außer zur Unterlassung derartiger Handlungen auch zur Vornahme möglicher und zumutbarer Handlungen zur Beseitigung des Störungszustands verpflichtet".[67] Daher ist regelmäßig nach § 890 zu verfahren.

Antrag auf Beseitigung

Stellt der Kläger hingegen einen **Antrag auf Beseitigung der Beeinträchtigung** – dies etwa dahingehend, dass der Beklagte verurteilt wird, *„die von dem Grundstück des Beklagten ausgehenden ... Immissionen durch geeignete Maßnahmen zu verhindern"* –, erfolgt die Vollstreckung eines entsprechenden Titels unstreitig nach §§ 887, 888.[68]

Antrag auf Unterlassung und Beseitigung

Zuletzt ist auch **ein Antrag auf Unterlassung und Beseitigung** möglich. Hierbei handelt es sich um den **in der Regel zweckmäßigsten (da umfassendsten und eindeutigsten) Antrag.**[69]

> **Beispiel:** *„Der Beklagte wird verurteilt, die Verwendung der Firmenbezeichnung „Meyers Mühle" zu unterlassen und die Aufschrift „Meyers Mühle" am Haus Bahnhofstraße 43 in Essen zu entfernen."*

Hinsichtlich der Vollstreckung eines entsprechenden Titels gilt für die Unterlassung § 890, für die Entfernung § 887.[70]

---

[64] Vgl. dazu Hk-ZPO/Kießling § 890 Rn. 3.
[65] HM, ua MK/Gruber § 890 Rn. 5 mwN.
[66] Ua StJ/Bartels § 890 Rn. 5; ThP/Seiler § 890 Rn. 4.
[67] BGH NJW 2018, 1317 (1318 f.).
[68] OLG Saarbrücken MDR 2000, 784.
[69] Schuschke ua/ Sturhahn § 890 Rn. 2; Jauernig NJW 1973, 1672.
[70] OLG Saarbrücken MDR 2000, 784; Schuschke ua/ Sturhahn § 890 Rn. 2.

dd) Materielle Anspruchsgrundlagen

27 Ob die jeweils geltend gemachten Unterlassungs- oder Beseitigungsansprüche bestehen, ist stets eine Frage des **materiellen Rechts**. Die Prüfung erfolgt nach den allgemeinen Grundsätzen. **Wichtige Anspruchsgrundlagen** stellen etwa §§ 862, 1004 BGB sowie §§ 1 ff., 8 UWG dar. Die Begehungs-(Wiederholungs-) Gefahr ist materiellrechtliche Anspruchsvoraussetzung und keine Frage des Rechtsschutzbedürfnisses;[71] anders ist dies nur bei vertraglichen Unterlassungsansprüchen.[72]

3. Das Rechtsschutzbedürfnis (Rechtsschutzinteresse) für eine Leistungsklage

28 Ein Rechtsschutzbedürfnis ist für eine Leistungsklage **grundsätzlich anzunehmen** und bedarf daher regelmäßig keiner besonderen Feststellung: Es folgt bereits aus der Nichterfüllung des behaupteten Anspruchs[73] und liegt auch dann vor, wenn eine gänzlich geringe Forderung (etwa 20 Cent Anwaltskosten)[74] eingeklagt wird. Auch steht eine **Vermögenslosigkeit** des Beklagten der Annahme eines Rechtsschutzbedürfnisses nicht entgegen, dies schon wegen der verjährungshemmenden Wirkung einer Leistungsklage: Aus einem Leistungstitel kann zumindest 30 Jahre lang vollstreckt werden (§ 197 Abs. 1 Nr. 3 BGB), die Entwicklung der Vollstreckungsmöglichkeiten ist nicht vorhersehbar. Ebenfalls lässt die Vorlage eines Schuldenbereinigungsplanes durch den Beklagten das Rechtsschutzbedürfnis nicht entfallen.[75]

Im Übrigen bestehen einige – nicht abschließende – Konstellationen, in denen das Rechtsschutzbedürfnisses im Einzelfall zu verneinen sein kann.

a) Einfacherer und schnellerer Weg

29 So ist das Rechtsschutzbedürfnis zu verneinen, **wenn für den Kläger ein wesentlich einfacherer, schnellerer, kostengünstigerer und gleich sicherer Weg** zur Durchsetzung seines Anspruchs besteht als die Erhebung der Leistungsklage.[76]

> **Beispiele:** Dies ist etwa der Fall bei Möglichkeit einer Titelumschreibung gem. §§ 727 ff.,[77] nicht dagegen nur mittels einer Klage nach § 731 (kein einfacherer Weg);[78] bei Festsetzbarkeit von Kosten im Kostenfestsetzungsverfahren nach §§ 103 ff.[79] (vorprozessuale Sachverständigenkosten können aber in der Regel auch miteingeklagt werden, da sie – bei Vorliegen der entsprechenden Voraussetzungen – von dem materiellrechtlichen Kostenerstattungsanspruch erfasst werden).[80] Für eine Klage aus § 894 BGB wird das Rechtsschutzbedürfnis dann fehlen, wenn der Unrichtigkeitsnachweis nach § 22 GBO einfach zu führen ist.[81]

---

71 BGH NJW 2005, 594. Auch Grünewald/Herrler § 1004 Rn. 32.
72 BGH NJW 1999, 1337; StJ/Roth § 259 Rn. 9; Mus/Voit/Foerste § 259 Rn. 3.
73 BGH NJW-RR 1993, 1130; BGH MDR 2007, 595.
74 So auch MK/Becker-Eberhard Vor § 253 Rn. 10. A.A. AG Stuttgart NJW 1990, 1054.
75 BGH MDR 2009, 1244.
76 BGH NJW 1971, 656; NJW 1994, 1351; NJW 1996, 2036; NJW 1996, 3148; NJW 1998, 1637; StJ/Roth Vor § 253 Rn. 145; Schellhammer Rn. 146.
77 BGH NJW 1957, 1111.
78 BGH NJW 1987, 2863 (streitig).
79 BGH NJW 1990, 2061.
80 BGH NJW 2004, 3042; OLG Saarbrücken MDR 2003, 685.
81 BGH NJW-RR 2006, 886; Grünewald/Herler § 894 Rn. 1. A.A. StJ/Roth Vor § 253 Rn. 147: immer Rechtsschutzbedürfnis für Klage aus § 894 BGB.

I. Die Leistungsklage (Verurteilungsklage) § 7

b) Ehrkränkende Äußerungen als Klagegrund

Besonderheiten bestehen nach Auffassung des BGH zudem für eine Klage auf Zahlung einer Geldentschädigung, deren Klagegrund auf **ehrkränkende Äußerungen** in einem anderen Gerichtsverfahren bzw. gegenüber Strafverfolgungsbehörden gestützt wird. Dienten die Äußerungen der Rechtsverfolgung bzw. -verteidigung oder wurden sie in Wahrnehmung staatsbürgerlicher Recht bzw. Pflichten gemacht, ist in der Regel ein Rechtsschutzbedürfnis für eine solche Klage nicht gegeben.[82]

30

c) Teilklage

Bei **Teilklagen** ist das Rechtsschutzbedürfnis zu verneinen, wenn für sie **kein vertretbarer Grund** besteht, dies zB dann, wenn der Kläger durch sie **nur** die amtsgerichtliche Zuständigkeit erschleichen oder die Berufungssumme unterschreiten will[83] (was jedoch naturgemäß kaum einmal feststellbar sein wird). Im Regelfall sind daher Teilklagen grundsätzlich zulässig, insbesondere zur Verringerung des Kostenrisikos.

31

> **Hinweis:** Bei Aufteilung einer Forderung ohne sachlichen Grund in Teilklagen können auch Kostennachteile entstehen: Erstattung nur insoweit, wie bei einer einzigen Klage entstanden.[84]

d) Sonderkonstellation: Bereits bestehender Titel

Zuletzt kann das Rechtsschutzbedürfnis ausnahmsweise auch deswegen zu verneinen sein, wenn der Kläger **bereits einen vollstreckbaren Titel** auf die Leistung gegen den Beklagten besitzt (und die Zulässigkeit der Klage nicht bereits aufgrund entgegenstehender Rechtskraft des Ersturteils scheitert).

32

Allerdings bestehen insoweit wiederum (Rück-)Ausnahmen: So ist **ein Rechtsschutzbedürfnis für eine neue Klage** (regelmäßig Feststellungsklage, ggf. aber auch Leistungsklage) auch im Falle eines bereits vorhandenen Titels zu bejahen, wenn der **Titel verloren** worden ist und nicht wiederhergestellt werden kann,[85] wenn die **Durchsetzbarkeit des Titels** (zB mangels Bestimmtheit) zweifelhaft oder seine Auslegung umstritten ist[86] oder wenn **Verjährung** des titulierten Anspruchs droht und nur durch eine neue Klage (und nicht anders, etwa durch Vollstreckungsmaßnahmen, vgl. § 212 BGB) verhindert werden kann.[87] Im Übrigen ist ein Rechtsschutzbedürfnis anzunehmen, wenn in einem **Prozessvergleich** eine Verpflichtung zur **Abgabe einer Willenserklärung** begründet worden ist – dies zur Herbeiführung der Abgabefiktion des § 894, die nur für ein Leistungsurteil, nicht für einen Prozessvergleich gilt[88] (keine Verweisung auf § 888) – oder wenn mit einer **Vollstreckungsgegenklage** des Schuldners zu rechnen ist,[89] dies auch bei zweifelhafter Rechtslage.[90] Letzteres gilt allerdings nur bei Titeln ohne materielle Rechtskraft wie Prozessvergleich oder vollstreckbare Urkunde; bei Urteilen steht der

---

82 BGH NJW 2012, 1659.
83 Schellhammer Rn. 142.
84 BGH NJW 2007, 2257.
85 BGH NJW 1985, 1711.
86 BGH NJW-RR 1997, 1; OLG Brandenburg NJW-RR 1996, 724.
87 BGH MDR 2003, 1067.
88 BGH NJW 1986, 2704.
89 BGH NJW 1994, 3227; BGH MDR 2007, 595; OLG Hamm NJW-RR 1998, 423.
90 BGH DNotZ 2007, 466, Besprechung in JA 2007, 461.

erneuten Klage dagegen die Rechtskraft entgegen, hier muss eine Gegenklage abgewartet werden.

4. Klage auf künftige Leistung (§§ 257–259)
a) Allgemeines

33 Eine Klage auf künftige Leistung[91] ist **in drei Fällen** gestattet, nämlich gem. § 257 bei nicht von einer Gegenleistung abhängigem **kalendermäßig bestimmtem Geldanspruch** (oder Räumungsanspruch, außer bei Wohnraum) → Rn. 35 ff., gem. § 258 bei nicht von einer Gegenleistung abhängigem Anspruch auf wiederkehrende Leistungen → Rn. 39 ff. und gem. § 259 generell bei Besorgnis der künftigen Nichterfüllung des Anspruches → Rn. 45 f.

§ 259 stellt eine **Generalklausel** dar, die auch dann greift, wenn die Voraussetzungen von § 257 und § 258 nicht vorliegen; in Betracht kommen daher (anders als bei §§ 257, 258) Ansprüche aller Art, also auch auf Räumung von Wohnraum und bei Vorliegen einer Gegenleistung.

Bei den in §§ 257–259 aufgeführten besonderen Voraussetzungen handelt es sich um **Sachurteilsvoraussetzungen**; im Falle ihres Fehlens ist die Klage daher durch Prozessurteil – wegen Unzulässigkeit – abzuweisen.[92] Streitig ist indes, ob §§ 257–259 als Sonderfall des Rechtsschutzbedürfnisses oder als „besondere Prozessvoraussetzung" (überwiegende Ansicht)[93] einzuordnen sind; in ersterem Falle würde ein Fehlen nur einem stattgebenden, nicht aber einem abweisenden Sachurteil entgegenstehen.

34 Die Klage ist nur dann auf eine künftige Leistung iSd §§ 257–259 gerichtet, wenn **der Kläger selbst** die Verurteilung des Beklagten **zu einer künftigen Leistung beantragt**.

Hiervon zu unterscheiden ist die Konstellation, dass der Kläger **auf eine sofortige Leistung klagt**, der geltend gemachte Anspruch aber **noch nicht fällig ist**. Eine solche Klage ist ohne besondere Voraussetzungen zulässig; dem Kläger ist immer gestattet, auf sofortige Leistung zu klagen. Die Klage ist jedoch **„zur Zeit" nicht begründet**: Sie ist abzuweisen, weil dem Kläger ein zur Zeit fälliger Anspruch, der die Verurteilung des Beklagten zur (sofortigen) Leistung begründen würde, nicht zusteht.[94]

> **Hinweis:** Dass die Klage (nur) *„als zur Zeit unbegründet"* abgewiesen wird, sollte ausdrücklich so im Urteilstenor ausgesprochen werden; es reicht aber aus, wenn sich dies aus den Entscheidungsgründen ergibt.[95] Die Rechtskraft einer wegen Fälligkeit abgewiesenen Klage bezieht sich **nur auf die Verneinung der Fälligkeit bis zum Schluss der mündlichen Verhandlung**;[96] bei (danach eingetretener) Fälligkeit kann daher neu geklagt werden. Anders ist dies nur, wenn die Klage nicht (nur) mangels Fälligkeit abgewiesen wird: dann tritt volle Rechtskraftwirkung ein.[97] Der Kläger kann eine Klageabweisung *„als zur Zeit unbegründet"* dadurch entgehen, dass er den Klageantrag **auf eine künftige Leistung umstellt**: Hierbei handelt es sich um eine Antragsbeschränkung iSv

---

91 Vgl. hierzu ferner: Arz JuS 2021, 745.
92 MK/Becker-Eberhard § 257 Rn. 1; ThP/Seiler § 257 Rn. 1. A.A. StJ/Roth § 257 Rn. 3: Frage der Begründetheit wegen zum materiellen Recht.
93 Vgl. HK-ZPO/Saenger § 257 Rn. 1.
94 BGH NJW 1999, 1867; BGH NJW-RR 2001, 310; BGH NJW 2007, 294; NJW 2009, 1139 (1140). Dies muss nach StJ/Roth, § 257 Rn. 3, Vor § 253 Rn. 131, entgegen der hM auch bei Fehlen der Voraussetzungen der §§ 257 ff. gelten.
95 BGH NJW-RR 2001, 310.
96 StJ/Leipold § 322 Rn. 246; Zö/Vollkommer Vor § 322 Rn. 56.
97 OLG Düsseldorf NJW 1993, 803.

I. Die Leistungsklage (Verurteilungsklage)

§ 264 Nr. 2, die ohne Einwilligung des Beklagten gestattet ist;[98] der eingeschränkte Antrag bedarf jedoch zu seiner Zulässigkeit der Voraussetzungen der §§ 257 ff.

b) Klage bei kalendermäßig bestimmter oder bestimmbarer Fälligkeit (§ 257)

Eine **Klage auf künftige Zahlung oder Räumung** gem. § 257 ermöglicht eine frühzeitige Klärung der Rechtslage: der Kläger soll schon sofort bei Fälligkeit (zB eines Anspruchs auf Rückzahlung eines Darlehens) einen Vollstreckungstitel haben können.

aa) Besondere Zulässigkeitsvoraussetzungen

Besondere Zulässigkeitsvoraussetzungen für eine Klage auf künftige Zahlung oder Räumung sind nur die in § 257 aufgeführten Voraussetzungen; eine **Besorgnis der Nichterfüllung** (wie in § 259) ist nicht erforderlich.

bb) Sachentscheidung

Die Sachentscheidung erfolgt nach allgemeinen Grundsätzen dahin gehend, ob der Anspruch besteht. Der Beklagte kann bestehende Einwendungen (zB Erfüllung) uneingeschränkt geltend machen. Wegen künftig (auch vor Fälligkeit der Klageforderung) entstehender Einwendungen ist der Beklagte dagegen grundsätzlich auf die Vollstreckungsgegenklage (§ 767) beschränkt. Allerdings kann der Beklagte mit einer künftig (aber noch vor dem Klageanspruch fällig werdenden) Gegenforderung bereits aufrechnen;[99] denn was dem Kläger möglich ist (Klage vor Fälligkeit), muss auch dem Beklagten gestattet sein.

cc) Urteilstenor

Der Urteilstenor ist auf Verurteilung zur Leistung an dem bestimmten Datum gerichtet.

> **Beispiel:** „Der Beklagte wird verurteilt, an den Kläger am 1.10.2021 10.000 EUR zu zahlen."
>
> **Kostenentscheidung:** § 93 ist möglich, wenn der Beklagte sofort anerkennt; die Beweislast für die Klageveranlassung liegt hier jedoch (anders als sonst) bei dem Kläger.[100] **Vorläufige Vollstreckbarkeit:** §§ 708 ff.

c) Klage auf wiederkehrende Leistungen (§ 258)

Mit einer Klage auf wiederkehrende Leistung gem. § 258 wird vermieden, dass der Kläger, der eine wiederkehrende Leistungen zu fordern hat (zB monatliche Unterhaltsrente gem. § 844 BGB) nicht in einer Vielzahl von Prozessen jede Einzelleistung einklagen muss.

aa) Besondere Zulässigkeitsvoraussetzungen

Die Klage muss auf **künftig fällig werdende wiederkehrende Leistungen** bei bereits vollständig entstandenem Anspruch (zB bei Unterhaltsrenten) gerichtet und – ebenso wie bei § 257 – **unabhängig von einer Gegenleistung** sein.[101] Letztere Einschränkung

---

[98] Zö/Greger § 257 Rn. 6; Mus/Voit/Foerste § 257 Rn. 6.
[99] BGH NJW 1963, 246; MK/Becker-Eberhard § 257 Rn. 10.
[100] MK/Becker-Eberhard § 257 Rn. 19; Zö/Greger § 257 Rn. 6.
[101] Zö/Greger § 258 Rn. 2.

folgt aus dem Umstand, dass § 258 ein Spezialfall (konkret: eine Ergänzung) von § 257 darstellt. Unabhängig von einer Gegenleistung sind etwa **nicht Mietzins- oder Gehaltsansprüche**,[102] so dass insoweit eine Klage auf künftige Leistungen nur nach § 259 möglich ist.

41 Weiter muss die **Bestimmtheit** oder **Bestimmbarkeit der Höhe der künftigen Leistung** gegeben sein. Falls bzw. soweit die Höhe nicht bestimmbar ist (dies etwa, weil die künftige Entwicklung nicht absehbar ist), bleibt nur die **Feststellungsklage**.[103]

> **Hinweis:** Eine Unbestimmbarkeit der künftigen Leistung wird teilweise auch bezüglich einer Verurteilung zu **fortlaufenden – künftigen – Zinsen** auf einen Verurteilungsbetrag angenommen;[104] daher: Verurteilung nur zu gesetzlichen Zinsen, mit der Feststellung der Verpflichtung des Beklagten zum Ersatz eines weitergehenden Zinsschadens. Die Praxis spricht aber überwiegend nach wie vor noch uneingeschränkt höhere als die gesetzlichen Zukunftszinsen zu.[105]

Zuletzt müssen die **einzelnen Leistungen nur noch von dem Zeitablauf** abhängig sein.[106]

bb) Sachentscheidung

42 Die Sachentscheidung erfolgt aufgrund der Verhältnisse zur Zeit der Entscheidung und der nach der Lebenserfahrung zu erwartenden Entwicklung.[107]

> **Beispiele:** Eine Unterhaltsrente bemisst sich daher grundsätzlich nach den derzeitigen Bedürfnissen des Klägers und der derzeitigen Leistungsfähigkeit des Beklagten (§§ 1602, 1603 BGB), eine Schadensersatzrente nach dem derzeitigen Verdienstausfall (§ 843 BGB). Ist eine Änderung der Bemessungsverhältnisse zu einem bestimmten Zeitpunkt zu erwarten (ohne dass bereits jetzt feststellbar ist, in welcher Weise), ergeht der Urteilsausspruch nur bis zu diesem Zeitpunkt (zB Verdienstausfallrente nur bis zum 65. Lebensjahr, Unterhalt nur bis zum voraussichtlichen Ende des Studiums).[108]

cc) Urteilstenor

43 **Beispiel:** Bei viermonatigem Rückstand mit einer monatlichen Rente in Höhe von 500 EUR wäre zu formulieren: *„Der Beklagten wird verurteilt, an den Kläger 2.000 EUR und vom ... (Datum) an monatlich 500 EUR, jeweils fällig zum..., zu zahlen."*

Kostenentscheidung: §§ 91 ff., auch § 93. **Vorläufige Vollstreckbarkeit:** ggf. § 708 Nr. 8 (Abwendungsbefugnis des Beklagten durch Sicherheitsleistung gem. § 711 S. 2, auch „in Höhe des beizutreibenden Betrages");[109] für nicht privilegierte Rückstände gelten §§ 708 Nr. 11, 709.[110]

---

102 BGH NJW 2003, 1395.
103 Zö/Greger § 258 Rn. 2.
104 KG NJW 1989, 305; OLG Karlsruhe NJW-RR 1990, 944.
105 Zö/Greger § 253 Rn. 16 a.
106 BGH MDR 1996, 1232.
107 Zö/Greger § 258 Rn. 3.
108 Vgl. StJ/Roth § 258 Rn. 7.
109 OLG Köln NJW-RR 1995, 1280.
110 Zö/Herget § 708 Rn. 10.

I. Die Leistungsklage (Verurteilungsklage) § 7

dd) Abänderung einer bereits ergangenen Entscheidung

Die **Abänderung** einer bereits ergangen Entscheidung ist bei einer Änderung der für die Entscheidung maßgebenden Verhältnisse während des titulierten Zeitraums möglich, und zwar

- **für den Kläger** durch **Abänderungsklage** (§ 323),

    Hinweis: Nur wenn im Urteil nicht über den gesamten Anspruch (stattgebend) entschieden worden war (Teilklage), ist auch eine sog. neue **Zusatz- oder Nachforderungsklage** gem. § 258 zulässig.[111]

- **für den Beklagten** ebenfalls durch **Abänderungsklage** (§ 323) bei Veränderung der anspruchsbegründenden Verhältnisse, zudem durch **Vollstreckungsgegenklage** bei rechtsvernichtenden oder rechtshemmenden Einwendungen.[112]

44

d) Klage bei Besorgnis der Nichterfüllung (§ 259)

Die Klage wegen Besorgnis nicht rechtzeitiger Leistungen gem. § 259 ermöglicht eine rechtzeitige Titulierung der Leistungsverpflichtung des – möglicherweise leistungsunwilligen – Beklagten vor Fälligkeit der Forderung oder Bedingungseintritt.

45

Zulässigkeitsvoraussetzung ist eine Besorgnis aufgrund konkreter Umstände, dass sich der Beklagte der rechtzeitigen Leistung entziehen werde. Dazu reicht aus, dass der Beklagte **den Anspruch ernsthaft bestreitet**.[113] Im Übrigen bestehen **keine weiteren Voraussetzungen**, so dass § 259 über §§ 257, 258 hinausgeht. Von Bedeutung ist § 259 daher insbesondere für Klagen auf **Räumung von Miet-Wohnraum** (zB aufgrund einer umstrittenen Kündigung) und auf Zahlung des Mietzinses bzw. von Nutzungsentschädigung bis zur Herausgabe.[114]

46

Für die Sachentscheidung und den Urteilstenor gelten die Ausführungen zu § 257 entsprechend, so dass auf diese verwiesen werden kann.

e) Sonderfall: Klage mit Fristsetzung (§ 255) und auf künftige Leistung

Der Kläger kann gem. § 255 beantragen, dass **mit der Verurteilung zu einer Leistung** eine nach **materiellem Recht erforderliche Frist** für die Entstehung von Ansprüchen oder Rechten aus einer Nichterfüllung gesetzt wird (dies etwa in den Fällen der §§ 281 Abs. 1 S. 1, 323 Abs. 1 S. 1, 637 Abs. 1 BGB).[115] Hierbei handelt es sich um einen Sachantrag,[116] er kann noch im Laufe des Verfahrens oder im Berufungsverfahren gestellt werden.[117]

47

    Tenor: „Der Beklagte wird verurteilt, dem Kläger den Pkw Audi A 6 mit dem amtlichen Kennzeichen... zu übereignen und zu übergeben. Für die Erfüllung dieser Verpflichtung wird dem Beklagten eine Frist von zwei Wochen ab Rechtskraft gesetzt."

Mit dem Leistungsantrag und dem Antrag auf Fristsetzung gem. § 255 kann der Kläger den Antrag auf die **im Falle des erfolglosen Fristablaufs entstehende künftige anderweitige Leistung** (etwa auf Schadensersatz) verbinden.

48

---

111 MK/Becker-Eberhard § 258 Rn. 20.
112 BGH NJW 2005, 2313; ThP/Hüßtege § 323 Rn. 3.
113 BGH NJW 1999, 954; BGH NJW-RR 2005, 1518.
114 BGH NJW 2003, 1395.
115 Vgl. dazu HK-ZPO/Saenger § 255 Rn. 2, 5.
116 ThP/Seiler § 255 Rn. 1.
117 ThP/Seiler § 255 Rn. 5.

Köhler

> **Beispiel:** Der Eigentümer einer Sache kann unter den Voraussetzungen der §§ 280 Abs. 1, 3, 281 Abs. 1, 2 BGB Schadensersatz verlangen, wenn der bösgläubige oder verklagte Besitzer seine Herausgabepflicht nach § 985 BGB nicht erfüllt.[118] In diesem Falle muss der Eigentümer nicht etwa in zwei aufeinanderfolgenden Prozessen zunächst den Herausgabe- und danach den Schadensersatzanspruch geltend machen, sondern kann seine Klage auf Schadensersatz (§§ 280 Abs. 1, 3, 281 BGB) für den Fall des fruchtlosen Ablaufs der von dem Gericht zur Erfüllung des Herausgabeanspruchs gesetzten Frist (§ 255 Abs. 1 ZPO) bereits zusammen mit der Herausgabeklage erheben.[119]
>
> **Antrag:** *„den Beklagten zu verurteilen, an den Kläger den Pkw (…) zu übergeben, und für den Fall, dass der Beklagte dieser Verpflichtung nicht innerhalb einer Frist von zwei Wochen ab Rechtskraft nachkommt, an den Kläger 8.000 EUR zu zahlen."*

In einem solchen Falle liegt eine **objektive Klagehäufung** (§ 260) vor: Beide Anträge sind gestellt; ein Eventualverhältnis besteht nicht für die Anträge, sondern nur für die Durchsetzung des Urteils, da der Kläger im Ergebnis nur eine Leistung begehrt (sog. **unechter Hilfsantrag**). Der **Antrag auf die künftige Leistung** ist **zulässig** (nur) unter den **Voraussetzungen des § 259**[120] und **begründet** bei entsprechendem Anspruch bei Fristablauf nach materiellem Recht.

II. Die Feststellungsklage (§ 256)

1. Allgemeines

49 Die Feststellungsklage ermöglicht die Feststellung eines **Rechtsverhältnisses**, und zwar des **Bestehens** des Rechtsverhältnisses (**positive Feststellungsklage**), des Nichtbestehens des Rechtsverhältnisses (**negative Feststellungsklage**),[121] und ferner die Feststellung der Echtheit einer **Urkunde** (Tatsache), die jedoch kaum praktische Bedeutung hat.

Im Unterschied zur Leistungsklage, mittels derer ein Tun oder Unterlassen durchgesetzt werden soll, dient die Feststellungklage ausschließlich der verbindlichen Feststellung und ermöglicht eine frühzeitige Klärung einer streitigen Rechtsbeziehung. Das mittels Feststellungklage erwirkte Feststellungsurteil ist der Rechtskraft fähig und einem späteren Prozess inter partes vorgreiflich. Zu unterscheiden sind selbstständige und unselbstständige Feststellungsklagen.

2. Zulässigkeit der selbstständigen („normalen") Feststellungsklage (§ 256 Abs. 1)

a) Allgemeine Sachurteilsvoraussetzungen

aa) Bestimmtheit des Klageantrages

50 Das festzustellende/nicht festzustellende Rechtsverhältnis muss eindeutig bezeichnet sein.[122]

> **Beispiel:** Bei einer **negativen Feststellungsklage** wäre es daher unzulässig, den Antrag folgendermaßen zu formulieren: *„Es wird festgestellt, dass der Kläger dem Beklagten nichts schuldet";*[123] vielmehr müsste der Antrag – unter Angabe des konkreten Schuldgrundes und Schuldgegenstandes[124] – darauf gerichtet sein, *„ dass der Kläger dem Be-*

---

118 BGH NJW 2018, 786 (787); NJW 2016, 3235.
119 BGH NJW 2018, 786 (787); NJW 2016, 3235.
120 BGH NJW 1999, 954; OLG Köln NJW-RR 1998, 1682; Zö/Greger § 255 Rn. 3; MK/Becker-Eberhard § 255 Rn. 13.
121 Vgl. dazu BGH NJW 2012, 3633; EuGH NJW 2013, 287; Thole NJW 2013, 1192.
122 BGH NJW 2007, 3204.
123 BGH NJW 1984, 1556; StJ/Roth § 256 Rn. 78.
124 StJ/Roth § 256 Rn. 78.

II. Die Feststellungsklage (§ 256) §7

klagten aus dem Kaufvertrag vom [...] nichts (mehr) schuldet". Eine Bezifferung ist erforderlich, wenn der Kläger einen Teil der von dem Beklagten behaupteten Forderung einräumt und nur den weitergehenden Anspruch bestreitet; dann wäre zu beantragen: *"Es wird festgestellt, dass der Kläger dem Beklagten aus [...] nicht mehr als 2.000 EUR schuldet."*

bb) Zuständigkeit

Im Hinblick auf die Zuständigkeitsprüfung bestehen grundsätzlich keine Besonderheiten, sie entspricht derjenigen einer entsprechenden Leistungsklage.[125] In Bezug auf den **Streitwert** ist jedoch im Falle einer **positiven Feststellungsklage** zu beachten, dass dieser nur mit **80 %** des Streitwerts einer entsprechenden Leistungsklage anzusetzen ist; dies deswegen, weil ggf. noch eine Leistungsklage zum Erreichen des Klageziels erforderlich wird.[126] Demgegenüber bleibt es bei der **negativen Feststellungsklage** bei dem **vollen Wert** einer entsprechenden Leistungsklage (also ohne Abschlag), da bei Erfolg der Klage der von dem Beklagten behauptete Anspruch vernichtet ist.[127]

b) Besondere Sachurteilsvoraussetzungen

Die Klage muss ein **gegenwärtiges Rechtsverhältnis** betreffen. Im Übrigen bedarf es eines **besonderen Feststellungsinteresses**, mithin eines rechtlichen Interesses an alsbaldiger Feststellung.

aa) Gegenwärtiges Rechtsverhältnis

Unter einem **Rechtsverhältnis** iSv § 256 ist die aus einem bestimmten Sachverhalt abgeleitete rechtliche Beziehung von Personen untereinander oder einer Person zu einem Gegenstand zu verstehen, ferner die aus einer solchen Beziehung – gegenwärtig oder auch zukünftig – entstehenden Rechtsfolgen.[128] Gegenstand einer (zulässigen) Feststellungsklage kann daher etwa die Beendigung/der Fortbestand eines Vertrages sein, zudem auch das Bestehen einzelner Vertragsbeziehungen sowie der Umfang und Inhalt einer Leistungspflicht;[129] feststellungsfähig ist darüber hinaus das Bestehen einer Ersatzpflicht (auch aus bestimmter Anspruchsgrundlage, etwa aus unerlaubter Handlung wegen § 850 f. Abs. 2)[130] oder einer Gewährleistungspflicht (insoweit ist die genaue Bezeichnung der Mängel erforderlich).[131]

Kein Rechtsverhältnis iSv § 256 (mit der Folge der Unzulässigkeit einer Feststellungsklage) stellen demgegenüber reine Tatsachen, abstrakte Rechtsfragen und bloße Elemente oder Vorfragen eines Rechtsverhältnisses dar.

Reine Tatsachen (einzige Ausnahme: Echtheit einer Urkunde): Nicht zulässig ist etwa eine Klage auf Feststellung der Unrichtigkeit einer **ehrenrührigen Tatsache**; Rechtsschutz kann insoweit nur durch eine Leistungsklage (auf Unterlassung oder Widerruf) erreicht werden.[132]

---

125 ThP/Seiler § 256 Rn. 2.
126 BGH NJW 1997, 1241; BGH NJW-RR 1999, 362.
127 BGH MDR 1997, 591; BGH FamRZ 2007, 464.
128 BGH NJW 2001, 3789; BGH NJW-RR 2005, 637.
129 BGH NJW 1995, 1097.
130 BGH NJW 1984, 1556; NJW 2003, 515.
131 BGH NJW 2002, 681.
132 HM: BGH NJW 1977, 1288; BGH NJW-RR 2015, 915; vgl. auch StJ/Roth § 256 Rn. 29; Zö/Greger § 256 Rn. 5; MK/Becker-Eberhard § 256 Rn. 28.

Abstrakte Rechtsfragen: Nicht zulässig ist etwa eine Klage auf Feststellung der Rechtsfolgen, die sich bei einer Kündigung ergeben würden, oder der Ersatzpflicht für Baumängel, die noch nicht hervorgetreten sind.[133]

Bloße Elemente oder Vorfragen eines Rechtsverhältnisses:[134] Nicht zulässig ist etwa eine Klage auf Feststellung einzelner Berechnungsgrundlagen eines streitigen Anspruchs,[135] sowie eine Klage auf Feststellung, dass ein Anspruch nicht verjährt sei. Insoweit ist nur eine (unmittelbar auf die konkrete Leistung) gerichtete Leistungsklage oder eine auf die Feststellung einer generellen Leistungspflicht gerichtete Feststellungsklage möglich. Ebenfalls unzulässig ist eine auf das (Nicht-)Vorliegen von **Verzug** des Schuldners[136] bzw. des Gläubigers[137] gerichtete Feststellungsklage; indes ist eine – dem Nachweis der Vollstreckungsvoraussetzungen der §§ 756, 765 dienende – **Feststellung von Annahmeverzug** möglich, dies jedoch nur zusätzlich zu einem Leistungsantrag und nicht isoliert.[138]

> **Hinweis:** Zu beachten ist jedoch, dass ggf. eine **Auslegung/Umdeutung** eines dem Wortlaut nach nicht auf ein Rechtsverhältnis bezogenen Antrags in einen zulässigen Feststellungsantrag in Betracht kommt, etwa eines auf Feststellung der Unwirksamkeit einer Kündigung (Tatsache/Vorfrage) gerichteten Antrags als zulässiger Antrag auf Feststellung des Fortbestehens des Mietverhältnisses (Rechtsverhältnis).[139]

55 Das festzustellende Rechtsverhältnis muss grundsätzlich als **gegenwärtig** (Stand: Schluss der mündlichen Verhandlung) bestehend bzw. nichtbestehend behauptet worden sein. Ob es tatsächlich besteht/nicht besteht, ist eine Frage der Begründetheit der Klage.[140]

Gegenwärtig hat indes nur das **Rechtsverhältnis** zu sein, während Rechtsfolgen aus diesem auch erst zukünftig entstehen können. Zulässig ist daher der Feststellungsantrag, dass der Beklagte verpflichtet ist, den dem Kläger aus einem bestimmten Schadensereignis in Zukunft noch entstehenden (weiteren) materiellen/immateriellen Schaden zu ersetzen: Das Rechtsverhältnis – die Ersatzpflicht als solche – besteht bereits jetzt. Das Feststellungsinteresse ist bei Verletzung eines absoluten Rechts bereits dann anzunehmen, wenn ein zukünftiger Schaden aus Sicht des Klägers bei verständiger Würdigung möglich,[141] bei reinen Vermögensschäden dagegen nur, wenn ein Schaden wahrscheinlich ist.[142] Mit dem Feststellungsurteil wird die grundsätzliche Ersatzpflicht bindend festgestellt; für später geltend gemachte konkrete Schäden wird jedoch noch der Nachweis der Kausalität des Schadensereignisses erforderlich.[143]

Stets unzulässig ist die Feststellung eines **künftigen Rechtsverhältnisses**. Nicht begehrt werden kann daher die Feststellung eines künftigen Erbrecht nach einem noch Leben-

---

133 BGH NJW 1992, 697; vgl. auch MK/Becker-Eberhard § 256 Rn. 22.
134 BGH NJW 2000, 2280; NJW 2015, 873 (875). Weitergehend (wegen hiermit verbundener Abgrenzungsschwierigkeiten): StJ/Roth § 256 Rn. 27 ff.; Zö/Greger § 256 Rn. 3; MK/Becker-Eberhard § 256 Rn. 24 f. (aber Feststellungsinteresse!).
135 BGH NJW 1995, 1097; auch MK/Becker-Eberhard § 256 Rn. 24 ff.
136 BGH NJW 2000, 2280.
137 BGH NJW 2000, 2663.
138 BGH NJW 2000, 2663.
139 BGH NJW 2000, 354 (356); StJ/Roth § 256 Rn. 31.
140 BGH MDR 1972, 123.
141 BGH NJW-RR 2007, 601; BGH NJW-RR 2010, 750 f.; NJW 2021, 3130.
142 BGH NJW 2006, 830 (832); BGH NJW 2007, 224 (227); Zö/Greger § 256 Rn. 9.
143 BGH NJW-RR 2005, 1517.

II. Die Feststellungsklage (§ 256) § 7

den,[144] wohl aber die Wirksamkeit bzw. Unwirksamkeit eines Erbvertrages,[145] einer Pflichtteilsentziehung[146] oder das Bestehen eines Pflichtteilsentziehungsrechts,[147] da insoweit bereits gegenwärtige Rechtsbeziehungen beziehen. Hinsichtlich eines **vergangenen Rechtsverhältnisses** ist eine Feststellungsklage nur zulässig, wenn sich aus diesem noch Rechtswirkungen für die Gegenwart oder die Zukunft ergeben können.[148]

Das Rechtsverhältnis muss nicht zwingend **zwischen den Parteien** bestehen, sondern kann **auch** einen **Dritten** betreffen, wenn es zugleich für die Rechtsbeziehungen der Parteien zueinander von Bedeutung ist und der Kläger ein berechtigtes Interesse an der Klärung **gerade gegenüber dem Beklagten** hat.[149] Zulässig ist daher etwa eine Klage des Geschädigten gegen die Haftpflichtversicherung des Schädigers auf Feststellung, dass diesem Deckungsschutz zu gewähren ist.[150]

56

Bezieht sich die Feststellungsklage nicht auf ein (grundsätzlich) gegenwärtiges Rechtsverhältnis, ist sie unzulässig; es erfolgt eine **Abweisung durch Prozessurteil**.

> **Hinweis:** Im Hinblick auf das gegenwärtige Rechtsverhältnis gilt ein **zwingender prozessualer Vorrang**; die Frage der Zulässigkeit kann daher insoweit – anders als bei dem Feststellungsinteresse (hierzu sogleich) – nicht offengelassen werden.

bb) Rechtliches Interesse an alsbaldiger Feststellung

(1) Allgemeines

Die isolierte Feststellungsklage kann gem. § 256 Abs. 1 nur erhoben werden, wenn der Kläger ein rechtliches Interesse daran hat, dass das Rechtsverhältnis durch richterliche Entscheidung alsbald festgestellt werde. Ein solches **Feststellungsinteresse besteht**, wenn dem Recht oder der Rechtslage des Klägers eine gegenwärtige der Unsicherheit droht, für den Kläger ein Bedürfnis nach Klärung durch Feststellung besteht und das erstrebte Feststellungsurteil geeignet ist, die Unsicherheit und Gefährdung zu beseitigen. Diese Voraussetzungen sind grundsätzlich weit auszulegen.

57

Für die **positive Feststellungsklage** ist eine **gegenwärtige Gefahr der Unsicherheit** in der Regel schon dann zu bejahen, wenn der Beklagte das Recht oder den Anspruch ernstlich bestreitet,[151] für die **negative Feststellungsklage**, wenn sich der Beklagte des Rechts oder der Forderung „berühmt",[152] also für sich geltend macht. Ausreichend ist etwa das Interesse des Schuldners, dass er die Forderung mangels Fälligkeit derzeit nicht erbringen muss; dies setzt aber im Hinblick auf § 813 Abs. 2 BGB voraus, dass er die geforderte Leistung noch nicht erfüllt hat.[153] Ein **Bedürfnis des Klägers nach Klärung durch Feststellung** ist etwa bei drohender Verjährung seines festzustellenden Anspruchs anzunehmen.[154] Es kann fehlen, wenn ein einfacherer oder geeigneter Weg zur Klärung zur Verfügung steht (→ Rn. 59 ff.). Weiter muss das erstrebte **Feststellungsurteil** – trotz bloßer Feststellungswirkung – **geeignet sein, die Unsicherheit und**

---

144 OLG Frankfurt MDR 1997, 481.
145 OLG Düsseldorf FamRZ 1995, 58.
146 BGH NJW 2004, 1874.
147 BGH NJW 1990, 911.
148 BAG NJW 1997, 3396; 1999, 2918.
149 HM: BGH VersR 2000, 866; BGH NJW-RR 2004, 595.
150 BGH VersR 2001, 90.
151 BGH NJW 1992, 1834; NJW 1999, 432; BGH NJW-RR 2005, 637.
152 BGH NJW 1984, 1754; NJW 1992, 437; NJW 2006, 2780.
153 BGH NJW 2012, 2659 (2661).
154 BGH NJW 2006, 1588.

Gefährdung zu beseitigen, dies etwa durch Verhinderung der Verjährung[155] oder durch Klärung der Rechtslage. Soweit dieses Ziel nicht erreicht werden kann, ist ein Feststellungsinteresse stets zu verneinen.

58 Das Feststellungsinteresse muss darüber hinaus **alsbald**, also bereits jetzt oder für eine nicht ferne Zukunft, bestehen.[156] Ein **gegenwärtiges** Interesse des Klägers auf Feststellung einer Ersatzpflicht besteht bereits dann, wenn in Zukunft ein (weiterer) Schaden entstehen kann (→ Rn. 55).

(2) Fehlendes Feststellungsinteresse

59 Das **Feststellungsinteresse fehlt** hingegen, wenn ein **einfacherer oder geeigneterer Weg** zur Klärung und Regelung der Rechtslage zur Verfügung steht.[157] Dies ist etwa bei einer Klage des Drittschuldners auf Feststellung der Unwirksamkeit einer Pfändung bei Zulässigkeit der Erinnerung gem. § 766 der Fall,[158] zudem bei einer Klage auf Feststellung der Unwirksamkeit eines Prozessvergleichs, wenn die Unwirksamkeit durch Fortsetzung des Ausgangsprozesses geltend gemacht werden kann (→ § 16 Rn. 37 ff.).[159]

60 Im **Verhältnis der** *positiven* **Feststellungsklage zu einer Leistungsklage** besteht für eine Feststellungsklage in der Regel **kein Feststellungsinteresse**, wenn der Kläger eine sein Begehren **vollständig erfüllende Leistungsklage** erheben kann.[160] Denn bei einer bloßen Feststellung müsste der Kläger, falls sich der Beklagte weiterhin weigert, noch eine Leistungsklage erheben, damit er ein Urteil erhält, aus dem er vollstrecken kann; die Prozessökonomie erfordert dann, dass er sogleich – und nur – auf Leistung klagt.

> **Hinweis:** Demgegenüber soll die Möglichkeit einer Klage auf eine künftige Leistung (§ 259) das Feststellungsinteresse für eine Klage auf Feststellung der künftigen Leistungspflicht grundsätzlich nicht ausschließen;[161] dies erscheint jedoch problematisch, da auch in einem solchen Falle bei Nichtleistung eine weitere (Leistungs-) Klage erforderlich wird.[162]

Eine positive **Feststellungsklage** ist daher **grundsätzlich unzulässig**, wenn die **Bezifferung des Anspruchs und damit eine Leistungsklage möglich** ist. Bereits die Bezifferbarkeit über eine **Stufenklage** (§ 254) schließt grundsätzlich eine Feststellungsklage aus, weil sie die Durchsetzung des Anspruchs in einem einzigen Prozess ermöglicht.[163] Vermag der Kläger **nur einen Teil** seines Anspruchs zu beziffern, kann er insgesamt einen Feststellungsantrag stellen; er braucht insoweit keine Aufteilung vorzunehmen,[164] kann dies aber (bezifferte Teilklage mit Feststellungsantrag zum Anspruchsgrund – Zwischenfeststellungsantrag – oder nur hinsichtlich des möglichen weiteren Anspruchsteils).[165] Gleiches gilt, wenn der Anspruch deshalb noch nicht (vollständig) be-

---

155 Beachte: eine Verjährungshemmung tritt nicht durch Erhebung einer negativen Feststellungsklage ein; vgl. BGH NJW 2012, 3633.
156 ThP/Seiler § 256 Rn. 17.
157 BGH JZ 1990, 392.
158 BGH NJW 1977, 1881; StJ/Würdinger § 829 Rn. 120.
159 StJ/Roth § 256 Rn. 71.
160 BGH NJW 2002, 3016; BGH NJW-RR 2002, 1377.
161 BGH NJW-RR 1990, 1532.
162 Ablehnend daher KG MDR 2006, 534.
163 BGH NJW 1996, 2097; BGH NJW-RR 2002, 834.
164 BGH JZ 1988, 978; BGH VersR 1991, 788; OLG Düsseldorf VersR 2006, 841; OLG Koblenz VersR 2006, 978.
165 StJ/Roth § 256 Rn. 67.

II. Die Feststellungsklage (§ 256) § 7

ziffert werden kann, weil ein Schaden noch in Entstehung begriffen oder noch nicht geklärt ist, wie und mit welchen Kosten er behoben werden kann.[166]

Hinweis: Eine mangels Bezifferbarkeit zulässigerweise erhobene Feststellungsklage wird nicht dadurch unzulässig, dass im Laufe des Prozesses die Bezifferung und damit eine Leistungsklage möglich wird; die Feststellungsklage kann daher weiterbetrieben,[167] aber auch in eine Leistungsklage geändert werden (§ 264 Abs. 2).[168] Wenn der Kläger eine gesonderte Leistungsklage erhebt, entfällt für die Feststellungsklage das Rechtsschutzinteresse, so dass sie unzulässig wird und daher für erledigt erklärt werden muss.[169]

Eine generelle Subsidiarität der positiven Feststellungsklage gegenüber der Leistungsklage besteht indes nicht.[170] Vielmehr ist die **Feststellungsklage trotz Möglichkeit der Leistungsklage zulässig**, wenn die Feststellungsklage eine prozessökonomisch sinnvolle und umfassende Erledigung des Rechtsstreits ermöglicht.[171] Dies ist insbesondere dann der Fall, wenn erwartet werden kann, **dass der Beklagte bereits aufgrund eines Feststellungsurteils die Leistung erbringen wird**; dies ist in der Regel bei einer Klage gegen eine öffentlich-rechtliche Körperschaft, Partei kraft Amtes, **Bank** oder **Versicherung** anzunehmen, wenn nur der Grund des Anspruches, nicht aber die Höhe streitig ist.[172]

61

Im Verhältnis der *negativen* Feststellungsklage zu einer *Leistungsklage* ist zu beachten, dass eine **bereits rechtshängige Leistungsklage** für eine negative Feststellungs(wider)klage das Prozesshindernis der anderweitigen Rechtshängigkeit[173] begründet (nicht jedoch bei einer Teil-Leistungsklage).[174] Demgegenüber bedeutet eine **zuerst erhobene negative Feststellungsklage** für eine Leistungsklage des Beklagten zwar keine Rechtshängigkeit. Für sie entfällt jedoch das Rechtsschutzinteresse, sobald die Leistungsklage nicht mehr einseitig zurückgenommen werden kann;[175] der Kläger muss sie daher dann für erledigt erklären.[176]

62

Im Verhältnis der *negativen* Feststellungsklage zu einer *positiven Feststellungsklage* ist zuletzt zu berücksichtigen, dass die zuerst erhobene Klage den Streitgegenstand rechtshängig macht; daher ist die entgegengerichtete spätere Klage unzulässig.[177] Eine **Ausnahme** besteht jedoch für die positive Feststellungswiderklage zur **Verjährungshemmung**, da die bloße Verteidigung gegen eine negative Feststellungsklage die Verjährung nicht hemmt.[178]

63

(3) Folgen bei fehlendem Feststellungsinteresse

Das Feststellungsinteresse ist – als besondere Ausprägung des Rechtsschutzbedürfnisses – insoweit eine **Sachurteilsvoraussetzung eigener Art**, als es **nach hM nur Voraussetzung eines der Feststellungsklage stattgebenden**, nicht dagegen eines abweisenden

64

---

166 BGH MDR 2008, 461.
167 BGH NJW 2002, 3234; BGH NJW-RR 2005, 637.
168 StJ/Roth § 256 Rn. 68, 88.
169 BGH MDR 1990, 540.
170 BGH NJW 2006, 2548.
171 BGH NJW 2006, 2548.
172 BGH NJW 1995, 2219; NJW 1997, 2321; BGH NJW-RR 1999, 362; BGH NJW 2001, 445 (447); NJW 2006, 2548.
173 BGH MDR 1989, 623; OLG Karlsruhe MDR 1997, 292.
174 BGH NJW 1993, 2609.
175 BGH NJW 1994, 3108; NJW 1999, 2516; NJW 2006, 515.
176 StJ/Roth § 256 Rn. 93. Ausnahme bei Entscheidungsreife (nur) der Feststellungsklage, vgl. BGH NJW 2006, 515.
177 Schellhammer Rn. 192.
178 BGH NJW 2012, 3633; Schellhammer Rn. 19; StJ/Roth § 256 Rn. 80: Die negative Feststellungsklage muss dann für erledigt erklärt werden.

Urteils ist. Eine **Abweisung** der Feststellungsklage als unbegründet ist daher aus Gründen der Prozessökonomie möglich, auch wenn das Feststellungsinteresse fehlt oder zweifelhaft ist.[179]

c) Anmerkungen zur Entscheidung über eine Feststellungsklage
aa) Darlegungs-/ Beweislast

65 Die **Darlegungs-/ Beweislast** bestimmt sich – wie stets – nach den **allgemeinen materiellrechtlichen Beweislastgrundsätzen**; die formale Parteistellung entscheidet nicht.[180] Für die **Zulässigkeitsvoraussetzungen** ist somit grundsätzlich der Kläger darlegungs- und beweisbelastet; dies gilt bei der negativen Feststellungsklage ua auch für den Umstand, dass sich der Beklagte des Rechts berühmt.[181] Hinsichtlich des **Rechtsverhältnisses** trägt die Darlegungs- und Beweislast derjenige, der den Anspruch oder das Recht für sich in Anspruch nimmt; somit hat also der Kläger bei der positiven, der Beklagte bei der negativen Feststellungsklage, unabhängig von seiner Parteistellung, den normalen Entstehungstatbestand des Anspruches oder Rechtes zu beweisen, der Gegner Abweichungen, Einwendungen und Einreden darzulegen und zu beweisen.

bb) Unzulässigkeit

66 Bei **Unzulässigkeit** der Feststellungsklage erfolgt – allgemeinen Grundsätzen entsprechend – eine Abweisung der Klage durch Prozessurteil.

cc) Begründetheit

67 Die **Begründetheit** bestimmt sich danach, ob das Rechtsverhältnis materiellrechtlich vollständig, teilweise oder nicht besteht (bzw. bewiesen wird).

Für **Schadensersatzansprüche** ist daher zu prüfen, ob ein haftungsrechtlich relevanter Eingriff vorliegt/bewiesen ist. Hinsichtlich eines künftigen Schadenseintritts reicht bei Verletzung absoluter Rechte (zB bei Körperverletzungen) zur Zulässigkeit der Feststellungsklage die Möglichkeit eines Schadenseintritts aus; ob für die Begründetheit darüber hinaus eine gewisse Wahrscheinlichkeit eines Schadenseintritts zu verlangen ist,[182] hat der BGH offengelassen,[183] weil eine solche Wahrscheinlichkeit bei Fällen dieser Art ohnehin in der Regel besteht. Bei reinen Vermögensschäden muss eine Wahrscheinlichkeit des Schadenseintritts dagegen vorliegen, und zwar bereits zur Annahme der Zulässigkeit (→ Rn. 55).[184]

Eine **negative Feststellungsklage** darf nur dann abgewiesen werden, wenn der Anspruch, dessen sich der Beklagte berühmt, positiv festgestellt wird:[185] Die Beweislast für die Entstehung des behaupteten Anspruchs liegt bei dem Beklagten (als Gläubiger).

---

179 BGH NJW 1978, 2032; BGH NJW-RR 1994, 344; BAG NJW 2003, 1755; OLG Hamm VersR 1994, 193; StJ/Roth § 256 Rn. 44. A.A. ThP/Seiler § 256 Rn. 4.
180 BGH NJW 1977, 1638; NJW 1986, 2509; NJW 1992, 1103; NJW 1993, 1716; StJ/Roth § 256 Rn. 82; MK/Becker-Eberhard § 256 Rn. 73; Zö/Greger § 256 Rn. 18.
181 Zö/Greger § 256 Rn. 18.
182 Vgl. BGH NJW 1998, 160.
183 BGH NJW 2001, 1431; BGH NJW-RR 2007, 601; NJW-RR 2010, 750 f. Vgl. aber auch BGH NJW-RR 2015, 626 (627).
184 BGH NJW 2006, 830.
185 BGH NJW 1993, 1716.

II. Die Feststellungsklage (§ 256)

Führt der Beklagte diesen Beweis nicht, hat die negative Feststellungsklage des Klägers (als von dem Beklagten behaupteter Schuldner) daher Erfolg.

d) Tenorierung

Bei Erfolg ist im Tenor das Rechtsverhältnis genau zu bezeichnen.

> Beispiel: *„Es wird festgestellt, dass der Dienstvertrag der Parteien vom ... nicht durch die Kündigung des Beklagten vom ... beendet worden ist."*

Bei Erfolglosigkeit erfolgt im Tenor nur der Ausspruch der Klageabweisung. Auf welches Rechtsverhältnis sich die Klage bezogen und ob es sich um eine positive oder negative Feststellungsklage gehandelt hat, folgt aus Tatbestand und Entscheidungsgründen.

Eine **Teilabweisung** ergeht, wenn das Rechtsverhältnis zum Teil nicht besteht.

> Beispiel: Der Beklagte hatte sich eines Darlehensanspruches gegen den Kläger in Höhe von 15.000 EUR berühmt. Der Kläger erhebt Klage auf Feststellung, dass dem Beklagten – wegen vollständiger Rückzahlung – *„kein Anspruch aufgrund des Darlehens vom ... mehr zusteht"*. Der Kläger kann nur eine Rückzahlung von 5.000 EUR beweisen (Beweislast für Erfüllung liegt bei dem Kläger als Schuldner), so dass daher davon auszugehen ist, dass der Darlehensanspruch des Beklagten im Übrigen besteht. Bei wörtlicher Auslegung des Klageantrages wäre die Klage vollständig abzuweisen, da ja für den Beklagten noch Ansprüche bestehen. Im Antrag liegt aber auch – als Minus – das Begehren des Klägers, einen geringeren Betrag festzustellen, wenn die völlige Rückzahlung nicht bewiesen wird;[186] die Klage soll nur dann insgesamt keinen Erfolg haben, wenn die gesamte Forderung noch bestehen sollte.
>
> Tenor daher: *„Es wird festgestellt, dass dem Beklagten über einen Betrag von 10.000 EUR hinaus keine Ansprüche gegen den Kläger aus dem Darlehensvertrag ... zustehen. Im Übrigen wird die Klage abgewiesen."*[187]

Vorläufig vollstreckbar ist das Feststellungsurteil nur hinsichtlich der Kosten; der Feststellungsausspruch als solcher ist nicht vollstreckungsfähig.

e) Rechtskraft des Feststellungsurteils

Bei einer Abweisung durch **Prozessurteil** (wegen Unzulässigkeit) erwächst nur der prozessuale Abweisungsgrund in Rechtskraft.

Im Falle einer Entscheidung durch **Sachurteil** (begründet/unbegründet) gilt

aa) Für die positive Feststellungsklage

Das **stattgebende Urteil** stellt das Rechtsverhältnis fest; gegen das Bestehen können in einem späteren Prozess keine Einwendungen vorgetragen werden, die schon zur Zeit der letzten mündlichen Verhandlung des Vorprozesses bestanden haben.[188] Dabei ist unerheblich, ob die Einwendungen vorgetragen, aber nicht berücksichtigt oder von dem Beklagten nicht in den Prozess eingeführt worden sind.[189] Daher ist zB gegenüber einer festgestellten Schadensersatzpflicht der Einwand eines Mitverschuldens oder einer Verletzung der Schadensminderungspflicht nicht mehr möglich.[190] Festgestellt ist

---

186 Vgl. BGH NJW 1960, 669.
187 Anders/Gehle Abschnitt O Rn. 29.
188 BGH NJW 1982, 2257; NJW 1995, 1757; BGH NJW-RR 2005, 1517.
189 BGH NJW 1982, 2257; NJW 1995, 1757.
190 BGH NJW 1989, 105.

nur das Bestehen des Rechtsverhältnisses, bei rechtskräftiger Feststellung einer Schadensersatzpflicht daher nur das Bestehen der Ersatzpflicht des Beklagten dem Grunde nach. Die Höhe des Anspruchs muss daher ggf. in einem neuen Prozess noch bewiesen werden; insoweit sind dann Einwendungen des Beklagten nicht ausgeschlossen.[191] **Im Falle einer Abweisung** steht das Nichtbestehen des Rechtsverhältnisses fest; eine später auf dasselbe Rechtsverhältnis gestützte Leistungsklage ist daher zwar zulässig (anderer Streitgegenstand), aber sachlich erfolglos, da der Anspruch rechtskräftig verneint ist.[192]

bb) Für die negative Feststellungsklage

72 **Ist die negative Feststellungsklage begründet,** so erwächst in Rechtskraft, dass das – im Urteilstenor bezeichnete – Rechtsverhältnis nicht besteht. **Ist sie hingegen unbegründet** (d.h.: das Rechtsverhältnis, dessen Nichtbestehen der Kläger festgestellt haben wollte, besteht) und wird sie daher **abgewiesen**, so erwächst als sachliche Bedeutung dieser Abweisung die **positive Feststellung des Bestehens des Rechtsverhältnisses in Rechtskraft,**[193] und zwar selbst dann, wenn **in Verkennung der Beweislast falsch entschieden** worden ist (streitig).[194] Das die negative Feststellungsklage abweisende Urteil hat daher dieselbe Rechtskraftwirkung wie ein Urteil, durch das einer entsprechenden positiven Feststellungsklage des Beklagten stattgegeben würde.[195]

73 Die Rechtskraft wirkt – wie stets – **nur inter partes:** Auch wenn an dem Rechtsverhältnis ein Dritter beteiligt ist, gilt die Rechtskraftwirkung nur unter den Parteien, nicht zu dem Dritten.[196]

3. Die – unselbstständige – Zwischenfeststellungsklage (§ 256 Abs. 2)

a) Zweck der unselbstständigen Zwischenfeststellungsklage

74 Bei einem Leistungsurteil erwächst grundsätzlich nur der Tenor in Rechtskraft, nicht aber das Rechtsverhältnis, auf dem er beruht; in einem weiteren Prozess könnte daher dieses Rechtsverhältnis anders entschieden werden. Die Zwischenfeststellungsklage ermöglicht (unter erleichterten Voraussetzungen zur allgemeinen Feststellungsklage), zur Verhinderung späterer abweichender Entscheidungen das **Bestehen oder Nichtbestehen des Rechtsverhältnisses selbst** zusätzlich **im Tenor feststellen** zu lassen und auch insoweit die Rechtskraftwirkung herbeizuführen. Dadurch erwachsen die das Leistungsurteil tragenden Rechtsgründe in Rechtskraft, und zwar unabhängig davon, ob das Gericht seine Entscheidung gerade auf diese Gründe stützt.[197]

---

191 BGH NJW-RR 2005, 1517.
192 BGH NJW 1989, 393; MK/Becker-Eberhard § 256 Rn. 76.
193 BGH NJW 1995, 1757; NJW 2003, 3058.
194 BGH NJW 1983, 2032; 1986, 2508. Zustimmend ua Mus/Voit/Musielak § 322 Rn. 62; Habscheid NJW 1988, 2641. Ablehnend ua StJ/Roth § 256 Rn. 122; MK/Gottwald § 322 Rn. 183; Zö/Vollkommer § 322 Rn. 11.
195 BGH NJW 1995, 1757; NJW 2003, 3058.
196 Zö/Vollkommer § 322 Rn. 6.
197 Zö/Greger § 256 Rn. 21.

II. Die Feststellungsklage (§ 256) § 7

b) Erhebung

Die unselbstständige Zwischenfeststellungsklage wird erhoben **durch den Kläger** sogleich mit dem Leistungsantrag[198] oder nachträglich (§ 261 Abs. 2), oder **durch den Beklagten** mittels (Zwischenfeststellungs-) Widerklage. 75

c) Besondere Zulässigkeitsvoraussetzung

Die unselbstständige Zwischenfeststellungsklage ist auf die Feststellung eines für die Entscheidung **vorgreiflichen streitigen Rechtsverhältnisses** gerichtet. Hieraus ergeben sich für die Zulässigkeit einer unselbstständige Zwischenfeststellungsklage **drei Zulässigkeitsvoraussetzungen**: 76

Zunächst muss ein **streitiges Rechtsverhältnis** vorliegen, dessen (Zwischen-)Feststellung begehrt wird. Der Begriff des Rechtsverhältnisses entspricht demjenigen von § 256 Abs. 1, so dass diesbezüglich auf die obigen Ausführungen verwiesen werden kann (→ Rn. 53 ff.).

Weiter muss das Rechtsverhältnis für den Hauptanspruch vorgreiflich sein. Vorgreiflichkeit ist zu bejahen, wenn die **Entscheidung über die Hauptklage** (Leistungsantrag) von der **Entscheidung über das Rechtsverhältnis abhängt**, das Bestehen/Nichtbestehen des Verhältnisses also für die Entscheidung der Hauptklage **entscheidungserheblich** ist.[199] Daher liegt keine Vorgreiflichkeit vor, wenn die Hauptklage unabhängig von dem Bestehen des Rechtsverhältnisses abzuweisen ist.[200]

Zuletzt muss die Feststellung des Rechtsverhältnisses **über die Entscheidung der Hauptklage hinaus Bedeutung haben können**,[201] also etwa für weitere Prozesse, wobei die **Möglichkeit** einer solchen Bedeutung genügt.[202] Die Entscheidung über die Hauptklage darf daher die Rechtsbeziehungen der Parteien nicht bereits erschöpfend regeln (etwa Mietverhältnis bei Mietzinsklage für weitere Zeiträume).[203]

> **Hinweis:** Verfolgen beide Parteien mit **Klage** und **Widerklage** selbstständige Ansprüche, die in ihrer Gesamtheit die Ansprüche erschöpfen, die sich aus dem Rechtsverhältnis überhaupt ergeben können, so ist eine Zwischenfeststellungsklage dennoch zulässig, sofern das streitige Rechtsverhältnis für diese Ansprüche vorgreiflich ist. Grund hierfür ist, dass jeweils Teilurteile ergehen können und deshalb die Entscheidungen über das zu Grunde liegende Rechtsverhältnis für nachfolgende Teilurteile und das Schlussurteil bedeutsam sein können.[204]

Im Übrigen bestehen für die unselbstständige Zwischenfeststellungsklage keine weiteren besonderen Zulässigkeitsvoraussetzungen. Insbesondere bedarf es **keines Interesses an alsbaldiger Feststellung** iSd § 256 Abs. 1 hinsichtlich des vorgreiflichen Rechtsverhältnisses, da die Vorgreiflichkeit – **Präjudizialität** – an die Stelle des Feststellungsinteresses tritt.[205] 77

> **Hinweis:** Insoweit bestehen also erleichterte Voraussetzungen. Liegen die Voraussetzungen des § 256 Abs. 2 nicht vor, kann daher der Antrag als allgemeine Feststellungsklage

---

198 BGH NJW-RR 1990, 320.
199 BGH NJW 2008, 69 (71).
200 BGH NJW-RR 1994, 1272; BGH NJW 2004, 3330 (3332).
201 BGH NJW 2013, 1744 (Rn. 19); NJW 1994, 655.
202 BGH NJW 1994, 655; Zö/Greger § 256 Rn. 26.
203 BGH NJW 2007, 82; Zö/Greger § 256 Rn. 26.
204 BGH NJW 2013, 1744 (Rn. 19).
205 BGH NJW 1992, 1897; StJ/Roth § 256 Rn. 102.

aufrechterhalten bleiben, wenn die Voraussetzungen des § 256 Abs. 1 erfüllt sind[206] (und umgekehrt).[207]

d) Anmerkung zur Entscheidung über eine Zwischenfeststellungsklage/Tenorierung

78 Hinsichtlich der Entscheidung/Tenorierung bestehen keine Besonderheiten, so dass auf die Ausführungen zur selbstständigen Feststellungsklage Bezug genommen werden kann (→ Rn. 65 ff.).

III. Die Gestaltungsklage

79 Gestaltungsklagen sind grundsätzlich **nur** in den **gesetzlich normierten Fällen** möglich, in denen die Gestaltung einer Rechtslage nicht bereits aufgrund einer Willenserklärung eintritt, sondern eine Entscheidung **durch Urteil** erfordert. Wird eine Gestaltung hingegen durch eine Willenserklärung herbeigeführt (etwa Vernichtung eines Vertragsverhältnisses durch Anfechtung einer Vertragserklärung), so wird ein Streit um den Eintritt der Gestaltung durch Feststellungsklage oder im Rahmen einer Leistungsklage ausgetragen.

80 Die **wichtigsten Fälle** von Gestaltungsklagen (grundsätzlicher „numerus clausus") stellen **handelsrechtliche Gestaltungsklagen** – zB Ausschluss, Entziehung der Geschäftsführungs- oder Vertretungsmacht eines Gesellschafters, Auflösung einer OHG (§§ 140, 117, 127, 133 HGB), Anfechtung von Hauptversammlungsbeschlüssen oder Nichtigerklärung einer AG (§§ 243 ff., 275 AktG) –, **Ersetzungsbeschlüsse gem. WEG**[208] sowie **prozessuale** (insbesondere: vollstreckungsrechtliche) **Gestaltungsklagen** – zB die Abänderungsklage (§ 323); die Vollstreckungsgegenklage (§ 767), Klage gegen die Vollstreckungsklausel (§ 768), Drittwiderspruchsklage (§ 771) – dar.

81 Bezüglich der **Prozessvoraussetzungen** bestehen grundsätzlich keine Besonderheiten. Das Rechtsschutzbedürfnis bedarf in der Regel keiner besonderen Feststellung, weil es sich im Allgemeinen bereits daraus ergibt, dass die erstrebte Gestaltung eben nur durch Klage herbeigeführt werden kann. Besondere Voraussetzungen bestehen allerdings teilweise bei den vollstreckungsrechtlichen Gestaltungsklagen.

82 Die Gestaltungswirkung tritt erst **mit Rechtskraft** des Urteils ein;[209] sie gilt – da sie eine Rechtsänderung herbeiführt – **für und gegen alle** (anders als die Rechtskraft).[210]

> **Hinweis:** Da die Gestaltungswirkung erst mit Rechtskraft des Urteils eintritt, erfolgt kein Ausspruch der vorläufigen Vollstreckbarkeit des Gestaltungsausspruchs, sondern vielmehr nur hinsichtlich der Kostenentscheidung. Anders ist dies jedoch bei den vollstreckungsrechtlichen Gestaltungsklagen: Dort erfolgt eine vorläufige Vollstreckbarkeit entweder auch zum Hauptausspruch (wegen § 775 Nr. 1!) oder – bei Maßnahmen gem. § 769 – nur hinsichtlich der Kosten.

---

206 BGH NJW 2008, 69 (71).
207 OLG Hamm NJW-RR 1998, 424.
208 Vgl. BGH NJW-RR 2018, 522.
209 Zö/Feskorn Vor § 300 Rn. 9; ThP/Seiler Vor § 253 Rn. 6. Vgl. auch BGH NJW-RR 2018, 522.
210 MK/Gottwald § 322 Rn. 19; ThP/Seiler Vor § 253 Rn. 6.

§ 8 Streitgegenstand: Objektive Klagehäufung, Klageänderung

I. Streitgegenstand

Der Streitgegenstand[1] des Prozesses wird sowohl durch den **Klageantrag** als auch gleichrangig durch den vom Kläger zu seiner Begründung vorgetragenen **Lebenssachverhalt (Klagegrund)** festgelegt. Diese beiden Komponenten – Antrag und Klagegrund – bestimmen **zusammen** den Streitgegenstand (sog. **zweigliedriger prozessualer Streitgegenstandsbegriff**, einhellige Praxis).[2] Ändert sich auch nur eines dieser beiden Bestimmungsmerkmale, so ändert sich auch der Streitgegenstand. 1

Als Sachurteilsvoraussetzungen in Bezug auf den Streitgegenstand lassen sich anführen:

1. Bestimmtheit des Klageantrages

Der Klageantrag muss zunächst hinreichend bestimmt sein (§ 253 Abs. 2 Nr. 2),→ § 7 Rn. 3 ff. Bei Unbestimmtheit des Klageantrages bedarf es eines entsprechenden gerichtlichen Hinweises gem. § 139; bleibt der Antrag unbestimmt, erfolgt eine Abweisung der Klage als unzulässig (Prozessurteil). 2

2. Unbedingtheit des Klageantrages

Zwar können Anträge grundsätzlich von innerprozessualen Bedingungen abhängig gemacht werden. Da aber eine bedingte Klageerhebung unzulässig ist,[3] muss **mindestens ein unbedingter Klageantrag** gestellt werden;[4] anderenfalls ist die Klage unzulässig. 3

3. Bestimmtheit des Klagegrundes

Weiter muss der Klagegrund hinreichend bestimmt sein (§ 253 Abs. 2 Nr. 2). Klagegrund meint den konkreten Sachverhalt, aus welchem der Kläger die begehrte Rechtsfolge ableiten will.[5] Erforderlich ist der Vortrag derjenigen Tatsachen, die zur **Bestimmung und Individualisierung des Streitgegenstandes** – und zur Abgrenzung von dem Gegenstand eines anderen Prozesses mit gleichem Antrag – erforderlich sind (**verbesserte Individualisierungstheorie**).[6] Damit wird der Streitgegenstand abgegrenzt und zugleich die Grundlage für eine etwaig erforderlich werdende Zwangsvollstreckung geschaffen.[7] 4

Kriterium für eine hinreichende Bestimmung des Klagegrundes ist damit, ob der erhobene Anspruch so konkret bezeichnet ist, dass die gerichtliche Entscheidungsbefugnis (§ 308) klar umrissen ist, der Inhalt und der Umfang der materiellen Rechtskraft der begehrten Entscheidung (§ 322) klar erkennbar ist und dass die Entscheidung eine hinreichend bestimmte Grundlage für eine Zwangsvollstreckung darstellen kann.[8] Wurden in einer Klage **mehrere Ansprüche** erhoben, müssen grundsätzlich für jeden Anspruch die geforderten Teilbeträge angeben werden. Dies gilt insbesondere bei einer

---

[1] Vgl. hierzu ferner: Stein JuS 2016, 122.
[2] BGH in ständiger Rspr., ua: BGH NJW 2002, 1503; NJW 2003, 2317; NJW 2004, 1252; BGH NJW-RR 2006, 1502; BGH NJW 2007, 2560; NJW 2009, 56; BGH NJW-RR 2022, 1071.
[3] BGHZ 99, 277; MK/Becker-Eberhard § 253 Rn. 17 ff.
[4] BGH NJW 1995, 1353; NJW 1996, 3150.
[5] ThP/Seiler § 253 Rn. 10.
[6] BGH NJW 2000, 3492; BGH NJW-RR 2004, 639; BGH MDR 2004, 824.
[7] BGH MDR 2013, 262.
[8] BGH NJW 1991, 1114; NJW 1999, 954; BGH MDR 2013, 262.

Teilleistungsklage, mit der mehrere selbstständige Ansprüche geltend gemacht werden. Insoweit muss genau angegeben werden, wie sich die eingeklagten Beträge auf die einzelnen Ansprüche verteilen und in welcher Reihenfolge diese Ansprüche zur Entscheidung gestellt sind.[9]

> **Hinweis:** Eine sog. **Saldoklage**, mit der Mietrückstände aus einem mehrere Jahre umfassenden Zeitraum geltend gemacht werden, stellt insofern keine Geltendmachung einer Teilforderung dar und genügt daher den Anforderungen iSd § 253 Abs. 2 Nr. 2.[10]

Bei nicht hinreichender Individualisierung erfolgt die Abweisung der Klage als unzulässig, da ihr Streitgegenstand nicht bestimmt/bestimmbar ist. Dagegen ist **Schlüssigkeit** des Klagevortrags für die Bestimmtheit des Klagegrundes und damit für die Zulässigkeit der Klage nicht erforderlich;[11] die nicht schlüssige – auch die im Übrigen nicht hinreichend substantiierte – Klage ist unbegründet und wird durch Sachurteil, nicht durch Prozessurteil, abgewiesen.[12]

4. Sonstige Voraussetzungen

5 Darüber hinaus muss stets ein **Rechtsschutzbedürfnis** für die klageweise Verfolgung des Streitgegenstandes (zu den einzelnen Ausprägungen bei den Klagearten s. § 7), zuletzt darf – als negative Voraussetzungen – der Streitgegenstand **nicht anderweitig rechtshängig** sein (§ 261 Abs. 3 Nr. 1) sowie **keine rechtskräftige Entscheidung** über diesen ergangen sein.

II. Die objektive Klagehäufung (§ 260)

1. Begriff

6 Im Falle der objektiven Klagehäufung werden **mehrerer Streitgegenstände in einem Prozess** verfolgt. Die Verbindung mehrerer Streitgegenstände stellt eine **Befugnis** des Klägers darf; er darf daher auch stets getrennte Prozesse führen.

> **Hinweis:** Bei Rechtsmissbrauch, insbesondere zur Kostenerhöhung, können aber uU nachteilige Kostenfolgen bei der Kostenfestsetzung ausgeglichen werden.[13] Zur subjektiven Klagehäufung § 6 Rn. 7 ff.

7 Nach dem **zweigliedrigen Streitgegenstandsbegriff** liegt eine objektive Klagehäufung vor, wenn seitens des Klägers **mehrere Klageanträge** gestellt und/oder zur Klagebegründung **mehrere Klagegründe** (Lebenssachverhalte) vorgetragen werden.

Ersterer Fall ist – jedenfalls bei ausdrücklicher Antragstellung – unproblematisch erkennbar, zu beachten ist jedoch, dass eine **(mehrfache) Antragstellung** auch konkludent oder verdeckt erfolgen kann – dies etwa dann, wenn mehrere rechtlich selbstständige Ansprüche nur äußerlich in einem einzigen Antrag zusammengefasst sind. Zur Abgrenzung ist insoweit maßgeblich, ob der Antrag auf eine oder mehrere Leistungen gerichtet ist; nur in letzterem Falle liegt eine objektive Klagehäufung vor.

Beispiel: Klage auf Zahlung von 3.000 EUR aus einem Unfall (je 1.000 EUR Heilungskosten, Kfz-Schaden, Schmerzensgeld). Genau besehen werden drei lediglich äußerlich

---

[9] BGH NJW 2008, 3142 (3143); BGH MDR 2013, 262.
[10] BGH MDR 2013, 262.
[11] BGH NJW 2000, 3492; BGH MDR 2004, 824; StJ/Roth § 253 Rn. 23.
[12] StJ/Roth § 253 Rn. 54.
[13] BGH NJW 2007, 2257; OLG Düsseldorf FamRZ 2003, 938. ggf. auch im Verhältnis des Anwalts zu seinem Mandanten: BGH MDR 2004, 715.

II. Die objektive Klagehäufung (§ 260)

zusammengefasst Anträge gestellt, die auf **drei verschiedene Leistungen** (**Abgrenzungskriterium!**) gerichtet sind.[14] Somit liegt eine objektive Klagehäufung vor.

Lebenssachverhalt meint das ganze, einem Klageantrag zugrunde liegende tatsächliche Geschehen, das bei natürlicher vom Standpunkt der Parteien ausgehender Betrachtungsweise zu dem durch den Vortrag des Klägers zur Entscheidung gestellten Tatsachenkomplex gehört.[15] Als Abgrenzungskriterium dient somit die Frage, ob **ein** Tatsachenkomplex oder **mehrere** Tatsachenkomplexe vorliegen.

Mehrere Lebenssachverhalte können zunächst zur Begründung **mehrerer Anträge** vorgetragen werden, dies ggf. auch „verdeckt".

Beispiel: Klage auf 1.000 EUR, gestützt auf zwei verschiedene Darlehen über je 1.000 EUR. Der Kläger verfolgt dann trotz des äußerlich einheitlichen Begehrens in Wirklichkeit **zwei verschiedene Anträge** (**verschiedene Leistungen**) aus zwei Lebenssachverhalten. Dies ist indes nur zulässig bei kumulativer Aufteilung oder im Eventualverhältnis, nicht aber alternativ.

Möglich ist indes ebenfalls, dass mehrere Lebenssachverhalte zur Begründung **eines einzigen Antrages** – gerichtet auf eine **einzige Leistung** – vorgetragen werden; auch in diesem Falle liegt eine objektive Klagehäufung vor.[16]

Beispiele: Klage aus Wechsel/Scheck und Grundgeschäft; aus eigenem und abgetretenem Recht.[17]

Keine objektive Klagehäufung liegt demgegenüber vor, wenn im Falle eines einheitlichen Lebenssachverhalts **mehrfache rechtliche oder tatsächliche Begründung** zu einem einzigen Antrag gehalten wird;[18] insoweit ist nur ein einziger Streitgegenstand gegeben.

2. Entstehung der objektiven Klagehäufung

Eine objektive Klagehäufung kann – durch entsprechende Anträge oder Vortragsgestaltung in der Klage – **sogleich eintreten**, sowie erst durch **Verbindung** mehrerer Rechtsstreite durch das Gericht (§ 147) oder **im Laufe des Prozesses** gem. § 261 Abs. 2 entstehen.

Eine **nachträgliche** objektive Klagehäufung iSv § 261 Abs. 2 ist nach hM zwar keine Klageänderung ieS, aber zum Schutz des Beklagten **wie eine Klageänderung zu behandeln**, so dass §§ 263 ff. anzuwenden sind.[19] Die **Bestimmungen über die Klageänderung** müssen daher für die nachträgliche Stellung eines **weiteren Antrages** (auch Hilfsantrages) sowie bei nachträglichem Vortrag eines **weiteren Lebenssachverhaltes** beachtet werden (etwa bei nachträglicher Stützung der Klageforderung auf eine Abtretung,[20] auch bei nachträglichem hilfsweisem Vortrag.[21]

---

14 Vgl. StJ/Roth § 260 Rn. 5.
15 BGH NJW 2007, 2560; BGH MDR 2008, 500.
16 BGH NJW 1992, 2080; ThP/Seiler § 260 Rn. 3.
17 BGH NJW 2007, 2414.
18 BGH NJW 2000, 1260.
19 BGH NJW 1996, 2869; NJW 2001, 1211; NJW 2007, 2414; StJ/Roth § 263 Rn. 11; Zö/Greger § 263 Rn. 2. A.A. Schellhammer Rn. 1672: §§ 145, 301 reichen zum Schutz des Beklagten aus.
20 BGH NJW-RR 1994, 1143; BGH NJW 2007, 2414; OLG Köln NJW-RR 1987, 505.
21 BAG NJW 2006, 2716.

3. Besondere Zulässigkeitsvoraussetzungen: § 260

11 Eine objektive Klagehäufung setzt gem. § 260 als besondere Zulässigkeitsvoraussetzungen die **Zuständigkeit** des angerufenen Gerichts für **alle** Streitgegenstände **sowie dieselbe Prozessart** aller Streitgegenstände voraus.

> **Beispiele:** Eine Verbindung von Arrest und ordentlichem Prozess oder von Familien- und Nichtfamiliensachen ist daher nicht möglich,[22] wohl aber eine Verbindung von Urkunden- und Normalprozess.[23] Demgegenüber ist eine gleichzeitige **Einreichung** von Arrest-/Verfügungsantrag und Klage natürlich möglich: Dies begründet dann aber zwei getrennte Verfahren. Dies gilt auch dann, wenn die Einreichung in einem einheitlichen Schriftsatz erfolgt; insoweit erfolgt keine Verfahrenstrennung, sondern vielmehr nur eine richtige Erfassung der Verfahren.

Mit „Prozessart" darf nicht die „Klageart" verwechselt werden. Unproblematisch zulässig ist daher die Verbindung von Leistungs-, Feststellungs- und Gestaltungsanträgen.

12 Bei Eventualstellung der Anträge ist zudem das Vorliegen eines **rechtlichen oder wirtschaftlichen Zusammenhangs** erforderlich, dies insbesondere zum Schutz des Beklagten vor einer Verwicklung in völlig unterschiedliche Rechtsstreitigkeiten (mit der Notwendigkeit einer Verteidigung, die, bei Erfolg des Hauptantrags, ersatzlos wegfallen und dann erneut wieder eingeklagt werden können).[24] Eine kumulative Klagehäufung ist dagegen auch ohne Zusammenhang der Streitgegenstände zulässig.

13 Liegen die besonderen Zulässigkeitsvoraussetzungen **nicht vor**, ist die Klage nicht etwa hinsichtlich eines Streitgegenstandes als unzulässig abzuweisen, da nicht die Klage, sondern nur die Verbindung unzulässig ist; vielmehr erfolgt eine **Prozesstrennung** (§ 145), uU mit **Verweisung** hinsichtlich eines Streitgegenstands.[25] Besonderheiten bestehen bei Eventualstellung, vgl. hierzu im Folgenden.

4. Verhältnis der Streitgegenstände

14 Das Verhältnis der Streitgegenstände zueinander kann grundsätzlich **kumulativ, alternativ oder eventuell** sein.

a) Kumulative Antragstellung

15 Eine kumulative Antragstellung („sowohl als auch") ist **grundsätzlich zulässig**, die Voraussetzungen des § 260 liegen **in der Regel unproblematisch** vor; andernfalls erfolgt eine Prozesstrennung (§ 145).

Bei der Bestimmung des **Zuständigkeitsstreitwerts** erfolgt bei kumulativer Antragstellung eine **Zusammenrechnung** (§ 5), soweit keine wirtschaftliche Identität vorliegt; in letzterem Falle ist nur der höhere Wert maßgeblich.[26]

> **Beispiel:** Werden zwei Klageanträge mit einem Streitwert von je 4.000 EUR erhoben, beträgt der Streitwert 8.000 EUR (§ 5), so dass eine sachliche Zuständigkeit des Landgerichts gegeben ist. Eine spätere Trennung durch das Landgericht ändert an der bereits eingetretenen Zuständigkeit nichts (§ 261 Abs. 3 Nr. 2). Umgekehrt ist dies jedoch vor dem Amtsgericht: Bei nachträglicher Streitwerterhöhung gilt § 506.

---

22 BGH NJW 1981, 2417.
23 BGH NJW 2002, 751.
24 StJ/Roth § 260 Rn. 16; Mus/Voit/Foerste § 260 Rn. 8. Kritisch Zö/Greger § 260 Rn. 4: das Erfordernis sei „schwerlich begründbar".
25 Schellhammer Rn. 1566 f.
26 ThP/Hüßtege § 5 Rn. 8; Zö/Herget § 5 Rn. 8.

II. Die objektive Klagehäufung (§ 260)

Falls für einen Antrag eine **anderweitige ausschließliche Zuständigkeit** besteht, erfolgt eine Trennung und ggf. Verweisung (dies, wenn ein Verweisungsantrag gestellt wurde; andernfalls erfolgt eine Abweisung durch Prozessurteil).

Die Anträge sind **selbstständig** und daher **für sich** auf Zulässigkeit und Begründetheit zu untersuchen; die Entscheidung kann unterschiedlich ausfallen. Sobald ein Antrag entscheidungsreif ist, kann ein **Teilurteil** (§ 301, Ermessen) ergehen.

b) Alternative Antragstellung

Eine alternative Antragstellung („entweder oder") ist demgegenüber **aufgrund der Unbestimmtheit des Antrags** grundsätzlich **unzulässig**,[27] etwas anderes gilt nur im Falle einer materiellrechtlichen Wahlschuld (§§ 262 ff. BGB) oder einer Ersetzungsbefugnis (zB § 251 Abs. 2 BGB). Liegen diese besonderen materiellrechtlichen Fälle nicht vor, muss der Kläger die Anträge in ein **Kumulations- oder Eventualverhältnis** bringen, anderenfalls erfolgt eine Klageabweisung durch Prozessurteil.

Dies ist wichtig bei **verdeckten Alternativanträgen**. Klagt ein Kläger etwa 1.000 EUR aus zwei verschiedenen Darlehen über je 1.000 EUR ein, macht er zwei **verschiedene Leistungen** (mit zwei Anträgen) geltend; eine alternative Antragstellung ist hier nicht zulässig (unbestimmt!), der Kläger muss daher entweder zB je 500 EUR kumulativ beantragen oder die Anträge im Eventualverhältnis stellen. Von besonderer praktischer Bedeutung ist zudem eine **Teilklage aus mehreren rechtlich selbstständigen Ansprüchen** (und nicht aus bloßen Rechnungsposten ein und desselben Anspruchs): Auch hier ist eine kumulative Aufteilung oder ein Eventualverhältnis erforderlich, anderenfalls ist die Teilklage unzulässig.[28]

c) Antragstellung im Eventualverhältnis: Haupt- und Hilfsantrag

Der **echte (eigentliche) Hilfsantrag** wird von dem Kläger nur für den Fall zur Entscheidung gestellt, dass über den Hauptantrag **nicht in der begehrten Weise** entschieden wird. In einem solchen Falle wird zwar auch der **Hilfsantrag sogleich rechtshängig** (mit der Folge der Verjährungshemmung), dies jedoch nur **auflösend bedingt**: Die Rechtshängigkeit des Hilfsantrags entfällt mit Rückwirkung, wenn die auflösende Bedingung – Erfolg des Hauptantrages – eintritt; tritt die Bedingung hingegen nicht ein, muss über den Hilfsantrag entschieden werden.[29]

Die **Zulässigkeit** von Hilfsanträgen ist allgemein anerkannt und wird im Übrigen von § 45 Abs. 1 S. 2 GKG vorausgesetzt: Es liegt gerade **keine unzulässige bedingte Klageerhebung** vor, weil der Hilfsantrag sogleich rechtshängig wird und zudem nur einer innerprozessualen Bedingung (konkret: von einem **innerprozessualen Vorgang bei dem unbedingtem Hauptantrag**, der die erforderliche unbedingte Klageerhebung begründet) abhängt.

Von einem „echten" Hilfsantrag sind der „uneigentliche Hilfsantrag" sowie der „unechte Hilfsantrag" zu unterscheiden. Der **uneigentliche Hilfsantrag** wird für den Fall gestellt, dass der Hauptantrag **Erfolg** hat. Ein derartiger Antrag ist zulässig,[30] da er

---

27 BGH MDR 1990, 148.
28 BGH NJW 2000, 3718; BGH NJW-RR 2003, 1075; BGH JA 2006, 564; BGH NJW 2008, 3142.
29 BGHZ 72, 341; Zö/Greger § 260 Rn. 4.
30 BGH NJW 2001, 1285; StJ/Roth § 260 Rn. 21; MK/Becker-Eberhard § 260 Rn. 16.

wiederum von einer innerprozessualen Bedingung bei dem unbedingtem Hauptantrag abhängt; tritt die Bedingung ein, gilt § 260.

Beispiele: Klage auf Abschluss eines Kaufvertrages, bei Erfolg auf Kaufpreiszahlung;[31] aus § 767, bei Erfolg auf Titelherausgabe;[32] Teilklage mit bedingter Klageerweiterung auf die restliche Forderung bei Begründetheit der Teilklage.[33] Der Zweck einer derartigen Antragstellung liegt in der Verringerung des Kostenrisikos, da eine Streitwerterhöhung nur bei Erfolg des „Hauptantrages" eintritt, und dies ohne Verjährungsrisiko (sofortige Verjährungshemmung auch der Restforderung).

Demgegenüber besteht bei einem **„unechten Hilfsantrag"** das Eventualverhältnis nur für die Durchsetzung der unbedingt gestellten Anträge, → § 7 Rn. 47 f.

19 Das Eventualverhältnis muss **von dem Kläger bestimmt** werden. Regelmäßig erfolgt dies **offen**, indem der Kläger ausdrücklich zwei Anträge formuliert, einer von diesen jedoch nur „hilfsweise" gestellt wird. Die Eventualstellung kann jedoch auch **verdeckt** erfolgen: dies dann, wenn zwar äußerlich nur ein einziger Antrag gestellt ist, in Wirklichkeit aber **mehrere Leistungen** im Eventualverhältnis verlangt werden.

Beispiel: Klage auf Zahlung von 1.000 EUR aus einem Darlehen aus dem Jahr 2020, hilfsweise aus anderem Darlehen aus dem Jahr 2021: **Zwei Leistungen = zwei Anträge**.[34]

20 Zulässig ist auch

- die **Staffelung mehrerer Hilfsanträge**,[35]

Beispiel: Klage auf Zahlung des Kaufpreises, hilfsweise auf Feststellung der Wirksamkeit des Kaufvertrages, weiter hilfsweise auf Rückgabe der bereits gelieferten Kaufsache: Bindende Entscheidungsreihenfolge.

- zudem selbstverständlich auch eine Kombination von mehreren Hauptanträgen und Hilfsanträgen.

Beispiel: Klage 1. auf Zahlung von 1.000 EUR (aus Darlehen), – kumulativ – 2. auf Zahlung von 2.000 EUR (aus Kaufvertrag), **insoweit** hilfsweise auf Rückübereignung der Kaufsache. Daher muss bei Antragsmehrheit immer das **genaue Verhältnis der Anträge** zueinander festgestellt werden.

Haupt- und Hilfsantrag dürfen sich **widersprechen oder ausschließen** (etwa: Klage primär aus eigenem Recht, hilfsweise aus abgetretenem Recht).[36]

21 Die Stellung eines Hilfsantrages bedeutet eine **Antragsmehrheit**. Aus diesem Grunde müssen die **Zulässigkeitsvoraussetzungen des § 260 für den Hilfsantrag** erfüllt sein, also auch ein rechtlicher oder wirtschaftlicher Zusammenhang vorliegen (→ Rn. 12), der **weit auszulegen** ist.

22 Im Hinblick auf den **Zuständigkeitsstreitwert** ist zu beachten, dass **keine Addition** der Streitwerte gem. § 5 erfolgt; denn der Kläger verlangt ja nicht beide Leistungen, sondern nur eine. Daher entscheidet für das Verfahren **insgesamt** (Haupt- **und** Hilfsantrag) der **höhere Wert**, und dies – da sowohl Haupt- als auch Hilfsantrag zugleich rechtshängig werden – auch dann, wenn der Hilfsantrag den höheren Wert hat.[37]

---

31 BGH NJW 2001, 1285.
32 Mus/Voit/Lackmann § 767 Rn. 14.
33 StJ/Roth § 260 Rn. 21; Zö/Greger § 253 Rn. 15; MK/Becker-Eberhard § 260 Rn. 19. Ablehnend Mus/Voit/Foerste § 260 Rn. 9; Hk-ZPO/Saenger § 260 Rn. 13.
34 BGH NJW 1984, 371.
35 BGH NJW 1984, 371; NJW 1992, 290.
36 Oberheim Rn. 1093.
37 HM, ua Zö/Herget § 5 Rn. 4; ThP/Hüßtege § 5 Rn. 6.

II. Die objektive Klagehäufung (§ 260)

> Bespiel: Hauptantrag auf Zahlung von 4.000 EUR, Streitwert des Hilfsantrages 6.000 EUR: Zuständigkeit des Landgerichts auch für den Hauptantrag. Liegt der Streitwert indes jeweils bei 4.000 EUR, ist eine Zuständigkeit des Amtsgerichts gegeben (keine Addition!).

Für den **Gebührenstreitwert** gilt dagegen **§ 45 Abs. 1 S. 2, 3 GKG** (grundsätzlich Addition der Streitwerte, soweit eine Entscheidung über den Hilfsantrag ergeht; Ausnahme: höherer Wert maßgeblich, soweit die Streitgegenstände wirtschaftlich identisch sind).

Die **Voraussetzungen des § 260** werden erst **von Bedeutung**, wenn der Hilfsantrag zur Entscheidung steht (Erfolglosigkeit des Hauptantrages). Hieraus folgt, dass eine Trennung oder Verweisung (nur) des Hilfsantrages vor einer abweisenden Entscheidung über den Hauptantrag nicht möglich ist.[38] Besteht eine Zuständigkeit nur für den Haupt-, nicht aber zugleich für den Hilfsantrag, muss zunächst über den Hauptantrag entschieden werden; erst wenn dieser abzuweisen ist, kommt eine Verweisung hinsichtlich des Hilfsantrages in Betracht (dies bei entsprechendem Verweisungsantrag, ansonsten ist der Hilfsantrag als unzulässig abzuweisen).[39] Ist das Gericht hingegen nur für den Hilfs-, nicht aber für den Hauptantrag zuständig, ist der Rechtsstreit (auf Antrag) an das für den Hauptantrag zuständige Gericht zu verweisen; weist dieses den Hauptantrag ab, erfolgt für den – dann zu entscheidenden – Hilfsantrag ggf. eine Zurückverweisung an das ursprünglich angegangene Gericht.

Das Gericht ist an die Eventualstellung gebunden (**zwingender prozessualer Vorrang des Hauptantrags**).[40] Daher ist **zunächst** über den Hauptantrag zu entscheiden: Hat dieser Erfolg, wird **nur über ihn** (stattgebend) entschieden; die Rechtshängigkeit des Hilfsantrages erlischt.

> Hinweis: Der Hauptantrag kann sich natürlich auch anderweitig erledigen, zB durch Rücknahme oder übereinstimmende Erledigungserklärung:[41] Dann wird der Hilfsantrag zum alleinigen („Haupt"-) Antrag; ggf. hat der ursprüngliche Hauptantrag jedoch noch Bedeutung für die Kostenentscheidung.

Eine **Entscheidung über den Hilfsantrag** ergeht erst, wenn die auflösende Bedingung – Erfolglosigkeit des Hauptantrages – eintritt. Dies ist jedenfalls dann der Fall, wenn der Hauptantrag **unbegründet** ist. Ob und inwieweit auch im Falle der Unzulässigkeit oder (nur) der Teilbegründetheit des Hauptantrages über den Hilfsantrag zu entscheiden ist, ist eine – im Einzelfall zu klärende – **Auslegungsfrage**.[42]

Vor Abweisung des Hauptantrags ist eine **Entscheidung** über den Hilfsantrag **nicht möglich**.[43] Dies gilt selbst dann, wenn der Hilfsantrag anerkannt ist.[44] Regelmäßig erfolgt die Abweisung des Hauptantrages und die Entscheidung über den Hilfsantrag in einem einheitlichen Urteil, jedoch ist eine Abweisung des Hauptantrags auch vorweg – durch **Teilurteil** – möglich.[45]

Die **Entscheidung über den Hilfsantrag** ergeht nach den allgemeinen Grundsätzen. Die **Zulässigkeit** ist grundsätzlich für jeden Streitgegenstand selbstständig festzustellen

---

38 Zö/Greger § 260 Rn. 7.
39 BGH NJW 1980, 1283; NJW 1981, 2417; StJ/Roth § 260 Rn. 34; Zö/Greger § 260 Rn. 10.
40 BGH NJW 1998, 1140; BGH NJW-RR 1989, 650; BGH NJW 2003, 3202.
41 BGH NJW 2003, 3202.
42 StJ/Roth § 260 Rn. 18.
43 BGH NJW 1998, 1140; NJW-RR 1989, 650; BGH MDR 2003, 769.
44 OLG Zweibrücken OLGZ 1987, 371; Mus/Voit/Musielak § 307 Rn. 7.
45 BGH NJW 1995, 2361; StJ/Roth § 260 Rn. 19.

(Streitwertzuständigkeit aber aus etwa höherem Antrag, → Rn. 22). **Bei nachträglicher Stellung sind die Klageänderungsvoraussetzungen zu beachten** (→ Rn. 23).

Im Tenor muss mit der Entscheidung zu dem Hilfsantrag gleichzeitig der **Hauptantrag abgewiesen werden** *(„Im Übrigen wird die Klage abgewiesen")*, wenn dies nicht schon durch Teilurteil vorweg geschehen ist.

In Bezug auf die **Kostenentscheidung** ist § **45 Abs. 1 S. 2, 3 GKG** (→ Rn. 22) zu beachten. Ergeht nur eine Entscheidung über den Hauptantrag, ist ausschließlich dessen Wert maßgeblich und die Kostenentscheidung entsprechend dem Erfolg des Hauptantrages zu treffen; der Hilfsantrag bleibt – da über diesen nicht zu entscheiden war – unberücksichtigt. Ist hingegen auch über den Hilfsantrag zu entscheiden, erhöht sich regelmäßig der Gebührenstreitwert (**Addition** der Werte; nur bei wirtschaftlicher Identität ist der Wert des höheren Anspruchs maßgeblich, vgl. § 45 Abs. 1 S. 2, 3 GKG); ist dies der Fall, ist – wenn der Hilfsantrag begründet ist – nach Obsiegen bzw. Unterliegen zu quoteln.[46]

Bespiel: Erfolgloser Hauptantrag mit Wert 4.000 EUR, erfolgreicher Hilfsantrag mit Wert 3.000 EUR, keine wirtschaftliche Identität. Der Gebührenstreitwert beträgt 7.000 EUR, der Kläger obsiegt mit 3.000 EUR; Kostenentscheidung: *„Von den Kosten des Rechtsstreits trägt der Kläger 3/7, der Beklagte 4/7"*.

27 Der **prozessuale Vorrang des Hauptantrages** gilt **nur für die Entscheidung, nicht aber für die Verhandlung:** Über den (auflösend bedingt) rechtshängigen Hilfsantrag kann daher sogleich verhandelt werden. Insbesondere kann – vor Entscheidung des Hauptantrages – **Beweis über streitige Behauptungen zum Hilfsantrag** erhoben werden, was besonders dann zweckmäßig ist, wenn zum Haupt- und zum Hilfsantrag dieselben Beweismittel von Bedeutung sind. Für die ▶Gerichtsstage (**Vortrag/Votum**) zu beachten ist daher folgende **Prüfungsreihenfolge:**

I. Zunächst Durchprüfung des Hauptantrages (nach allgemeinen Grundsätzen).

II. Ist der Hauptantrag **entscheidungsreif:**

1. **Bei Erfolg:** Keine Erörterung Hilfsantrag (Rechtshängigkeit erloschen).

2. **Bei Abweisung** (Teilabweisung, Unzulässigkeit? Auslegung): Prüfung des Hilfsantrages nach allgemeinen Grundsätzen bis zur Entscheidung (uU Beweisbeschluss).

III. Ist der Hauptantrag **nicht entscheidungsreif:**

1. **Formulierung der Beweisfragen** (oder Auflagen/Hinweise) **und**

2. **Durchprüfung des Hilfsantrages:** Wenn insoweit ebenfalls ein Beweisbeschluss (oder Auflagen-/Hinweisbeschluss) erforderlich wird: **Vorschlag eines einheitlichen Beweisbeschlusses zum Haupt- und Hilfsantrag**, jedenfalls hinsichtlich gleicher Beweismittel (oder Hinweise/Auflagen).

d) Sonderfall: Ein einziger Antrag, gestützt auf mehrere Lebenssachverhalte

28 Begehrt der Kläger mit einem einzigen Antrag nur eine Leistung, stützt diese aber auf mehrere Lebenssachverhalte, liegt ebenfalls eine **Mehrheit von Streitgegenständen** vor.

Beispiel: Kläger verlangt 1.000 EUR, gestützt auf Wechsel und Kausalgeschäft; oder: gestützt auf eigenen und auf abgetretenen Anspruch.

Eine derartige **alternative Klagehäufung,** bei der dem Gericht wahlweise zwei gleichrangige Streitgegenstände zur Entscheidung gestellt werden, verstößt nach zutreffender

---

[46] HK-ZPO/Saenger § 260 Rn. 48; Zö/Herget § 92 Rn. 8.

Rechtsprechung des BGH gegen den in § 253 Abs. 2 Nr. 2 ZPO normierten Bestimmtheitsgrundsatz; sie ist **unzulässig**, weil sich bei einer Entscheidung die materielle Rechtskraft (§ 322 Abs. 1 ZPO) nicht bestimmen lässt.[47] Der Kläger muss daher die Reihenfolge, in der über die Klagegründe entschieden werden soll, angeben; dies kann er noch in der Berufungs- oder der Revisionsinstanz nachholen.[48]

III. Klageänderung

1. Begriff

Klageänderung ist die seitens des Klägers nach Eintritt der Rechtshängigkeit vorgenommene Veränderung des Streitgegenstandes (§ 263). Nach dem zweigliedrigen prozessualen Streitgegenstandsbegriff liegt daher eine Klageänderung in der **Veränderung des Klageantrages und/oder des Klagegrundes** (des zugrunde liegenden **Lebenssachverhaltes**).

Unmittelbare Fälle der Klageänderung stellen das **Auswechseln des Klageantrages** sowie **des Klagegrundes** dar.

Ein **Auswechseln des Klageantrages** erfolgt durch geänderte Antragstellung, also wenn der Kläger **anstelle** des bisherigen Antrags einen **anderen Antrag** stellt.

Beispiele: statt Feststellungs- nunmehr Leistungsantrag; statt Herausgabe- nunmehr Zahlungsantrag; statt Zahlungsantrag auf 1.000 EUR nunmehr auf 2.000 EUR oder auf 500 EUR (§ 264 Nr. 2); Hilfsantrag nunmehr als Hauptantrag, Hauptantrag nunmehr als Hilfsantrag.

Das Auswechseln des Klageantrags ist auch **verdeckt** möglich.

Beispiel: Der Kläger stützt den Zahlungsantrag statt auf das – nicht bewiesene – Darlehen aus 2020 nunmehr auf ein anderes Darlehen aus 2021: Der Kläger verlangt nunmehr eine **andere Leistung** (= anderer Antrag; „Leistung" als Kriterium zur Unterscheidung verdeckter Anträge).

Ein **Auswechseln des Klagegrundes** liegt demgegenüber vor, wenn der Kläger zur Begründung des Antrags anstelle des bisherigen einen **anderen Lebenssachverhalt** vorträgt.[49]

Beispiel: Der Kläger stützt die Klage statt auf Wechsel auf das Kausalgeschäft,[50] statt auf einen eigenen auf einen abgetretenen Anspruch auf dieselbe Leistung.[51]

29

Keine Klageänderung ieS, aber nach der Rechtsprechung (streitig) **wie eine Klageänderung** zu behandeln sind die **nachträgliche objektive Klagehäufung** (→ Rn. 10) – dies sowohl bei kumulativer oder eventueller Häufung von Anträgen als auch bei kumulativer oder eventueller, ggf. auch alternativer Häufung von Lebenssachverhalten, also bei einem Nachschieben von Klagegründen – sowie der **gewillkürte Parteiwechsel und -beitritt** (→ § 6 Rn. 34).

30

Keine Klageänderung sind stets solche Veränderungen hinsichtlich des **Antrags** oder des **Klagegrunds**, die den Streitgegenstand **nicht verändern**, also etwa eine bloße sprachliche Korrektur des **Antrags** ohne Veränderung des sachlichen Inhalts.

31

---

47 BGH NJW 2013, 2429.
48 BGH GRUR 2011, 521.
49 BGH NJW 2007, 2414; NJW 2008, 3570.
50 BGH NJW-RR 1987, 58.
51 BGH NJW 2007, 2414; NJW 2007, 2560; NJW 2009, 56.

Beispiel: Etwa bei § 771 „*Unzulässigerklärung der Vollstreckung*" statt „*Freigabe*" der Sache, auf Zahlung an den Zessionar nach Offenlegung der Zession.[52]

Auch ein Vortrag von Varianten und Ergänzungen, die keinen anderen Lebenssachverhalt begründen – dh **den Kern des der Klage zugrunde gelegten Lebenssachverhalts nicht verändern** – stellt keine Klageänderung dar.[53] Dies ergibt sich bereits unmittelbar aus dem Begriff der Klageänderung und wird **durch § 264 Nr. 1 lediglich klargestellt.** Neuer Vortrag ist daher insoweit ohne die Voraussetzungen der §§ 263 ff. zulässig,[54] kann aber den **Verspätungsregelungen** (→ § 4 Rn. 28 ff.) unterliegen.

Beispiele: Daher ist etwa **keine Klageänderung:** ein Vortrag zu den Voraussetzungen anderer Anspruchsgrundlagen bei gleichem Lebenssachverhalt; eine Änderung von Rechnungsposten eines Anspruchs;[55] ein Übergang von Abschlagsforderung auf Schlussrechnung (da eine Abschlagsforderung nur eine modifizierte Form des einheitlichen Werklohnanspruchs darstellt);[56] das Abstellen auf eine neue Schlussrechnung;[57] der Übergang von großem zum kleinen Schadensersatzanspruch bei Mangel der Kaufsache;[58] erst recht nicht: lediglich die Änderung der rechtlichen Begründung des Klageanspruchs;[59] ein anderer Vortrag zu den Prozessvoraussetzungen,[60] da dieser ohne Einfluss auf den Streitgegenstand ist.

2. Vornahme der Klageänderung

32   Eine Klageänderung erfolgt gem. § 261 Abs. 2 durch Erklärung in der mündlichen Verhandlung oder durch Zustellung eines entsprechenden Schriftsatzes. Eine Zurückweisung gem. § 296 wegen Verspätung kommt insoweit nicht in Betracht, da die Klageänderung kein bloßes Angriffsmittel, sondern vielmehr einen selbstständigen neuen Angriff darstellt (→ § 4 Rn. 28, § 4 Rn. 55 f.). Dass die Klageänderung erst spät erklärt wurde, kann aber ihre „Sachdienlichkeit" (= Korrektiv) beeinflussen.

3. Zulässigkeit der Klageänderung

a) Allgemeines

33   Die Zulässigkeit der Klageänderung ist **Sachurteilsvoraussetzung** für den **geänderten** (dh ausgewechselten, ergänzten oder weiteren) Streitgegenstand. Wenn die Klageänderung nicht zulässig ist, ist die Klage daher **hinsichtlich des geänderten Streitgegenstandes unzulässig.**[61]

b) Zulässige Konstellationen

aa) Erweiterung oder Beschränkung des Klageantrags (264 Nr. 2)

34   Eine Klageänderung ist gem. § 264 Nr. 2 zulässig, wenn der Klageantrag **bei gleichbleibendem Lebenssachverhalt quantitativ oder qualitativ erweitert oder beschränkt** wird.

---

52 BGH VersR 1999, 892.
53 BGH NJW 2007, 83; BGH NJW-RR 2007, 1522.
54 StJ/Roth § 264 Rn. 4. A.A. MK/Becker-Eberhard § 264 Rn. 8.
55 BGH NJW-RR 1996, 892.
56 BGH NJW-RR 2005, 318 (322).
57 BGH NJW-RR 2004, 526.
58 BGH NJW 1992, 566 zu § 463 BGB aF; Grüneberg/Grüneberg § 281 Rn. 45 f.
59 StJ/Roth § 263 Rn. 10; MK/Becker-Eberhard § 263 Rn. 18.
60 MK/Becker-Eberhard § 263 Rn. 19; ThP/Seiler § 263 Rn. 4.
61 ThP/Seiler § 263 Rn. 15; Schellhammer Rn. 1662.

III. Klageänderung § 8

Beispiele: Erhöhung oder Verminderung eines Zahlungsantrages, Korrektur der Zinsforderung, Übergang von Feststellungs- zur Leistungsklage und umgekehrt,[62] von Klage auf Leistung an sich auf Leistung an Dritten,[63] Duldung der Zwangsvollstreckung statt Leistung,[64] Leistung Zug um Zug statt uneingeschränkter Verurteilung und umgekehrt,[65] der in der einseitigen Erledigungserklärung liegende Übergang zu einem Feststellungsbegehren (→ § 15 Rn. 18).

§ 264 Nr. 2 betrifft nur die Zulässigkeit des **neuen** Antrags (zum ursprünglichen Antrag → Rn. 39 ff.). Zu achten ist in dieser Konstellation auf die **Streitwertzuständigkeit**: Erhöht sich der Streitwert bei einem Verfahren vor dem Amtsgericht in der Folge auf über 5.000 EUR, begründet dies die Zuständigkeit des Landgerichts (§ 506; eine Prorogation möglich, § 504 ist jedoch zu beachten). Verringert sich demgegenüber bei einem Verfahren vor dem Landgericht der Streitwert auf 5.000 EUR oder weniger, bleibt es bei der Zuständigkeit des Landgerichts (§ 261 Abs. 3 Nr. 2).

bb) Anderer Gegenstand oder Interesse (§ 264 Nr. 3)

Eine Klageänderung ist gem. § 264 Nr. 3 zudem zulässig, wenn wegen einer **später eingetretenen Veränderung** (bei gleichgebliebenem Lebenssachverhalt) ein **anderer Gegenstand** oder das **Interesse** gefordert wird. Insoweit reicht aus, dass die Veränderung bereits vor Klageerhebung eingetreten, dem Kläger aber erst danach bekannt geworden ist[66] (dies auch bei schuldhafter anfänglicher Unkenntnis des Klägers).[67] 35

Beispiele: Klage zunächst auf Vertragserfüllung, dann auf Schadensersatz wegen Nichterfüllung (§ 281 BGB), Umstellung der Klage auf das Surrogat (§ 285 Abs. 1 BGB), Schadensersatz nach §§ 989, 990 BGB nach Untergang der zunächst herausverlangten Sache, Übergang von Vollstreckungsgegenklage zur Bereicherungsklage.[68]

Wird mit einer nach § 264 Nr. 3 zulässigen zugleich eine weitere Klageänderung verbunden, so richtet sich (nur) deren Zulässigkeit nach § 263.[69]

cc) Einwilligung des Beklagten (§ 263)

Weiter ist eine Klageänderung stets zulässig, wenn der Beklagte in diese **einwilligt** (§ 263). Die Einwilligung in die Klageänderung kann ausdrücklich oder konkludent erfolgen, insbesondere wird ihr Vorliegen jedoch gem. § 267 **unwiderleglich vermutet**, wenn der Beklagte **rügelos** zur geänderten Klage verhandelt: das Bewusstsein oder der Wille des Beklagten zur Einwilligung ist in diesem Falle daher nicht erforderlich.[70] Auch eine **vorweggenommene Einwilligung** des Beklagten in eine noch nicht erklärte Klageänderung ist möglich.[71] Nach überwiegender Ansicht liegt eine solche vorweggenommene Einwilligung bereits dann vor, wenn der Kläger sich eine abweichende Sachdarstellung des Beklagten (hilfsweise) zu eigen macht.[72] 36

---

62 BGH NJW 1992, 2296; NJW 1994, 2897; BGH NJW-RR 2002, 203.
63 BGH NJW-RR 1990, 505; BGH NJW 2004, 2152 (Abtretung).
64 BGH JZ 1999, 204.
65 BGH NJW 2007, 3127 (3129).
66 StJ/Roth § 264 Rn. 18; MK/Becker-Eberhard § 264 Rn. 27.
67 HM, ua Zö/Greger § 264 Rn. 5. A.A. MK/Becker-Eberhard § 264, Rn. 27.
68 OLG Schleswig NJW-RR 1992, 192; MK/Becker-Eberhard § 264 Rn. 33.
69 BGH NJW 1996, 2869.
70 StJ/Roth § 267 Rn. 1.
71 BGH NJW-RR 1990, 505; StJ/Roth § 267 Rn. 3.
72 Vgl. auch BGH NJW 1985, 1842.

Die Einwilligung des Beklagten in die Klageänderung führt zu deren Wirksamkeit, auch wenn diese nicht sachdienlich wäre.[73]

dd) Sachdienlichkeit der Klageänderung (§ 263)

37 Auch ohne Einwilligung des Beklagten ist eine Klageänderung zuletzt stets möglich, wenn das Gericht eine solche **als sachdienlich** erachtet (§ 263). Die **Sachdienlichkeit** ist nicht von den Vorstellungen der Parteien, sondern **objektiv nach dem Gesichtspunkt der Prozessökonomie** zu bestimmen.[74] Ihre Annahme liegt im **Ermessen** des Gerichts;[75] wird sie indes bejaht, **muss** die Klageänderung zugelassen werden.[76] An eine einmal erfolgte Zulassung ist das Gericht gebunden (§§ 263, 268).

Sachdienlichkeit ist zu bejahen, wenn die Zulassung die endgültige sachliche Erledigung des Rechtsstreits der Parteien fördert und einem – anderenfalls zu erwartenden – weiteren Prozess vorbeugt.[77] Für die Annahme von Sachdienlichkeit spricht ferner, wenn der Prozessstoff trotz Klageänderung im Wesentlichen derselbe bleibt, die Verteidigung des Beklagten nicht unzumutbar erschwert wird oder der Kläger ein Verteidigungsvorbringen übernimmt.[78] Gewisse Erschwernisse in seiner Verteidigung und eine gewisse Verzögerung des Rechtsstreits muss der Beklagte hinnehmen, sie stehen der Annahme der Sachdienlichkeit daher nicht grundsätzlich entgegen.[79] Allerdings ist eine **Sachdienlichkeit regelmäßig ausgeschlossen**, wenn mit der Klageänderung völlig neuer Prozessstoff vorgetragen wird, für dessen Beurteilung das Ergebnis der bisherigen Prozessführung nicht verwertet werden kann[80] oder der – bei Entscheidungsreife des bisherigen Streitgegenstandes – eine umfangreiche **Beweisaufnahme** zur abgeänderten Klage erforderlich werden lässt.[81] Derartige Verzögerungen dürfen nicht zulasten des Beklagten gehen; insbesondere muss vermieden werden, dass der Kläger durch Klageänderung eine erfolglose Klage auf Kosten des Beklagten retten kann. Zuletzt ist eine Sachdienlichkeit grundsätzlich ausgeschlossen, wenn der neue Antrag **unzulässig** ist;[82] etwas gilt jedoch ggf. bei Unzuständigkeit des Gerichts zur Ermöglichung einer Verweisung.[83]

c) Prüfung der Klageänderungsvoraussetzungen

38 Die **Zulässigkeit der Klageänderung** darf **keinesfalls offengelassen werden**, da es sich um eine Sachurteilsvoraussetzung für den geänderten Streitgegenstand handelt. Offenbleiben kann dagegen, ob überhaupt eine Klageänderung vorliegt – dies im Falle von § 264 Nr. 2 oder Nr. 3, wenn **Sachdienlichkeit** bejaht wird oder wenn der Beklagte ohnehin **eingewilligt** hat.[84]

---

73 Zö/Greger § 263 Rn. 12.
74 BGH NJW 1985, 1841; NJW 2000, 803; BGH NJW-RR 1990, 505.
75 BGH NJW 1985, 1841.
76 ThP/Seiler § 263 Rn. 10.
77 BGH NJW 2001, 1210; BGH NJW-RR 2004, 1076.
78 BGH NJW 1985, 1841 (1842).
79 BGH NJW 2000, 803; BGH NJW-RR 2004, 1076.
80 BGH NJW 2000, 803; BGH NJW-RR 1990, 505 (506); Zö/Greger § 263 Rn. 13.
81 Schellhammer Rn. 1665.
82 Zö/Greger § 263 Rn. 13; StJ/Roth § 263 Rn. 26.
83 Schikora MDR 2003, 1160.
84 StJ/Roth § 263 Rn. 18, 27; ThP/Seiler § 263 Rn. 15.

III. Klageänderung

4. Wirkungen der Klageänderung

a) Bei zulässiger Klageänderung

Auszugehen ist zunächst von dem **Grundfall:** Der neue Streitgegenstand wird zulässigerweise **anstelle des bisherigen** verfolgt.

39

Beispiel: Klage auf Herausgabe einer Sache, nach deren Untergang Umstellung der Klage auf Schadensersatz (§ 264 Nr. 3).

Der **neue Streitgegenstand** ist nunmehr zur Entscheidung gestellt, über ihn ist nach den allgemeinen Grundsätzen zu entscheiden. Neben der Zulässigkeit der Klageänderung müssen daher die **allgemeinen Sachurteilsvoraussetzungen** für den neuen Streitgegenstand vorliegen.[85] Die Zulässigkeit/Wirksamkeit der Klageänderung ist in den Entscheidungsgründen (zumindest kurz, falls unproblematisch) zu Beginn der Ausführungen zu erörtern. Hinsichtlich der **Begründetheit** gelten die allgemeinen Prüfungsgrundsätze. **Bisherige Prozess-, insbesondere Beweisergebnisse** sind grundsätzlich weiter verwertbar.[86]

Im Falle einer zulässigen Klageänderung endet die Rechtshängigkeit des **bisherigen Streitgegenstands**, da dieser **durch den neuen Streitgegenstand** ersetzt ist. Aus diesem Grunde ist über den bisherigen Streitgegenstand **nicht mehr zu entscheiden**,[87] der bisherige Klageantrag also **nicht mehr im Urteilstenor** zu berücksichtigen, insbesondere nicht abzuweisen. Vielmehr ergeht der **Tenor im Hauptausspruch nur noch zu dem neuen Streitgegenstand.** In den Entscheidungsgründen kann jedoch ein Hinweis dahin gehend aufgenommen werden, dass das ursprüngliche Begehren – wegen der zulässigen Klageänderung – nicht mehr zur Entscheidung gestellt ist.

40

Im Hinblick auf den **Streitwert** sind der bisherige und neue Streitgegenstand **nicht zusammenzurechnen**, da beide Begehren nicht gleichzeitig, sondern nacheinander verfolgt werden; dies kann zu **zeitlich unterschiedlichen Werten** führen.[88] Die **Gebühren** (für Gericht und Anwälte) fallen jedoch nur einmal an, dies jeweils nach dem höheren Streitwert.[89]

41

Die **Kostenentscheidung** bestimmt sich zwar grundsätzlich nach der Entscheidung über den neuen Antrag (§§ 91 ff.), jedoch sind die **Mehrkosten**, die durch den ursprünglichen Streitgegenstand entstanden sind (zB wegen eines zunächst höheren Streitwerts oder einer Beweisaufnahme), entsprechend §§ 92, 96 dem Kläger aufzuerlegen.

ZB entspr. § 92: Nach Klageänderung geringerer Streitwert (zB 3.000 – 2.000 EUR) und Erfolg der Klage. Falls bereits alle Gebühren nach dem höheren Streitwert angefallen waren: *„Die Kosten des Rechtsstreits werden dem Kläger zu 1/3 und dem Beklagten zu 2/3 auferlegt."* Sind die Gebühren mit unterschiedlichen Streitwerten angefallen, ist die Quote zugunsten des Klägers zu verschieben: Mehrkosten- oder Quotenmethode.

ZB entspr. § 96: Beweisaufnahme nur durchgeführt zum ursprünglichen Streitgegenstand. Bei vollem Erfolg der geänderten Klage: *„Der Kläger trägt die Kosten der Beweisaufnahme. Im Übrigen werden die Kosten des Rechtsstreits dem Beklagten auferlegt."* Entsprechend bei teilweisem Erfolg: *„Der Kläger trägt die Kosten der Beweisauf-*

---

85 StJ/Roth § 263 Rn. 32; ThP/Seiler § 263 Rn. 15.
86 BGH MDR 1983, 1017; StJ/Roth § 263 Rn. 35; MK/Becker-Eberhard § 263 Rn. 50.
87 BGH NJW 1990, 2682; NJW 1992, 2236; OLG Frankfurt FamRZ 1981, 979; MK/Becker-Eberhard § 267 Rn. 47; Schellhammer Rn. 1670.
88 Zö/Herget § 3 Rn. 16.105 (Klageänderung); TP/Hüßtege § 3 Rn. 95 (Klageänderung).
89 Zö/Greger § 263 Rn. 32.

nahme vorweg. Im Übrigen werden die Kosten des Rechtsstreits dem Kläger zu 1/3 und dem Beklagten zu 2/3 auferlegt."

42 Einen **Sonderfall** bildet indes die **Klageänderung mit Antragsermäßigung** (§ 264 Nr. 2).

Beispiel: Der Kläger verlangt zunächst 3.000 EUR, ermäßigt den Antrag dann aber – etwa wegen einer Teilzahlung des Beklagten – auf 2.000 EUR.

Über den **neuen – ermäßigten – Antrag** ist auch insoweit nach den allgemeinen Grundsätzen zu entscheiden (Zulässigkeit der Klageänderung nach § 264 Nr. 2). Hinsichtlich des **ursprünglich weitergehenden Antrags** ist jedoch zu beachten, dass dieser nach zutreffender hM **nicht durch den neuen ermäßigten Antrag ersetzt** wird.[90] Daher ist festzustellen, was **der Kläger** hinsichtlich des **weitergehenden Teils** des ursprünglichen Klageantrags, den er nun nicht mehr verfolgt, **prozessual will**. In Betracht kommen folgende Möglichkeiten:

- eine **teilweise Klagerücknahme**: In diesem Falle gelten nach hM auch die Regelungen des § 269, so dass nach Verhandlung eine Einwilligung des Beklagten erforderlich ist; bei wirksamer Klagerücknahme hat die Kosten hinsichtlich des zurückgenommenen Teils der Kläger zu tragen (§ 269 Abs. 3 S. 2);
- ein **teilweiser Klageverzicht**: In diesem Falle erfolgt eine Abweisung durch Teilverzichtsurteil (§ 306; Kosten insoweit nach § 91 gegen den Kläger);
- eine **teilweise Erledigungserklärung**: In diesem Falle gelten die Grundsätze der übereinstimmenden oder einseitigen Erledigungserklärung (Kostenentscheidung gem. § 91 a bzw. § 91);
- oder ein **einfaches Nichtmehrstellen des Antragsteils**: In diesem Falle ist ein **Teilversäumnisurteil** gem. §§ 333, 330 gegen den Kläger (mit Kostenfolge nach § 91) möglich (Voraussetzung: Hinweis gem. § 139 Abs. 1 S. 2; zudem entsprechender Antrag der Gegenseite, der jedoch im – allgemeinen – Abweisungsantrag gesehen werden kann).[91]

43 Welche dieser prozessualen Möglichkeiten der Kläger konkret gewählt hat, ist gem. § **139** oder durch **Auslegung** des Klägerverhaltens (insbesondere vom **Grund der Ermäßigung** her) festzustellen: Eine Ermäßigung aufgrund Zahlung des Beklagten nach Klageeinreichung wird in der Regel als Erledigungserklärung aufzufassen sein; Klagerücknahme oder auch -verzicht werden dagegen anzunehmen sein, wenn sich herausgestellt hat, dass die Klage insoweit von vornherein unbegründet war.[92]

b) Bei unzulässiger Klageänderung

44 Bei **unzulässiger** Klageänderung ist der **neue Streitgegenstand durch Prozessurteil abzuweisen**, da es an einer Sachurteilsvoraussetzung – Zulässigkeit der Klageänderung – fehlt.[93] Da es sich insoweit nur um eine Prozessabweisung handelt, kann die Klage insoweit erneut erhoben werden.

---

90 BGH NJW 1990, 2682; StJ/Roth § 264 Rn. 16 f.; MK/Becker-Eberhard § 264 Rn. 23; Zö/Greger § 264 Rn. 4 a; ThP/Seiler § 264 Rn. 6. A.A. Mus/Voit/Foerste § 264 Rn. 6; Schellhammer Rn. 1667; Walther NJW 1994, 423 (grds. auch dann nur Klageänderungsgrundsätze, dh der neue eingeschränkte Antrag tritt ohne Weiteres an die Stelle des bisherigen weitergehenden Antrags). Hierzu insgesamt Brammsen/Leible JuS 1997, 54 (59).
91 Vgl. BGHZ 37, 83.
92 ThP/Seiler § 264 Rn. 6.
93 HM: StJ/Roth § 263 Rn. 37; MK/Becker-Eberhard § 263 Rn. 54; ThP/Seiler § 263 Rn. 17; Mus/Voit/Foerste § 263 Rn. 11. A.A. Hk-ZPO/Saenger § 263 Rn. 13 (Rechtshängigkeit erlischt bei Nichtzulassung).

III. Klageänderung § 8

Da der **ursprüngliche Streitgegenstand** nicht durch den (unzulässigen) neuen Streitgegenstand ersetzt worden, seine **Rechtshängigkeit daher grundsätzlich noch bestehen geblieben ist**,[94] bedarf es insoweit einer prozessualen Regelung. Eine Entscheidung nach allgemeinen Grundsätzen ergeht jedenfalls dann, wenn das ursprüngliche Begehren für den Fall der Unzulässigkeit der Klageänderung noch **hilfsweise gestellt ist**.[95] Auf diese Möglichkeit der Aufrechterhaltung des ursprünglichen Antrags als Hilfsantrag ist der Kläger ggf. nach § 139 hinzuweisen.

Falls das ursprüngliche Begehren **nicht mehr gestellt** wird, ist die Bedeutung des Klägerverhaltens (gem. § 139 oder durch Auslegung) zu klären.[96] Auch insoweit kommen folgende Möglichkeiten in Betracht:

- eine **Klagerücknahme**: Bei Wirksamkeit (uU erforderlich: Einwilligung des Beklagten, § 269 Abs. 1) ergeht keine Sach-, sondern nur eine Kostenentscheidung gem. § 269 Abs. 3 S. 2;
- ein **Klageverzicht**: In diesem Falle erfolgt eine Abweisung durch Verzichtsurteil (§ 306);
- eine **Erledigungserklärung**: In diesem Falle ergeht eine Entscheidung nach den Grundsätzen über die übereinstimmende bzw. einseitige Erledigungserklärung;
- oder ein **einfaches Nichtmehrstellen des Antrages** (was regelmäßig auch anzunehmen ist bei – mangels Einwilligung des Beklagten – **unwirksamer Klagerücknahme**): Es erfolgt eine **Abweisung durch Versäumnisurteil** (§§ 330, 333).[97]

Zu beachten ist, dass die **Rechtshängigkeit des ursprünglichen Begehrens** nur im Falle einer Klagerücknahme und übereinstimmender Erledigungserklärung **erlischt, nicht jedoch** im Falle einer hilfsweisen Stellung, bei Verzicht, einseitiger Erledigungserklärung und Nichtverhandeln. In letzteren Fällen liegt eine **objektive Klagehäufung** vor,[98] so dass über **beide Begehren zu entscheiden** ist: Über das neue durch Abweisung als unzulässig, über das ursprüngliche nach dem betreffenden Rechtsinstitut.[99]

> **Beispielsfall**: Der Kläger – ein Fabrikant – klagt gegen seinen Bezirksvertreter auf Schadensersatz, weil dieser vertragswidrig Waren eines Konkurrenzunternehmens vertrieben habe. Als sich dies in der Beweisaufnahme nicht bestätigt, fordert der Kläger den Klagebetrag nunmehr als Kaufpreis für direkt an den Beklagten gelieferte und noch nicht bezahlte Waren. Der Beklagte widerspricht der Klageänderung und beantragt weiterhin auch hinsichtlich des Schadensersatzbegehrens Klageabweisung.
>
> **Lösung Beispielsfall**: Es liegt eine **Klageänderung** vor, da sowohl eine Änderung des Klageantrages (verdeckt!) als auch des Klagegrundes (Lebenssachverhalts) erfolgte. Die Klageänderung ist **unzulässig**: Es liegt kein Fall des § 264 Nr. 2 oder 3 vor, zudem keine Einwilligung des Beklagten (§ 263 Alt. 1); auch ist die Klageänderung nicht sachdienlich (§ 263 Alt. 2): Der Kläger führt einen völlig neuen Streitstoff (Kaufpreisklage) ein, für dessen Beurteilung die bisherigen Prozessergebnisse (zum Schadensersatzanspruch) nicht verwertbar sind; vielmehr will der Kläger nur die Erfolglosigkeit der – entscheidungsreifen – Klage durch Einführung eines neuen Streitgegenstands verhindern und dadurch „die Kosten retten".

---

94 Vgl. BGH NJW 1988, 128.
95 StJ/Roth § 263 Rn. 38; Schellhammer Rn. 1671.
96 StJ/Roth § 263 Rn. 38; Mus/Voit/Foerste § 263 Rn. 11; Schellhammer Rn. 1671.
97 StJ/Roth § 263 Rn. 38; Zö/Greger § 263 Rn. 17; Schellhammer Rn. 1671.
98 Hk-ZPO/Saenger § 263 Rn. 2.
99 HM: BGH NJW 1988, 128; StJ/Roth § 263 Rn. 38; Zö/Greger § 263 Rn. 17; Mus/Voit/Foerste § 263 Rn. 11; ThP/Seiler § 263 Rn. 17; Bernreuther JuS 1999, 478 (481). A.A.: Blomeyer JuS 1970, 232/233 (Entscheidung grundsätzlich nur über den alten Antrag).

Folge der unzulässigen Klagänderung: Der neue Streitgegenstand (Kaufpreisklage) ist als unzulässig abzuweisen (Prozessurteil), der **ursprüngliche Streitgegenstand** (Schadensersatzklage) durch Versäumnisurteil (Kläger stellt Begehren nicht mehr, einer Klagerücknahme hat Beklagter nicht zugestimmt). Kosten: Kläger (§ 91); vorläufige Vollstreckbarkeit hinsichtlich Kostenentscheidung (Streitwert: wohl Zusammenrechnung, §§ 48 GKG, 5 ZPO, da über beide Begehren **entschieden** wird).[100] Möglicher **Tenor** im Hauptausspruch: „*Die Klage wird abgewiesen, und zwar hinsichtlich des Klagebegehrens gemäß dem Schriftsatz vom ... (neues Begehren) als unzulässig und hinsichtlich des Klagebegehrens gemäß der Klage vom ... (ursprüngliches Begehren) durch Versäumnisurteil*", oder auch einfacher nur: „*Die Klage wird abgewiesen*", mit Klarstellung in den Entscheidungsgründen (und auch in der Überschrift), dass dies teils durch Prozessurteil (Endurteil) und teils durch Versäumnisurteil geschehe.

5. Die Entscheidung über die Zulässigkeit der Klageänderung

45 Eine Entscheidung über die Zulässigkeit der Klageänderung kann schlüssig durch Fortsetzung des Rechtsstreits zu dem geänderten Streitgegenstand, zudem – bei Widerspruch des Beklagten – formal durch Zwischenurteil (praktisch jedoch sehr selten) oder – wie regelmäßig – **im Rahmen des Endurteils** (dies in den Entscheidungsgründen im Rahmen der Zulässigkeit der Klage) ergehen.[101] Im Falle einer Zulassung der Klageänderung (oder Entscheidung, dass keine Klageänderung vorliege) ist die Entscheidung **unanfechtbar** (§ 268), **anfechtbar** ist sie hingegen bei einer Nichtzulassung der Klageänderung

Die Entscheidung **ist unanfechtbar** bei Zulassung der Klageänderung (oder Entscheidung, dass keine Klageänderung vorliege, § 268), jedoch **anfechtbar** bei Nichtzulassung der Klageänderung – Letzteres indes nur mit einem Rechtsmittel gegen das Endurteil (§§ 512, 557 Abs. 2). Dabei kann eine Beschwer des Klägers jedoch nur dann vorliegen, wenn das ursprüngliche Begehren mindestens zum Teil abgewiesen, nicht jedoch, wenn ihm stattgegeben worden ist: Eine Berufung nur zu einer Klageänderung ist unzulässig (→ § 19 Rn. 55).[102]

---

[100] AA (eine unzulässige Klageänderung erhöhe den Streitwert nicht und verursache keine Mehrkosten) Zö/Greger § 263 Rn. 18; MK/Becker-Eberhard § 263 Rn. 102.
[101] StJ/Roth § 263 Rn. 27; ThP/Seiler § 263 Rn. 16.
[102] Zö/Greger § 268 Rn. 3.

§ 9 Die Zulässigkeit der Klage (Sachurteilsvoraussetzungen)

I. Verfahrensvoraussetzungen

Im Hinblick auf die Verfahrensvoraussetzungen zu unterscheiden sind echte Prozessvoraussetzungen, Sachurteilsvoraussetzungen und Prozessfortsetzungsvoraussetzungen.

- **Echte Prozessvoraussetzungen:** Fehlen diese, wird die Klage wird nicht zugestellt, ein Termin nicht anberaumt; es kommt folglich **nicht zu einem Prozess**.

  Beispiele: Die Klageschrift ist zur Einleitung des Verfahrens nicht geeignet (→ § 1 Rn. 3), es fehlt an der deutschen Gerichtsbarkeit. Echte Prozessvoraussetzungen bilden indes die **Ausnahme**, grundsätzlich ist auch über Zulässigkeitsmängel mündlich zu verhandeln und durch Urteil zu entscheiden.

- **Sachurteilsvoraussetzungen:** Bei deren Fehlen kommt es zwar zu einem Prozess mit normalem Ablauf (Verhandlungstermin, Urteil). Die Klage wird jedoch bereits **wegen dieses Zulässigkeitsmangels abgewiesen (Prozessurteil)**; über den Streitgegenstand als solchen wird nicht entschieden (**kein Sachurteil**).

  Beispiele: Partei- und Prozessfähigkeit, Zuständigkeit etc. → Rn. 2 ff.

- **Prozessfortsetzungsvoraussetzungen:** Hiermit werden die (besonderen) Zulässigkeitsvoraussetzungen eines Rechtsbehelfs (Einspruch nach einem Versäumnisurteil bzw. einem Vollstreckungsbescheid) oder eines Rechtsmittels (Berufung, Revision) bezeichnet, die für die Fortsetzung des Verfahrens nach einer an sich abschließenden Entscheidung vorliegen müssen. Liegen diese Voraussetzungen nicht vor, wird der Einspruch bzw. das Rechtsmittel als unzulässig verworfen, das Verfahren also nicht zur Sache fortgesetzt. Daher sind diese Voraussetzungen stets vorrangig festzustellen.

II. Übersicht über die Sachurteilsvoraussetzungen

Im Folgenden erfolgt eine **Zusammenstellung** der denkbaren Sachurteilsvoraussetzungen. Dabei bedeutet die Anordnung keine Prüfungsreihenfolge, sondern nur eine Ordnung von bestimmten Ansatzpunkten her. Bei der Prüfung der Zulässigkeit der Klage ist zwar das Vorliegen aller folgender Sachurteilsvoraussetzungen soweit von Klage- und Verfahrensart her geboten – festzustellen. Im Regelfall werden die Sachurteilsvoraussetzungen jedoch – jedenfalls weitgehend – unproblematisch vorliegen: Dann ist insoweit eine schematische Untersuchung und Feststellung in Gutachten, Vortrag oder Votum unangebracht und daher zu unterlassen.

Ausführungen zur Zulässigkeit sind – auch im Urteil – **nur erforderlich**, wenn die **Klage unzulässig** ist (denn dann ist das Fehlen der Sachurteilsvoraussetzung/en die tragende Entscheidungsgrundlage für das Prozessurteil), soweit Sachurteilsvoraussetzungen ernsthaft problematisch sind oder wenn die **Parteien** um das Vorliegen von Sachurteilsvoraussetzungen **streiten** und insoweit Ausführungen des Gerichts erwarten können.

Hinweis: Für die Klausur kann zur Kontrolle die „Checkliste" in Th/P Vor § 253 Rn. 15 ff. herangezogen werden, so dass keine Voraussetzung übersehen wird.

1. Ordnungsgemäßheit der Klageerhebung

a) Obligatorisches Schlichtungsverfahren gem. § 15 a EGZPO

3   Gem. § 15 EGZPO kann durch Landesgesetz in bestimmten Verfahren (ua vermögensrechtlichen Streitigkeiten vor dem Amtsgericht mit einem Streitwert bis zu 750 EUR, nachbarschaftsrechtliche Streitigkeiten, vgl. § 15 Abs. 1 S. 2 EGZPO) eine Klageerhebung von der Durchführung eines Schlichtungsverfahrens abhängig gemacht werden. Entsprechende Gesetze haben Bayern,[1] Brandenburg,[2] Hessen,[3] Mecklenburg-Vorpommern,[4] Niedersachsen,[5] Nordrhein-Westfalen,[6] Rheinland-Pfalz,[7] das Saarland,[8] Sachsen,[9] Sachsen-Anhalt,[10] Schleswig-Holstein[11] sowie Thüringen[12] erlassen.

Die Voraussetzung eines obligatorischen Schlichtungsverfahrens betrifft bereits die **Zulässigkeit der Klageerhebung**, nicht erst der Klage, so dass eine Nachholung des obligatorischen Schlichtungsverfahrens nicht möglich ist. Die ohne Einigungsversuch erhobene Klage ist daher von Amts wegen als unzulässig abzuweisen,[13] auch noch nach erstinstanzlichem Sachurteil in der Berufungsinstanz.[14]

Ist das obligatorisch vorgeschriebene Schlichtungsverfahren durchgeführt worden, bedarf es nach einem wirksam vorgenommenen Parteiwechsel auf Klägerseite keines neuen Schlichtungsversuchs.[15] Wird die Klage aber auf einen weiteren Beklagten erweitert, muss auch für diesen das Schlichtungsverfahren durchgeführt werden.[16] Ob eine Klageerweiterung iSd § 264 Nr. 2 das Schlichtungsverfahren entbehrlich macht, sofern die Erweiterung nicht rechtsmissbräuchlich erfolgt, ist strittig.[17]

b) Ordnungsgemäße Klageerhebung (§ 253 Abs. 1)

4   Eine ordnungsgemäße Klageerhebung setzt eine **wirksame Zustellung** der Klageschrift voraus.[18] Diese ist nicht deswegen unwirksam, weil die in der Klageschrift bezeichne-

---

1   Bayerisches Gesetz zur obligatorischen außergerichtlichen Streitschlichtung in Zivilsachen und zur Änderung gerichtsverfassungsrechtlicher Vorschriften (Bayerisches Schlichtungsgesetz – BaySchlG).
2   Gesetz zur Einführung einer obligatorischen außergerichtlichen Streitschlichtung im Land Brandenburg (Brandenburgisches Schlichtungsgesetz – BbgSchlG).
3   Gesetz zur Regelung der außergerichtlichen Streitschlichtung.
4   Schiedsstellen- und Schlichtungsgesetz – SchStG M-V.
5   Niedersächsisches Gesetz zur obligatorischen außergerichtlichen Streitschlichtung (Niedersächsisches Schlichtungsgesetz – NSchlG).
6   Gesetz über die Justiz im Land Nordrhein-Westfalen (Justizgesetz Nordrhein-Westfalen – JustG NRW).
7   Landesgesetz zur Ausführung des § 15 a des Gesetzes betreffend die Einführung der Zivilprozessordnung (Landesschlichtungsgesetz – LSchlG).
8   Gesetz zur Ausführung des § 15 a des Gesetzes betreffend die Einführung der Zivilprozessordnung und zur Änderung von Rechtsvorschriften (Landesschlichtungsgesetz – LSchlG).
9   Gesetz über die Schiedsstellen in den Gemeinden des Freistaates Sachsen und über die Anerkennung von Gütestellen im Sinne des § 794 Abs. 1 Nr. 1 der Zivilprozessordnung (Sächsisches Schieds- und Gütestellengesetz – SächsSchiedsGütStG).
10 Schiedsstellen- und Schlichtungsgesetz (SchStG).
11 Gesetz zur Ausführung von § 15 a des Gesetzes betreffend die Einführung der Zivilprozessordnung (Landesschlichtungsgesetz – LSchliG).
12 Thüringer Gesetz über die Schiedsstellen in den Gemeinden (Thüringer Schiedsstellengesetz – ThürSchStG).
13 BGH NJW 2005, 437.
14 OLG Saarbrücken NJW 2007, 1292. A.A. Bausch JR 2007, 444.
15 BGH MDR 2010, 1075.
16 BGH MDR 2010, 1143.
17 Vgl. Zö/Heßler EGZPO ZPO § 15 a Rn. 25 mwN.
18 BGH NJW 1992, 2099.

II. Übersicht über die Sachurteilsvoraussetzungen

ten Anlagen fehlen,[19] indes bedarf es der Angabe einer ladungsfähigen Anschrift (→ § 1 Rn. 5, → § 2 Rn. 26).[20]

Die Klage selbst muss die **bestimmte Bezeichnung der Parteien** (§ 253 Abs. 2 Nr. 1; → § 1 Rn. 4, → § 2 Rn. 26) enthalten, zudem muss der **Klageantrag** (§ 253 Abs. 2 Nr. 2) sowie der **Klagegrund** (§ 253 Abs. 2 Nr. 2) hinreichend bestimmt sein; Letztere beiden Voraussetzungen sind zugleich auch Sachurteilsvoraussetzungen in Bezug auf den Streitgegenstand (→ § 8 Rn. 2 ff.).

Keine Sachurteilsvoraussetzung stellt demgegenüber die **Schlüssigkeit der Klage** dar,[21] vielmehr ist eine unschlüssige Klage als unbegründet abzuweisen.

2. Sachurteilsvoraussetzungen in Bezug auf die Parteien

a) Existenz der Parteien und Parteifähigkeit (§ 50)

Nur wer parteifähig ist, kann in einem Rechtsstreit Partei sein. Parteifähig ist gem. § 50 Abs. 1, wer rechtsfähig ist. Nicht parteifähig ist etwa die Gemeinschaft (§ 741 BGB), die Insolvenzmasse und der Nachlass. Die WEG ist rechtsfähig, soweit sie bei der Verwaltung des gemeinschaftlichen Eigentums am Rechtsverkehr teilnimmt.[22] Beruft sich eine Partei auf das Fehlen der Parteifähigkeit, muss sie Tatsachen darlegen, aus denen sich hinreichende Anhaltspunkte für ihre Behauptung ergeben (→ Rn. 30).[23]

b) Prozessfähigkeit (§ 51 ff.)

Prozessfähigkeit ist die Fähigkeit, Prozesshandlungen selbst oder durch Vertreter vor- oder entgegenzunehmen. Eine Klage für oder gegen Prozessunfähige ist nur durch gesetzliche Vertretung möglich (§ 51 Abs. 1). Beruft sich eine Partei auf das Fehlen der Prozessfähigkeit, liegt die entsprechende Darlegungslast wiederum bei dieser (→ Rn. 30).[24]

c) Ordnungsgemäße Vertretung

Im Hinblick auf die ordnungsgemäße Vertretung bei gewillkürter Vertretung ist § 88 zu beachten. Der Mangel der Vollmacht ist (sofern als Bevollmächtigte ein Rechtsanwalt auftritt) nur auf Rüge, ansonsten von Amts wegen zu prüfen. Die ordnungsgemäße Vertretung (sowohl bei einer nicht prozessfähigen Partei als auch bei gewillkürter Vertretung) ist zugleich **auch Prozesshandlungsvoraussetzungen**,[25] also Voraussetzungen für die Wirksamkeit der einzelnen Prozesshandlungen im Prozess.

d) Prozessführungsbefugnis

Die Prozessführungsbefugnis muss bei Verfolgung eines behaupteten fremden Rechts oder Anspruchs im eigenen Namen vorliegen, dies als gesetzliche oder als **gewillkürte Prozessstandschaft**. Für eine gewillkürten Prozessstandschaft müssen folgende Voraussetzungen erfüllt sein: 1. eine Ermächtigung des Berechtigten, 2. eine Übertragbarkeit

---

[19] BGH NJW 2013, 387 (389).
[20] BGH FamRZ 2004, 943.
[21] Zö/Greger Vor § 253 Rn. 14.
[22] BGH NJW 2005, 2061; NJW 2007, 2987.
[23] ThP/Seiler Vor § 253 Rn. 20.
[24] ThP/Seiler Vor § 253 Rn. 20.
[25] Zö/Althammer Vor § 50 Rn. 17.

des Rechts oder Anspruchs (jedenfalls zur Ausübung), 3. ein **eigenes rechtsschutzwürdiges Interesse des Klägers**, zudem 4. grundsätzlich eine Offenlegung/Erkennbarkeit der gewillkürten Prozessstandschaft sowie 5. keine unzumutbare Beeinträchtigung des Beklagten.[26]

e) Bei gewillkürtem Parteiwechsel oder Parteibeitritt: Einwilligung oder Sachdienlichkeit

9 Im Falle eines **gewillkürten Parteiwechsels oder eines Parteibeitritts** muss als Sachurteilsvoraussetzung die Einwilligung des alten/ neuen Beklagten vorliegen oder eine Zulassung als sachdienlich erfolgen (dies jedenfalls nach der Klageänderungstheorie der Rechtsprechung, → § 6 Rn. 34, 45).

3. Sachurteilsvoraussetzungen in Bezug auf das Gericht

10 Sachurteilsvoraussetzungen in Bezug auf das Gericht stellen die Zulässigkeit des Zivilrechtsweges sowie dessen internationale und sachliche Zuständigkeit dar.

Die **Zulässigkeit des Zivilrechtsweges** (§§ 13, 17 GVG) ist stets vorab zu prüfen. Wird dieser für zulässig erklärt, sind andere Gerichte an diese Entscheidung gebunden (§ 17a Abs. 1 GVG). Ist der Zivilrechtsweg hingegen unzulässig, erfolgt eine Verweisung von Amts wegen (§ 17a Abs. 2 GVG). Zur **Zuständigkeit** → Rn. 38 ff.

4. Sachurteilsvoraussetzungen in Bezug auf den Streitgegenstand

a) Klagbarkeit des Anspruchs

11 Die – grundsätzlich gegeben – Klagbarkeit fehlt einem Anspruch **ausnahmsweise** (mit der Folge einer in der Regel nur zeitweisen Unzulässigkeit der Klage)[27] im Falle eines gesetzlichen Ausschlusses (wie zB für Verwendungsersatzansprüche in § 1001 BGB, zudem 1297 BGB) oder im Falle einer **Ausschlussvereinbarung** (zB in Musterprozessvereinbarung, bei Stillhalteabkommen[28] oder bei Vereinbarung einer vor Klageerhebung erforderlichen erfolglosen Anrufung einer Schlichtungs-, Gütestelle[29] oder der Durchführung eines Mediationsverfahrens). Auf Einrede (!) ist die Klage als unzulässig abzuweisen, falls der Kläger keinen ernsthaften Versuch der Konfliktlösung unternommen hat.[30]

b) Bei Klageänderung: Klageänderungsvoraussetzungen

12 Im Falle einer Klageänderung müssen die Klageänderungsvoraussetzungen für den neuen Streitgegenstand (§§ 263 ff.) gegeben sein, → § 8 Rn. 11 f.

---

26 BGH, ua BGH NJW 1999, 1717; NJW 2000, 729; BGH NJW-RR 2002, 20; BGH NJW 2003, 2231; BGH NJW-RR 2003, 1490; BGH MDR 2004, 1365.
27 MK/Becker-Eberhard Vor § 253 Rn. 10. A.A: StJ/Roth Vor § 253 Rn. 128: Frage der Begründetheit der Klage (etwa Fälligkeit des Klageanspruchs).
28 BGH NJW-RR 1995, 290.
29 BGH NJW 1984, 669; NJW 1999, 647.
30 BGH NJW-RR 2009, 637.

II. Übersicht über die Sachurteilsvoraussetzungen

c) Rechtsschutzinteresse (Rechtsschutzbedürfnis)

Das Interesse des Klägers an der gerichtlichen Geltendmachung seines Anspruchs ist ebenfalls Sachurteilsvoraussetzungen. Im Falle einer Leistungsklage ist dieses regelmäßig (ohne separate Feststellung) anzunehmen, im Falle einer Feststellungsklage ggf. positiv festzustellen. Zu den jeweiligen Besonderheiten in Bezug auf die einzelnen Klagearten s. § 7.

d) Fehlen anderweitiger Rechtshängigkeit (§ 261 Abs. 3 Nr. 1) sowie Fehlen einer rechtskräftigen Vorentscheidung

Ist der Streitgegenstand anderweitig rechtshängig oder wurde über diesen bereits rechtskräftig entschieden, kann keine Entscheidung über denselben – identischen – Streitgegenstand ergehen (→ § 8 Rn. 1 ff.).[31] Insoweit handelt es sich hierbei um (negative) Sachurteilsvoraussetzungen.

5. Gesichtspunkt der „prozessualen Arglist": Keine Vereinbarung eines Verzichts auf Klage oder einer Klagerücknahme

Eine Klage bzw. Prozessfortsetzung ist im Falle eines vereinbarten Klageverzichts oder einer vereinbarten Klagerücknahme unzulässig, was allerdings nur auf **Einrede** des Beklagten zu berücksichtigen ist.[32] Näher zur Rücknahmeverpflichtung → § 13 Rn. 33 f.

6. Besondere Sachurteilsvoraussetzungen für bestimmte Verfahrens-/Klagearten

- **Feststellungsklage (§ 256 Abs. 1):** Besondere Sachurteilsvoraussetzungen stellen hier das (eindeutig bezeichnete) festzustellende Rechtsverhältnis sowie das Feststellungsinteresse dar (→ § 7 Rn. 49 ff.) Zu beachten sind die erleichterten Voraussetzungen für eine **Zwischenfeststellungsklage** (§ 256 Abs. 2); insoweit bedarf es ausschließlich des Vorliegens eines vorgreiflichen Rechtsverhältnisses (→ § 7 Rn. 76 f.).
- **Klage auf künftige Leistung:** Die besonderen Sachurteilsvoraussetzungen ergeben sich aus §§ 257–259. → § 7 Rn. 33 ff.
- **Abänderungsklage (§ 323):** Eine Abänderungsklage ist **gem. § 323 Abs. 1 S. 2** nur zulässig, wenn der Kläger Tatsachen vorträgt, aus denen sich eine wesentliche Veränderung der der Entscheidung zugrunde liegenden tatsächlichen oder rechtlichen Verhältnisse ergibt.
- **Urkunden-/Wechselprozess:** Eine Klage im Urkundsprozess ist **gem. § 592 S. 1** nur zulässig, wenn die sämtlichen zur Begründung des Anspruchs erforderlichen Tatsachen durch Urkunden bewiesen werden können. **Bei Fehlen der besonderen Sachurteilsvoraussetzung** erfolgt eine Abweisung „als in der gewählten Prozessart (im Urkundenprozess) unstatthaft" (§ 597 Abs. 2); → § 17 Rn. 14 ff.
- **Wiederaufnahmeklagen:** Besondere Sachurteilsvoraussetzungen ergeben sich aus §§ 578 ff.
- **Gestaltungsklagen des Vollstreckungsrechts:** Besondere Sachurteilsvoraussetzungen ergeben sich aus §§ 767, 768, 771, 805, 878.

---

31 Zur Bindung eines strafrechtlichen Adhäsionsverfahrens im Zivilprozess vgl. BGH NJW 2013, 1163.
32 BGH JurBüro 1986, 1660.

- **Arrest und einstweilige Verfügung:** Besondere Sachurteilsvoraussetzungen ergeben sich aus §§ 916 ff., 935 ff.
- **Widerklage:** Zu den besondere Sachurteilsvoraussetzungen der Widerklage → § 10 Rn. 53 ff.

7. Prozesshindernisse

17 Verzichtbar, da **nur auf Rüge des Beklagten** zu beachten, sind folgende Prozesshindernisse:

a) Fehlende Ausländersicherheitsleistung (§§ 110 ff.)

18 Kläger, die ihren gewöhnlichen Aufenthalt außerhalb der EU oder des EWR haben, müssen auf Verlangen des Beklagten wegen der Prozesskosten Sicherheit leisten (§ 110 Abs. 1). Wird die Sicherheit nicht geleistet, führt dies unter den Voraussetzungen des § 113 zur Fiktion der Klagerücknahme. Insoweit handelt es sich nicht um ein Prozesshindernis ieS.[33]

b) Fehlende Kostenerstattung gem. § 269 Abs. 6

19 Wird die Klage nach Klagerücknahme erneut erhoben, muss sich der Beklagte gem. § 269 Abs. 6 so lange nicht auf den Prozess einlassen, bis ihm die im (durch die Klagerücknahme beendeten) Vorprozess entstandenen Kosten (§ 269 Abs. 3 S. 2) erstattet sind. Soweit dies nicht geschieht, besteht ein Prozesshindernis, so dass die erneut erhobene Klage als unzulässig abzuweisen ist.[34]

c) Schiedsgerichtsvereinbarung (§ 1032):

20 Eine **Schiedsvereinbarung** ist gem. § 1029 Abs. 1 eine Vereinbarung der Parteien, alle oder einzelne Streitigkeiten, die zwischen ihnen in Bezug auf ein bestimmtes Rechtsverhältnis vertraglicher oder nichtvertraglicher Art entstanden sind oder künftig entstehen, der Entscheidung durch ein Schiedsgericht zu unterwerfen. Wird dennoch Klage vor einem staatlichen Gericht erhoben, ist die Klage – (nur) auf Rüge des Beklagten, zudem nur bei (seitens des angerufenen Gerichts festzustellender) Wirksamkeit der Schiedsvereinbarung – als unzulässig abzuweisen.

Die Schiedsvereinbarung ist abzugrenzen von einer **Schiedsgutachtenabrede**, nach der ein Schiedsgutachter **lediglich Tatsachen** festzustellen hat, ohne über die daraus folgenden rechtlichen Konsequenzen zu entscheiden.[35] Falls ein vereinbartes Schiedsgutachten zu einer Anspruchsvoraussetzung (zB Schadenshöhe) noch nicht vorliegt, ist die Klage nicht unzulässig, sondern vielmehr als *„zur Zeit unbegründet"* abzuweisen.

---

[33] Mus/Voit/Foerste § 110 Rn. 1.
[34] ThP/Seiler § 269 Rn. 24.
[35] Vgl. hierzu (und zur Abgrenzung) ThP/Seiler Vor 1029 Rn. 4 f.; Grüneberg/Grüneberg § 317 Rn. 4 ff.

III. Prozessuale Behandlung der Sachurteilsvoraussetzungen

1. Zwingender prozessualer Vorrang der Zulässigkeitsfeststellung

Ist die **Klage unzulässig**, muss sie wegen des Zulässigkeitsmangels durch Prozessurteil abgewiesen werden, **auf ihre Begründetheit darf** (zu zwei Ausnahmen sogleich → Rn. 22) **nicht eingegangen werden**.[36] Die Prüfung der Begründetheit setzt daher stets die Zulässigkeit der Klage voraus. Folglich kann die **Frage der Zulässigkeit nicht offengelassen werden** mit der Erwägung, dass die Klage jedenfalls unbegründet sei, auch darf eine Klage nicht **als unzulässig oder unbegründet** bzw. **als unzulässig und unbegründet** abgewiesen werden.[37] Eine unter Verstoß gegen diesen zwingenden prozessualen Vorrang der Zulässigkeitsfeststellung ergangene Klageabweisung kann allerdings – jedenfalls nach Auffassung des BGH – gleichwohl in **materielle Rechtskraft** (mit der Folge der rechtskräftigen Verneinung des Klageanspruchs) erwachsen, wenn aus Tenor und Entscheidungsgründen ersichtlich ist, dass das Gericht ungeachtet seiner Zweifel an der Zulässigkeit der Klage kein Prozessurteil erlassen, sondern eine klageabweisende Sachentscheidung getroffen hat.[38]

21

> Hinweis: Demgegenüber kann die **Ablehnung eines PKH-Antrags mangels Erfolgsaussicht** darauf gestützt werden, dass die beabsichtigte Klage weder zulässig noch begründet oder jedenfalls unbegründet ist: Die Zulässigkeit und Begründetheit der Klage sind insoweit gleichrangige Voraussetzungen ihrer Erfolgsaussicht und damit auch für ein Stattgeben des PKH-Antrags.

Ausnahmen von dem Vorrang der Zulässigkeitsfeststellung bestehen in zwei besonderen Fällen. Der erste Ausnahmefall betrifft das **Rechtsschutzbedürfnis**, insbesondere das Feststellungsinteresses bei einer Feststellungsklage: Insoweit ist zu beachten, dass dessen Vorliegen nur Voraussetzung für ein stattgebendes, nicht jedoch für ein klageabweisenden Urteils ist. Aus Gründen der Prozessökonomie kann daher eine Klage **als unbegründet abgewiesen** werden, auch wenn das Rechtsschutzbedürfnis fehlt oder zweifelhaft ist.[39] Der zweite Ausnahmefall betrifft die **besonderen Voraussetzungen des Urkundenprozesses** (§§ 592, 597 Abs. 2): So kann eine Urkundenklage, deren materiellrechtliche Unbegründetheit feststeht, gem. § 597 Abs. 1 **als unbegründet abgewiesen** werden, auch wenn die besonderen Zulässigkeitsvoraussetzungen fehlen.[40] In allen übrigen Fällen bleibt es jedoch bei dem Vorrang der Zulässigkeitsfeststellung.

22

2. Maßgeblicher Zeitpunkt

Um ein Prozessurteil zu vermeiden, müssen die geschilderten Sachurteilsvoraussetzungen spätestens **zum Schluss der mündlichen Verhandlung** vorliegen.[41] Zulässigkeitsmängel können daher bis zu diesem Zeitpunkt **geheilt** werden, etwa

23

- durch **Entfallen des Mangels**,

---

36 Ganz hM: BGH NJW 1983, 685; NJW 2000, 738; NJW 2000, 3718; MK/Becker-Eberhard Vor § 253 Rn. 3; ThP/Seiler Vor § 253 Rn. 8; Zö/Greger Vor § 253 Rn. 10.
37 BGH NJW 1978, 2032; BGH JZ 1997, 568; BGH NJW 2000, 3718; ThP/Seiler Vor § 253 Rn. 8; MK/Becker-Eberhard Vor § 253 Rn. 3, Rn. 19; Schellhammer Rn. 353.
38 BGH NJW 2008, 1227.
39 BGHZ 130, 390 (400); BGH NJW 1999, 1257 (1258); MK/Becker-Eberhard Vor § 253 Rn. 19; Zö/Greger Vor § 253 Rn. 10; Schellhammer Rn. 140.
40 BGH MDR 1976, 561.
41 BGH NJW 2000, 289.

Beispiele: Die prozessunfähige Partei wird prozessfähig und führt den Prozess fort;[42] die anderweitige Rechtshängigkeit entfällt durch Klagerücknahme; eine Zuständigkeitsrüge wird fallen gelassen, so dass sich eine Zuständigkeit aus § 39 ergibt.

- durch **Nachholung der fehlenden Sachurteilsvoraussetzung,**

    Beispiele: Neue fehlerfreie Zustellung; nachträgliche Unterzeichnung der Klageschrift; Nachholung der Bestimmtheit des Klageantrags;[43] der Beklagte stimmt nach anfänglicher Ablehnung einer Klageänderung zu (§ 263); Zuziehung eines gesetzlichen Vertreters der prozessunfähigen Partei, der die bisherige Prozessführung genehmigt;[44] Heilung des Handelns eines Postulationsunfähigen durch Genehmigung eines Postulationsfähigen.[45]

- durch **rügelose Verhandlung oder Verzicht** (dies jedoch nur im Falle des § 295, dh bei verzichtbaren Mängeln wie bei fehlender Zustellung der Klage),[46]

- bei Eingreifen eines **besonderen Heilungstatbestandes** (etwa § 189, → Rn. 74 ff.) oder

- – im Falle der **Unzuständigkeit des angerufenen Gerichts** – durch **Verweisung** an das zuständige Gericht.

24 Liegen die Sachurteilsvoraussetzungen zwar zunächst vor, **entfallen sie** jedoch im Laufe des Verfahrens **bis zum Schluss der mündlichen Verhandlung**, ist zu unterscheiden:

Hinsichtlich einer zunächst bestehenden **Zuständigkeit** ist der spätere Wegfall der die Zuständigkeit begründenden Umstände **unerheblich**. Die Zuständigkeit wird durch eine Veränderung der sie begründenden Umstände gem. **§ 261 Abs. 3 Nr. 2** nicht berührt.

Beispiele: Eine vor dem Landgericht erhobene Klage über 6.000 EUR wird durch Klagerücknahme iHv 3.000 EUR nicht unzulässig; die örtliche Zuständigkeit entfällt nicht durch nachträglichen Wohnsitzwechsel.

Eine **Ausnahme** stellt insoweit § 506 dar (Streitwerterhöhung bei Amtsgericht), allerdings bedarf es für eine Verweisung an das Landgericht eines entsprechenden Antrags einer Partei. Unerheblich ist zuletzt der spätere Wegfall solcher Voraussetzungen, die nur bei der **Klageerhebung** vorzuliegen brauchen (etwa die Angabe der zutreffenden ladungsfähigen Anschrift).[47]

Im Hinblick auf die **parteibezogenen Sachurteilsvoraussetzungen** führt deren späterer Wegfall überwiegend zur **Unterbrechung** oder Aussetzung des Verfahrens, dies mit der Möglichkeit der Fortsetzung („Aufnahme") gem. §§ 239 ff.

Beispiele: Tod und Verlust der Parteifähigkeit: § 239 (jedoch nicht zwingend im Anwaltsprozess, vgl. § 246); Verlust der Prozessfähigkeit oder der gesetzlichen Vertretung: § 241 (zu beachten ist jedoch wiederum § 246); Verlust der Postulationsfähigkeit: § 244; Verlust der Prozessführungsbefugnis durch Eröffnung des Insolvenzverfahrens: § 240.

Im Übrigen führt der spätere Wegfall der Sachurteilsvoraussetzungen zur **Klageabweisung durch Prozessurteil**, wenn nicht der Kläger auf den Eintritt der Unzulässigkeit prozessual reagiert (dies etwa durch **Klagerücknahme oder Erledigungserklärung**).

---

42 BGH NJW 1983, 2084; OLG Köln VersR 2002, 65.
43 BGH NJW 1996, 2153; NJW 1997, 870.
44 BGHZ 92, 137; BGH FamRZ 2008, 680.
45 BGH NJW 1990, 3086.
46 BGH NJW 1992, 2099; NJW 1995, 1032; NJW 1996, 1351.
47 BGH FamRZ 2004, 943.

III. Prozessuale Behandlung der Sachurteilsvoraussetzungen § 9

Beispiel: Erledigungserklärung des Klägers einer negativen Feststellungsklage nach Entfallen des Feststellungsinteresses infolge Leistungs(wider)klage des Beklagten (→ § 7 Rn. 62).

3. Feststellung der Sachurteilsvoraussetzungen
a) Für jeden einzelnen Streitgegenstand

Die Zulässigkeit der Klage muss bei objektiver Klagehäufung für jeden Streitgegenstand und bei subjektiver Klagehäufung im Verhältnis der verschiedenen Parteien zueinander vorliegen, ist also grundsätzlich jeweils **besonders festzustellen**. Bei Fehlen hinsichtlich eines Streitgegenstandes oder -verhältnisses erfolgt **insoweit** eine Abweisung durch Prozessurteil (ggf. durch Teilurteil). 25

b) Berücksichtigung von Amts wegen

Das Fehlen von Sachurteilsvoraussetzungen ist grundsätzlich – in jeder Lage des Verfahrens, auch noch in den höheren Instanzen – **von Amts wegen zu berücksichtigen** (§ 56; allgemeiner Grundsatz).[48] 26

aa) Prüfung der Sachurteilsvoraussetzungen von Amts wegen

Das Gericht hat von Amts wegen **zu prüfen**, ob die Sachurteilsvoraussetzungen vorliegen. Hieraus folgt dreierlei: 27

Zunächst sind **grundsätzlich keine Zulässigkeitsrügen** seitens der Parteien erforderlich. Werden solche erhoben, stellen diese nur **Anregungen** an das Gericht zur Prüfung dar.[49] **Ausnahmen** bilden insoweit Prozesshindernisse, verzichtbare Mängel und ein Klageverzicht (nur bei Rüge, → Rn. 15), zudem die Fälle der §§ 39, 267, in denen die **rügelose Verhandlung** gerade die Sachurteilsvoraussetzung (Zuständigkeit, Zulässigkeit der Klageänderung) begründet.

Zum zweiten folgt aus der amtsseitigen Prüfung, dass die **Verspätungsvorschriften** (§ 296) **keine Bedeutung haben**: Da das Fehlen der Sachurteilsvoraussetzungen in jeder Lage des Verfahrens zu berücksichtigen ist, können Zulässigkeitsrügen und entsprechender Vortrag der Parteien nicht – auch nicht in der Berufungsinstanz – wegen Verspätung zurückgewiesen werden.[50] **Ausnahmen** bestehen nur hinsichtlich Prozesshindernissen und verzichtbaren Zulässigkeitsrügen (§§ 296 Abs. 3, 282 Abs. 3; → § 4 Rn. 48). 28

Zuletzt ergibt sich aus der Prüfung von Amts wegen, dass das **Gericht nicht an einen übereinstimmenden Parteivortrag gebunden ist**: Die Parteien können daher nicht eine zweifelhafte Sachurteilsvoraussetzung mit Bindung für das Gericht unstreitig stellen.[51] §§ 288, 138 Abs. 3 gelten damit grundsätzlich nicht. Auch für den Erlass eines Versäumnisurteils (vgl. §§ 331 Abs. 1 S. 2, 335 Abs. 1 Nr. 1) und eines Anerkenntnisurteils müssen die Sachurteilsvoraussetzungen vorliegen. Denn die Sachurteilsvoraussetzungen bestehen im öffentlichen Interesse; die Parteien können über sie nicht verfügen, also etwa das Gericht zwingen, eine prozessunfähige Partei als prozessfähig zu behandeln, eine rechtskräftige Vorentscheidung oder eine anderweitige Rechtshängigkeit 29

---

48 MK/Becker-Eberhard Vor § 253 Rn. 16.
49 BGH NJW 1995, 1354; NJW 1989, 2064.
50 BGH NJW 2004, 2523.
51 BGH NJW 2007, 2045; Schellhammer Rn. 352.

nicht zu beachten. Eine gewisse Bindung des Gerichts an den Parteivortrag besteht jedoch bei den sog. qualifizierten Prozessvoraussetzungen, ferner hinsichtlich der Zuständigkeit (→ Rn. 64 f.).

bb) Keine Ermittlung von Amts wegen

30 Die Prüfung von Amts wegen erfordert indes **keine *Ermittlung* von Amts wegen**, die Beibringung des Prozessstoffes bleibt auch insoweit grundsätzlich Aufgabe der Parteien. Eine **Überprüfung** des Parteivortrages ist daher von vorneherein **nur dann geboten**, wenn sich aus dem Parteivortrag **hinreichende Anhaltspunkte** für ein Fehlen einzelner Sachurteilsvoraussetzungen ergeben.[52]

Dies gilt insbesondere für parteibezogene Sachurteilsvoraussetzungen wie **Partei- und Prozessfähigkeit**, von deren Vorliegen regelmäßig – dh ohne konkrete Anhaltspunkte aus der Akte – ausgegangen werden kann. Wird jedoch behauptet, eine Partei sei partei- oder prozessunfähig, ist eine Darlegung von Tatsachen erforderlich, aus denen sich Anhaltspunkte dafür ergeben, dass die Behauptung richtig sein könnte.[53] Diese Darlegungslast trifft diejenige Partei, die sich auf das Fehlen beruft.[54] Bestehen sodann hinreichende Anhaltspunkte für das Fehlen einzelner Sachurteilsvoraussetzungen, ist diesen von Amts wegen nachzugehen.

31 Auch wenn hiernach Zweifel an dem Vorliegen einzelner Prozessvoraussetzungen bestehen, muss das Gericht nicht von Amts wegen *ermitteln*; vielmehr hat das Gericht – jedenfalls grundsätzlich (→ Rn. 33) – lediglich gem. § 139 Abs. 3 auf seine **Bedenken hinzuweisen** und der beibringungsbelasteten Partei Gelegenheit zum Nachweis der Voraussetzung oder zur Abhilfe des Mangels zu geben.[55] **Beibringungs- und beweisbelastet** hinsichtlich der Sachurteilsvoraussetzungen ist regelmäßig diejenige Partei, die ein ihr günstiges Sachurteil erstrebt, also **in der Regel der Kläger**[56] und nur **ausnahmsweise der Beklagte** (Letzteres für Prozesshindernisse und negative Voraussetzungen, insbesondere für rechtskräftige Vorentscheidung, anderweitige Rechtshängigkeit, prozessuale Arglist, zudem bei Verzichtsurteil und Versäumnisurteil gegen den Kläger).[57]

cc) Feststellung der Sachurteilsvoraussetzungen

32 Das **Gericht** hat bei der Feststellung der Sachurteilsvoraussetzungen von dem ihm **vorliegenden** (und gegebenenfalls auf Hinweis ergänzten) oder **offenkundigen Prozessstoff auszugehen**: Wenn nach dem Vortrag der insoweit beibringungs- und darlegungsbelasteten Partei (in der Regel also des Klägers – insoweit: Prüfung in der **Klägerstation**) die Sachurteilsvoraussetzung **fehlt, steht die Unzulässigkeit der Klage fest**. Wenn die Bedenken des Gerichts (auch bei unstreitigem Vortrag)[58] nicht ausgeräumt sind oder wenn Tatsachen, auf die es für die Zulässigkeit ankommt, streitig sind (insoweit also auch: **Beklagtenstation**), ist die Sachurteilsvoraussetzung **durch Beweisaufnahme zu klären** (zB durch Vernehmung von Zeugen). Dabei ist nach der Rechtsprechung **Frei-**

---

52 BGH NJW 2004, 2523.
53 BGH NJW 2004, 2523.
54 BGH NJW 2004, 2523.
55 BVerfG NJW 1992, 360 (361); NJW 1989, 2064; NJW 1991, 3096; NJW 1995, 1354; ThP/Seiler Vor § 253 Rn. 12.
56 BGH NJW 2006, 1818; MK/Becker-Eberhard Vor § 253 Rn. 15; Balzer NJW 1992, 2722.
57 MK/Becker-Eberhard Vor § 253 Rn. 15; ThP/Seiler Vor § 253 Rn. 13; Schellhammer Rn. 352.
58 Schellhammer Rn. 352.

III. Prozessuale Behandlung der Sachurteilsvoraussetzungen

beweis gestattet,[59] eine Beweisaufnahme also auch ohne entsprechenden Beweisantritt und förmliches Beweisverfahren (auch über die Beweismittel der ZPO hinaus, zB durch Einholung von Auskünften oder durch Berücksichtigung von eidesstattlichen Versicherungen)[60] möglich.

Demgegenüber verlangt das **Schrifttum** überwiegend den **Strengbeweis**, weil die prozessualen Voraussetzungen des Urteils nicht weniger wichtig seien als die materiellrechtlichen.[61] Wenn allerdings förmliche Beweismittel der ZPO herangezogen werden sollen (zB Zeugen nur auf – ggf. anzuregenden – Antrag vernommen werden sollen),[62] ist natürlich auch nach der Rechtsprechung das förmliche Beweisverfahren nach der ZPO einzuhalten (zB Beweisbeschluss, Durchführung der Vernehmung); der Streit betrifft daher nur die Frage, **ob darüber hinaus erweiterte und erleichterte Beweisführungen möglich** sind, was nach vorzugswürdiger Auffassung zu bejahen ist. Im Einverständnis der Parteien ist Freibeweis freilich unproblematisch zulässig (§ 284 S. 2).

Innerhalb des Freibeweisverfahrens ist das Gericht zur Beweiserhebung **nach pflichtgemäßem Ermessen** verpflichtet.[63] Dies führt nach Ansicht des BGH[64] bei Bedenken hinsichtlich der **Prozessfähigkeit einer Partei** dazu, dass das Gericht **von Amts wegen alle zur Klärung in Betracht kommenden Beweise** zu erheben habe, insbesondere Sachverständigengutachten einzuholen habe; den Kläger treffe insoweit nur die objektive Beweislast, nicht die subjektive Beweisführungslast, eine Klageabweisung als unzulässig wegen Nichtfeststellbarkeit der Prozessfähigkeit komme daher erst nach Erschöpfung aller von Amts wegen erschließbarer Erkenntnisquellen in Betracht. Das Gericht sei nach Auffassung des BGH insoweit „gehalten, da es um eine Prozessvoraussetzung geht, alle infrage kommenden Beweise von Amts wegen zu erheben." Diese generelle Formulierung stellt indes einen Bruch zu dem allgemein anerkannten Grundsatz dar, dass hinsichtlich der Sachurteilsvoraussetzungen zwar eine „Prüfung" von Amts wegen stattfinde, aber gerade keine Amtsermittlung (→ Rn. 30 f.). Bei der Feststellung der Prozessfähigkeit, die der BGH nur zu entscheiden hatte, ist natürlich von Bedeutung, dass dies in der Regel Sachverständigengutachten erfordert, die das Gericht ohnehin generell von Amts wegen einholen kann (→ § 11 Rn. 66). Eine allgemeine Pflicht zur Amtsermittlung auch bei (allen) anderen Sachurteilsvoraussetzungen sollte man hieraus nicht ableiten, nachdem der BGH im Hinblick auf das Verfahrenshindernis der doppelten Rechtshängigkeit in einer späteren Entscheidung ausführte, dass das Gericht dieser nicht nachgehen muss, „solange ein das Hindernis begründender Sachverhalt weder behauptet, noch gerichtsbekannt oder erkennbar wahrscheinlich ist."[65]

Die Sachurteilsvoraussetzung ist **nur festgestellt**, wenn das Gericht die **volle Überzeugung ihres Vorliegens** hat.[66] Der Freibeweis begründet daher **keine Herabsetzung des Beweismaßes**. Eine eidesstattliche Versicherung eines relevanten Umstandes reicht daher an sich nicht aus, weil sie nur auf Glaubhaftmachung, also auf Wahrscheinlichkeit ausgelegt ist. Falls aber das Gericht von ihrer Richtigkeit überzeugt ist, kann sie auch

---

59 BGH NJW 1992, 628; NJW 1996, 1059; NJW 1997, 3319; NJW 2000, 289; BGH NJW-RR 2021, 1648.
60 Vgl. BGH NJW 2007, 1457; NJW 2008, 1531.
61 MK/Prütting § 284 Rn. 28.
62 BGH NJW 2007, 3069; NJW 2008, 1531.
63 BGH NJW 1987, 2875 (2876); NJW 2017, 2285.
64 BGH NJW-RR 2021, 1648; BGH NJW 1996, 1059 (1060); NJW 2000, 289; BGH MDR 2011, 63.
65 BGH NJW 2016, 588.
66 BGH NJW 2000, 814.

vollen Beweis erbringen.[67] **Bleiben Zweifel, ist die Klage daher unzulässig.**[68] Dies gilt auch, wenn der Beklagte Prozessunfähigkeit behauptet; verbleiben Zweifel an seiner Prozessfähigkeit, ist die Klage unzulässig.[69] Entsprechendes gilt bei nicht ausräumbaren Zweifeln hinsichtlich der Prozessfähigkeit des Klägers.[70]

c) Prüfungsreihenfolge

35 Ob eine bestimmte **Prüfungsreihenfolge** einzuhalten ist, wenn mehrere Sachurteilsvoraussetzungen problematisch sein können, ist umstritten, **für die Praxis jedoch ohne Bedeutung:** Zur Zulässigkeit der Klage müssen ohnehin alle Sachurteilsvoraussetzungen vorliegen, so dass die Annahme der Unzulässigkeit auf das Fehlen der am einfachsten zu verneinenden Sachurteilsvoraussetzung gestützt werden kann.[71] Vorrangig sind jedoch stets die Prozessfortsetzungsvoraussetzungen (Zulässigkeit von Einspruch oder Rechtsmittel, → Rn. 1) festzustellen, soweit dies in Betracht kommt.

4. Verfahren und Entscheidung

36 Über die Zulässigkeit der Klage ist regelmäßig ohne gesonderte Verhandlung zu entscheiden. Das Gericht kann jedoch – in der Praxis allerdings selten – auch eine **abgesonderte Verhandlung nur über die Zulässigkeit der Klage** anordnen (§ 280 Abs. 1) und so das Verfahren zunächst auf die Entscheidung der Zulässigkeitsfrage beschränken.

Wird die **Zulässigkeit verneint**, erfolgt eine Abweisung der Klage durch Prozessurteil, soweit nicht eine Verweisung auszusprechen ist (Beschluss; gem. § 281 auf Antrag des Klägers, bei Rechtswegverweisung gem. § 17a GVG auch von Amts wegen). Wird die **Zulässigkeit** hingegen **bejaht**, ist das Verfahren fortzusetzen und die Zulässigkeit in den Entscheidungsgründen des Endurteils zu begründen. Etwas anderes gilt nur im Falle einer **gesonderten Verhandlung** über die Zulässigkeit der Klage: Hier muss zwingend ein **Zwischenurteil** ergehen, welches die Zulässigkeit der Klage feststellt.

Hinweis: Gegen das Zwischenurteil ist die Berufung möglich (§ 280 Abs. 2 S. 1); die Zulässigkeit der Klage kann daher so vorweg rechtskräftig geklärt werden. **Ausnahme:** Annahme der Zuständigkeit (§ 513 Abs. 2); insoweit steht daher bereits mit dem Zwischenurteil die Zuständigkeit endgültig fest.

5. Rechtskraft

37 Die Rechtskraft einer Klageabweisung durch Prozessurteil ist auf die Verneinung der Sachurteilsvoraussetzung(en) beschränkt, auf die die Abweisung gestützt ist (tragender Grund der Abweisung); die Klage kann daher unter Vermeidung dieses Zulässigkeitsmangels erneut erhoben werden.[72]

Beispiele: So kann die Partei, deren Klage wegen Prozessunfähigkeit (Minderjährigkeit) abgewiesen worden war, nach Eintritt der Volljährigkeit (oder vorher durch den gesetzlichen Vertreter) neu klagen; die wegen Unzuständigkeit abgewiesene Klage kann

---

67 BGH NJW 2007, 1457; NJW 2008, 1531.
68 BGH NJW 1987, 2876; NJW 2000, 289.
69 BGH NJW-RR 1986, 157; NJW 1990, 1743; OLG Frankfurt NJW-RR 1992, 763.
70 BGH NJW 1996, 1059. A.A. Musielak NJW 1997, 1736.
71 ThP/Seiler Vor § 253 Rn. 14; Zö/Greger Vor § 253 Rn. 11.
72 BGH NJW 1985, 2535; NJW 1991, 1116; BGH FamRZ 2007, 536; OLG Brandenburg NJW-RR 2000, 1735; ThP/Seiler § 322 Rn. 3.

beim zuständigen Gericht neu erhoben, ein wegen Unzulässigkeit der Klageänderung abgewiesener Antrag selbstständig eingeklagt werden.

IV. Zur Zuständigkeit im Einzelnen

Im Hinblick auf die Zuständigkeit zu unterscheiden sind die internationale, sachliche, örtliche und funktionelle Zuständigkeit. Die **internationale Zuständigkeit** bestimmt die Zuständigkeit deutscher Gerichte. Die **sachliche Zuständigkeit** grenzt die Zuständigkeit innerhalb der ordentlichen Gerichtsbarkeit ab (ausgeübt durch Amtsgerichte, Landgerichte, Oberlandesgerichte und durch den Bundesgerichtshof). Die **örtliche Zuständigkeit** bestimmt das örtlich zuständige Gericht (Landgericht oder Amtsgericht) (maßgeblich ist insoweit der – landesrechtlich bestimmte – Gerichtsbezirk). Die **funktionelle Zuständigkeit** schließlich bestimmt das konkret zuständige Rechtspflegeorgan (Gericht, Rechtspfleger, Urkundsbeamter, Gerichtsvollzieher). Die funktionelle Zuständigkeit ist stets ausschließlich, die sachliche, örtliche und internationale Zuständigkeit dagegen nur bei besonderer Regelung. **Ausschließliche Zuständigkeit** bedeutet, dass diese **zwingend**, also nicht durch Parteivereinbarung oder -verhalten beeinflussbar ist.

1. Internationale Zuständigkeit

Im Falle eines Auslandsbezuges vorrangig zu prüfen ist die internationale Zuständigkeit deutscher Gerichte. Diese ergibt sich vorrangig aus europäischen Rechtsakten, insbesondere der – für Zivil- und Handelssachen maßgeblichen – **EuGVVO**[73] (Art. 4 ff. EuGVVO), der – für Entscheidungen in Ehesachen sowie über die elterliche Verantwortung anwendbaren – **EuEheVO** (Art. 3 ff. EuEheVO), der – für Entscheidungen in Gütersachen anwendbaren – **EuGüVO bzw. EuPartVO** (Art. 4 ff. EuGüVO bzw. EuPartVO), der – für Entscheidungen in Unterhaltssachen maßgeblichen – **EuUntVO** (Art. 3 ff. EuUntVO), der – für Entscheidungen in Erbsachen anwendbaren – **EuErbVO** (Art. 4 ff. EuErbVO) sowie hilfsweise aus nationalem Recht (§§ 12 ff., die – als „doppelfunktionale" Vorschriften – zugleich über die internationale Zuständigkeit befinden, bzw. – für Entscheidungen im Rahmen der freiwilligen Gerichtsbarkeit – §§ 98 ff. FamFG), soweit keine vorrangig zu beachtenden Staatsverträge bestehen.

Weiterführende Literatur: *Adolphsen*, Europäisches Zivilverfahrensrecht, 3. Aufl. 2022; *Junker*, Internationales Zivilprozessrecht, 5. Aufl. 2020; *Linke/Hau*, Internationales Zivilverfahrensrecht, 8. Aufl. 2021; *Schack*, Internationales Zivilverfahrensrecht, 8. Aufl. 2021.

2. Sachliche Zuständigkeit

Die sachliche Zuständigkeit der Gerichte wird durch das GVG bestimmt (§ 1). Für erstinstanzliche Streitigkeiten ist die Abgrenzung der sachlichen Zuständigkeit von **Amts- und Landgericht** entscheidend, die sich nach §§ 23, 23 a, 71 GVG bestimmt.

Hiernach sind die **Amtsgerichte** zuständig

- (nicht ausschließlich) für alle Streitigkeiten **mit einem Streitwert bis einschließlich 5.000 EUR** (§ 23 Nr. 1 GVG),

---

[73] Hierzu etwa Staudinger/Steinrötter JuS 2015, 1.

Hinweis: Die Zuständigkeitsregelung betrifft sämtliche Streitigkeiten, daher **auch nichtvermögensrechtliche Streitigkeiten** mit einem Streitwert bis 5.000 EUR. Die Streitwertbestimmung ist in derartigen Fällen naturgemäß schwierig, sie erfolgt nach § 3.[74]

- (streitwertunabhängig und ausschließlich) für **Mietstreitigkeiten über Wohnraum** (§ 23 Nr. 2 a GVG),

    Hinweis: Bei **Mischverhältnissen** (Mietverhältnis über gewerbliche Räume **und** Wohnraum) ist eine Zuständigkeit des AG gem. § 23 Nr. 2 a GVG nur begründet, wenn der **Wohnraum den Schwerpunkt des Vertragsverhältnisses bildet**;[75] andernfalls bleibt es bei der Streitwertzuständigkeit gem. § 23 Nr. 1 GVG, wie auch bei anderweitigen Mietverträgen (zB Gewerbemiete) und insgesamt bei Pachtverträgen.

- (streitwertunabhängig und ausschließlich) für **Wohnungseigentumssachen** (§ 23 Nr. 2 c GVG),
- (nicht ausschließlich) für **Reisestreitigkeiten** (§ 23 Nr. 2 b), für **Wildschadenssachen** (§ 23 Nr. 2 d) sowie für **Leibgedingverträge** etc (§ 23 Nr. 2 g), zudem zuletzt
- (streitwertunabhängig und ausschließlich) in **Familiensachen** und Angelegenheiten der freiwilligen Gerichtsbarkeit (§ 23 a GVG).

42 Demgegenüber sind die **Landgerichte** in allen Streitigkeiten, die **nicht dem Amtsgericht zugewiesen** sind (§ 71 Abs. 1 GVG), also (nicht ausschließlich) für Streitigkeiten mit einem **Streitwert über 5.000 EUR** sowie (streitwertunabhängig und ausschließlich) für **Amtshaftungsprozesse** (§ 71 Abs. 2 Nr. 2 GVG) sowie in einer Reihe von weiteren Spezialzuständigkeiten, etwa im Hinblick auf Ansprüche im Zusammenhang mit falscher, irreführender oder unterlassener öffentlicher Kapitalmarktinformation (§ 71 Abs. 2 Nr. 3 GVG), bestimmte gesellschaftsrechtliche (§ 71 Abs. 2 Nr. 4 GVG) und bauvertragsrechtliche Streitigkeiten (§ 71 Abs. 2 Nr. 5 GVG), ferner ua für Nichtigkeitsklagen im Aktien-, GmbH- und Genossenschaftsrecht, Patent- und Kartellstreitigkeiten und Notarhaftung (§ 19 Abs. 3 BNotO).

43 Liegt **keine ausschließliche Zuständigkeit** vor, ist eine Zuständigkeitsbegründung durch **Gerichtsstandsvereinbarung** (§ 40) oder durch **rügelose Einlassung** (§ 39) vor dem Amts- oder Landgericht möglich. Dies gilt in Bezug auf die sachliche Zuständigkeit auch für **Klagen aus** §§ 771, 805, ausschließlich ist insoweit nur die örtliche Zuständigkeit (§ 802).[76]

44 Die **Bestimmung des Zuständigkeitswerts** richtet sich nach §§ 2 ff. Maßgeblich ist hiernach der objektive **Wert des Interesses des Klägers** an seinem Begehren,[77] das Interesse des Beklagten ist daher grundsätzlich unerheblich.

Bei **Zahlungsklagen** ist stets der **Betrag der Hauptforderung** maßgeblich. **Nebenforderung** (insbesondere Zinsen, daneben aber auch vorgerichtliche Anwaltskosten aufgrund eines materiellrechtlichen Kostenerstattungsanspruch) erhöhen – auch wenn sie beziffert oder mit der Hauptforderung zusammengerechnet sind[78] – den Streitwert nicht (§ 4 Abs. 1 Hs. 2).

Beispiele: So ist die Zuständigkeit des Amtsgerichts etwa begründet bei einer Zahlungsklage auf 5.000 EUR, bei einer Zahlungsklage auf 5.000 EUR nebst 5 % Zinsen über dem Basiszinssatz seit dem 5.5.2021 sowie bei einer Zahlungsklage auf 5.500 EUR be-

---

[74] Mus/Voit/Heinrich § 3 Rn. 13.
[75] BGH NJW 2014, 2864; Zö/Lückemann GVG § 23 Rn. 9.
[76] Zö/Geimer § 802 Rn. 1.
[77] Zö/Herget § 3 Rn. 2.
[78] BGH MDR 1998, 857; Zö/Herget § 4 Rn. 11.

IV. Zur Zuständigkeit im Einzelnen §9

rechnet aus 5.000 EUR Forderung zuzüglich 500 EUR Zinsen. Wird die (grundsätzlich als Nebenforderung zu qualifizierende) Zinsforderung hingegen isoliert, mithin als Hauptforderung geltend gemacht (Beispiel: Zahlungsklage auf 5.500 EUR Zinsen), greift § 4 Abs. 1 Hs. 2 nicht; maßgeblich ist vielmehr § 3, so dass die sachliche Zuständigkeit des Landgerichts (§§ 23 Nr. 1, 71 Abs. 1 GVG) begründet ist.

Hinweis: Soweit die Nebenforderung iSv § 4 Abs. 1 Hs. 2 unbegründet ist, ist sie im Urteilstenor abzuweisen; ob dann – trotz Nichtberücksichtigung auch für den Gebührenstreitwert (§ 48 Abs. 1 GKG) – gem. § 92 eine Kostenquote zu bilden ist, hängt davon ab, ob die Zuvielforderung „verhältnismäßig geringfügig" (bis 10 %) war.[79]

Ist die **Klage nicht auf Zahlung eines bestimmten Betrages** gerichtet, muss der objektive Wert des Interesses des Klägers konkret bemessen werden, dies vorrangig nach den Regelungen der §§ 4–9, hilfsweise nach der Generalklausel des § 3, welcher die Wertbemessung in das Ermessen des Gerichts stellt; dieses kann hierzu eine beantragte Beweisaufnahme sowie von Amts wegen die Einnahme des Augenscheins und die Begutachtung durch Sachverständige anordnen. Für die Praxis (und die Klausur!) ist jedoch zuvörderst auf die entsprechenden Kommentierungen (ThP/Hüßtege § 3 Rn. 4 ff.) zurückzugreifen. Hierbei ist **zu beachten**, dass die dortigen Angaben in erster Linie den Gebührenstreitwert betreffen, der indes weitgehend mit dem Zuständigkeitsstreitwert identisch ist (§ 48 Abs. 1 GKG; → § 5 Rn. 95 ff.).

Sonderregeln für den Zuständigkeitsstreitwert bestehen zunächst für Streitigkeiten, bei denen es auf den **Besitz einer Sache**, die Sicherstellung einer Forderung oder ein Pfandrecht ankommt (§ 6) – etwa eine auf Herausgabe einer Sache gerichtete Klage, deren Zuständigkeitsstreitwert sich nach dem Verkehrswert der Sache (ohne Abzug von Belastungen) bestimmt; bei Pfandrecht und Sicherungseigentum sowie für **Klagen aus §§ 771, 805** ist der Betrag der gesicherten oder vollstreckten Forderung(en) anzusetzen, falls dieser geringer ist. Zudem bestehen Sonderregeln für Klagen im Zusammenhang mit Grunddienstbarkeiten (§ 7), hinsichtlich des Bestehens oder der Dauer eines Pacht- und Mietverhältnisses (§ 8; für den Gebührenstreitwert gilt hier § 41 GKG) oder im Zusammenhang mit wiederkehrende Leistungen (§ 9; für den Gebührenstreitwert gilt hier § 42 GKG). Im Übrigen gilt § 3.

Mehrere Streitgegenstände werden grundsätzlich zusammengerechnet (§ 5), soweit nicht **wirtschaftliche Identität** (so etwa bei einer Klage gegen Gesamtschuldner)[80] besteht.[81] Dies gilt indes **nicht für die Widerklage** (§ 5 S. 2), in deren Falle es bei dem ursprünglichen Streitwert bleibt.

Beispiele: Für eine Klage gerichtet auf Rückzahlung des Kaufpreises in Höhe von 3.000 EUR infolge eines Rücktritts sowie auf Schadensersatz in Höhe von weiteren 3.000 EUR ist ein Zuständigkeitsstreitwert in Höhe von 6.000 EUR (mithin Zuständigkeit des Landgerichts) anzusetzen (§ 5 S. 1).

Macht der Beklagte einer Zahlungsklage in Höhe von 4.000 EUR **widerklagend** einen Betrag in Höhe von 2.000 EUR geltend, bleibt es bei dem Zuständigkeitsstreitwert in Höhe von 4.000 EUR (§ 5 S. 2) und damit bei der Zuständigkeit des Amtsgerichts. Dies gilt grundsätzlich auch dann, wenn die Widerklage selbst einen Streitwert von über 5.000 EUR hat: In diesem Falle kann nur auf Antrag einer Partei der Rechtsstreit an das Landgericht verwiesen werden. → Rn. 45. Zum Hilfsantrag → § 8 Rn. 26.

---

[79] BGH NJW 1988, 2173 (2175); vgl. näher Hk-ZPO/Gierl § 92 Rn. 15.
[80] BGH NJW-RR 2004, 638.
[81] Zö/Herget § 5 Rn. 8; ThP/Hüßtege § 5 Rn. 8.

45 Der für die Bestimmung des Zuständigkeitsstreitwertes **maßgebliche Zeitpunkt** stellt der Zeitpunkt der Klageeinreichung dar (§ 4 Abs. 1). Verringert sich der Streitwert zu einem späteren Zeitpunkt durch Klagerücknahme, hat dies auf die sachliche Zuständigkeit des Landgerichts keinen Einfluss (§ 261 Abs. 3 Nr. 2). Anders ist dies indes bei einem vor dem Amtsgericht anhängigen Verfahren: Erhöht sich hier der Streitwert durch Klageerweiterung, gilt § 506 mit der Folge, dass der Rechtsstreit (jedoch nur) auf Antrag einer Partei an das (sachlich zuständig gewordene) Landgericht zu verweisen ist.

> Hinweis: Umstritten (und nach vorzugswürdiger Auffassung abzulehnen) ist, ob bei einer Klageerhöhung im **Berufungsverfahren** über den Amtsgericht-Streitwert hinaus in **entsprechender Anwendung von** § 506 eine Verweisung von dem Landgericht als Berufungsinstanz an das Landgericht als erstinstanzliches Gericht zulässig ist, um so den an sich für einen solchen Streitwert vorgesehenen Instanzenzug zu begründen.[82] Jedenfalls ist eine Verweisung entsprechend § 506 von dem Landgericht als Berufungsgericht an das Oberlandesgericht ausgeschlossen.[83]

3. Örtliche Zuständigkeit („Gerichtsstand")

46 Die örtliche Zuständigkeit ist geregelt in §§ 12 ff. Zu unterscheiden ist der allgemeine Gerichtsstand sowie die besonderen Gerichtsstände.

a) Allgemeiner Gerichtsstand

47 An dem **allgemeinen Gerichtsstand** können **alle** Klagen gegen den Beklagten (§ 12) erhoben werden, soweit nicht ein **ausschließlicher** besonderer Gerichtsstand eingreift. Der allgemeine Gerichtsstand einer natürlichen Person wird durch den **Wohnsitz** bestimmt (§ 13), bei juristischen Personen (§ 17) ist deren Sitz maßgeblich. In zeitlicher Hinsicht ist auf den **Zeitpunkt der Klageerhebung** abzustellen; eine spätere Änderung der zuständigkeitsbegründenden Umstände (Umzug des Beklagten in einen anderen Gerichtsbezirk) ist unerheblich (§ 261 Abs. 3 Nr. 2).

b) Besondere Gerichtsstände

48 Neben dem allgemeinen Gerichtsstand stellt die ZPO **besondere Gerichtsstände** für **bestimmte Klagen** (§§ 20 ff.) zur Verfügung.

aa) Ausschließliche besondere Gerichtsstände

(1) Ausschließlicher dinglicher Gerichtsstand (§ 24)

49 Der dingliche Gerichtsstand gem. § 24 erfasst **Klagen aus dinglichen Rechten**, also insbesondere Klagen zur Geltendmachung des Eigentums (§§ 985, 1004, 894 BGB etc) oder einer dinglichen Belastung (Hypothek, Grundschuld etc), nicht jedoch schuldrechtliche Ansprüche auf Bestellung oder Übertragung dinglicher Rechte.[84] Der besondere Gerichtstand gilt nur für **unbewegliche Sachen** und begründet eine ausschließliche Zuständigkeit des Gerichts, in dessen Bezirk die unbewegliche Sache belegen ist.

---

82 Bejahend ua MK/Deppenkemper § 506 Rn. 11; LG Aachen NJW-RR 1999, 143; LG Hamburg NJW-RR 2001, 932; für vertretbar erachtend OLG Karlsruhe MDR 2011, 1499. Zu Recht ablehnend ua KG NJW-RR 2000, 804; Mus/Voit/Wittschier § 506 Rn. 1; Zö/Herget § 506 Rn. 4; ausführlich Schneider MDR 1997, 221.
83 BGH NJW-RR 1996, 891.
84 Zö/Schultzky § 24 Rn. 9; Schellhammer Rn. 1431.

IV. Zur Zuständigkeit im Einzelnen § 9

(2) Ausschließlicher Gerichtsstand bei Miet- oder Pachträumen (§ 29 a)

Für Streitigkeiten über Ansprüche aus Miet- oder Pachtverhältnissen über Räume oder über das Bestehen solcher Verhältnisse ist das Gericht ausschließlich zuständig, in dessen Bezirk sich die Räume befinden. Die **sachliche** Zuständigkeit zwischen Amtsgericht und Landgericht richtet sich nach dem Streitwert, soweit nicht § 23 Nr. 2 a GVG (Mietstreitigkeiten über Wohnraum) eingreift; in diesem Falle ist das Amtsgericht ausschließlich zuständig (→ Rn. 41). 50

(3) Ausschließlicher Gerichtsstand bei Vollstreckungsklagen (§ 802)

Für **Vollstreckungsklagen** besteht gem. § 802 eine ausschließliche Zuständigkeit. Eine Vollstreckungsabwehrklagen (§ 767) ist bei dem Prozessgericht des ersten Rechtszugs geltend zu machen, eine Drittwiderspruchsklage (§ 771) sowie eine Klage auf vorzugsweise Befriedigung (§ 805) bei dem Gericht, in dessen Bezirk die Vollstreckung stattfindet. 51

(4) Gerichtsstand für Haustürgeschäfte (§ 29 c)

Für Haustürgeschäfte zuständig ist gem. § 29 c das Gericht am Wohnsitz des Verbrauchers. Ausschließlich ist der Gerichtsstand jedoch nur im Falle einer Klage gegen den Verbraucher. 52

(5) Ausschließlicher Gerichtsstand der Umwelteinwirkung (§ 32 a)

Für Klagen aufgrund eines durch eine inländische Anlage verursachten Umweltschadens ist gem. § 32 a das Gericht am Ort des Ausgangs der Umwelteinwirkung ausschließlich zuständig. 53

(6) Ausschließlicher Gerichtsstand bei falschen, irreführenden oder unterlassenen öffentlichen Kapitalmarktinformationen (§ 32 b)

Für Klagen im Zusammenhang mit Kapitalmarktinformationen ist gem. § 32 b das Gericht am Sitz des Emittenten, der Zielgesellschaft oder Anbieter sonstiger Vermögensanlagen ausschließlich zuständig. 54

bb) Nicht ausschließliche besondere Gerichtsstände

(1) Besonderer Gerichtsstand des Erfüllungsorts (§ 29)

Für Streitigkeiten aus einem Vertragsverhältnis und über dessen Bestehen gewährt § 29 den besonderen Gerichtsstand am Erfüllungsort. Erfasst werden **sämtliche Klagen**, die auf **vertragliche Grundlage** gestützt werden, somit also nicht nur Primärleistungsansprüche, sondern auch Schadensersatzansprüche wegen Nicht- bzw. Schlechterfüllung oder Nebenpflichtverletzung sowie sämtliche Hilfs- bzw. Nebenansprüche (Anspruch auf Auskunft, Rechnungslegung, Verzinsung etc.). 55

Zur **Bestimmung des Erfüllungsortes** ist auf den Leistungsort im Sinne der §§ 269, 270 BGB abzustellen, somit also auf den Ort, an dem der Schuldner die Leistungshandlungen vorzunehmen hat. Ein abweichender vereinbarter Erfüllungsort hat – zur Verhinderung einer Umgehung des grundsätzlichen Prorogationsverbotes – nur unter den

Köhler

Voraussetzungen des § 29 Abs. 2 (vgl. § 38 Abs. 1) zuständigkeitsbegründende Bedeutung.

Der Gerichtsstand des Erfüllungsortes ist bei gegenseitigen Verträgen **grundsätzlich für jede Vertragsverpflichtung selbstständig zu bestimmen** und ist daher nicht notwendig einheitlich.[85]

Beispiele: Erfüllungsort bei einem **Kaufvertrag** ist

für die Kaufpreisklage gem. §§ 269, 270 Abs. 4 BGB der Wohnsitz des Käufers (bei Vertragsschluss),[86]

nach einem Rücktritt des Käufers für die Klage auf Rückzahlung des Kaufpreises der Wohnsitz des Verkäufers,

bei bereits erfolgter Übergabe der Kaufsache wiederum der Wohnsitz des Käufer, da hier die – aufgrund des Rücktritts entstandenen gegenseitigen – Verpflichtungen („Austauschort") zu erfüllen sind.[87]

Da der Erfüllungsort der Nacherfüllung im Kaufrecht keine eigenständige Regelung erfahren hat, findet § 269 Abs. 1 BGB Anwendung. Haben die Parteien keine Vereinbarung getroffen und ergeben sich aus der Natur des Schuldverhältnisses keine abschließenden Erkenntnisse, ist der Erfüllungsort der Ort, an dem der Verkäufer zum Zeitpunkt der Entstehung des Schuldverhältnisses seinen Wohnsitz oder seine gewerbliche Niederlassung (§ 269 Abs. 2 BGB) hatte.[88]

Für einzelne Schuldverhältnisse wird jedoch aufgrund ihrer besonderen Natur **ein einheitlicher Erfüllungsort für alle beiderseitigen Ansprüche** angenommen,[89] dies etwa bei einem Werkvertrag: Hier ist Erfüllungsort der Ort des Bauwerks, weil hier nicht nur der Unternehmer seine Bauleistung, sondern auch der Bauherr mit der Abnahme gem. § 640 BGB eine Hauptpflicht zu erfüllen hat.[90]

Weitere Beispiele: Entsprechend gilt bei einer KFZ-Reparatur: der Werkstattort,[91] für die Ansprüche aus einem Beherbergungsvertrag: der Ort des Beherbergungsbetriebes, da hier nach der Verkehrssitte auch der Gast seine Zahlungspflicht zu erfüllen hat,[92] bei einem Krankenhausaufnahmevertrag: der Ort der Klinik.[93] Dass an einem Ort der Vertragsschwerpunkt liegt, kann dagegen für sich allein noch nicht einen einheitlichen Erfüllungsort und damit Gerichtsstand begründen, weil dies mit der grundsätzlichen Regelung in § 269 Abs. 1 BGB unvereinbar wäre.[94]

(2) Besonderer Gerichtsstand der unerlaubten Handlung (§ 32)

56 Für Klagen aus unerlaubten Handlungen ist gem. § 32 das Gericht zuständig, in dessen Bezirk die Handlung begangen ist. Fallen Handlungs- und Erfolgsort auseinander (Beispiel: Eine von A im Gerichtsbezirk X gesteuerte Drohne stürzt im Gerichtsbezirk Y ab), sind beide Orte zuständigkeitsbegründend.

---

85 BGH NJW 2004, 54; BGH NJW-RR 2007, 772.
86 Vgl. BGH NJW 1988, 1914 (spätere Wohnsitzänderung daher unerheblich).
87 BGH NJW 1983, 1480; OLG Saarbrücken NJW 2005, 906. A.A. Stöber NJW 2006, 2661.
88 BGH NJW 2011, 2278; EUGH NJW 2011, 3018; Staudinger/Artz NJW 2011, 3121.
89 Grüneberg/Grüneberg § 269 Rn. 11 ff.
90 BGH NJW 1986, 935; BGH NJW-RR 2007, 777.
91 OLG Düsseldorf MDR 1976, 496.
92 BGH NJW-RR 2007, 777 (zu einer Ausnahme).
93 BGH NJW 2012, 860.
94 BGH NJW-RR 2007, 777.

IV. Zur Zuständigkeit im Einzelnen § 9

Hinweis: Für Ansprüche nach dem StVG gilt § 20 StVG, der jedoch entsprechendes regelt (Unfallort). § 32 unterfallen auch Ansprüche aus § 826 BGB gegen sittenwidrige Zwangsvollstreckung,[95] zudem Erstattungsansprüche aus § 717 Abs. 3.[96]

(3) Besonderer Gerichtsstand für Erbschaftsklagen (§§ 27, 28)

Für Klagen, welche die Feststellung des Erbrechts, Ansprüche des Erben gegen einen Erbschaftsbesitzer, Ansprüche aus Vermächtnissen oder sonstigen Verfügungen von Todes wegen, Pflichtteilsansprüche oder die Teilung der Erbschaft zum Gegenstand haben, begründet § 27 eine Zuständigkeit am allgemeinen Gerichtsstand des Erblassers zum Zeitpunkt seines Todes. In diesem Gerichtsstand können unter den Voraussetzungen des § 28 auch Klagen wegen anderer Nachlassverbindlichkeiten (gleich aus welchem Rechtsgrund) erhoben werden. 57

cc) Weitere besondere Gerichtsstände

Außer in den §§ 20 ff. sind in der ZPO weitere – zum Teil ausschließliche – besondere Gerichtsstände geregelt, etwa für das Mahnverfahren (§ 689), für Arrest und einstweilige Verfügungen (§§ 919, 937, 942), im Zwangsvollstreckungsverfahren; weitere besondere Gerichtsstände finden sich aber auch in anderen Gesetzen, zB in § 6 UKlaG, in § 215 VVG (Wohnsitz des Versicherungsnehmers für Klagen aus dem Versicherungsvertrag).[97] 58

c) Konkurrierende Gerichtsstände

Unter mehreren konkurrierend zuständigen Gerichten hat der Kläger die Wahl (§ 35). Diese wird durch Klageeinreichung, Mahnbescheidsantrag oder Verweisungsantrag getroffen, eine einmal erfolgte Wahl ist bindend. 59

d) Prüfungskompetenz

Die besonderen Gerichtsstände beschränken die gerichtliche Kognitionsbefugnis nicht. Ein hiernach zuständiges Gericht hat den Rechtsstreit daher unter Berücksichtigung aller in Betracht kommender rechtlichen Gesichtspunkten zu entscheiden, also auch unter Zugrundelegung solcher Anspruchsgrundlagen, für die eine Zuständigkeit nicht selbstständig bestehen würde.[98] 60

Beispiel: So hat ein gem. § 29 für einen vertraglichen Anspruch zuständiges Gericht auch über ggf. konkurrierende deliktische Ansprüche zu entscheiden (etwa: Ansprüche wegen der Beschädigung einer Sache im Zusammenhang mit der vertraglichen Leistung gem. §§ 280 Abs. 1, 241 Abs. 2 BGB sowie gem. § 823 BGB), selbst wenn keine Zuständigkeit gem. § 32 besteht. Gründe hierfür stellen dar: Prozessökonomie (schnelle und einfache Beilegung des gesamten Rechtsstreits), Sachzusammenhang, Schutz des Beklagten vor mehrfacher Inanspruchnahme und insbesondere die Regelung § 17 Abs. 2 GVG: Was für die Rechtswegzuständigkeit gilt, muss auch („erst recht") für die Zuständigkeit innerhalb des Zivilrechtsweges gelten.[99]

---

95 ThP/Hüßtege § 32 Rn. 4.
96 BGH NJW 2011, 2518.
97 Vgl. StJ/Roth Vor § 12 Rn. 7 f.; Mus/Voit/Heinrich § 12 Rn. 7.
98 BGH NJW 2003, 828 unter Aufgabe der früheren Rspr., etwa BGH NJW 1986, 2436 (2437); NJW 1987, 442; NJW 1983, 1799); ebenso StJ/Roth § 1 Rn. 7; ThP/Hüßtege Vor § 12 Rn. 8, § 32 Rn. 6; Zö/Schultzky § 12 Rn. 20. A.A. Mus/Voit/Heinrich § 12 Rn. 10 f.
99 Vgl. hierzu ausführlich BGH NJW 2003, 828

Eine umfassende Prüfungskompetenz besteht jedoch stets **nur innerhalb ein und desselben Streitgegenstandes**. Wird in dem Rechtsstreit zugleich – im Wege der objektiven Klagehäufung – ein weiterer Streitgegenstand verfolgt (etwa Ansprüche im Zusammenhang mit einer Persönlichkeitsrechtsverletzung), ist für diesen die Zuständigkeit gesondert zu prüfen und ggf. (mit entsprechenden prozessualen Folgen) zu verneinen.

4. Begründung sonst nicht gegebener Zuständigkeit

61 Die Zuständigkeit eines – nicht schon nach den Regelungen über die örtliche Zuständigkeit zuständigen – Gerichts kann zuletzt durch entsprechendes Parteiverhalten begründet werden, dies konkret durch **Gerichtsstandsvereinbarung (§ 38)** oder **rügelose Einlassung (§ 39)**. Die ZPO begegnet indes entsprechenden Prorogationsmöglichkeiten – anders als etwa das europäische Zuständigkeitsrecht – mit Zurückhaltung: Sie sind nur unter eng begrenzten Voraussetzungen möglich, damit das – wertungsmäßig stark austarierte – System der gesetzlich vorgesehenen Gerichtsstände nicht übermäßig beeinträchtigt wird.

a) Gerichtsstandsvereinbarung (§ 38)

62 Bei einer Gerichtsstandsvereinbarung handelt es sich um einen materiellrechtlichen Vertrag über prozessrechtliche Beziehungen, der auf die Prorogation eines bestimmten Gerichts (und hiermit regelmäßig verbundener Derogation gesetzlich zuständiger Gerichte) gerichtet ist. Solche Verträge sind nach der ZPO nur ausnahmsweise möglich, Einschränkungen bestehen im Hinblick auf die Art der jeweiligen Streitigkeit sowie die Eigenschaft der jeweiligen Parteien.

So ist eine Gerichtsstandsvereinbarung gem. § 40 Abs. 2 **generell nur für solche Streitigkeiten zulässig**, für die **kein ausschließlicher Gerichtsstand** besteht (§ 40 Abs. 2 Nr. 2) oder die **keine nichtvermögensrechtlichen Streitigkeiten mit streitwertunabhängiger Zuständigkeit der Amtsgerichte** (§§ 23 Nr. 2, 23 a GVG) darstellen (§ 40 Abs. 2 Nr. 1), sog. „prorogationsfähige Streitigkeit".

Darüber hinaus bestehen Einschränkungen im Hinblick auf die Eigenschaft der jeweiligen Parteien. So kann eine Gerichtsstandsvereinbarung ohne Weiteres nur von **Kaufleuten iSd HGB** oder juristische Personen des öffentlichen Rechts bzw. öffentlich-rechtliche Sondervermögen (sog. „prorogationsbefugte Parteien") geschlossen werden (§ 38 Abs. 1). In diesem Falle bestehen keine weiteren Voraussetzungen, so dass eine Gerichtsstandsvereinbarung **formlos**, zudem **vor Entstehung der Streitigkeit** geschlossen werden kann (daher ist auch eine Vereinbarung in AGB möglich). Demgegenüber kann von nicht-prorogationsbefugte Parteien iSv § 38 Abs. 1 eine Gerichtsstandsvereinbarung grundsätzlich **nur nach Entstehung der Streitigkeit**, zudem **nur ausdrücklich und schriftlich** geschlossen werden (§ 38 Abs. 3 Nr. 1). Erleichterungen bestehen alleine bei Vorliegen eines **Auslandsbezuges** (Wohn-/Sitz einer oder beider Partei/en im Ausland); in einem solchen Falle muss die Gerichtsstandsvereinbarung zwar (anders als im Rahmen von § 38 Abs. 3 Nr. 1) nicht ausdrücklich, jedoch schriftlich geschlossen oder – im Falle von § 38 Abs. 2 bei mündlicher Vereinbarung – jedenfalls schriftlich bestätigt worden sein (§ 38 Abs. 2, 3 Nr. 2).

In allen Fällen muss die Zuständigkeit stets **vor Rechtshängigkeit des Rechtsstreits** vereinbart worden sein; denn wird ein – nach den Regelungen der ZPO – zuständiges Gericht angerufen, gilt nach Rechtshängigkeit § 261 Abs. 3 Nr. 2 mit der Folge, dass die ursprünglich begründete Zuständigkeit nicht berührt wird.

b) Zuständigkeit infolge rügeloser Einlassung (§ 39)

Die Zuständigkeit eines unzuständigen Gerichts kann ferner gem. § 39 infolge rügeloser Einlassung des Beklagten begründet werden, dies unter folgenden drei Voraussetzungen:

Zunächst muss – ebenso wie im Falle einer Gerichtsstandsvereinbarung – eine **prorogationsfähige Streitigkeit iSv § 40 Abs. 2** vorliegen, so dass für den Rechtsstreit **keine ausschließliche Zuständigkeit** bestehen oder dieser **keine nichtvermögensrechtliche Streitigkeit mit streitwertunabhängiger Zuständigkeit der Amtsgerichte** betreffen darf.

Weiter muss der Beklagte zur Hauptsache mündlich verhandeln – dies durch **Antrag auf Sachabweisung**,[100] nicht durch Verhandlung zur Zulässigkeit oder Erörterung des Sach- und Streitstandes ohne Antragstellung.

Zuletzt darf der Beklagte die Unzuständigkeit nicht geltend gemacht, mithin **nicht gerügt** haben. Die Zuständigkeitsrüge muss (Mündlichkeitsgrundsatz!) in der mündlichen Verhandlung vor Antragstellung erhoben werden, eine nur schriftsätzlich vorgetragene, im Rahmen der mündlichen Verhandlung jedoch nicht wiederholte Zuständigkeitsrüge ist unbeachtlich. Auch muss die Zuständigkeitsrüge nicht zuvor schriftsätzlich angekündigt worden sein, eine erstmalige Ergebung im Rahmen der mündlichen Verhandlung ist stets möglich (§§ 296 Abs. 3, 282 Abs. 3 gelten insoweit nicht).[101] Vor dem Amtsgericht ist eine Rüge indes erst erforderlich, wenn das Gericht auf seine Unzuständigkeit hingewiesen hat (§§ 39 S. 2, 504); ohne einen entsprechenden richterlichen Hinweis wird durch die Verhandlung zur Hauptsache die Zuständigkeit nicht begründet. Diese Hinweispflicht besteht auch bei anwaltlicher Vertretung vor dem Amtsgericht (hM), nicht jedoch vor dem Landgericht: Dort begründet eine rügelose Verhandlung insoweit schlechthin die Zuständigkeit.

5. Feststellung der Zuständigkeit

Hinsichtlich der Feststellung der Zuständigkeit gelten die allgemeinen Grundsätze über die Feststellung der Zulässigkeit der Klage (→ Rn. 25 ff.) mit folgenden Besonderheiten:

Soweit – wie grundsätzlich in allen Streitigkeiten, falls kein ausschließlicher Gerichtsstand besteht – eine Begründung der Zuständigkeit durch Parteiverhalten (Prorogation und rügelose Verhandlung) möglich ist, gelten die **§§ 288, 138 Abs. 3** hinsichtlich zuständigkeitsbegründender Tatsachen: **Unstreitige Tatsachen binden daher das Gericht**.[102]

> **Beispiel:** Der Beklagte bestreitet zwar nicht die von dem Kläger behauptete vorprozessuale Zuständigkeitsvereinbarung, wohl aber, dass der Kläger Kaufmann sei; wird die Kaufmannseigenschaft von dem Kläger nachgewiesen (was die Zulässigkeit der Prorogation begründet), ist im Übrigen die nicht bestrittene Zuständigkeitsvereinbarung als solche zugrunde zulegen.

---

100 Zö/Schultzky § 39 Rn. 6 f.
101 HM: OLG Frankfurt OLGZ 1983, 102 (§ 39 stellt gerade auf die Verhandlung ab).
102 Schellhammer Rn. 1480.

Anders ist dies jedoch gem. § 331 Abs. 1 S. 2 im Falle einer Säumnis des Beklagten: **Alle** zuständigkeitsbegründenden Tatsachen müssen dann vom Kläger nachgewiesen werden bzw. zur Überzeugung des Gerichts festgestellt sein, im Beispiel daher Kaufmannseigenschaft und Zuständigkeitsvereinbarung; die Geständnisfiktion des § 331 Abs. 1 S. 2 gilt insoweit nicht → § 12 Rn. 15 f.

65 Lassen sich zuständigkeits- und anspruchsbegründende Tatsachen nicht trennen (sog. **doppelrelevante Tatsachen**), ist die **Zuständigkeit bereits dann anzunehmen,** wenn der Kläger die zuständigkeitsbegründenden Tatsachen (zB unerlaubte Handlung, vertraglicher Erfüllungsort) **schlüssig vorgetragen hat;** einer Beweisaufnahme bedarf es dann zur Annahme der Zuständigkeit nicht, sondern erst für die Feststellung der Begründetheit der Klage.[103]

> **Beispiele:** Klage aus unerlaubter Handlung im Gerichtsstand des § 32, der Beklagte bestreitet eine unerlaubte Handlung und rügt daher auch die Zuständigkeit; bei Klage im Gerichtsstand des Erfüllungsortes: der Beklagte bestreitet das Vorliegen eines Vertrages und entsprechend auch die Zuständigkeit. **Folge:** Wird die Anspruchsgrundlage klägerseits bereits **nicht schlüssig** vorgetragen, ist die Klage wegen Unzuständigkeit als unzulässig abzuweisen (Prozessurteil). Im Falle eines **schlüssigen Vortrags** ist die Zuständigkeit demgegenüber zu bejahen, auch wenn die spätere Beweisaufnahme anderes (keine unerlaubte Handlung, kein Vertrag) ergibt: Eine Abweisung hat dann wegen Unbegründetheit (Sachurteil) zu erfolgen.

Soweit sich dagegen die zuständigkeits- und anspruchsbegründenden Umstände **trennen** lassen, ist nach den allgemeinen Grundsätzen zu entscheiden.

> **Beispiel:** Der Beklagte bestreitet in vorherigem Beispiel (unerlaubte Handlung) auch, dass sich der umstrittene Vorgang überhaupt im Bezirk des angerufenen Gerichts ereignet habe; in diesem Falle ist im Rahmen der Zuständigkeitsprüfung gem. § 32 zusätzlich die (nicht-doppelrelevante) Feststellung erforderlich, **wo** sich der Vorgang zugetragen hat. **Folge:** Wird die unerlaubten Handlung klägerseits bereits **nicht schlüssig** vorgetragen, ist die Klage wiederum wegen Unzuständigkeit als unzulässig abzuweisen (Prozessurteil, s.o.). Wurde zu der unerlaubten Handlung demgegenüber **schlüssig vorgetragen,** bedarf es der Klärung der weiteren (eben nicht-doppelrelevanten) Frage, ob der Tatort im Gerichtsbezirk liegt. Ist dies (nach Durchführung der Beweisaufnahme) zu verneinen, ist die Klage (soweit der Rechtsstreit nicht mangels entsprechenden Antrags verwiesen ist) ebenfalls als unzulässig abzuweisen; andernfalls hat eine Sachprüfung zu erfolgen.
>
> ▶**RA-Stage:** Bei unschlüssigem Vortrag zu zuständigkeitsbegründenden doppelrelevanten Tatsachen kann der Beklagte stets auch die Abweisung der unschlüssigen Klage **durch Sachurteil** erreichen, indem er die Unzuständigkeit **nicht** rügt bzw. die Rüge zurücknimmt und die Zuständigkeit begründet: Dies ist eine Frage der **Prozesstaktik.**

6. Verfahren bei örtlicher oder sachlicher Unzuständigkeit

a) Prozessurteil

66 Ist das angerufene Gericht örtlich oder sachlich zuständig, ergeht – aufgrund mündlicher Verhandlung – ein **Prozessurteil** auf Abweisung, falls der Kläger keinen Verweisungsantrag stellt (auf den stets hinzuweisen ist, § 139).

---

103 BGH NJW 1996, 3012; NJW 1998, 1230; NJW 2002, 1425; BGH FamRZ 2008, 1843; StJ/Roth § 1 Rn. 24 ff.; Zö/Schuktzky § 32 Rn. 22; ThP/Hüßtege § 32 Rn. 16; Schellhammer Rn. 1438, 1440, 1478.

IV. Zur Zuständigkeit im Einzelnen § 9

b) Verweisung bei Verweisungsantrag (§ 281)
aa) Voraussetzungen für eine Verweisung

Eine Verweisung mit der Wirkung des § 281 ist **erst ab Rechtshängigkeit** möglich, vorher handelt es sich nur um eine formlose und nicht bindende „Abgabe".[104] 67

Voraussetzungen für eine Verweisung sind:

- **Unzuständigkeit des verweisenden Gerichts:** Ein zuständiges Gericht darf nicht an ein weiteres auch zuständiges Gericht verweisen.
- **Bestimmbarkeit des zuständigen Gerichts:** Sind mehrere Gerichte zuständig, muss der Kläger daher sein Wahlrecht (§ 35) ausüben.
- **Antrag des Klägers** (also nicht von Amts wegen): Ein **Hilfsantrag** reicht aus;[105] es ist daher auf einen Hilfsantrag zu verweisen, ohne dass zuvor der Hauptantrag wegen Unzuständigkeit abzuweisen wäre (bei Zweifel hinsichtlich der Zuständigkeit sollte daher stets ein Hilfsantrag auf Verweisung gestellt werden). Zudem besteht **kein Anwaltszwang** (§§ 281 Abs. 2 S. 1, 78 Abs. 3).[106] Ein Verweisungsantrag des Beklagten ist hingegen grundsätzlich unerheblich (Ausnahme in § 506 Abs. 1).
- **Rechtliches Gehör für den Beklagten zu der Verweisung:**[107] Eine Verweisung ohne rechtliches Gehör bindet nicht. Das rechtliche Gehör wird entweder durch mündliche Verhandlung (bei Säumnis des Beklagten kann verwiesen werden)[108] oder durch Mitteilung des Antrags mit Gelegenheit zur Äußerung gewährt.

bb) Entscheidungsform: Beschluss

Die **Entscheidung über den Verweisungsantrag** ergeht durch **Beschluss** (§ 281 Abs. 1 68 S. 1). Dieser kann ohne mündliche Verhandlung erlassen werden (§ 128 Abs. 4) und muss das zuständige Gericht bezeichnen. Der Beschluss enthält **keine Kostenentscheidung**; § 281 Abs. 3 S. 2 ist nur bei dem **späteren Urteil** zu beachten.

> Beschluss: *„Das Landgericht Stuttgart erklärt sich für örtlich/sachlich unzuständig und verweist daher den Rechtsstreit auf Antrag des Klägers – im Einverständnis (oder: mit rechtlichem Gehör) des Beklagten – gem. § 281 ZPO an das nach §§ ... örtlich/sachlich zuständige Amts-/Landgericht B."*

cc) Folgen der Verweisung

Mit dem Eingang der Akten wird der Rechtsstreit bei dem bezeichneten Gericht anhängig (§ 281 Abs. 2 S. 3). Er wird von diesem Gericht in dem Stand, in dem er sich befunden hat, fortgesetzt (**Einheitlichkeit des Verfahrens**). 69

Die Verweisung ist grundsätzlich bindend. **Für das verweisende Gericht** ist die Abgabe 70 **unwiderruflich**; bei fehlerhafter Bezeichnung des zuständigen Gerichts infolge Irrtums über die geografische Zugehörigkeit eines Orts zu dem Gerichtsbezirk kann das verweisende Gericht den Beschluss allenfalls gem. § 319 berichtigen (nicht jedoch bei nur nachträglicher anderer Beurteilung der Frage des Wohnsitzes).[109]

---

[104] BGH NJW 1984, 1559; Zö/Greger § 281 Rn. 7; Schellhammer Rn. 1481.
[105] BGHZ 5, 107; Zö/Greger § 281 Rn. 7.
[106] Mus/Voit/Foerste § 281 Rn. 8; ThP/Seiler § 281 Rn. 7; HK-ZPO/Saenger § 281 Rn. 15.
[107] BVerfG NJW 1982, 2367; BGH FamRZ 1993, 50; FamRZ 1995, 1135; FamRZ 1997, 171.
[108] StJ/Bartels § 331 Rn. 2.
[109] BGH NJW-RR 1993, 700.

71 Auch ist das Gericht, **an welches der Rechtsstreit verwiesen wurde**, an die Abgabe gebunden (§ 281 Abs. 2 S. 4). Voraussetzung hierfür ist jedoch auch stets, dass insoweit **Bindungsabsicht** des verweisenden Gerichts besteht. Denn hat das verweisende Gericht etwa nur wegen der sachlichen Zuständigkeit verwiesen (Verweisungsgrund), kann hinsichtlich der örtlichen Zuständigkeit weiterverwiesen werden.[110]

> Beispiel: Das Amtsgericht verweist (nur) mangels sachlicher Zuständigkeit an das übergeordnete Landgericht; dieses kann – falls örtlich unzuständig – an das örtlich zuständige Landgericht weiterverweisen.[111] Anders ist dies jedoch, wenn das Amtsgericht das Landgericht auch hinsichtlich der örtlichen Zuständigkeit binden wollte.[112]

Im Übrigen gilt die Bindungswirkung grundsätzlich auch im Falle einer **grob unrichtigen oder verfahrensfehlerhaften Verweisung**[113] (etwa bei ausschließlicher Zuständigkeit des verweisenden Gerichts,[114] bei Verweisung ohne Antrag[115] etc); denn Zweck der Bindungswirkung ist es gerade, den Streit über die Zuständigkeit möglichst bald zu beenden und **Weiter- oder Zurückverweisung** möglichst zu vermeiden. **Ausnahmen** bestehen jedoch, wenn das **rechtliche Gehör** verletzt[116] und die Verweisung unrichtig ist, zudem dann, wenn die Verweisung **auf Willkür beruht**.[117] Eine willkürliche Verweisung liegt jedoch nicht bereits bei inhaltlicher Unrichtigkeit oder Fehlerhaftigkeit vor, sondern vielmehr erst dann, **wenn die Verweisung jeder rechtlichen Grundlage entbehrt und offensichtlich unhaltbar und schlechthin nicht mehr nachvollziehbar ist.**[118] Dies ist nicht schon dann anzunehmen, wenn – unter Begründung und Abwägung – von einer herrschenden, auch einhelligen Ansicht abgewichen wurde,[119] allerdings jedoch dann, wenn sich der Beschluss über eindeutige gesetzliche Regelungen hinwegsetzt oder[120] weder eine gesetzliche Grundlage noch eine Begründung für die Verweisungsentscheidung ersichtlich sind.[121]

In den beiden geschilderten Ausnahmekonstellationen erfolgt eine Rückgabe des Verfahrens an das verweisende Gericht oder ggf. eine Klärung über § 36 Nr. 6 (gerichtliche Bestimmung der Zuständigkeit durch das im Rechtszug zunächst höhere Gericht).

72 Zuletzt ist die Verweisung auch **für die Parteien** grundsätzlich bindend: Die Entscheidung ist **unanfechtbar (§ 281 Abs. 2 S. 3)**, dies gilt – wenngleich umstritten – auch in den Fällen von **Willkür** oder **Verletzung rechtlichen Gehörs**.[122]

dd) Kosten der Verweisung

73 Auch im Hinblick auf die **Kosten** bildet das Verfahren eine Einheit. Sind allerdings infolge der Verweisung (zB wegen Anwaltswechsels, zusätzliche Gebühren) **Mehrkosten**

---

110 BayObLG NJW-RR 1996, 956; MK/Prütting § 281 Rn. 45; Fischer NJW 1993, 2417.
111 OLG Köln VersR 1994, 77.
112 BayObLG NJW-RR 1996, 956.
113 BGH NJW-RR 2002, 1498 (Abweichung von „fast einhelliger" Ansicht); BGH NJW 2003, 3201 (Abweichung von einer bekannten Rechtsprechung).
114 BGH NJW-RR 1998, 1219.
115 BGH FamRZ 1997, 173.
116 BGH NJW-RR 1998, 1219; BGH NJW 2002, 3634.
117 BGH NJW 2002, 3634; NJW 2003, 3201; BGH NJW-RR 2008, 370; NJW-RR 2008, 1309.
118 BGH NJW 2002, 3634; NJW 2003, 3201; BGH NJW-RR 2008, 370; NJW-RR 2008, 1309.
119 BGH NJW-RR 2002, 1498; BGH NJW 2003, 3201; OLG Schleswig NJW 2006, 3360 (3361); KG MDR 2007, 173 (keine Präjudizienbindung!); OLG Köln NJW-RR 2021, 642.
120 BGH NJW 2002, 3634.
121 Eingehend Fischer MDR 2003, 450; Tombrink NJW 2003, 2364.
122 Mus/Voit/Foerste § 281 Rn. 11; Zö/Greger § 281 Rn. 13. A.A. (bei Willkür oder Verletzung rechtlichen Gehörs sofortige Beschwerde möglich): BGH NJW 1988, 1794; offenlassend BGH NJW-RR 2000, 1731 (1732).

entstanden, sind diese von dem **Kläger** zu tragen, auch wenn er in der Hauptsache obsiegt (§ 281 Abs. 3 S. 2).

Tenorierung: *„Die durch die Anrufung des Landgerichts Ingolstadt entstandenen Mehrkosten werden dem Kläger auferlegt; im Übrigen hat der Beklagte die Kosten des Rechtsstreits zu tragen".*

Hinweis: Es erfolgt keine Prüfung, ob wirklich Mehrkosten entstanden sind; dies ist erst eine Frage des Kostenfestsetzungsverfahrens. Wurde § 281 Abs. 3 S. 2 übersehen, kommt ggf. ein Ergänzungsurteil nach § 321 in Betracht; ist dies nicht mehr möglich, kann die Kostenentscheidung nicht mehr im Kostenfestsetzungsverfahren korrigiert werden: Der Beklagte trägt dann, wenn ihm „die Kosten" auferlegt worden sind, auch diese Mehrkosten.[123]

V. Fehlerhaftes Verfahren im Allgemeinen

Soweit während des Prozesses Verfahrensfehler – Verletzung von Verfahrensvorschriften durch Gericht oder Parteien, auch über Zulässigkeitsfragen hinaus – eingetreten sind (etwa: bei Verletzung von Formvorschriften bei Zustellungen und Ladungen, von Vorschriften für die Beweisaufnahme, Nichteinhaltung von Fristen, etwa der Einlassungs- oder Ladungsfrist), ist zwischen verzichtbaren und unverzichtbaren Mängeln zu unterscheiden.

74

1. Verzichtbare Mängel

Verzichtbare Mängel (dh Verletzung von Verfahrensvorschriften, auf deren Einhaltung die Parteien verzichten können) werden nach Maßgabe des § 295 durch **Verzicht oder rügelose Verhandlung** geheilt.

75

Beispiele: Fehlende oder fehlerhafte Klagezustellung,[124] Mängel der Klageschrift, Nichtwahrung der Einlassungsfrist.

Wenn der **Mangel geheilt** ist, ist der Verfahrensfehler – in der Regel **rückwirkend**[125] – beseitigt; er wirkt sich dann nicht mehr aus.

Hinweis: Ein näheres Eingehen erübrigt sich dann in der Regel unter Hinweis auf die eingetretene Heilung. Daher ist bei Verfahrensfehlern immer **zunächst eine Heilung nach § 295 zu prüfen**; ein solches Vorgehen wird in der Klausur immer positiv als besonders „praxisnah" gewertet.

Zu beachten ist zudem die zusätzliche Bestimmung des **§ 189** für die **Heilung fehlerhafter Zustellungen:** Hiernach gilt das Schriftstück als in dem Zeitpunkt zugestellt, in dem es dem – richtigen – Empfänger **tatsächlich zugegangen** ist, dh in dem dieser es „in die Hand bekommen" hat.[126] Hierbei handelt es sich um eine zwingende, gerade nicht im Ermessen des Gerichts stehende Regelung („gilt"); sie gilt auch für Notfristen. **Voraussetzung** für eine Heilung ist jedoch, dass das Gericht eine Zustellung beabsichtigt hat.[127]

Beispiel: Wird die Klage entgegen §§ 767, 172 an die Partei selbst zugestellt, erfolgt die Zustellung in dem Zeitpunkt, in dem der Prozessbevollmächtigte des Beklagten aus dem Vorprozess die Klage von dem Beklagten ausgehändigt erhält.

---

123 OLG Naumburg MDR 2001, 1136; OLG Düsseldorf NJW-RR 1999, 799; MK/Prütting § 281 Rn. 64. A.A. ua OLG München MDR 2000, 542.
124 BGH NJW 1996, 1351; Heilung ex nunc: OLG Jena FamRZ 1998, 1446.
125 StJ/Leipold § 295 Rn. 45; MK/Prütting § 295 Rn. 44.
126 BGH MDR 2001, 889.
127 BGH VersR 2003, 879.

Nicht gem. § 189 heilbar ist jedoch ein Verstoß gegen die **Art der Zustellung**.

Beispiel: Ein von Amts wegen förmlich zuzustellendes Dokument wird im Parteibetrieb zugestellt.[128]

Ist der Mangel nicht nach § 295 geheilt, verbleibt es bei dem Mangel mit den aus der betreffenden Verfahrensvorschrift folgenden Auswirkungen.

Beispiele: So kann bei fehlerhafter Ladung oder Nichteinhaltung der Einlassungsfrist kein Versäumnisurteil ergehen, der Beklagter kann die Einlassung verweigern (Vertagung notwendig, dies mit ordnungsgemäßer neuer Ladung).

2. Nicht verzichtbare Mängel

76 Nicht verzichtbare Mängel können, soweit überhaupt, **nur durch fehlerfreie Neuvornahme** der Prozesshandlung – ohne Rückwirkung – geheilt werden.[129] Zu den nicht verzichtbaren Mängeln gehören grundsätzlich auch fehlende **Sachurteilsvoraussetzungen** (soweit nicht ausnahmsweise verzichtbar; zur Heilung → Rn. 23), ferner auch die Prozessfortsetzungsvoraussetzungen (**Zulässigkeit von Einspruch und Rechtsmittel**, → Rn. 1);[130] eine Heilung ist hier nur durch eine fehlerfreie Neuvornahme möglich (wenn die Einlegungsfrist noch läuft). Zur Berufung: → § 19 Rn. 65.

---

128 BGH MDR 2010, 885.
129 Zö/Greger § 295 Rn. 8.
130 BGHZ 101, 140; BGH NJW-RR 1989, 441.

§ 10 Das Verhalten des Beklagten zur Klage, insbesondere: Aufrechnung und Widerklage

I. Grundsätzliche Erwägungen zur Verteidigung

Die Verteidigung ist wesentlicher Bestandteil der Anwaltstätigkeit und damit für die ▸RA-Stage und insbesondere für die **RA-Klausur**, deren Aufgabe häufig in der Beratung eines Mandanten zu einer ihm zugestellten Klage besteht, von zentraler Bedeutung.

1. Beratung des Beklagten

Die Entscheidung, ob und inwieweit sich der Beklagte gegen eine Klage überhaupt verteidigen soll – und ggf. wie –, setzt eine eingehende und erschöpfende Beratung des Beklagten zur Erfolgsaussicht einer Verteidigung voraus, die sich auf eine Vielzahl von Gesichtspunkten zu beziehen hat. Von Relevanz sind insbesondere folgende Fragestellungen:

- Ist die Klage **zulässig**, zudem schlüssig? Zu beachten ist insoweit, dass Einwände gegen die Zulässigkeit oft behoben werden können und zudem ohnehin nicht zu einer endgültigen sachlichen Lösung des Rechtsstreits führen; aus anwaltlicher Sicht ist daher stets auch zu prüfen, ob derartige Einwände in der konkreten Situation für den Mandanten sinnvoll sind. Ist etwa das angerufene Gericht örtlich unzuständig, kann zwar die fehlende Zuständigkeit gerügt werden (Folge: Verweisung an das örtlich zuständige Gericht), jedoch mag das Interesse des Mandanten an einer zügigen Entscheidung auch für eine rügelose Einlassung (Voraussetzung: keine ausschließliche Zuständigkeit) sprechen.
- In **tatsächlicher Hinsicht**: Soll der Tatsachenvortrag bestritten werden? Welche eigene Sachdarstellung kann der Klage entgegengehalten werden? Welche Beweismöglichkeiten, auch auf Seiten des Klägers, bestehen? Wie ist die Beweislastverteilung?
- Bestehen **Einwendungen oder Einreden** des Beklagten, welche zur Unbegründetheit der Klage führen? Oder ein Zurückbehaltungsrecht, das (nur) eine Verurteilung Zug um Zug ermöglicht?
- Bestehen **Gegenforderungen** des Beklagten, die im Wege der Aufrechnung (→ Rn. 19 ff.) oder der Widerklage (→ Rn. 49 ff.) geltend gemacht werden können?
- Wie ist das **Prozess- und insbesondere Kostenrisiko** zu bewerten?
- Ist eine Verteidigung **zweckmäßig** oder **nicht angebracht**? Dies etwa aus geschäftlichen Gründen, aber auch aufgrund privater Umstände, etwa wegen einer Familienbeziehung.

Im Übrigen gilt Entsprechendes wie bei der Informationseinholung und Beratung des Klägers zur Klageerhebung (→ § 2 Rn. 2 ff.), insbesondere muss – auf Grundlage einer umfassenden und erschöpfenden Beratung – stets der „**sicherste Weg**" vorgeschlagen werden.

Falls eine Verteidigung als **aussichtslos** erscheint, muss der Rechtsanwalt den Beklagten darüber eindringlich und unzweideutig belehren[1] sowie **von einer Verteidigung abraten**. Gleichwohl darf der Anwalt – jedoch nur nach entsprechender **Belehrung** – den Rechtsstreit für den Beklagten aufnehmen, wenn **der Beklagte darauf besteht** (denn der

---

[1] Vgl. Grüneberg/Grüneberg § 280 Rn. 70 mwN.

Mandant hat auch insoweit immer das Weisungs- und Entscheidungsrecht, → § 2 Rn. 24),[2] wenn der Beklagte dies für sinnvoll hält, **um Zeit zu gewinnen** (dies setzt eine Belehrung auch über die Kosten- und sonstigen Nachteile im Verhältnis zum Verzögerungsvorteil voraus) oder auch um mit der Verteidigung möglicherweise eine **günstigere vergleichsweise Regelung** zu erreichen. Bei eindeutiger Belehrung ist die Vertretung in einer aussichtslosen Sache – auch nur zur Verzögerung – nicht standeswidrig. In derartigen Fällen ist dem Rechtsanwalt jedoch **dringend anzuraten**, die erfolgte Belehrung zu dokumentieren und sich diese von dem Mandanten bestätigen zu lassen (**Regressgefahr**, → § 2 Rn. 7).

4   Auch **bei zweifelhafter Rechtslage und ungeklärtem Sachverhalt** muss der Rechtsanwalt deutlich auf Bedenken hinweisen und das Prozessrisiko sorgfältig erörtern, muss hier aber nicht von der Aufnahme des Rechtsstreits abraten. Allerdings kann **auch bei erfolgversprechender Rechtsposition** das Unterlassen einer Verteidigung in Betracht kommen, etwa wenn dies geschäftliche oder familiäre Gründe ratsam erscheinen lassen oder wenn der Beklagte das (ggf. auch nur geringe) Prozessrisiko oder die persönliche Belastung durch den Prozess scheut.

2. Verhalten bei aussichtsloser Verteidigung

5   Ist nicht zu erwarten, dass der Beklagte den Prozess gewinnt, muss das anwaltliche Vorgehen darauf gerichtet sein, für den Beklagten eine **möglichst kostengünstige Erledigung** zu erreichen. Die insoweit bestehenden Möglichkeiten müssen – ggf. auch in der Anwaltsklausur – jedenfalls überschlägig dargestellt werden können; Grundkenntnisse des Kostenrechts sind daher unerlässlich.

In Betracht kommen ein **Angebot einer außergerichtlichen Regelung** (Vergleichsangebot), ein „**Klaglosstellen**" durch (sofortige) Erfüllung der Klageforderung unter Kostenübernahme, ein **Anerkenntnis der Klageforderung** (§ 307) oder das **Ergehenlassen eines Versäumnisurteils** (§ 331).

a) Angebot einer außergerichtlichen Regelung: Vergleichsangebot

6   Einigen sich die Parteien **außergerichtlich** (zum Vergleichsschluss in der Verhandlung → § 4 Rn. 15, § 16 Rn. 5 ff.), muss der Vergleich prozessual umgesetzt werden, wenn er das Verfahren beenden soll. Außerhalb einer gerichtlichen Verhandlung (die aufgrund weiterer, mit der Verhandlung einhergehender Kosten aus Sicht des Beklagten zu vermeiden ist), kann ein – den Prozess beendender – gerichtlicher **Vergleich** gem. § 278 Abs. 6 dadurch geschlossen werden, dass die Parteien dem Gericht einen schriftlichen Vergleichsvorschlag (→ § 16 Rn. 25 ff.) unterbreiten. Das Gericht stellt daraufhin das Zustandekommen und den Inhalt des Vergleichs durch Beschluss fest. Ob der Vergleich für den Beklagten günstig ist, hängt von dem Vergleichsinhalt, seiner prozessualen Umsetzung, der Kostenregelung und letztlich den allgemeinen Vergleichsvorteilen (→ § 16 Rn. 1) ab.

Kosten bei Vergleich: Die Gerichtsgebühr ermäßigt sich im Falle eines Vergleiches von 3,0 (GKG KV 1210) auf 1,0 (GKG KV 1211 Nr. 3). Zudem entstehen die vollen Gebühren für beide Anwälte, ferner die Einigungsgebühr gem. RVG VV 1000, 1003.

---

[2] BGH NJW-RR 1990, 1243.

I. Grundsätzliche Erwägungen zur Verteidigung § 10

Eine außergerichtliche Einigung kann auch dergestalt erzielt werden, dass das Verfahren auf andere Weise (etwa durch eine Klagerücknahme, übereinstimmende Erledigungserklärung) beendet wird; dies kann ggf. kostengünstiger sein.

Kosten: Wird ein **außergerichtlicher Vergleich prozessual nicht umgesetzt**, also kein gerichtlicher Vergleich geschlossen und das Verfahren schlicht nicht weiter betrieben, fällt – mangels Ermäßigungstatbestand – die volle Gerichtsgebühr (3,0) an. **Gebühren des Klägeranwalts:** Geschäfts- und Verfahrensgebühr (vgl. dazu § 15 a RVG), Terminsgebühr bei Besprechung (vgl. Vorbem. 3 (3), Einigungsgebühr); **Gebühren des Beklagtenanwalts:** falls kein Prozessauftrag: Geschäftsgebühr, Einigungsgebühr; bei bereits erteiltem Prozessauftrag: Geschäftsgebühr, verminderte Verfahrensgebühr gem. RVG VV 3101, ggf. Terminsgebühr, Einigungsgebühr.

b) „Klaglosstellen": (sofortige) Erfüllung der Klageforderung

Erfüllt der Beklagte die Klageforderung nach Rechtshängigkeit, wird die – zunächst begründete – Klage unbegründet. Der Kläger muss daher, will er eine Klageabweisung (und damit eine für ihn ungünstige Kostenfolge) vermeiden, prozessual entweder durch **Klagerücknahme** (§ 269) oder **Erledigungserklärung** (§ 91 a) reagieren.

Für den Beklagten kostenmäßig am günstigsten ist in diesem Falle eine **Klagerücknahme**. Allerdings ist eine solche für den Kläger mit Nachteilen verbunden, da dieser aufgrund der zwingenden Kostenregelung des § 269 Abs. 3 S. 2 (Kostentragung durch den Kläger) keine gerichtliche Festsetzung seiner Kosten gegen den Beklagten erreichen kann. Soll der Kläger daher zu einer – nur für den Beklagten günstigen – Klagerücknahme bewogen werden, muss der Beklagte die Kostenübernahme aller erstattungsfähigen Kosten des Klägers erklären.

Kosten bei Klagerücknahme: Die **Gerichtsgebühr** ermäßigt sich im Falle einer Klagerücknahme auf 1,0, soweit eine Kostenübernahmeerklärung abgegeben wurde (GKG KV 1211 Nr. 1). Der **Klägeranwalt** erhält die Verfahrensgebühr gem. RVG VV 3100 in Höhe von 1,3 und in der Regel die Geschäftsgebühr gem. RVG VV 2300, die aber zT auf die Verfahrensgebühr angerechnet wird (Vorbem. 3 (4) vor 3100: grundsätzlich zu ½, so dass bei einer Geschäftsgebühr von 1,3 nur eine 0,65-Gebühr anzurechnen wäre), insgesamt daher 1,95 Anwaltsgebühren. Der **Beklagtenanwalt**, der dann nicht gerichtlich auftritt und auch nicht auftreten soll (also gerade kein Prozessauftrag erhalten hat), erhält für seine Beratung **nur die** Geschäftsgebühr gem. RVG VV 2300 von 1,3 (Regelgebühr) und keine Terminsgebühren. **Insgesamt daher: 1,0 Gerichtsgebühr und 3,25 Anwaltsgebühren.**

Erklärt der **Kläger den Rechtsstreit** aufgrund der Erfüllung der Klageforderung demgegenüber **für erledigt, ist die Zustimmung unter Kostenübernahme** die kostenmäßig zweitgünstigste Regelung für den Beklagten (übereinstimmende Erledigungserklärung gem. § 91 a). Stimmt der Beklagte der Erledigung hingegen nicht zu (einseitige Erledigungserklärung), führt dies zu einer – für den Beklagten stets auch kostenmäßig ungünstigen – streitigen Entscheidung.

Kosten bei übereinstimmender Erledigungserklärung (§ 91 a): Eine übereinstimmende Erledigungserklärung führt ebenfalls zu einer Ermäßigung der **Gerichtsgebühr** auf 1,0, soweit eine Kostenübernahmeerklärung abgegeben wurde (GKG KV 1211 Nr. 4). Wenn das Gericht – was ausdrücklich angeregt werden sollte – den Kostenbeschluss ohne mündliche Verhandlung erlässt (§ 128 Abs. 3), entstehen für die **Anwälte** ebenfalls keine Terminsgebühren (→ Rn. 10),[3] sondern in der Regel nur die Geschäfts- und Verfahrensgebühr (insgesamt 1,95; vgl. oben); dies gilt auch für den Beklagtenanwalt, der sich

---

[3] BGH NJW 2008, 668.

dann am Prozess durch eine Prozesserklärung beteiligt. **Insgesamt daher: 1,0 Gerichtsgebühr und 3,9 Anwaltsgebühren.**

Kosten bei einseitiger Erledigungserklärung: Da eine einseitige Erledigungserklärung (= Antrag auf Feststellung der Erledigung der Hauptsache im Wege einer – gem. § 264 Nr. 2 – privilegierten Klageänderung, → § 15 Rn. 33 f.) den Prozess nicht beendet, sondern vielmehr zu einer streitigen Entscheidung führt, fallen insoweit sämtliche Gebühren (ohne Ermäßigung) an. Dieser Weg scheidet daher aus, will der Beklagte den Rechtsstreit möglichst kostengünstig erledigen.

8   Zu beachten ist, dass **zusätzliche Anwaltsgebühren** entstehen, wenn die Art und Weise der Erledigung (durch Klagerücknahme oder Erledigungserklärung) auch nur telefonisch mit dem Klägeranwalt besprochen wird; denn bereits eine solche Besprechung lässt gemäß RVG VV 3104 iVm Vorbem. 3 (3) die Terminsgebühr von 1,2 für beide Anwälte entstehen.[4] Soll dies vermieden werden, dürfen die Erfüllung der Klageforderung und die Kostenübernahme dem Klägeranwalt **nur angekündigt** werden; denn eine solche einseitige Information – die aber natürlich auch notwendig ist – löst die Terminsgebühr noch nicht aus.[5]

Hinweis: Eine Verständigung über eine bestimmte prozessuale Erledigung, etwa eine Klagerücknahme, kann sogar noch zusätzlich die Einigungsgebühren (RVG VV 1003) entstehen lassen,[6] insbesondere dann, wenn die Rücknahme auf einem echten außergerichtlichen Vergleich beruht (→ Rn. 6).

c) Anerkenntnis (§ 307)

9   Ein **Anerkenntnis** gem. § 307 ist immer dann angezeigt, wenn die **begründete Aussicht** besteht, dass das Gericht **dem Kläger** gem. § 93 **die Kosten auferlegt**; dann erfolgt ein Anerkenntnis *„unter Verwahrung gegen die Kosten"*. Liegen die Voraussetzungen des § 93 ZPO (keine Klageveranlassung, → § 14 Rn. 26 ff.) vor, wird **jede Kostenbelastung des Beklagten vermieden.**

10 Allerdings ist zu beachten, dass die Voraussetzungen des § 93 oftmals nicht mit Erfolgsaussicht vorgetragen und ggf. bewiesen werden können (die Beweislast trägt der Beklagte, → § 14 Rn. 29); in einem solchen Falle entsteht durch ein Anerkenntnis eine erhöhte Kostenbelastung, ist also mit einem **hohen Kostenrisiko** verbunden.

Kosten bei Anerkenntnis mit Kostenentscheidung gem. § 91: Bei einem Anerkenntnis mit Kostenbelastung des Beklagten gem. § 91 ermäßigt sich die **Verfahrensgebühr des Gerichts** wiederum auf 1,0 (GKG KV 1211 Nr. 2). Für **beide Anwälte** entstehen die Geschäftsgebühr, die Verfahrensgebühr und die Terminsgebühr (da unerheblich ist, ob die Verhandlung streitig oder unstreitig ist), also jeweils Gebühren in Höhe von 3,15 (vgl. oben). **Insgesamt daher: Gerichtsgebühr von 1,0 und 6,3 Anwaltsgebühren.**

Hinweis: Die volle Terminsgebühr entsteht gemäß RVG VV 3104 Abs. 1 Nr. 1 auch bei einem Anerkenntnis und einem Anerkenntnisurteil **ohne mündliche Verhandlung**; daher fällt die Terminsgebühr bei einem Anerkenntnis immer an und kann daher nicht durch ein Anerkenntnis bereits im Vorverfahren oder vor einem Termin vermieden werden. Bei Erledigungserklärung und Kostenbeschluss außerhalb der mündlichen Verhandlung fallen dagegen keine Terminsgebühren an, weil insoweit eine der Regelung in RVG VV 3104 Abs. 1 Nr. 1 entsprechende Bestimmung fehlt.[7]

---

4 Hierzu BGH NJW-RR 2017, 1148; BGH NJW 2008, 2993. Vgl. auch Mayer/Kroiß/Mayer RVG VV 3100 Rn. 69.
5 KG NJW-RR 2008, 376. Vgl. auch Mayer/Kroiß/Mayer RVG VV 3100 Rn. 72.
6 Gerold/Schmidt/Müller-Rabe RVG VV 1000 Rn. 41; Bockholdt JA 2006, 133 (135).
7 BGH NJW 2008, 668; Zö/Althammer § 91a Rn. 59.

I. Grundsätzliche Erwägungen zur Verteidigung §10

d) Ergehenlassen eines Versäumnisurteils (§ 331)

Für den Beklagten kostengünstiger als ein Anerkenntnis mit Kostenentscheidung gem. § 91 ist es indes, ein **Versäumnisurteil** gegen sich ergehen zu lassen.

Kosten bei Versäumnisurteil gegen den Beklagten: Zwar ermäßigt sich die Gerichtsgebühr nicht, die somit bei 3,0 verbleibt. Für den **Klägeranwalt** entsteht jedoch – außer der Geschäfts- und Verfahrensgebühr – in der Regel nur eine auf 0,5 ermäßigte Terminsgebühr (RVG VV 3105, auch für Versäumnisurteile im schriftlichen Verfahren), somit also insgesamt 2,45. Für den **Beklagtenanwalt** entsteht nur die Geschäftsgebühr gemäß RVG VV 2300[8] in Höhe von 1,3 (und keine Verfahrensgebühr,[9] wenn er sogleich von der Verteidigung abrät und daher keinen Prozessauftrag erhält). Insgesamt daher: Gerichtsgebühr von 3,0 und 3,75 Anwaltsgebühren. Da die Gerichtsgebühren niedriger als die Anwaltsgebühren sind, ist die Ersparnis bei den Anwaltskosten höher als die Erhöhung der Gerichtsgebühr.

Hinweis: Ein Versäumnisurteil kann zudem **prozesstaktisch sinnvoller** sein als ein Anerkenntnis, nämlich um Nachteile aus einer Verzögerung der Klageerwiderung zu vermeiden („Flucht in die Säumnis", → § 4 Rn. 54). Wesentliche Kostennachteile entstehen dabei nicht, da die Terminsgebühr des Klägeranwalts von 0,5 gem. RVG VV 3105 auf eine spätere Terminsgebühr von 1,2 nach RVG VV 3104 angerechnet wird, also nicht zusätzlich anfällt.

Anders zu beurteilen ist indes der Fall, wenn der **Beklagtenanwalt im Verhandlungstermin anwesend** ist; in diesem Falle fällt die volle Terminsgebühr gemäß RVG VV 3104 für beide Anwälte an,[10] so dass für den Beklagten ein **Anerkenntnis kostengünstiger als ein Versäumnisurteil** ist.[11]

Hinweis: In einem solchen Falle entstehen durch ein Versäumnisurteil dieselben Anwaltsgebühren wie bei einem Anerkenntnis, während sich die Gerichtsgebühr **nur bei einem Anerkenntnis auf 1,0 ermäßigt**, für ein Versäumnisurteil aber bei 3,0 verbleibt.

Bei einer Klagerücknahme oder einer Erledigungserklärung des Klägers mit Zustimmung und Kostenübernahme des Beklagten kann **keine geringere Kostenbelastung** als bei einem Anerkenntnis entstehen, desgleichen nicht bei Anerkenntnis eines Kostenantrags des Klägers: Dann tritt zwar ebenfalls eine Ermäßigung der Gerichtsgebühr auf 1,0 ein, aber es bleiben die vollen Gebühren für beide Anwälte, da es für die Entstehung der Terminsgebühr gemäß RVG VV 3104 nur auf die Wahrnehmung des Termins, nicht aber auf den Inhalt des Termins ankommt.

e) Zusammenfassung

Vorbehaltlich eines – für den Beklagten ggf. günstigeren Vergleichs – stellt die **kostengünstigste Erledigung** im Falle einer aussichtslosen Verteidigung damit die Klaglosstellung des Klägers durch (sofortige) Erfüllung der Klageforderung dar; falls eine solche – etwa mangels Liquidität des Beklagten – nicht möglich ist, ist das Ergehenlassen eines Versäumnisurteils (allerdings ohne Teilnahme an dem Verhandlungstermin; ansonsten: Anerkenntnis) kostengünstiger.

Hinweis: Das Unterlassen einer Verteidigung kann uU aus Kostengründen auch hinsichtlich nur eines **Teils des Klageanspruchs** zweckmäßig sein: Teilanerkenntnis oder

---

[8] Gerold/Schmidt/Müller-Rabe RVG VV 3100 Rn. 20.
[9] Eine verminderte Verfahrensgebühr von 0,8 gem. VV 3101 Nr. 1 kann nämlich nur dann erwachsen, wenn zunächst Prozessauftrag erteilt war und **dann erst** von der Aufnahme abgeraten wird. Vgl. auch Gerold/Schmidt/Müller-Rabe RVG VV 3101 Rn. 64.
[10] Allgemein Mayer/Kroiß/Mayer RVG VV 3104 Rn. 6.
[11] Golz/Schneidenbach JA 2019, 291; Schneider NJW-Spezial 2012, 731; König NJW 2005, 1243; Schroeder/Riechert NJW 2005, 2187; Bockholdt JA 2006, 133.

teilweises Nichtverhandeln, mit der Folge eines Teilanerkenntnis- oder Teil-Versäumnisurteil (→ § 14 Rn. 41 ff., → § 12 Rn. 9 f.). Dadurch vermindern sich zwar nicht die Gerichtskosten, durch die Verringerung des Streitwerts ggf. jedoch die anwaltlichen Terminsgebühren.

3. Verteidigungsanzeige und Klageerwiderung

14 Soweit sich der Beklagte gegen die Klage verteidigen will, ist dies – im Falle des schriftlichen Vorverfahrens – gegenüber dem Gericht rechtzeitig anzuzeigen (ansonsten besteht die Gefahr eines Versäumnisurteils, § 331 Abs. 3) und es ist innerhalb der Klageerwiderungsfrist auf die Klage zu erwidern.

> ▸**RA-Stage:** Die von dem Gericht gesetzte **Frist** ist zu beachten. Ggf. muss eine Verlängerung der Klageerwiderungsfrist beantragt werden, dies unter Angabe von Gründen. Im Falle einer Firstversäumung sollten zur Vermeidung einer Zurückweisung Entschuldigungsgründe vortragen werden, dies ggf. mit Glaubhaftmachung (§ 296 Abs. 4).

Forum und Inhalt der Klageerwiderung bestimmen sich nach den – für alle vorbereitenden Schriftsätze geltenden – Vorgaben des § 130.

a) Formelle Anforderungen

15 1) **Einfaches Rubrum:** Grundsätzlich genügt ein **einfaches Rubrum** (etwa: *„In dem Rechtsstreit Majer./. Kunz"*), dies mit Angabe des (seitens des Gerichts bereits vergebenen) Aktenzeichens und des Klägeranwalts. Ein volles Rubrum ist nur im Falle einer Widerklage *auch* gegen einen Dritten notwendig.

2) **Antrag:** Der Antrag ist in der Regel auf **Klageabweisung** gerichtet (zur aussichtslosen Verteidigung → Rn. 5 ff.); dies ausdrücklich (etwa: *„beantrage ich, die Klage abzuweisen"*). Wichtig ist auch hier eine optische Hervorhebung des Antrags, dies in der Regel zu Beginn der Klageerwiderung durch Einrücken. Eine Klageabweisung kann – je nach Verteidigungslage – auch nur hinsichtlich eines Teils (dann: im Übrigen Teilanerkenntnis oder auch Nichtverhandeln) oder auf Verurteilung Zug um Zug (Zurückbehaltungsrecht, Einrede des nichterfüllten Vertrages, §§ 274, 322 BGB) gerichtet sein. Kostenantrag und allgemeiner Antrag zur vorläufigen Vollstreckbarkeit sind – da die entsprechenden Entscheidungen von Amts wegen ergehen – nicht erforderlich (nur für § 712).

3) **Ggf. zweckmäßig** oder **von der Prozesslage her geboten** können sein ein **Widerklageantrag**, soweit eine Widerklage (→ Rn. 49 ff.) erhoben werden soll, vor dem Landgericht: eine Erklärung zur Entscheidung durch den Einzelrichter (§ 277 Abs. 1 S. 2; → § 3 Rn. 1 ff.), ggf. ein PKH-Antrag (→ § 1 Rn. 27 ff.) sowie ggf. eine Streitverkündung (§§ 72, 73; → § 6 Rn. 58 ff.).

b) Begründung der Klageerwiderung

16 Zur Vermeidung einer Zurückweisung von Vorbringen sollte grundsätzlich sogleich **umfassender Vortrag** (§§ 277 Abs. 1, 282) gehalten werden, dies zu **allen Verteidigungsumstände und Verteidigungsgesichtspunkte**, die mit einiger (auch für sich allein nicht unbedingt zwingender) Erfolgsaussicht eingewendet werden können. Zweckmäßig ist in der Regel eine Einführung, in der in groben Zügen die generelle Verteidigung (die **„Verteidigungslinie"**) zusammengefasst wird, damit sogleich deutlich wird, wo die Schwerpunkte der Verteidigung liegen.

Der **Aufbau der Klageerwiderung** muss einer logischen Ordnung folgen. Im Einzelnen kann die Klageerwiderung – je nach den Umständen des Einzelfalls – insbesondere enthalten von der Klageschrift **abweichender Tatsachenvortrag, Verfahrensrügen,** insbesondere Zuständigkeitsrügen, Vorbringen **gegen die Schlüssigkeit** der Klage, das **Bestreiten** von Anspruchsvoraussetzungen (auch im Hinblick auf die Höhe der Forderung sowie etwaiger Nebenansprüche) sowie **schlüssiger Vortrag zu Gegennormen.** 17

> Hinweis: Das Bestreiten hat grundsätzlich **substantiiert** zu erfolgen; pauschales Bestreiten reicht niemals aus, einfaches nur, soweit substantiiertes Bestreiten nicht möglich ist. Soweit nicht bestritten werden soll, ist ein bloßes Nichtbestreiten einem Geständnis (wegen seiner Bindung gem. § 290) stets vorzuziehen.
>
> Bei Gestaltungsrechten (**Prozessvollmacht,** § 174 BGB!) und Einreden ist stets eine Geltendmachung erforderlich. Zur Aufrechnung → Rn. 19 ff.

Soweit eine **Widerklage** erhoben werden soll, erfolgt die Antragstellung sowie die Begründung entsprechend einer Klage (→ § 2 Rn. 26).

Beweismittel sind auch im Rahmen der Klageerwiderung sogleich umfassend **anzugeben.** Wird im Rahmen der Klageerwiderung auf Urkunden Bezug genommen, sind diese – wie im Rahmen der Klageschrift (→ § 2 Rn. 31) – dem Schriftsatz beizufügen (dies üblicherweise **mit durchgehender Bezeichnung** „B1, B2" usw (B = Bekl.). Soweit die Beweislast nicht bei dem Beklagten liegt, ist wiederum ein Hinweis: *„unter Verwahrung gegen die Beweislast"* oder besser: *„gegenbeweislich"* üblich. Auch im Rahmen der Klageerwiderung werden die Beweisantritte regelmäßig durch Einrücken hervorgehoben. Zum Beweisantrag → § 11 Rn. 21 ff. 18

Im Übrigen gelten die Ausführungen zur Klageschrift entsprechend, so dass auf diese Bezug genommen werden kann (→ § 2 Rn. 26).

II. Aufrechnung

Hat der Beklagte eine (aufrechenbare) Gegenforderung, muss im Rahmen der Verteidigung eine (Prozess-)Aufrechnung erwogen werden.[12] Greift die Aufrechnung durch, ist die Klage in Höhe der Aufrechnung unbegründet (mit der entsprechenden Kostenfolge). Im Übrigen liegt die prozessuale Besonderheit einer Prozessaufrechnung darin, dass ggf. nicht nur über die Klageforderung zu entscheiden ist, sondern **mit Rechtskraftwirkung** (§ 322 Abs. 2) auch über die Gegenforderung. 19

1. Die Aufrechnung als Prozesshandlung

Grundsätzlich ist zu unterscheiden ist zwischen der Aufrechnung als **materiellrechtliches Rechtsgeschäft** und der **Geltendmachung der Aufrechnung im Prozess** (dh dem Vortrag der Einwendung, dass die Klageforderung durch – vorherige oder jetzt erklärte – Aufrechnung erloschen sei): Die **Voraussetzungen** und die **Wirkung** der Aufrechnung bestimmen sich **ausschließlich nach materiellem Recht** (§§ 387 ff. BGB), auch wenn die Aufrechnung im Prozess erklärt oder geltend gemacht wird. Demgegenüber handelt es sich bei der Geltendmachung der Aufrechnung im Prozess um eine **Prozesshandlung,** deren Voraussetzungen, Bedeutung und Wirkung sich insoweit nach dem Prozessrecht richten.[13] 20

---

[12] Zur Aufrechnung vgl. auch Eicker JA 2020, 1 ff. (Teil 1) sowie JA 2020, 132 ff. (Teil 2).
[13] StJ/Althammer § 145 Rn. 28 ff.; ThP/Seiler § 145 Rn. 11 ff.; Zö/Greger § 145 Rn. 11.

a) Prozessuale Voraussetzungen der Geltendmachung

21 Die Geltendmachung der Aufrechnung im Prozess setzt das Vorliegen der **Prozesshandlungsvoraussetzungen** – insbesondere der **Postulationsfähigkeit** –[14] voraus. Die Aufrechnungserklärung eines unvertretenen Beklagten ist vor dem Landgericht daher prozessual unbeachtlich (zur materiellrechtlichen Wirkung → Rn. 44).

▸RA-Stage: Die **Prozessvollmacht des Anwalts** deckt nicht nur die Prozesshandlung der Geltendmachung der Aufrechnung (§ 81), sondern gibt zugleich auch materiellrechtliche Vertretungsmacht für die Erklärung der Aufrechnung (Rechtsgeschäft) im Prozess.[15] Die Vorlage einer Vollmachtsurkunde ist nicht erforderlich; § 174 BGB gilt insoweit nicht.[16]

22 Weiter muss die Gegenforderung, mit der aufgerechnet werden soll, hinreichend bestimmt sein iSv § 253 Abs. 2 Nr. 2[17] (dies wegen der Rechtskraftwirkung des Urteils hinsichtlich der Aufrechnungsforderung, → Rn. 37 ff.). Daher ist bei einer **Aufrechnung mit mehreren, die Klageforderung übersteigenden Gegenforderungen** stets die Angabe einer Reihenfolge der einzelnen Gegenforderungen erforderlich.[18]

Beispiel: Wird gegen eine Klageforderung in Höhe von 6.000 EUR mit zwei Forderungen zu 3.000 EUR und 4.000 EUR aufgerechnet, muss mitgeteilt werden, mit welcher Forderung zunächst aufgerechnet wird; das Erlöschen der ersten Forderungen erwächst vollständig in Rechtskraft, das Erlöschen der zweiten nur in Höhe des für die Aufrechnung verwendeten Betrages, der somit weiterhin separat eingeklagt werden kann.

23 **Die Rechtsnatur der Gegenforderung** ist insoweit unerheblich, als es sich um eine Forderung handelt, für die für eine selbstständige Klage ein **anderes Zivilgericht** (Familiengericht, Gericht der Freiwilligen Gerichtsbarkeit) zuständig wäre: Über eine solche Gegenforderung können unstreitig die allgemeinen ZPO-Gerichte entscheiden.[19]

Anders ist dies dagegen im Falle einer Aufrechnung mit einer **rechtswegfremden Gegenforderung**, dh einer Forderung, für die an sich ein anderer Rechtsweg (zB Verwaltungsgerichtsbarkeit, auch Arbeitsgerichtsbarkeit)[20] gegeben ist: Über eine rechtswegfremde Gegenforderung kann nach hM nicht unter Anwendung des § 17 Abs. 2 GVG mitentschieden werden, da die Aufrechnungsforderung kein bloßer „rechtlicher Gesichtspunkt" ist, sondern den Streitgegenstand erweitert; die Entscheidung ist vielmehr dem zuständigen Gericht des Rechtswegs zu überlassen, in den die Gegenforderung gehört.[21] Im Falle einer Aufrechnung mit einer rechtswegfremden Gegenforderung bestehen für das nach der ZPO zuständige Gericht **zwei prozessuale Möglichkeiten:** Entweder wird der Rechtsstreit – auch erst nach Vorbehaltsurteil – bis zur Entscheidung über die Gegenforderung in der zuständigen Gerichtsbarkeit **ausgesetzt** (entsprechend § 148); dem Beklagten ist dann eine Frist zur entsprechenden Klageerhebung zu setzen, bei deren Versäumung die Aufrechnung gem. § 296 Abs. 2 zurückzuweisen ist.[22] Oder das ZPO-Gericht erlässt ein Vorbehaltsurteil gem. § 302 und verweist den Rechtsstreit

---

14 Zö/Greger § 145 Rn. 11.
15 Zö/Althammer § 81 Rn. 10.
16 BGH NJW 2003, 963.
17 BGH NJW 1994, 1538; NJW 2002, 2182.
18 BGH NJW 2002, 2182.
19 BGH NJW-RR 1989, 173; MK/Fritsche § 145 Rn. 32; ThP/Seiler § 145 Rn. 22.
20 Auch das Verhältnis zu den **Arbeitsgerichten** ist eine Frage des Rechtswegs (§ 48 ArbGG); daher gelten bei einer Aufrechnung mit einer in die Zuständigkeit der Arbeitsgerichte fallenden Forderung die Grundsätze der Aufrechnung mit rechtswegfremder Gegenforderung: StJ/Althammer § 145 Rn. 36; MK/Fritsche § 145 Rn. 34; Mus/Voit/Stadler § 145 Rn. 31.
21 BAG NJW 2008, 1020; StJ/Althammer § 145 Rn. 35; Zö/Greger § 145 Rn. 19 a. A.A. Deubner JuS 2008, 504.
22 StJ/Althammer § 145 Rn. 37; Zö/Greger § 145 Rn. 19 a; ThP/Seiler § 145 Rn. 24.

II. Aufrechnung § 10

nach Rechtskraft dieses Urteils für das Nachverfahrens zur Entscheidung über die Aufrechnungsforderung an das Gericht des insoweit gegebenen Rechtswegs.[23]

Das nach der ZPO zuständige Gericht kann jedoch stets selbst die Aufrechnung berücksichtigen, wenn die rechtswegfremde Gegenforderung **unstreitig** oder **rechtskräftig entschieden** ist, da es dann über diese Forderung keine eigene Entscheidung trifft.[24]

b) Prozessuale Bedeutung der Aufrechnung

Die Aufrechnung bedeutet **nur eine Verteidigung des Beklagten**. Daraus folgt, dass die Aufrechnung **keinen Einfluss auf die Zulässigkeit der Klage** (etwa keine Veränderung des Zuständigkeitsstreitwerts; § 45 Abs. 3 GKG gilt nur für den Gebührenstreitwert!), zudem **keinen Einfluss auf die Anträge** hat: die Aufrechnung ist Verteidigungsvortrag, nicht Verteidigungsantrag, sie darf daher im Urteilstatbestand nicht in den Klageabweisungsantrag aufgenommen werden.[25] Hinsichtlich der Aufrechnungsforderung müssen darüber hinaus die **Sachurteilsvoraussetzungen** (beispielsweise Zuständigkeit) **nicht vorliegen**;[26] auch eine ausschließliche Zuständigkeit eines anderen Gerichts für eine Klage (zB bei einem Mietzinsanspruch) schließt daher die prozessuale Zulässigkeit der Aufrechnung nicht aus.[27] Da die Aufrechnung ein Verteidigungsmittel iSv 296 darstellt, ist eine **Zurückweisung wegen Verspätung** möglich.[28] Auch kann der Aufrechnungseinwand von dem Beklagten **zurückgenommen** oder die Gegenforderung mit einer anderen **ausgetauscht** werden, ohne dass eine Zustimmung des Klägers erforderlich wäre;[29] denn die Gegenforderung wird **nicht zum Streitgegenstand**, so dass daher weder Klagerücknahme- noch Klageänderungsregeln gelten.

24

Zu beachten ist weiter, dass **die Aufrechnungsforderung nicht rechtshängig** wird. Es kann daher mit einer Forderung aufgerechnet werden, die anderweitig rechtshängig ist; eine Forderung, mit der in einem Prozess die Aufrechnung erklärt worden ist, kann in einem anderen Prozess selbstständig eingeklagt werden.[30] Sobald und soweit aber über die Aufrechnungsforderung rechtskräftig entschieden worden ist – dahin, dass sie nicht besteht oder durch die Aufrechnung erloschen ist –, erledigt sich der Prozess, in dem die Forderung selbstständig eingeklagt wird. Daher ist auch eine Aufrechnung in mehreren Prozessen möglich; zweckmäßig ist deswegen eine Aussetzung der späteren bis zur Erledigung des Prozesses der ersten Aufrechnungserklärung.[31]

25

Der Aufrechnungseinwand im Prozess **hemmt die Verjährung der Aufrechnungsforderung** (§§ 204 Abs. 1 Nr. 5, Abs. 2 BGB), auch bei einer Hilfsaufrechnung[32] und bei prozessual oder materiellrechtlich unzulässiger Aufrechnung.[33] Die Hemmung tritt aber nur bis zur Höhe der Klageforderung ein; ggf. ist wegen eines überschießenden Teils eine Widerklage erforderlich.[34]

26

---

23 BAG NJW 2008, 1020; ThP/Seiler § 145 Rn. 24. A.A. Wieser MDR 2008, 785.
24 StJ/Althammer § 145 Rn. 38; Zö/Greger § 145 Rn. 19 a.
25 Anders/Gehle Abschnitt G Rn. 13.
26 StJ/Althammer § 145 Rn. 32, 33.
27 MK/Wagner § 145 Rn. 32.
28 BGH NJW 1984, 1964 (1967); StJ/Althammer § 145 Rn. 62; Zö/Greger § 145 Rn. 15.
29 StJ/Althammer § 145 Rn. 53; Schellhammer Rn. 320 f.
30 BGH NJW 1999, 1179; BGH NJW-RR 2004, 1000; StJ/Althammer § 145 Rn. 50 ff.; ThP/Seiler § 145 Rn. 20. Allerdings kommt in dem neuen Prozess eine Aussetzung gem. § 148 in Betracht.
31 BGH NJW-RR 2004, 1000.
32 BGH NJW 1990, 2680.
33 Grüneberg/Ellenberger § 204 Rn. 20 mwN.
34 BGH NJW-RR 2009, 1169.

27 Der Aufrechnungseinwand führt – wenn er prozessual eingreift und materiellrechtlich durchgreift – zur **Klageabweisung**. Dem kann der **Kläger** dadurch entgehen, dass er – etwa bei unbestrittener Gegenforderung – nach der Aufrechnung den Rechtsstreit **für erledigt erklärt**.[35] Dagegen ist eine **Gegenaufrechnung des Klägers** mit einer weiteren eigenen Forderung grundsätzlich unbeachtlich: Wenn die Aufrechnung des Beklagten durchgreift, geht eine Aufrechnung durch den Kläger – wegen des dann **bereits eingetretenen** Untergangs der Aufrechnungsforderung des Beklagten (mit der Klageforderung, § 389 BGB) – **ins Leere**.[36] Der Kläger kann daher nicht durch Gegenaufrechnung „die Klageforderung retten"; dies gilt auch bei einer Hilfsaufrechnung des Beklagten.[37] Der Kläger muss in einem solchen Falle vielmehr seine weitere Forderung **selbstständig einklagen**, dies durch Klageerweiterung (nachträgliche Klagehäufung, so dass die Klageänderungsvorschriften gelten). **Erheblich** ist jedoch der **Einwand des Klägers**, die Forderung des Beklagten sei bereits vor dessen Prozessaufrechnung durch eine **zeitlich frühere** Aufrechnung durch den Kläger (zB auch durch Verrechnung in der Klageschrift) **erloschen gewesen**,[38] da damit der Bestand der Gegenforderung bestritten wird.

2. Die Prüfung des Aufrechnungseinwandes

28 Die Prüfung des Aufrechnungseinwandes ist – falls es auf ihn ankommt – in folgender **Reihenfolge** (auch insoweit gilt der **Vorrang der Zulässigkeitsfeststellung**) durchzuführen:

- **Ist die Aufrechnung prozessual zulässig?** – d.h.: prozessual wirksame Geltendmachung (Prozesshandlungsvoraussetzungen, Bestimmtheit/Individualisierung), keine Zurückweisung wegen Verspätung.
- **Ist die Aufrechnung materiellrechtlich zulässig?** – d.h.: wirksame Aufrechnungserklärung; kein Ausschluss der Aufrechnung durch gesetzliches oder vertragliches Aufrechnungsverbot.[39]
- Im Hinblick auf die materiellrechtliche Begründetheit: **Besteht die Aufrechnungsforderung?** Die **Darlegungs- und Beweislast** für die Anspruchsvoraussetzungen liegt insoweit bei dem **Beklagten**, für Einwendungen (hinsichtlich des Verjährungseinwandes bleibt § 215 BGB zu beachten) gegen die Aufrechnungsforderung bei dem Kläger (also entsprechend zur Klageforderung).

29 Hinsichtlich der **Tragweite der Rechtskraft** ist zu beachten, dass bei – prozessualer oder materiellrechtlicher – **Unzulässigkeit** des Aufrechnungseinwands nur der **Einwand als solcher** unbeachtlich ist; über die Gegenforderung selbst wird dann nicht entschieden (→ Rn. 37 ff.). Daher darf die prozess- oder materiellrechtliche **Zulässigkeit der Aufrechnung nicht** mit der Begründung **offenbleiben**, dass die Aufrechnungsforderung jedenfalls unbegründet sei.[40] Bei **Unzulässigkeit ist die Aufrechnung nur aus diesem Grund** zurückzuweisen, auf die Aufrechnungsforderung selbst darf nicht eingegangen

---

35 Zö/Greger § 145 Rn. 22.
36 BGH NJW-RR 1994, 1203; BGH NJW 2008, 2429 (aber Verjährungshemmung bleibt, da diese auch bei prozessual unwirksamer Aufrechnung eintritt).
37 KG MDR 2006, 1252; StJ/Althammer § 145 Rn. 29.
38 BGH DRiZ 1954, 129; StJ/Leipold § 145 Rn. 29; Zö/Greger § 145 Rn. 12, 22.
39 BGH NJW 1984, 128.
40 BGH NJW 1994, 2770; NJW-RR 1991, 972.

II. Aufrechnung § 10

werden. Somit darf über die **Begründetheit der Aufrechnungsforderung** nur bei Feststellung der Zulässigkeit der Aufrechnung entschieden werden.

3. Primäraufrechnung und Eventualaufrechnung

a) Primäraufrechnung

Eine **Primäraufrechnung** liegt vor, wenn der Beklagte die Aufrechnung nicht hilfsweise, sondern **unbedingt** einwendet. Dies ist nur anzunehmen, wenn sich der Beklagte gegen die Klageforderung **ausschließlich** mit der Aufrechnung verteidigt, die **Klageforderung** selbst also **außer Streit** steht und **dem Grunde nach anerkannt ist**.[41] Will sich der Beklagte hingegen ersichtlich auch gegen die Klageforderung verteidigen (Bestreiten etc) – und dies ist der Regelfall –, ist eine zugleich erklärte Aufrechnung des Beklagten demgegenüber stets als **Eventualaufrechnung** zu behandeln (→ Rn. 33 ff.). 30

Im Falle einer Primäraufrechnung betrifft der Streit der Parteien folglich **nur** die zur Aufrechnung gestellte **Gegenforderung**. Die **Klageforderung** ist der Entscheidung daher ohne Schlüssigkeitsprüfung zugrunde zu legen (→ § 14 Rn. 5); allein nach dem Ergebnis hinsichtlich der zur Aufrechnung gestellten Gegenforderung bestimmt sich der Erfolg der Klage. 31

Für die **Kostenentscheidung** gelten §§ 91, 92 ZPO (nach dem Erfolg der Klage). In Bezug auf den **Streitwert** ist zu beachten, dass sich dieser ausschließlich **nur nach der Klageforderung** bestimmt; die Aufrechnung ist ohne Einfluss, § 45 Abs. 3 GKG gilt für die Primäraufrechnung nicht:[42] Denn es wird nur über die Gegenforderung – bis zur Höhe der Klageforderung – gestritten. 32

b) Eventual-(Hilfs-)aufrechnung

Eine **Eventualaufrechnung** ist demgegenüber immer dann gegeben, wenn sich der Beklagte nicht nur mit der Aufrechnung verteidigt, sondern auch gegen die Klageforderung (→ Rn. 30). In einem solchen Falle ist die Aufrechnung nur **hilfsweise** geltend gemacht, dies für den Fall, dass die Klage nicht aus anderen Gründen abzuweisen sein sollte. Denn nur dann will der Beklagte verständigerweise seine eigene Forderung opfern. 33

> ▸**RA-Stage:** Auch wenn die Eventualstellung der Aufrechnung durch Auslegung ermittelt werden kann, sollte diesbezüglich dennoch eine **ausdrückliche Erklärung** erfolgen. Etwa: „*Es wird mit einer Forderung in Höhe von 5.000 EUR hilfsweise aufgerechnet.*"

Auf die Hilfsaufrechnung darf – entsprechend der prozessualen Bedingung, unter der sie geltend gemacht wird – nur eingegangen werden, wenn bzw. soweit die Klageforderung begründet ist (**bindender prozessualer Vorrang**). Daher bedarf es zunächst der Feststellung der Klageforderung (einschließlich einer etwaigen Beweisaufnahme); die Entscheidung über deren Bestehen bzw. Nichtbestehen darf keinesfalls offenbleiben (dies etwa mit der Begründung, dass die Aufrechnung durchgreife),[43] da anderenfalls keine rechtskraftfähige Entscheidung über die Aufrechnungsforderung möglich ist. 34

---

41 Anders/Gehle Abschnitt G Rn. 15; StJ/Althammer § 145 Rn. 58; MK/Fritsche § 145 Rn. 20; Zö/Greger § 145 Rn. 11; Mus/Voit/Stadler § 145 Rn. 15; BGH NJW 1972, 257.
42 BDZ/Dörndorfer GKG § 45 Rn. 26; BGH NJW-RR 1999, 1736 (zum inhaltsgleichen § 19 Abs. 3 GKG aF).
43 BGH NJW 1982, 1536; NJW 1974, 2000 (2002); StJ/Althammer § 145 Rn. 55; MK/Fritsche § 145 Rn. 24; Zö/Greger § 145 Rn. 13.

Hinweis: Eine **gleichzeitige Beweisaufnahme** über Klageforderung und Aufrechnungsforderung ist jedoch (wie bei einem Haupt- und Hilfsantrag, → § 8 Rn. 27) **zulässig**.[44] Daher gilt für **Votum und Vortrag in der** ▸Gerichtsstage: Es ist auch dann auf die Aufrechnungsforderung einzugehen, wenn die Klageforderung noch nicht feststeht, so dass in geeigneten Fällen (zB wenn dieselben Zeugen in Betracht kommen) etwa ein einheitlicher Beweisbeschluss vorgeschlagen werden kann (auf den prozessualen Vorrang sollte aber stets hingewiesen werden).

35 In Bezug auf die **Entscheidung in der Hauptsache** ist zu unterscheiden: Besteht die Klageforderung nicht, ist die Klage allein aus diesem Grunde abzuweisen. Besteht sie hingegen (dies auch nur teilweise), muss auf die Aufrechnung eingegangen werden; der Erfolg der Klage hängt dann davon ab, inwieweit die Aufrechnung durchgreift.

36 Besonderheiten bestehen in Bezug auf die **Kostenentscheidung**. Für den **Gebührenstreitwert** gilt bei der Hilfsaufrechnung **§ 45 Abs. 3 GKG**: Der Streitwert erhöht sich, soweit über die – streitige – Gegenforderung mit Rechtskraftwirkung (§ 322 Abs. 2) entschieden wird. Dies hat wiederum **Auswirkung auf die Kostenentscheidung**: Nach hM bestimmt sich die Kostenentscheidung gem. §§ 91, 92 nach dem Maß des Obsiegens bzw. Unterliegens in Bezug auf den gem. **§ 45 Abs. 3 GKG erhöhten Streitwert**, da sich die Kostenregelung am Streitwert ausrichte,[45] während nach der Gegenansicht[46] nur das Obsiegen/Unterliegen **hinsichtlich der Klageforderung** entscheidet, weil nur diese der Streitgegenstand des Prozesses sei.

Beispiele:

Fall 1: Klageforderung über 10.000 EUR, Hilfsaufrechnung über 10.000 EUR.

a) Klageforderung besteht nicht. Abweisung; Streitwert: 10.000 EUR (über Gegenforderung wird nicht entschieden), die Kosten trägt der Kläger (§ 91).

b) Klageforderung begründet, Hilfsaufrechnung unzulässig. Klage hat Erfolg; Streitwert: 10.000 EUR (keine rechtskraftfähige Entscheidung über Gegenforderung), die Kosten trägt der Beklagte (§ 91).

c) Klageforderung begründet, (zulässige) Aufrechnungsforderung unbegründet. Klage hat Erfolg; Streitwert: 20.000 EUR (rechtskraftfähige Entscheidung Gegenforderung), die Kosten trägt der Beklagte (§ 91). Entsprechendes gilt bei einer Verneinung der Gegenseitigkeit der Gegenforderung, da auch in diesem Falle eine rechtskraftfähige Entscheidung im Verhältnis der Parteien ergeht.[47]

d) Klageforderung begründet, streitige Aufrechnungsforderung ebenfalls. Klageabweisung wegen der Aufrechnung; Streitwert: 20.000 EUR, die Kosten tragen nach hM beide Parteien gem. § 92 Abs. 1 je zur Hälfte, denn der Beklagte unterliegt hinsichtlich der Klageforderung, der Kläger hinsichtlich der Gegenforderung: gleiches Unterliegen. Nach der Gegenauffassung trägt der Kläger die Kosten voll (§ 91, da Klageabweisung).

e) Klageforderung begründet, unstreitige Aufrechnungsforderung auch. Klageabweisung; Streitwert: 10.000 EUR (keine Erhöhung gem. § 45 Abs. 3 GKG, da Aufrechnungsforderung unstreitig), die Kosten trägt der Kläger (§ 91).

f) Klageforderung begründet, streitige Gegenforderung 10.000 EUR nur zu 5.000 EUR. Erfolg der Klage zu 5.000 EUR, im Übrigen Abweisung; Streitwert: 20.000 EUR (da auch über Gegenforderung entschieden); die Kosten tragen nach hM der Kläger zu 1/4 und der Beklagter zu 3/4, denn der Beklagte unterliegt hinsichtlich der Klageforderung und zur Hälfte hinsichtlich der Aufrechnungsforderung, der Kläger nur zur Hälfte hin-

---

44 Anders/Gehle Abschnitt G Rn. 18.
45 Zö/Herget § 92 Rn. 3; ThP/Hüßtege § 92 Rn. 4.
46 KG MDR 1976, 846; StJ/Muthorst § 91 Rn. 15.
47 OLG Dresden JurBüro 2003, 475.

sichtlich der Aufrechnungsforderung. Nach der Gegenauffassung tragen die Parteien die Kosten je zur Hälfte.

Fall 2: Klageforderung 10.000 EUR begründet, streitige Gegenforderung über 5.000 EUR ebenfalls. Erfolg der Klage zu 5.000 EUR, im Übrigen Abweisung. Streitwert: 15.000 EUR (Entscheidung über Gegenforderung), die Kosten trägt nach hM der Kläger zu 1/3 (Unterliegen zur Gegenforderung) und der Beklagte zu 2/3 (Unterliegen zur Klageforderung). Nach der Gegenauffassung tragen die Parteien die Kosten je zur Hälfte.

Fall 3: Klageforderung 10.000 EUR begründet, Aufrechnung mit zwei Forderungen über je 10.000 EUR (Reihenfolge bestimmt, → Rn. 22), von denen die 1. unbegründet, die 2. begründet ist. Klageabweisung, Streitwert 30.000 EUR (bei Aufrechnung mit mehreren Gegenforderungen tritt gem. § 45 Abs. 3 GKG eine mehrfache Streitwerterhöhung ein);[48] Kosten nach hM gem. § 92: Kläger zu 1/3, Beklagter zu 2/3, denn der Beklagte unterliegt hinsichtlich der Klageforderung und einer Aufrechnungsforderung, der Kläger nur hinsichtlich einer Aufrechnungsforderung. Nach der Gegenauffassung trägt der Kläger die Kosten, da er mit der Klageforderung unterliegt (§ 91).

4. Rechtskraft der Entscheidung über die Aufrechnungsforderung, § 322 Abs. 2

Vorfragen und Einwendungen des Beklagten erwachsen grundsätzlich nicht in Rechtskraft. Eine Ausnahme hiervon macht § 322 Abs. 2: Hat der Beklagte die Aufrechnung einer Gegenforderung geltend gemacht, so ist die Entscheidung, dass die Gegenforderung nicht besteht, bis zur Höhe des Betrages, für den die Aufrechnung geltend gemacht worden ist, der Rechtskraft fähig. Damit wird die zur Aufrechnung gestellte Gegenforderung hinsichtlich der Rechtskraftwirkung der Klageforderung gleichgestellt.[49]

37

Hintergrund der Ausnahmeregelung des § 322 Abs. 2 ist folgender: Würde keine rechtskräftige Entscheidung über die Aufrechnungsforderung ergehen, könnte der Beklagte diese in einem weiteren Prozess geltend machen und behaupten, seine damals zur Aufrechnung gestellte Gegenforderung bestehe noch oder – für den Fall, dass die vorangegangene Klage wegen erfolgreicher Aufrechnung abgewiesen wurde – die Klageforderung habe nicht bestanden und die zur Aufrechnung gestellte Gegenforderung sei daher nicht erloschen.[50] Dies zu vermeiden ist Zweck von § 322 Abs. 2.

§ 322 Abs. 2 gilt nur bei einer Aufrechnung ieS, nicht dagegen bei der Ausübung eines Zurückbehaltungsrechts[51] oder der Verwendung der Gegenforderung als Rechnungsposten im Rahmen einer Verrechnung:[52] In derartigen Fällen entfaltet die Entscheidung zu der Gegenforderung keine Rechtskraft.

Voraussetzung für die Rechtskraftwirkung gem. § 322 Abs. 2 ist eine Entscheidung darüber, dass die **Gegenforderung nicht besteht**, dies deswegen, weil die Gegenforderung **nicht bestanden hat (und damit unbegründet ist)**, oder weil die Gegenforderung zwar begründet war, sie aber **durch die Aufrechnung erloschen** ist und daher nicht mehr besteht.[53]

38

Somit muss – neben einer Entscheidung über die Begründetheit der Klageforderung, deren Bestehen Voraussetzung für die Aufrechnung ist – eine Entscheidung über die

---

48 OLG Köln FamRZ 1992, 1094; OLG Düsseldorf NJW-RR 1994, 1279.
49 OLG Stuttgart NJW 2019, 2547.
50 OLG Stuttgart NJW 2019, 2547.
51 BGH NJW-RR 1996, 828.
52 BGH NJW-RR 1997, 1157.
53 BGH NJW 1984, 1356; NJW 2002, 900 (allg. Auffassung).

Begründetheit der Aufrechnungsforderung ergehen: Entweder wird der Klage stattgegeben, weil die Gegenforderung unbegründet ist, oder sie wird abgewiesen, weil die Aufrechnung durchgreift, die Gegenforderung also auch begründet ist.

39 **Keine rechtskräftige Entscheidung über die Aufrechnungsforderung** ergeht hingegen, wenn bereits die **Klageforderung als solche verneint** und die Klage aus diesem Grunde abgewiesen wird: denn dann kommt es zu keiner Entscheidung zur Aufrechnung; nur die Abweisung der Klageforderung erwächst in Rechtskraft, der Beklagte kann seine Forderung uneingeschränkt einklagen. Zudem ergeht keine rechtskräftige Entscheidung über die Aufrechnungsforderung, wenn der Aufrechnungseinwand als **prozessual oder materiellrechtlich unzulässig** zurückgewiesen wird: denn auch dann wird über die Begründetheit der Gegenforderung gerade nicht entschieden.[54]

> **Hinweis:** Deswegen ergeht insbesondere **keine rechtskräftige Entscheidung** über die Gegenforderung, wenn der Aufrechnungseinwand wegen **Unbestimmbarkeit** (fehlender Individualisierung) der Aufrechnungsforderung[55] oder als **verspätet** zurückgewiesen wird;[56] der Beklagte kann seine Gegenforderung somit weiterhin verfolgen. Wegen dieser Auswirkung auf die Rechtskraft ist die Unterscheidung zwischen Zulässigkeit und Begründetheit der Aufrechnung (→ Rn. 36 f.) von entscheidender Bedeutung.

40 Eine rechtskräftige Abweisung der zur Aufrechnung gestellten Gegenforderung ergeht dagegen dann, wenn diese deshalb für **unbegründet** erklärt (und der Klage stattgegeben) wird, weil die Gegenforderung **unsubstantiiert** ist oder weil **Tatsachenvortrag** zu ihrer Begründung **als verspätet zurückgewiesen** wird.[57] Zu unterscheiden ist daher zwischen der Zurückweisung des Aufrechnungseinwandes **als solchem** – in diesem Falle ergeht keine rechtskraftfähige Entscheidung über die Gegenforderung – und einer Zurückweisung von **Vortrag zur Begründung** der Gegenforderung: (nur) in diesem Falle erfolgt eine rechtskraftfähige Aberkennung der Gegenforderung.

> ▸**RA-Stage:** Vor diesem Hintergrund ist ein nicht ausreichend begründeter Aufrechnungseinwand für den Beklagten **gefährlich**: Es besteht die Gefahr der rechtskraftfähigen Abweisung und damit des Verlustes der Gegenforderung, mit zusätzlichen Kostennachteilen (Erhöhung des Streitwerts!). Er bedarf daher einer gleich sorgfältigen Begründung (mit Beweisantritten) wie bei der Klageforderung selbst. Bei Bedenken sollte daher vorsorglich die Rücknahme der Aufrechnung erklärt werden, um eine rechtskraftfähige Entscheidung zu vermeiden.

41 § 322 Abs. 2 begrenzt die Rechtskraft „bis zur Höhe des Betrages, für den die Aufrechnung geltend gemacht ist", somit also **maximal bis zu der Höhe der Klageforderung**, selbst wenn die Aufrechnungsforderung höher ist und insgesamt verneint wird.[58]

> **Beispiel:** Klageforderung in Höhe von 10.000 EUR, Aufrechnungsforderung in Höhe von 15.000 EUR; Klageforderung begründet, Gegenforderung ebenfalls, daher Klageabweisung. (Nur) in Höhe von 10.000 EUR ist über die Gegenforderung entschieden, der Beklagte kann daher noch 5.000 EUR gerichtlich geltend machen.
>
> Gleiches gilt, wenn der Klage stattgegeben wird, weil die Gegenforderung unbegründet ist: Auch in diesem Falle wird rechtskräftig über die Gegenforderung (nur) in Höhe von 10.000 EUR entschieden, so dass der Beklagte – trotz Verneinung der gesamten Gegenforderung – noch 5.000 EUR einklagen kann.

---

[54] BGH NJW 1994, 1538; NJW 1997, 743; NJW 2001, 3616 (auch wenn zu Unrecht zurückgewiesen); MK/Gottwald § 322 Rn. 203; Zö/Greger § 145 Rn. 15; Schellhammer Rn. 326 f.
[55] BGH NJW 1994, 1538; OLG Koblenz JurBüro 2002, 197.
[56] StJ/Althammer § 145 Rn. 64; Zö/Greger § 145 Rn. 15.
[57] HM: BGH NJW 1994, 1538; NJW-RR 1991, 971; OLG Koblenz JurBüro 2002, 197; Zö/Greger § 145 Rn. 16.
[58] MK/Gottwald § 322 Rn. 201; Oberheim § 23 Rn. 1204.

II. Aufrechnung

Bei teilweiser Begründetheit der Klageforderung wird über die Aufrechnungsforderung nur **in Höhe des begründeten Teils** der Klageforderung rechtskraftfähig entschieden, da sie im Ergebnis nur (noch) in dieser Höhe zur Aufrechnung gestellt wird.[59]

42

Beispiel: Klageforderung in Höhe von 10.000 EUR ist nur zu 5.000 EUR begründet, die Gegenforderung in Höhe von 10.000 EUR ist gänzlich begründet: Klageabweisung, zu einem Teilbetrag von 5.000 EUR wegen Unbegründetheit, wegen des weiteren Teils von 5.000 EUR wegen durchgreifender Aufrechnung. Über die Gegenforderung ist dann – trotz (zunächst) höher erklärter Aufrechnung – nur in Höhe von 5.000 EUR (= begründeter Teil der Klageforderung) rechtskraftfähig entschieden. Streitwert gem. § 45 Abs. 3 GKG: 15.000 EUR; die Kosten tragen nach hM der Kläger zu 2/3 Kläger und der Beklagte zu 1/3, weil der Kläger hinsichtlich der Klageforderung und der Aufrechnungsforderung zu je 5.000 EUR (insgesamt 10.000 EUR) unterliegt, der Beklagte nur zu 5.000 EUR hinsichtlich des begründeten Teils der Klageforderung.

Wurden **mehrere Forderungen** zur Aufrechnung gestellt, gilt Entsprechendes: Soweit über die Forderungen entschieden wird, tritt die Rechtskraftwirkung gem. § 322 Abs. 2 ein. Jede dieser Forderungen wird dann – jeweils maximal bis zur Höhe der (verbliebenen) Klageforderung – aberkannt.[60]

43

Beispiel: Klageforderung 10.000 EUR; Beklagter rechnet mit 3 Gegenforderungen auf, in folgender Höhe und (bestimmter!) Reihenfolge: 8.000 EUR, 12.000 EUR und 15.000 EUR.

Ist die Klageforderung zu 7.000 EUR begründet, Gegenforderung 1 zu 4.000 EUR, Gegenforderung 2 zu 2.000 EUR und Gegenforderung 3 zu 10.000 EUR: Klageabweisung wegen der Aufrechnung mit 4.000 EUR (Gegenforderung 1), 2.000 EUR (Gegenforderung 2) und 1.000 EUR (aus der Gegenforderung 3). **Rechtskräftig ist entschieden:** Über die Klageforderung in voller Höhe, über die Gegenforderung 1 zu 7.000 EUR (bestehende Klageforderung), Gegenforderung 2 zu 3.000 EUR (restliche Klageforderung) und Gegenforderung 3 zu 1.000 EUR (Streitwert: 10.000 + 7.000 + 3.000 + 1.000 = 21.000 EUR). Kostenentscheidung nach hM: Kläger 10/21, Beklagter 11/21. Beklagter kann noch einklagen: Gegenforderung 1: restliche 1.000 EUR, Gegenforderung 2: 9.000 EUR und Gegenforderung 3: 14.000 EUR.

5. Materiellrechtliche Aufrechnungswirkung bei prozessualer Unzulässigkeit

Ist die Aufrechnung prozessual unzulässig, stellt sich die Frage nach den entsprechenden materiellrechtlichen Konsequenzen. Da die materiellrechtliche Aufrechnung und die Geltendmachung der Aufrechnung im Prozess zu unterscheiden sind (→ Rn. 20), könnte die Aufrechnung auch dann materiellrechtlich wirksam sein, wenn der Einwand im Prozess unzulässig oder nicht relevant (geworden) ist: Der Beklagte könnte dann materiellrechtlich seine Forderung durch Aufrechnung verloren haben, gleichwohl jedoch bei Begründetheit der Klageforderung verurteilt werden, weil der Aufrechnungseinwand prozessual unberücksichtigt bleibt.

44

Beispiele: Die Aufrechnung wird als verspätet zurückgewiesen, der Klage stattgegeben. Weitere Fälle: Aufrechnung durch nicht postulationsfähigen Beklagten, Rücknahme („Fallenlassen") der Aufrechnung, auf die Aufrechnung kommt es prozessual mangels Beweises der Klageforderung nicht an.

Um ein solches unbilliges Ergebnis zu vermeiden, wird überwiegend angenommen, dass die prozessual unzulässige oder nicht relevante Aufrechnung **auch materiellrechtlich keine Wirkung hat:** Der Beklagte verliert die Aufrechnungsforderung nicht, er

---

[59] OLG Schleswig JurBüro 1984, 257; StJ/Althammer § 322 Rn. 162, 163; Anders/Gehle Abschnitt G Rn. 3.
[60] Anders/Gehle Abschnitt G Rn. 3 mwN.

kann sie also weiterhin verfolgen und einklagen; über sie ist ja auch nicht mit Rechtskraftwirkung entschieden worden.[61] Begründet wird dieses Ergebnis entweder mit § 139 BGB,[62] mit einer entsprechenden Bedingtheit der Aufrechnung[63] oder der fehlenden Rechtskraft[64] (so bei fehlender Postulationsfähigkeit,[65] bei Rücknahme,[66] bei Zurückweisung wegen Verspätung).[67]

6. Vorbehaltsurteil: § 302

45 § 302 Abs. 1 ermöglicht den Erlass eines **Vorbehaltsurteils unter Vorbehalt der Entscheidung über die Aufrechnung**, wenn nur die Verhandlung über die Forderung zur Entscheidung reif ist. Damit soll eine Prozessverschleppung durch den Beklagten verhindert werden.

46 Der Erlass eines Vorbehaltsurteils steht **im Ermessen des Gerichts**. Sie setzt voraus, dass nur die **Klageforderung** (und gerade nicht die Gegenforderung) **entscheidungsreif** ist und der Klageforderung **stattzugeben** ist; andernfalls erfolgt eine Abweisung der Klageforderung ohne Berücksichtigung der Aufrechnung.

> **Hinweis:** Zwar kann die Gegenforderung auch im rechtlichen Zusammenhang mit der Klageforderung stehen. Gleichwohl kommt etwa ein Vorbehaltsurteil über eine **Werklohnforderung bei Gegenansprüchen des Bestellers aus Mängeln** wegen der im **Gegenseitigkeitsverhältnis** stehenden Verpflichtung des Unternehmers zur mangelfreien Herstellung nur dann in Betracht, wenn die Mängelansprüche nur geringe Erfolgsaussichten haben und der Unternehmer ein überwiegendes Interesse an einem sofortigen Titel besitzt.[68] Bei Minderung scheidet ein Vorbehaltsurteil ohnehin aus, da keine Aufrechnung vorliegt.[69]

47 Der Vorbehalt ist in den Tenor selbst aufzunehmen,[70] und zwar unter bestimmter Bezeichnung der Aufrechnungsforderung.

> **Beispiel:** *„Der Beklagte wird verurteilt, an den Kläger 5.000 Euro zu zahlen, unter Vorbehalt der Entscheidung über die vom Beklagten geltend gemachte Aufrechnung mit einer Gegenforderung aus einem Darlehensvertrag vom 30.3.2022."* Kosten: Beklagter (§ 91), vorläufige Vollstreckbarkeit gem. §§ 708 ff.

Das **Vorbehaltsurteil** gilt in Bezug auf Rechtsmittel und Vollstreckung als Endurteil (§ 302 Abs. 3; zu beachten ist § 302 Abs. 4 S. 3: Vollstreckung mit Schadensersatzrisiko).

48 Ergeht ein Vorbehaltsurteil, bleibt der Rechtsstreit in Bezug auf die Aufrechnung weiterhin anhängig (§ 302 Abs. 4 S. 1). Das weitere Verfahren (**Nachverfahren**) betrifft **nur noch die Aufrechnungsforderung**, hinsichtlich der Klageforderung ist das Gericht an das Vorbehaltsurteil gebunden (§ 318). Im **Schlussurteil** wird **bei Nichtdurchgreifen der Aufrechnung** das Vorbehaltsurteil aufrechterhalten oder für vorbehaltslos erklärt (die „weiteren" Kosten treffen den Beklagten) sowie **bei Durchgreifen der Aufrech-**

---

61 BGH NJW 1955, 497; NJW 1994, 2770; NJW 2009, 1071; StJ/Althammer § 145 Rn. 63 ff.; MK/Wagner § 145 Rn. 25 ff.; HK-ZPO/Wöstmann § 145 Rn. 13; ThP/Seiler § 145 Rn. 18; Schellhammer Rn. 320, 323.
62 StJ/Althammer § 145 Rn. 65; BGH NJW 2009, 1071; wohl auch Schellhammer Rn. 321.
63 StJ/Althammer § 145 Rn. 64; BGH NJW 2009, 1071.
64 ThP/Seiler § 145 Rn. 18.
65 ThP/Seiler § 145 Rn. 18.
66 Schellhammer Rn. 321.
67 StJ/Althammer § 145 Rn. 64.
68 BGH NJW 2006, 698.
69 OLG Celle NJW-RR 2005, 654; OLG München NJOZ 2019, 67; Hk-ZPO/Saenger § 302 Rn. 4.
70 Anders/Gehle Abschnitt G Rn. 7.

III. Widerklage

nung das Vorbehaltsurteil aufgehoben und die Klage abgewiesen (§ 302 Abs. 4 S. 2; Neuentscheidung über die gesamten Kosten).

III. Widerklage

Besteht eine Gegenforderung des Beklagten, muss – neben einer Aufrechnung (→ Rn. 19 ff.) – zudem die Erhebung einer Widerklage erwogen werden. Anders als bei der Prozessaufrechnung handelt es sich bei der Widerklage um eine **echte Klage**, deren Gegenstand somit alles sein kann, was auch Gegenstand einer herkömmlichen Klage sein könnte; daher ist eine Leistungs-, Feststellungs- und Gestaltungswiderklage möglich. Hinsichtlich der **Verjährungshemmung** gilt § 204 Abs. 1 Nr. 1 BGB.[71]

49

1. Allgemeien Erwägungen für die Erhebung einer Widerklage

Die Erhebung einer Widerklage stellt zwar (anders als die Aufrechnung) keine Verteidigung gegen die Klageforderung im eigentlichen Sinne dar, da der Beklagte mit ihr vielmehr zum **selbständigen Gegenangriff** übergeht. Sie muss jedoch auch im Verteidigungszusammenhang gesehen – und demgemäß **in die Verteidigungsstrategie einbezogen** – werden, da sie in folgenden Situationen angebracht sein kann:

50

Die Gegenforderung ist **zur Verteidigung nicht unmittelbar** verwendbar; dies insbesondere deswegen, weil eine Prozessaufrechnung mangels Aufrechnungsmöglichkeit nicht möglich ist (etwa aufgrund eines Aufrechnungsausschlusses, der fehlenden Gleichartigkeit etc). In diesen Fällen kann die Erhebung der Widerklage – soweit die entsprechenden Voraussetzungen vorliegen – erwogen werden, um einen weiteren Prozess zu vermeiden.

Die Gegenforderung wird **möglicherweise** für die Verteidigung **nicht benötigt**; dies deswegen, weil die Klage möglicherweise bereits unbegründet ist. Ist die Klage unbegründet, wird über eine erklärte Eventualaufrechnung nicht entschieden (→ Rn. 35). Will der Beklagte seine Gegenforderung im Prozess dennoch geltend machen, kann dies im Wege einer Eventualwiderklage (für den Fall, dass die Klageforderung unbegründet ist) erfolgen. Auf diesem Wege wird sichergestellte, dass über die Gegenforderung entschieden wird.

Die Gegenforderung wird **nicht vollständig** zur Verteidigung benötigt; dies deswegen, weil die – eventualiter zur Aufrechnung gestellte – Gegenforderung den Betrag der Klageforderung übersteigt. Der überschießende Betrag kann dann im Wege der Widerklage geltend gemacht werden (dies ggf. auch zur weitergehenden Verjährungshemmung, → Rn. 49).

Die Verwendung der Gegenforderung wahrt noch nicht hinreichend die Interessen des Beklagten, dies insbesondere im Falle eines **Zurückbehaltungsrechts**. Denn greift dieses durch, wird der Beklagte nur **Zug um Zug** gegen Erfüllung der Verpflichtung des Klägers (etwa zur Zahlung gegen Mängelbeseitigung) verurteilt. In Rechtskraft erwächst dann aber nur die Verurteilung des Beklagten, nicht die Verpflichtung des Klägers;[72] auch kann nur der Kläger aus diesem Urteil vollstrecken (§ 756). Demgegenüber kann der Beklagte die dem Kläger obliegende Leistung nur vollstrecken, wenn der Kläger

---

71 Grünewald/Ellenberger § 204 Rn. 4.
72 BGH NJW 1992, 1171.

dazu **verurteilt** ist: Dies lässt sich mit einer Widerklage – **neben** der Ausübung des Zurückbehaltungsrechts – erreichen.

51 Im Übrigen kann eine Widerklage etwa erwogen werden, um – durch Erhebung auch gegen einen **Dritten** – einen **Zeugen des Klägers auszuschließen** (mit den besonderen Problemen der Widerklage mit Drittbeteiligung, → Rn. 74 ff.), um eine Zurückweisung von Vortrag gem. § 296 als verspätet zu vermeiden („Flucht in die Widerklage", → § 4 Rn. 55) sowie um weitere zwischen den Parteien streitige Ansprüche in den Rechtsstreit einzubeziehen, also zur **Gesamterledigung der Streitigkeiten** (in der Regel im günstigen eigenen Gerichtsstand). Weiter kann eine Widerklage zur **Vermeidung weiterer Angriffe des Klägers** erhoben werden, dies durch eine negative Feststellungswiderklage gegen eine Teilklage (→ § 2 Rn. 12; ein Rechtsschutzbedürfnis besteht insoweit auch bei Verzicht des Klägers auf weitere Ansprüche bei Abweisung der Klage, da ein Interesse des Beklagten an der rechtskräftigen Klärung der Rechtslage besteht)[73] oder durch eine negative Zwischenfeststellungswiderklage. Zuletzt lässt sich mittels einer Widerklage der Streitwert erhöhen und hierdurch eine **Rechtsmittelmöglichkeit** schaffen, auch kann die Erhebung einer Widerklage schlicht als **Druckmittel** zur Erreichung eines – günstigeren – Vergleichs erwogen werden.

2. Erhebung/Entstehung der Widerklage

52 Eine Widerklage kann erhoben werden durch

- **Zustellung** eines den Bestimmtheitserfordernissen des § 253 Abs. 2 Nr. 2 (Antrag!) entsprechenden **Schriftsatzes** des Beklagten (§ 261 Abs. 2),

  Hinweis: Da § 261 Abs. 2 nicht auf § 253 Abs. 2 Nr. 1 Bezug nimmt, ist ein volles Rubrum nicht erforderlich (anders bei Widerklage gegen Dritten). Eine Bezeichnung als „Widerklage" ist nicht notwendig, jedoch zur Gewährleistung richtiger prozessualer Behandlung zweckmäßig.[74]

- **Antragstellung** in der mündlichen Verhandlung (§ 261 Abs. 2)

  Hinweis: Dies gilt jedoch nicht im Falle einer Drittbeteiligung; insoweit ist ein Schriftsatz gem. § 253 Abs. 2 erforderlich.

- oder durch **Verbindung** gegenseitiger Prozesse der Parteien (§ 147).

  Hinweis: Welcher Rechtsstreit dann formell „als Klage" und welcher „als Widerklage" gilt, ist von der Sache her gleichgültig; nur aus Gründen der Aktenführung wird ein Verfahren, und zwar in der Regel das früher eingegangene, als „**führend**" bezeichnet – als Klage, deren **Aktenzeichen** dann insgesamt gilt, während das andere dann als Widerklage behandelt wird.

Ein Gerichtskostenvorschuss ist für die Widerklage nicht notwendig (§ 12 Abs. 2 Nr. 1 GKG).

3. Zulässigkeitsvoraussetzungen der Widerklage

a) Rechtshängigkeit der Hauptklage

53 Eine Widerklage ist (nur) zulässig, wenn zum Zeitpunkt ihrer Erhebung eine (Haupt-)Klage rechtshängig ist.[75] Die Erhebung einer Widerklage **vor Rechtshängigkeit** der Hauptklage (zB im Mahn- und PKH-Verfahren), zudem **nach Entfallen der**

---

73 BGH NJW 1993, 2609; NJW 2006, 2781.
74 Zö/Schultzky § 33 Rn. 12.
75 BGH NJW-RR 2001, 60; StJ/Roth § 33 Rn. 16; ThP/Hüßtege § 33 Rn. 23.

III. Widerklage § 10

Rechtshängigkeit der Hauptklage (etwa durch Klagerücknahme, Vergleich und übereinstimmende Erledigungserklärung) **ist daher unzulässig;**[76] in einem solchen Falle ist die (unzulässige) Widerklage abzutrennen (§ 145) und als **selbstständige Klage** zu behandeln, soweit dies dem Willen des Beklagten entspricht.

Die Hauptklage muss **zum Zeitpunkt der Erhebung der Widerklage** rechtshängig sein. Entfällt die Rechtshängigkeit der Hauptklage **nachträglich** (etwa durch Klagerücknahme nach Zustellung der Widerklage), berührt dies die Zulässigkeit der Widerklage nicht (mehr), ihr Schicksal ist also nicht von dem Fortbestand der Klage abhängig.[77] Wird eine Klage nach Zustellung einer Widerklage zurückgenommen, ist das Verfahren somit fortzusetzen,[78] der Verfahrensgegenstand ist jedoch auf die Widerklage beschränkt.

54

Nach Schluss der mündlichen Verhandlung kann eine Widerklage **nicht mehr erhoben werden;**[79] dies ergibt sich zwar nicht aus § 296a (die Widerklage ist kein Angriffs- bzw. Verteidigungsmittel, → § 4 Rn. 28),[80] jedoch daraus, dass Sachanträge nach Schluss der mündlichen Verhandlung unzulässig sind (§§ 256 Abs. 2, 261 Abs. 2, 297).[81] Geht nach Schluss der mündlichen Verhandlung eine Widerklage ein, kann dies allerdings Anlass für eine **Wiedereröffnung der Verhandlung** sein (§ 156; → § 4 Rn. 25 f.). Besteht **kein Anlass zur Wiedereröffnung**, muss über die Widerklage grundsätzlich nicht entschieden werden.[82] Das Gericht kann die Widerklage vielmehr **unberücksichtigt zu lassen**, sie also nur zu den Akten zu nehmen und von einer förmlichen Zustellung absehen (eine formlose Zuleitung einer Abschrift an den Gegner ist jedoch im Hinblick auf das rechtliche Gehör erforderlich).[83] Die Widerklage wird dann nicht rechtshängig, das Urteil ergeht somit nur zur Hauptklage (wenngleich die Nichtberücksichtigung im Rahmen **im Urteil erwähnt** werden sollte).[84] Der Beklagte kann sein Widerklagebegehren dann nur mit einer selbstständigen Klage weiterverfolgen.

55

> **Hinweis:** Alternativ kann das Gericht bei dem Beklagten jedoch auch anfragen, ob die nicht als solche zu berücksichtigende Widerklage als selbstständige Klage behandelt werden soll;[85] Dann ist die „Widerklage" als neue Klage zu erfassen; in einem solchen Falle beginnt ein von der Ausgangsklage – auch aktenmäßig – unabhängiger Prozess.

Wird die Widerklage – entgegen den bisherigen Ausführungen – gleichwohl noch **im laufenden Klageverfahren zugestellt**, ist umstritten, ob diese rechtshängig wird[86] oder nicht.[87] Geht man von Letzterem aus, kommt prozessual in Betracht, entweder die Widerklage abzutrennen (Folge: Behandlung als selbstständige Klage)[88] und über die

---

76 StJ/Roth § 33 Rn. 16 ff.; ThP/Hüßtege § 33 Rn. 23.
77 StJ/Roth § 33 Rn. 17; ThP/Hüßtege § 33 Rn. 23; Schellhammer Rn. 1576.
78 OLG Düsseldorf MDR 1990, 278.
79 BGH NJW-RR 1992, 1085; BGH NJW 2000, 2512.
80 StJ/Thole § 296a Rn. 22; vgl. Auch Mus/Voit/Huber § 296a Rn. 3; BGH NJW-RR 2009, 853.
81 Vgl. StJ/Thole § 296a Rn. 22; Mus/Voit/Huber § 296a Rn. 3. Hierzu auch BGH NJW-RR 2009, 853.
82 Zö/Schultzky § 33 Rn. 13; zur Klageerweiterung vgl. BGH NJW-RR 2009, 853. Der BGH billigte indes auch die Abweisung einer nachträglichen Widerklage als unzulässig (BGH NJW-RR 1992, 1085; offenlassend BGH NJW 2000, 2512). Da über die nachträgliche Widerklage jedoch nicht verhandelt wird, dürfte in der Abweisung als unzulässig ein Verstoß gegen § 128 Abs. 1 (Mündlichkeitsgrundsatz, vgl. § 4 Rn. 1 ff.) liegen.
83 Zö/Greger § 296a Rn. 2a; Mus/Voit/Huber § 296a Rn. 5; Fischer NJW 1994, 1315 (1320). A.A. (Zustellung) StJ/Thole § 296a Rn. 23.
84 Mus/Voit/Huber § 296a Rn. 5.
85 Zö/Greger § 296a Rn. 2a.
86 OLG München MDR 1981, 502.
87 StJ/Thole § 296a Rn. 23; Zö/Greger § 296a Rn. 2a; OLG Hamburg MDR 1995, 526.
88 OLG Düsseldorf NJW-RR 2000, 173.

Hauptklage durch Endurteil zu entscheiden oder über die Hauptklage durch Teilurteil zu entscheiden und den Prozess zur Widerklage fortzusetzen.

b) Parteien der Widerklage

56 **Parteien** der Widerklage sind grundsätzlich der/die Beklagte/n als Widerkläger und der/die Kläger als Widerbeklagte/r. Sie sind als solche zu bezeichnen. Zur Widerklage mit Drittbeteiligung → Rn. 74 ff.

c) Selbstständiger Streitgegenstand der Widerklage

57 Die Widerklage muss im Verhältnis zur Hauptklage einen **selbstständigen Streitgegenstand** aufweisen, darf sich also nicht nur in einer Verneinung des Klagebegehrens (etwa auf Feststellung dahin, dass der Klageanspruch nicht bestehe) erschöpfen: Denn in letzterem Falle steht ihr zum einen eine anderweitige Rechtshängigkeit entgegen (nur kontradiktorisches Gegenteil zur Klage),[89] zum anderen fehlt ihr das Rechtsschutzinteresse, da insoweit bereits der Klageabweisungsantrag ausreicht. Folglich wäre eine entsprechende Widerklage durch Prozessurteil abzuweisen. Vor einer Klageabweisung ist freilich stets – durch Auslegung oder nach § 139 – zu klären, ob nicht in Wirklichkeit nur ein **ungeschickt formulierter Klageabweisungsantrag** gestellt ist.

d) Sachzusammenhang der Widerklage zur Klage

58 Umstritten ist, ob ein – aus § 33 abzuleitender – Sachzusammenhang (einheitliches Lebensverhältnis) zur Klage als **besondere Zulässigkeitsvoraussetzung** für die Widerklage bestehen muss.

Die **Rechtsprechung** nimmt dies zum Schutz des Klägers an.[90] Fehlt ein Sachzusammenhang zwischen Widerklage und Klage, ist die Widerklage nach Auffassung der Rechtsprechung grundsätzlich unzulässig, allerdings ist das Fehlen der **besondere Zulässigkeitsvoraussetzung** heilbar (§ 295). Folglich hat das Fehlen eines Sachzusammenhangs keine Auswirkung, wenn der Kläger keine entsprechende Rüge erhebt; rügt er, ist die Widerklage jedoch abzutrennen und als eigenständige Klage zu behandeln.

Demgegenüber sieht das überwiegende **Schrifttum** in § 33 nur eine zusätzliche Bestimmung über die örtliche Zuständigkeit;[91] dies folge aus der systematischen Stellung von § 33 (geregelt in Buch 1 Titel 2 der ZPO: Gerichtsstand) sowie aus dessen Wortlaut (besonderer Gerichtsstand der Widerklage). Ein besonderer Sachzusammenhang ist nicht erforderlich, fehlt er, kann die Widerklage jedoch – nach Ermessen des Gerichts – zur separaten Entscheidung abgetrennt werden (§ 145 Abs. 2).

> Beispiel: A klagt gegen B – beide wohnhaft in Hamburg – vor dem LG Hamburg auf Zahlung eines Kaufpreises; B erhebt Widerklage aus einem Pflichtteilsanspruch. Nach der Rechtsprechung ist die Widerklage **unzulässig**, da zwischen Klage und Widerklage kein Sachzusammenhang besteht; rügt der Kläger den fehlenden Sachzusammenhang nicht, tritt eine Heilung (§ 295) ein, so dass über die Widerklage zu entscheiden ist; andernfalls ist die Widerklage abzutrennen. Demgegenüber ist die Widerklage nach Auffassung des überwiegenden Schrifttums **zulässig**: Ein Sachzusammenhang sei nicht erforderlich, eine örtliche Zuständigkeit besteht bereits nach §§ 12, 13 (allgemeiner Gerichts-

---

[89] MK/Patzina § 33 Rn. 8.
[90] BGH NJW 1975, 1228; NJW 1981, 1217; NJW 2001, 2094.
[91] StJ/Roth § 33 Rn. 3 ff.; ThP/Hüßtege § 33 Rn. 1; MK/Patzina § 33 Rn. 2; Mus/Voit/Heinrich § 33 Rn. 3; Zö/Schultzky § 33 Rn. 1 f.; Schellhammer Rn. 1577.

III. Widerklage

stand), so dass es ihrer Begründung durch die – nicht eingreifende – Bestimmung des § 33 nicht bedarf. Eine Prozesstrennung ist jedoch möglich (§ 145 Abs. 2), sie liegt im Ermessen des Gerichts.

e) Gleiche Prozessart wie die Hauptklage

Für die Widerklage muss die gleiche Prozessart wie für die Hauptklage bestehen;[92] ist dies nicht der Fall, ist die Widerklage als unzulässig abzuweisen.

> **Beispiele:** Eine Widerklage gegen einen Arrest-/Verfügungsantrag ist daher nicht möglich ebenso wenig ein – widerklagend geltend gemachter – Arrest-/Verfügungsantrag gegenüber einer Klage. Zulässig ist jedoch eine Urkunden-Widerklage gegen eine Klage im ordentlichen Prozess, da keine wesentlichen Verfahrensunterschiede bestehen;[93] gegenüber einer Urkundenklage ist eine Widerklage indes durch § 595 Abs. 2 ausdrücklich ausgeschlossen.

f) Allgemeine Sachurteilsvoraussetzungen der Widerklage

Die allgemeinen Sachurteilsvoraussetzungen einer Klage müssen **insgesamt auch für die Widerklage** erfüllt sein, da es sich um eine herkömmliche Klage handelt. So darf in Bezug auf den durch die Widerklage eingeführten Streitgegenstand etwa keine anderweitige Rechtshängigkeit bestehen;[94] denn die Widerklage macht die Gegenforderung – da es sich hierbei (im Unterschied zur Aufrechnung) um eine echte Klage handelt – **rechtshängig**.

Die **örtliche Zuständigkeit** folgt aus § 33, falls sie sich nicht schon aus anderen Regelungen ergibt (nicht jedoch bei nicht-prorogationsfähigen Streitigkeiten, §§ 33 Abs. 2, 40 Abs. 2 → § 9 Rn. 61 ff.).

> **Hinweis:** § 33 betrifft unstreitig die örtliche Zuständigkeit. Streitig ist nur, ob darüber hinaus aus § 33 eine allgemeine Zulässigkeitsvoraussetzung des Zusammenhangs zu entnehmen ist (→ Rn. 58).

In Bezug auf die **sachliche Zuständigkeit** ist zu beachten, dass hinsichtlich des **Zuständigkeitsstreitwerts** keine Zusammenrechnung der einzelnen Streitwerte erfolgt (§ 5 Hs. 2). Daher bleibt das Amtsgericht bei einer Klage über 3.000 EUR und Widerklage über 4.000 EUR sachlich zuständig (auch wenn ein Gebührenstreitwert von 7.000 EUR besteht, § 45 Abs. 1 S. 1, 3 GKG). Wird im Rahmen eines bei dem **Amtsgericht** anhängigen Rechtsstreit eine Widerklage mit einem Landgerichtsstreitwert erhoben, erfolgt – allerdings nur **auf Antrag einer Partei** – eine Verweisung des gesamten Rechtsstreits (Klage und Widerklage) an das Landgericht (§ 506). Lässt sich der Kläger hingegen – trotz entsprechenden Hinweises – **rügelos** auf das Verfahren vor dem Amtsgericht ein (§ 39) oder wurde die Zuständigkeit des Amtsgerichts vereinbart, wird das Amtsgericht auch für die Widerklage zuständig. Demgegenüber ist das **Landgericht** grundsätzlich auch für solche Widerklagen zuständig, für die bei selbstständiger Erhebung das Amtsgericht sachlich zuständig wäre (allgemeine Auffassung).[95] Eine Ausnahme besteht jedoch für eine **ausschließliche** Amtsgerichts-Zuständigkeit (WEG-Sachen, etc): Auf Antrag erfolgt eine Trennung und Verweisung, andernfalls ist die Widerklage als unzulässig abzuweisen.

---

92 Zö/Schultzky § 33 Rn. 23.
93 BGH NJW 2002, 751.
94 StJ/Roth § 33 Rn. 13.
95 Vgl. etwa Zö/Schultzky § 33 Rn. 16 mwN.

4. Verhandlung und Entscheidung

61 Über Klage und Widerklage wird **grundsätzlich gleichzeitig verhandelt** (in der Regel einheitlicher Beweisbeschluss, gleichzeitige Beweisaufnahme). Bei fehlendem Zusammenhang ist jedoch eine **Abtrennung der Widerklage** möglich (§ 145 Abs. 2), was zu einem selbstständigen Prozess mit dem Beklagten als Kläger führt.

62 Die Widerklage kann als solche **nicht gem. § 296 wegen Verspätung zurückgewiesen** werden, da sie kein Angriffs- oder Verteidigungsmittel darstellt. Daher kann der Beklagte uU durch Erhebung einer Widerklage **verhindern**, dass – da ein Teilurteil unter gleichzeitiger Zurückweisung von Vorbringen nicht zulässig ist – der **Klage unter Zurückweisung** von verspätetem Verteidigungsvorbringen stattgegeben wird (→ § 4 Rn. 55: „Fluchtweg").

Eine **Zurückweisung von Verteidigungsvorbringen** zur Klage ist **aber** trotz Erhebung der Widerklage **möglich**, wenn die **Widerklage sogleich entscheidungsreif** ist: Dann kann sogleich ein Urteil über Klage **und** Widerklage erlassen werden, zur Klage unter Zurückweisung des verspäteten Vortrags. Entsprechendes gilt, wenn die **Widerklage nach § 145 Abs. 2 abgetrennt** werden kann und wird: Dann ergeht eine Entscheidung durch Endurteil allein über die Klage.

63 Ein **Teilurteil** ist möglich hinsichtlich Klage oder Widerklage, wenn der Rechtsstreit insoweit entscheidungsreif ist (§ 301 Abs. 1 S. 1). Bei Erlass eines Teilurteils muss aber sichergestellt sein, dass ein **inhaltlicher Widerspruch zum Schlussurteil ausgeschlossen** ist (→ § 5 Rn. 30 ff.). Aus diesem Grunde **unzulässig** ist etwa ein Teilurteil im Falle einer gegensätzlichen Freigabe-(wider-)klage,[96] zudem im Falle einer Klage auf Zahlung von Werklohn und Widerklage mit Schadensersatzansprüchen wegen einer mangelhaften Herstellung des Werks, wenn für die beiderseitigen Ansprüche jeweils die Frage der Abnahme des Werks erheblich ist.[97] Die Gefahr der Widersprüchlichkeit kann jedoch in der Berufungsinstanz dadurch beseitigt werden, dass über die Vorfragen ein Zwischenfeststellungsurteil gem. § 256 Abs. 2 ergeht.[98]

64 Die **Prüfung der Widerklage** erfolgt nach den allgemeinen Grundsätzen – entsprechend der Prüfung der Klage – dahin, ob dem Beklagten der prozessuale Anspruch zusteht, wobei immer zu berücksichtigen ist, dass sich der Beklagte insoweit in der Stellung eines Klägers befindet: Die **Beweislast** für die Anspruchsvoraussetzungen der Widerklage liegt daher grundsätzlich bei dem Beklagten, für Einwendungen und Einreden gegen den Anspruch grundsätzlich bei dem Kläger.[99]

65 In Bezug auf das **Urteil** gilt: Der Hauptausspruch des Tenors erfolgt in der Regel getrennt zur Klage und Widerklage.

Beispiel: *„1. Die Klage wird abgewiesen. 2. Auf Widerklage wird der Kläger verurteilt, 5.000 EUR an die Beklagte zu zahlen."*

Es ergeht eine **einheitliche Kostenentscheidung**, hinsichtlich des Gebührenstreitwerts ist **§ 45 Abs. 1 S. 1, 3 GKG** zu beachten.

---

[96] BGH NJW-RR 1992, 1340.
[97] BGH NJW 1997, 453. Demgegenüber soll nach neuer Rechtsprechung des BGH ein Teilurteil über eine Widerklage, mit der ein Planer einen Sicherungsanspruch gem. § 648 a BGB aF (650 f. BGB) geltend macht, nicht deshalb unzulässig sein, weil die Gefahr sich widersprechender Entscheidungen in Bezug auf den Klagegegenstand besteht; die Ausnahme soll hier deswegen bestehen, weil ansonsten der Zweck des gesetzlichen Sicherungsanspruchs unterlaufen werden würde (BGH NJW 2021, 2438).
[98] BGH NJW-RR 2012, 849.
[99] Zum Gutachten, insbesondere zur Relationsklausur vgl. Anders/Gehle Abschnitt M Rn. 7 ff.

III. Widerklage § 10

5. Besondere Formen der Widerklage

a) Eventual-(Hilfs-)widerklage des Beklagten

Eine Eventual-(Hilfs-)widerklage des Beklagten ist aus Gründen der Waffengleichheit[100] und der Prozessökonomie zulässig: Voraussetzung ist nur die Abhängigkeit von einer innerprozessualen Bedingung. Dies kann sowohl das Scheitern als auch der Erfolg des Widerklägers mit seinem Hauptbegehren sein, so dass daher sowohl ein „echtes" („eigentliches") als auch ein „uneigentliches" Eventualverhältnis zulässig ist.[101]   66

Zulässig sind insbesondere folgende (wichtige) Konstellationen:

aa) Eventualwiderklage bei möglicherweise unzulässiger Aufrechnung

Erhebt der Kläger gegenüber der Aufrechnung des Beklagten den Einwand der Unzulässigkeit (etwa Aufrechnungsverbot), kann der Beklagte daraufhin die Gegenforderung hilfsweise – für den Fall, dass das Gericht die Aufrechnung für unzulässig hält – mit der Widerklage geltend machen. Ist die Aufrechnung zulässig, wird zur Klage auch über die Aufrechnungsforderung entschieden; die Rechtshängigkeit der Eventualwiderklage entfällt. Ist dagegen die Aufrechnung unzulässig (scheitert also der Beklagte mit seinem Hauptbegehren), wird der Klage ohne Berücksichtigung der Aufrechnung stattgegeben; nunmehr ist über die Eventualwiderklage zu entscheiden, der Kläger also ggf. gemäß dem Widerklageantrag zu verurteilen.[102] ▶ „Echtes" („eigentliches") Eventualverhältnis.   67

bb) Eventualwiderklage mit Eventualaufrechnung

Der Beklagte rechnet eventualiter mit der Klageforderung auf und erhebt für den Fall, dass die Klageforderung an sich unbegründet ist (die Aufrechnungsforderung also nicht zur Abwehr der Klage benötigt wird) Eventualwiderklage.[103] Falls die Klageforderung begründet ist, kommt die Aufrechnung zum Tragen; die Rechtshängigkeit der Eventualwiderklage entfällt. Wird dagegen die Klage wegen Unbegründetheit abgewiesen, hat also der Beklagte mit seinem Hauptvorbringen Erfolg, ist nunmehr im Rahmen der Widerklage über die Aufrechnungsforderung zu entscheiden. ▶ „Uneigentliches" Eventualverhältnis.   68

Auch ist eine **Koppelung mit einer unbedingten Widerklage** praktisch bedeutsam.

> Beispiel: Klageforderung 1.000 EUR, Gegenforderung des Beklagten 2.000 EUR: Mit Teilbetrag von 1.000 EUR Eventualaufrechnung und Eventualwiderklage; hinsichtlich des restlichen Teils unbedingte Widerklage.

cc) Eventualwiderklage für den Fall des Klageerfolgs

Zulässig ist auch eine Eventualwiderklage für den Fall des Klageerfolgs: Der Beklagte erstrebt primär Klageabweisung und macht mit der Hilfswiderklage **Ansprüche** geltend, die sich bei einem **Klageerfolg** für ihn ergeben.[104]   69

---

100 StJ/Roth § 33 Rn. 36.
101 BGH NJW 1996, 320; NJW 1996, 2306.
102 BGH NJW 1961, 1862; NJW 1986, 1991; NJW-RR 1987, 880. Vgl. hierzu StJ/Roth § 33 Rn. 38; MK/Patzina § 33 Rn. 24.
103 BGH NJW 1999, 1179; StJ/Roth § 33 Rn. 37; MK/Patzina § 33 Rn. 24.
104 BGH NJW 1956, 1478; StJ/Roth § 33 Rn. 38; MK/Patzina § 33 Rn. 24.

Beispiel: Der Beklagte hat an den Kläger Zahlungen auf einen Kaufvertrag geleistet. Der Kläger klagt auf Feststellung der Nichtigkeit des Kaufvertrages. Der Beklagte beantragt Klageabweisung, weil der Vertrag wirksam sei, verlangt aber hilfsweise – für den Fall der Nichtigkeit des Vertrages, also der Erfolglosigkeit seines Hauptbegehrens – mit der Widerklage die Rückzahlung der geleisteten Beträge (▶„echtes"/„eigentliches" Eventualverhältnis).

dd) Eventualwiderklage für den Fall der Klageabweisung

70 Ebenfalls kann der Beklagte eine Widerklage für den Fall **der Klageabweisung** erheben.[105]

Beispiel: Der Kläger klagt auf Feststellung der Wirksamkeit eines Kaufvertrages. Der Beklagte beantragt Klageabweisung und erhebt Eventualwiderklage für den Fall, dass das Gericht die Klage abweist (= Erfolg seines Hauptbegehrens), auf Rückzahlung der bereits von ihm geleisteten Kaufpreisraten (▶ „uneigentliches" Eventualverhältnis).

ee) Widerklage mit Hilfsanträgen

71 Zuletzt kann der Beklagte auch im Rahmen der Widerklage **Hilfsanträge** stellen.

Beispiel: Der Kläger klagt einen Teil einer Werklohnforderung ein. Der Beklagte erhebt Widerklage auf Feststellung der Nichtigkeit des Vertrages (§ 256 Abs. 2), hilfsweise auf Mängelbeseitigung.

b) Wider-Widerklage

72 Eine **Wider-Widerklage des Klägers** ist ebenfalls zulässig; sie kann wiederum auch hilfsweise erhoben werden.[106]

Beispiel: Der Kläger klagt den Kaufpreis für eine Sache ein. Der Beklagte erhebt Widerklage auf Lieferung einer anderweitigen Sache aus einem Vertrag über weitere Gegenstände; hierzu beantragt der Kläger die Feststellung, dass ein solcher Vertrag nicht bestehe. Mit dem Feststellungsantrag wendet sich der Kläger (nur) gegen die Widerklage: Es liegt eine Wider-Widerklage, die ausschließlich den Regeln der Widerklage unterliegt (keine Klageerweiterung, die Klageänderungsregeln gelten nicht).[107]

c) Die petitorische Widerklage

73 Die petitorische Widerklage betrifft folgende Situation: Der Kläger klagt auf Wiedereinräumung des Besitzes nach verbotener Eigenmacht des Beklagten. Der Beklagte macht geltend, dass er der Eigentümer der Sache und damit zum Besitz berechtigt sei; er erhebt Widerklage auf Feststellung seines Eigentums. Gegenüber der possessorischen Klage aus § 861 BGB kann der Beklagte nicht ein Recht zum Besitz einwenden (§ 863 BGB). Dies schließt aber nach hM nicht die Zulässigkeit einer auf das Besitzrecht gestützten – petitorischen – Widerklage aus.[108]

Falls die **Besitzschutzklage vor der Widerklage entscheidungsreif** ist, wird über sie durch **Teilurteil** auf Herausgabe an den Kläger – vorläufig vollstreckbar (§ 708 Nr. 9!) – entschieden und so die ursprüngliche Besitzlage wiederhergestellt, anschließend über die Widerklage und die materielle Besitzberechtigung. Sind aber **Klage und** – zuguns-

---

105 BGH NJW 1996, 2306.
106 StJ/Roth § 33 Rn. 35, 39; MK/Patzina § 33 Rn. 25; Zö/Schultzky § 33 Rn. 35.
107 BGH NJW-RR 1996, 65.
108 BGH NJW 1970, 707; NJW 1979, 1358. Vgl. auch StJ/Roth § 33 Rn. 22; MK/Patzina § 33 Rn. 26; Zö/Schultzky § 33 Rn. 36; Grünewald/Herrler § 863 Rn. 3.

ten des Beklagten – **Widerklage gleichzeitig entscheidungsreif**, so ist nach herrschender Auffassung die **Besitzschutzklage in entsprechender Anwendung des § 864 Abs. 2 BGB abzuweisen** und nur der Widerklage stattzugeben,[109] damit widersprechende Entscheidungen vermieden werden und dann nur die Entscheidung ergeht, die die Rechtsbeziehungen endgültig regelt. Nach der Gegenauffassung ist dies abzulehnen, da § 864 Abs. 2 BGB eine rechtskräftige Besitzrechtsentscheidung voraussetze und bis dahin der Besitzschutz Vorrang haben müsse.[110]

d) Widerklage mit Drittbeteiligung

Problematisch sind zuletzt Fälle mit Drittbeteiligung. Wesentlich sind insoweit folgende drei Konstellationen:

- Der Beklagte erhebt Widerklage **gegen den Kläger *und* gegen einen Dritten**.

  Beispiel 1: Nach einem Verkehrsunfall unter Beteiligung zweier PKW (Halter und Fahrer jeweils verschieden) klagt der Kläger (Halter des PKW 1) gegen den unfallbeteiligten Beklagten (Fahrer PKW 2) auf Schadensersatz; der Beklagte erhebt Widerklage gegen den Kläger als Halter **und** gegen den am Rechtsstreit bislang nicht beteiligten Fahrer des PKW 1 auf Ersatz seines Schadens (→ Rn. 75).

- Der Beklagte erhebt Widerklage *nur* **gegen einen Dritten**.

  Beispiel 2: Der Beklagte erhebt Widerklage **nur** gegen den Fahrer des PKW 1 (→ Rn. 76).

- Ein *Dritter* erhebt Widerklage **gegen den Kläger** oder **gegen einen Dritten**.

  Beispiel 3: Die Ehefrau des Beklagten erhebt gegen den Kläger oder gegen den Fahrer des PKW 1 Widerklage auf Schmerzensgeld (→ Rn. 77).

74

Nach der Rechtsprechung des **BGH** ist eine Widerklage **des Beklagten** gegen einen Dritten grundsätzlich *nur* dann zulässig, wenn sie zugleich *auch* gegen den Kläger erhoben wird (vgl. **Beispiel 1**),[111] und zwar hinsichtlich des Dritten unter folgenden **drei Voraussetzungen:**

75

Zunächst muss das mit der Widerklage befasste Gericht auch für die Klage gegen den Dritten nach **den allgemeinen Regelungen örtlich zuständig** sein.[112] Der Gerichtsstand aus **§ 33 gilt insoweit nicht**.[113] Sachlich ist das Landgericht auch für eine Widerklage mit Amtsgericht-Streitwert zuständig (nachteilig für Dritten: Anwaltszwang).

Kläger und Dritter müssen weiter **Streitgenossen iSd §§ 59 ff.** sein. Im Verhältnis der Widerklage zur Klage fordert der einen **Zusammenhang iSv § 33** (→ Rn. 58), der über §§ 59 ff. entsprechend zu dem Dritten hergestellt wird.

Zuletzt müssen die **Voraussetzungen für eine Klageänderung** vorliegen (§ 263: Einwilligung des Dritten bzw. rügelose Verhandlung oder Zulassung durch das Gericht als sachdienlich);[114] dies folgt aus der **Klageänderungstheorie des BGH** zum Parteibeitritt (→ § 6 Rn. 44).

Liegen diese drei Voraussetzungen vor, ist eine Drittwiderklage stets zulässig.

---

109 BGH NJW 1979, 1358; NJW 1999, 425 (hierzu Amend JuS 2001, 124). Vgl. auch StJ/Roth § 33 Rn. 22; MK/Patzina § 33 Rn. 26; Zö/Schultzky § 33 Rn. 36; Grünewald/Herrler § 863 Rn. 3.
110 So etwa MKBGB /Schäfer BGB § 863 Rn. 10; Gursky JZ 1984, 605.
111 BGH NJW 2007, 1753, NJW 2014, 1670; NJW 2019, 1610; NJW 2021, 1093.
112 BGH NJW-RR 2008, 1516.
113 BGH NJW-RR 2008, 1516.
114 BGH NJW 1975, 1228 (1229); NJW 1996, 196; NJW 2001, 2094.

76 Demgegenüber ist eine **Drittwiderklage des Beklagten *ausschließlich* gegen einen Dritten** – sog. isolierte Drittwiderklage (vgl. Beispiel 2) – nach Auffassung des BGH **grundsätzlich unzulässig**.[115] Allerdings macht der BGH von diesem Grundsatz **zunehmend Ausnahmen**,[116] dies „unter Berücksichtigung des prozessökonomischen Zwecks der Widerklage, eine Vervielfältigung und Zersplitterung von Prozessen über einen einheitlichen Lebenssachverhalt zu vermeiden und eine gemeinsame Verhandlung und Entscheidung über zusammengehörende Ansprüche zu ermöglichen."[117] Diese Ausnahmen laufen darauf hinaus, das eine isolierte Drittwiderklage immer dann zulässig ist, wenn die Sachverhalte von Klage und Widerklage eng miteinander verknüpft sind und keine schutzwürdigen Interessen des Widerbeklagten verletzt werden.[118]

> **Beispiele:** Der Kläger macht an ihn abgetretene Schadensersatzansprüche aus einem Verkehrsunfall gegen den Unfallbeteiligten geltend und benennt dabei den Zedenten als Zeugen; der Beklagte erhebt Widerklage gegen den Zedenten wegen seiner Ansprüche aus dem Unfall (wodurch dieser zugleich als Zeuge ausscheidet). Dies ist zulässig: Es wird im Ergebnis nur die prozessuale Situation wiedergestellt, die bestanden hätte, wenn der Zedent den Anspruch selbst eingeklagt hätte.[119] Zulässig unter den genannten Voraussetzungen ist auch eine Widerklage des Beklagten gegen den Zedenten einer vom Zessionar eingeklagten Forderung auf Feststellung, dass dem Zedenten keine Ansprüche zustehen,[120] oder auf Leistung aus einer Forderung, mit der er zugleich gegen die Klage des Zessionars hilfsweise aufrechnet.[121] Zulässig ist zuletzt auch eine isolierte Drittwiderklage des Beklagten aus einem ihm (leasingtypisch) abgetretenen Sachmängelgewährleistungsrechten des Klägers gegen die am Rechtsstreit bislang nicht beteiligte Verkäuferin des Leasingfahrzeugs.[122]

Eine **Gerichtsstandbestimmung** iSd § 36 Abs. 1 Nr. 3 für isolierte Dritt-Widerklagen (zB gegen den bisher nicht am Verfahren beteiligten Zedenten der Klageforderung) ist nach Auffassung des BGH zulässig. Insofern findet § 33 auf die Drittwiderklage entsprechende Anwendung.[123]

77 **Ausnahmslos unzulässig ist** demgegenüber die **Widerklage eines Dritten gegen den Kläger**,[124] ferner („erst recht") die **Widerklage eines Dritten gegen einen Dritten** (vgl. **Beispiel 3**). Eine derartige „Widerklage" kann jedoch als eigenständige Klage zu behandeln sein, die mit der Anregung erhoben wird, den neuen mit dem bereits anhängigen Rechtsstreit nach § 147 ZPO zu verbinden.[125] Ein solches Vorgehen setzt indes einen entsprechenden – durch Auslegung oder gem. § 139 festzustellenden – Willen des Dritten voraus. Fehlt dieser, ist dessen Klage als unzulässig abzuweisen.

---

115 BGH NJW 1975, 1228; NJW 1993, 2120; NJW 2001, 2094; NJW 2007, 1753; NJW 2008, 2852; BGH NJW 2014, 1670; NJW 2019, 1610; NJW 2021, 1093. Zur isolierten Drittwiderklage als Instrument der Prozesstaktik vgl. dazu auch Schöler MDR 2011, 522 sowie Skusa NJW 2011, 2697.
116 Vgl. etwa BGH NJW 1984, 2104; BGH NJW 2007, 1753; NJW 2001, 2094; NJW 2021, 1093.
117 BGH NJW 2021, 1093.
118 BGH NJW 2007, 1753; NJW 2008, 2852; NJW 2011, 460; NJW 2014, 1670; NJW 2019, 1610; NJW 2021, 1093; BGH NJW-RR 2022, 781.
119 BGH NJW 2007, 1753 mit Anm. Riehm JZ 2007, 1001.
120 BGH NJW 2011, 460; NJW 2008, 2852.
121 BGH NJW 2001, 2094.
122 BGH NJW 2021, 1093.
123 BGH NJW 2011, 460.
124 StJ/Roth § 33 Rn. 50.
125 So OLG Stuttgart MDR 2012, 1186 mwN. Vgl. auch StJ/Roth § 33 Rn. 50.

§ 11 Der Beweis

I. Zweck: Klärung der entscheidungserheblichen streitigen Tatsachen

Die Entscheidung über das Klagebegehren bedingt die Anwendung einschlägiger Rechtsnormen, so dass deren tatsächlichen Voraussetzungen vorliegen müssen. Tatsachenvortrag ist Aufgabe der Parteien (Beibringungsgrundsatz). Sind entscheidungserhebliche Tatsachen zwischen den Parteien streitig, müssen diese – sofern beweisbedürftig – zur Überzeugung des Gerichtes geklärt werden; hierzu dient die **Beweisaufnahme**. Erst nach Feststellung der beweiserheblichen Tatsachen kann eine Subsumtion unter die maßgeblichen Rechtsnormen erfolgen, der Rechtsstreit mithin durch Urteil entschieden werden.

Der Untersuchungsgang zur Entscheidung erfolgt in **vier Untersuchungsschritten**: Festlegung der **entscheidungserheblichen streitigen Tatsachen**, Feststellung der **Beweisbedürftigkeit**, Klärung – Feststellung – der **beweisbedürftigen Tatsachen** sowie **Übertragung des Beweisergebnisses** auf die entscheidungserheblichen Rechtsnormen.

1. Festlegung der entscheidungserheblichen streitigen Tatsachen

Dem Beweise zugänglich sind ausschließlich **entscheidungserhebliche streitige Tatsachen**, so dass diese für den jeweiligen Rechtsstreit zunächst zu bestimmen sind.

Entscheidungserheblich ist eine Tatsache, wenn sie zu der Anwendung einer für den Rechtsstreit maßgeblichen Rechtsnorm führt; andernfalls bedarf es keiner weiteren Aufklärung.

Streitig ist eine Tatsache, wenn sie der Gegner – ausdrücklich oder konkludent – bestreitet oder sich – zulässigerweise – mit Nichtwissen erklärt. Eine **Erklärung mit Nichtwissen**[1] ist gem. § 138 Abs. 4 nur über Tatsachen zulässig, die weder eigene Handlungen der Partei noch Gegenstand ihrer eigenen Wahrnehmung gewesen sind, zudem – über den Wortlaut von § 138 Abs. 4 hinaus – dann, wenn sich die Partei an die Tatsache (glaubhaft) nicht mehr erinnern kann; in letzterem Fall treffen die Partei jedoch Erkundigungs- und Informationsobliegenheiten, so dass diese ihrer Erinnerung – ggf. anhand von Dokumenten – auffrischen muss. Ist eine Erklärung mit Nichtwissen unzulässig, gilt die gegnerische Behauptung als zugestanden, ist also als unstreitig zu behandeln. Wird eine Tatsache zugestanden oder gilt sie als zugestanden, bedarf es **keiner weiteren Aufklärung durch das Gericht**, vielmehr muss der unstreitige Vortrag der Entscheidung zugrunde gelegt werden (Verhandlungsgrundsatz – keine Aufklärung von Amts wegen).

Mit Tatsachen sind in erster Linie **Haupttatsachen** gemeint, also solche Tatsachen, die unmittelbar unter die maßgeblichen Tatbestandsmerkmale des in Frage stehenden Norm subsumierbar sind; dem Beweise zugänglich sind jedoch auch **Hilfstatsachen** („Indizien"), soweit diese zum Beweis der streitigen Haupttatsachen geeignet sind (logischer Beweiswert);[2] insoweit ist eine **Gesamtschau der Hilfstatsachen erforderlich**.[3]

---

1 Vgl. hierzu ferner: Weller/Santüns JA 2022, 485.
2 BGH NJW-RR 2001, 887.
3 BGH NJW-RR 1994, 1112.

Köhler

2. Feststellung der Beweisbedürftigkeit

3 Grundsätzlich bedürfen sämtliche entscheidungserhebliche streitige Tatsachen der Klärung durch ein Beweisverfahren. **Nicht beweisbedürftig** sind jedoch solche Tatsachen, die bereits ohne Beweisaufnahme feststehen, mithin

- **offenkundige Tatsachen** (§ 291), also etwa Tatsachen, über die in den Medien berichtet wurde, Ortsentfernungen, ggf. auch Inhalte von Wikipedia[4] etc.
- **Tatsachen, die aus einer gesetzlichen oder tatsächlichen Vermutung folgen.** Dies jedenfalls dann, wenn das Eingreifen der Vermutungsregel bereits feststeht, weil die Vermutungsvoraussetzungen unstreitig sind, die Vermutungsfolge bei gesetzlicher Vermutung nicht widerlegt bzw. bei tatsächlicher Vermutung/Anscheinsbeweis nicht erschüttert ist. Sind die **Tatsachen** zur Begründung, Widerlegung oder Erschütterung der Vermutung indes streitig, sind sie beweisbedürftig.[5]
- **Haupttatsachen, die aufgrund unstreitiger Hilfstatsachen feststehen.** Ein angebotener Gegenbeweis ist in einem solchen Falle jedoch stets zu erheben.[6] Entsprechend gilt umgekehrt: Auch bei entgegenstehenden unstreitigen Hilfstatsachen ist einem Beweisantrag zur Haupttatsache nachzugehen.[7]
- **Tatsachen, die mittels § 287 feststellbar sind (Schadensschätzung).** § 287 stellt für eine Schadensermittlung an das Maß der Überzeugungsbildung des Gerichts geringere Anforderungen als § 286.[8] Im Hinblick auf Kausalitätsfragen ist insoweit zu beachten, dass § 287 nur für die **haftungsausfüllende Kausalität** gilt; die Feststellung der haftungsbegründenden Kausalität erfordert dagegen eine volle Überzeugung des Gerichts (§ 286) und damit regelmäßig eine Beweisaufnahme.[9] Auch ist im Rahmen von § 287 hinsichtlich streitiger Anknüpfungstatsachen eine Beweisaufnahme erforderlich.[10]
- **Tatsachen** und präjudizielle Rechtsverhältnisse, die aufgrund einer **rechtskräftigen Vorentscheidung** oder aufgrund der **Interventionswirkung** gem. §§ 68, 74 (Entscheidungselemente) feststehen.
- **Tatsachen**, von denen das Gericht gem. § 286 ohne Beweisaufnahme **bereits überzeugt** ist. Allerdings gilt dies nur in ganz besonderen Ausnahmefällen, eine **Vorwegnahme der Beweiswürdigung** darf grundsätzlich nicht erfolgen.
- **Tatsachen, deren Beweis der Gegner schuldhaft vereitelt hat** (Fälle der Beweisvereitelung).[11] Nach der Rechtsprechung des **BGH** „liegt in Anwendung des Rechtsgedankens aus §§ 427, 441 Abs. 3 S. 3, 444, 446, 453 Abs. 2, 454 Abs. 1 ZPO und § 242 BGB eine **Beweisvereitelung** vor, wenn eine Partei ihrem beweispflichtigen Gegner die Beweisführung schuldhaft erschwert oder unmöglich macht. Dies kann vorprozessual oder während des Prozesses durch gezielte oder fahrlässige Handlungen geschehen, mit denen bereits vorhandene Beweismittel vernichtet oder vorenthalten werden. Das Verschulden muss sich dabei sowohl auf die Zerstörung oder Entziehung des Beweisobjekts als auch auf die Beseitigung seiner Beweisfunktion

---

4 OLG München NJW-RR 2019, 248.
5 BGH VersR 1995, 723.
6 BGH NJW-RR 1997, 238; BGH NJW 2007, 3067.
7 BGH NJW-RR 2007, 500.
8 Vgl. hierzu etwa BGH NJW 2020, 236.
9 BGH NJW 2004, 777; BGH VersR 2008, 644.
10 BGH NJW 1988, 3016.
11 Zur Beweisvereitelung vgl. ferner: Huber JuS 2020, 208.

beziehen, also darauf, die Beweislage des Gegners in einem gegenwärtigen oder künftigen Prozess nachteilig zu beeinflussen. Als Folge der Beweisvereitelung kommen in solchen Fällen Beweiserleichterungen in Betracht, die unter Umständen bis zur Umkehr der Beweislast gehen können".[12] All dies ist jedoch eine Frage des Einzelfalls.

3. Klärung – Feststellung – der beweisbedürftigen Tatsachen

a) Beweisverfahren

Ist eine Tatsache beweisbedürftig, erfordert die Tatsachenfeststellung im Zivilprozess grundsätzlich den **Strengbeweis**, der im Rahmen eines **förmlichen Beweisverfahrens**, mit den **Beweismitteln der ZPO** (Augenschein, Zeugen, Sachverständige, Urkunden, Parteivernehmung) und **zur vollen Überzeugung des Gerichts** geführt werden muss.

4

Allerdings ist – mit **Einverständnis der Parteien** – auch generell der **Freibeweis** zulässig (§ 284 S. 2–4), so dass der Beweis ggf. auch ohne förmliches Beweisverfahren und zudem mit anderweitigen Beweismitteln (zB amtliche Auskünfte, telefonische Zeugenvernehmung, ggf. auch **eidesstattliche Versicherung**, falls sie – ausnahmsweise – zur Bildung der vollen richterlichen Überzeugung ausreicht)[13] geführt werden kann. Der Freibeweis hat indes **keinen Einfluss auf das Beweismaß**, so dass die volle richterliche Überzeugung erforderlich bleibt.[14]

5

Hinweis: Zulässig ist der Freibeweis auch **ohne Einverständnis der Parteien** im PKH-Prüfungsverfahren (§ 118 Abs. 2), im Beschwerdeverfahren,[15] zudem nach der Rspr. auch bei der Zulässigkeitsprüfung (streitig, → § 9 Rn. 32).

Eine **Glaubhaftmachung** ist demgegenüber nur ausreichend, wenn dies gesetzlich zugelassen ist. Dies ist im PKH-Verfahren (§ 118), in Bezug auf die Wiedereinsetzung (§ 236) Einstellungsanträge (§§ 707, 719, 769, 771 Abs. 3) sowie insbesondere im Rahmen von Arrest und einstweilige Verfügung (§§ 920, 936) der Fall.

6

▸**RA-Stage:** Über die formellen Beweismittel hinaus ist die **eidesstattliche Versicherung** – auch die eigene des Mandanten selbst – zulässig (§ 294 Abs. 1); sie stellt das wichtigste Mittel zur Glaubhaftmachung dar und ist daher entsprechenden Anträgen beizufügen. Das **Beweismaß** ist insoweit herabgesetzt, eine überwiegende Wahrscheinlichkeit reicht aus.[16]

b) Festlegung der Beweislast

Ausgangspunkt für die Tatsachenfeststellung bildet stets die Festlegung der **Beweislast** und damit der Beweisrichtung. Die beweisbelastete Partei hat das Vorliegen der betreffenden Tatsache zu beweisen (Hauptbeweis); dieser Beweis ist nur und erst dann gelungen, wenn das Gericht die Überzeugung vom Vorliegen der Tatsache erlangt hat. Zur Beweislast → Rn. 11 ff.

7

Demgegenüber dient der **Gegenbeweis** der nicht beweisbelasteten Partei (nur) dazu, den Beweis der Behauptung der beweisbelasteten Partei – also das Gelingen des Hauptbeweises – zu verhindern.

---

12 BGH NJW 2006, 434. Zum Meinungsstand vgl. etwa MK/Prütting § 286 Rn. 87.
13 BGH NJW 2003, 2460; NJW 2007, 1457; NJW 2008, 1531. A.A. Zö/Greger § 284 Rn. 3 (da ausschließlich Mittel zur Glaubhaftmachung).
14 BGH NJW 2000, 814; NJW 2007, 1457.
15 BGH NJW 2008, 1531.
16 BGH NJW 1998, 1870.

c) Durchführung der Beweisaufnahme

8 Zur Durchführung der Beweisaufnahme → Rn. 43 ff. Soweit eine Beweisaufnahme (zB mangels eines Beweisantrages) nicht möglich ist, ist die beweisbelastete Partei **beweisfällig** geblieben; der Beweis der Tatsache ist nicht erbracht.

d) Beweiswürdigung

9 Die Beweiswürdigung ist ureigene Aufgabe des Gerichts; sie hat nach freier Überzeugung des Gerichts (§ 286 Abs. 1) zu erfolgen, Vorgaben, wie der Beweis einzuschätzen und zu bewerten ist, bestehen grundsätzlich nicht. Es gilt das Prinzip der **Gleichwertigkeit aller Beweismittel und Beweisarten**, soweit sie prozessordnungsgemäß herangezogen und verwertet sind.[17]

4. Übertragung des Beweisergebnisses auf die entscheidungserheblichen Rechtsnormen

10 Ist das Beweisergebnis gefunden, muss dieses auf die entscheidungserheblichen Rechtsnormen übertragen, unter diese also subsumiert werden. Die Rechtsfolge der anzuwendenden Rechtsnormen führt zur Entscheidung.

II. Die Beweislast

1. Die Bedeutung der Beweislast im Prozess

11 Fragen der Beweislast stellen sich praktisch **während des gesamten Prozesses**.

a) Beweislastfragen aus Sicht des Rechtsanwaltes

Beweislastfragen für den Rechtsanwalt (wichtig für ▸**RA-Stage, RA-Klausur** – Beweisprognose – und RA-Prüfungsgespräch) sind relevant für die Beratung zur Klageerhebung oder Verteidigung, für den anwaltlichen Vortrag im Prozess und für das Prozessverhalten im Übrigen.

aa) Beratung zur Klageerhebung oder Verteidigung

12 Bei der Beratung zur Klageerhebung oder Verteidigung bedarf es der Klärung, welche Tatsachen der Gegner voraussichtlich bestreiten wird, ob der Mandant für diese Tatsachen die Beweislast trägt, welche Beweismittel – auch dem Gegner für einen Gegenbeweis – zur Verfügung stehen und wie hoch die Aussicht einer erfolgreichen Beweisführung realistischerweise einzuschätzen ist; hiervon hängen das weitere Vorgehen und die Verwirklichung der Zielvorstellung entscheidend ab. Nicht ohne Grund wird die Beweislast oft bereits als „halber Prozessverlust" bezeichnet.

▸**RA-Stage:** Falls der Gegner die Beweislast trägt, muss selbstverständlich auch geklärt werden, ob er erfolgversprechende Beweismittel besitzt und ob eigene Beweismittel für den Gegenbeweis zur Verfügung stehen.

---

[17] MK/Prütting § 286 Rn. 1.

II. Die Beweislast § 11

bb) Anwaltlicher Vortrag im Prozess

Beweislast und Behauptungs-(Darlegungs-)last entsprechen sich grundsätzlich. Daher folgt aus der – in der Regel einfacher feststellbaren, weil eingehender dargestellten – Beweislast auch, welche Tatsachen zur Schlüssigkeit der Klage bzw. zur Erheblichkeit der Einlassung vorgetragen werden müssen und zu welchen Behauptungen Beweis angetreten werden muss. Soweit der Mandant die Beweislast nicht trägt, würde es zwar an sich zunächst genügen, den Vortrag des Gegners zu bestreiten. Es ist aber grundsätzlich zweckmäßig, sogleich Gegenbeweis anzutreten, um eine spätere Zurückweisung von Beweisanträgen gem. § 296 zu vermeiden.

▸**RA-Stage:** Die Feststellung der Beweislast ist auch deshalb notwendig, um das Gericht darauf hinweisen zu können, dass den Gegner die Beweislast trifft und der eigene Beweisantritt daher nur vorsorglich („**unter Protest gegen die Beweislast**") oder – besser – „**gegenbeweislich**" erfolge.

cc) Prozessverhalten im Übrigen

Die Beweislast bestimmt maßgeblich das Prozessrisiko und damit auch das taktische Vorgehen, etwa das Eingehen auf einen Vergleichsvorschlag, eine Klagerücknahme zur Vermeidung weiterer Kosten etc.

b) Beweislastfragen aus Sicht des Gerichts

Beweislastfragen für das Gericht (und damit wichtig für ▸**Gerichtsstage** – Votum, Beweisbeschluss, aber auch für Klausur) sind relevant für Schlüssigkeit und Erheblichkeit des Vortrags, ob ein Hinweis zu geben ist, für die Beweisanordnung (jedoch grundsätzlich nur bei Beweisantritt auch der beweisbelasteten, nicht nur der nicht beweisbelasteten Partei; zur Parteivernehmung → Rn. 76 ff.) und die ggf. vorzeitige Beendigung der Beweisaufnahme (→ Rn. 57), für die Beweiswürdigung und für die Entscheidungsgründe.

Die beweisbelastete Partei, die keinen Beweis angetreten hat, ist darauf hinzuweisen und daher erst dann beweisfällig, wenn sie **trotz Hinweises** keinen Beweis angetreten hat (was in der Klausur unterstellt und dann in den Entscheidungsgründen mitgeteilt werden muss). Es kann aber auch die nicht beweisbelastete Partei darauf hingewiesen werden, dass sie ihrerseits „Gegenbeweis" antreten könne. Der Beweis ist nur dann erbracht, wenn der **Hauptbeweis gelungen** ist, und daher bereits dann nicht erbracht, wenn der Hauptbeweis gescheitert ist; es bedarf nicht der Feststellung des Gegenteils. Tragende Erwägung im Rahmen der Entscheidungsgründe ist (nur), dass der Hauptbeweis gelungen bzw. nicht gelungen ist. Wegen dieser **zentralen Bedeutung der Beweislast** muss diese möglichst frühzeitig im Verlauf des Prozesses – bzw. der Fallbearbeitung – geklärt und dann ständig beachtet werden.

2. Verteilung der Beweislast

Jede Partei trägt grundsätzlich die Beweislast für das Vorliegen der tatsächlichen Voraussetzungen der ihr günstigen Rechtsnormen.[18] Der Anspruchssteller trägt damit die

---

18 BGH NJW 2001, 2096; NJW 2002, 57; NJW 2005, 2395.

Beweislast für die rechtsbegründenden, der Anspruchsgegner für die rechtsvernichtenden, rechtshindernden und rechtshemmenden Tatbestandsmerkmale.[19]

Hinsichtlich der Begründetheit der Klage bedeutet dies im Einzelnen, dass der **Kläger** für die tatsächlichen Voraussetzungen des normalen Entstehungstatbestandes der sein Begehren stützenden Rechtsnorm (Anspruchsgrundlage) beweisbelastet ist. Demgegenüber ist der **Beklagte** für Abweichungen von dem normalen Entstehungstatbestand der Anspruchsnorm und für die tatsächlichen Voraussetzungen des normalen Entstehungstatbestandes von Gegennormen beweisbelastet – zB: gegenüber dem Vertragsanspruch: Geschäftsunfähigkeit, Umstände für Sittenwidrigkeit (Abweichung), Anfechtung, Erfüllung, Verjährung (Gegennorm); aus Vertragspflichtverletzung: dass er diese nicht zu vertreten habe (§ 280 Abs. 1 S. 2 BGB). Im Übrigen trägt der **Kläger** die Beweislast für Abweichungen von dem normalen Entstehungstatbestand der von dem Beklagten dargelegten Gegennorm und für den normalen Entstehungstatbestand einer eigenen weiteren Gegen-Gegennorm (Replik), demgegenüber der **Beklagte** für Abweichungen vom normalen Entstehungstatbestand der Replik und für den normalen Entstehungstatbestand einer erneuten Gegennorm (Duplik).[20]

17   Der geschilderte Grundsatz gilt immer, wenn Normvoraussetzungen streitig sind, daher auch für die Voraussetzungen der **Zulässigkeit der Klage** (→ § 9 Rn. 31), ferner für die (positive und negative) **Feststellungsklage**: Hier ist nicht abzustellen auf die formelle Parteistellung, sondern auf die Stellung zu den entscheidungserheblichen Rechtsnormen; wer Rechte oder Ansprüche geltend macht oder sich ihrer „berühmt", trägt für die begründenden Voraussetzungen die Beweislast, unabhängig davon, ob er Kläger oder Beklagter ist (→ § 7 Rn. 65).[21] Auch bei der **Aufrechnung** und **Widerklage** gilt der o.g. Grundsatz: Der Beklagte trägt die Beweislast für die Voraussetzungen seines Anspruchs, der Kläger für die Voraussetzungen von Gegennormen (→ § 10 Rn. 28 und → § 10 Rn. 64). Schließlich ist dieser Grundsatz bei **negativen Tatbestandsvoraussetzungen** (zB „ohne rechtlichen Grund" in § 812 BGB) zu beachten: Der Kläger trägt auch für diese Voraussetzung die Beweislast.[22] Allerdings braucht er nicht den – praktisch kaum möglichen – Beweis zu führen, dass überhaupt kein irgendwie gearteter Rechtsgrund in Betracht kommt. Vielmehr hat der Beklagte sich zu erklären, welcher Rechtsgrund besteht (§ 138 Abs. 2) – sog. sekundäre Darlegungslast –[23], und der Kläger hat **nur diese Darstellung** des Beklagten – dies aber mit voller Beweislast – **zu widerlegen**.[24] Anders ist dies jedoch bei einer Leistung unter Vorbehalt: Die Beweislast für den Rechtsgrund (Anspruch) im Rückforderungsprozess trägt der Beklagte,[25] ebenso wie bei einer Leistung auf eine noch festzustellende Verbindlichkeit.[26] Entsprechende Erleichterungen bestehen auch bei **sekundärer Behauptungslast** des Gegners, weil nur dieser Kenntnis der entscheidenden Tatsachen besitzt und ihm Angaben hierzu zumutbar sind: Es muss daher nur diese Darstellung widerlegt werden.[27]

---

19   BGH NJW 1991, 1052.
20   BGH NJW 1999, 353; NJW 2001, 3535; NJW 2002, 58; BGH NJW-RR 2002, 1386; NJW-RR 2007, 705 (707).
21   BGH NJW 1993, 1716; NJW 2001, 2096.
22   BGH NJW 2011, 2130.
23   BGH NJW 2010, 1813.
24   BGH NJW 2003, 1449; BGH NJW-RR 2004, 556.
25   BGH NJW 1999, 494; NJW 2003, 2014.
26   BGH NJW 2004, 2897.
27   BGH NJW 2003, 1449; NJW 2004, 2632; NJW 2005, 2395.

II. Die Beweislast

Eine **Durchbrechung** dieser grundsätzlichen Beweislastverteilung erfolgt demgegenüber bei **anderer Vereinbarung** (Beweislastvertrag – jedoch nicht durch AGB regelbar, vgl. § 309 Nr. 12 BGB), bei **anderweitiger gesetzlicher Beweislastverteilung** (z.B. §§ 179 Abs. 1, 345, 363 BGB, konkludent – „es sei denn" – in § 932 BGB) und im Falle einer **gesetzlichen Vermutung:** Hier hat der Begünstigte nur die Voraussetzungen der Vermutung zu beweisen, nicht die vermutete Tatsache selbst (Vermutungsfolge); der Gegner kann jedoch die Vermutung **widerlegen** (§ 292, Beweis des Gegenteils, **mit voller Beweislast**, zB wichtige gesetzliche Vermutungsregelungen stellen etwa dar: §§ 280 Abs. 1, 477 Abs. 1, 891, 1006 BGB)[28]. Auch bei **tatsächlicher Vermutung** (Anscheinsbeweis aus Erfahrungssätzen) wird die grundsätzliche Beweislastverteilung durchbrochen: Der Begünstigte trägt zunächst nur die Beweislast für die Voraussetzungen der Vermutung (Erfahrungssatz).[29] Der Gegner kann jedoch die Vermutung bereits dadurch **erschüttern**, dass er die **ernsthafte Möglichkeit eines anderweitigen Geschehensablaufes beweist;**[30] gelingt ihm dieser Beweis, gilt wieder die ursprüngliche Beweislastverteilung: Der – zunächst vermutete – Umstand ist (voll) zu beweisen. Schließlich wird die grundsätzliche Beweislastverteilung teilweise durch eine Verteilung nach **Gefahren- und Verantwortungsbereichen** (wie etwa im Falle der Produzentenhaftung, → Rn. 18)[31] sowie ggf. im Falle einer **Beweisvereitelung** (→ Rn. 3) durchbrochen.

Wichtige Beispiele zur Beweislastverteilung:[32]

Bedingung: Grundsätzlich ist der Kläger für den behaupteten unbedingten Vertragsschluss oder den Eintritt einer aufschiebenden Bedingung beweisbelastet, der Beklagte für eine nachträgliche Vereinbarung einer Bedingung und den Eintritt einer auflösenden Bedingung.[33]

Bestehen eines Rechts: Wer das Recht in Anspruch nimmt, hat nur die Entstehung zu beweisen, der Gegner den Fortfall (Fortbestehen nach Entstehung vermutet).[34]

Darlehen: Der Kläger trägt die Beweislast für die Geldhingabe als Darlehen, wenn der Beklagte eine Schenkung behauptet.[35]

Erfüllung: Die Beweislast für eine Erfüllung trägt der Schuldner,[36] auch der Bürge bei Inanspruchnahme durch den Gläubiger,[37] der Gläubiger für die Nichterfüllung nach Annahme als Erfüllung (§ 363). Bei üblichem Barkauf (zB Laden) spricht eine tatsächliche Vermutung für die Bezahlung (Erfüllung).

Kapitalanlagefälle: Derjenige, der vertragliche oder vorvertragliche Aufklärungspflichten verletzt hat, ist beweispflichtig dafür, dass der Schaden auch eingetreten wäre, wenn er sich pflichtgemäß verhalten hätte, der Geschädigte den Rat oder Hinweis also unbeachtet gelassen hätte.[38]

---

28 BGH NJW 2006, 2250 (2253).
29 BGH NJW 2010, 1072.
30 BGH NJW 1991, 230; BGH VersR 1995, 723; BGH NJW 2004, 3623.
31 Weitere Beispiele bei ThP/Seiler Vor § 284 Rn. 25 ff.
32 Fragen der Beweislast werden in der einschlägigen Kommentarliteratur regelmäßig am Ende der jeweiligen Kommentierung dargestellt, so insbesondere in dem – im Staatsexamen als Hilfsmittel zugelassenen – BGB-Kommentar Grüneberg.
33 Vgl. BGH MDR 2002, 1050; Grüneberg/Ellenberger Vor § 158 Rn. 14.
34 BGH FamRZ 1976, 81; OLG Saarbrücken MDR 2006, 868.
35 Grüneberg/Weidenkaff § 516 Rn. 19.
36 Vgl. BGH NJW-RR 2007, 705.
37 BGH MDR 1995, 1108.
38 BGH NJW 2012, 2427.

Produzentenhaftung: § 1 Abs. 4 ProdHaftG. Im Übrigen: Die Beweislast für einen objektiven Mangel des Produkts liegt beim Geschädigten, für das Fehlen von objektiver Pflichtwidrigkeit und Verschulden beim Hersteller.[39]

Schriftform: Die Beweislast trägt derjenige, der eine Schriftformvereinbarung zu einem an sich formfrei wirksamen Vertrag behauptet.[40]

Stundung: Die Beweislast trägt der Beklagte, da die Stundung eine Abweichung von der gem. § 271 Abs. 1 BGB grundsätzlichen sofortigen Fälligkeit darstellt; entsprechendes gilt für eine behauptete Ratenzahlungsvereinbarung.[41]

Übliche Vergütung beim Werkvertrag (§ 632 Abs. 2 BGB): Der Unternehmer hat die Behauptung des Bestellers über einen niedrigeren Festpreis – falls hinreichend substantiiert – zu widerlegen.[42]

Vertragsauslegung: Die Beweislast trägt diejenige Partei, die einen vom Wortlaut und objektiven Sinn der Vereinbarung abweichenden Vertragswillen behauptet.[43]

Vertragsänderung: Inhalt und Umfang einer Vertragsänderung hat grundsätzlich derjenige zu beweisen, der aus ihr Rechte herleiten will.[44]

Vertretung: Behauptet der Handelnde, in fremdem Namen gehandelt zu haben, trägt er die Beweislast dafür, dass dies erkennbar war (§ 164 Abs. 2 BGB;[45] anders bei Handeln für Gewerbebetrieb). Die Beweislast für das Vorliegen der Vertretungsmacht trägt derjenige, der sich auf ein wirksames Vertretungsgeschäft beruft.[46]

Zugang von Schreiben: Die Beweislast für den Zugang trägt diejenige Partei, die sich auf den Zugang beruft. Kein Anscheinsbeweis folgt aus der Absendung eines Schreibens, auch nicht im Falle eines Standard-Einschreibens;[47] Absendung und Nichtzurückkommen stellen aber Indizien für den Zugang dar.[48]

III. Durchführung der Beweisaufnahme

1. Auf Antrag und/oder von Amts wegen

19 Ein **Beweisantrag** ist nur für den Zeugenbeweis erforderlich (§ 373), eine **Vernehmung von Zeugen** ist daher **nicht von Amts wegen** gestattet. Bei den übrigen Beweismitteln kann das Gericht dagegen im Rahmen seiner Prozessförderungs- und Aufklärungspflicht auch **von Amts wegen** Beweis erheben (vgl. § 144 für Augenscheins- und Sachverständigenbeweis, §§ 142, 143, 273 Abs. 2 Nr. 2 für Urkundenbeweis, § 448 für Parteivernehmung).

20 Zu einer Beweisaufnahme von Amts wegen ist das Gericht zwar berechtigt, **nicht jedoch verpflichtet** (Ermessen),[49] während einem erheblichen Beweisantrag der Parteien dagegen grundsätzlich **nachgegangen werden muss**, sofern nicht – ausnahmsweise – ein Ablehnungsgrund vorliegt (→ Rn. 29 ff.).[50]

---

39 BGH NJW 1996, 2507; NJW 1999, 1028 (2816); Spindler NJW 1999, 3741.
40 Grüneberg/Ellenberger § 127 Rn. 7 (streitig).
41 BGH NJW-RR 2004, 209; Grüneberg/Grüneberg § 271 Rn. 2; MKBGB/Krüger § 271 BGB Rn. 38.
42 BGH NJW-RR 1996, 952; NJW-RR 1992, 848 = MDR 1992, 1028 mAnm Baumgärtel.
43 BGH NJW 2001, 144.
44 BGH NJW 1995, 49.
45 BGH NJW 1991, 2958; BGH NJW-RR 1992, 1010.
46 Grüneberg/Ellenberger § 164 Rn. 18.
47 Grüneberg/Ellenberger § 130 Rn. 21; anders soll dies bei einem – ordnungsgemäß dokumentierten – Einwurfeinschreiben sein, vgl. Grüneberg/Ellenberger aaO (streitig).
48 BVerfG NJW 1992, 2217.
49 OLG Frankfurt NJW-RR 1993, 169.
50 Vgl. BGH NJW-RR 2004, 1001.

III. Durchführung der Beweisaufnahme

▶**RA-Stage:** Um eine Beweiserhebung sicherzustellen, muss in Schriftsätzen daher **grundsätzlich für alle streitigen Tatsachen Beweis angeboten werden** – also auch für solchen, den das Gericht von Amts wegen erheben könnte.

2. Beweisantrag (Beweisangebot, Beweisantritt)

a) Behandlung eines Beweisantrages

Einem **Beweisantrag der beweisbelasteten Partei** zum Beweis einer entscheidungserheblichen Tatsache (Hauptbeweis) ist grundsätzlich zu entsprechen. Zugleich mit dem Hauptbeweis ist **auch der Gegenbeweis** zu erheben (entgegenstehende Beweisanträge der nicht beweisbelasteten Partei). **Nicht zu erheben ist dagegen ein nur von der nicht beweisbelasteten Partei angetretener Beweis.** Ist indes unter Verkennung der Beweislast nur ein von der nicht beweisbelasteten Partei angetretener Beweis erhoben worden, muss auch diese **überflüssige Beweisaufnahme** für die Entscheidung verwertet werden.

21

b) Voraussetzungen für einen wirksamen Beweisantrag

aa) Allgemeines

Ein Beweisantrag setzt voraus, dass eine **bestimmte Tatsachenbehauptung** aufgestellt und ein **bestimmtes Beweismittel** zum Beweis dieser Tatsache angegeben wird.[51]

22

> Beispiel: „Zum Beweis der Tatsache, dass das Fahrzeug des Beklagten bei Rot über die Ampel gefahren ist, wird der Zeuge XY benannt". Oder im Rahmen eines Schriftsatzes: „Das Fahrzeug des Beklagten fuhr bei Rot über die Ampel. Beweis: Zeuge XY."

Fehlt es an einer dieser Voraussetzungen, liegt nur ein – unzulässiger – **Beweisermittlungsantrag** vor.

> Beispiele: Das Gericht solle durch Vernehmung eines bestimmten Zeugen feststellen, ob die Kaufsache Mängel habe (keine bestimmte Tatsachenbehauptung), oder feststellen, dass die Sache einen Riss habe (kein Beweismittel). Zu bedenken ist jedoch, dass oft nur eine missverständliche oder unvollständige Formulierung vorliegen dürfte; daher bedarf es eines richterlichen Hinweises gem. § 139, bevor der Antrag als „bloßer Beweisermittlungsantrag" abgelehnt wird.

bb) Behauptung einer bestimmten Tatsache

Die Tatsache muss **so substantiiert** bezeichnet werden, dass ihre **grundsätzliche Erheblichkeit** für die Entscheidung des Rechtsstreits festgestellt werden kann.[52]

23

> Beispiel: So etwa ein Vertragsschluss zu einem bestimmten Inhalt, der im Einzelnen darzulegen wäre. Von der Angabe von Einzelheiten zu dem behaupteten Vertragsschluss wie Zeit, Ort oder nähere Umstände darf die Beweiserhebung hingegen nicht abhängig gemacht werden; dies ist erst eine Frage der Beweisaufnahme/-würdigung.[53]

Innere Tatsachen können auch mittelbar – über Hilfstatsachen, also als Indizienbeweis – mittels **dritter Personen als Zeugen** bewiesen werden.[54] Zur Erheblichkeit eines solchen Beweisantrages ist jedoch die schlüssige Darlegung erforderlich, **weshalb der Zeuge die Kenntnis der inneren Tatsache hat** (logischer Beweiswert der behaupteten

---

51 BGH JR 1994, 364; StJ/Thole § 284 Rn. 31; Schellhammer Rn. 534, 537.
52 BGH NJW 2000, 3286; BGH NJW-RR 2003, 491.
53 BGH NJW-RR 2007, 1483.
54 BVerfG NJW 1993, 2165; BGH NJW-RR 2004, 247.

Indiztatsache „Kenntnis", s. o.).⁵⁵ Eine Ablehnung des Beweisantrages darf nicht deshalb erfolgen, weil nicht die Person der inneren Tatsache selbst benannt ist.⁵⁶ Der Behauptende braucht nicht von der Richtigkeit seiner Behauptung überzeugt zu sein (die Beweisaufnahme soll dies ja erst klären), vielmehr genügt es, dass er die Tatsache **vermutet oder für möglich hält.**⁵⁷ Deshalb sind Angaben oder Anhaltspunkte für Wahrheit oder Wahrscheinlichkeit der Behauptung nicht erforderlich.⁵⁸

24 Unzulässig ist jedoch stets der sog. **Ausforschungsbeweis.** Gemeint sind hiermit Beweisantritte, mit denen überhaupt erst die eigentlichen beweiserheblichen Tatsachen in Erfahrung gebracht werden sollen,⁵⁹ insbesondere Beweisantritte für Behauptungen, die ohne Anhaltspunkte, lediglich **„ins Blaue hinein",** „aufs Geratewohl", „auf gut Glück", aufgestellt werden.⁶⁰

> **Beispiele:** Der Kläger verlangt Schmerzensgeld wegen der Folgen einer Unfallverletzung an der Wirbelsäule; der Beklagte wendet – ohne irgendeinen Anhalt dafür zu haben – ein, dass der Kläger schon vor dem Unfall Rückenbeschwerden gehabt habe (Beweis: Zeugnis des Hausarztes). Oder: Der Beklagte wendet – ohne irgendeinen Anhaltspunkt dafür angeben zu können – ein, dass der Schaden des Klägers bereits von einer Versicherung reguliert worden sei (Beweis: Parteivernehmung).⁶¹

Ein solcher unzulässiger Ausforschungsbeweis kann aber **nur ganz ausnahmsweise** angenommen werden, nämlich nur dann, wenn es **eindeutig** ist, dass der Behauptende die Behauptung **willkürlich und ohne jeden greifbaren tatsächlichen Anhaltspunkt** aufgestellt hat (Rechtsmissbrauch).⁶² Denn grundsätzlich braucht der Behauptende nicht mitzuteilen oder zu begründen, weshalb er die Tatsache annimmt oder woher er oder der von ihm benannte Zeuge seine Kenntnis hat: Es reicht grundsätzlich aus, dass er die Tatsache behauptet und unter Beweis stellt (Ausnahme: Drittzeuge als Indiz für innere Tatsache, → Rn. 23).

cc) Angabe eines bestimmten Beweismittels

25 Das Beweismittel muss genau bezeichnet werden.

> **Beispiele:** Ein **Zeuge** muss daher grundsätzlich mit Name und Anschrift benannt werden. Falls dies nicht sogleich möglich, ist das Beweismittel im anwaltlichen Schriftsatz zunächst mit „Zeuge NN" sowie mit näherer Individualisierung (zB „Sachbearbeiter der Sparkasse S") zu benennen; die namentliche Benennung muss möglichst bald nachgeholt werden, wozu das Gericht – vor einer Ablehnung – gem. §§ 139, 356 Gelegenheit geben muss.⁶³ Demgegenüber ist für den Sachverständigenbeweis die Benennung eines **Sachverständigen** nicht erforderlich; denn die Auswahl obliegt grundsätzlich dem Gericht, das nur an eine Einigung der Parteien auf einen bestimmten Sachverständigen gebunden ist (§ 404).

26 Zudem muss das Beweismittel für eine **bestimmte Tatsache** benannt werden. Grundsätzlich **nicht möglich** ist daher

---

55 BGH NJW-RR 2004, 247; OLG Koblenz FamRZ 2007, 1190.
56 BGH MDR 2003, 78.
57 BGH NJW 1996, 1827; BGH NJW-RR 1998, 712; NJW-RR 2004, 337.
58 BVerfG NJW 2003, 2977; BGH JR 1994, 365; Kiethe MDR 2003, 1325.
59 BGH JR 1994, 365.
60 St. Rspr., vgl. etwa BGH NJW 2020, 1740; BGH NJW-RR 2004, 337.
61 Vgl. OLG Düsseldorf VersR 1995, 1321.
62 BGH NJW 2002, 1433; NJW-RR 2003, 491; BGH NJW-RR 2004, 337. Vgl. hierzu auch BGH NJW 2020, 1740 (Abgasproblematik).
63 BVerfG NJW 2000, 946; BGH NJW 1998, 2368; vgl. Gottschalk NJW 2004, 2939.

III. Durchführung der Beweisaufnahme § 11

- ein pauschaler Beweisantritt, etwa am Schluss des Schriftsatzes für den gesamten Tatsachenvortrag; vielmehr muss der Beweisantritt der jeweiligen konkreten Behauptung folgen;
  *Beispiel: Die Parteien haben am 15.3.2021 einen Kaufvertrag über das Fahrzeug Audi A 6 mit der Fahrzeugidentifikationsnummer XX geschlossen. **Beweis**: Kaufvertrag v. 15.3.2021 (Anlage K 1), Zeugin: Claudia Müller. [...]*
- eine pauschale Verweisung auf Beweisantritte in früheren Schriftsätzen, insbesondere nicht bei umfangreichem Prozessstoff,
- sowie **eine pauschale Bezugnahme auf Akten eines anderen Prozesses** (zB auf die Akten eines bereits durchgeführten Straf- oder Bußgeldverfahrens); vielmehr sind auch insoweit die konkrete Tatsache und das konkrete Beweismittel anzugeben.[64]
  Beispiele: „Abmessungen in der Unfallskizze" (Augenschein), *„Protokoll über die Vernehmung des Zeugen X, Bl. 34 der Akte 7 Js 205/22 StA Stuttgart"* (Urkundenbeweis).

Allerdings ist die Unzulässigkeit eines pauschalen Beweisangebots jedoch auch immer eine **Frage des Einzelfalles**: Wenn die Bedeutung durch Auslegung festgestellt werden kann, ist Bestimmtheit und damit Zulässigkeit anzunehmen; bei Unzulässigkeit ist zudem eine **Aufforderung gem. § 139 zur Konkretisierung** geboten. 27

▸ **RA-Stage**: Die Beweisantritte müssen dennoch immer **so bestimmt wie möglich** formuliert werden.

dd) Rücknahme/Verzicht

Damit das Gericht über den Beweisantrag entscheiden kann, muss dieser **noch gestellt** sein. 28

Eine **Rücknahme (Verzicht)** des Beweisangebots ist grundsätzlich einseitig möglich, dies regelmäßig durch ausdrückliche Erklärung, **ausnahmsweise jedoch auch konkludent**.[65] Eine konkludente Rücknahme kann etwa dadurch erfolgen, dass nach einer längeren, von dem Gericht ersichtlich als erschöpfend aufgefassten Beweisaufnahme ein früherer unerledigter Beweisantritt nicht ausdrücklich wiederholt wird.[66] Allerdings ist bei der Annahme eines konkludenten Verzichts Zurückhaltung geboten; vielmehr hat das Gericht grundsätzlich gem. **§ 139 durch Frage** zu klären, ob der Beweisantrag noch gestellt wird.[67]

Beschränkt wird der – grundsätzlich einseitig möglich – Verzicht auf Beweismittel indes von §§ 399, 436: So sind präsente Zeugen, auf deren Vernehmung der Beweisführer verzichtet, dennoch zu vernehmen, wenn der Gegner einen entsprechenden Antrag stellt (§ 399). Auch kann der Verzicht auf eine vorgelegte Urkunde nur mit Zustimmung des Gegners erfolgen (§ 436).

Beweisanträge, die in der **1. Instanz** gestellt wurden, wirken in der **Berufungsinstanz** nicht mehr fort.[68]

---

[64] BGH VersR 1994, 1233.
[65] BGH VersR 1997, 255.
[66] BGH MDR 1988, 49; BGH NJW 1994, 329.
[67] BGH NJW 1998, 155; Schneider MDR 1998, 997.
[68] Zö/Greger Vor § 284 Rn. 3; Zö/Heßler § 520 Rn. 44.

ee) Ablehnung von Beweisanträgen

29 Die Ablehnung von Beweisanträgen ist in der ZPO nicht geregelt, es sind daher § 244 Abs. 3-5 StPO entsprechend anzuwenden.[69] Eine Ablehnung wird **nicht durch gesonderten Beschluss**, sondern **erst im Urteil** ausgesprochen.

Aus der entsprechenden Anwendung von § 244 Abs. 3-5 StPO ergeben sich im Wesentlichen **folgende Ablehnungsgründe**:

(1) Kein wirksamer Beweisantrag

30 Der Beweisantrag ist abzulehnen, wenn schon kein wirksamer Beweisantrag vorliegt (→ Rn. 22 ff.). Allerdings hat das Gericht in einem solchen Falle regelmäßig einen entsprechenden Hinweis gem. § 139 zu erteilen, so dass dieser Ablehnungsgrund jedenfalls in der Praxis kaum Bedeutung hat.

(2) Tatsache steht bereits fest

31 Ebenfalls abzulehnen ist ein Beweisantrag, wenn die unter Beweis gestellte Tatsache bereits feststeht – dies deswegen, weil die Tatsache nicht beweisbedürftig ist (→ Rn. 2 f.) oder etwa aufgrund einer bereits durchgeführten Beweisaufnahme schon erwiesen ist. Der Bestätigung einer bereits feststehenden Tatsache bedarf es nicht.

Allerdings darf ein **Gegenbeweis des Gegners zur Widerlegung** der behaupteten Tatsache nicht mit der Begründung abgelehnt werden, die Tatsache stehe bereits fest.[70] Ein **Gegenbeweis** ist also noch zu erheben – sonst läge im Ergebnis eine vorweggenommene Beweiswürdigung vor –, und dann ggf. auch ein weiterer Hauptbeweis. Entsprechend darf auch sonst ein Beweisantrag nicht mit der Begründung abgelehnt werden, das **Gegenteil** stehe bereits fest.[71]

(3) Unzulässigkeit des Beweismittels (Beweiserhebungsverbot)

32 Ein Beweisantrag ist ferner abzulehnen, wenn das Beweismittel unzulässig ist. Dies kann zunächst aufgrund eines **gesetzlichen Ausschlusses** der Fall sein, dies etwa, wenn ein Zeuge im Urkundenprozess (§§ 592, 595 Abs. 2) vernommen werden soll, der Zeuge ein Aussageverweigerungsrecht ausgeübt hat (§ 386 Abs. 3) oder bei einer Parteivernehmung die entsprechenden Voraussetzungen (→ Rn. 76 ff.) nicht vorliegen.

Die Unzulässigkeit des Beweismittels kann sich zudem auch daraus ergeben, dass dieses **rechtswidrig** – insbesondere unter **Verletzung des allgemeinen Persönlichkeitsrechts des Gegners** – erlangt wurde.

> **Beispiele:** Zeuge durch Mithören eines Telefonats ohne Einwilligung des Gesprächsgegners[72] (eine Verkehrs- oder Geschäftsüblichkeit rechtfertigt das Mithören grundsätzlich noch nicht),[73] heimliche Tonbandaufnahme von Telefongespräch,[74] abgehörtes Tele-

---

[69] BGHZ 53, 245 (259); BGH VersR 1987, 71; BGH NJW 1993, 1391; BGH FamRZ 1994, 508. Vgl. auch Zö/Greger Vor § 284 Rn. 8 b; Schellhammer Rn. 536.
[70] BVerfG NJW 1993, 254; BGHZ 53, 245 (260).
[71] BVerfG NJW 1993, 254; BGH FamRZ 1994, 508; StJ/Thole § 284 Rn. 78.
[72] BVerfG NJW 2002, 3619; BGH NJW 2003, 1727.
[73] BGH NJW 2003, 1727.
[74] BGH NJW 1982, 277; BGH MDR 1988, 306.

III. Durchführung der Beweisaufnahme § 11

fongespräch,[75] persönliche Tagebucheintragungen,[76] heimlicher Zeuge/Mithörer zu vertraulichem Gespräch (Spitzel),[77] die Intimsphäre verletzende Fotografien,[78] heimlicher DNA-Test,[79] Aufnahmen aus verdeckter (uU auch aus offener) Videoüberwachung.[80]

Allerdings ist in solchen Fällen stets eine **Interessen- und Güterabwägung** mit dem Beweisinteresse des Beweisführers erforderlich:[81] Diesem Beweisinteresse kann unter besonderen Umständen (etwa einer Notwehrsituation oder notwehrähnlichen Lage des Beweisführers) der Vorrang vor dem Schutz des Persönlichkeitsrechts einzuräumen sein; das allgemeine Interesse an der Wahrheitsfindung im Zivilprozess und das Interesse des Beweisführers an der Erlangung von Beweismitteln reichen allein jedoch noch nicht zur Rechtfertigung einer Persönlichkeitsverletzung aus.[82]

Ein unter rechtswidriger Verletzung des Persönlichkeitsrechts des Gegners erlangter Beweis darf bei der Beweiswürdigung nicht verwertet werden:[83] Es besteht ein **Verwertungsverbot**. Im Übrigen wird bei der Frage der Verwertbarkeit einer entgegen einem Beweiserhebungsverbot durchgeführten Beweiserhebung auf den **Schutzzweck des verletzten Verbots** abzustellen sein:[84] So darf die Aussage eines nicht über ein Aussageverweigerungsrecht belehrten Zeugen nicht verwertet werden,[85] ebenso nicht die Aussage einer entgegen § 445 vernommenen Partei.[86]

(4) Ungeeignetheit des Beweismittels

Ein Beweisantrag ist zudem abzulehnen, wenn das Beweismittel **absolut ungeeignet** ist. 33

> **Beispiel:** Der Zeuge leidet an solchen körperlichen oder geistigen Gebrechen, dass eine Wahrnehmung nicht möglich war oder eine Wiedergabe unmöglich ist.[87]

Indes sind an diesen Ablehnungsgrund **strenge Anforderungen** zu stellen,[88] insbesondere ist eine **Vorwegnahme der Beweiswürdigung unzulässig**. Daher darf ein Beweisantrag insbesondere **nicht deswegen abgelehnt** werden, weil die Beweisaufnahme wahrscheinlich erfolglos sein werde,[89] weil die Behauptung unwahrscheinlich sei,[90] so dass sie voraussichtlich nicht bestätigt werde, weil der Zeuge voraussichtlich nichts Erhebliches werde bekunden können (zB wegen Zeitablaufs),[91] weil der Zeuge nur „Zeuge vom Hörensagen" sei,[92] weil der Zeuge wegen persönlicher Nähe zu einer Partei (etwa wegen naher verwandtschaftlicher Beziehung, als Beifahrer im Fahrzeug einer Partei etc.) ohnehin unglaubwürdig sei[93] (also **keine** sog. „**Beifahrer-Rechtsprechung**"!) oder

---

75 OLG Karlsruhe NJW 2000, 1577.
76 ThP/Seiler Vor § 371 Rn. 8.
77 BGH NJW 1991, 1180; BGH JZ 1994, 915; BAG JZ 1998, 790.
78 MK/Prütting § 284 Rn. 70.
79 BGH NJW 2005, 497. Verwertbar soll aber ein daraufhin (prozessordnungswidrig) eingeholtes gerichtliches Gutachten sein, vgl. BGH NJW 2006, 1657.
80 OLG Karlsruhe NJW 2002, 2799; OLG Köln NJW 2005, 2997; BAG JZ 2004, 336.
81 BVerfG NJW 2002, 3619; BGH NJW 2003, 1727.
82 BGH NJW 2003, 1727.
83 BGH NJW 2003, 1727. Vgl. dazu Balthasar JuS 2008, 35.
84 Vgl. BGH NJW 2006, 1657; ausführlich hierzu MK/Prütting § 284 Rn. 64 ff.
85 MK/Prütting § 284 Rn. 67 mwN.
86 MK/Schreiber § 445 Rn. 8 f.
87 StJ/Thole § 284 Rn. 65.
88 BGH NJW 2003, 2527; BGH NJW-RR 2021, 861; NJW-RR 2019, 380.
89 BGH NJW-RR 2021, 861; NJW-RR 2019, 380.
90 BGH VersR 2008, 382.
91 BGH MDR 2005, 164.
92 BGH NJW 1986, 1542; NJW 2006, 3416 (3418).
93 BVerfG NJW-RR 1995, 441; BGH MDR 1995, 629.

weil das bestrittene erhebliche Vorbringen einer Partei zu ihrem früheren Vortrag in Widerspruch steht. Letztere Umstände können allerdings **Gesichtspunkt bei der Beweiswürdigung** darstellen.

Auch bedeutet Unwirtschaftlichkeit keine Ungeeignetheit; daher darf ein Beweisantrag nicht etwa deshalb abgelehnt werden, weil er **unökonomisch** sei.[94] Ein Sachverständigenbeweis kann deswegen nicht etwa aufgrund der mit der Gutachtenerstellung einhergehenden erheblichen Kosten abgelehnt werden: Vielmehr ist es Sache des Beweisführers, ob er diese Kosten aufwenden will (und Sache des Gegners, ob er zur Vermeidung dieser Kosten die Tatsache zugesteht).

(5) Unerreichbarkeit des Beweismittels

34   Abzulehnen ist ein Beweisantrag auch dann, wenn das Beweismittel unerreichbar ist.

Beispiele: Der Zeuge ist unbekannt verzogen; eine Urkunde ist unauffindlich etc.

Allerdings sind auch in dieser Fallgruppe – ebenso wie im Falle eines ungeeigneten Beweismittels – **strenge Anforderungen** zu stellen: So ist die Ablehnung eines Beweisantrags wegen Unerreichbarkeit nach Auffassung des BGH nur gerechtfertigt, „wenn das Gericht unter Beachtung seiner Aufklärungspflicht alle der Bedeutung [des Beweisthemas] entsprechenden Bemühungen zur Beibringung [des Beweismittels] vergeblich entfaltet hat und keine begründete Aussicht besteht, das Beweismittel in absehbarer Zeit beizubringen."[95] Diese Voraussetzungen sind im Falle eines Zeugenbeweises jedenfalls dann nicht gegeben, wenn das Gericht seine Nachforschungen auf die Verfügbarkeit des Zeugen am Terminstag beschränkt hatte und nicht der Frage nachgegangen war, ob er in absehbarer Zeit vernommen werden kann.[96] Auch ist ein im Ausland lebender Zeuge per se „nicht erreichbar", zumal eine Beweisaufnahme auch im Ausland erfolgen kann (§ 363).

(6) Verspätung

35   Einem Beweisantrag ist fernen nicht zu entsprechen, wenn das Vorbringen gem. § 296 als **verspätet** zurückzuweisen ist (→ § 4 Rn. 28 ff.).

(7) Eigene Sachkunde des Gerichts, Schadensermittlung gem. § 287

36   Im Falle eines **Sachverständigenbeweises** kommt die Ablehnung des Beweisantrages zudem in Betracht, wenn das Gericht **eigene Sachkunde** hat (diese ist im Urteil darzulegen)[97] oder – bei der **Schadensermittlung** – die Beweiserhebung im **Ermessen** des Gerichts liegt (§ 287 Abs. 1 S. 2; die Ermessensgründe müssen wiederum im Urteil dargelegt werden).[98]

(8) Wiederholung eines erledigten Beweisantrages

37   Ebenfalls im Ermessen des Gerichts steht die **Wiederholung eines erledigten Beweisantrages** (§§ 398, 412). **Keine Wiederholung** stellt jedoch der Antrag dar, einen bereits in

---

[94] BVerfGE 50, 32 (36).
[95] BGH NJW NJW 2006, 3416.
[96] BGH NJW 2006, 3416.
[97] BGH NJW 2000, 1946.
[98] Zö/Greger § 287 Rn. 6.

III. Durchführung der Beweisaufnahme

einem anderen Prozess (etwa einem Strafverfahren) vernommenen Zeugen nochmals zu vernehmen: Die Verwertung der in dem anderen Prozess protokollierten Aussage des Zeugen auf Antrag einer Partei ist ein **Urkundenbeweis, der auch bei Widerspruch der anderen Partei** zulässig ist. Demgegenüber hat aber jede Partei (insbesondere auch die Gegenpartei) das Recht, die **Vernehmung** des Zeugen zu beantragen. Diesem Antrag ist **zu entsprechen:** Denn dies ist ein Antrag auf **erstmalige** Vernehmung des Zeugen **als Zeuge** in diesem Prozess (**Zeugenbeweis**, auch Frage der Unmittelbarkeit der Beweisaufnahme).[99] Eine unmittelbare Vernehmung des Zeugen ist auch dann notwendig, wenn seine Glaubwürdigkeit beurteilt werden muss.[100] Die Aussage eines nicht über ein Aussageverweigerungsrecht belehrten Zeugen aus einem Strafverfahren darf im Zivilprozess nicht verwertet werden (→ Rn. 32). Grundsätzlich anders ist dies jedoch bei entsprechender Aussage einer Partei; insoweit erfolgt eine Interessen- und Güterabwägung.[101]

3. Anordnung der Beweisaufnahme

Die Beweisaufnahme bedarf stets der **Anordnung**. Ein formeller Beweisbeschluss – mit dem Inhalt gem. § 359 (→ Rn. 39 ff.) – muss zwingend nur im Falle einer Parteivernehmung[102] (§ 450 Abs. 1 S. 1; dies in Abgrenzung zur Parteianhörung) sowie im Falle einer vor der Verhandlung durchzuführenden Beweisaufnahme (§ 358a) erlassen werden, im Übrigen kann – jedoch nicht: muss – die Beweisaufnahme **durch formlosen Beschluss** angeordnet werden. Dies gilt insbesondere für die sofortige Beweiserhebung im Verhandlungstermin.

38

> **Hinweis:** Zur Klarstellung ergeht jedoch zumeist ein – verkürzter – Beschluss. Im **Protokoll** heißt es dann: „b.u.v.: *Der vorbereitend geladene Zeuge Müller soll vernommen werden.*" oder: „b.u.v.: *Die Niederschrift über die Vernehmung des Zeugen Müller im Strafverfahren ... (Bl. 12 d.A.) wird urkundenbeweislich verwertet*" (oder ungenauer, aber verbreitet: „b.u.v.: *Die Strafakten ... werden beweiseshalber zum Gegenstand der Verhandlung gemacht*").

Bei **komplexen Beweisthemen** (etwa ein Bauprozesses, in dessen Rahmen der Sachverständige zahlreiche streitige Baumängel zu begutachten hat), wird jedoch stets ein formeller Beweisbeschluss angezeigt sein.

4. Der (formelle) Beweisbeschluss

a) Umfang der Beweisanordnung

Grundsätzlich ist der Beweisbeschluss auf **alle** entscheidungserheblichen streitigen Tatsachenbehauptungen der Parteien zu beziehen, und zwar jeweils sogleich **zum Haupt- als auch zum Gegenbeweis**. Bei **umfangreichem Prozessstoff** kann es jedoch ggf. zweckmäßig sein (Frage des Einzelfalles), zunächst nur zu einem **Teilbereich** Beweis zu erheben und daher zunächst auch nur einen entsprechend begrenzten Beweisbeschluss zu erlassen.

39

> **Beispiel:** Etwa ein Beweisbeschluss nur zum Grund des Anspruchs, beispielsweise: Ablauf eines Verkehrsunfalls, um zunächst nur ein Grundurteil zu ermöglichen, oder nur

---

99 BGH NJW 1995, 2856; NJW 2000, 1420; OLG Koblenz MDR 2006, 771.
100 BGH NJW 2000, 1420.
101 BGH JZ 2003, 630 mAnm Leipold.
102 Das Fehlen eines Beweisbeschlusses ist aber gem. § 295 heilbar, vgl. Zö/Greger § 450 Rn. 1 mN.

zu einer einzelnen Frage, die bereits zu einer Entscheidung des Falles führen kann (zB zu einer Verjährungseinrede).

b) Inhalt des Beweisbeschlusses

40 Gem. § 359 muss der Beweisbeschluss zwingend enthalten:

1) die **Bezeichnung der Beweisthemen** (Nr. 1), dh der Tatsachenbehauptungen der Parteien, über die Beweis erhoben werden soll. Zu bezeichnen sind nur die streitigen **Tatsachen** (Haupt- und Hilfstatsachen), **nicht** dagegen Rechtsbegriffe – falls nicht ausnahmsweise als Tatsache zu werten –, Rechtsfragen, Rechtsfolgen oder Wertungen.

   Hinweis: Zu formulieren ist das Beweisthema in der Regel als **ergebnisoffene Frage**, allerdings ist auch eine Formulierung in Aussageform möglich. Ob das Beweisthema **präzise und detailliert oder genereller** formuliert werden sollte, ist eine **Frage des Einzelfalles**: Grundsätzlich sollte jedenfalls nicht so detailliert formuliert werden, dass der Zeuge – dem das Thema mitgeteilt wird (§ 377 Abs. 2 Nr. 2) – in eine bestimmte Aussagerichtung gelenkt wird, aber andererseits doch so, dass der Zeuge erkennt, um welchen Vorgang es sich handelt, so dass er sich vorbereiten kann. Daher etwa: *„Wie hat sich der Unfall vom ... gegen 15.30 Uhr in Emden (Einmündung der Bismarckstraße in die Marktstraße) zugetragen?"*[103]

   Eine **detaillierte Formulierung** ist jedoch regelmäßig bei Sachverständigenbeweis angezeigt – hier bedarf es der genauen Vorgabe der einzelnen Fragen und Punkte, dies ebenso bei einer Beweisaufnahme im Wege der Rechtshilfe. **Mehrere Beweisthemen** sind in **sachlicher oder zeitlicher Ordnung** darzustellen.

2) die **Bezeichnung des Beweismittels** (Nr. 2).

   Hinweis: Aus dem Beschluss muss genau hervorgehen, wer als Zeuge vernommen oder als Sachverständiger beauftragt wird. **Zeugen** sind daher mit vollständigem Namen und voller ladungsfähiger Anschrift zu bezeichnen; die Anschrift der Dienststelle kann jedoch ggf. ausreichen (etwa bei Beamten). Andernfalls bedarf es einer Auflage an den Beweisführer zur Vervollständigung der Anschrift. **Sachverständige** sind mit Anschrift und Berufsbezeichnung bezeichnen, wenn dieser bereits feststeht. Anderenfalls ist nur zu formulieren: *„durch Einholung eines schriftlichen/mündlichen Sachverständigengutachtens"*, wobei dann mitgeteilt wird, wie der Sachverständige bestimmt werden soll (etwa: *„um Vorschlag geeigneter Sachverständiger wird die Industrie- und Handelskammer in Krefeld ersucht"*). Vor der Bestimmung des Sachverständigen ist den Parteien jedoch rechtliches Gehör zu gewähren.

3) die **Bezeichnung des Beweisführers** (Nr. 3), also der Partei, die das Beweismittel **benannt** hat. Dabei kommt es nicht darauf an, von welcher Partei die umstrittene **Behauptung** stammt (dies ist daher auch **nicht im Beweisbeschluss** mitzuteilen, zumal auch dies eine Zeugenbeeinflussung bewirken könnte) oder wer die Beweislast trägt; Beweisführer ist vielmehr auch derjenige, der einen Gegenbeweis antritt. Bei Beweiserhebung von Amts wegen erfolgt eine entsprechende Mitteilung.

41 Darüber hinaus **kann** der Beweisbeschluss – nach **Maßgabe des Einzelfalles** – zudem enthalten

- die **Anordnung eines Auslagenvorschusses** (mit **Fristsetzung**, § 379 S. 2) für die Ladung von Zeugen (§ 379), die Beauftragung von Sachverständigen (§ 402) und die Augenscheinseinnahme (§ 17 GKG), **nicht jedoch für die Parteivernehmung**;

---

[103] Vgl. hierzu OLG Frankfurt NJW-RR 1995, 637; Mus/Voit/Stadler § 359 Rn. 3.

III. Durchführung der Beweisaufnahme

Hinweis: Die Festsetzung des Auslagenvorschusses erfolgt in Höhe der **voraussichtlich entstehenden Kosten**, die nach dem JVEG überschlägig zu ermitteln sind. Der Auslagenvorschuss ist grundsätzlich dem **Beweisführer** aufzuerlegen; falls das Beweismittel jedoch von **beiden** Parteien benannt ist, ergeht die Anordnung **nur an die beweisbelastete Partei**[104] (und **nicht** an beide Parteien je zur Hälfte, da hinsichtlich der nicht beweisbelasteten Partei nicht gem. § 379 S. 2 verfahren werden kann). Falls **ein Gutachten** von den Parteien **zu unterschiedlichen Beweisthemen** beantragt wird, ist beiden Parteien ein anteiliger Vorschuss aufzugeben; bei Nichtzahlung seitens einer Partei wird das Gutachten zu den Punkten, für die sie beweispflichtig ist, nicht eingeholt. Bei den maßgeblichen Vorschriften zur Anordnung eines Auslagenvorschusses handelt es sich um **Sollvorschriften**; das Gericht kann – zur Beschleunigung – auch von einem Vorschuss absehen.

Zeugen sollten grundsätzlich **erst nach Eingang des Auslagenvorschusses** geladen werden (§ 379 S. 1). **Bei Nichtzahlung** erfolgt daher grundsätzlich keine Ladung (§ 231 Abs. 1), **bei verspätetem Eingang** der Zahlung nur noch, falls keine Verzögerung eintritt (§ 379 S. 2). Eine Zurückweisung des Beweisantrags auf Vernehmung der Zeugen kann aber nur gem. § 296 Abs. 2 (grobe Nachlässigkeit) erfolgen,[105] dabei muss die Kausalität der Verspätung für die Verzögerung feststehen.[106] Unzweckmäßig ist es dagegen, Zeugen sofort zu laden und bei Nichtzahlung des Vorschusses in der Frist wieder abzuladen, da dann bei verspätetem Eingang ggf. eine erneute Ladung der bereits abgeladenen Zeugen erforderlich werden kann.

Keine Vorschusspflicht besteht zuletzt jedoch bei gewährter **PKH** (§ 122 Abs. 1 Nr. 1 a; erhält der Kläger PKH, dann besteht – jedoch nach Maßgabe § 122 Abs. 2 – auch keine Vorschusspflicht für den Beklagten; PKH (nur) für den Beklagten befreit den Kläger dagegen nicht!), zudem bei **Entschädigungs-**(„**Gebühren**"-)**verzicht** von Zeugen, bei **persönlicher Haftungsübernahme** der Anwälte (zur Beschleunigung) sowie bei einer Beweisaufnahme von Amts wegen.[107]

- die **Anordnungen zur Durchführung** der Beweisaufnahme,

    Beispiele: Schriftliche Aussage (§ 377 Abs. 3), zur Reihenfolge der Beweiserhebung, zu Auflagen an Parteien oder Zeugen zur Vorlage von Unterlagen.

- eine **Frist zur Beseitigung von Hindernissen** (§ 356),

    Beispiele: Frist zur Mitteilung des Namens eines noch nicht namentlich benannten Zeugen („NN", → Rn. 25) oder der **ladungsfähigen Anschrift**; zur Vorlage von Unterlagen, die für die Beweisaufnahme erforderlich sind; zur Einreichung von **Befreiungserklärungen** bezüglich Zeugen, die einer Verschwiegenheitsverpflichtung unterliegen (Ärzte, Notare uä).

- die **Übertragung** der Durchführung der Beweisaufnahme auf einen **beauftragten Richter** (§ 361) oder einen **ersuchten Richter** (§ 362, Rechtshilfe),

    Hinweis: Grundsätzlich erfolgt die Beweisaufnahme vor dem erkennenden Gericht (Unmittelbarkeit! § 355 Abs. 1), eine Übertragung ist nur unter besonderen Voraussetzungen zulässig, konkret: §§ 372, 375 (**Zeugen**, nicht bei voraussichtlich erforderlicher persönlicher Glaubwürdigkeitsbeurteilung),[108] §§ 402, 451.

- die **Anordnung des persönlichen Erscheinens der Parteien** (§ 141)

- sowie die **Bestimmung des Termins zur Beweisaufnahme** (§ 370), soweit dies möglich ist (andernfalls: *„Termin zur Beweisaufnahme wird von Amts wegen bestimmt."*).

---

104 BGH NJW 1999, 2823.
105 BVerfG NJW 2000, 1327; BGH NJW 1998, 761.
106 BGH NJW-RR 2011, 526.
107 BGH NJW 2000, 743.
108 OLG Köln NJW-RR 1998, 1143.

Zuletzt kann der **Beweisbeschluss** zudem mit weiteren Auflagen oder Hinweisen an die Parteien **verbunden** werden (dann **„Auflagen- (Hinweis-) und Beweisbeschluss"**), dies ggf. auch mit einem **Vergleichsvorschlag**, bei dessen Nichtannahme die Beweisaufnahme durchgeführt werden soll.

c) Beispiel für einen Beweisbeschluss

42 ▶ 29 O 14/22 (Aktenzeichen)

Beweisbeschluss

im Rechtsstreit Bau-Union-GmbH./.Häberle

*(nur abgekürztes, **kein volles Rubrum!**)*

I. Es wird Beweis erhoben über folgende Fragen:
   1. Was haben die Parteien hinsichtlich der Vergütung der Klägerin für die Errichtung des Wohnhauses des Beklagten (Stuttgart, Trollingerweg 4) vereinbart: Festpreis? Abrechnung nach Stunden, Massen, Einheitspreisen? Fälligkeit?
   2. Welche Verblender sollten vereinbarungsgemäß verwendet werden?
   3. Weist der Bau folgende Mängel auf: ...? (Konkrete Bezeichnung)
   4. Wie können diese Mängel beseitigt werden? Kostenaufwand?
   5. Minderwert, falls nicht die vertraglich vorgesehenen Verblender verwendet worden sein sollten?

   durch
   a) Vernehmung des kaufmännischen Angestellten Kurt Müller, zu laden über die Klägerin, als Zeugen zu 1. und 2., auf Antrag der Klägerin,
   b) Vernehmung von Frau Martha Häberle, Trollingerweg 4, Stuttgart, als Zeugin zu 1. und 2., auf Antrag des Beklagten,
   c) Einholung eines Gutachtens des Sachverständigen Architekt Dipl.-Ing. Max Müller, Lemberger Platz 10, Stuttgart, zu 3. auf Antrag beider Parteien, zu 4. und 5. auf Antrag des Beklagten,
   d) gerichtliche Augenscheinseinnahme, zu 3., von Amts wegen.

II. Die Vernehmung der Zeugen wird im Rahmen der Augenscheinseinnahme durchgeführt, zu der auch der Sachverständige zugezogen wird.

III. Die Ladung der Zeugen ist davon abhängig, dass die Parteien für den von ihnen benannten Zeugen einen Auslagenvorschuss von je 150 EUR einzahlen oder eine Entschädigungsverzichtserklärung vorlegen. Frist: ...

IV. Die Beauftragung des Sachverständigen ist von der Einzahlung eines Auslagenvorschusses von 4.500 EUR durch den Beklagten abhängig. Frist: ...

III. Durchführung der Beweisaufnahme § 11

V. Termin zur Beweisaufnahme und Fortsetzung der mündlichen Verhandlung wird bestimmt auf:
25. Mai ..., 9.30 Uhr, Sitzungssaal 227 des Landgerichts Stuttgart
VI. Zu dem Termin wird das persönliche Erscheinen des Geschäftsführers der Klägerin und des Beklagten angeordnet.
Stuttgart, 11.3.2022
Landgericht Stuttgart – 29. Zivilkammer
(Unterschrift des Einzelrichters bzw. – in Kammersachen – der Richter) ◀

5. Der Beweistermin (§ 370 Abs. 1)

Die Beweisaufnahme ist Teil des Haupttermins, nicht jedoch der mündlichen Verhandlung ieS; vielmehr wird diese für die Beweisaufnahme unterbrochen und im Anschluss hieran fortgesetzt (**Schlussverhandlung** iSv §§ 279 Abs. 3, 285 Abs. 1, in deren Rahmen über das Ergebnis der Beweisaufnahme zu verhandeln und der Sach- und Streitstand erneut mit den Parteien zu erörtern ist). Findet die Beweisaufnahme in einem separaten Beweistermin statt, ist dieser zugleich **zur Fortsetzung der mündlichen Verhandlung bestimmt** (§ 370 Abs. 1), ist damit also kraft Gesetzes zugleich auch Verhandlungstermin, aufgrund dessen eine Entscheidung – entweder sogleich oder in einem zu bestimmenden Verkündungstermin – ergeht. 43

Hinweis: Grundsätzlich möglich ist auch eine Vertagung nach der Beweiserhebung oder die Gewährung einer Schriftsatzfrist („Frist zur Stellungnahme zum Beweisergebnis"), soweit besondere Gründe hierfür vorliegen, konkret: soweit es der Grundsatz des rechtlichen Gehörs verlangt (dies etwa im Falle einer umfangreichen Beweisaufnahme, zu der im Termin nicht abschließend Stellung genommen werden kann, oder bei überraschenden/neuen Ergebnissen der Beweisaufnahme, zu denen sich die Parteien nicht sogleich äußern können).[109] Hierzu → § 4 Rn. 21.

Die **Fortsetzung der Verhandlung beginnt** erst nach der Beweisaufnahme, so dass eine ausgebliebene Partei **während** der Beweisaufnahme **noch nicht säumig** ist. In einem solchen Falle muss daher zunächst die Beweisaufnahme durchgeführt werden (§ 367), bevor – nach Fortsetzung der Verhandlung – ein Versäumnisurteil (auf entsprechenden Antrag hin) ergehen kann. Anders ist dies nur, wenn der anwesende Beweisführer auf das Beweismittel verzichtet und sich dadurch die Beweisanordnung erledigt (§ 399, uU Prozesstaktik). 44

Hinweis: Bei **Ausbleiben einer Partei** kann die erschienene Partei nach der Beweisaufnahme (oder einem Verzicht auf die Beweisaufnahme) beantragen

- entweder ein **Versäumnisurteil** gegen den **jetzt säumigen** Gegner. Dieses ergeht gegen den Beklagten (wegen der Geständnisfiktion des § 331 Abs. 1 S. 1) grundsätzlich **ohne Berücksichtigung des Beweisergebnisses**. Etwas anderes gilt nur, wenn die Beweisaufnahme einen bewusst falschen Vortrag des Klägers ergeben hat; in einem solchen Falle fehlt es in der Regel an der Schlüssigkeit der Klage, so dass kein VU gegen den Beklagten ergehen kann.[110]
- oder eine **Entscheidung nach Lage der Akten** beantragen (§ 331a), bei der **die Beweisaufnahme zu berücksichtigen** ist.[111]

Zur **Prozesstaktik** → § 12 Rn. 2.

---

109 Mus/Voit/Stadler § 370 Rn. 2.
110 Zö/Greger § 370 Rn. 1; MK/Prütting § 331 Rn. 20. A.A. StJ/Berger § 370 Rn. 6.
111 BGH NJW 2002, 301.

6. Referendare im Beweistermin

45 Zur Vernehmungstechnik: *Bender/Häcker/Schwarz*, Tatsachenfeststellung vor Gericht, 5. Auflage 2021.

a) ▸Gerichtsstage: Vernehmung von Zeugen

46 Unter Aufsicht eines Richters können Referendare gem. § 10 GVG auch Beweise erheben, mithin die Beweisaufnahme durchführen. Sie sind einzig nicht dazu befugt, Beeidigungen anzuordnen oder einen Eid abzunehmen.

aa) Vorbereitung der Beweisaufnahme

47 Erforderlich ist zunächst ein **eingehendes Aktenstudium**, und zwar in **tatsächlicher**, aber auch in **rechtlicher Hinsicht**, um das Beweisergebnis – zB eine unerwartete Angabe des Zeugen – sogleich rechtlich einordnen und um dann von einem uU geänderten rechtlichen Ansatz her die Vernehmung fortführen zu können: Der Prozessstoff muss in tatsächlicher und rechtlicher Hinsicht beherrscht werden.[112] Insbesondere sollten bereits **anderweitige aktenkundige Aussagen des Zeugen** (etwa aus einem Strafverfahren), Korrespondenz, an der der Zeuge beteiligt war, oder das Beweisthema berührende Urkunden zur Kenntnis genommen werden, um dem Zeugen Vorhalte machen oder Widersprüche aufdecken zu können.

Der beabsichtigte Ablauf der Vernehmung (zB Reihenfolge der Zeugen, der zu erörternden Punkte) sollten vorab durchdacht und zweckmäßigerweise **stichwortartig festgehalten werden**: Wichtige Fragen oder anzusprechende Punkte sind zu notieren und diese Notizen während und vor Beendigung der Vernehmung zu kontrollieren, da sonst erfahrungsgemäß auch sehr bedeutsame, vorher sorgsam bedachte Fragen während der Vernehmung einfach vergessen werden können.

Wichtige **Aktenfundstellen** sollten **notiert** oder durch „Post-it" kenntlich gemacht werden, damit sie bei der Vernehmung – ohne störendes Suchen – parat sind.

bb) Vernehmung mehrerer Zeugen

48 Sind mehrere Zeugen zu vernehmen, ist vorab die **Vernehmungsreihenfolge** festlegen. Diese bestimmt sich in erster Linie **nach sachlichen Gesichtspunkten** (etwa zunächst zum Haupt-, dann zum Gegenbeweis; oder: erst der umfassende, dann der nur zu Einzelpunkten zu vernehmende Zeuge).

Zu beachten ist, dass jeder Zeuge einzeln und in Abwesenheit der später abzuhörenden Zeugen zu vernehmen ist (§ 394 Abs. 1). Wurden mehrere Zeugen zum gleichen Zeitpunkt geladen, ist der später zu vernehmenden Zeugen daher nach der Belehrung bitten, den Sitzungssaal zunächst wieder zu verlassen.

Bereits **vernommene Zeugen** sind dazubehalten, wenn sie noch – etwa zur Gegenüberstellung mit weiteren Zeugen zum gleichen Beweisthema (§ 394 Abs. 2) – benötigt werden können; ansonsten ist der Zeuge zu entlassen, dies in der Regel nach Abstimmung mit den Parteivertretern.

---

[112] Vgl. Pfeiffer/Buchinger JA 2005, 138.

III. Durchführung der Beweisaufnahme   **§ 11**

cc) Der Beginn der Vernehmung

Der Vernehmende muss sich ständig bemühen, eine Vertrauensbeziehung zu dem – oft der Vernehmung ablehnend gegenüberstehenden – Zeugen herzustellen, ihm die Unsicherheit zu nehmen und insgesamt ein Verhandlungsklima zu schaffen, in dem er bereitwillig und um die Wahrheit bemüht aussagt. 49

> **Hinweis:** Hierfür ist der Beginn der Vernehmung von besonderer Bedeutung: Anbieten eines Sitzplatzes (selbstverständlich!); Gelegenheit zum Ablegen des Mantels; entschuldigende und erklärende Worte, wenn der Zeuge hatte warten müssen; korrekter, freundlicher Ton, mit persönlicher *Anrede („Herr Müller",* nicht: *„Herr Zeuge");* dem Zeugen deutlich machen, dass seine Aussage für das Gericht wichtig ist.

Zu Beginn der Vernehmung ist die **Beweiserhebung anzuordnen** und die Anordnung in das Protokoll aufzunehmen. 50

> **Beispiel:** *„Es wird in die Beweisaufnahme eingetreten. b.u.v.: Der vorab geladene Zeuge Manuel Mustermann wird zum Beweisthema Verkehrsunfall am 18.3.2021 auf der Kreuzung XY in Stuttgart vernommen."*

Sodann ist der Zeuge zunächst gem. § 395 Abs. 1 (auch über die Strafbarkeit falscher Aussagen) **zu belehren.** 51

> **Beispiel:** *„Sie sollen hier als Zeuge vernommen werden. Als Zeuge vor Gericht sind Sie verpflichtet, die Wahrheit zu sagen. Sie dürfen daher nichts Unwahres sagen und nichts weglassen, was zur Sache gehört. Falsche Aussagen werden bestraft, besonders schwer, wenn Sie – womit Sie rechnen müssen – Ihre Aussage beschwören müssen."* Die **Belehrungsformulierung** sollte man sich einprägen, damit die Vernehmung – was für den weiteren Verlauf oft sehr bedeutsam ist – ohne Unsicherheit begonnen wird. In das **Protokoll** ist aufzunehmen: *„Der Zeuge XY wurde zur Wahrheit ermahnt und auf die strafrechtlichen Folgen von Falschaussagen hingewiesen".*

Zudem ist der Zeuge gem. § 395 Abs. 1 über Vornamen und Zunamen, Alter, Stand oder Gewerbe und Wohnort zu befragen **(Angaben zur Person),** zudem ggf. über – seine Glaubwürdigkeit betreffende – besondere Umstände (insbesondere über seine Beziehungen zu den Parteien).

> **Hinweis:** Bereits bei der Vorbereitung sind Verwandtschaftsverhältnisse – die sich oft schon aus der Akte ergeben – hinsichtlich etwaiger **Aussageverweigerungsrechte,** insbesondere gem. § 383 Abs. 1 Nr. 3, zu überprüfen; im Termin selbst ist dies oft zu kompliziert.[113] Über das Aussageverweigerungsrecht ist **zu belehren** (§ 383 Abs. 2), was im Protokoll festzuhalten ist. Soweit keine relevante Verwandschaftsbeziehung besteht, ist in das **Protokoll** aufzunehmen: *„Anton Müller, geb. am 19.4.2001, von Beruf: Lehrer, wohnhaft in: Lembergerstraße X in 70567 Stuttgart. Mit den Parteien weder verwandt noch verschwägert".*

dd) Vernehmung zur Sache (§§ 396, 397).

Zunächst soll sich der Zeuge **im Zusammenhang** zum Beweisthema äußern (§ 396 Abs. 1). 52

> **Hinweis:** Daher bedarf es regelmäßig einer einführenden Aufforderung an den Zeugen, etwa: *„Es geht hier – wie Ihnen ja schon mitgeteilt worden ist – um den Unfall vom ... auf der Kreuzung der Bundesstraße mit der Schillerstraße in Ludwigsburg. Sie kamen ja wohl – wenn ich das richtig sehe – mit Ihrem Wagen aus Richtung Stuttgart an die*

---

[113] Vgl. die Aufstellung bei Anders/Gehle/Gehle zu § 383. Kein Aussageverweigerungsrecht besteht bei nichtehelicher Lebensgemeinschaft, vgl. MK/Damrau/Weinland § 383 Rn. 15; Zö/Greger § 383 Rn. 9.

Köhler

Kreuzung heran und haben den Unfall gesehen. Berichten Sie doch bitte, wie es zu dem Unfall gekommen ist und was Sie gesehen haben."

Bei dieser Schilderung im Zusammenhang darf der Zeuge grundsätzlich **nicht unterbrochen** werden, und zwar auch dann nicht, wenn er nur langsam zur Sache kommt oder sich weitschweifig äußert; Unterbrechungen verunsichern erfahrungsgemäß den Zeugen, der sich bei seiner Aussage auch erst „freireden" können soll. Nur dann sind vorsichtige Hinweise angebracht, wenn sich der Zeuge zu weit vom Beweisthema entfernt oder – als Hilfe – wenn er nicht mehr recht weiterweiß.

> **Hinweis:** Der Zeuge sollte auch dann nicht unterbrochen werden, wenn eine Unrichtigkeit der Angaben nahe liegt: **Erst ausreden lassen (und Aussage protokollieren!)**, dann Vorhalte. Unterbrechungen durch Anwälte oder Parteien sind sofort zu unterbinden.

53 Anschließend sind (soweit erforderlich) **durch den Vernehmenden ergänzende Fragen zu stellen und Vorhalte zu machen.**

> **Hinweis:** Dies ua zu noch nicht (hinreichend) angesprochenen Punkten, zu Auslassungen, zur Präzisierung unscharfer Angaben, zur Ausfüllung und Detaillierung „glatter" oder substanzloser Angaben, zudem auch zur Aufdeckung, ob die Angaben wirklich auf eigenen Erlebnissen oder Wahrnehmungen des Zeugen beruhen oder woher er sein Wissen hat. Dabei dürfen **keine Suggestivfragen** gestellt werden, Fragen sind vielmehr grundsätzlich **ergebnisoffen** formulieren.

Vorhalte sind erforderlich, wenn die Umstände – zB aus Urkunden, aus Beiakten (zB Strafakten), aus vorangegangenen Zeugenvernehmungen – gegen die Richtigkeit der Angaben sprechen. Hier sollte bestimmt nachgefasst werden, wenn der Zeuge ersichtlich ausweicht. Wenn der Zeuge indes erklärt, etwas nicht (mehr) zu wissen – und dies verständlich ist (zB Zeitablauf) –, dann ist das hinzunehmen; Vorhalte wie: *„Nun konzentrieren Sie sich mal"* sind unangebracht.

Der Vernehmende muss wissen, was ein Zeuge leisten kann und welche Fehlerquellen die Aussage beeinflussen können, aber auch, welche Umstände der Aussage oder des Verhaltens des Zeugen auf Richtigkeit, Unsicherheit oder bewusste oder unbewusste Unrichtigkeit der Angaben hinweisen können, um insoweit gezielt nachfragen zu können. Daher ist eine Befassung mit **Aussagepsychologie** wichtig.

54 Im Anschluss an das Gericht können **die Anwälte und Parteien** ihre Fragen und Vorhalte anbringen (§ 397), **zunächst** der Beweisführer, anschließend der Gegner. Fragen und Vorhalte sind so weitgehend wie möglich zuzulassen; dies gilt **nur dann nicht**, wenn Frage oder Vorhalt absolut nichts mehr mit dem Beweisthema zu tun haben kann.

> **Hinweis:** Daher sollten Fragen auch nicht ohne Weiteres abgeblockt werden mit dem Hinweis, dass die Frage „nicht im Beweisbeschluss" stehe; der Zeuge ist nunmehr ja auch ein präsentes Beweismittel, so dass er sogleich auch zu neuen – beweiserheblichen – Fragen vernommen werden kann.

Eine **Verunsicherung des Zeugen ist zu verhindern:** Es sollte auf klare Formulierung der Fragen hingewirkt werden, ständige Wiederholungen und unnötige Schärfen sind zu unterbinden.

> **Hinweis:** Bei der Befragung von Zeugen durch die Parteien kann es gelegentlich zu heftigen Auseinandersetzungen kommen. Diese sollten nicht immer sogleich unterbunden, sondern in der Regel zunächst nur etwas gesteuert werden: Es kommt dabei erfahrungsgemäß immer wieder vor, dass Zeugen oder Parteien die Kontrolle, auch über das, was sie sich zu sagen vorgenommen hatten, verlieren und dass es gerade dann zu wahrheitsmäßigen Angaben kommt.

ee) Protokollierung der Aussage (§ 160 Abs. 3 Nr. 4)

Aussagen der Zeugen, Sachverständigen und der vernommenen Parteien sind gem. § 160 Abs. 3 Nr. 4 zu protokollieren. Die Protokollierung stellt regelmäßig eine besondere Herausforderung dar, daher sollte man sich vor der Verhandlung unbedingt mit dem Diktiergerät vertraut machen und probeweise einzelne Diktate anfertigen; die sichere Beherrschung der Technik sorgt für entsprechende Sicherheit im Termin.

Zu Beginn des Diktats sollte dem Zeugen erklärt werden, dass seine Aussage protokolliert werden müsse, er dem Diktat daher genau zuhören möge und unterbrechen solle, wenn nicht das diktiert werde, was er sagen wollte.

Während der Vernehmung sollten **Notizen** angefertigt werden, nach denen die Aussage diktiert wird; besonders wichtige Aussagepassagen müssen möglichst wörtlich in das Protokoll aufgenommen werden.

Das **Diktat** sollte **in Abschnitten** erfolgen. Zunächst erfolgt die **Zusammenhangs-Aussage**, die grundsätzlich nicht durch zwischenzeitliches Diktieren unterbrochen werden sollte; vielmehr ist das Diktat (idealerweise) erst nach der Aussage aufzunehmen. Bei längerer Vernehmung zu verschiedenen **Einzelkomplexen** ist es aber durchaus zweckmäßig, nach der Aussage zu einem Einzelkomplex ein Teildiktat vorzunehmen – und insoweit auch Fragen und Vorhalte abzuhandeln, bevor zum nächsten Teilkomplex übergegangen wird.[114]

Die sich anschließenden **Fragen und Vorhalte** sollten grundsätzlich nach jeder Einzelfrage bzw. jedem Vorhalt protokolliert werden, dies unter Kenntlichmachung des Fragenden.

> **Beispiel:** Etwa *„Auf Frage des Gerichts erklärt der Zeuge: (...)"*, *„Auf Frage von Rechtsanwalt Dr. Müller erklärt der Zeuge: (...)"*, *„Auf Vorhalt des Klägers, der Beklagte habe die Vertragsurkunde v. 16.04. eigenhändig unterschrieben, erklärt der Zeuge (...)"* etc.

Die Aussage des Zeugen ist stets in **direkter Rede** (Ich-Form) zu formulieren, zudem so **zusammengefasst**, dass – auch im Ablauf – erkennbar bleibt, was und wie dies der Zeuge gesagt hat (kein „bereinigtes Endergebnis"!): Wenn der Zeuge sich zunächst in einer bestimmten Weise geäußert, dann aber auf Vorhalt berichtigt hat, muss dies dem Protokoll zu entnehmen sein, ebenso wie Widersprüche, nachträgliche Konkretisierungen, „scheibchenweise" Teilantworten. Die Aussage darf nicht im Diktat glatt, einheitlich, in sich geschlossen und folgerichtig erscheinen, wenn sie in Wirklichkeit zunächst in sich widersprüchlich war, mit Änderungen und Berichtigungen, und nur mühsam dem Zeugen hatte entlockt werden können. Auch muss die **Aussage korrekt wiedergegeben**, also ohne eigene Wertungen aufgenommen werden; insbesondere darf die Protokollierung nicht den Anschein von Bestimmtheit erwecken, wenn der Zeuge Zweifel geäußert oder Unsicherheit gezeigt hat. Zuletzt muss die Aussage in der **Sprache des Zeugen** formuliert werden. Der Zeuge darf nicht dadurch, dass der Vernehmende seinen eigenen Sprachstil anwendet, sprachgewandter erscheinen, als er in Wirklichkeit ist. UU ist ein **Vermerk über ein besonderes Verhalten des Zeugen** anzufertigen, soweit dies für die Beweiswürdigung (Glaubwürdigkeit) von Bedeutung sei könnte (etwa Erschütterung oder ständige Kontaktaufnahme mit einer Partei), damit solche Umstände auch später noch verwertbar sind.[115]

---

114 Vgl. Pfeifer/Buchinger JA 2005, 138 (139).
115 Vgl. BGH NJW 1991, 3284; NJW 1995, 2857; NJW 1997, 1586; BGH NJW-RR 1996, 983; NJW-RR 1997, 506.

Nach der Vernehmung ist dem Zeugen das Diktat gem. § 162 Abs. 1 grundsätzlich **vorzulesen** (bzw. bei Aufnahme auf Tonträger auf Verlangen vorzuspielen); darauf wird jedoch **regelmäßig verzichtet** (§ 162 Abs. 2), was im Protokoll zu vermerken ist.

> Beispiel: *„Die Aussage wurde diktiert. Auf Verlesen (Abspielen) wurde von den Beteiligten verzichtet."*

Im Protokoll zu vermerken ist zudem der Zeitpunkt der Entlassung des Zeugen (dies wegen der Entschädigung des Zeugen).

> Beispiel: *„Der Zeuge wird sodann um 16:37 Uhr entlassen"*.

Nach dem Termin sind die Protokollausführungen sorgfältig durchzusehen und ggf. zu korrigieren. Das Protokoll ist zuletzt zu **unterschreiben** (§ 163); dies von dem vernehmenden **Referendar**, aber **auch von dem Richter**, der damit zugleich seine Aufsicht bestätigt.

b) ▶RA-Stage: Wahrnehmung eines Beweistermins

56 Allgemein zur Teilnahme an der Verhandlung → § 4 Rn. 59 f.; die dortigen Ausführungen gelten auch für die Wahrnehmung des Beweistermins. Auch insoweit ist eine gründliche Vorbereitung sowie die Beherrschung des Prozessstoffes in tatsächlicher und rechtlicher Hinsicht erforderlich, da nur dann das Recht zu Fragen und Vorhalten sinnvoll ausgeübt werden kann.

Wichtige Fragen/Punkte sollten vorab notiert und während des Termins kontrolliert werden.

Fragen und Vorhalte sind bestimmt, aber keinesfalls aggressiv vorzutragen.

> Hinweis: Bei unscharfen oder unvollständigen Antworten des Zeugen ist entsprechend nachzufragen. Antworten dürfen nicht bewertet oder kommentiert werden (nicht plädieren!); dies ist der Beweiswürdigung vorzubehalten. Grundsätzlich sollte davon abgesehen werden, bereits Erörtertes zu wiederholen; dies ist nur angezeigt, wenn Angaben des Zeugen wegen ihrer Bedeutung deutlicher gemacht, insbesondere deutlicher protokolliert werden sollten.
>
> **Bei ungünstiger Aussage** sollte versucht werden, Widersprüche und Unglaubwürdigkeitsumstände aufzudecken.
>
> **Bei günstiger Aussage** sollte nicht bzw. nicht viel nachgefragt werden; daher: Aussage zunächst so „stehen lassen". Nur wenn sie von dem Gegner erschüttert wurde, sollte das Fragerecht (nochmals) aufgenommen werden, um die Aussage wieder „zurückzubekommen".
>
> **Bei widersprüchlichen Angaben gegnerischer Zeugen** sollte ebenfalls nicht nachgefragt werden, da andernfalls die Gefahr besteht, dass die Aussage noch stimmig gemacht wird; vielmehr sollte eine entsprechende spätere Beweiswürdigung mit Hervorhebung der Widersprüchlichkeiten erfolgen.

Das **Diktat des Richters** ist sorgfältig zu verfolgen. Es sollte – durch entsprechende Anregung oder ggf. ausdrückliche Anträge – darauf hingewirkt werden, dass günstige Angaben in das Protokoll auch aufgenommen werden, zudem, dass günstige Einzelumstände oder Nuancen nicht durch Verkürzungen entfallen. Dies kann auch im Hinblick auf ein etwaiges Berufungsverfahren von besonderer Bedeutung sein.

Soweit eine Beweiswürdigung noch im Termin nicht möglich erscheint, kann eine **Frist zur Beweiswürdigung** oder die Anberaumung eines neuen Termins beantragt werden; Letzteres bietet sich insbesondere in denjenigen Fällen an, in denen die Beweisaufnahme neue ungünstige Tatsachen ergeben hat, um auf diese reagieren und etwa neue Beweisanträge stellen zu können.

7. Beendigung der Beweisaufnahme

Die Beweisaufnahme wird beendet, **wenn alle Beweise erhoben** worden sind; erst im Anschluss ist die Sache entscheidungsreif, so dass – nach der Schlussverhandlung (→ Rn. 43) – eine Schlussentscheidung ergehen kann. Eine **vorzeitige Beendigung** der Beweisaufnahme kommt nur in Betracht, wenn der Rechtsstreit schon vor vollständiger Beweiserhebung entscheidungsreif wird. Dies kann der Fall sein, wenn der **Hauptbeweis nicht geführt ist**. Die Erhebung von **Gegen**beweis ist dann nicht mehr erforderlich, etwa wenn die vom Kläger benannten Zeugen die klagebegründende Behauptung nicht bestätigen. Die Gegenzeugen des Beklagten brauchen dann nicht mehr vernommen zu werden. Eine vorzeitige Beendigung der Beweisaufnahme kommt ferner dann in Betracht, wenn der **Hauptbeweis bereits gelungen ist** und der **Gegenbeweis nicht durchgreift**. Dann bedarf es nicht mehr der Erhebung weiteren **Haupt**beweises.

> **Beispiel:** Der Kläger hat sechs Zeugen benannt, der Beklagte drei Gegenzeugen. Die ersten drei Kläger-Zeugen bestätigen – für das Gericht überzeugend – dessen Vortrag; die Gegenzeugen sind unergiebig. Dann brauchen die weiteren Zeugen des Klägers nicht mehr vernommen zu werden (von weiteren Gegenzeugen könnte nicht abgesehen werden!). In Fällen dieser Art regt das Gericht in der Regel an, dass sich der Beweisführer auf die noch ausstehenden Zeugen nur noch „hilfsweise" beruft oder auf sie – in der Regel mit der Einschränkung „für diese Instanz" – verzichtet.[116]
>
> ▸**RA-Stage:** Aus Anwaltssicht ist es in einem solchen Falle jedoch zweckmäßig, den Beweisantrag **hilfsweise aufrechtzuerhalten**, also keinen Verzicht zu erklären; denn sollte das Gericht bei der Schlussberatung doch noch zu einer anderen Beweiswürdigung kommen, ist der Beweisantrag dann noch gestellt, so dass die Zeugen noch vernommen werden müssen. Entsprechendes gilt auch für ein etwaiges Berufungsverfahren: Zwar ist auch bei einem unter den genannten Umständen erklärtem Verzicht eine erneute Benennung der Zeugen gem. § 531 Abs. 2 S. 1 Nr. 1 möglich;[117] sicherer ist aber, den Beweisantrag von vornherein hilfsweise aufrecht zu erhalten.

Wird nach Abschluss der Beweisaufnahme festgestellt, dass ein erheblicher Beweisantritt **übersehen** worden ist, muss die Beweisaufnahme – durch Wiedereröffnung (§ 156) und/oder neuen Beweisbeschluss – fortgesetzt werden.

IV. Beweismittel

1. Zeuge (§§ 373 ff.)

a) Beweisantritt

Der Zeugenbeweis wird gem. § 373 durch die Benennung der Zeugen und die Bezeichnung der Tatsachen, über welche die Vernehmung der Zeugen stattfinden soll, angetreten (→ Rn. 23 ff.).

b) Begriff und Abgrenzung zu anderen Beweismitteln

Zeuge ist, wer seine Kenntnis oder seine Wahrnehmung von bestimmten Tatsachen oder Zuständen mitteilen soll. Der Zeuge ist abzugrenzen **zum Sachverständigen**

---
116 Vgl. dazu Tiedemann MDR 2008, 237.
117 BGH NJW-RR 2007, 774.

(→ Rn. 66 ff.) und **zum sachverständigen Zeugen**. Der Zeuge ist – da er eine **von ihm** gemachte Wahrnehmung bekunden soll, es also um **seine** Kenntnis geht – in der Person **nicht auswechselbar**; eine andere Person hat **diese** Kenntnis nicht. Der Sachverständige kann dagegen durch einen anderen ersetzt werden.[118] Wenn der Zeuge die Wahrnehmung aufgrund besonderer Sachkunde gemacht hat und hierüber zu vernehmen ist, ist er sachverständiger Zeuge (§ 414).

Beispiele: Arzt, der den Verletzten an der Unfallstelle untersucht hat, hinsichtlich der festgestellten Verletzungen; Bausachverständiger zu von ihm bei einer im Parteiauftrag vorgenommenen Besichtigung festgestellten, infolge Behebung aber nicht mehr sichtbaren Baumängeln. Wenn der sachverständige Zeuge **nur** über sein (unersetzbares) Tatsachenwissen Angaben machen soll und macht, ist er **nur** Zeuge: Es gelten dann nur die Regeln des Zeugen-, nicht des Sachverständigenbeweises (somit: keine Ablehnung gem. § 406, zudem Entschädigung als Zeuge). Soweit er aber darüber hinaus zur **Beurteilung** seiner Wahrnehmungen herangezogen wird, zu der auch ein anderweitiger Sachkundiger in der Lage, er also ersetzbar wäre (zB zu den Ursachen der Mängel), ist er **auch Sachverständiger**[119] mit der Folge, dass auch die Regeln über den Sachverständigenbeweis gelten (**insoweit** ist eine Ablehnung möglich, zudem erfolgt die Entschädigung insgesamt als Sachverständiger).

c) Zeugnisfähigkeit

60 Als Zeuge kommt jede vernehmungsfähige Person in Betracht, die nicht nach den besonderen (daher insoweit vorrangigen) Vorschriften über die Parteivernehmung (→ Rn. 76 ff.) zu vernehmen ist.[120]

Zeuge kann daher sein:

- auch die **prozessunfähige Partei**, da für diese gem. § 455 Abs. 1 grundsätzlich keine Parteivernehmung möglich (als Partei ist vielmehr der gesetzliche Vertreter zu vernehmen, der deswegen als Zeuge ausscheidet). Eine **Ausnahme** besteht jedoch in Bezug auf eine **minderjährige Partei über 16 Jahre**, die gem. § 455 Abs. 2 im Wege der Parteivernehmung vernommen werden kann; diese kann daher nicht Zeuge sein, wohl aber ihre gesetzlichen Vertreter.
- die **nicht-vertretungsberechtigten Gesellschafter einer BGB-Gesellschaft, OHG, KG**; die gesetzlich oder satzungsmäßig vertretungsberechtigten Gesellschafter sind demgegenüber als Partei zu vernehmen.
- **die Gesellschafter einer GmbH**; der Geschäftsführer ist hingegen als Partei zu vernehmen.
- der **ursprüngliche Gläubiger**, der seine Forderung an die Partei abgetreten hat (allgemeine Ansicht); dies gilt auch dann, wenn die Abtretung (etwa an den Ehepartner) nur deswegen erfolgte, um als Zeuge vernommen werden zu können (daher: **zulässige Prozesstaktik**; allerdings wird man der Zeugenaussage keinen höheren Beweiswert als eine Parteiaussage zusprechen können).[121]
- sowie entsprechend: der **materielle Rechtsinhaber** im Prozess des Prozessstandschafters,[122] der **Prozessbevollmächtigte** sowie **Streitgenossen und Streithelfer** (→ § 6

---

118 OLG Hamm MDR 1988, 418; Mus/Voit/Huber § 373 Rn. 3; Schellhammer Rn. 598.
119 MK/Zimmermann § 414 Rn. 3.
120 ThP/Seiler Vor § 373 Rn. 6 f.; Schellhammer Rn. 599.
121 BGH NJW 1984, 721; Schellhammer Rn. 600.
122 BGHZ 108, 58.

IV. Beweismittel § 11

Rn. 13 und → 6 Rn. 52); auch insoweit ist der jeweiligen Zeugenaussage allerding kein höherer Beweiswert als eine Parteiaussage zuzusprechen.

Maßgeblicher Zeitpunkt für die Beurteilung der Zeugnisfähigkeit ist stets der **Zeitpunkt der Vernehmung**.[123] Wird eine als Zeuge vernommene Person Partei (etwa durch Erhebung einer Drittwiderklage nach der Beweisaufnahme), bleibt ihre Aussage daher Zeugenaussage.[124] Verliert eine Person hingegen ihre Stellung als Partei (zB Abberufung eines GmbH-Geschäftsführers), kann sie nunmehr als Zeuge vernommen werden.[125]

61

> **Hinweis:** Daher kann aus prozesstaktischen Gründen – soweit erforderlich – eine zeitweise Abberufung des Geschäftsführers erwogen werden, um diesen als Zeugen benennen zu können.[126] Für den Beweiswert der Aussage gilt jedoch das → Rn. 60 aE Ausgeführte entsprechend.

Die **fehlerhafte Vernehmung** einer Partei als Zeuge (oder umgekehrt) stellt einen Verfahrensfehler dar, der jedoch gem. § 295 heilbar ist:[127] Die Aussage ist dann in ihrer richtigen Bedeutung zu berücksichtigen.[128]

62

Nach einer Entscheidung des **EGMR**[129] (zu früherem niederländischem Recht) soll es dann, wenn sich eine Partei für den Inhalt eines nur zwischen einem ihr nahestehenden Zeugen (Angestellter) und der anderen Partei geführten **Vier-Augen-Gesprächs** auf diesen Zeugen beruft, wegen des aus Art. 6 Abs. 1 EMRK folgendes Gebotes der **Waffengleichheit** geboten sein, dann auch die andere Partei auf ihren Antrag als Zeugen zu vernehmen. Dass dies auch auf das deutsche Beweisrecht zu übertragen sei – dies jedenfalls in Form einer generellen Erleichterung der Parteivernehmung gem. § 448[130] –, wird in dieser Pauschalität zwar weitgehend abgelehnt,[131] weil eine Partei grundsätzlich nicht „Zeuge in eigener Sache" sein könne und weil deshalb auch ihre eigene Parteivernehmung nur an die engen Voraussetzungen des § 448 geknüpft werden könne. Allerdings muss der Beweisnot der anderen Partei nach inzwischen gefestigter Rechtsprechung des BGH Rechnung getragen werden.[132] Auf welchem Wege dies zu erfolgen hat, hat der BGH offengelassen, den Gesichtspunkt der Waffengleichheit jedoch als bei der Ermessensentscheidung nach § 448 heranziehbar gewertet und insbesondere auf die in solchen Fällen mögliche und in der Regel angebrachte **Parteianhörung gem. § 141** hingewiesen sowie darauf, dass das Gericht nach § 286 Abs. 1 (freie Beweiswürdigung) dem Ergebnis einer solchen Anhörung durchaus den Vorzug vor den Bekundungen eines Zeugen geben kann.[133] Dies soll entsprechend auch für ein Vier- (oder Sechs-) Augen-Gespräch der Parteien selbst zu gelten haben.[134] Im Übrigen ist den Belangen einer in Beweisnot geratenen Partei dadurch Genüge getan, wenn diese bei oder nach der Zeugenvernehmung vor Gericht persönlich anwesend war und damit die

63

---

123 Anders/Gehle/Gehle Vor § 373 Rn. 24; ThP/Seiler Vor § 373 Rn. 8.
124 OLG Karlsruhe VersR 1979, 1033.
125 BGH NJW 1999, 2446.
126 Vgl. BGH NJW-RR 2003, 1212.
127 Zö/Greger Vor § 373 Rn. 11; ThP/Seiler Vor 373 Rn. 9; MK/Damrau/Weinland § 373 Rn. 19. A.A. Schellhammer Rn. 601.
128 MK/Damrau/Weinland § 373 Rn. 19.
129 EGMR NJW 1995, 1413.
130 Dafür Schlosser NJW 1995, 1404; Roth ZEuP 1996, 484 (497 f.). Vgl. auch StJ/Berger § 448 Rn. 28 ff.
131 Zö/Greger § 448 Rn. 4 a; ThP/Seiler § 448 Rn. 4. Ausführlich zum Streitstand StJ/Berger § 448 Rn. 23 ff.
132 BGH NJW 2010, 3292 (3293); NJW 2013, 2601.
133 BGH NJW 1999, 363 (364); zustimmend BVerfG NJW 2001, 2531.
134 BGH NJW-RR 2006, 61 (63); BVerfG NJW 2008, 2170; BGH NJW 2013, 2601 (2602).

Möglichkeit hatte, ihre Darstellung durch eine Wortmeldung gem. § 137 Abs. 4 persönlich vorzutragen oder den Zeugen zu befragen[135] → Rn. 81.

d) Pflichten des Zeugen

64 Der Zeuge hat die Pflicht

- zum **Erscheinen** (Folgen eines Ausbleibens: Kosten, Zwangsmittel § 380),[136]
- zur **Aussage**, sofern kein **Aussageverweigerungsrecht** besteht (§§ 383 ff.),

  Hinweis: Angehörige des öffentlichen Dienstes benötigen zur Aussage über dienstliche Vorgänge eine **Aussagegenehmigung** (§ 376). Diese ist zwar an sich von dem Gericht einzuholen (§ 376 Abs. 3); in der Praxis werden solche Personen (zB Polizeibeamte) in der Regel jedoch einfach geladen, sie holen die Aussagegenehmigung selbst ein und bringen sie mit.

- zur **Vorbereitung seiner Aussage** (ggf. durch Einsehen in entsprechende Unterlagen, vgl. § 378),
- sowie zur **Eidesleistung** (§§ 478 ff.) unter den Voraussetzungen des § 391.

Die **Entschädigung** des Zeugen (und von Sachverständigen) erfolgt gem. §§ 401, 413 (JVEG).

e) Verwertung einer Zeugenaussage im Wege des Urkundenbeweises

65 Die **Aussage eines Zeugen in einem anderen Verfahren** kann im Wege des **Urkundenbeweises** berücksichtigt werden. Wenn allerdings die **Vernehmung des Zeugen** beantragt wird, muss diesem Antrag allerdings entsprochen werden (→ Rn. 37).

Die Verwertung der früheren Aussage als Urkundenbeweis hat in der Regel einen geringeren Beweiswert als die unmittelbare Zeugenvernehmung.[137] Bei einer Vernehmung des Zeugen kann bei der Beweiswürdigung auch seine frühere Aussage berücksichtigt werden, zB hinsichtlich Widersprüche; insoweit erfolgt dann eine Verknüpfung von Zeugen- und Urkundenbeweis. Eine Verwertung der Aussagen von Zeugen vor dem Gericht in einem anderen Verfahren kann jedoch im Hinblick auf den Grundsatz der Unmittelbarkeit der Beweisaufnahme **nicht als gerichtsbekannt** verwertet werden.[138]

2. Sachverständiger (§§ 402 ff.)

a) Beweisantritt

66 Der Sachverständigenbeweis wird gem. § 403 durch die **Bezeichnung der zu begutachten Punkte** angetreten. Der formale Antritt eines Beweises durch Sachverständigengutachten („Beweis: Sachverständigengutachten") ist daher nur eine Anregung an das Gericht und – wenngleich in der Praxis üblich – nicht erforderlich. Denn anders als im Falle des Zeugenbeweises kann das Gericht die Begutachtung durch einen Sachverständigen **von Amts wegen** veranlassen (§ 144; → Rn. 19) und muss dies nach pflichtgemä-

---

135 BGH NJW 2010, 3292 (3293), vgl. auch BVerfG NJW 2008, 2170.
136 Dazu Stackmann JuS 2008, 974.
137 BGH NJW 1995, 2856.
138 BGH MDR 2011, 562.

IV. Beweismittel § 11

ßem Ermessen auch tun, wenn seine eigene Sachkunde nicht ausreicht, um schlüssig vorgetragene und wirksam bestrittene Tatsachen festzustellen.[139]

b) Aufgabe des Sachverständigen: Tatsachenfeststellung

Der Sachverständige ist **Helfer und Berater des Gerichts** mit der Aufgabe, dem Gericht Erfahrungssätze oder Spezialkenntnisse aus seinem Fachgebiet, die für die Entscheidung benötigt werden, zu vermitteln, in der Regel auch sein Fachwissen auf den zu entscheidenden Fall anzuwenden und die **hierzu erheblichen Tatsachen**, die dem Gericht mangels eigener Sachkunde nicht selbst feststellen kann, zu ermitteln. 67

Hinsichtlich der **Tatsachenfeststellung** zu unterscheiden sind Anknüpfungstatsachen sowie Befundtatsachen:[140] 68

Mit **Anknüpfungstatsachen** sind diejenigen Tatsachen gemeint, auf die das Gutachten aufbaut („anknüpft") und die das Gericht selbst feststellen kann. Solche Tatsachen sind – soweit streitig – **von dem Gericht** (zB durch Vernehmung von Zeugen) **selbst festzustellen** und dem Sachverständigen vorzugeben (§ 404a Abs. 3); ihre Ermittlung darf nicht dem Sachverständigen überlassen werden.[141]

> **Beispiele:** So ist etwa die Frage, **ob** der Beklagte den Kläger verletzt hat, durch das Gericht durch Zeugenvernehmung zu klären; **eine Vernehmung von Zeugen ist dem Sachverständigen nicht gestattet.** Ferner: Streitige Vorerkrankungen des Klägers;[142] das bisherige Arbeitsfeld des auf eine Berufsunfähigkeit zu untersuchenden Klägers;[143] welche Beschaffenheit die Parteien hinsichtlich des Vertragsgegenstands vereinbart haben. Allerdings ist es in solchen Fällen oft **zweckmäßig**, den Sachverständigen zu dieser Zeugenvernehmung hinzuzuziehen.

Demgegenüber handelt es sich bei **Befundtatsachen** um solche Tatsachen, die **nur der Sachverständige aufgrund seiner Sachkunde** ermitteln kann. Diese hat der Sachverständige daher **selbst festzustellen** und der Beurteilung zugrunde zu legen; die Feststellung ist **Teil der Begutachtung**.

> **Beispiele:** So hat der Sachverständige etwa selbst festzustellen, welche gesundheitlichen Folgen die – feststehende – Verletzung des Klägers hat; ob die – von dem Gericht vorgegebene – Beschaffenheit vorliegt; welche Geschwindigkeit sich aus dem – von dem Gericht festgestellten – Bremsweg oder den Beschädigungen der Fahrzeuge ergibt.

Der Sachverständige hat die Befundtatsachen offen zu legen.[144] Soweit der Sachverständige zur Ermittlung dieser Tatsachen Besichtigungen vornimmt (etwa eines Gebäudes wegen Baumängel), hat er die **Parteien grundsätzlich hinzuzuziehen**.[145]

Aus der Stellung des Sachverständigen **als Helfer des Gerichts** folgt dreierlei: 69

Die **Hinzuziehung** eines Sachverständigen steht im pflichtgemäßen Ermessen des Gerichts, wenngleich die Ablehnung eines entsprechenden Beweisantrags nur bei eigener Sachkunde des Gerichts erfolgen darf (→ Rn. 36).

---

139 BGH NJW 2019, 3147, NJW-RR 2022, 228.
140 MK/Zimmermann § 404a Rn. 6; Schellhammer Rn. 649; Anders/Gehle Abschnitt F Rn. 22 ff.
141 BGH NJW 1997, 1446 (3096); BGH VersR 2002, 1258; BGH NJW-RR 2004, 1679.
142 OLG Köln NJW 1994, 394.
143 BGH VersR 1996, 959; BGH NJW-RR 2004, 1679.
144 BVerfG NJW 1997, 1909.
145 Schellhammer Rn. 650. Ausnahme: ärztliche Untersuchung, vgl. OLG München NJW-RR 1991, 896.

Die **Auswahl** eines bestimmten Sachverständigen erfolgt grundsätzlich durch das Gericht, soweit sich die Parteien nicht über eine bestimmte Person als Sachverständigen einigen (§ 404, → Rn. 25).

> Hinweis: In der Regel ist ein bestimmter Sachverständiger zu bestellen. Daher nicht: *„Klinik"*, sondern: *„Chefarzt der Orthopädischen Universitätsklinik Münster"*; die Hinzuziehung von Mitarbeitern gestattet (vgl. § 407a Abs. 3).

Die **Ablehnung** eines Sachverständigen wegen Besorgnis der Befangenheit erfolgt entsprechend der Richterablehnung (§ 406).

c) Sachverständigengutachten

70   In der Regel wird – zunächst – die Einholung eines **schriftlichen Gutachtens** angeordnet (§ 411 Abs. 1). Die Einholung kann ersetzt werden durch Verwertung eines gleichgerichteten gerichtlichen oder staatsanwaltlichen **Gutachtens aus einem anderen Verfahren** (§ 411a), etwa zum Unfallhergang aus einem Strafverfahren. Dies liegt im Ermessen des Gerichts; eine Verwertung erfolgt als **unmittelbarer Sachverständigenbeweis**, nicht nur als Urkundenbeweis.

71   Eine **mündliche Erläuterung des Gutachtens** (§ 411 Abs. 3) kann von Amts wegen oder auf Antrag einer Partei angeordnet werden.

Eine Anordnung **von Amts wegen** ist geboten bei Unklarheiten, Lücken oder Widersprüchen des Gutachtens, auch zu vorgelegten Privatgutachten und substantiierten Einwendungen;[146] in derartigen Fällen kann jedoch auch die Einholung einer ergänzenden schriftlichen Stellungnahme erwogen werden.[147]

Dem **Antrag einer Partei** auf mündliche Erläuterung des Gutachtens ist **grundsätzlich zu entsprechen**, auch wenn das Gericht selbst die Erläuterung nicht für erforderlich hält; denn der Antrag stellt lediglich eine Ausübung des Fragerechts gem. §§ 397, 402 (rechtliches Gehör) dar.[148] Eine **Ablehnung des Antrags kann nur erfolgen**, wenn die **Frage**richtung nicht angegeben ist (konkrete Fragen sind jedoch nicht erforderlich),[149] wenn die angekündigten Fragen **beweisunerheblich** sind oder wenn der Antrag **verspätet** gestellt worden ist; dies nach Ablauf einer Äußerungsfrist gem. § 411 Abs. 4 oder nicht so zeitig, dass der Sachverständige zum nächsten Termin geladen werden kann (§ 296 Abs. 2).[150] Abgelehnt werden kann der Antrag zudem auch im Falle eines – jedoch konkret festzustellenden – **Rechtsmissbrauches** (insbesondere bei Prozessverschleppungsabsicht) oder wenn **ausgeschlossen** ist, dass das **Gericht zu einer anderen Beurteilung kommt**. Letzteres ist jedoch nur in Ausnahmefällen möglich, regelmäßig darf keine Vorwegnahme der Beweiswürdigung erfolgen.[151]

72   Die Verwertung des Gutachtens erfolgt im Wege der **freien Beweiswürdigung** (§ 286 Abs. 1). Das Gericht muss sich eine **eigene Überzeugung** bilden.[152] Es darf daher die Ergebnisse des Gutachtens nicht ungeprüft übernehmen, sondern muss es kritisch auf Überzeugungskraft, Fehlerfreiheit, Vollständigkeit und Widerspruchsfreiheit, auch hin-

---

146   BGH VersR 1994, 162; BGH NJW 2001, 2791.
147   BGH NJW-RR 2000, 46; BGH MDR 2001, 85.
148   BVerfG NJW 2012, 1346; BGH NJW-RR 2006, 1503; NJW-RR 2007, 212; NJW-RR 2007, 1294; BGH VersR 2007, 1697.
149   BGH MDR 2004, 1308.
150   Dies bei entsprechender Belehrung, vgl. BGH NJW-RR 2006, 428.
151   BVerfG NJW-RR 1996, 184; BGH NJW 1997, 802; BGH NJW-RR 2001, 1431; NJW-RR 2003, 208.
152   BGH NJW 1994, 802.

sichtlich anderweitiger (auch Privat-)Gutachten, überprüfen und erforderlichenfalls auf eine weitere Aufklärung hinwirken.[153] Eine Abweichung von dem Gutachten ist nur zulässig bei Begründung der abweichenden Überzeugung und Darlegung der eigenen Sachkunde des Gerichts.[154]

Die Einholung **weiterer Gutachten** („**Obergutachten**", § 412) steht im Ermessen des Gerichts; dies kann etwa geboten sein bei besonders schwierigen Fragen, insbesondere bei gegensätzlichen Ergebnissen bereits vorliegender (auch Privat-)Gutachten.[155]

73

Ein **Privatgutachten**, das eine Partei vorlegt, ist (nur) **urkundlich belegter Parteivortrag** und daher im Wege des **Urkundenbeweises** verwertbar (auch gegen den Widerspruch des Gegners), als **Sachverständigenbeweis** dagegen nur im Einverständnis auch des Gegners.[156]

74

d) Haftung des Sachverständigen/Vergütung

Der Sachverständige haftet für ein vorsätzliches oder grob fahrlässig unrichtiges Gutachten, § 839 a BGB. Zur Vergütung des Sachverständigen → Rn. 64.

75

3. Parteivernehmung (§§ 445 ff.)

a) Abgrenzung zur Anhörung der Partei

Als **förmliches Beweismittel** ist die Parteivernehmung zu unterscheiden von der stets zulässigen Anhörung der Partei gem. § 141, welche der Klärung und Ergänzung des Parteivortrags dient; sie kann aber durchaus bei der Beweiswürdigung berücksichtigt werden (→ Rn. 63).

76

b) Zulässigkeit der Parteivernehmung

aa) Parteivernehmung des Gegners auf Antrag der beweisbelasteten Partei (§ 445 Abs. 1)

Eine **Parteivernehmung des Gegners** ist auf Antrag der beweisbelasteten Partei gem. § 445 Abs. 1 möglich, wenn die beantragende Partei den ihr obliegenden Beweis mit anderen Beweismitteln nicht vollständig geführt oder andere Beweismittel nicht vorgebracht hat. Nicht erforderlich ist dagegen, dass andere (ggf. konkret vorhandene) Beweismittel angeboten werden. Daher ist der Antrag auf Parteivernehmung des Gegners auch als nur einziges Beweismittel zulässig, nicht jedoch als bloßer Ausforschungsbeweis (→ Rn. 24). Der **Antrag** ist indes **unzulässig**, wenn das Gericht das Gegenteil bereits für bewiesen hält (§ 445 Abs. 2) – denn der Gegner soll nicht in die Situation kommen, eine ihm günstige Beweislage selbst zu gefährden (Ausnahme in § 292 S. 2 – Widerlegung einer gesetzlichen Vermutung).

77

Allerdings ist die Parteivernehmung des Gegners regelmäßig kaum erfolgsversprechend, da sich dessen Vortrag bereits aus den vorbereitenden Schriftsätzen ergibt; eine hiervon abweichende Aussage ist in der Praxis selten. Zudem kann die **Parteivernehmung nicht erzwungen werden**. Lehnt der Gegner ab, sich vernehmen zu lassen, ist diese Weigerung jedoch seitens des Gerichtes frei zu würdigen (§ 446); sie kann – je

---

153 BGH NJW 1996, 1598.
154 BGH NJW 1997, 3096; BGH NJW 2003, 1325.
155 KG MDR 2004, 1193; vgl. auch BGH NJW-RR 2010, 711; NJW-RR 2011, 609.
156 BGH NJW 1992, 1459; NJW 1997, 3381; BGH NJW-RR 1994, 225; OLG Köln VersR 2005, 679.

nach Einzelfall – zu einer Beweiserleichterung bis zur Annahme einer Beweislastumkehr führen.[157]

Ist die Parteivernehmung unter **Verkennung der Beweislast** vorgenommen, ist also die beweisbelastete Partei selbst vernommen worden, so darf die Aussage **nicht als förmliches Beweismittel berücksichtigt** werden.[158] Aus diesem Grunde ist insoweit bei der Beweiswürdigung die Beachtung der Beweislast auch zur Feststellung erforderlich, ob die Aussage überhaupt als Parteivernehmung verwertet werden darf.

bb) Parteivernehmung der beweisbelasteten Partei auf Antrag einer Partei (§ 447)

78 Eine **Parteivernehmung** der **beweisbelasteten** Partei selbst ermöglicht § 447; sie setzt – neben dem Antrag einer Partei – das **Einverständnis der anderen Partei** voraus. Da diese jedoch regelmäßig kein Interesse daran haben wird, den Beweiswert der gegnerischen Behauptung zu erhöhen, ist § 447 in der Praxis bedeutungslos.

cc) Parteivernehmung einer oder beider Parteien von Amts wegen (§ 448)

79 Zuletzt kann das Gericht gem. § 448 auch ohne Parteiantrag und ohne Rücksicht auf die Beweislast – somit also **von Amts wegen** – eine Parteivernehmung einer oder beider Parteien anordnen, wenn das Ergebnis der Verhandlungen und einer etwaigen Beweisaufnahme zur richterlichen Überzeugung nicht ausreicht. § 448 stellt damit eine **Ausnahme von dem Beibringungsgrundsatz** dar und ermöglicht dem Gericht, nach Verhandlung (und etwaiger Beweisaufnahme) noch bestehe Restzweifel in Bezug auf die Tatsachenfeststellung auszuräumen.

80 Eine **Parteivernehmung von Amts wegen** gem. § 448 ist von erheblicher praktischer Bedeutung. Zunächst muss für die Wahrheit der unter Beweis gestellten Behauptung eine **gewisse Wahrscheinlichkeit** bestehen.[159] Die Annahme einer solchen Wahrheitswahrscheinlichkeit erfordert jedoch nicht, dass bereits eine Beweisaufnahme stattgefunden hat, vielmehr kann sie auch aus Erfahrungssätzen, Indizien etc gefolgert werden.[160] Falls sich Behauptungen widersprechend gegenüberstehen, ohne dass irgendein Beweis für die eine oder die andere spricht, ist eine Parteivernehmung unzulässig, da dies gegen die zwingenden Folgen der Beweislast und der Beweisfälligkeit verstoßen würde;[161] sie kann grundsätzlich auch nicht bei bloßer „Beweisnot" einer Partei angeordnet werden (→ Rn. 81).[162]

Weitere Voraussetzungen für eine Parteivernehmung von Amts wegen sind, dass **kein anderweitiges Beweismittel** (mehr) besteht und die Aussage voraussichtlich einen **gewissen Beweiswert** hat. Das Gericht muss sich also einen gewissen Überzeugungswert von der Aussage zur Ausräumung seiner noch vorhandenen Zweifel versprechen,[163] so dass die Partei grundsätzlich glaubhaft sein und auch etwas von dem Vorgang wissen können muss.

---

157 Mus/Voit/Huber § 446 Rn. 1.
158 MK/Schreiber § 445 Rn. 8; Zö/Greger § 445 Rn. 7.
159 BGH NJW 1998, 814; NJW 1999, 363; BGH NJW-RR 2001, 1431; MK/Schreiber § 448 R. 3.
160 MK/Schreiber § 448 Rn. 3.
161 OLG München NJW-RR 1996, 958; StJ/Berger § 448 Rn. 5.
162 BGH NJW 2002, 2247; NJW 2010, 3292.
163 BGH NJW 1994, 320; OLG Köln VersR 1994, 574.

IV. Beweismittel § 11

Die Anordnung der Parteivernehmung nach § 448 steht im **pflichtgemäßen Ermessen des Gerichts**.[164] Das Gericht muss grundsätzlich eine Vernehmung nach § 448 erwägen, bevor es eine Partei für beweisfällig erklärt,[165] und das Unterlassen einer naheliegenden Vernehmung begründen.[166]

Im Falle einer **Beweisnot** ist im Rahmen der Ermessensentscheidung durchaus auch der Gesichtspunkt der **Waffengleichheit** zu berücksichtigen (zum Fall eines Vier-Augen-Gesprächs → Rn. 63). Allerdings rechtfertigt dieser Gesichtspunkt in der Regel nicht die Durchführung einer Parteivernehmung ohne weitere Voraussetzungen (also ohne das Vorliegen einer gewissen Wahrheitswahrscheinlichkeit), nur weil die andere Partei einen unabhängigen Zeugen hat.[167] In einem solchen Fall wird den Belangen der in Beweisnot geratenen Partei vielmehr regelmäßig dadurch Genüge getan, dass die Partei bei oder nach der Zeugenvernehmung vor Gericht persönlich anwesend war und dadurch die Möglichkeit hatte, ihre Darstellung vom Verlauf eines Gesprächs durch Wortmeldung gem. § 137 Abs. 4 persönlich vorzutragen oder den Zeugen selbst zu befragen.[168] Das Gebot der Waffengleichheit wird jedoch häufig Anlass dazu geben, zur Vernehmung einer Partei **auch die andere Partei** zu vernehmen[169] oder gem. § 141 anzuhören. Hieraus vermag sich dann eine hinreichende Wahrheitswahrscheinlichkeit für die entsprechende Behauptung ergeben, so dass der Weg zu einer Parteivernehmung offensteht.[170]

Angaben der Partei im Rahmen der Parteivernehmung sind **kein Geständnis** iSv § 288.[171] Bei Nichterscheinen der Partei zur Vernehmung, bei Verweigerung der Vernehmung oder der Vereidigung ist eine **Würdigung gegen die Partei möglich**, dies bis hin zu der Annahme, dass die Behauptung bewiesen sei (§§ 446, 453 Abs. 2, 454).

> Hinweis: Auch im Rahmen von § 448 ist eine Vernehmung nicht erzwingbar; Schlüsse gegen die sich weigernde Partei sind jedoch im Rahmen der freien Würdigung gestattet und gem. § 286 grundsätzlich auch angebracht, wenn keine triftigen Gründe für die Weigerung vorgebracht werden.

4. Urkundenbeweis (§§ 415 ff.)

a) Begriff und Abgrenzung zu anderen Beweismitteln

Urkunden iSv §§ 415 ff. sind **durch Schriftzeichen verkörperte Gedankenäußerungen**,[172] die von Anfang an zum Beweis bestimmt sein können (sog. Absichtsurkunden, etwa Vertragsurkunden, Quittungen etc), jedoch nicht müssen (sog. Zufallsurkunden, etwa Tagebücher, Briefe etc).[173] Beweisgegenstand bildet der Gedankeninhalt des Schriftstücks,[174] die **Besonderheit des Urkundenbeweises** besteht darin, dass die freie richterliche Beweiswürdigung (§ 286 ZPO) ausnahmsweise zugunsten einer formellen

---

164 BGH NJW 1999, 363 (364).
165 BGH NJW 1990, 1721.
166 BGH NJW-RR 1994, 1144; vgl. Schmidt MDR 1992, 637.
167 BGH NJW 2002, 2247; vgl. auch Zö/Greger § 448 Rn. 4 a; ThP/Seiler § 448 Rn. 4. A.A. StJ/Berger § 448 Rn. 28 ff.
168 BGH NJW 2010, 3292 (3292); vgl. auch BVerfG NJW 2008, 2170.
169 MK/Schreiber § 448 Rn. 6; Mus/Voit/Huber § 448 Rn. 8.
170 Zö/Greger § 448 Rn. 4 a.
171 BGH NJW 1995, 1433. A.A. OLG Köln VersR 1996, 253; ausführlich Hülsmann NJW 1997, 617.
172 BGH NJW 1976, 294.
173 Schellhammer Rn. 286.
174 ThP/Seiler ZPO Vor § 415 Rn. 1.

Beweiskraft eingeschränkt wird (vgl. §§ 415–418 ZPO).[175] Im Hinblick auf ihre Beweiskraft zu unterscheiden sind **öffentliche Urkunden** (§ 415) und **Privaturkunden** (§ 416); öffentlich ist eine Urkunde, wenn sie von einer öffentlichen Behörde oder von einer mit öffentlichem Glauben versehene Person (Notare, Gerichtsvollzieher, Urkundsbeamter etc) ausgestellt wurde, andernfalls liegt eine Privaturkunde vor.

Keine Urkunden – sondern allgemeine **Augenscheinsobjekte** – stellen demgegenüber (mangels Schriftlichkeit) etwa Fotografien, Filme, Tonaufnahmen oder elektronische Dateien dar (bestimmte elektronische Dokumente sind Urkunden jedoch gleichgestellt, vgl. §§ 371 a, 371 b, 416 a), zudem (mangels verkörperter Gedankenerklärung) Beweiszeichen wie KFZ-Kennzeichen, Plomben oder Siegelabdrucke.[176]

b) Beweisantritt

84   Der Beweis durch Urkunden kann nur erbracht werden, wenn diese dem Gericht vorliegt. Der Beweisantritt erfolgt daher

- bei **Besitz des Beweisführers** durch Vorlegung der Urkunde (§ 420),
- bei **Besitz des Gegners** mittels Antrags, dem Gegner die Vorlage aufzugeben (§§ 421 ff.),

  Hinweis: Eine Verpflichtung zur Vorlage besteht nur im Falle einer **materiellrechtlichen** (§ 422 – etwa aus § 810 BGB, zudem etwa gem. §§ 985, 381, 402) oder **prozessualen Vorlegungspflicht** (§ 423); bei Nichterfüllung einer entsprechenden gerichtlichen Anordnung kann der behauptete Inhalt als bewiesen gelten (§ 427). Eine Vorlageanordnung kann das Gericht zudem – auch ohne Antrag – gem. § 142 Abs. 1 ZPO treffen (Ermessensentscheidung). Eine Nichtbefolgung dieser Anordnung ist – anders als bei den §§ 422, 423 ZPO nicht mit einer speziellen Sanktion bewehrt, sondern lediglich gem. §§ 286, 427 S. 2 ZPO frei zu würdigen.[177]

- bei **Besitz eines Dritten** mittels Antrags auf Fristsetzung zur Herbeischaffung der Urkunde (§ 428 Alt. 1; Voraussetzung: Vorlegungspflicht des Dritten gem. § 429 – notfalls Klage auf Vorlage) oder – unabhängig von dem Vorliegen einer Vorlegungspflicht des Dritten gem. § 429 – mittels Antrags auf Erlass einer Anordnung der Urkundenvorlegung gem. § 142 (§ 428 Alt. 2),

  Hinweis: Gem. § 142 Abs. 2 entfällt die Vorlagepflicht Dritter bei Bestehen eines Zeugnisverweigerungsrechts oder bei Unzumutbarkeit (etwa bei drohendem eigenem Schaden durch Erleichterung einer Inanspruchnahme).[178]

- sowie bei **Besitz einer Behörde** (zB Akten) mittels Antrags auf Beiziehung (§ 432), wobei auch insoweit die beizuziehende Urkunde genau zu bezeichnen ist (etwa: Zeugenaussage X oder Unfallskizze der Strafakten mit dem Aktenzeichen XY).

c) Beweiskraft der Urkunde

85   Voraussetzung für die Beweiskraft einer Urkunde ist stets deren **Echtheit**. Echt ist eine Urkunde, wenn die Unterschrift dem Namensträger zuzuordnen ist und die über der Unterschrift stehende Schrift vom Aussteller selbst stammt oder mit dessen Willen dort steht.[179] Für die Echtheit einer Urkunde trägt grundsätzlich der Beweisführer die Be-

---

175 BGH NJW 1976, 294.
176 BGH NJW 1976, 294.
177 BGH NJW 2007, 2989.
178 BGH NJW 2007, 155 (entsprechend § 384 Nr. 1).
179 BGH NJW 1988, 2741.

weislast (die Echtheit einer *inländischen öffentlichen* Urkunde wird jedoch gem. § 437 Abs. 1 vermutet), für die Feststellung der Echtheit gelten im Einzelnen die besonderen Regelungen der §§ 437 ff.

Der **Umfang der Beweiskraft** echter Urkunden bestimmt sich in erster Linie nach den **bindenden**, die freie richterliche Beweiswürdigung einschränkenden **gesetzlichen Beweisregelungen** der §§ 415-418 *(lesen!)*. Diese greifen, soweit die Urkunde nicht makelbehaftet iSv § 419 ZPO ist, ihre Beweiskraft also nicht aufgrund Durchstreichungen, Radierungen, Einschaltungen oder sonstige äußere Mängel ganz oder teilweise aufgehoben oder gemindert ist (was das Gericht wiederum stets nach freier Überzeugung zu entscheiden hat). Zu differenzieren ist im Übrigen zwischen **öffentlichen Urkunden** und **Privaturkunden**:

Eine **öffentliche Urkunde** (→ Rn. 83) begründet den vollen (der *freien* Beweiswürdigung des Gerichtes also entzogenen) Beweis für den beurkundeten Vorgang (§ 415 Abs. 1 – öffentliche Urkunde über Erklärungen, etwa ein notarieller Kaufvertrag), für den widergegebenen Inhalt (§ 417 – öffentliche Urkunde über amtliche Entscheidungen, etwa ein Strafurteil) oder für die bezeugten Tatsachen (§ 418 – öffentliche Urkunde mit anderem Inhalt, etwa ein Vernehmungsprotokoll). **Gegenbeweis** kann nur in Bezug auf öffentliche Urkunden über Erklärungen (§ 415 Abs. 2) oder mit anderem Inhalt (§ 418 Abs. 2) angetreten werden, nicht jedoch in Bezug auf öffentliche Urkunde über amtliche Entscheidungen. So wird bei Vorlage eines notariellen Kaufvertrages (§ 415) oder eines Vernehmungsprotokolls aus anderen Verfahren (§ 418) der volle Beweis für die **Abgabe** der beurkundeten bzw. bezeugten Erklärungen begründet, bei Vorlage einer amtlichen Entscheidung (§ 417) der volle Beweis für den Inhalt (nur) der Entscheidung (dh bei einem **Strafurteil** (nur) der Verurteilung als solcher, nicht aber für die Richtigkeit der zugrunde liegenden Feststellungen;[180] diese können allerdings im Wege der freien Beweiswürdigung gewürdigt werden.[181]

Zu beachten ist zuletzt, dass § 415 Abs. 1 an den *beurkundeten* Vorgang anknüpft und dessen Reichweite daher im Zusammenhang mit derjenigen des jeweiligen gesetzlichen Beurkundungserfordernisses steht: So erfasst etwa das Beurkundungserfordernis des § 311b Abs. 1 S. 1 BGB (Grundstückskaufvertrag) sämtliche Vereinbarungen, aus denen sich nach dem Willen der Vertragspartner das schuldrechtliche Veräußerungsgeschäft zusammensetzt; folglich erstreckt sich die formelle Beweiskraft gem. § 415 auch auf die vollständige (und richtige) Wiedergabe der getroffenen Vereinbarungen, also auf sämtliche Erklärungen in der Urkunde, die eine Regelung enthalten, mithin Rechtswirkungen erzeugen.[182]

Demgegenüber begründet eine **Privaturkunde** (→ Rn. 83) den vollen Beweis dafür, dass die in ihr enthaltenen Erklärungen von dem Aussteller abgegeben sind (§ 416), **nicht** jedoch für die **Richtigkeit der Erklärungen**,[183] die **Wirksamkeit** oder die **Vollständigkeit**; insoweit bleibt es bei der freien Beweiswürdigung (§ 286).

§ 416 ZPO erstreckt sich zudem auf die Begebung einer schriftlichen Willenserklärung;[184] dem Aussteller steht jedoch der Gegenbeweis offen, dass ihm die nur als Ent-

---

180 StJ/Berger § 417 Rn. 2.
181 OLG Köln VersR 1994, 374; StJ/Berger § 417 Rn. 2.
182 BGH NJW-RR 1998, 1470.
183 BGHZ 109, 244.
184 BGH NJW-RR 2006, 847; NJW-RR 2003, 384.

wurf gedachte Urkunde abhandengekommen ist.¹⁸⁵ Darüber hinaus besteht eine – widerlegbare (§ 292) – gesetzliche Vermutung für die Abgabe einer über der Namensunterschrift (Echtheit vorausgesetzt) stehenden Erklärung (§ 440 Abs. 2; so wird etwa im Falle einer Blankounterschrift die Ausfüllung des Blanketts im Einverständnis mit dem Aussteller vermutet).¹⁸⁶

89 Von der in §§ 415 ff. geregelten formellen Beweiskraft ist die **materielle (innere) Beweiskraft** zu unterscheiden, also die Bedeutung der durch die Urkunde formell bewiesenen Tatsachen für die Beweisfrage: Diese unterliegt – ggf. nach erforderlicher Auslegung – der **freien Beweiswürdigung** gem. § 286. Dabei können **Erfahrungssätze** eingreifen. Besonders wichtig ist insoweit die tatsächliche Vermutung für die Vollständigkeit und Richtigkeit der Erklärungen in einer Vertragsurkunde;¹⁸⁷ eine Erschütterung durch den Gegner ist jedoch möglich, auch ein Beweis für anderweitigen Parteiwillen gegen den Wortlaut der Urkunde.¹⁸⁸

5. Augenschein (§§ 371 ff.)

a) Begriff und Abgrenzung zu anderen Beweismitteln

90 Der Augenschein ist jede unmittelbare, sinnliche Wahrnehmung einer Person, eines Gegenstandes oder eines Vorgangs durch das Gericht. Dieses ist daher nicht auf den „Sehsinn" beschränkt, sondern erfasst auch den Geschmack-, Geruch-, Tast- und Gehörsinn.¹⁸⁹

Im Gegensatz zum **Urkunden- und Zeugenbeweis** (→ Rn. 83 ff., → Rn. 58 ff.) zielt der Augenschein nicht darauf ab, dem Gericht einen Gedankeninhalt zu vermitteln. Vielmehr soll das Gericht in die Lage versetzt werden, sich selbst einen Eindruck über Eigenschaften der betreffenden Urkunde bzw. des Zeugen durch deren unmittelbare Wahrnehmung zu verschaffen. Insofern ist etwa die Beschaffenheit oder die Existenz einer Urkunde Gegenstand des Augenscheins, dessen Inhalt aber Gegenstand des Urkundenbeweises.

Bei dem **Sachverständigenbeweis** (→ Rn. 66 ff.) ist die Gutachtenerstellung in der Regel mit einer vorherigen Einnahme eines Augenscheins verbunden. Diesen kann das Gericht dem Sachverständigen überlassen.¹⁹⁰

b) Beweisantritt

91 Der Augenschein wird angeordnet entweder **von Amts wegen** durch das Gericht (§ 144 Abs. 1) oder aufgrund eines **Beweisantrages** einer Partei (§ 371). Eine Inaugenscheinnahme von Amts wegen steht im **Ermessen des Gerichts**; sie ist aber ermessensfehlerhaft, sofern ein entsprechender Beweisantrag zurückzuweisen wäre.¹⁹¹ Der **Beweisantrages** einer Partei muss unter genauer Bezeichnung der **streitigen Tatsache** (= Beweisthema) sowie des **Gegenstandes des Augenscheins** erfolgen; andernfalls liegt kein wirksamer Beweisantrag vor.

---

185 BGH NJW-RR 2006, 847.
186 BGHZ 104, 172.
187 BGH NJW 2002, 3164.
188 BGH NJW 1999, 1702.
189 Schellhammer Rn. 577; Zö/Greger § 371 Rn. 1; Hk-ZPO/Siebert § 371 Rn. 1.
190 Zö/Greger § 371 Rn. 2; § 355 Rn. 2.
191 BGHZ 5, 302 (307).

IV. Beweismittel

Gegenstand des Augenscheins können etwa die streitige Sache selbst, Personen (zB Beweisführer, Beweisgegner oder andere Personen; vgl. dazu auch § 372a) oder elektronische Dokumente (§ 371a) sein, beispielsweise Tonaufnahmen, Filme, Fotografien[192], Unfallstelle, Unfallschäden; Baustelle und Baumängel, zudem Trittschall bei Wohnungen.[193] Befindet sich der Gegenstand im **Besitz des Beweisgegners oder eines Dritten**, ist ein Antrag auf Setzung einer Frist zur Herbeischaffung des Gegenstandes oder auf Erlass einer Anordnung iSd § 144 (§ 371 Abs. 2) zu stellen.

c) Beweisverfahren

aa) Beweisbeschluss

Der Erlass eines förmlichen Beweisbeschlusses ist nur unter den Voraussetzungen der §§ 358, 358a erforderlich.[194]

92

bb) Durchführung des Augenscheins

Die **Parteien** haben aufgrund ihres Anspruchs auf rechtliches Gehör das **Recht auf persönliche Teilnahme** am Augenschein. Demgemäß sind sie zu dem Termin rechtzeitig zu laden,[195] zudem sind diese berechtigt, einen Privatgutachter bei Wahrnehmung des Termins hinzuzuziehen.[196]

93

Das **Prozessgericht** entscheidet nach freiem Ermessen, ob es selbst an dem Temin teilnimmt oder die Einnahme einem **beauftragten** oder **ersuchten Richter** überträgt (§ 372 Abs. 2). Ggf. kann es zu dem Termin auch einen **Sachverständigen** hinzuziehen (§ 372 Abs. 1), was stets geboten ist, wenn der Augenschein die Erstellung eines Sachverständigengutachtens vorbereiten soll. Das Gericht kann sich zur Feststellung der wahrzunehmenden Tatsachen auch eines sog. **Augenscheinsgehilfens** bedienen, sofern die Einnahme durch das Gericht selbst unangebracht bzw. unzumutbar ist (zB die körperliche Untersuchung einer Person)[197] oder besondere Sachkunde erfordert. Über seine Wahrnehmungen berichtet der Gehilfe als sachverständiger Zeuge, sofern er daraus Schlussfolgerungen zieht als Sachverständiger.[198]

Das **Ergebnis des Augenscheins** ist im **Protokoll** festzuhalten (§ 160 Abs. 3 Nr. 5), sofern nicht die Voraussetzungen für die Erstellung eines abgekürzten Protokolls gegeben sind (§ 161). Das Protokoll ist gem. § 162 Abs. 1 von den Parteien zu genehmigen. Das Ergebnis unterliegt der freien Beweiswürdigung (§ 286) und ist – soweit bereits möglich – mit den Parteien zu erörtern (§ 279 Abs. 3).

Liegt das Objekt des **Augenscheins** dem Gericht nicht unmittelbar vor, kann dieses von Amts wegen dessen **Vorlage** anordnen und hierzu eine Frist setzen (§ 144 Abs. 1). Befindet sich das Objekt nicht im Besitz des Beweisführers, wird der Beweis durch den Antrag angetreten, zur Herbeischaffung des Gegenstandes eine Frist zu setzen oder eine Anordnung nach § 144 zu erlassen (§ 371 Abs. 2 S. 1). Weigert sich die **beweisbelastete Partei**, den Gegenstand dem Augenschein zugänglich zu machen, geht dies zu

94

---

192 BGHZ 65, 300.
193 Vgl. dazu näher Schellhammer Rn. 577.
194 Zö/Greger § 371 Rn. 4.
195 BVerfGE 20, 280.
196 OLG München NJW-RR 1988, 1534.
197 ThP/Seiler § 372 Rn. 3.
198 ThP/Seiler § 372 Rn. 3.

ihren Lasten; die behauptete Tatsache gilt dann – sofern keine anderen Beweismittel zur Verfügung stehen – als nicht erwiesen. Verweigert sich demgegenüber der **Gegner** einer ihm zumutbaren Einnahme des Augenscheins, ist dem im Rahmen der Beweiswürdigung zulasten des Beweisgegners Rechnung zu tragen (§ 371 Abs. 3).

Im Gegensatz zu den Parteien sind **Dritte** im Rahmen der Zumutbarkeit prozessrechtlich – auch wenn gegen sie kein materiellrechtlicher Anspruch besteht – zur Duldung der Inaugenscheinnahme grundsätzlich verpflichtet, es sei denn, dass ihnen diese nicht zumutbar ist bzw. sie zur Zeugnisverweigerung gem. §§ 383 bis 385 berechtigt sind (§ 144 Abs. 2 S. 1). Weigert sich der Dritte und liegen die Ausschlussgründe des § 144 Abs. 2 S. 1 nicht vor, kann das Gericht daher ein Ordnungsmittel iSd § 390 gegen den Dritten festsetzen (§ 144 Abs. 2 S. 2). Wird das Beweismittel dennoch nicht zugänglich gemacht, geht dies zulasten der beweisbelasteten Partei.

V. Das selbstständige Beweisverfahren (§§ 485 ff.)

1. Allgemeines

95 Das selbstständige Beweisverfahren[199] dient zum einen der **Sicherung von Beweismitteln**, deren Verlust droht, zum anderen generell der **Feststellung von Tatsachen** durch Sachverständigengutachten.

Besondere Bedeutung kommt diesem Verfahren bei Bau- oder Mietprozessen zu, etwa zur (vorsorglichen) Feststellung von – zu behebender – Baumängeln oder zur Feststellung des Zustandes einer – vor der Weitervermietung zu renovierender – Wohnung. In derartigen Fällen ist daher immer die Zweckmäßigkeit eines Beweisverfahrens zu erwägen, zumal ein solches eine Verjährungshemmung zur Folge hat (§ 204 Abs. 1 Nr. 7 BGB).

2. Zulässigkeitsvoraussetzungen

a) Antrag

96 Das selbstständige Beweisverfahren wird auf **Antrag** (§ 487) eingeleitet, ein Anwaltszwang besteht nicht (§§ 486 Abs. 4, 78 Abs. 3; auch die Beitrittserklärung eines Nebenintervenienten unterliegt nicht dem Anwaltszwang).[200]

b) Zuständigkeit

97 Der Antrag auf Durchführung eines selbstständigen Beweisverfahrens ist – soweit ein Hauptsacheverfahren bereits anhängig ist – bei dem für das Hauptsacheverfahren zuständigen Gericht zu stellen (§ 486 Abs. 1), andernfalls bei demjenigen Gericht, welches nach dem Vortrag des Antragstellers zur Entscheidung in der Hauptsache berufen wäre (§ 486 Abs. 2).

c) Satthaftigkeit

98 Das selbstständige Beweisverfahren ist statthaft, wenn der Gegner zustimmt (**einvernehmliches Beweisverfahren gem. § 485 Abs. 1 1. Alt.**), zu besorgen ist, dass das Beweismittel verloren geht oder seine Benutzung erschwert wird (**sicherndes Beweisver-**

---

[199] Zum selbstständigen Beweisverfahren vgl. ferner: Huber JuS 2020, 1013; Litzenberger/Strieder JA 2017, 374.
[200] BGH NJW 2012, 2810 mAnm Schwenker.

V. Das selbstständige Beweisverfahren (§§ 485 ff.) § 11

fahren gem. § 485 Abs. 1 2. Alt.) oder wenn die **Feststellung bestimmter Tatsachen** durch einen **Sachverständigen** (etwa Schäden und Beseitigungsaufwand) begehrt wird und ein **rechtliches Interesse** hieran besteht; Letzteres ist (insbesondere, also nicht abschließend) anzunehmen, wenn die Feststellung der Vermeidung eines Rechtsstreits dienen kann (**streitschlichtendes Beweisverfahren gem.** § 485 Abs. 2).

(Nur) diese Voraussetzungen sind **glaubhaft zu machen** (§ 487 Nr. 4). Eine Erfolgsaussicht des Hauptprozesses ist dagegen nicht zu prüfen,[201] des Weiteren nicht die Beweisbedürftigkeit und die Entscheidungserheblichkeit der vom Antragsteller behaupteten Tatsachen.[202]

3. Entscheidung über den Antrag

Eine Entscheidung über den Antrag auf Durchführung eines selbstständigen Beweisverfahrens ergeht durch Beschluss, in der Regel ohne **mündliche Verhandlung** (§ 128 Abs. 4). Dem Antragsgegner ist grundsätzlich **zuvor rechtliches Gehör** zu gewähren, falls nicht eine besondere Eilbedürftigkeit besteht.[203]

99

> **Hinweis:** Streitig ist, ob der Gegner den Sachverständigen ablehnen,[204] weitere Beweisthemen einführen (sog. **Gegenantrag**) oder weitere Sachverständige verlangen kann,[205] ferner, ob eine **Streitverkündung** zulässig ist.[206]

Ein **stattgebender Beschluss** entspricht einem herkömmlichen **Beweisbeschluss** (§ 490 Abs. 2). Der Beschluss ergeht **ohne Kostenentscheidung**; die Kosten des Beweisverfahrens gehören zu den **Kosten eines nachfolgenden – auch nur teilweise identischen – Hauptsacheverfahrens**,[207] werden daher von der dort ergehenden Kostenentscheidung erfasst (dies auch im Falle einer Klagerücknahme)[208] und sind entsprechend in die dortige Kostenabrechnung einzubringen. **Folgt kein Hauptprozess**, so kann der **Antragsteller** Erstattung seiner Kosten (zB Auslagenvorschuss für Sachverständigen) von dem Antragsgegner nur bei Bestehen eines materiellrechtlichen Anspruches verlangen (und selbstständig einklagen).[209] Für den **Antragsgegner** gilt § 494 a (Fristsetzung zur Hauptsachenklage).

100

Ein **ablehnender Beschluss** ist zu begründen. Die Kostenentscheidung ergeht entsprechend § 91 gegen den Antragsteller,[210] ebenso entsprechend § 269 Abs. 3 S. 2 im Falle einer Rücknahme des Antrags.[211] Für den **Streitwert** ist grundsätzlich der volle Hauptsachewert ohne Abschlag anzusetzen;[212] bei der Feststellung von Mängeln ist der Streitwert ist der nach den behaupteten Mängeln objektiv erforderliche Beseitigungsaufwand maßgeblich.[213]

101

---

201 OLG Hamm NJW-RR 1998, 68; StJ/Berger § 485 Rn. 31.
202 BGH NJW 2000, 960; NJW 2004, 3488.
203 StJ/Berger § 490 Rn. 2; Zö/Herget § 490 Rn. 1.
204 KG NJW-RR 1998, 144.
205 Vgl. Zö/Herget § 485 Rn. 3 mN.
206 Bejahend: BGH NJW 1997, 859.
207 BGH NJW-RR 2006, 810 (ggf. § 96).
208 BGH NJW 2007, 1279.
209 StJ/Berger Vor § 485 Rn. 37. Gleiches gilt bei (übereinstimmender oder einseitiger) Erledigungserklärung des Beweisverfahrens: Keine Kostenentscheidung , vgl. BGH NJW 2007, 3721.
210 MK/Schreiber § 485 Rn. 33; HK-ZPO/Kießling § 490 Rn. 14; Mus/Voit/Huber § 490 Rn. 5; OLG Saarbrücken NJW-RR 2017, 573; OLG Karlsruhe MDR 2000, 975; OLG Celle NJW-RR 2010, 1676.
211 BGH MDR 2005, 227; OLG Stuttgart NJW-RR 2010, 1679.
212 BGH NJW 2004, 3488 (streitig).
213 Vgl. Zö/Herget § 3 Rn. 16.151 mN.

4. Weiteres Verfahren

102 Die Durchführung der **Beweisaufnahme** erfolgt nach den allgemeinen Grundsätzen (§§ 491, 492). Ist – nach Abschluss der Beweisaufnahme – eine **gütliche Einigung** zu erwarten, kann das Gericht einen Termin zur mündlichen Erörterung bestimmen; ein Vergleich ist zu protokollieren (§ 492 Abs. 2, § 160 Abs. 3 Nr. 1) – außerhalb des Termins – schriftlich abzuschließen (§ 278 Abs. 6).

Das Beweisergebnis des selbstständigen Beweisverfahrens ist in dem **Hauptprozess** zu verwerten, wenn sich eine Partei hierauf beruft; die selbstständige Beweiserhebung steht dann einer Beweisaufnahme vor dem Prozessgericht gleich (§ 493 Abs. 1).

4. Teil:
Besondere Verfahrenssituationen

§ 12 Das Säumnisverfahren

I. Vorbemerkung

1. Begriff

Nach hM ist ein **echtes Versäumnisurteil** (VU) nur ein solches Urteil, das gegen die säumige Partei aufgrund ihrer Säumnis ergeht; nur für dieses echte VU gelten die §§ 330 ff.[1]

Ein Prozessurteil auf Abweisung einer unzulässigen Klage ist daher trotz Säumnis einer Partei kein VU, da es bei Säumnis des Beklagten nicht gegen die säumige Partei und bei Säumnis des Klägers nicht aufgrund der Säumnis erlassen wird, sondern ein kontradiktorisches Urteil, gegen das Berufung des Klägers, nicht Einspruch stattfindet. Eine Bezeichnung als „unechtes" VU sollte daher, da zumindest missverständlich, unterbleiben.

2. Taktische Erwägungen für den Erlass eines Versäumnisurteils gegen sich

Der bewusste Erlass eines Versäumnisurteiles gegen sich kann für beide Parteien ein taktisches Mittel im Rahmen des Rechtsstreits sein. Für den **Beklagten** bei Erfolgslosigkeit seiner Verteidigung im Hinblick auf die niedrigeren Kosten (→ § 10 Rn. 11), für den **Kläger** bei aussichtslos erkannter Klage, wobei jedoch eine Klagerücknahme (falls möglich) zweckmäßiger ist, da diese kostengünstiger ist und mangels rechtskräftiger Entscheidung eine erneute, uU besser begründete Klage möglich bleibt (→ § 13 Rn. 3); für jede der Partei zum Zwecke einer „Flucht in die Säumnis" zur Vemeidung der Präklusionswirkung (→ § 4 Rn. 54).

II. Erlass des Versäumnisurteils

1. Voraussetzungen bei Verhandlungstermin

a) Antrag auf Erlass eines Versäumnisurteils (§§ 330, 331)

Bei dem Antrag, für den die Prozesshandlungsvoraussetzungen (zB Postulationsfähigkeit) vorliegen müssen, handelt es sich um einen **Prozessantrag**, nicht aber um einen Sachantrag, so dass eine vorherige Mitteilung gem. § 335 Abs. 1 Nr. 3 nicht nötig ist.[2] Ob der Antrag bereits (konkludent) im Sachantrag enthalten ist, ist strittig, hat aber in der Praxis im Hinblick auf § 139 keine Bedeutung.[3]

Wird kein VU- oder § 331 a-Antrag gestellt, führt dies grds. zum Ruhen des Verfahrens (§ 251 a).

> **Hinweise:** Bei Säumnis des Gegners ist idR ein Antrag auf Erlass eines VU zweckmäßig. Insofern kann ein schnelles Urteil erwirkt werden, das ohne Sicherheitsleistung vorläufig vollstreckbar ist (§ 708 Nr. 2). Allerdings hat der Gegner die Möglichkeit zur Einlegung

---

[1] BGH NJW 1967, 2162; OLG Frankfurt NJW 1992, 1178; Zö/Herget vor § 330 Rn. 10 f.
[2] Hk-ZPO/Kießling § 335 Rn. 6; § 331 Rn. 2.
[3] Hk-ZPO/Kießling § 331 Rn. 2; Zö/Herget § 331 Rn. 5; vgl. auch BGH NJW 2017, 1483 Rn. 6: offengelassen.

Gierl

des Einspruchs (§ 338), der zur Fortsetzung des Verfahrens in derselben Instanz (§ 342) führt. Insofern besteht eine Verzögerungsgefahr. Der kann im Falle, dass ein obsiegendes Urteil nach Aktenlage möglich ist und als sicher erscheint, insbes. nach günstiger Beweisaufnahme, mit einem Antrag auf Entscheidung nach Aktenlage (§ 331 a, Abs. 2) begegnet werden, da das nach Lage der Akten ergehende Urteil die Instanz beendet und gegen dieses nur Berufung iSd § 511 Abs. 1 statthaft ist

Für die ▶**Anwaltsstage:** Ein VU ist grds. auch dann zu beantragen, wenn der säumige Gegner anwaltlich vertreten ist; die ursprüngliche Regelung in § 13 BORA, dass dies grds. dem Gegenanwalt angekündigt werden müsse, war unwirksam[4] und wurde mit Wirkung vom 1.3.2011 aufgehoben[5] Die Mandanteninteressen haben daher Vorrang vor der Pflicht zu kollegialem Verhalten. UU kann aber ein gewisses Zuwarten vor einem VU-Antrag geboten sein; auch kann bei einer gewissen Verspätung des Anwalts eine Säumnis zu verneinen sein (s. u.).

Allerdings ist es in solcher Situation ratsam vor VU-Antrag beim ausbildenden RA zurückzufragen

b) Säumnis der gegnerischen Partei im Verhandlungstermin

4 Diese ist dann gegeben, wenn eine Partei trotz ordnungsgemäßer Ladung im Termin entweder nicht erscheint oder trotz Erscheinens nicht verhandelt (§ 333).

aa) Ordnungsgemäße – insbes. rechtzeitige – Ladung (§ 335 Abs. 1 Nr. 2),

5 Insofern muss die Ladung zum Termin[6] unter Einhaltung der Ladungs- bzw. Einlassungsfrist (§§ 217, 274 Abs. 3) ordnungsgemäß zugestellt worden sein (§§ 166 ff., 172), wobei eine Zustellung an Beklagten persönlich ausreichend ist, wenn der Gegenanwalt nur in der Klage angegeben wurde.[7] Da ein Nebenintervenient die Säumnisfolgen zulasten der unterstützten Partei verhindern kann, liegt eine ordnungsgemäße Ladung der unterstützten Partei nur dann vor, wenn auch der Nebenintervenient zu dem Termin geladen wurde.[8] Bei zu kurzer richterlicher Frist ist zu vertagen (§ 337). Eine Ladung bedarf es aber nicht bei einer Terminbestimmung durch verkündeten Beschluss (§ 218).

bb) Nichterscheinen oder Nichtverhandeln im Verhandlungstermin.

6 Der Termin muss **zur streitigen Verhandlung** bestimmt sein. Daher ist in einem reinen Gütetermin kein VU zulässig,[9] wohl aber in einem solchen Termin, der wie idR zugleich auch zur anschließenden (streitigen) mündlichen Verhandlung bestimmt ist.[10] (Zum Beweistermin → § 11 Rn. 43).

7 Als **Verhandlungstermin** gilt dabei jeder einzelne Termin (§ 332), d.h. auch wenn die Partei in einem früheren Termin verhandelt hat, kann bei Säumnis in einem späteren Termin gegen sie ein VU erlassen werden.

---

4 BVerfG NJW 2000, 347, ua Verletzung der Mandanteninteressen.
5 Vgl. Beschluss v. 25./26.6.2010 (BRAK-Mitt. 6/2010 S. 253).
6 Vgl. hierzu BGH NJW 2015, 3661 (3662 Rn. 15).
7 OLG Hamburg MDR 1991, 259.
8 HK-ZPO/Bendtsen § 67 Rn. 5; ThP/Hüßtege § 67 Rn. 8.
9 Zö/Herget Vor § 330 Rn. 2.
10 ThP/Seiler Vorb § 330 Rn. 2; Mus/Voit/Foerste § 279 Rn. 3.

II. Erlass des Versäumnisurteils

Säumig ist die nicht erschienene bzw. im Anwaltsprozess die nicht durch einen zugelassenen Anwalt vertretene Partei sowie die zwar erschienene, aber nicht verhandelnde Partei (§ 333).

Ein **Verhandeln** liegt grds. (erst) in der Stellung eines Antrags zur Hauptsache (Sachantrages oder eines Prozessantrags auf Abweisung der Klage) vor (§ 137 Abs. 1), so dass bis zu diesem Zeitpunkt – also zB bei Erörterung ohne Antragstellung – noch Säumnis begründet werden kann[11] (→ § 4 Rn. 14), allerdings zu beachten, dass ein Abweisungsantrag auch konkludent gestellt sein kann. **Kein Verhandeln** liegt in der Stellung bloßer Verfahrensanträge (zB auf Vertagung oder Ablehnung eines Richters).[12]

Davon ist ein **unvollständiges Verhandeln** (§ 334) zu unterscheiden, das nicht die Säumnisfolgen iSd §§ 331 ff. bedingt, sondern Auswirkungen auf das Nichtbestreiten (§ 138 Abs. 3, 4, §§ 282, 427, 439, 510), die Präklusion iSd § 296 oder die Beweiswürdigung hat.[13]

Ein **teilweises Nichtverhandeln** mit der Folge, dass die Partei insoweit säumig ist, ist möglich, soweit dies einen einem Teilurteil (§ 301) zugänglichen Teil des Streitstoffs betrifft. Insoweit kann auf Antrag ein Teil-VU ergehen,[14] so wenn der Kläger einen von mehreren angekündigten Klageanträgen oder gegen einen von mehreren Beklagten nicht stellt oder der Beklagte hinsichtlich eines von mehreren Anträgen keinen Abweisungsantrag stellt oder erklärt, insoweit nicht verhandeln zu wollen.

Das **Teilurteil** enthält grds. keine Kostenentscheidung (erst im Schlussurteil), ausgenommen bei vollständiger Abweisung hinsichtlich eines Streitgenossen, dessen außergerichtliche Kosten dem Kläger aufzuerlegen sind.[15] Die vorläufige Vollstreckbarkeit bestimmt sich nach § 708 Nr. 2. Im Übrigen wird das normale streitige Verfahren durchgeführt.

Sofern auch der streitige Teil entscheidungsreif ist, ergeht eine einheitliche Entscheidung, teils als Versäumnis-, teils als streitiges Urteil (Bezeichnung als „Teilversäumnis- und Teilendurteil"). Gegen den VU-Teil ist Einspruch (338), im Übrigen die normalen Rechtsmittel statthaft.

Wenn **im Termin verhandelt** worden ist, kann nach allg. Ansicht für diesen Termin keine Säumnis mehr eintreten, auch wenn eine Partei anschließend erklärt, den Sachantrag „nicht mehr stellen zu wollen" bzw. zurückzunehmen, „nicht mehr auftreten zu wollen" oder „das Verhandeln korrigiert werden soll".[16] Ein VU ist dann in diesem Termin nicht möglich, wohl dagegen eine normale streitmäßige Entscheidung,[17] soweit bereits möglich. In der Praxis wird gleichwohl oft auf Antrag des Gegners VU erlassen.[18]

---

11 BAG NJW 2003, 1548; OLG Frankfurt NJW-RR 1998, 280; MK/Prütting § 333 Rn. 3.
12 Zö/Herget § 333 Rn. 2.
13 Hk-ZPO/Kießling § 334 Rn. 1.
14 BGH NJW 2002, 145.
15 Mus/Voit/Flockenhaus § 100 Rn. 11.
16 OLG München MDR 2011, 384.
17 BGHZ 63, 94; BGH NJW 1994, 665; BAG NJW 2007, 3742; OLG Frankfurt NJW-RR 1992, 1406; Hk-ZPO/Kießling § 333 Rn. 4; Zö/Herget § 333 Rn. 1.
18 Schneider MDR 1992, 827.

cc) Keine schuldhafte Verhinderung (§ 337).

11 Ein VU kann nicht ergehen, wenn die Partei an der Teilnahme am Termin ohne Verschulden verhindert ist. Die Säumnis tritt zwar verschuldungsunabhängig ein; die Vertagungsgründe iSd § 337 stellen jedoch einen Ausschließungsgrund dar, der daher ein VU erst dann hindert, wenn er feststeht. Insofern obliegt es der säumigen Partei, die Umstände hierfür rechtzeitig mitzuteilen und glaubhaft zu machen.[19]

IdR wird nicht sogleich zum Terminszeitpunkt ein VU erlassen, sondern erst noch eine gewisse Zeit – regelmäßig 15 Minuten – zugewartet, weil sich die Partei durch die Suche nach einem Parkplatz oder dem Gerichtssaal etwas verspätet haben kann. Ein Verschulden kann auch dann fehlen – wichtig auch nachträglich für § 719 Abs. 1 S. 2 oder § 514 Abs. 2 –, wenn sich ein Rechtsanwalt auf eine solche Übung oder eine entsprechende Zusage des Gegenanwalts verlassen hat[20] oder wenn er sich unvorhersehbar verkehrsbedingt[21] oder insbes. durch anwaltstypische Verhinderung, zB durch anderweitige Terminüberziehung, verspätet[22] (aber grds. noch rechtzeitige Mitteilung erforderlich).[23]

Bei einem PKH-Antrag ist die Partei nicht säumig, solange über den Antrag noch nicht entschieden oder wenn er erst so kurz vor dem Termin abgelehnt worden ist, dass die Partei sich über eine auf eigene Kosten vorzunehmende Beauftragung eines Anwalts nicht mehr schlüssig werden konnte.[24]

dd) Nichtvorliegen einer Säumnis

12 Der VU-Antrags wird zurückgewiesen (§ 335 Abs. 1), idR aber Vertagung mit Ladung der nicht erschienenen Partei zum neuen Termin (§§ 335 Abs. 2, 337).

c) Zulässigkeit der Klage

13 Das VU ist ein Sachurteil und erfordert daher das Vorliegen sämtlicher Sachurteilsvoraussetzungen, die von Amts wegen zu prüfen sind. Bestehen daher zB Zweifel an der Prozessfähigkeit einer Partei bzw. sind die zur Verfügung stehenden Aufklärungsmöglichkeiten diesbezüglich noch nicht erschöpft, kann ein gegen diese Parrtei gerichtetes VU nicht ergehen (→ Rn. 15).[25]

aa) Unzulässigkeit der Klage

14 Ist die Klage unzulässig, darf daher kein VU ergehen.[26] Die Klage ist stets – unabhängig davon, ob der Kläger oder der Beklagte säumig ist – durch Prozessurteil (mit Tatbestand und Entscheidungsgründen[27]) abzuweisen, gegen das sich der Kläger mit Berufung, nicht mit Einspruch wenden kann.

---

19 BGH NJW 2006, 448 Rn. 13.
20 BGH NJW 1999, 2120; LG Mönchengladbach NJW-RR 1998, 1287.
21 BGH MDR 1999, 179; MK/Prütting § 337 Rn. 5.
22 Zö/Herget vor § 330 Rn. 12; Schneider MDR 1998, 557.
23 BGH FamRZ 2006, 408; BGH MDR 2009, 355; OLG Celle NJW 2004, 2534; OLG Jena MDR 2010, 836; OLG Hamm NJW 2014, 1604; MK/Prütting § 337 Rn. 5; Toussaint NJW 2014, 200.
24 LG Münster MDR 1991, 160; Zö/Herget § 337 Rn. 3.
25 BGH NJW-RR 2021. 1648 (1649 Rn. 10).
26 hM: BGH MDR 1986, 998; OLG Frankfurt NJW 1992, 1178; Zö/Herget vor § 330 Rn. 11 mwN.
27 BGH MDR 1991, 236.

bb) Feststellung der Zulässigkeit

Diese ist **von Amts wegen** zur prüfen; insofern gelten allg. Grundsätze (→ Rn. 13). 15

Die bloße Behauptung des Klägers einer **Gerichtsstands- oder Erfüllungsortvereinbarung** reicht für den Nachweis der Zuständigkeit des Gerichts nicht aus (§ 331 Abs. 1 S. 2); das Gericht hat vielmehr festzustellen (Freibeweis), ob die Vereinbarung getroffen ist, zB durch Aufforderung an den Kläger, die Vereinbarung, etwa die Geltung von AGB, und die Kaufmannseigenschaft nachzuweisen.[28]

Bei **Unzuständigkeit des Gerichts** kann der Kläger eine Klagabweisung mittels Verweisungsantrag (§ 281) verhindern. Der Beklagte seinerseits kann bei Säumnis des Klägers vor unzuständigem Gericht rügelos verhandeln (§ 39), mit der Folge, dass die Klage nicht wegen Unzulässigkeit, sondern durch VU gemäß § 330 (Sachurteil) abgewiesen wird (Taktik!).

Wenn ein **Zulässigkeitsmangel nicht behebbar** ist, erfolgt sogleich Klageabweisung. Bei 16 **behebbaren Mängeln** oder bei noch nicht ausgeräumten Bedenken hinsichtlich einer Sachurteilsvoraussetzung, die also möglicherweise noch nachgewiesen werden kann, gilt (zunächst) § 335 Abs. 1 Nr. 1, Abs. 2: entweder Zurückweisung (nur) des Antrags auf VU (nicht der Klage) oder idR Hinweis und Vertagung mit Ladung der säumigen Partei. Sofern im neuen Termin der Mangel nicht behoben oder die Sachurteilsvoraussetzung nicht nachgewiesen ist, die Klage nunmehr die Klage durch Prozessurteil abzuweisen.

d) Bei Säumnis des Klägers

Es sind **keine weiteren Voraussetzungen** für den Erlass eines VU erforderlich: Daher ergeht auf Antrag des Beklagten Klageabweisung durch VU (§ 330), wenn der Kläger säumig und die Klage zulässig ist. Das Vorliegen der Sachurteilsvoraussetzungen hat im Rahmen des § 330 der Beklagte zu beweisen![29] 17

Hingegen ist **keine Schlüssigkeitsprüfung** durchzuprüfen wie auch unerheblich ist, ob nach dem bisherigen Prozessverlauf die Klage begründet sein könnte. Allein die Säumnis führt zur Klageabweisung (mit Rechtskraft in der Sache: Aberkennung des Anspruchs[30]).

Dies Grundsätze gelten auch für eine **Widerklage** (§ 347): Bei Säumnis des Beklagten ist seine Widerklage nach § 330 abzuweisen, während über die Klage gemäß § 331 zu entscheiden ist.[31]

e) Bei Säumnis des Beklagten

Der Erlass eines VU auf Antrag des Klägers setzt voraus die Säumnis des Beklagten, die Zulässigkeit der Klage und zusätzlich die Schlüssigkeit der Klage (§ 331 Abs. 1 S. 1, Abs. 2). 18

Nach § 331 Abs. 1 S. 1 gilt nur das tatsächliche Vorbringen des Klägers als vom Beklagten zugestanden (Geständnisfiktion); die rechtliche Prüfung, ob dieses Vorbringen den Klageanspruch begründen kann, bleibt daher erforderlich.

---

28 Zö/Herget § 331 Rn. 6; OLG Karlsruhe MDR 2002, 1269.
29 ThP/Seiler § 330 Rn. 3.
30 BGH NJW 2003, 1044 (1045).
31 Zö/Herget § 330 Rn. 8.

Insofern ist eine **Schlüssigkeitsprüfung nach den allgemeinen Grundsätzen**, unter Berücksichtigung des gesamten Vortrags des Klägers, durchzuführen, also auch mit etwaigen der Schlüssigkeit entgegenstehenden ungünstigen Vortrags.

Keine Schlüssigkeit liegt daher vor, wenn sich aus dem Vortrag des Klägers rechtshindernde oder rechtsvernichtende Tatsachen ergeben.[32] Dass dem Beklagten eine Einrede zusteht, etwa dass die eingeklagte Forderung verjährt ist, schließt dagegen die Schlüssigkeit noch nicht aus,[33] sondern erst dann, wenn sich aus dem Vortrag des Klägers zugleich auch ergibt, dass der Beklagte die Einrede geltend gemacht, sich also auf die Verjährung berufen hat.[34]

Es kommt ausschließlich auf die Schlüssigkeit der Klage und daher auch **nur** auf den **Vortrag des Klägers** an. Unbeachtlich ist daher der der Säumnis vorangegangene Vortrag des Beklagten – wie zB eine in einem früheren Verhandlungstermin erhobene Verjährungseinrede[35] – und damit auch das auf das Beklagtenvorbringen bezogene Verhalten des Klägers. So stehen ein vorangegangenes Nichtbestreiten von für den Kläger ungünstigen Tatsachenbehauptungen des Beklagten und sogar ein Geständnis iSd § 288 durch den Kläger der Annahme der Schlüssigkeit der Klage gem. § 322 in einem späteren Termin nicht entgegen.[36]

Unberücksichtigt bleibt grds. auch der sonstige bisherige Prozessverlauf, etwa das Ergebnis einer bereits erfolgten Beweisaufnahme.[37] Einem VU steht daher auch nicht entgegen, wenn der Vortrag des Klägers nicht bestätigt oder gar widerlegt worden ist (→ § 11 Rn. 44).

Bei festgestelltem Verstoß gegen die Wahrheitspflicht, zB aufgrund einer vom nicht anwaltlich vertretenen Beklagten eingereichten Urkunde[38], ist der Klägervortrag jedoch nicht zu berücksichtigen.[39]

Bei dieser Schlüssigkeitsprüfung dürfen nur rechtzeitig – also unter Einhaltung der Wochenfrist (§ 132) bzw. Einlassungsfrist (§ 274 Abs. 3) – dem Beklagten mitgeteilte Sachanträge und Behauptungen berücksichtigt werden (§ 335 Abs. 1 Nr. 3).

19 Unter den Begriff des „**Sachantrags**" fällt grds. der Klageantrag, aber auch eine Klageänderung und -erhöhung. Falls diese nicht rechtzeitig mitgeteilt werden, ist insoweit ein VU nicht zulässig. Dagegen bedarf eine Abstandnahme vom bisherigen Antrag nicht der vorherigen Mitteilung; daher ist eine teilweise Klagerücknahme mit VU über den Rest im Termin möglich.[40]

Bei einer Erledigungserklärung des Klägers im Termin, zB weil der säumige Beklagte die Forderung nach Zustellung der Klage bezahlt hat, ist zu unterscheiden: Erfolgt die Erklärung des Klägers **vor dem Termin** und greift die Fiktion des § 91a Abs. 1 S. 2 so kann kein VU mehr gehen, sondern es gelten die Grundsätze des § 91a (Beschluss).[41] Liegen **die Voraussetzungen des § 91a Abs. 1 S. 2 nicht vor**, kann die fehlende Zustim-

---

32 Hk-ZPO/Kießling § 331 Rn. 5.
33 MK/Prütting § 331 Rn. 18.
34 BGH NJW 1999, 2123; OLG Düsseldorf NJW 1991, 2089.
35 MK/Prütting § 331 Rn. 18; RS/Gottwald § 106 Rn. 34; StJ/*Bartels* § 332 Rn. 22 ff..
36 Zö/Herget § 332 Rn. 1; MK/Prütting § 331 Rn. 18.
37 Zö/Herget § 332 Rn. 1.
38 OLG Brandenburg NJW-RR 1995, 1471.
39 Hk-ZPO/Kießling § 331 Rn. 7; Zö/Herget § 332 Rn. 1; Mus/Voit/Stadler § 331 Rn. 9; MK/Prütting § 331 Rn. 9.
40 Hk-ZPO/Kießling § 335 Rn. 6.
41 Zö/Herget § 331 Rn. 5.

mung des Beklagten zur Erledigungserklärung des Klägers nicht durch dessen Säumnis fingiert werden.[42] Es kommen die Grundsätze für eine einseitige Erledigungserklärung zur Anwendung. Insofern kann in Bezug auf die (Teil)Erledigung grds. ein VU erlassen werden, denn die in dem Übergang vom Leistungsantrag zum in der Erledigungserklärung liegenden Feststellungsbegehren (hM) zu sehende Klageänderung bedarf keiner vorherigen Mitteilung, da dieses im Ergebnis ein Minus darstellt[43]. Für die bei einseitiger Erledigungserklärung vorzunehmende Prüfung der Begründetheit der Klage zum Zeitpunkt des erledigenden Ereignisses greift dann die Geständnisfiktion des § 331 ein, so dass bei schlüssiger Klage ein VU ergehen kann (Tenor: *„Der Rechtsstreit ist in der Hauptsache erledigt"*.[44] Für die Kostenentscheidung gilt (§ 91), für die vorläufige Vollstreckbarkeit § 708 Nr. 2.

Fraglich ist, ob auch eine Abstandnahme des Klägers vom Tatsachenvortrag unschädlich ist, sofern dadurch erst die Klage schlüssig ist.[45]

Bei nicht rechtzeitiger Mitteilung oder bei Ergänzung des Vorbringens erst im Termin ist ein neuer Verhandlungstermin (§ 335 Abs. 2) unter – rechtzeitiger – Mitteilung des weiteren Vorbringens zu bestimmen. Im neuen Termin ist dann der Erlass eines VU möglich.

f) Entscheidungen

Sofern die Voraussetzungen umfänglich gegeben sind, ergeht ein VU gemäß dem Klageantrag (§ 331 Abs. 2, 1. Halbs.). 20

Ist die **Klage unschlüssig**, erfolgt Klageabweisung (§ 331 Abs. 2, 2. Hs.) mittels kontradiktorischem Sachurteil (mit Tatbestand und Entscheidungsgründen)[46]. 21

Vor Abweisung bedarf es aber eines Hinweises durch das Gericht (§ 139).[47] Falls der Kläger die Klage durch weiteren Vortrag noch schlüssig machen kann, wird ein neuer Verhandlungstermin bestimmt samt rechtzeitiger Mitteilung des weiteren Vortrags an den Beklagten. Ist dieser auch im neuen Termin säumig, kann nunmehr ein VU ergehen.

Bei **teilweiser Schlüssigkeit und Unschlüssigkeit** ergeht eine einheitliche Entscheidung: in Bezug auf den teilweisen Erfolg ein VU, im Übrigen Abweisung der Klage (also: „Teilversäumnis- und Teilendurteil"). 22

Demgemäß enthält das **Urteil** einen Tatbestand sowie Entscheidungsgründe, beschränkt aber auf das „Teilendurteil", eine einheitliche Kostenentscheidung sowie einen getrennten Ausspruch bzgl. der vorläufiger Vollstreckbarkeit: es gilt § 708 Nr. 2 bzgl. des VU, ansonsten die allgemeinen Grundsätze. Das Urteil ist für den Beklagten mit Einspruch, für Kläger Berufung anfechtbar.

Bei unschlüssigem Haupt- und schlüssigem Hilfsantrag erfolgt eine Abweisung des Hauptantrags und in Bezug auf den erfolgreichen Hilfsantrag durch VU. Insoweit ist

---

42 MK/Prütting § 331 Rn. 33.
43 KG MDR 1999, 185; Zö/Herget § 331 Rn. 5; HK-ZPO/Kießling § 335 Rn. 6. aA MK/Prütting § 331 Rn. 31.
44 Zö/Herget § 331 Rn. 5; Zö/Althammer § 91 a Rn. 37.
45 Anders/Gehle/Anders § 335 Rn. 7.
46 Hk-ZPO/Kießling § 331 Rn. 8, vor §§ 330–347 Rn. 17.
47 BGH NJW-RR 2008, 1649 (1650).

das Urteil für den Kläger mit Berufung (Abweisung Hauptantrag), für Beklagten mit Einspruch anfechtbar.[48]

Hinweis: Bei Unschlüssigkeit der Klage nur zu einem geringen Teil – zB Teil der Zinsforderung, kann es für den Kläger zweckmäßig sein, insoweit die Klage zurückzunehmen, damit im Übrigen sogleich ein abschließendes VU – mit Kostenentscheidung (unter Berücksichtigung der Rücknahme, uU § 92 Abs. 2, § 4 Abs. 1, Hs. 2.) – ergehen kann. Der Kläger vergibt sich durch diese Rücknahme nichts, da er den zurückgenommenen Teil erneut einklagen kann. Entsprechende Prozesstaktik des Klägeranwalts.

▶ **Prüfungsschema für VU-Antrag gegen den Beklagten**[49]

1) **Ist die Klage zulässig** (= Zulässigkeitsprüfung)?
    a) Wenn bzw. soweit nicht (= endgültiges Fehlen von Sachurteilsvoraussetzungen): Klageabweisung (Prozessurteil).
    b) Wenn bzw. soweit ja: weitere Prüfung:
2) **Ist die Klage schlüssig** (= Schlüssigkeitsprüfung)?
    a) Wenn bzw. soweit nicht: Klageabweisung (§ 331 Abs. 2, 2. Halbs.; Sachurteil).
    b) Wenn bzw. soweit ja: weitere Prüfung:
3) Liegen die besonderen Voraussetzungen für den Erlass eines VU vor?
    §§ 335, 337 bzw. § 331 Abs. 3, ua: Säumnis? Rechtzeitiger Sachantrag u. Tatsachenvortrag? Kein fehlender Nachweis noch beibringbarer Sachurteilsvoraussetzungen?
    a) Wenn nicht: Zurückweisung des Antrags (§ 336) oder Vertagung.
    b) Wenn ja: Erlass des (echten) Versäumnisurteils.

2. Voraussetzungen im schriftlichen Vorverfahren (§ 331 Abs. 3)

23 Ein echtes VU ist im schriftlichen Vorverfahren **nur gegen den Beklagten** möglich, da der Kläger insoweit nicht säumig sein kann. Voraussetzungen hierfür sind

- **Ausdrücklicher VU-Antrag des Klägers,**

Der Antrag kann bereits in der Klageschrift (§ 331 Abs. 3 S. 2), aber auch nachträglich gestellt werden. Der nachträgliche Antrag braucht dem Beklagten nicht noch mitgeteilt zu werden, da dies auch bei einem VU-Antrag im Termin (unstreitig) nicht notwendig ist; der Säumige muss immer mit einem VU rechnen und ist im Übrigen nach § 276 Abs. 3 S. 2 bereits auf die Säumnisfolgen hingewiesen worden.[50] Falls trotz Hinweis (§ 139) kein VU-Antrag gestellt wird, wird Verhandlungstermin bestimmt (hM).

- **keine wirksame Verteidigungsanzeige in der Zwei-Wochen-Frist des § 276 Abs. 1 S. 1.**

Die Anzeige, für die Postulationsfähigkeit erforderlich ist, kann aber noch bis zum Eingang des vollständigen VU auf der Geschäftsstelle nachgeholt werden (§ 331 Abs. 3 S. 1, Hs. 2). Der Widerspruch im vorangegangenen Mahnverfahren reicht nicht.[51] Ein PKH-Antrag des Beklagten beim Landgericht ist zwar keine wirksame Anzeige, aber ein VU ist bis zur PKH-Entscheidung ausgeschlossen.[52]

---

48 Zö/Herget § 331 Rn. 10.
49 Prüfungsreihenfolge zweckmäßig, weil Klageabweisung Vorrang vor VU-Ablehnung hat.
50 KG NJW-RR 1994, 1344; Hk-ZPO/Kießling § 331 Rn. 13; verbreitete Praxis – aA OLG München MDR 1980, 235 u. MK/Prütting § 331 Rn. 48, § 335 Rn. 11.
51 Zö/Herget § 331 Rn. 12.
52 MK/Prütting § 276 Rn. 29.

II. Erlass des Versäumnisurteils

Der Erlass eines VU ist unzulässig, falls keine wirksame Fristsetzung gem. § 276 Abs. 1, 2 erfolgt ist (§ 335 Abs. 1 Nr. 4).

- **Zulässigkeit und Schlüssigkeit der Klage.**

Ein klageabweisendes Urteil (sog. unechte Versäumnisurteil) gegen den Kläger ist im schriftlichen Vorverfahren nur insoweit – nach Hinweis (§ 139) – zulässig, als der Klageantrag hinsichtlich einer Nebenforderung nicht gerechtfertigt ist, wie zB zu einem Teil der eingeklagten Zinsen (§ 331 Abs. 3 S. 3).

Im Umkehrschluss zu § 331 Abs. 3 S. 3 ergibt sich aber auch, dass bei weitergehender Unzulässigkeit oder Unschlüssigkeit der Klage dagegen Verhandlungstermin anzuberaumen ist, in dem dann ggf. insoweit die Klage – nach den Regelungen für den Verhandlungstermin – abzuweisen ist.[53]

3. Das Versäumnisurteil

a) Erlass

Im Rahmen eines Verhandlungstermin erfolgt der Erlass des VU durch dessen Verkündung mit Zustellung an die unterliegende Partei (§ 317 Abs. 1 S. 1). Das schriftliche VU ist dagegen beiden (!) Parteien zuzustellen.[54] Dies ersetzt die Verkündung (§ 310 Abs. 3).

b) Inhalt

Das Urteil ist als VU zu bezeichnen, idR ohne Tatbestand und Entscheidungsgründe (§ 313b Abs. 1), und enthält den Hauptausspruch samt Kostenentscheidung, für die die allg. Regeln gelten; die vorläufige Vollstreckbarkeit bestimmt sich nach § 708 Nr. 2 (ohne Vollstreckungsnachlass, § 711 S. 1). In den Fällen des § 339 Abs. 2 ist zudem die Einspruchsfrist zu bestimmen. Erfolgt eine solche Bestimmung nicht, so wird eine Einspruchsfrist nicht in Lauf gesetzt.[55]

Die Terminsgebühr des Anwalts beträgt 0,5, falls seine Tätigkeit auf die Stellung des VU-Antrag beschränkt ist (RVG VV 3105), aber 1,2 gem. VV 3104, wenn darüber hinaus die Zulässigkeit des Sachantrags mit dem Gericht erörtert oder mit dem anwesenden Gegner die Möglichkeit einer einverständlichen Regelung besprochen wird.[56]

c) Rechtskraft des Versäumnisurteils

Das VU ist Sachurteil und erlangt daher formelle wie auch volle materielle Rechtskraft. Bei einem VU gegen den Kläger ist der Anspruch aberkannt,[57] bei VU gegen den Beklagten zuerkannt.

Da das VU idR ohne Begründung ergeht, kann der Gegenstand der Rechtskraft nur unter Heranziehung der Klageschrift festgestellt werden. Da bei einer Klageabweisung durch VU keine Schlüssigkeitsprüfung stattfindet (§ 330), die materielle Rechtslage also völlig unerheblich ist, wird der Klageanspruch grds. uneingeschränkt abgewiesen. Dies hat auch zur Folge, dass der Kläger später nicht eine neue Klage mit der Begrün-

---

53 Zö/Herget § 331 Rn. 12; Hk-ZPO/Kießling § 331 Rn. 18; MK/Prütting § 331 Rn. 50.
54 BGH NJW 1996, 1970.
55 BGH NJW 2011, 2218 (2219 Rn. 14).
56 BGH NJW 2007, 1692 Rn. 10; Hk-ZPO/Kießling § 331 Rn. 23.
57 BGH NJW 2003, 1044.

dung erheben kann, dem Anspruch habe zur Zeit des Erlasses des VU ein nur vorübergehendes, inzwischen aber behobenes Hindernis (zB mangelnde Fälligkeit) entgegengestanden.[58]

III. Der Einspruch gegen das Versäumnisurteil[59]

1. Die Zulässigkeit des Einspruchs

27 Der Einspruch ist kein Rechtsmittel, da er das Verfahren nicht zur Anhängigkeit des Verfahrens in der höheren Instanz führt, sondern ein **Rechtsbehelf** (grds. keine Berufung, § 514 Abs. 1), der zur Fortsetzung des Prozesses in derselben Instanz führt. Die Voraussetzungen der Zulässigkeit des Einspruchs ist daher vorab festzustellen.

Die Prüfung erfolgt **von Amts wegen**,[60] und zwar – da bei Unzulässigkeit des Einspruchs das VU rechtskräftig geworden ist – in jeder Lage des Rechtsstreits. Wird daher zB erst in der Berufungsinstanz festgestellt, dass der Einspruch gegen das VU nicht zulässig war, so ist das erstinstanzliche streitige Urteil aufzuheben und der Einspruch als unzulässig zu verwerfen (§ 341).[61]

a) Zulässigkeitsvoraussetzungen

aa) Statthaftigkeit des Einspruchs

28 Dieser kann allein gegen ein „**echtes**" **Versäumnisurteil**" (§ 338) gerichtet sein. Bei Verbindung von VU und Klageabweisung wegen Unzulässigkeit/Unschlüssigkeit (bei Säumnis Bekl.) ist hinsichtlich des VU-Teil Einspruch, im Übrigen Berufung statthaft.[62]

Ob ein VU vorliegt, hängt grds. von der Art des Zustandekommens und dem Inhalt der Entscheidung, nicht von seiner Bezeichnung ab.[63] Bei Abweisung einer Klage wegen Unzulässigkeit findet daher kein Einspruch, sondern Berufung statt, auch wenn das Urteil bei Säumnis des Klägers als „Versäumnisurteil" bezeichnet worden ist; nach dem Grundsatz der Meistbegünstigung wird dann aber auch der Einspruch zulässig sein.[64] Wenn allerdings das Gericht infolge fälschlicher Annahme einer Säumnis durch VU – statt durch streitmäßiges Urteil – entscheiden wollte und entschieden hat, so handelt es sich nicht um eine inkorrekte Entscheidungsform, sondern um ein inhaltlich falsches VU, gegen das nur Einspruch statthaft ist.[65]

bb) Einlegung

29 Der Einspruch ist beim **Prozessgericht, das das VU erlassen** hat (§ 340 Abs. 1) schriftlich, unter Bezeichnung des VU und mit der – auch konkludenten – Erklärung, dass Einspruch eingelegt wird (§ 340 Abs. 1, 2).

---

58 BGH NJW 2003, 1044; zustimmend insoweit MK/Prütting § 330 Rn. 38, jedoch Ablehnung betr. Entscheidung durch Berufungsgericht.
59 Huber JuS 2015, 985.
60 OLG Braunschweig MDR 1998, 621: Freibeweis.
61 OLG Brandenburg MDR 2007, 1448; Zö/Herget § 341 Rn. 6.
62 BGH NJW-RR 1986, 1326 (1327).
63 BGH NJW 1999, 583 (584).
64 Zö/Heßler Vor § 511 Rn. 30; ThP/Seiler Vorb § 511 Rn. 8.
65 BGH NJW 1994, 665 (666); NJW 1999, 583 (584).

III. Der Einspruch gegen das Versäumnisurteil § 12

Streitig ist, ob eine in Unkenntnis des VU erklärte nachträglich eingegangene Verteidigungsanzeige in eine Einspruchserklärung umgedeutet werden kann,[66] was überwiegend verneint wird, weil nicht unterstellt werden könne, dass sich der Beklagte, der sich gegen die Klage hatte verteidigen wollen, zugleich auch gegen ein ihm unbekanntes Urteil und die Beurteilung der Rechtlage durch das Gericht wenden wolle.[67]

> **Hinweis für ▸RA-Stage** Bei VU trotz Verteidigungsanzeige immer sogleich noch ausdrücklich Einspruch einlegen!

Das Begründungserfordernis des § 340 Abs. 3 ist kein Zulässigkeitserfordernis.[68] Eine nicht fristgemäße Begründung unterliegt jedoch ggf. der Zurückweisung als verspätet nach § 296[69]. Insofern ist es anzuraten den Einspruch in der Einlegungsfrist zu begründen. Eine Bezugnahme auf früheren Vortrag reicht aus.

cc) Prozesshandlungsvoraussetzungen, insbes. Postulationsfähigkeit bei LG.

Der von der Partei selbst eingelegte Einspruch beim Landgericht ist unwirksam, worauf die Partei nochmals sofort hingewiesen werden sollte, damit sie ggf. noch einen Anwalt beauftragen kann. In einem unwirksamen Einspruch kann aber zugleich auch ein nicht dem Anwaltszwang unterliegender PKH-Antrag liegen. 30

dd) Einhaltung der Zwei-Wochen Frist (§ 339)

Die **Frist beginnt** ab Zustellung des VU zu laufen, beim VU im Vorverfahren gemäß § 331 Abs. 3 ab der letzten der an beide Parteien vorzunehmenden Zustellungen,[70] auch wenn dies der Kläger ist, der das VU erwirkt hat, da das VU erst durch diese letzte Zustellung existent wird (→ § 5 Rn. 68). Bei Zustellung im Ausland oder durch öffentliche Bekanntmachung setzt der Beginn der Einspruchsfrist deren Bestimmung durch das Gericht voraus (§ 339 Abs. 2) → Rn. 25. 31

Die **nochmalige Zustellung eines VU** setzt bei korrekter erster Zustellung keine neue Einspruchsfrist in Lauf.[71] Ein Verstoß gegen die Hinweispflicht iSd § 232 hat keinen Einfluss auf die Wirksamkeit der Zustellung des VU. Die Belange des Säumigen werden durch die Möglichkeit einer Wiedereinsetzung in den vorigen Stand gewahrt.[72] Anders jedoch bei Verstoß gegen § 339 Abs. 2.[73]

Bei der Einspruchsfrist handelt es sich um eine **Notfrist** (§ 224 Abs. 1), so dass bei Versäumung ohne Verschulden gemäß §§ 233 ff. Wiedereinsetzung möglich ist, was insbes. bei einem PKH-Antrag von Bedeutung sein kann: der – vollständige – PKH-Antrag muss innerhalb der Einspruchsfrist gestellt worden sein. Mit der Entscheidung – auch einer ablehnenden (dann aber noch zusätzliche Überlegungsfrist von 3–4 Tagen) – entfällt das Hindernis für die Einlegung des Einspruchs; nunmehr muss innerhalb der Zwei-Wochen-Frist Wiedereinsetzung beantragt und der Einspruch eingelegt werden, §§ 234, 236.[74]

---

66 Bejahend OLG Braunschweig FamRZ 1995, 237.
67 OLG Köln NJW-RR 2002, 1231; MK/Prütting § 340 Rn. 7; Zö/Herget § 340 Rn. 4.
68 BGH NJW-RR 1992, 957; OLG München NJW-RR 1989, 255.
69 BGHZ 75, 138; vgl. dazu näher BGH NJW 2012, 2808 (2809 Rn. 10 f.).
70 BGH NJW 1994, 3359 (3360); Hk-ZPO/Kießling § 339 Rn. 1.
71 BGH NJW 2011, 522 (523 Rn. 20).
72 BGH NJW 2011, 522 (523 Rn. 19); aA Thiele MDR 2010, 177.
73 BGH NJW 2011, 2218 (2219 Rn. 14) für den Fall einer unzulässigen Inlandszustellung.
74 Zö/Greger § 233 Rn. 23.29; § 234 Rn. 6 ff., mwN.

Ohne wirksame Zustellung beginnt die Einspruchsfrist nicht, §§ 517, 548 sind nicht anwendbar[75], so dass das VU dann nicht rechtskräftig wird. Eine Heilung nach § 189 ist jedoch möglich ist. Die unter Verstoß gegen § 170 Abs. 1 erfolgte Zustellung des VU an eine aus dem zuzustellenden Titel nicht erkennbar prozessunfähige Partei setzt die Einspruchsfrist in Gang.[76]

b) Unzulässigkeit des Einspruchs

aa) Grundsatz

32   Der Einspruch ist *„als unzulässig zu verwerfen"* (§ 341 Abs. 1 S. 2). Jede Sachprüfung (Zulässigkeit, Schlüssigkeit und Begründetheit der Klage) ist unzulässig, so dass auch für eine Überprüfung der sachlichen Richtigkeit des VU kein Raum ist.[77]

bb) Entscheidung[78]

33   Vor der Entscheidung ist dem Einspruchsführer rechtliches Gehör zu gewähren.

Die Verwerfung ergeht in **Form** eines Urteils, auch bei – wie idR – Entscheidung ohne mündliche Verhandlung (§§ 341 Abs. 2, 310 Abs. 3 S. 2).

Falls die Unzulässigkeit des Einspruchs auf der Versäumung der Einspruchsfrist und der Ablehnung eines Wiedereinsetzungsantrags beruht, ist zugleich auch die Versagung der Wiedereinsetzung in diesem Urteil auszusprechen (und zu begründen).

„Der Einspruch des Klägers/Bekl. gegen das VU vom... wird als unzulässig verworfen. Die Kosten des Einspruchs – oder: die weiteren Kosten – werden dem Kläger/Beklagten auferlegt. Das Urteil ist vorl. vollstreckbar."

Die Kostenentscheidung beruht auf entsprechender Anwendung des § 97 Abs. 1; der Ausspruch betreffend die vorläufige Vollstreckbarkeit: auf § 708 Nr. 3.

Bezüglich der Abfassung des **Tatbestands** und der **Entscheidungsgründe** kommen die allgemeinen Grundsätze zur Anwendung, die sich auf den Zulässigkeitsmangel konzentrieren, aber auch beschränken.[79]

Gegen das Urteil findet Berufung bzw. Revision und Nichtzulassungsbeschwerde nach den allgemeinen Grundsätzen statt.

cc) Säumnis des Einspruchsführers im Verhandlungstermin

34   Da die Entscheidung unabhängig von der Säumnis erfolgt, ergeht kein („zweites") Versäumnisurteil, sondern ein (normales) **streitiges Urteil**[80] mit Berufungsmöglichkeit, in dem der (unzulässigen) Einspruch verworfen wird.

---

75 Hk-ZPO/Kießling § 339 Rn. 3.
76 BGH NJW 2014, 937 Rn. 15.
77 BGH NJW-RR 2007, 1363 Rn. 19.
78 Kellermann-Schröder JA 2017, 931 (936).
79 Hk-ZPO/Kießling § 341 Rn. 3.
80 BGH NJW 1995, 1561; OLG Düsseldorf MDR 2001, 833; Zö/Herget § 341 Rn. 9.

2. Verfahren bei zulässigem Einspruch
a) Normalablauf
aa) Verfahrensablauf

(Erst) Nach Eingang des Einspruchs ist Termin zu bestimmen (§ 341 a), so dass sich das normale streitige Verfahren anschließt. Wird der Termin vorsorglich für den Fall des Einspruchs bestimmt, kann mangels ordnungsgemäßer Terminsbestimmung und deshalb fehlender Säumnis kein zweites Versäumnisurteil gegen die in diesem Termin nicht erschienene Partei ergehen.[81]

35

Der **Prozess** wird in die Lage **zurückversetzt** und entsprechend weitergeführt, in der er sich vor der Versäumnis befunden hat (§ 342). Durchführung und Entscheidung des Rechtsstreits erfolgt nach allgemeinen Grundsätzen, unabhängig von dem VU in Form eines (normalen) streitigen Urteils. Demgemäß sind die Zulässigkeit und die Begründetheit der Klage zu untersuchen, nicht aber die „Begründetheit des Einspruchs" (schwerer Fehler!).

36

bb) Entscheidung (§ 343)[82]

Bei **übereinstimmender Entscheidung** beschränkt sich der Tenor auf die Aufrechterhaltung des VU. Es darf keine neue Verurteilung erfolgen, da ansonsten ein zweiter Titel entstehen würde.

37

Bei **abweichender Entscheidung** wird zudem das VU aufgehoben (sog. kassatorischer Teil), um den darin liegenden Titel zu beseitigen.

Bei nur **teilweise übereinstimmender Entscheidung** wird das VU aufrechthalten soweit die Klage begründet ist; im Übrigen ist das VU aufzuheben und die Klage abzuweisen.

> **Hinweis:** Es darf keine Gesamtaufhebung und Neutenorierung erfolgen, da damit der Rang einer bereits aufgrund des VU erfolgten Vollstreckungsmaßnahme bzgl. des aufrechterhaltenden Teils verloren gehen könnte (vgl. §§ 775 Nr. 1, 776).[83]

Die **Kostenentscheidung** ergeht grds. gem. §§ 91 ff., wobei aber § 344 zu berücksichtigen ist: die Kosten der Säumnis (sog. Mehrkosten) treffen bei gesetzmäßigem VU stets die säumige Partei, auch wenn sie im Übrigen obsiegt.

38

Unter die **Kosten der Säumnis** fallen in erster Linie die durch die Erwirkung des VU entstandenen Auslagen, etwa durch die Wahrnehmung eines zusätzlichen Termins.[84] Zusätzliche Gebühren entstehen dagegen durch das VU nicht: die Terminsgebühr von 0,5 gem. RVG VV 3105 geht in der durch den Einspruchstermin entstehenden normalen Terminsgebühr von 1,2 (VV 3104) auf, fällt also nicht zusätzlich an[85] und gehört daher nicht zu den Säumniskosten.[86]

Dier Ausspruch bzgl. der **vorläufigen Vollstreckbarkeit** bestimmt nach den allg. Regelungen der §§ 708 ff., wobei aber 709 S. 3 zu beachten ist.

---

81 BGH NJW 2015, 3661 (3662 Rn. 15); NJW 2011, 928 (929 Rn. 4).
82 Vgl. dazu auch Kellermann-Schröder JA 2017, 931.
83 HK-ZPO/Kießling § 343 Rn. 7.
84 Zö/Herget § 344 Rn. 2; OLG Köln NJW 2019, 614 Rn. 2 mAnm N. Schneider NJW 2019, 556.
85 BGH NJW 2018, 1322 Rn. 5 mwN; Zö/Herget § 344 Rn. 2.
86 KG JurBüro 2008, 647; Hk-ZPO/Kießling § 344 Rn. 5.

b) Sonderfall: Zweites Versäumnisurteil[87]

aa) Grundsatz

39 Bei Säumnis des Einspruchsführers im Einspruchstermin wird der Einspruch wird durch erneutes VU verworfen (§ 345, sog. zweites Versäumnisurteil).

Gegen dieses zweite VU ist kein Einspruch statthaft (§ 345), sondern nur eine – eingeschränkte – **Berufung** (§ 514 Abs. 2). Dies verhindert, dass eine Partei durch wiederholte Säumnis und Einsprüche die endgültige Entscheidung des Rechtsstreits verzögern könnte.

bb) Voraussetzungen

40 Vorab muss die **Zulässigkeit des Einspruchs** gegeben sein, andernfalls ist dieser gem. § 341 zu verwerfen; → Rn. 32).

41 Desweitern muss der **Einspruchsführer** im Einspruchstermin, dh in dem (ersten) Verhandlungstermin, der aufgrund des Einspruchs anberaumt worden ist, **erneut säumig** sein.

War der Termin bereits vor Eingang des Einspruchs (also vorsorglich für den Fall des Einspruchs) bestimmt worden, kann mangels ordnungsgemäßer Terminsbestimmung und deshalb fehlender Säumnis kein zweites Versäumnisurteil gegen die in diesem Termin nicht erschienene Partei ergehen.[88]

Ist der Einspruchsführer nicht in diesem Termin, sondern – nach zwischenzeitlichem Verhandeln – in einem **späteren Termin (erneut) säumig**, so kann gegen ihn kein zweites VU iSd § 345 erlassen werden, sondern nur ein sog. weiteres (normales) erstes VU, in dessen Tenor das bereits erlassene VU (§ 343) aufrechterhalten wird, und gegen das erneut die Möglichkeit der Einlegung des Einspruchs besteht.

Die Frage der **Säumnis** bestimmt sich auch hier nach den allg. Grundsätzen (→ Rn. 8)[89], wobei unverschuldete Säumnis der fehlenden gleichsteht.[90] Eine ordnungsgemäße Ladung des Einspruchsführers iSd § 215 bei Termin nach Einspruch gegen einen Vollstreckungsbescheid setzt nicht voraus, dass in der Terminsladung zusätzlich zu den in § 215 Abs. 1 aufgeführten Hinweisen eine Belehrung dahin gehend erfolgt, dass im Falle einer Säumnis im Einspruchstermin ein (zweites) VU nur mittels Berufung angefochten werden kann.[91]

42 Ist nunmehr der **Gegner säumig**, ergeht gegen ihn normales (erstes) VU.[92] Ist zB der Beklagte durch VU verurteilt und der Kläger im Einspruchstermin säumig, wird durch VU gegen den Kläger das VU gegen den Beklagten aufgehoben und die Klage abgewiesen (§ 330). Gegen dieses VU hat nunmehr der Kläger seinerseits die Möglichkeit Einspruch einzulegen.

43 Streitig war, ob weitere Voraussetzung für den Erlass eines zweites VU gemäß § 345 die **Prüfung der Gesetzmäßigkeit des ersten VU** ist, dh insbesondere, ob eine erneute Zulässigkeits- bzw. Schlüssigkeitsprüfung zur Klage vorzunehmen ist (zB VU gegen

---

[87] Huber JuS 2015, 985 (987).
[88] BGH NJW 2015, 3661 (3662 Rn. 15); NJW 2011, 928 (929 Rn. 4).
[89] BGH NJW 1998, 3125.
[90] BGH NJW 1999, 724; 2120 (2122).
[91] BGH MDR 2010, 1340.
[92] MK/Prütting § 345 Rn. 2.

III. Der Einspruch gegen das Versäumnisurteil　　　　　　　　　　　　　　　　§ 12

den Beklagten trotz fehlender Schlüssigkeit und der Beklagte ist im Einspruchstermin erneut säumig ist):

Dies wird von einer verbreiteten Meinung angenommen[93], da § 342 eine erneute selbstständige Prüfung der VU-Voraussetzungen erfordere, was § 700 Abs. 6 bestätige. Das Gericht dürfe auch nicht gezwungen sein, ein als gesetzwidrig erkanntes VU aufrecht zu erhalten, so dass das VU bei Unschlüssigkeit aufzuheben, die Klage abzuweisen und kontradiktorisches Urteil zu ergehen hat, das mit normaler Berufung angefochten werden kann.

Nach **hM** ist eine Rechtmäßigkeitsprüfung hinsichtlich des ersten VU durch § 345 – als Spezialnorm, die weitere Voraussetzungen für die Einspruchsverwerfung gerade nicht aufstelle – ausgeschlossen, was durch einen Gegenschluss aus § 700 Abs. 6 (nur bei Vollstreckungsbescheid) bestätigt werde: anders als beim Vollstreckungsbescheid hat beim VU bereits eine richterliche Zulässigkeits- und Schlüssigkeitsprüfung stattgefunden.[94] Danach ist trotz erkannter Unschlüssigkeit der Klage der Einspruch des Beklagten gemäß § 345 zu verwerfen. Insoweit besteht nur die eingeschränkte Berufungsmöglichkeit gem. § 514 Abs. 2.

cc) Entscheidung

Der Tenor lautet auf *„Verwerfung des Einspruchs"* (vgl. Wortlaut des § 345). Die Kostenentscheidung (*„weitere Kosten"*)[95] bestimmt sich nach § 97 Abs. 1, der Ausspruch der vorläufigen Vollstreckbarkeit nach § 708 Nr. 2.　　　　　　　　　　　　　　　　44

dd) Rechtsmittel

Gegen das zweite VU findet kein Einspruch, sondern nur eine – eingeschränkte – **Berufung** statt (§§ 345, 514 Abs. 2), und zwar unabhängig von der Berufungssumme (§ 514 Abs. 2 S. 2).　　　　　　　　　　　　　　　　45

Die Berufung kann nur auf die **Begründung** gestützt werden, dass in dem (Einspruchs-)Termin, auf den das zweite VU erlassen worden ist, der Fall einer schuldhaften Säumnis nicht vorgelegen habe. Die Berufung kann daher nicht darauf gestützt werden, dass hinsichtlich des ersten VU keine Säumnis vorgelegen habe[96] oder dass das erste VU anderweitig gesetzwidrig ergangen sei.[97] Auch ein Vorbringen, dass eine Urkunde nachträglich aufgefunden wurde, die eine günstigere Entscheidung herbeigeführt hätte (Restitutionsgrund iSd § 580 Nr. 7 b)[98] wie auch die Behauptung, es liege ein Revisionsgrund gemäß § 547 Nr. 1 vor, wenn über ein Ablehnungsgesuch bereits abweisend entschieden worden war, kann nicht Gegenstand der Prüfung sein.[99]

93　BAG MDR 1995, 201; Zö/Herget § 345, 4; Braun JZ 1999, 525; vgl. hierzu auch MK/Prütting § 345 Rn. 9.
94　BGH NJW 2018, 3252 (3253 Rn. 17); 1999, 2599; OLG Rostock MDR 1999, 1084; KG MDR 2000, 293; MK/Prütting § 345 Rn. 9 ff. mwN; Mus/Voit/Stadler § 345 Rn. 4; Hk-ZPO/Kießling § 345 Rn. 6; ThP/Seiler § 345 Rn. 4.
95　ThP/Seiler § 345 Rn. 5.
96　HM: BGHZ 97, 341; BGH MDR 2007, 901.
97　HM: BGH NJW 2018, 3252 (3253 Rn. 17); NJW 1999, 2599; BAG MDR 1995, 201; OLG Hamm NJW 1991, 1067; MK/Rimmelspacher § 514 Rn. 17; Mus/Voit/Ball § 514 Rn. 9; ThP/Seiler § 514 Rn. 4; Zö/Heßler, § 514 Rn. 8 b; a.A.: Zö/Herget § 345 Rn. 4; OLG Celle FamRZ 1993, 1220; Vollkommer JZ 1991, 828.
98　BGH NJW-RR 2011, 1692 (1693 Rn. 8 f.).
99　BGH NJW 2018, 3252 (3253 Rn. 20).

Gierl

Insofern entspricht der Prüfungsumfang im Berufungsverfahren dem im Einspruchstermin (sog. „**Prüfungsgleichlauf**").[100] Für das zweite VU nach Vollstreckungsbescheid hat der BGH[101] die Berufung auf die Unzulässigkeit und Unschlüssigkeit der Klage erweitert, auch damit der Prüfungsmaßstab für § 514 Abs. 2 dem des § 700 Abs. 6 entspricht (→ § 1 Rn. 68).

46 Ist ein in Wirklichkeit „weiteres" VU fälschlich als „Zweites VU" bezeichnet worden, so finden sowohl der Einspruch – als der „richtige" Rechtsbehelf – als auch die Berufung gemäß § 514 Abs. 2 statt (sog. Meistbegünstigung).[102]

3. Teileinspruch

47 Ein Teileinspruch hinsichtlich eines **abtrennbaren Teils des Streitgegenstandes** oder **einzelner Streitgenossen** ist möglich (§ 340 Abs. 2 S. 2). In diesem Fall wird nur insoweit, als Einspruch eingelegt ist, das Einspruchsverfahren durchgeführt; im Übrigen erlangt das VU Rechtskraft.

4. Einstweilige Einstellung der Vollstreckung aus dem VU

48 Nach Einspruch kann auf Antrag die einstweilige Einstellung der Vollstreckung aus dem VU angeordnet werden (§§ 719, 707), um so eine – sonst trotz Einspruchs mögliche – Vollstreckung aus dem ja vorläufig vollstreckbaren VU (§ 708 Nr. 2) zu verhindern.

49 Voraussetzung für eine Einstellung ist, dass eine gewisse Erfolgsaussicht in der Sache besteht. Daher ist ein Vortrag seitens des Einspruchsführers zur Sache notwendig ist (idR in der Einspruchsbegründung). Fehlt die Erfolgsaussicht, wird der Einstellungsantrag zurückgewiesen.

Hinweis für ▸RA-Stage Der Einspruch ist grds. mit einem Einstellungsantrag zu verbinden.

50 Die einstweilige Einstellung erfolgt grds. nur gegen **Sicherheitsleistung**, ohne nur, sofern das VU nicht in gesetzlicher Weise ergangen (→ § 1 Rn. 70) oder die Säumnis unverschuldet war (§ 719 Abs. 1 S. 2).

Beschlusstenor: „Die Zwangsvollstreckung aus dem am ... verkündeten/erlassenen VU wird gemäß §§ 719, 707 ZPO auf Antrag des Beklagten gegen Sicherheitsleistung von ... (Höhe entsprechend dem Betrag, den der Kläger vollstrecken kann) einstweilen eingestellt."

Daher für RA-Stage: Mit Einspruch grds. Einstellungsantrag verbinden.

---

100 Zö/Heßler § 514 Rn. 8 a; Elser JuS 1994, 965.
101 NJW 1991, 43.
102 BGH NJW 1997, 1448; VersR 1984, 288; OLG Karlsruhe NJW-RR 1993, 384.

§ 13 Klagerücknahme und Klageverzicht

I. Verhaltensmöglichkeiten des Klägers und prozesstaktische Überlegungen der Parteien

1. Überblick

Falls der Kläger von dem Prozess Abstand nehmen will – etwa, weil er ihn nach gerichtlichem Hinweis für aussichtslos hält – bestehen für ihn folgende in ihren Auswirkungen sehr unterschiedliche Verhaltensmöglichkeiten: 1

- **Klagerücknahme (§ 269):** Darin liegt ein Verzicht gegenüber dem Gericht lediglich auf die Durchführung des Prozesses als solchen. Sie führt – bei Wirksamkeit – zum rückwirkenden Wegfall der Rechtshängigkeit und demgemäß zu keiner Entscheidung über das Klagebegehren und bedingt die grds. Kostenpflicht des Klägers kraft Gesetzes. Die Klage kann aber – da über sie nicht entschieden wird – neu erhoben werden.
- **Erledigungserklärung:** Der Antrag, dass der Prozess ohne Entscheidung über den Streitgegenstand beendet und nur noch über die Kosten entschieden werden soll, führt
- **bei Einverständnis des Beklagten** ebenfalls zur Beendigung der Rechtshängigkeit (allerdings ex nunc) und zum Kostenbeschluss gemäß § 91 a; da keine Entscheidung zur Hauptsache ergeht, kann die Klage nach hM erneut erhoben werden (streitig, s. u.),
- **bei Widerspruch des Beklagten** zur Entscheidung über die Erledigung durch Urteil, mit Rechtskraftwirkung entsprechend seinem Inhalt.
- **Klageverzicht (§ 306):** Darin liegt die Erklärung an das Gericht, dass der prozessuale Anspruch nicht besteht. Der Verzicht führt zum klageabweisenden Verzichtsurteil, mit Kostenpflicht des Klägers bei voller Rechtskraftwirkung: der Anspruch ist aberkannt; einer neuen Klage steht die Rechtskraft entgegen.
- **Faktisches Nichtbetreiben:** Der Klageantrag wird nicht – mehr – gestellt. Dies führt bei Antrag des Beklagten zum klageabweisenden Versäumnisurteil (§§ 330, 333), bei dessen Rechtskraft der Anspruch aberkannt, eine neue Klage daher unzulässig ist, ggf. auch zur Entscheidung nach Lage der Akten (§ 331 a) oder zu einem – auch nur faktischen – Stillstand des Prozesses: Das Gericht legt die Akten nach sechs Monaten weg (Aktenordnung) und rechnet die Gerichtskosten mit dem Kläger ab; der Prozess kann jederzeit von den Parteien wieder aufgenommen werden.
- **Materiellrechtlicher Verzicht auf den materiellrechtlichen Anspruch:** Dessen Wirksamkeitsvoraussetzungen bestimmen sich nach materiellem Recht, zB Erlassvertrag der Parteien (§ 397 BGB): Er bewirkt den Untergang des materiellrechtlichen Anspruchs; die Klage wird/ist unbegründet, und die Klage ist durch normales streitiges Urteil. abzuweisen[1]

Der materiellrechtliche Verzicht kann mit einem Klageverzicht iSd § 306 zusammentreffen. In diesem Fall ergeht dann ein Verzichtsurteil. Ansonsten bedarf der materiellrechtliche Verzicht einer vereinbarungsgemäßen Umsetzung in ein prozes-

---

[1] BGH NJW 1997, 3019 (3021).

suales Institut zur Beendigung des Rechtsstreits häufig: Vergleich, Erledigungserklärungen, Klagerücknahme.

Alle diese Möglichkeiten bestehen auch für einen Teil des Klagebegehrens.

In Betracht kommt ggf. auch der Versuch, dem Prozess einen neuen mehr erfolgversprechenden Streitgegenstand zu geben mittels einer Klageänderung (→ § 8 Rn. 29).

2. Prozesstaktische Überlegungen der Parteien (wichtig für ▸RA-Stage, das anwaltliche Prüfungsgespräch und insbes. die RA-Klausur)

a) Für den Kläger/Klägeranwalt

2 Besteht die Chance, dass bei einer Entscheidung nach § 91 a dem Beklagten – auch nur zum Teil – die Kosten auferlegt werden, so ist eine **Erledigungserklärung** anzuraten, zumal die Kostenentscheidung, falls ungünstig, verhältnismäßig kostengünstig durch Beschwerde überprüft werden kann. Allerdings bedarf es hierfür der Mitwirkung des Beklagten. Widerspricht dieser der Erledigung (vgl. § 91 a Abs. 1 S. 2) wird durch streitiges Urteil über die Erledigung entschieden, wobei der volle Streitwert zugrunde liegt (s. u.). Insofern droht damit das volle Kostenrisiko!

3 Ansonsten stellt sich eine **Klagerücknahme** als kostengünstigste Möglichkeit dar. Bei einer Gesamtrücknahme ermäßigt sich die Gerichtsgebühr auf 1,0 (GKG KV 1211), während zwar die RA-Gebühren – falls Rücknahme erst in/nach einem Termin – gleichbleiben, sich bei Rücknahme vor einem Termin aber ebenfalls verringern (keine Terminsgebühr). Außerdem besteht die Möglichkeit einer neuen Klageerhebung (etwa mit besserer Begründung), so dass sich der Kläger zur Sache nichts vergibt, wenn auch mit Übernahme aller bisher entstandenen Kosten.

Ab Verhandlung zur Hauptsache ist die Klagerücknahme nur mit Einwilligung des Beklagten möglich (§ 269 Abs. 1). Falls diese nicht erteilt wird, so bietet sich an, trotz ihrer Risiken die (einseitige) Erledigungserklärung oder zur Vermeidung weiterer Kosten **keinen Antrag zu stellen**, um ein Versäumnisurteil gegen sich ergehen zu lassen. Eine solche Handlungsweis ist oft taktisch sinnvoller als ein Verzicht gem. § 306: Zwar ist idR das Verzichtsurteil, da sich die Gerichtsgebühr auf 1,0 ermäßigt (GKG KV 1211 Nr. 2), insoweit kostengünstiger als ein VU (3,0)[2]. Bei einem Versäumnisurteil ohne Terminswahrnehmung durch Klägeranwalt verringern sich aber die Anwaltsgebühren (nur 0,5-Terminsgebühr für Beklagtenanwalt, RVG VV 3105), was ggf. gegenzurechnen ist und den Gerichtskostennachteil dann ohnehin aufwiegen kann. Außerdem verbleibt nach einem Versäumnisurteil durch die Einspruchsmöglichkeit noch eine Überlegungsfrist; insofern begibt sich der Kläger durch die Säumnis auch nicht so deutlich in die Stellung des Unterliegenden.

4 **Teilrücknahme oder -verzicht** können bei teilweiser Aussichtslosigkeit angebracht sein; prozesstaktisch uU aber auch bei günstiger Prozesslage, um eine schnellere Gesamtentscheidungsreife des Rechtsstreits herbeizuführen. Diese führen nicht zu einer Verminderung der Gerichtsgebühr, aber ggf. von noch anfallenden Anwaltsgebühren.

---

2 Insoweit kein Ermäßigungstatbestand im GKG, KG MDR 2006, 596; Zö/Herget § 330 Rn. 10; KG MDR 2006, 596; aA LG Koblenz MDR 2004, 237; N. Schneider NJW-Spezial 2015, 347.

b) Für den Beklagten/Beklagtenanwalt

Dessen Ziel muss es sein, dass der Rechtsstreit endgültig erledigt, eine neue Klage ausgeschlossen wird und dass den Beklagten keine oder möglichst geringe Kosten treffen.

aa) Bei günstiger Prozesslage

In diesem Fall ist es vorteilhaft, das Einverständnis mit Erledigungserklärung oder Klagerücknahme versagen, um so eine günstige Sachentscheidung zu erzwingen, wenn gleich idR immer ein gewisses Risiko verbleibt, dass die Sachentscheidung zu seinen Ungunsten ausgeht, so zB dass das Gericht bei Widerspruch gegen die Erledigungserklärung die Hauptsache doch für erledigt erklärt, was dann die volle Kostenpflicht des Beklagten (§ 91) bedingt.

Als Alternative hierzu bietet sich zur Absicherung vor einer erneuten Erhebung der Klage an, die Einwilligung betreffend Erledigungserklärung oder Klagerücknahme davon abhängig machen, dass der Kläger auf erneute Klageerhebung verzichtet (dann wäre eine neue Klage unzulässig) und/oder auf den materiellen Anspruch verzichtet (dann wäre eine neue Klage unbegründet).

bb) Bei ungünstiger Prozesslage[3]

Vorrangig wäre zu versuchen, einen Verzicht des Klägers auf eine erneute Klage bzw. den Anspruch zu erwirken, ansonsten – um möglichst (jedenfalls zu einem Teil) noch Kosten zu retten – eine Erledigungserklärung des Klägers zu erreichen und selbst die Zustimmung hierzu zu erklären.

Wegen der grundsätzlichen Kostenpflicht des Klägers ist es stets vorteilhaft, die Zustimmung zu einer Klagerücknahme zu erklären.

II. Klagerücknahme (§ 269)[4]

1. Zeitraum

Eine Klagerücknahme ist **erst ab Rechtshängigkeit**, also ab Zustellung der Klage, möglich, da nur eine erhobene Klage im Rechtssinn zurückgenommen werden kann.[5] Eine Rücknahme vor Klagezustellung ist daher keine Klagerücknahme iSd § 269 und löst deshalb auch nicht die Kostenfolge des § 269 Abs. 3 S. 2 (prozessuale Kostenpflicht allein aufgrund der Klagerücknahme) aus.[6] Die „Rücknahme" ist insoweit nur ein Verzicht auf Zustellung und Terminsbestimmung.[7]

Wenn der Kläger die Klage sogleich nach Einreichung zurücknimmt (etwa wegen eines Versehens), wird die Klage nicht zugestellt und die Akte weggelegt. Die Gerichtsgebühr ermäßigt sich (nur auf 1,0, nicht völlig).[8] Der Beklagte hat keinen Kostenerstattungs-

---

3 Vgl. N. Schneider NJW-Spezial 2012, 731; NJW-Spezial 2013, 27.
4 Vgl. auch Stein JA 2018, 936.
5 MK/Becker-Eberhard § 269 Rn. 14; Mus/Voit/Foerste § 269 Rn. 6; Hk-ZPO/Saenger § 269 Rn. 17. aA Zö/Greger § 269 Rn. 8, der aus § 269 Abs. 3 S. 3 entnimmt, dass auch die Rücknahme einer noch nicht zugestellten Klage eine echte Klagerücknahme sei.
6 OLG Nürnberg FamRZ 2000, 36; OLG Oldenburg FamRZ 2007, 1336; Mus/Voit/Foerste § 269 Rn. 6.
7 Mus/Voit/Foerste § 269 Rn. 6.
8 Touissant GKG KV 1211 Rn. 8.

anspruch, selbst wenn er von der Klageeinreichung Kenntnis hatte. § 269 Abs. 3 S. 2 gilt aber entsprechend, wenn die Klage noch zugestellt wird und der Beklagte dann einen Rechtsanwalt beauftragt.[9]

11 **Keine Klagerücknahme** liegt daher vor, wenn die Klageerhebung von der PKH-Bewilligung abhängig gemacht war (→ § 1 Rn. 49), PKH versagt wird und der Kläger nunmehr – also vor Klageerhebung – die Klage zurücknimmt. Insofern besteht kein Kostenerstattungsanspruch des Antragsgegners.

12 Zur **Sonder-/Ausnahmeregelung** gem. § 269 Abs. 3 S. 3 – Wegfall des Klageanlasses vor Rechtshängigkeit: → § 13 Rn. 23 u. → § 15 Rn. 57 f.

13 Die Klagerücknahme ist auch noch nach Erlass des Urteils **bis zum Eintritt der Rechtskraft** möglich, vor Rechtsmitteleinlegung („zwischen den Instanzen") mit einer Erklärung an das Gericht, das das Urteil erlassen hat, nach Rechtsmitteleinlegung mit einer Erklärung an das Rechtsmittelgericht.

14 **Nach Rechtskraft** ist eine Klagerücknahme nicht mehr möglich, da ein rechtskräftiges Urteil nicht mehr durch Parteierklärung bzw. -vereinbarung beseitigt werden kann: Die „Klagerücknahme" kann aber uU als Verzicht des Klägers auf eine Vollstreckung oder den Anspruch die Vollstreckungsgegenklage begründen.[10]

2. Voraussetzungen der Klagerücknahme

a) Klagerücknahmeerklärung des Klägers

15 Sie erfolgt idR ausdrücklich, kann aber **auch konkludent**[11] erklärt sein, wobei aber erforderlich ist, dass das Verhalten der Partei den Willen zur Rücknahme eindeutig und unzweifelhaft ergibt.[12] Die Bedeutung der Erklärung ist gem. § 139 oder durch Auslegung von ihrem Wortlaut, ihrem Grund, der Interessenlage und den Rechtsfolgen her dahin zu ermitteln, ob eine Klagerücknahme oder Erledigungserklärung, Verzicht oder Nichtstellen des Antrags bezweckt wird.

Die Erklärung, die dem Anwaltszwang unterliegt, ist **Prozesshandlung** und daher bedingungsfeindlich, unanfechtbar und grds. unwiderruflich.[13] Ein Widerruf ist allerdings möglich bei einem offensichtlichen Versehen und bei Vorliegen eines Restitutionsgrundes[14]; streitig ist aber ob auch ein Widerruf bei Zustimmung des Gegners zulässig ist.[15] Eine gescheiterte Rücknahme kann jedoch wiederholt werden und ist bei Einwilligung nunmehr wirksam. Sie kann gegenüber dem Gericht im Verhandlungstermin (§ 269 Abs. 2) oder schriftlich abgegeben werden, wobei der Schriftsatz der Zustellung bedarf.

Bei Entbehrlichkeit der Einwilligung des Beklagten führt die Erklärung unmittelbar zu den Rücknahmewirkungen.

---

9 OLG Köln MDR 1994, 618; Mus/Voit/Foerste § 269 Rn. 6.
10 Siehe auch Zö/Herget § 767 Rn. 12.43.
11 BGH NJW-RR 1996, 885 (886).
12 BGH NJW-RR 1996, 885 (886); Zö/Greger § 269 Rn. 12.
13 Zö/Greger § 269 Rn. 12; Hk-ZPO/Saenger § 269 Rn. 25.
14 BGH NJW 2007, 1460 (1461 Rn. 13).
15 Bejahend: Hk-ZPO/Saenger § 269 Rn. 28; Mus/Voit/Foerste § 269 Rn. 7: Prozessökonomie; verneinend: OLG Saarbrücken MDR 2000, 722: beendete Rechtshängigkeit.

II. Klagerücknahme (§ 269)

b) Einwilligung des Beklagten in die Klagerücknahme

Die Einwilligung ist erforderlich **ab Beginn der Verhandlung des Beklagten zur Hauptsache**, dh zur Begründetheit der Klage durch Stellung des Antrags auf Sachabweisung, nicht nur zu Zulässigkeits-[16] oder zu anderen Verfahrensfragen.[17] Die bloße Erörterung des Sach- und Streitstandes vor Antragstellung ist noch keine Verhandlung in diesem Sinne[18] auch nicht die Güteverhandlung.[19] In diesem Verfahrensstadium ist eine Klagerücknahme daher noch ohne Einwilligung des Beklagten möglich.

Die **Einwilligung** gilt als erteilt, wenn der – entsprechend belehrte – Beklagte nicht innerhalb von zwei Wochen (Notfrist) widerspricht (§ 269 Abs. 2 S. 4).

Ansonsten wird die Klagerückrücknahme mit der Erklärung der Einwilligung wirksam. Eine vorweggenommene Einwilligung (also vor der Rücknahmeerklärung des Klägers) ist möglich[20], so zB wenn der Kläger im Termin im Rahmen der Verhandlung eine Klagerücknahme erwägt und der Beklagter erklärt, dass er „bereits jetzt" einer Klagerücknahme zustimmt. Falls der Kläger nunmehr nach dem Termin die Rücknahme erklärt, ist die Klage sogleich wirksam zurückgenommen.

Bei **Versagung der Einwilligung** erlischt die Rechtshängigkeit nicht, so dass der Rechtsstreit grds. nach den allgemeinen Regeln fortgesetzt wird. Die Rücknahmeerklärung wird unwirksam. Der Kläger kann daher den Klageantrag uneingeschränkt weiterverfolgen; über diesen ist im normalen streitigen Verfahren zu entscheiden.

Falls der Kläger die Klage gleichwohl nicht mehr weiterbetreiben will, kommen für ihn folgende Vorgehensalternativen in Betracht: Erledigungserklärung, Verzicht auf den prozessualen Anspruch (§ 306) oder Nicht(mehr)stellen des Klageantrages. Bei Letzterem ergeht auf – auch konkludenten – Antrag des Beklagten klageabweisendes Versäumnisurteil (§§ 330, 333), es sei, dass in dem Termin bereits verhandelt worden war, so dass ein Sachurteil zu erlassen ist.[21] Desweitern ist der Antrag auf Entscheidung nach Aktenlage möglich (§ 331 a).

3. Wirkungen der Klagerücknahme

a) Bedeutung des Wegfalls der Rechtshängigkeit

Die Klagerücknahme führt zum rückwirkenden[22] Wegfall der Rechtshängigkeit (§ 269 Abs. 3 S. 1) und somit ihrer Wirkungen in prozessualer und materiellrechtlicher Hinsicht (→ § 1 Rn. 22), da Folge der Klagerücknahme ist, dass der Rechtsstreit als nicht anhängig geworden anzusehen ist. Im Prozess erfolgte materiellrechtliche Erklärungen – zB Aufrechnung, Anfechtung, Kündigung – bleiben dagegen grds. wirksam.[23] Das Ende der Verjährungshemmung tritt nach sechs Monaten ein (§ 204 Abs. 2 BGB).

Ein noch nicht rechtskräftiges Urteil wird von selbst wirkungslos, ohne dass es eines ausdrücklichen Ausspruchs bedarf (§ 269 Abs. 3 S. 1, Hs. 2).

---

16 Zö/Greger § 269 Rn. 13.
17 Zö/Greger § 269 Rn. 13; hM, entspr. § 39, → § 12 Rn. 8; aA MK/Becker-Eberhard § 269 Rn. 22: bereits bei Verhandlung zur Zulässigkeit.
18 Zö/Greger § 269 Rn. 13; Hk-ZPO/Saenger § 269 Rn. 21. aA Mus/Voit/Foerste § 269 Rn. 8.
19 BGH NJW 1987, 3263 (3264); Hk-ZPO/Saenger § 269 Rn. 21; MK/Becker-Eberhard § 269 Rn. 24; allg. Meinung.
20 Zö/Greger § 269 Rn. 15.
21 Zö/Greger § 269 Rn. 16.
22 BGH NJW 1986, 2318; MK/Becker-Eberhard § 269 Rn. 38 ff.
23 MK/Becker-Eberhard § 269 Rn. 40; ThP/Seiler § 269 Rn. 13.

> Hinweis: Eine Antragstellung des Beklagten auf Erlass eines deklaratorischen Beschlusses (etwa: „Das Versäumnisurteil vom ... ist wirkungslos.") ist jedoch im Hinblick auf § 775 Nr. 1 anzuraten.

Insofern bleibt der Rechtsstreit nur noch hinsichtlich der Kosten anhängig. Eine erneute Klageerhebung ist jedoch möglich[24], wobei dem Beklagten die Einrede vorbehalten bleibt, dass ihm die Kosten der im (zurückgenommenen) Vorprozess entstandenen Kosten bisher noch nicht erstattet wurden (§ 269 Abs. 6). Die unterlassene Kostenerstattung führt zur Abweisung der neuen Klage durch Prozessurteil.

b) Kostenregelung

aa) Grundsatz

20 Den Kläger triff grds. die Kostenpflicht (§ 269 Abs. 3 S. 2) ohne Rücksicht auf den Grund der Klagerücknahme: die Klagerücknahme als solche löst die Kostenpflicht des Klägers aus.

Bei der Kostenregelung handelt es sich um eine **rein prozessuale Kostenerstattungspflicht** aufgrund der Klagerücknahme, so dass etwaige materiellrechtliche Kostenerstattungsansprüche[25] oder -erwägungen nicht zu berücksichtigen sind. Insoweit findet weder § 93 in „reziproker Geltung"[26] noch §§ 95, 96[27] Anwendung.

21 Da **materiellrechtliche Kostenerstattungsansprüche** des Klägers gegen den Beklagten demgemäß von der Kostenregelung des § 269 Abs. 3 S. 2 auch nicht berührt werden können, kann der Kläger die ihm so entstandenen bzw. auferlegten Kosten grds. aufgrund eines materiellrechtlichen Kostenerstattungsanspruchs – zB aus Verzug – vom Beklagten erstattet verlangen und sie ggf. in einem neuen Prozess einklagen.[28] Ein der Kostenentscheidung nach § 269 Abs. 3 S. 2 entgegengerichteter materiellrechtlicher Anspruch auf Kostenerstattung kommt jedoch dann nicht in Betracht, wenn der Sachverhalt, der zu dieser Kostenentscheidung geführt hat, unverändert bleibt.[29]

Die Kostenpflicht des Klägers aus § 269 Abs. 3 S. 2 betrifft grds. alle entstandenen Kosten, nicht jedoch die Kosten einer vorausgegangenen Säumnis des Beklagten (§ 344), da diese allein vom Beklagten veranlasst worden sind[30]; diese trägt der Beklagte.

bb) Ausnahmen

22 Die Kostenregelung umfasst nicht die Kostentragungspflicht „aus einem anderen (prozessualen) Grund" wie zB § 344[31] und infolge eines zwischen den Parteien geschlossenen – gerichtlichen oder außergerichtlichen[32] – Vergleichs[33], so zB bei Übernahme der Kosten durch den Beklagten, so dass er alle Kosten, auch die des Klägers und des Ge-

---

24 BGH NJW 1984, 658.
25 BGH NJW 2011, 2368 (2369 Rn. 10).
26 Allg. Meinung, OLG Dresden MDR 2003, 1079.
27 Hk-ZPO/Saenger § 269 Rn. 34.
28 BGH NJW 2011, 2368 (2369 Rn. 10).
29 BGH NJW 2011, 2368 (2369 Rn. 10).
30 BGH NJW 2004, 2309 (2310).
31 BGH NJW 2004, 223 (224); NJW 2004, 2309 (2310); NJW-RR 2005, 1662 (1663).
32 OLG Jena NJW-RR 2018, 510 (511 Rn. 19); NJW-RR 2015, 1023 (1024 Rn. 12).
33 BGH NJW-RR 2005, 1662 (1663); OLG Köln VersR 1994, 834; 1999, 1122.

II. Klagerücknahme (§ 269)   § 13

richts, trägt oder bei Verzicht des Beklagten auf eine Kostenerstattung, so dass er (nur) seine eigenen Kosten selbst zu tragen hat.

Bei **Wegfall des Klageanlasses vor Rechtshängigkeit** (zB bei Eingang der Zahlung des Beklagten nach Einreichung, aber vor Zustellung der Klage; Problematik der „Erledigung vor Rechtshängigkeit") und daraufhin erklärter Klagerücknahme bestimmt sich die Kostenentscheidung unter Berücksichtigung des bisherigen Sach- und Streitstandes nach billigem Ermessen (§ 269 Abs. 3 S. 3). 23

Der Wegfall des Klageanlasses ist nach hM im Sinne einer Erledigung des Rechtsstreits in der Hauptsache zu verstehen, so dass die Regelung nur eingreift, wenn ein erledigendes Ereignis eingetreten ist, das die bis dahin zulässige und begründete Klage gegenstandslos gemacht hat[34], nicht aber bei einem anderen Grund für die Rücknahme der Klage, etwa wegen eines vor Zustellung erkannten Versehens[35] oder wegen vor Zustellung vom Gericht geäußerten Bedenken gegen die Schlüssigkeit der Klage (bei „Rücknahme" vor Zustellung keine Kostenentscheidung,[36] nach Zustellung: § 269 Abs. 3 S. 2).

Der Klageanlass muss vor Zustellung der Klage weggefallen sein. War dies nach der Zustellung der Fall, gilt § 269 Abs. 3 S. 3 nicht, auch nicht entsprechend:[37] Nimmt der Kläger dann die Klage zurück, bleibt es bei der zwingenden prozessualen Kostenfolge nach § 269 Abs. 3 S. 2, so dass ihm die Kosten aufzuerlegen sind.[38]

> **Hinweis:** Bei Wegfall des Klageanlasses nach Rechtshängigkeit darf der Kläger daher nicht die Klage zurücknehmen, sondern muss zur Erreichung einer günstigeren Kostenentscheidung den Rechtsstreit für erledigt erklären oder – oft zweckmäßiger – die Klage auf einen Kostenantrag umstellen.

Nach Sinn und Zweck der Vorschrift wird von ihr auch ein Wegfall des Klageanlasses vor der Einreichung der Klage erfasst, wenn der Kläger schuldlos erst nach der Einreichung Kenntnis davon erhalten hat.[39]

Eine Zustellung der Klage ist zwar nicht mehr erforderlich (§ 269 Abs. 3 S. 3, Hs. 2), zu der noch zu treffenden Kostenentscheidung ist aber dem Beklagten rechtliches Gehör zu geben.[40] Dies erfolgt durch formlose Übersendung oder durch Zustellung von Klage, Rücknahmeerklärung und Kostenantrag unter Einräumung einer Äußerungsfrist. Bei der Kostenentscheidung ist dann auch eine Stellungnahme des Beklagten zu berücksichtigen.

Die Kostenentscheidung bestimmt sich entsprechend den **Grundsätzen des § 91 a** (übereinstimmende Erledigung), also auch unter Berücksichtigung eines etwaigen materiellrechtlichen Kostenerstattungsanspruchs. Bei Verzug des Beklagten werden daher diesem die Kosten aufzuerlegen sein.[41] 24

> **Hinweis:** Statt einer Klagerücknahme bleibt auch die Umstellung der Klage auf einen Kostenantrag gegen den Beklagten möglich (→ § 15 Rn. 61 ff.).[42]

---

34 Hk-ZPO/Saenger § 269 Rn. 39; MK/Becker-Eberhard § 269 Rn. 59.
35 So aber OLG Karlsruhe FamRZ 2008, 1459.
36 OLG Oldenburg FamRZ 2007, 1336.
37 BGH NJW 2004, 223 (224).
38 BGH NJW 2004, 223 (224); OLG Rostock MDR 2008, 593.
39 MK/Becker-Eberhard § 269 Rn. 61.
40 BGH NJW 2006, 775 (Rn. 10).
41 ThP/Seiler § 269 Rn. 16; Hk-ZPO/Saenger § 269 Rn. 40.
42 MK/Becker-Eberhard § 269 Rn. 67; Zö/Greger § 269 Rn. 18 d; Deckenbrock/Dötsch MDR 2004, 1214 (1217).

c) Kostenentscheidung

25 Die Entscheidung ergeht durch **Beschluss** (§ 269 Abs. 4), etwa: *„Dem Kläger werden die Kosten des Rechtsstreits auferlegt, da er die Klage zurückgenommen hat (§ 269 Abs. 3 S. 2 ZPO)."* ohne Ausspruch über eine vorläufige Vollstreckbarkeit, da die Entscheidung sogleich vollstreckbar (§§ 794 Abs. 1 Nr. 3, 269 Abs. 5) ist.

Für diesen Beschluss besteht grds. ein Rechtsschutzbedürfnis, da er Grundlage für die Kostenfestsetzung ist.

> **Hinweis für Referendar in der ▸Anwaltsstage** Bei Klagerücknahme des Gegners im Termin sogleich den Kostenantrag stellen.

Gegen die Kostenentscheidung ist die **„sofortige Beschwerde"** statthaft (§ 269 Abs. 5), sofern der Streitwert der Hauptsache 600 EUR übersteigt. Insofern besteht kein Rechtsmittel gegen die Kostenentscheidung, wenn zwar die Beschwer über 200 EUR liegt (§ 567 Abs. 2), die Hauptsache selbst aber unanfechtbar ist.

4. Streit um die Wirksamkeit einer Klagerücknahme

26 Ein solche Streit liegt zB vor, wenn der Kläger die Rücknahme der Klage erklärt, der Beklagte nicht zustimmt, aber seine Zustimmung für erforderlich und daher die Klagerücknahme für unwirksam hält, weil er bereits zur Hauptsache verhandelt habe, und der Kläger die Einwilligung nicht für notwendig hält.

27 **Bei Unwirksamkeit der Klagerücknahme** wird der Prozess grundsätzlich mit dem ursprünglichen Antrag fortgesetzt. Die Unwirksamkeit kann im Endurteil begründet, aber auch durch Zwischenurteil gemäß § 303 festgestellt werden,[43] etwa dahin, *„dass die Klage nicht zurückgenommen (oder: noch rechtshängig) ist."*

Möglicherweise allerdings will der Kläger dann den Prozess nicht mehr fortsetzen, sondern anderweitig (durch Erledigungserklärung, Verzicht oder Nichtstellen des Antrags) erledigen (→ Rn. 1: Auslegung, Frage gem. § 139), dann gelten die Regeln dieser Rechtsinstitute.

28 **Bei Wirksamkeit der Klagerücknahme** ist die Rechtshängigkeit entfallen, der Prozess beendet. Die Entscheidung lautet dahin, dass *„festgestellt wird, dass die Klage wirksam zurückgenommen worden ist"*,[44] und zwar durch **Beschluss**, da die Rechtshängigkeit bereits entfallen ist[45], wobei die Kostenentscheidung gemäß § 269 Abs. 3 S. 2 gegen den Kläger ergeht, selbst wenn die Entscheidung durch Urteil getroffen werden sollte.

5. Teilweise Klagerücknahme

a) Voraussetzungen

29 Ein solche ist möglich, sofern sie einen iSv § 301 **abgrenzbaren Teils des Klagebegehrens** betrifft, also hinsichtlich einzelner geltend gemachter Ansprüche (zB der Kläger, der Herausgabe und Schadensersatz verlangt, nimmt den Zahlungsantrag mangels Verschuldensnachweis zurück, verfolgt aber den Herausgabeantrag weiter) und hinsicht-

---

43 Zö/Greger § 269 Rn. 19 b; ThP/Seiler § 269 Rn. 23.
44 Zö/Greger § 269 Rn. 19 b.
45 BGH MDR 1993, 1073; NJW 1995, 2229; ThP/Seiler § 269 Rn. 23; Hk-ZPO/Saenger § 269 Rn. 44. aA OLG Hamm NJW-RR 1991, 61; Zö/Greger § 269 Rn. 19 b mwN Urteil, da Streitentscheidung.

II. Klagerücknahme (§ 269)

lich eines Teils eines Antrags (zB Kläger ermäßigt einen Zahlungsantrag von 2.000 auf 1.500 EUR).

Die in der Ermäßigung liegende **Klageänderung** – zum neuen Antrag – ist **nach § 264 Nr. 2** zulässig. Die Ermäßigung als solche, dh die Verminderung des bisherigen weitergehenden Antrages, wird dagegen nach hM nicht von § 264 Nr. 2 erfasst, sondern ist als teilweise Klagerücknahme oder Verzicht, Erledigungserklärung oder Nichtstellen des Antragsteils zu behandeln.[46] (→ Rn. 1).

b) Kostenentscheidung

aa) Grundsatz

Die Entscheidung ergeht **von Amts wegen**, nicht vorweg oder durch gesonderten Beschluss, sondern (erst) **im Endurteil**, da erst nach Entstehung aller Kosten und daher erst am Ende der Instanz festgestellt werden kann, in welchem Maße (Verhältnis) der Kläger aufgrund der teilweisen Rücknahme an den Kosten zu beteiligen ist.[47] Bei der Kostenentscheidung muss daher eine im Verlauf des Rechtsstreits erfolgte Teilrücknahme beachtet werden. Der Kläger hat gemäß § 269 Abs. 3 S. 2 die hinsichtlich des zurückgenommenen Teils entstandenen Kosten zu tragen.

30

Dabei ist eine **einheitliche Kostenentscheidung** bezüglich der **gesamten Kosten** des Rechtsstreits zu treffen, wobei dann, wenn der Beklagte bei (Teil-)Unterliegen hinsichtlich des rechtshängig gebliebenen Teils Kosten gemäß §§ 91, 92 zu tragen hat, eine Quotelung vorzunehmen ist (Fall der „gemischten Kostenentscheidung"[48]). Es darf also nicht dahin tenoriert werden, dass der Kläger die Kosten zu tragen habe, „soweit er die Klage zurückgenommen hat".[49] Es müssen vielmehr die den Kläger und den Beklagten treffenden Kostenbeträge konkret berechnet und danach muss dann die Kostenquote gebildet werden („Grundsatz der Einheitlichkeit der Kostenentscheidung").[50]

bb) Im Verhältnis von Streitgenossen

Bei einer **Rücknahme der Klage gegen einen von mehreren Beklagten** erlischt die Rechtshängigkeit hinsichtlich dieses Beklagten, der damit aus dem Prozess ausscheidet und daher auch nicht mehr im Rubrum aufgeführt wird.

31

Der Kläger hat insoweit die Kosten zu tragen (§ 269 Abs. 3 S. 2). Dabei ist auf Antrag des ausgeschiedenen Beklagten sogleich, durch gesonderten **Beschluss**, nicht erst im Endurteil festzustellen, dass der Kläger die außergerichtlichen Kosten dieses Beklagten zu tragen hat.[51]

Grund hierfür ist, dass die Kostentragungslast des Klägers infolge Klagerücknahme betreffend alle außergerichtlichen Kosten dieses Beklagten sofort endgültig feststeht und der Beklagte in die Lage versetzt werden kann, seine Kosten sogleich gegen den Kläger festsetzen zu lassen. Inwieweit der Kläger wegen der Klagerücknahme an den Gerichtskosten und seinen eigenen außergerichtlichen Kosten zu beteiligen ist, kann

---

46 BGH NJW 1990, 2682; OLG Düsseldorf NJW 2012, 85 (86); Hk-ZPO/Saenger § 264 Rn. 6; Zö/Greger § 264 Rn. 4 a mwN; aA.
47 Zö/Greger § 269 Rn. 19 a.
48 BGH NJW-RR 1996, 256.
49 Zö/Greger § 269 Rn. 19 a.
50 Vgl. dazu näher HK-ZPO/Gierl Vor §§ 91–107 Rn. 23.
51 Zö/Herget § 92 Rn. 6; Zö/Greger § 269 Rn. 19 a.

dagegen erst zum Schluss der Instanz und damit erst in der Kostenentscheidung des Endurteils entschieden werden.[52]

Bei einem gemeinsamen Anwalt mit den verbleibenden Streitgenossen wird der ausscheidende Beklagte nur die anteiligen Kosten geltend machen können. („Erstattung entsprechend seinem Kopfanteil").[53]

32 Bei **Rücknahme der Klage durch einen von mehreren Klägern** kann die Kostenentscheidung dagegen insgesamt erst im Endurteil getroffen werden, weil erst dann bestimmt werden kann, in welchem Verhältnis – zum Beklagten und auch zu den anderen Klägern – den ausgeschiedenen Kläger Kosten treffen. Der ausgeschiedene Kläger ist daher hinsichtlich der Kostenentscheidung noch an der Schlussverhandlung zu beteiligen.

6. Verpflichtung des Klägers zur Klagerücknahme

33 Die Parteien können eine Verpflichtung zur Klagerücknahme vertraglich vereinbaren.[54] Eine solche wird häufig in außergerichtlichen Vergleichen getroffen, idR verbunden mit einer von § 269 Abs. 3 S. 2 abweichenden Kostenregelung.

Die Vereinbarung ist ein **schuldrechtlicher Vertrag** zwischen den Parteien, der keine unmittelbaren, verfahrensgestaltenden Rechtswirkungen auf prozessualem Gebiet auslöst (sog. „Prozessvereinbarung").[55]

Deshalb finden auf diesen Vertrag die Regelungen des Vertragsrechts – nicht der Prozesshandlungen – Anwendung. Der Vertrag ist daher formfrei zulässig[56], nicht bedingungsfeindlich[57] sowie anfechtbar, allerdings nicht mehr, sobald die Rücknahme – als unanfechtbare Prozesshandlung – erklärt worden ist. Auch ist Postulationsfähigkeit der Vertragsschließenden nicht erforderlich, so dass die Parteien selbst die Rücknahmeverpflichtung wirksam begründen können.[58]

34 Die Vereinbarung als solche bedeutet noch nicht die Klagerücknahme, löst daher auch nicht die Wirkungen des § 269 aus. Dies ist erst dann der Fall, wenn der Kläger die Klage gegenüber dem Gericht (§ 269 Abs. 2) zurücknimmt.

Kommt der Kläger der Verpflichtung nicht nach, so kann der Beklagte sie einredeweise geltend machen (Einrede der prozessualen Arglist), was zur Unzulässigkeit der Klage (Abweisung durch Prozessurteil) führt.[59] In Betracht kommt aber auch die Erhebung einer Klage/Widerklage auf Abgabe der Rücknahmeerklärung, bei deren rechtskräftiger Entscheidung die Rücknahme als erklärt gilt (§ 894)[60], wobei aber im Hinblick auf die Möglichkeit zur Erhebung der Einrede wohl ein Rechtsschutzbedürfnis für eine solche Klage fehlt.[61]

---

52 Mus/Voit/Foerste § 269 Rn. 15; Zö/Greger § 269 Rn. 19 a.
53 BGH MDR 2003, 1140; str., vgl. dazu Zö/Greger § 269 Rn. 19 a.; Zö/Herget § 91 Rn. 13.52 und Rn. 13.93 unter 3).
54 BGH NJW-RR 1987, 307 mwN.
55 Zö/Greger vor § 128 Rn. 26 sowie § 269 Rn. 3; Hk-ZPO/Saenger § 269 Rn. 9 aA ThP/Seiler § 269 Rn. 2; MüKo/Becker-Eberhard § 269 Rn. 12: „Prozessvertrag".
56 ThP/Seiler § 269 Rn. 2.
57 BGH NJW-RR 1989, 802.
58 BGH NJW-RR 1989, 802.
59 BGH NJW 1984, 805; NJW-RR 1987, 307; 1989, 802; 1992, 568; ThP/Seiler § 269 Rn. 2.
60 ThP/Seiler § 269 Rn. 2.
61 MK/Becker-Eberhard § 269 Rn. 12; Zö/Greger § 269 Rn. 3; Hk-ZPO/Saenger § 269 Rn. 9; Brammsen/Leible JuS 1997, 97.

III. Klageverzicht (§ 306)

1. Hintergrund

Mit dem Klageverzicht gibt der Kläger den prozessualen Anspruch endgültig auf; er stellt insofern das **prozessuale Gegenstück des Anerkenntnisurteils** (§ 307) dar. Der Klageverzicht kommt in der Praxis selten vor. Wenn der Kläger den Rechtsstreit nicht fortsetzen will, nimmt er idR lediglich die Klage zurück oder lässt – falls dies an einer fehlenden Einwilligung des Beklagten scheitert – ein Versäumnisurteil gegen sich ergehen. Regelungen, die den Anspruch selbst beeinflussen – auch Verzicht des Klägers – werden dagegen idR durch Vergleich getroffen, auch außergerichtlich, oft auch mit der Vereinbarung einer Klagerücknahme zur Beendigung des Prozesses.

2. Voraussetzungen

a) Erklärung durch den Kläger

Die Verzichtserklärung des Klägers kann ausdrücklich, aber **auch konkludent** erklärt werden, wobei aber im Zweifel die Erklärung nicht als Verzicht auszulegen ist.[62] Insofern muss im Hinblick auf die damit einher gehenden Rechtsfolgen, die Erklärung eindeutig sein, so dass dem Gericht die Pflicht zu Klärung des Gewollten obliegt (§ 139).[63] Begründet der Kläger zB den „Verzicht" mit einem im Prozess eingetretenen Ereignis oder stellt er Kostenantrag, so wird dies idR als Erledigungserklärung zu werten sein.

Die Erklärung stellt eine **Prozesshandlung**, so dass die Prozesshandlungsvoraussetzungen gegeben sein müssen. Sie ist bedingungsfeindlich und muss vorbehaltslos gegenüber dem Gericht (zwingend) in mündlicher Verhandlung erklärt werden. Desweitern muss der Gegenstand des Verzichts zur Disposition des Klägers stehen. Demgemäß ist der Verzicht unzulässig, sofern zwingendes Recht der Rechtsfolge entgegensteht (zB § 1614 BGB).[64]

Für die **Beseitigung des Verzichts** gelten dieselben Grundsätze wie zum – wesentlich bedeutsameren – Anerkenntnis[65] (s. u. § 14).

b) Keine Einwilligung des Beklagten

Der Klageverzicht bedarf im Gegensatz zur Klagerücknahme nicht der Einwilligung des Beklagten. Grund hierfür ist, dass bei einer Klagerücknahme keine Sachentscheidung ergeht, so dass die Klage erneut erhoben werden kann. Ab der Verhandlung zur Hauptsache soll daher der – schutzwürdige – Beklagte das Recht auf eine Sachentscheidung haben. Bei Klageverzicht ergeht hingegen ein abweisendes Urteil mit Rechtskraftwirkung, was dem Beklagteninteresse voll entspricht.

3. Entscheidung

Im Hinblick darauf, dass es sich bei dem Verzichtsurteil um ein **Sachurteil** handelt, muss die Klage zulässig sein, und daher müssen auch die Sachurteilsvoraussetzungen

---

[62] Anders/Gehle/Hunke § 306 Rn. 4.
[63] Zö/Feskorn § 306 Rn. 1.
[64] Hk-ZPO/Saenger § 306 Rn. 4.
[65] Zö/Feskorn Vor § 306 Rn. 4.

gegeben sein. Fehlen diese, wird die Klage durch Prozessurteil mit entsprechend eingeschränkter Rechtskraft abgewiesen.

Das **Urteil** ergeht allein aufgrund des Verzichts ohne Sachprüfung (Tenor: *„Die Klage wird abgewiesen."*). Ein ausdrücklicher Antrag des Beklagten auf Erlass eines Verzichtsurteils ist nicht erforderlich. Der allgemeine Abweisungsantrag reicht aus, da der Beklagte bei einem Klageverzicht kein Rechtsschutzinteresse für eine streitmäßige Entscheidung besitzt.[66]

Die Kosten treffen stets den unterliegenden Kläger gemäß § 91. Für eine entsprechende Anwendung des § 93 zugunsten des Klägers ist kein Raum.[67] Als Alternative zu einem Klageverzicht ist in diesem Fall für den Kläger eine Erledigungserklärung (evtl. auch nach § 269 Abs. 3 S. 3) zu erwägen.

Die vorläufige Vollstreckbarkeit bestimmt sich nach § 708 Nr. 1 (kein Vollstreckungsnachlass!).

Das Urteil ist als Verzichtsurteil zu bezeichnen (§ 313 b) und ergeht idR ohne Tatbestand und Entscheidungsgründe.

40 Gegen das Verzichtsurteil ist für den Kläger das Rechtsmittel der **Berufung** möglich, da er durch das Urteil beschwert wird. Da der Verzicht jedoch auch die Berufungsinstanz bindet, ist eine Berufung nur dann erfolgversprechend, wenn der Verzicht beseitigt werden kann.[68]

41 Das Verzichtsurteil erlangt als Sachentscheidung Rechtskraft in der Sache selbst; der eingeklagte Anspruch ist daher rechtskräftig aberkannt.

---

[66] BGHZ 49, 213; 76, 53; MK/Musielak § 306 Rn. 6; Mus/Voit/Musielak § 306 Rn. 4; HK-ZPO/Saenger § 306 Rn. 3.
[67] OLG Koblenz NJW-RR 1986, 1443; OLG Hamm MDR 1982, 676; MK/Musielak § 306 Rn. 7; Hk-ZPO/Saenger § 306 Rn. 6, da Ausnahmeregelung. AA OLG Frankfurt NJW-RR 1994, 62.: da allgemeiner Grundsatz.
[68] Zö/Feskorn § 306 Rn. 12.

§ 14 Anerkenntnis – Abgrenzung

Das Anerkenntnis bedeutet eine Unterwerfung des Erklärenden in Bezug auf das Begehren der Gegenseite. Insofern bedarf es der Abgrenzung zu anderen „Anerkenntnis"formen.

I. Anerkenntnisformen

1. Abgrenzung zum Geständnis (§ 288)

Das Geständnis bezieht sich nicht auf das Begehren als solches, sondern auf Tatsachenbehauptungen, die durch das Geständnis unstreitig werden, also keines Beweises bedürfen.

Das Geständnis ist daher eine Form des Nichtbestreitens von **Tatsachen** mit der besonderen Bindungswirkung gemäß § 290 und kann deshalb nicht nur vom Beklagten, sondern auch vom Kläger erklärt werden, und zwar grds. (nur) zu jeweils von der Gegenseite bereits behaupteten Tatsachen.[1]

Der unmittelbar eigene nachteilige Vortrag ist noch kein Geständnis und kann daher grds. noch korrigiert werden[2], nicht aber nach ausdrücklicher Annahme durch den Gegner als sog. „vorweggenommenes Geständnis".[3]

Hinsichtlich **rechtlicher Ausführungen** ist die Zulässigkeit eines Geständnisses unproblematisch für einfache Rechtsbegriffe, die nach ihrer Verwendung im konkreten Fall als Tatsachen gelten.[4]

Umstritten ist dagegen, ob ein Geständnis iSd § 288 auf **präjudizielle Rechtsverhältnisse** wie zB Erbfolge, Eigentumserwerb durch Schenkung, Vertragsabschluss, Verzug Anwendung finden kann. Während zT auch auf die Einräumung eines solchen Rechtsverhältnisses die §§ 288 ff. angewandt werden,[5] ist nach aA da es sich eben nicht um Tatsachen, sondern um Elemente des Begehrens handele, kein Geständnis möglich, wohl aber ein eingeschränktes Anerkenntnis[6] (s. u.), was letztlich zum gleichen Ergebnis führt: Das eingeräumte präjudizielle Rechtsverhältnis ist ohne Sachprüfung der Entscheidung zugrunde zu legen.

Hingegen kann eine **reine Rechtsfrage** als solche (zB Verjährungsbeginn) nicht Gegenstand eines Geständnisses sein, sondern nur die Tatsachen, die der Rechtsfrage zugrunde liegen bzw. die Rechtsfolge herleiten.[7]

---

1 BGH NJW-RR 1994, 1405; MDR 1990, 324.
2 Zö/Greger § 288 Rn. 3 a.
3 BGH NJW 2004, 513 (516); MK/Prütting § 288 Rn. 24; abl. Zö/Greger § 288 Rn. 3 a.
4 BGH NJW 2002, 436.
5 BGH NJW-RR 2003, 1578 (1579: Abschluss eines Gewerbemietvertrages); BGH NJW-RR 2006, 281 (282: Provisionsversprechen); BGH NJW-RR 2007, 1563 (1565 Rn. 16: Pensionsvereinbarung); HK-ZPO/Saenger § 288 Rn. 6 mwN.
6 Zö/Greger § 288 Rn. 1; Zö/Feskorn Vor § 306 Rn. 2.
7 BGH NJW-RR 2015, 1321 (1323 Rn. 15).

2. Bedeutung – Wirkungen eines Anerkenntnisses[8]

a) Prozessuales Anerkenntnis iSv § 307

4   Der Beklagte erkennt das Klagebegehren als solches (dh den Klageantrag) durch Erklärung (Prozesshandlung) gegenüber dem Gericht unbedingt, uneingeschränkt und vorbehaltslos an, unterwirft sich also schlechthin. Nur ein solches uneingeschränktes Anerkenntnis des Klageantrags wird von § 307 erfasst (zu den prozesstaktischen Erwägungen des Beklagten → § 13 Rn. 5 ff.).

Eine solche Erklärung führt für sich allein (grundsätzlich) ohne Sachprüfung zu einem Anerkenntnisurteil gemäß dem Klageantrag.

Das Anerkenntnis kann sich auf einen abgrenzbaren Teil des Klagebegehrens beziehen. In diesem Fall gelten hinsichtlich dieses Teils die dargestellten Grundsätze, während im Übrigen das normale streitige Verfahren stattfindet. Zum Teilanerkenntnis näher → Rn. 41 ff.

b) Prozessuales Anerkenntnis zum Anspruchsgrund

5   Dieses kann sich auf den Anspruchsgrund insgesamt oder auch nur zu Teilen der Begründung beziehen, so zB wenn der Beklagte seine Haftung zum Grund anerkennt, aber Einwendungen zur Schadenshöhe erhebt, indem er wendet dem Kaufpreisanspruch (nur) Mängel der Kaufsache einwendet oder er verteidigt sich nur mit Aufrechnung (Primäraufrechnung, → § 10 Rn. 30 f.) oder er räumt gegenüber einem Herausgabeanspruch früheres Eigentum des Klägers ein, trägt aber späteren eigenen Eigentumserwerb vor; er erkennt Zug um Zug gegen eine Gegenleistung an.

Darin liegt zwar kein Anerkenntnis iSv § 307, da bei einem solchen ohne weitere Sachprüfung dem Klageantrag entsprochen werden können muss, während hier noch zuvor den Einwendungen des Beklagten nachgegangen werden muss. In den Ausführungen liegt aber ein eingeschränktes Anerkenntnis, das dazu führt, dass der Grund des Anspruchs oder die eingeräumten Teile der Begründung ohne Sachprüfung für die Entscheidung als bestehend zugrunde zu legen sind und dass daher eine Sachprüfung insoweit nur noch hinsichtlich der umstrittenen Teile der Begründung des Anspruchs (und dann natürlich zu den Einwendungen des Beklagten) durchzuführen ist,[9] also zB nur zur Schadenshöhe; zu den Mängeln, nicht aber zum Zustandekommen des Kaufvertrages (dieser ist zugrunde zu legen); nur zur Aufrechnungsforderung; nicht zum früheren Eigentum des Klägers, nur zu einem nachfolgenden Eigentumserwerb des Beklagten; nur zur Gegenleistung.

Zum Teil wird bei einem solchen Anerkenntnis zum Grund sogar ein Anerkenntnisgrundurteil gem. § 304 für zulässig gehalten,[10] nach aA dagegen abgelehnt, weil § 304 gerade voraussetze, dass auch der Grund streitig sei.[11]

In Abweichung von dem Grundsatz, dass bei einer solchen Sachlage der Klageanspruch dem Grunde nach ohne Sachprüfung zugrunde zu legen ist, hat der BGH[12] in einem solchen Fall – nur Primäraufrechnung des Beklagten gegenüber dem damit doch

---

8   Vgl. dazu auch Golz/Schneidenbach JA 2019, 291; Leube JA 2015, 768.
9   HM: BGH NJW 1962, 628; 1974, 745; 1989, 1934; BGH NJW 2006, 217 (218) (Rn. 23); Zö/Feskorn vor § 306 Rn. 2; ThP/Seiler § 307 Rn. 2; Hk-ZPO/Saenger § 307 Rn. 3; ablehnend MK/Musielak § 307 Rn. 10.
10 LG Mannheim MDR 1992, 898; Zö/Feskorn § 307 Rn. 9; Hk-ZPO/Saenger § 307 Rn. 3.
11 StJ/Leipold § 307 Rn. 15; MK/Musielak § 307 Rn. 6/7 u. 12.
12 BGH NJW-RR 1996, 699.

II. Anerkenntnis iSv § 307 – Wirksamkeitsvoraussetzungen § 14

anerkannten Klageanspruch – (lediglich) die den Klageanspruch begründenden tatsächlichen Behauptungen als iSv § 288 zugestanden erachtet, was zur Folge hätte, dass gleichwohl noch eine volle Sachprüfung durchzuführen wäre, wenn auch auf der Grundlage der zugestandenen Tatsachen. Auch sonst wird zum Teil lediglich von einem Geständnis der zugrundeliegenden Tatsachen ausgegangen,[13] das natürlich ohnehin zu dem Anerkenntnis zum Grund hinzutreten kann.

Das Anerkenntnis muss natürlich auch insoweit nach den allg. Grundsätzen zulässig sein (Verfügungsbefugnis, zulässige Rechtsfolge), so kann der Beklagte zB nicht eine gewillkürte Erbfolge ohne Testament anerkennen. 6

c) Vertragliche Anerkennung eines Rechtsverhältnisses durch die Parteien

Eine solche Anerkennung hat die Wirkung, dass das Rechtsverhältnis unter ihnen als bestehend gilt. 7

Beispiel[14] Die Parteien schlossen vorprozessual eine vertragliche Anerkennung des Vorbehaltseigentums des Klägers, das der Beklagte im Prozess bestreitet. Insofern liegt kein prozessuales Anerkenntnis vor, da eines solches im Prozess gerade streitig ist, aber ein materiellrechtlicher Vertrag, durch den das Bestehen des Vorbehaltseigentums festgelegt worden ist, an den der Beklagte nunmehr gebunden und der bei der Sachprüfung zugrunde zu legen ist (falls bestritten: zunächst Feststellung dieses Vertrages im Prozess).

d) Materiellrechtliches Anerkenntnis des Anspruchs (§ 781 BGB, Vertrag der Parteien)

Ein solches Anerkenntnis führt zur Begründetheit der Klage (Anspruchsgrundlage!), der daher durch normales streitiges Urteil stattzugeben ist, nicht aber in Form eines Anerkenntnisurteils iSv § 307. Ein solches ergeht nur dann, wenn es außerdem durch Prozesshandlung gegenüber dem Gericht in ein prozessuales Anerkenntnis umgesetzt wird. 8

3. Unterwerfung des Klägers gegenüber Vorbringen des Beklagten

Ein Anerkenntnis von Rechtsverhältnissen – oder Teilen bzw. Elementen – mit der Folge, dass sie der Sachprüfung zugrunde zu legen sind, ist auch seitens des Klägers in Bezug auf Gegenvorbringen des Beklagten möglich, zB hins. der Voraussetzungen von Einwendungen und Einreden, sowie auch alle Anerkenntnisformen in Bezug auf eine Widerklage, bei der sich der Kläger ja in der Rolle des Beklagten befindet. 9

II. Anerkenntnis iSv § 307 – Wirksamkeitsvoraussetzungen[15]

1. Verfügungsbefugnis der Parteien über den Gegenstand des Anerkenntnisses

Da das Anerkenntnis Ausfluss der Dispositionsmaxime ist, ist es nur in Verfahren mit Dispositionsmaxime wirksam möglich, also nicht insoweit, als die Parteien über den Gegenstand des Verfahrens nicht verfügen können[16]. 10

---

13 MK/Musielak § 307 Rn. 12; Anders/Gehle/Hunke § 307 Rn. 4-7.
14 BGHZ 98, 160 (166).
15 Leube JA 2015, 768.
16 BGH NJW 1985, 2716; OLG Frankfurt FamRZ 1984, 1123; Hk-ZPO/Saenger § 307 Rn. 7.

Gierl 325

Ein Anerkenntnis ist daher nicht wirksam weitgehend in Ehe- und Kindschaftssachen[17], im Erbunwürdigkeitsverfahren iSd § 2342 BGB[18] sowie zu Sachen, deren Prüfung dem Gericht allein vorbehalten ist (zB vorläufige Vollstreckbarkeit); wirksam dagegen bei den Gestaltungsklagen des Vollstreckungsrechts, weil es sich nur um die Aufgabe einer erworbenen, idR vermögensrechtlichen Position handelt.[19]

2. Anerkennung des Klagebegehrens

a) Erklärung eines Anerkenntnisses

11 Erforderlich ist eine eindeutige[20] – nicht unbedingt ausdrückliche[21] – Erklärung der Anerkennung des dem Klageantrag zugrundeliegenden Klagebegehren durch den Beklagten dergestalt, dass dem Klageantrag – gegebenenfalls zu einem abgrenzbaren Teil – uneingeschränkt stattgegeben werden kann.

Das Anerkenntnis ist eine einseitige Erklärung des Beklagten; einer Annahme durch den Kläger bedarf es nicht. Seine Ablehnung ist prozessual unbeachtlich.[22] Das Anerkenntnis kann sich auf jede Art von Klagebegehren beziehen, auch Feststellungs- und Gestaltungsklagen; auch auf einen Hilfsantrag, was allerdings dann erst relevant wird, wenn der Hilfsantrag zur Entscheidung gestellt, also idR dann, wenn der Hauptantrag erfolglos ist.[23]

b) Unbedingte Erklärung

12 Da es sich bei der Erklärung um eine Prozesshandlung handelt, muss diese grds. bedingungslos erfolgen.[24] Wirksam ist aber ein Anerkenntnis unter der „Bedingung" (dh hilfsweiser Erklärung),[25] dass die Prozessvoraussetzungen vorliegen, da diese ohnehin für ein Anerkenntnisurteil vorliegen müssen (→ Rn. 20),[26] daher ist auch ein Abweisungsantrag wegen Unzulässigkeit der Klage, verbunden mit einem hilfsweisen Anerkenntnis für den Fall, dass das Gericht die Zulässigkeit bejahen sollte.[27]

c) Uneingeschränktes Anerkenntnis

13 Ein Anerkenntnis erfordert grds. eine umfassende Unterwerfung in Bezug auf das Klagebegehren des Klägers, da das Gericht den geltend gemachten Klageanspruch ungeprüft seinem Urteil zugrunde legt.[28] Ein Anerkenntnisurteil ist daher nicht möglich, wenn der Beklagte die Klageforderung nur Zug um Zug gegen eine Gegenleistung des Klägers anerkennt. Es handelt sich dann aber um ein eingeschränktes Anerkenntnis zum Grund, das der Entscheidung zugrunde zu legen ist.[29] Insoweit hat nur noch eine Sachprüfung zur Gegenforderung zu erfolgen. Ein Anerkenntnisurteil kann aber dann

---

17 ThP/Seiler § 307 Rn. 5.
18 Hk-ZPO/Saenger § 307 Rn. 7.
19 Vgl. Zö/Feskorn Vor § 306 Rn. 5; Zö/Seibel § 732 Rn. 4.
20 BGH NJW 1985, 2713 (2716).
21 Hk-ZPO/Saenger § 307 Rn. 2 mwN.
22 Zö/Feskorn § 307 Rn. 6.
23 OLG Zweibrücken OLGZ 1987, 371.
24 BGH NJW-RR 2014, 1358 (1359 Rn. 14).
25 Zö/Feskorn § 307 Rn. 9.
26 Hk-ZPO/Saenger § 307 Rn. 3; MK/Musielak § 307 Rn. 8.
27 BGH JZ 1976, 607.
28 MK/Musielak § 307 Rn. 9.
29 BGH NJW 2006, 217 (218).

ergehen, wenn der Kläger daraufhin den Klageantrag entsprechend anpasst, dh auf eine Zug-um-Zug-Verurteilung des Beklagten ändert, da dann das Anerkenntnis dem Klageantrag entspricht[30] (§ 264 Nr. 2, teilweise Klagerücknahme, aber ggf. mit der Kostenfolge des § 93 (→ Rn. 26)[31].

d) Vorbehaltslose Erklärung

Die in der Praxis häufige „Verwahrung gegen die Kosten" schadet jedoch nicht. Hierbei handelt es nur um einen (zweckmäßigen) Hinweis auf die Regelung des § 93, die das Gericht ohnehin gem. § 308 Abs. 2 von Amts wegen erwägen muss.[32] Im Hinblick darauf, dass das Gesetz den Erlass eines Vorgehaltsurteils vorsieht, ist auch im Urkundenprozess ein Anerkenntnis bzw. Anerkenntnisurteil unter dem Vorbehalt der Ausführung der Rechte im Nachverfahren wie zulässig.[33]

3. Prozesshandlungsvoraussetzungen

Da es sich bei der Erklärung um eine Prozesshandlung handelt, müssen die Prozesshandlungsvoraussetzungen, insbesondere die Postulationsfähigkeit[34] des Erklärenden gegeben sein.

Hinweis Bei Fehlen kann jedoch ein wirksames materiellrechtliches Anerkenntnis vorliegen.

4. Erklärung gegenüber dem Gericht

Einer Durchführung einer mündlichen Verhandlung allein zum Zweck der Erklärung des Anerkenntnisses für den Erlass des Anerkenntnisurteils ist nicht erforderlich (§§ 307 S. 2, 310 Abs. 3 S. 1). Sofern die Erklärung in mündlicher Verhandlung erfolgt, ist sie gem. §§ 160 Abs. 3 Nr. 1, 162 zu protokollieren, was aber kein Wirksamkeitserfordernis ist.[35]

III. Das Anerkenntnisurteil[36]

Der Erlass des Anerkenntnisurteils erfordert keinen ausdrücklichen besonderen (Verfahrens)Antrag des Klägers. Ausreichend ist, dass er einen Sachantrag stellt bzw. gestellt hat. Bei Vorliegen der Voraussetzungen ergeht (zwingend) ein Anerkenntnisurteil (→ Rn. 21).

1. Voraussetzungen

Der Erlass des Anerkenntnisurteils erfordert nur eine wirksame Anerkenntniserklärung des Beklagten, die Zulässigkeit der Klage und die eingeschränkte Sachprüfung.

a) Wirksame Anerkenntniserklärung des Beklagten

(→ Rn. 11 ff).

---

30 BGH NJW 1989, 1934; Zö/Feskorn § 307 Rn. 10; Hk-ZPO/Saenger § 307 Rn. 3.
31 Arz NJW 2014, 2828.
32 OLG Düsseldorf NJW 1974, 1517 (1518); Hk-ZPO/Sanger § 307 Rn. 3; MK/Musielak § 307 Rn. 8.
33 HM Zö/Feskorn § 307 Rn. 9; Hk-ZPO/Saenger § 307 Rn. 3.
34 BGH NJW-RR 2014, 831 (832) Rn. 5.
35 BGH NJW 1989, 1934; Hk-ZPO/Saenger § 307 Rn. 8.
36 Leube JA 2015, 768.

b) Zulässigkeit der Klage

20 Da das Anerkenntnisurteil ein Sachurteil (mit Rechtskraftwirkung in der Sache) ist, müssen die unverzichtbaren[37] Sachurteilsvoraussetzungen vorliegen. Bei dessen Fehlen erfolgt trotz Anerkenntnisses die Abweisung der Klage durch Prozessurteil.[38]

Die Rechtsschutzvoraussetzungen (Klagbarkeit, Rechtsschutzfähigkeit, Rechtsschutzbedürfnis, Feststellungsinteresse bei der Feststellungsklage) werden von dem Gericht nur auf Verlangen des Beklagten geprüft[39] wie auch das Unterbleiben der obligatorischen Schlichtung dem Erlass eines Anerkenntnisurteils nicht entgegensteht.[40] Hintergrund hierfür ist deren Nähe zum materiellen Recht, auf dessen Schutz der Beklagte beim Anerkenntnis gerade verzichtet.

c) Eingeschränkte Sachprüfung

21 Das Anerkenntnisurteil ergeht allein aufgrund des Anerkenntnisses ohne Prüfung des Klagebegehrens auf Schlüssigkeit und Begründetheit der Klage. Insofern entfällt grundsätzlich daher die Sachprüfung[41], da Sinn des Anerkenntnisses gerade darin liegt, die Sachprüfung zu erübrigen. Daher kann ein Anerkenntnisurteil grds. auch dann ergehen, wenn es mit der – eben nicht zu prüfenden – materiellen Rechtslage nicht übereinstimmt[42], zB Anerkenntnisurteil bei Anerkenntnis eines auf einen formnichtigen Kaufvertrag gestützten Klageanspruchs oder der Herausgabeklage eines Nichtberechtigten.

22 Von diesem Grundsatz bestehen jedoch **Ausnahmen**, die trotz Anerkenntnisses zu einer Klageabweisung durch Sachurteil führen. So darf die anerkannte Rechtsfolge nicht generell unzulässig sein[43] (zB kein Anerkenntnisurteil auf Eintragung eines Mietverhältnisses im Grundbuch, da ein Mietverhältnis nicht eintragungsfähig ist) wie auch nicht gegen ein gesetzliches Verbot verstoßen oder sittenwidrig sein.[44]

2. Inhalt des Urteils

a) Hauptausspruch

23 Der Tenor ist gemäß dem Klageantrag zu fassen.

b) Kostenentscheidung

24 Die Verfahrensgebühr des Gerichts ermäßigt sich bei Gesamtanerkenntnisurteil auf 1,0 (GKG KV 1211, 2), jedoch nicht bei streitiger, zu begründender Kostenentscheidung („Verwahrung gegen die Kosten"). Denn eine Reduzierung der Verfahrensgebühr ist

---

37 BGH NJW-RR 2010, 275 (276 Rn. 15).
38 BGH FamRZ 1974, 246; NJW 1994, 945; KG FamRZ 1988, 310; Hk-ZPO/Saenger § 307 Rn. 9; MK/Musielak § 307 Rn. 22; ThP/Seiler § 307 Rn. 10.
39 MK/Musielak § 307 Rn. 22.
40 BGH NJW-RR 2014, 1358 (1359 Rn. 12).
41 BGH NJW 1985, 2716; 1993, 1718; OLG Schleswig NJW-RR 1993, 932; Zö/Feskorn § 307 Rn. 4; ThP/Seiler § 307 Rn. 10; Hk-ZPO/Saenger § 307 Rn. 9.
42 OLG Köln NJW-RR 1998, 724.
43 OLG Koblenz NJW-RR 2000, 529.
44 OLG Stuttgart NJW 1985, 2273; OLG Köln NJW 1986, 1352; Zö/Feskorn § 307 Rn. 4; MK/Musielak § 307 Rn. 17; Musielak/Voit/Musielak § 307 Rn. 15.

nur dann gerechtfertigt, wenn das gesamte Verfahren durch das Urteil beendet wird. Dies ist bei einer streitigen Kostenentscheidung gerade nicht der Fall.[45]

Für die Rechtsanwälte entsteht immer auch die normale – keine ermäßigte – Terminsgebühr von 1,2, auch bei Erlass ohne mündliche Verhandlung (RVG VV 3104, (1) Nr. 1).

aa) Grundsatz

Da der Beklagten sich dem Klageanspruch unterworfen hat, trägt er grds. als Unterliegender gem. § 91 die Kosten des Verfahrens.

bb) Ausnahme des § 93

Den Kläger treffen die Kosten, wenn der Beklagte keine Veranlassung zur Klage gegeben und den Klageanspruch sofort anerkannt hat.

Klageveranlassung hat der Beklagte gegeben, wenn der Kläger nach dem rein objektiv zu bewertenden Verhalten des Beklagten vor Prozessbeginn vernünftigerweise annehmen musste, er werde ohne Klage nicht zu seinem Ziel kommen.[46]

Bei Geldschulden ist eine Klageveranlassung idR durch Nichterfüllung trotz Fälligkeit,[47] erst recht bei Verzug gegeben.[48] Im Übrigen setzt Klageveranlassung weitgehend voraus, dass der Beklagte zunächst erfolglos zur außergerichtlichen Erfüllung aufgefordert – abgemahnt – worden ist.[49] Sofern die Klage unschlüssig ist, schadet es nicht, dass der Beklagte für die Abgabe des Anerkenntnisses zunächst abwartet, dass der Kläger seinen Antrag richtigstellt bzw. diesen substantiiert darlegt. Dies setzt aber voraus, dass der Kläger diesen Mangel durch ergänzten Sachvortrag vor dem Anerkenntnis behoben hat. Die Ausnahme des § 93 kommt hingegen nicht zum Tragen, wenn die beklagte Partei den geltend gemachten Anspruch bei unverändert gebliebenem Klagevorbringen anerkennt.[50]

Maßgeblicher Zeitpunkt für die Prüfung des Verhaltens ist der Schluss der mündlichen Verhandlung. Demgemäß kann das nachprozessuale Verhalten des Beklagten lediglich zur Beurteilung von deren vorprozessualem Verhalten herangezogen werden[51]. Ein „Nachwachsen des Klageanlasses" ist daher nicht möglich.[52] Es ist daher grds. auf das Verhalten des Beklagten vor Klageeinreichung abzustellen.[53] Demgemäß ist bei einer Stufenklage das Verhalten des Beklagten vor Erhebung der Stufenklage als solcher maßgebend und nicht das Verhalten des Beklagten vor der jeweiligen Stufe.[54]

Erforderlich ist ein **sofortiges Anerkenntnis**. Im Hinblick auf die Neufassung des § 307 S. 2, wonach es für den Erlass eines Anerkenntnisurteils generell keiner mündlichen

---

45 Ua KG MDR 2018, 494; OLG Dresden JurBüro 1998, 429; OLG Hamburg MDR 2005, 1195; Zö/Feskorn § 307 Rn. 12; Mu/Musielak § 307 Rn. 21; **3,0**; aA ua OLG Naumburg JurBüro 2004, 324; OLG Rostock JurBüro 2007, 323.
46 BGH NJW 2016, 572 (574 Rn. 19); NJW 2006, 2490; 1979, 2041; OLG München NJW-RR 2001, 43; Hk-ZPO/Gierl § 93 Rn. 8; Zö/Herget § 93 Rn. 3.
47 KG NJW-RR 2019, 1087 (1088 Rn. 8 f.); Anders/Gehle/Goertz § 93 Rn. 42.
48 Hk-ZPO/Gierl § 93 Rn. 11; OLG Nürnberg MDR 2002, 781.
49 Siehe Zö/Herget § 93 Rn. 6.59.
50 BGH NJW 2020, 1442 Rn. 14 und 16 mAnm. Vossler.
51 BGH NJW 1979, 2040.
52 OLG Düsseldorf NJW-RR 2020, 252 Rn. 9; OLG München NJW 1988, 270.
53 BGH NJW 2006, 2490 (2491 Rn. 10).
54 OLG Bamberg NJW 2020, 2649 (2650 Rn. 199 mAm. R. Weber.

Verhandlung mehr bedarf, muss die Erklärung des Beklagten bei Bestimmung eines frühen ersten Termins (§§ 272 Abs. 2, 275) bereits in der Klageerwiderung abgegeben werden[55], es sei denn, dass offensichtlich ist, dass die Erklärung im Hinblick auf die zu kurz bemessene Klageerwiderungsfrist erst im Termin abgegeben werden konnte.[56]

Bei Anordnung des schriftlichen Vorverfahrens liegt ein „sofortiges" Anerkenntnis idR nur vor, wenn der Beklagte das Anerkenntnis innerhalb der Klageerwiderungsfrist erklärt hat und er in seiner Verteidigungsanzeige weder einen klageabweisenden Antrag angekündigt hat noch dem Klageanspruch in sonstiger Weise entgegengetreten ist.[57] Die Anzeige der Verteidigungsbereitschaft steht der Anwendung des § 93 grds. nicht entgegen da sie lediglich die Ankündigung enthält, überhaupt zur Klage Stellung nehmen zu wollen u zugleich der Vermeidung eines Versäumnisurteils (§ 331 Abs. 3) dient. Jedenfalls dann, wenn der Beklagte seinen angekündigten Antrag auf Klageabweisung in der Anzeige nicht dahin gehend einschränkt, es müsse noch geprüft werden, ob der Klageanspruch berechtigt sei, verliert er zwingend die Kostenvergünstigung.[58]

Falls jedoch erst im Verlauf des Rechtsstreits eingetretene Umstände die Klage erfolgversprechend gemacht haben (zB: erst während des Prozesses begründete Zulässigkeit[59] oder Fälligkeit;[60] Klageänderung;[61] der bisher unschlüssige Klagevortrag wird so ergänzt, dass nunmehr die Klage schlüssig wird[62], muss das Anerkenntnis im nächsten Verhandlungstermin erklärt werden.

28 Streitig ist, ob § 93 auch voraussetzt, dass der Beklagte den anerkannten Anspruch auch sogleich erfüllt hat. Dies ist nach dem eindeutigen Wortlaut des § 93 zu verneinen, zumal mit einer Klage auch sonst nur ein Titel, aber noch keine Leistung erlangt werden kann.[63]

cc) Prüfung der Voraussetzungen

29 Ob die Voraussetzungen des § 93 vorliegen, ist von Amts wegen zu prüfen; eines Kostenantrags bedarf es nicht.[64] Sind die Voraussetzungen streitig, sind diese durch Beweisaufnahme zu klären, wobei die Beweislast im Hinblick auf die Ausnahmeregelung des § 93 – insbes. für fehlende Klageveranlassung – dem Beklagten obliegt.

> **Hinweis** In der Praxis wird dann idR zunächst ein Teilanerkenntnisurteil lediglich mit dem anerkannten Hauptausspruch erlassen – damit der Kläger sofort vollstrecken kann – und erst in einem späteren Schlussurteil über die Kosten entschieden.[65]

---

55 KG NJW-RR 2006, 1078; Vossler NJW 2006, 1034.
56 OLG Zweibrücken MDR 2008, 354.
57 BGH NJW 2019, 1525 (1526 Rn. 8) mAnm Vossler.
58 BGH NJW 2019, 1525 (1526 Rn. 8) mAnm Vossler.
59 OLG Bremen NJW 2005, 228.
60 MK/Schulz § 93 Rn. 15.
61 KG MDR 2008, 164.
62 BGH 3.3.2004 – IV ZR 21/03, NJW-RR 2004, 999; OLG Koblenz JurBüro 2005, 490.
63 HM: BGH NJW 1979, 2041; OLG München MDR 2003, 1134; OLG Karlsruhe FamRZ 1998, 864; Hk-ZPO/Gierl § 93 Rn. 26; MK/Schulz § 93 Rn. 6; ThP/Hüßtege § 93 Rn. 3; aA OLG Köln MDR 1992, 813; OLG Düsseldorf NJW-RR 1994, 827; Zö/Herget § 93 Rn. 6.22.: mit dem bloßen Anerkenntnis sei dem Kläger nicht gedient; die Nichterfüllung bestätige zugleich die Klageveranlassung.
64 Anders/Gehle/Göertz § 93 Rn. 107.
65 ThP/Seiler § 307 Rn. 12; Hk-ZPO/Gierl § 93 Rn. 27 u. 32.

III. Das Anerkenntnisurteil   § 14

dd) Anfallende Gebühren

Die Verfahrensgebühr des Gerichts ermäßigt sich bei einem (Gesamt)Anerkenntnisurteil auf 1,0 (GKG KV 1211 Nr. 2), jedoch nicht bei streitiger, zu begründender Kostenentscheidung („Verwahrung gegen die Kosten"). Denn eine Reduzierung der Verfahrensgebühr ist nur dann gerechtfertigt, wenn das gesamte Verfahren durch das Urteil beendet wird. Dies ist bei einer streitigen Kostenentscheidung gerade nicht der Fall.[66] 30

Für Rechtsanwälte entsteht neben der Verfahrensgebühr immer auch die normale – keine ermäßigte – Termingebühr von 1,2, selbst bei Erlass ohne mündliche Verhandlung (RVG VV 3104 Abs. 1 Nr. 1 iVm Vorbem 3 Abs. 3 VV RVG. 31

c) Vorläufige Vollstreckbarkeit

Das Anerkenntnisurteil ist ohne Sicherheitsleistung und Vollstreckungsnachlass für vollstreckbar zu erklären (§ 708 Nr. 1); dies gilt auch bei einer Kostenentscheidung nach § 93 (vgl. § 794 Abs. 1 Nr. 3 iVm § 99 Abs. 2). 32

d) Urteil

Es ist als Anerkenntnisurteil zu bezeichnen und kann ohne Tatbestand und Entscheidungsgründe erlassen werden (§ 313b Abs. 1) möglich (vgl. auch GKG KV 1211 Nr. 2). 33

Bei Streit der Parteien über die Kostenfolge des Rechtsstreits ist die Anwendung bzw. die Nichtanwendung des § 93 dagegen im Urteil zu begründen.[67]

3. Rechtsmittel

a) Gegen das Anerkenntnisurteil als solches

Nach hM ist trotz seines Anerkenntnisses eine **Berufung des Beklagten** zulässig, weil der Beklagte auch durch ein Anerkenntnisurteil materiell beschwert ist.[68] Da jedoch das Anerkenntnis als grds. bindende Prozesshandlung auch für die Berufungsinstanz fortwirkt, kann die Berufung nur dann Erfolg haben, wenn das Anerkenntnisurteil nicht hätte erlassen werden dürfen (zB kein wirksames Anerkenntnis, Unzulässigkeit der Klage) oder wenn der Beklagte das Anerkenntnis beseitigen kann (zB Vorliegen eines Restitutionsgrundes iSd § 580 Nr. 2–4 und 7b).[69] 34

Nach der Gegenmeinung, die bei Antragstellung des Beklagten formelle Beschwer verlangt[70], die bei Anerkenntnis fehle, ist eine Berufung mangels Beschwer unzulässig.[71] Da aber eine Beschwer auch von dieser Auffassung dann angenommen wird, wenn der Beklagte vorträgt, ein wirksames Anerkenntnis nicht erklärt zu haben oder es liege ein Widerrufsgrund vor, ist der Unterschied zur hM praktisch nur gering. 35

---

[66] HM: OLG Dresden JurBüro 1998, 429; OLG Hamburg MDR 2005, 1195; Zö/Feskorn § 307 Rn. 14; Mu/Voit/Musielak § 307 Rn. 21: Gebühren: 3,0; aA ua OLG Naumburg JurBüro 2004, 324; OLG Rostock JurBüro 2007, 323.
[67] OLG Brandenburg NJW 2003, 1723; MDR 2000, 233.
[68] BGH NJW 1992, 1514; FamRZ 2003, 1922.
[69] Hk-ZPO/Saenger § 307 Rn. 15 mwN; OLG Hamm NJW 2017, 1401 Rn. 14.
[70] Vgl. dazu MK/Rimmelsbacher Vor § 511 Rn. 17 mwN.
[71] MK/Rimmelspacher Vor § 511 Rn. 21.

b) Nur gegen die Kostenentscheidung

36 Diese ist sowohl für den Kläger als auch den Beklagten (Einwand der Nichtanwendung des § 93) mit der „**sofortigen Beschwerde**" anfechtbar (§ 99 Abs. 2), sofern der Wert der Hauptsache über 600 EUR und die Beschwer über 200 EUR (§ 567 Abs. 2) liegt. „Sofortige Beschwerde" ist auch dann das statthafte Rechtsmittel, wenn die Kostenentscheidung – allein – in einem Schlussurteil getroffen worden ist.[72]

4. Rechtskraft

37 Das Anerkenntnisurteil ist wie ein normales streitiges stattgebendes Urteil der materiellen Rechtskraft fähig.[73] Der prozessuale Anspruch wird rechtskräftig zuerkannt.

IV. Beseitigung des Anerkenntnisses

1. Grundsatz

38 Für offenbare Versehen (zB Verschreiben[74] oder Rechenfehler[75]) gelten die Grundsätze des § 319 Abs. 1 entsprechend; solche können problemlos berichtigt werden. Ansonsten ist eine Beseitigung eines Anerkenntnisses nur sehr eingeschränkt möglich. Der Beklagte ist an das Anerkenntnis grds. während des gesamten Rechtsstreits gebunden.[76] Als reine Prozesshandlung[77] ist es weder nach materiellem Recht anfechtbar (zB, §§ 119, 123 BGB)[78] noch kondizierbar.[79] Wegen der fehlenden Vergleichbarkeit zum Geständnis ist auch eine analoge Anwendung der Widerrufsregelung des § 290 auf das Anerkenntnis nicht möglich, und selbst dann nicht, wenn zugleich mit dem Anerkenntnis ein Geständnis hinsichtlich zugrunde liegender Tatsachen erklärt worden ist.[80]

2. Ausnahmen

39 Ein Widerruf ist nur in Ausnahmefällen möglich, so mit Einverständnis des Klägers[81] oder bei Vorliegen eines Restitutionsgrunds gem. § 580 in Bezug auf das Anerkenntnis, da es nicht prozessökonomisch wäre, den Beklagten dann – nur – auf eine Wiederaufnahme zu verweisen.[82] Gleiches gilt bei Vorliegen der Voraussetzungen des § 323.[83]

In diesen Fällen können das Anerkenntnis im noch laufenden Prozess durch Widerruf beseitigt werden, gegebenenfalls im Rahmen der Durchführung eines Berufungsverfahrens gegen das Anerkenntnisurteil[84]; nach Rechtskraft des Anerkenntnisurteils durch Wiederaufnahme oder mittels Klage aus § 826 BGB.

---

72 Hk-ZPO/Gierl § 99 Rn. 11.
73 Hk-ZPO/Saenger § 322 Rn. 6; Zö/G. Vollkommer Vor § 322 Rn. 7.
74 OLG Karlsruhe MDR 1974, 588.
75 König MDR 1989, 706.
76 BGH NJW 1993, 1718.
77 BGHZ 80, 389; allg. Ansicht.
78 BGH NJW 1981, 2193 (2914).
79 BGHZ 80, 389; BGH NJW 2002, 436 (438); OLG Hamm NJW 2017, 1401 (1402 Rn. 18).
80 BGH NJW 2002, 436 (438); BGH NJW 1981, 2194 (2195); NJW 1989, 1934 (1935); NJW 1993, 1718; Hk-ZPO/Saenger § 307 Rn. 14; MK/Musielak § 307 Rn. 20 mwN.
81 Hk-ZPO/Saenger § 307 Rn. 14; Zö/Feskorn vor § 306 Rn. 4; ThP/Seiler § 307 Rn. 8.
82 BGHZ 80, 389; BGH NJW 1993, 1718; BGH NJW 2002, 436 (438); OLG Düsseldorf NJW-RR 1999, 1514; Hk-ZPO/Saenger § 307 Rn. 14; MK/Musielak § 307 Rn. 20.
83 BGH NJW 2002, 436 (438).
84 BGHZ 80, 389; KG NJW-RR 1995, 958; OLG Düsseldorf NJW-RR 1999, 1514.

V. Teilanerkenntnis

In Ausnahmefällen ist die Ausnutzung eines Anerkenntnisses wegen Verstoßes gegen Treu und Glauben unzulässig, wenn das Anerkenntnis nicht der materiellen Rechtslage entspricht, auf einem Irrtum des Beklagten beruht und dem Kläger dies bekannt ist.[85] Insofern gelten die Grundsätze betreffend die Rechtskraftdurchbrechung über § 826 BGB, so dass auch ein Widerruf möglich ist.

V. Teilanerkenntnis

1. Grundsatz

Der Erlass eines Teilurteils ist möglich hinsichtlich eines abgrenzbaren Teils des Klagebegehrens iSv 301. In diesem Fall wird insoweit ein Anerkenntnisurteil gemäß § 307 erlassen, während hinsichtlich des restlichen Teils das normale streitige Verfahren durchzuführen ist.

Ein Teilanerkenntnis begründet jedoch keine Ermäßigung der gerichtlichen Verfahrensgebühr.[86]

2. Erlass eines Teilanerkenntnisurteils

Falls der Rechtsstreit noch nicht vollumfänglich entscheidungsreif ist, ist – soweit das Anerkenntnis reicht – ein Teilanerkenntnisurteil, und in Bezug auf den streitigen Teil ein Schlussurteil zu erlassen. Der Erlass des Teilanerkenntnisurteil ist zwingend, da insofern § 307 dem Ermessen in § 301 Abs. 2 vor geht.[87]

Das Urteil ist als „Teilanerkenntnisurteil" zu bezeichnen und ergeht ohne Tatbestand und Entscheidungsgründe (§ 313 b). Es enthält keine Kostenentscheidung; diese bleibt dem Schlussurteil vorbehalten. Die vorläufige Vollstreckbarkeit bestimmt sich nach § 708 Nr. 1,

3. Verbindung von Teilanerkenntnisurteil und streitigem Urteil

Über das gesamte Klagebegehren ist ein einheitliches Urteil (Bezeichnung als „Teilanerkenntnis- und Teilendurteil" üblich) möglich, wenn sogleich auch der streitige Teil des Rechtsstreits entscheidungsreif ist.

Im Hauptausspruch können Anerkenntnis und Ergebnis nach streitiger Entscheidung zusammengefasst werden.

Es ergeht eine einheitliche Kostenentscheidung bzgl. des gesamten Rechtsstreits,[88] unter Anwendung der §§ 91, 93 hinsichtlich des anerkannten Teils, der §§ 91, 92 zum streitigen Teil, und danach dann uU entsprechende Quotierung, also nicht: „Der Beklagte trägt die Kosten, soweit er anerkannt hat; im Übrigen …", sondern: „Von den Kosten des Rechtsstreits tragen der Kläger 2/5 und der Beklagte 3/5" (= Fall der „gemischten Kostenentscheidung").[89]

---

85 BGH NJW 1981, 2193 (2195); BGH NJW 1993, 1718; OLG Hamm FamRZ 1993, 78; Hk-ZPO/Saenger § 307 Rn. 14; Zö/Feskorn Vor § 306 Rn. 4.
86 Siehe GKG KV 1211, OLG Frankfurt NJW-RR 2001, 717.
87 Hk-ZPO/Saenger § 307 Rn. 12.
88 Hk-ZPO/Gierl § 93 Rn. 32.
89 Vgl. Hk-ZPO/Gierl § 93 Rn. 32; Vor §§ 91–107 Rn. 23.

Insoweit ist es zweckmäßig, in den Entscheidungsgründen mitzuteilen, welcher Anteil auf das Anerkenntnis entfällt[90] (wichtig für die Anfechtung der Kostenentscheidung → Rn. 48).

Die vorläufige Vollstreckbarkeit bestimmt sich bzgl. des anerkannten Teils (und zu dem entspr. Teil der Kostenentscheidung) nach § 708 Nr. 1 (also ohne Sicherheitsleistung u. Vollstreckungsnachlass), zum streitigen Hauptausspruch und dem entspr. Kostenteil nach den allg. Grundsätzen (§§ 708 Nr. 11, 709); also entsprechende Aufteilung.[91]

44   Tatbestand und Entscheidungsgründe zum streitigen Teil sind nach den allgemeinen Grundsätzen darzustellen. Das Teilanerkenntnis findet sich im Tatbestand als Prozessgeschichte und wird in den Entscheidungsgründen als Grundlage der Entscheidung zum anerkannten Teil mitgeteilt.

4. Schlussurteil

a) Grundsatz

45   Darin erfolgt die Entscheidung über den verbliebenen streitigen Teil nach vorangegangenem Teilanerkenntnisurteil samt mit Gesamtkostenentscheidung oder auch nur noch über die Kosten bei völligem Anerkenntnis und Teilanerkenntnisurteil mit offener Kostenentscheidung (→ Rn. 29).

b) Entscheidung

46   Die Bezeichnung als „Schlussurteil" ist üblich. Der Hauptausspruch enthält nur den streitigen Teil.

Im Rahmen der Kostenentscheidung ist nunmehr einheitlich hinsichtlich der gesamten Kosten, unter Einbeziehung des Teilanerkenntnisses, nach den vorstehenden Grundsätzen (→ Rn. 43) zu entscheiden.

Die vorläufige Vollstreckbarkeit bestimmt sich in Bezug auf den streitigen Teil und dem entsprechenden Teil der Kostenentscheidung nach den allg. Grundsätzen (§§ 708 Nr. 11, 709), für den Anerkenntnis-Kostenteil dagegen nach § 708 Nr. 1 (→ Rn. 43), so dass eine Aufteilung erforderlich ist.

Für Tatbestand und Entscheidungsgründe gelten die Grundsätze zum verbundenen Urteil (→ Rn. 44).

5. Anfechtung

a) Berufung

47   Gegen das Teilanerkenntnisurteil und das Schlussurteil über den streitigen Teil ist „Berufung" nach allgemeinen Grundsätzen statthaft, wobei die Berufung gegen das Schlussurteil auch den auf Anerkenntnis beruhenden Teil der Kostenentscheidung erfasst,[92] also keine zusätzliche Beschwerde notwendig.

---

90 Zö/Herget § 93 Rn. 5.
91 Zö/Herget § 708 Rn. 2; Mus/Voit/Lackmann § 708 Rn. 11.
92 BGH NJW 2001, 230; ThP/Hüßtege § 99 Rn. 15; Hk-ZPO/Gierl § 99 Rn. 10.

V. Teilanerkenntnis § 14

b) Sofortige Beschwerde (§ 99 Abs. 2)

Diese ist dann das statthafte Rechtsmittel, wenn nur der auf dem Anerkenntnis beruhende Teil der Kostenentscheidung des Schlussurteils angefochten wird[93], aber nur dann, wenn hins. des Teilanerkenntnisurteils – insoweit „Hauptsache" – die Berufungssumme von 600 EUR erreicht ist (§ 99 Abs. 2 S. 2; ferner § 567 Abs. 2).

48

---

[93] OLG Karlsruhe FamRZ 1997, 221; OLG Koblenz MDR 1986, 1032; vgl. dazu näher Hk-ZPO/Gierl § 99 Rn. 11.

§ 15 Die Erledigung des Rechtsstreits in der Hauptsache

I. Einführung

1 Die Regelung in § 91a und die Grundsätze zur einseitigen Erledigungserklärung dienen in erster Linie dem Schutz des Klägers, unter Berücksichtigung aber auch der Interessen des Beklagten.[1]

Fall: Die strafbewehrte Unterlassungserklärung Der Möbelhändler B bezeichnet sich in seiner Werbung als das „größte Möbelhaus in Nordrhein-Westfalen". Sein Konkurrent K verlangt von ihm die Unterlassung dieser Werbung und die Abgabe einer Unterlassungserklärung mit einem Vertragsstrafenversprechen von 5.000 EUR für jeden Fall der Zuwiderhandlung. Da B sich innerhalb der ihm gesetzten Frist nicht äußert, erhebt K Unterlassungsklage. Nach deren Zustellung gibt B die verlangte Erklärung ab.

Durch die Abgabe der strafbewehrten Unterlassungserklärung ist die Wiederholungsgefahr und damit eine materiellrechtliche Voraussetzung des Unterlassungsanspruchs aus §§ 3, 8 UWG, § 1004 BGB entfallen,[2] so dass die Klage daher nunmehr jedenfalls schon aus diesem Grunde – unabhängig davon, ob sie im Übrigen begründet gewesen sein sollte (Unlauterkeit der Werbung iSv § 5 Abs. 1 S. 2 Nr. 3 UWG?) – erfolglos bleiben muss.

Bei der bei Aufrechterhaltung des ursprünglichen Klageantrages somit zwingenden Klageabweisung hätte der Kläger die Kosten zu tragen (§ 91), ebenfalls bei Rücknahme der erfolglos gewordenen Klage (§ 269 Abs. 3 S. 2). Diese Kostenfolge kann jedoch unbillig sein, etwa wenn die Klage zunächst begründet war, und gerade erst und nur durch die Unterlassungserklärung unbegründet geworden ist. Hier schützt den Kläger die Möglichkeit der Erledigungserklärung: Mit ihr kann der Kläger den sonst eintretenden zwingenden nachteiligen Kostenfolgen ausweichen; er muss aber andererseits auch in Fällen dieser Art die Erledigung erklären, um eine Abweisung der Klage zu vermeiden.

Stimmt der Beklagte der Erledigungserklärung zu (übereinstimmende Erledigungserklärungen), so wird nicht mehr über das Klagebegehren, sondern grundsätzlich nur noch gemäß § 91a durch Beschluss „nach billigem Ermessen" über die Kosten entschieden.

Widerspricht der Beklagte dagegen der Erledigungserklärung (einseitige Erledigungserklärung des Klägers), so entsteht ein Streit um die Erledigung, in dem durch Urteil die Erledigung festgestellt oder – insbesondere bei ursprünglicher Unbegründetheit – die Klage abgewiesen wird, wobei den insoweit Unterliegenden die Kosten treffen (§ 91). Der Beklagte kann so eine Entscheidung zu seinen Gunsten erreichen und damit verhindern, dass sich der Kläger bei einer von vornherein erfolglosen Klage durch eine Erledigungserklärung der Abweisung und der Kostenbelastung entziehen könnte; insoweit wird also auch der Beklagte geschützt. Zu den prozesstaktischen Erwägungen der Parteien: → § 13 Rn. 1 ff.

---

1 Vgl. BGHZ 106, 366 (367).
2 BGH NJW 1985, 191; 1990, 2469, 2470; 1996, 723; Köhler/Bornkamm/Feddersen/Bornkamm, UWG, 40. Aufl. 2022, § 8 Rn. 1.34; Köhler/Bornkamm/Feddersen/Köhler UWG, 40. Aufl. 2022 § 12 Rn. 1.89; 1.94.

II. Übereinstimmende Erledigungserklärungen: § 91 a[3]

1. Wirksame Erledigungserklärungen der Parteien (Voraussetzung)

a) Durch den Kläger

Sie liegt in jeder Erklärung, die bezweckt, dass der Rechtsstreit ohne Entscheidung über den Streitgegenstand und nur noch mit einer Kostenregelung beendet werden soll.[4]

Sie ist zum einen möglich als **eigene Erklärung**, wobei sie nicht nur ausdrücklich, sondern auch schlüssig[5] erfolgen kann, so zB durch Stellung (nur noch) eines Kostenantrages.[6]

Bei Stellung eines Kostenantrags durch den Kläger kann aber auch eine Klageänderung in eine Kostenverurteilung des Beklagten liegen, wenn der Kläger zwar keine Sachentscheidung mehr erreichen kann (oder will), eine vollständige Kostenbelastung des Beklagten aber mit einiger Sicherheit nur bei sonst nicht möglicher Klärung streitiger Voraussetzungen, zB eines Verzugs des Beklagten, erfolgen kann. Insofern ist die Erklärung auszulegen bzw. gem. § 139 zu klären.[7] So liegt zB in der Absetzung eines nach Zustellung gezahlten Teilbetrages vom Klageantrag eine Teilerledigungserklärung[8], bei Zahlung vor Klageeinreichung dagegen idR eine Klagerücknahme, ggf. mit Kostenantrag gem. § 269 Abs. 3 S. 3.

Entscheidendes Abgrenzungskriterium zu Klagerücknahme oder -verzicht ist die grds. zwingende Kostenpflicht des Klägers. Wenn sich aus seinem Verhalten aber ergibt, dass er einerseits diese Kostenfolge nicht will, andererseits aber auch keine Sachentscheidung mehr erstrebt, liegt in idR eine Erledigungserklärung vor.

Die Erledigungserklärung kann zudem als – auch schlüssige – **Zustimmung zu einer Erledigungserklärung des Beklagten** erfolgen, da die Reihenfolge der Erklärungen unerheblich ist, so dass daher die Erklärungen auch vom Beklagten ausgehen können.

Der Beklagte kann jedoch nicht einseitig den Rechtsstreit für erledigt erklären, da der Streitgegenstand vom Kläger bestimmt wird.[9] Stimmt der Kläger daher der Erledigungserklärung des Beklagten nicht zu, ist über den Klageantrag zu entscheiden, der bei tatsächlicher Erledigung allerdings idR unbegründet sein wird. Die Erledigungserklärung des Beklagten kann dann als Hinweis auf diese Unbegründetheit aufzufassen sein,[10] eines ausdrücklichen Klageabweisungsantrages bedarf es nicht. Eine einseitige Erledigungserklärung des Beklagten kann aber uU auch als Anerkenntnis des Klageanspruchs auszulegen sein.[11]

---

3 Vgl. auch Heiß/Heiß JA 2018, 499.
4 ThP/Hüßtege § 91 a Rn. 6; Zö/Althammer § 91 a Rn. 10.
5 BGH NJW-RR 1991, 1211; NJW-RR 1995, 1089 (1090).
6 OLG Köln NJW-RR 1998, 143; Mus/Voit/Lackmann § 91 a Rn. 13.
7 Vgl. Hk-ZPO/Gierl § 91 a Rn. 11.
8 BGH NJW-RR 1991, 1211; OLG Köln MDR 1992, 410.
9 HM: BGH NJW 1994, 2364; ThP/Hüßtege § 91 a Rn. 42.
10 MK/Schulz § 91 a Rn. 101.
11 Hk-ZPO/Gierl § 91 a Rn. 100.

b) Durch den Beklagten

5 Die **Erledigungserklärung** kann ausdrücklich oder schlüssig (zB wenn er nicht mehr den Abweisungsantrag, sondern allein noch einen Kostenantrag stellt).[12]

Die Abgabe der Erklärung kann aber auch in einem Unterlassen eines Widerspruchs in einem **Schweigen des Beklagten** gegenüber der Erledigungserklärung des Klägers liegen, und zwar in der mündlichen Verhandlung als schlüssiges Verhalten[13] und außerhalb der mündlichen Verhandlung unter den Voraussetzungen des § 91a Abs. 1 S. 2. Insofern greift die Zustimmungsfiktion (entspr. § 269 Abs. 2 S. 4 bei der Klagerücknahme), wenn der Beklagte bei Belehrung über diese Folge nicht innerhalb einer (Not-)Frist von zwei Wochen ab Zustellung der Erledigungserklärung des Klägers widerspricht.

c) Wirksamkeitsvoraussetzungen

aa) Erklärung

6 Sie kann schriftlich zur Geschäftsstelle (§ 129a) sowie in mündlicher Verhandlung abgegeben werden. Das Unterlassen eines Widerspruchs durch den Beklagten kann außerhalb der mündlichen Verhandlung unter den Voraussetzungen des § 91a Abs. 1 S. 2 (→ Rn. 5) erfolgen, in mündlicher Verhandlung jedoch nur in seiner Anwesenheit. Seine Säumnis im Verhandlungstermin ersetzt seine Zustimmung nicht.[14] Insofern liegt eine einseitige Erledigungserklärung des Klägers vor, so dass ein Versäumnisurteil auf Feststellung der Erledigung mit Kostenentscheidung nach § 91 ergeht (→ § 12 Rn. 19).

Eine hilfsweise übereinstimmende Erledigungserklärung ist nicht zulässig, sofern sie in Abhängigkeit von der Entscheidung zum Hauptantrag steht, wohl aber bei anderweitiger innerprozessualer Bedingung, zB für den Fall eines Vergleichswiderrufs.[15]

bb) Prozesshandlungsvoraussetzungen.

7 Die Postulationsfähigkeit des Erklärenden ist nicht erforderlich (§ 91a Abs. 1 S. 1, § 78 Abs. 3), auch nicht in mündlicher Verhandlung.[16]

2. Wirkungen der übereinstimmenden Erledigungserklärungen

a) Hinsichtlich der Rechtshängigkeit der Klage

8 Die Rechtshängigkeit des bisher streitigen prozessualen Anspruchs wird unmittelbar beendet.[17] Über das ursprüngliche Klagebegehren kann und darf daher nicht mehr entschieden werden. Diese Wirkung tritt allein aufgrund der übereinstimmenden Erklärungen der Parteien ein (Dispositionsmaxime). Es kommt daher insoweit nicht darauf an, ob sich die Hauptsache tatsächlich erledigt hat, wann die Erledigung eingetreten ist und ob die Klage zulässig und begründet gewesen wäre.[18]

---

12 Zö/Althammer § 91a Rn. 10.
13 BGHZ 21, 298.
14 Zö/Althammer § 91a Rn. 58.51.
15 BGH NJW-RR 2006, 1378 (1379 Rn. 19 f.); MK/Schulz § 91a Rn. 81 mwN; Zö/Althammer § 91a Rn. 13 mwN.
16 BGH DGVZ 2019, 79 Rn. 9; BGH NJW-RR 2012, 688 Rn. 6; OLG Schleswig MDR 1999, 252; Zö/Althammer § 91a Rn. 10; Hk-ZPO/Gierl § 91a Rn. 19; Mus/Voit/Flockenhaus § 91a Rn. 12.
17 BGHZ 106, 366; BGH MDR 2011, 810; MDR 2006, 1124.
18 BGHZ 83, 12 (14)/15; OLG Köln NJW-RR 1996, 1023; 2000, 1456; OLG Celle NJW-RR 1994, 1276; Hk-ZPO/Gierl § 91a Rn. 33; ThP/Hüßtege § 91a Rn. 22; Zö/Althammer § 91a Rn. 12.

II. Übereinstimmende Erledigungserklärungen: § 91a

Daher ist hier bei der übereinstimmenden Erledigungserklärung (anders bei der einseitigen) auch ohne Bedeutung, ob die Erledigung vor oder nach Rechtshängigkeit eingetreten ist.[19] Voraussetzung ist aber, dass überhaupt eine Rechtshängigkeit eingetreten ist[20], wenngleich dieser Zeitpunkt für die Kostenentscheidung natürlich von Bedeutung sein kann (→ Rn. 14).

b) Hinsichtlich bereits im Rechtsstreit ergangene, noch nicht rechtskräftige Entscheidungen

Solche Entscheidungen verlieren von selbst ex tunc ihre Wirksamkeit.[21] Dies hat für angefochtene **Versäumnisurteile** und für **erstinstanzliche Entscheidung** bei Erledigungserklärung in der Berufungsinstanz insofern Bedeutung, als diese Entscheidungen nicht aufgehoben werden müssen, da diese von selbst wirkungslos werden;

> **Hinweis** die deklaratorische Aufhebung oder Feststellung ihrer Wirkungslosigkeit ist aber zulässig, idR zweckmäßig (vgl. § 775 Nr. 1) und ist jedenfalls auf Antrag entspr. § 269 Abs. 3 S. 1, Abs. 4 auszusprechen.[22]

Rechtskräftige Entscheidungen (zB ein nicht angefochtenes Teilversäumnisurteil) behalten dagegen ihre Wirksamkeit.[23]

c) Rechtshängigkeit der Kostenentscheidung

Der Rechtsstreit bleibt nur noch hinsichtlich der Kosten anhängig.[24] Es ist daher nur noch eine Kostenregelung zu treffen, wobei folgende Erledigungsmöglichkeiten in Betracht kommen:

- **Außergerichtliche Kostenregelung durch die Parteien und Anzeige an das Gericht**
  Für eine Entscheidung nach § 91a ist dann grds. kein Raum, die Akten werden ohne Kostenentscheidung einfach weggelegt.[25]
  Werden aber gleichwohl Erledigungserklärungen abgegeben: § 91a-Beschluss, nach dem Inhalt des Vergleichs;[26] die Gerichtsgebühr ermäßigt sich auf 1,0 (GKG KV 1211 Nr. 4).
- **Verzicht der Parteien auf eine Kostenentscheidung**
  Eine Entscheidung des Gerichts entfällt, die Akten werden ebenfalls einfach weggelegt.[27]
- **Kostenvergleich der Parteien** (Prozessvergleich)
  im Protokoll zB: „Die Parteien erklären übereinstimmend den Rechtsstreit für in der Hauptsache erledigt und schließen hinsichtlich der Kosten folgenden Vergleich: Die Kosten des Rechtsstreits werden gegeneinander aufgehoben. v.u.g."

---

19 BGHZ 83, 12 (14)/15 u. Zitate in vorstehender Fußnote.
20 Hk/Gierl § 91a Rn. 36.
21 BGH NJW 1988, 1268; BGH NJW 2004, 506 (508).
22 BGH BeckRS 2015, 10416 Rn. 4; NJW 2009, 3717 (3721 Rn. 53); OLG Frankfurt MDR 1989, 460; Anders/Gehle/Gehle § 91a Rn. 109.
23 ThP/Hüßtege § 91a Rn. 17.
24 BGHZ 106, 366.
25 HM: BGH NJW-RR 2006, 929 (930 Rn. 5); NJW 1969, 1814; Zö/Althammer § 91a Rn. 22.
26 OLG Brandenburg NJW-RR 1999, 654.
27 Zö/Althammer § 91a Rn. 22.

Die Gerichtsgebühr ermäßigt sich ebenfalls auf 1,0 (GKG KV 1211 Nr. 4). Einigungsgebühren der Anwälte gem. RVG VV 1003 von 1,0; Wert: die bis dahin entstandenen Kosten.[28]

- **Anerkenntnis der Kostenpflicht**

Es ergeht Beschluss, durch den entspr. § 307 die Kosten ohne Sachprüfung dem Anerkennenden auferlegt werden.[29]

Beschluss erfolgt idR ohne Begründung (§ 313 b Abs. 1 S. 1 analog); die Gerichtsgebühr ermäßigt sich auf 1,0 (GKG KV 1211 Nr. 4: Kostenübernahmeerklärung).

- **Falls keine anderweitige Erledigung: Kostenentscheidung gem. § 91 a durch das Gericht**

Die Entscheidung ergeht von Amts wegen (s. § 308 Abs. 2, § 91 a Abs. 1), da der Rechtsstreit auch hinsichtlich der Kosten beendet werden muss. Kostenanträge der Parteien sind daher nicht erforderlich,[30] in der Praxis aber weitgehend üblich; wenn gestellt, dann auch üblicherweise Aufnahme in die Beschlussbegründung.

Sie führt zu keiner Ermäßigung der Verfahrensgebühr des Gerichts von 3,0 (GKG KV 1210)![31]

3. Die Kostenentscheidung

a) Grundsatz

11 Die Kostenentscheidung gemäß § 91 a ist „unter Berücksichtigung des bisherigen Sach- und Streitstandes nach billigem Ermessen" zu treffen. In erster Linie ist dabei der ohne die Erledigung zu erwarten gewesene Verfahrensausgang zugrunde zu legen.

Demgemäß hat grds. diejenige Partei die Kosten zu tragen, die die Kosten ohne die Erledigung voraussichtlich zu tragen gehabt hätte, dh grds. die Partei, die voraussichtlich unterlegen wäre. Die Grundregel des Kostenrechts, dass der Unterliegende die Kosten zu tragen hat, gilt auch hier.[32]

b) Ermessenserwägungen

aa) Bisheriger Sach- und Streitstand

(1) Zulässigkeit der Klage

12 Bei Unzulässigkeit der Klage sind die Kosten grds. dem Kläger aufzuerlegen.[33] Bei einer naheliegenden Möglichkeit einer Verweisung (§ 281), bleibt aber die Unzuständigkeit bei der Beurteilung des bisherigen Sach- und Streitstandes grds. außer Betracht.[34]

---

28 Zö/Herget § 3 Rn. 16.67.
29 BGH JZ 1985, 853; BGH MDR 2006, 1124; BAG NJW 2004, 533.
30 HM: Zö/Althammer § 91 a Rn. 22; Hk-ZPO/Gierl § 91 a Rn. 18; ThP/Hüßtege § 91 a Rn. 20; Pape/Notthoff JuS 1995, 1016.
31 Hk-ZPO/Gierl § 91 a Rn. 101; Zö/Althammer § 91 a Rn. 59.
32 BGH NJW 2007, 3429; OLG Koblenz NJW-RR 1999, 943; OLG Frankfurt FamRZ 1994, 910;; Zö/Althammer § 91 a Rn. 24; Hk-ZPO/Gierl § 91 a Rn. 42 ff..
33 OLG Hamm NJW-RR 1994, 828; Becht MDR 1990, 121.
34 BGH MDR 2010, 888, ThP/Hüßtege § 91 a Rn. 47; Mus/Voit/Flockenhaus ZPO § 91 a Rn. 11; vgl. dazu auch Hofmann NJW 2020, 1117 (1118).

II. Übereinstimmende Erledigungserklärungen: § 91 a

(2) Schlüssigkeitsprüfung des Parteivortrags

Die Kosten werden bei unschlüssiger Klage dem Kläger, bei Unerheblichkeit seiner Einlassung dem Beklagten aufzuerlegen sein.
Grundlage hierfür ist grds. der „bisherige" Parteivortrag, so dass daher neuer Vortrag nach der Erledigungserklärung an sich unbeachtlich ist. Anders gilt jedoch dann, wenn der Grundsatz des rechtlichen Gehörs die Berücksichtigung erfordert.[35] Nachträgliche unstreitige Tatsachen werden darüber hinaus immer zu berücksichtigen sein.[36]

(3) Würdigung der Beweislage bei streitigen Tatsachen

Insofern sind stets die bereits erhobenen Beweise zu würdigen. Wegen der Beschränkung auf den „bisherigen" Sach- und Streitstand ist zwar eine weitere Beweisaufnahme grds. ausgeschlossen. Nach hM ist aber in Ausnahmefällen (insbesondere hinsichtlich präsenter Beweismittel (etwa Urkunden, Akten, anwesende Zeugen) eine solche gestattet.[37] In Bezug auf unerledigte Beweisantritte ist deren hypothetische Erfolgsaussicht zu beurteilen[38] wie auch die Beweislast.[39]

bb) „Nach billigem Ermessen"

Wichtigster Billigkeitsgesichtspunkt ist hier der **voraussichtliche Prozessausgang**. Ist eine Feststellung, welche der Parteien vermutlich unterlegen wäre, mit einiger Sicherheit möglich, wird darauf vorrangig abzustellen sein. Dabei braucht das Gericht nicht jeder schwierigen Rechtsfrage bis ins Letzte nachzugehen, sondern kann sich insoweit mit einer **summarischen Prüfung** begnügen[40], da das Verfahren iSd § 91 a nicht dazu dient, schwierige Rechtsfragen grds. zu klären.[41]

Bei nicht eindeutiger Sach- oder Rechtslage kann die Entscheidung auch danach getroffen werden, für welche Partei die Erfolgsaussicht günstiger oder ungünstiger war mit entsprechender Quotelung (Rechtsgedanke des § 92 Abs. 1).

Daneben können folgende **weitere Billigkeitsgesichtspunkte** berücksichtigt werden:

- **Bei einer vergleichsweisen Beilegung** der Umfang des wechselseitigen Nachgebens,[42] der mutmaßliche Prozessausgang[43] oder auch der Gedanke des § 98.[44]
- **Rechtsgedanke des § 93**, zB bei verfrühter Klage oder fehlender Klageveranlassung,[45] uU auch „reziprok" zugunsten des Klägers, zB wenn er eine Stufenklage sofort nach Erteilung der Auskunft, die ein Nichtbestehen des Anspruchs ergibt, für erledigt erklärt.[46]

---

35 Zö/Althammer § 91 a Rn. 26; ThP/Hüßtege § 91 a Rn. 46 a.
36 OLG Düsseldorf MDR 1993, 1120; MK/Schulz § 91 a Rn. 49; Mus/Voit/Flockenhaus § 91 a Rn. 22.
37 BGHZ 13, 145; 21, 300; OLG Düsseldorf JR 1995, 205; Zö/Althammer § 91 a Rn. 26; MK/Schulz § 91 a Rn. 50; Mus/Voit/Flockenhaus § 91 a Rn. 22.
38 BGH NJW-RR 2004, 377; ThP/Hüßtege § 91 a Rn. 47.
39 Hk-ZPO/Gierl § 91 a Rn. 43.
40 HM: BVerfG NJW 1993, 1061; BGH NJW-RR 2004, 1219; BGH NJW 2005, 2385; Zö/Althammer § 91 a, Rn. 27.
41 BGH NJW 2013, 2201 (2202 Rn. 13); Zö/Althammer § 91 a Rn. 27; Hk-ZPO/Gierl § 91 a Rn. 44..
42 OLG Bremen OLGZ 1989, 100; OLG Brandenburg FamRZ 2007, 67.
43 OLG München MDR 1990, 344; OLG Oldenburg JurBüro 1993, 558.
44 BGH NJW-RR 1997, 510; OLG Karlsruhe FamRZ 2007, 1583.
45 OLG Hamm FamRZ 1991, 830; OLG Koblenz NJW-RR 1990, 978.
46 OLG Frankfurt MDR 2007, 117; Zö/Althammer § 91 a Rn. 24, 25.

- **Zeitpunkt der Erledigung:** Falls bereits vor Klageeinreichung, Kosten idR gegen den Kläger,[47] entsprechend § 269 Abs. 3 S. 2.
- **Grund der Erledigung/Erledigungserklärung;**[48] grds. ist jedoch unerheblich, wer die Erledigung herbeigeführt hat.[49]
- Ein **materiellrechtlicher Kostenerstattungsanspruch** zB aus Verzug, falls ohne besondere Schwierigkeiten feststellbar.[50]
- UU ein „**freiwilliges Begeben des Beklagten in die Rolle des Unterlegenen**" durch Anerkennung oder vorbehaltslose Erfüllung,[51] aber nicht generell,[52] zB nicht bei eindeutig unschlüssiger Klage.[53]
- Ein **Mitverschulden des Klägers** an der Höhe der entstandenen Kosten, etwa durch unzweckmäßige Antragstellung.[54]

Hinweis für ▸RA-Stage Um eine günstige Kostenentscheidung zu erwirken, empfiehlt es sich neben der Erledigungserklärung die hierfür maßgeblichen Gründe für die Erledigungserklärung anzubringen.

15 Bei im Wesentlichen **offener Sach-, Beweis- und Rechtslage und Fehlen anderer Billigkeitsgesichtspunkte** wird eine Verteilung der Kosten je zur Hälfte bzw. eine Kostenaufhebung angemessen sein (entsprechend § 92, in der Praxis häufig).[55]

c) Alternatives Vorgehen für den Kläger

16 Wenn der Kläger eine solche Kostenaufhebung vermeiden will (zB bei einem materiellrechtlichen Kostenerstattungsanspruch, etwa aus Verzug, dessen Voraussetzungen streitig sind, die er aber beweisen können wird), empfiehlt sich die Erledigungserklärung nicht, es ist eine **Klageänderung in einen Kostenantrag** anzuraten (→ Rn. 61 f.). Nachteil ist aber, dass bei abweisendem Urteil statthaftes Rechtsmittel dann die Berufung ist und nicht die kostengünstigere Beschwerde und so ein höheres Kostenrisiko besteht.

17 Für eine **Klageänderung in einen Feststellungsantrag** dahin, dass die Klage bis zum Eintritt des erledigenden Ereignisses zulässig und begründet war, wird dagegen idR das Rechtsschutzinteresse fehlen, weil mit den anderweitigen Möglichkeiten der Kostenregelung die Interessen des Klägers hinreichend gewahrt sein werden.[56]

18 **Zum Fall:** K wird die Hauptsache für erledigt erklären, um eine Klageabweisung zu vermeiden. Schließt sich B an, ergeht nur noch eine Kostenentscheidung nach § 91 a aufgrund folgender Erwägungen:

In erster Linie: Erfolgsaussicht der Klage (= Unrichtigkeit der Spitzenstellungsbehauptung? als Voraussetzung einer irreführenden u. damit unlauteren Werbung iSv § 5 Abs. 2 S. 1 Nr. 3 UWG;[57] Diese wird ohne – (hier) nicht mehr zulässige – Beweisauf-

---

47 OLG Celle NJW-RR 1994, 1276.
48 OLG Brandenburg NJW 1995, 1844.
49 ThP/Hüßtege § 91a Rn. 48.
50 BGH MDR 1981, 126; BGH NJW 2002, 680.
51 BGH MDR 2004, 698; OLG Frankfurt MDR 1996, 426.
52 Zö/Althammer § 91a Rn. 25 mN: Frage des Einzelfalls.
53 KG MDR 2000, 853.
54 OLG Köln JurBüro 1989, 218.
55 BGH NJW 2005, 2385 (2386); OLG Köln VersR 2001, 862; OLG Koblenz NJW-RR 1999, 943; Zö/Althammer § 91a Rn. 26; MK/Schulz § 91a Rn. 53; Hk-ZPO/Gierl § 91a Rn. 46.
56 BGH NJW-RR 2006, 929 (930 Rn. 8).
57 Köhler/Bornkamm/Feddersen/Bornkamm/Feddersen, UWG 40. <2022> § 5 UWG, 1.139 ff.

nahme möglicherweise nicht festzustellen sein (aber auch Frage des Parteivortrags). Die Unaufklärbarkeit würde für Kostenaufhebung sprechen. Außerdem ist eine Klageveranlassung durch B oder etwa verfrühte Klage (zu kurze Frist? Gesichtspunkt des § 93) zu erwägen. Durch die Abgabe der Unterlassungserklärung hat sich B nicht ohne Weiteres freiwillig in die Rolle des Unterlegenen begeben, wohl aber bei vorbehaltsloser Einräumung der Unzulässigkeit der Werbung oder bei Absicht der Verhinderung einer Beweisaufnahme.

4. Beschluss

a) Fassung der Entscheidung

Die Entscheidung ergeht durch **Beschluss** (§ 91 a Abs. 1) aufgrund, aber auch ohne mündliche Verhandlung (§ 128 Abs. 3).

Der Beschlusstenor enthält grundsätzlich nur die Kostenentscheidung. Eine Feststellung, dass „*der Rechtsstreit in der Hauptsache für erledigt erklärt worden ist*",[58] ist unnötig, da sich die Rechtshängigkeit von selbst erledigt hat, und in der Praxis auch nicht üblich[59], kann aber empfehlenswert sein, wenn ein Urteil (zB ein Versäumnisurteil) vorausgegangen war.[60] (Zur klarstellenden Aufhebung solcher Entscheidungen → Rn. 9).

Der Beschluss ist sofort vollstreckbar (§§ 794 Abs. 1 Nr. 3, 91 a Abs. 2), so dass es kein Ausspruch über eine vorläufige Vollstreckbarkeit erforderlich ist.

Der Beschluss bedarf grds. einer Begründung („Gründe"), wobei die Parteien auf die Begründung verzichten können. Aus einem solchen Verzicht ergibt sich jedoch nicht ohne Weiteres zugleich auch ein Rechtsmittelverzicht.[61]

b) Anfechtung

Statthaftes Rechtsmittel ist die „**sofortige Beschwerde**" (§ 91 a Abs. 2 S. 1)[62], die – da der bisherige Sach- und Streitstand entscheidend ist – entgegen § 571 Abs. 2 grds. nur insoweit auf neue Tatsachen/Beweismittel gestützt werden kann, als dies überhaupt im Rahmen des § 91 a möglich ist (→ Rn. 12).[63]

Die Beschwerde ist jedoch **unstatthaft** (dann Verwerfung), wenn der Streitwert der Hauptsache die Berufungssumme nicht erreicht, also 600 EUR nicht übersteigt (§ 91 a Abs. 2 S. 2) – wobei grds. auf die Annahme des voraussichtlichen Unterliegens der Partei in dem Kostenbeschluss (hypothetische Beschwer für eine Berufung) abzustellen ist[64] – sowie der Kostenbeschwerdewert nicht erreicht wird (§ 567 Abs. 2). Die Kostenbelastung, deren Beseitigung der Beschwerdeführer erstrebt, muss daher mindestens 200,01 EUR betragen.

Der **Streitwert** bei der übereinstimmenden Erledigungserklärung bestimmt sich nach den Kosten, die ab der Erledigungserklärung entstanden sind. Der Streitwert ermäßigt sich also auf das Kosteninteresse, soweit der Betrag den Wert der Hauptsache (= Ober-

---

58 Vgl. zur Abfassung des Inhalts des Tenors Hk-ZPO/Gierl § 91 a Rn. 40.
59 Zö/Althammer § 91 a Rn. 23; ThP/Hüßtege § 91 a Rn. 25; Hk-ZPO/Gierl § 91 a Rn. 40.
60 ThP/Hüßtege § 91 a Rn. 25.
61 BGH NJW 2006, 3498 Rn. 8/9.
62 Vgl. dazu auch BGH NJW 2013, 2361.
63 MK/Schulz § 91 a Rn. 69; Mus/Voit/Flockenhaus § 91 a Rn. 25 a.
64 BGH NJW-RR 2003, 1504 (1505).

grenze) nicht übersteigt.⁶⁵ Die Verfahrensgebühr des Gerichts ermäßigt sich durch die Erledigungserklärung bei Erforderlichkeit eines (streitigen) Kostenbeschlusses nicht (→ Rn. 10).

Vor der Entscheidung ist der Gegner zu hören (§ 91a Abs. 2 S. 3), was sich jedoch erübrigt, wenn die Beschwerde ohnehin unzulässig oder unbegründet ist.⁶⁶

c) Rechtskraft

24   Es ergeht keine Entscheidung zur Hauptsache, da deren Rechtshängigkeit gerade ohne Sachentscheidung beendet worden ist. Insofern ist eine erneute Hauptsachenklage zulässig.⁶⁷

Rechtskraft tritt jedoch hinsichtlich der **Kostenpflicht** ein. Daher kann eine anders gerichtete materiellrechtliche Kostentragungspflicht nur dann noch durchgesetzt werden, wenn darüber in dem Beschluss nicht entschieden worden ist.⁶⁸

5. Übereinstimmende Erledigung eines Teils des Rechtsstreits

a) Voraussetzung

25   Eine solche Erledigung ist hinsichtlich eines abtrennbaren Teils des Streitgegenstandes oder einzelner von mehreren Streitgegenständen zulässig⁶⁹.

> **Beispiel** Kläger klagt Kaufpreis von 3.000 EUR ein; Beklagter zahlt 2.500 EUR; in Bezug auf den Zahlungsbetrag erfolgen übereinstimmende Erledigungserklärungen. Im Übrigen wendet der Beklagten Minderung wegen eines Mangels ein, den der Kläger bestreitet.

26   Hinsichtlich des **erledigten Teils** bedarf es keiner Entscheidung zur Hauptsache mehr, da insoweit die Rechtshängigkeit beendet ist, sondern lediglich noch einer Kostenentscheidung gem. § 91a Abs. 1 über die insoweit angefallenen Kosten. Betreffend den **streitig gebliebenen Teil** ist ein normales Streitverfahren mit einer Kostenentscheidung nach §§ 91 ff. durchzuführen.

b) Kostenentscheidung

27   In Bezug auf den erledigten Teil ergeht die Kostenentscheidung nicht durch einen gesonderten Beschluss, sondern erst in dem den Rechtsstreit abschließenden Urteil im Rahmen einer einheitlichen Kostenentscheidung (sog. **„Kostenmischentscheidung"**), in die sowohl die Kostenregelung hinsichtlich des erledigten als auch des streitig entschiedenen Teils (uU Quotelung) einzubeziehen ist.⁷⁰ Für die Kostenentscheidung nach § 91a sind auch die Ergebnisse des streitigen Verfahrens – auch nachträgliche Beweisergebnisse – zu berücksichtigen.⁷¹

---

65 BGH MDR 2015, 51; Hk-ZPO/Gierl § 91a Rn. 52.
66 ThP/Hüßtege § 91a Rn. 52b; Mus/Flockenhaus § 91a Rn. 25a.
67 HM: BGH NJW 1991, 2280; 1999, 1337; NJW-RR 1992, 999; OLG Celle FamRZ 1998, 684; OLG Köln NJW-RR 1994, 917; Zö/Althammer § 91a Rn. 31; Hk-ZPO/Gierl § 91a Rn. 53; Mus/Voit/Flockenhaus § 91a Rn. 19; MK/Schulz § 91a Rn. 39; a.A.: RS/Gottwald § 131 Rn. 20: kein Rechtsschutzbedürfnis; MK/Lindacher (4. Auflage) § 91a Rn. 42: Verstoß gegen § 242 BGB, da widersprüchliches Verhalten.
68 BGH NJW 2002, 680; vgl. dazu auch Hk-ZPO/Gierl § 91a Rn. 54.
69 Hk-ZPO/Gierl § 91a Rn. 92; Zö/Althammer § 91a Rn. 53; ThP/Hüßtege § 91a Rn. 43.
70 BGHZ 40, 265 (269); 113, 362, 365; BGH NJW 1963, 583; KG MDR 1986, 241; Zö/Althammer § 91a Rn. 54; Hk-ZPO/Gierl § 91a Rn. 97.
71 MK/Schulz § 91a Rn. 103.

II. Übereinstimmende Erledigungserklärungen: § 91 a

Zu welchem Teil sie auf § 91 a und zu welchem Teil sie auf der Entscheidung über die verbliebene Hauptsache beruht, muss sich aus dem **Tenor** selbst nicht zu ergeben,[72] jedoch (zweckmäßigerweise) aus den Entscheidungsgründen, da der Berufungsgrund für die Anfechtung von Bedeutung ist (→ Rn. 31 f.).

Der **Streitwert** nach Teilerledigung bestimmt sich nur aufgrund des verbliebenen streitigen Teils der Hauptsache; die auf den erledigten Teil entfallenden Kosten sind nicht hinzuzurechnen.[73]

c) Fassung der Entscheidung

Das ergehende Urteil enthält somit im **Urteilstenor** im Hauptausspruch nur die Entscheidung zum streitig gebliebenen Teil des Rechtsstreits (also grds. keine Feststellung zur Erledigung) sowie die einheitliche Gesamtkostenentscheidung. Die vorläufige Vollstreckbarkeit bestimmt sich hinsichtlich der streitigen Entscheidung und der darauf bezüglichen Kostenentscheidung nach §§ 708 ff., während für den auf § 91 a beruhenden Teil der Kostenentscheidung es dagegen bei der – für den Kostengläubiger insoweit grds. geltenden (→ Rn. 20) – Vollstreckbarkeit ohne Sicherheitsleistung und Vollstreckungsnachlass bleiben muss. Insofern ist eine Trennung des Ausspruchs betreffend die vorläufige Vollstreckbarkeit erforderlich.[74] (vgl. auch Ausführungen zum Teilanerkenntnis →§ 14 Rn. 46).

In den **Entscheidungsgründen** ist idR zunächst die Begründung der streitigen Entscheidung, dann die Begründung der auf § 91 a beruhenden Kostenentscheidung und uU auch der daraus folgenden Gesamtkostenentscheidung darzulegen.

d) Rechtsmittel

Insofern ist zu unterscheiden: Wird nur der § 91 a-Teil der Kostenentscheidung angefochten, ist allein die „sofortige Beschwerde" statthaft, wobei dann auch nur dieser Teil – ggf. unter Neufassung der Gesamtkostenentscheidung – geändert werden kann[75], nicht aber die Berufung.[76]

Hinsichtlich der **streitigen Entscheidung** ist die Berufung statthaft, die zugleich auch den auf § 91 a beruhenden Teil der Kostenentscheidung erfasst, falls auch sie angefochten wird, so dass sich eine besondere sofortige Beschwerde erübrigt.[77]

Die Beschwer bestimmt sich nur nach dem streitig gebliebenen Teil der Hauptsache.[78]

> **Beispielsfall** Die Berufung ist unzulässig, da der verbliebene streitige Teil der Hauptsache nur 500 EUR beträgt.

---

72 ThP/Hüßtege § 91 a Rn. 44; Mus/Voit/Flockenhaus § 91 a Rn. 52.
73 BGH NJW-RR 2013, 2361 (2361 Rn. 14); NJW-RR 1995, 1089; OLG Karlsruhe MDR 1996, 1298; MK/Schulz 91 a Rn. 108; Mus/Voit/Flockenhaus § 91 a Rn. 51; Hk-ZPO/Gierl § 91 a Rn. 95.
74 Zö/Herget § 708 Rn. 2; Pape/Notthoff JuS 1996, 151; aA Wagner JA 2019, 217: §§ 708 ff. für die gesamte Kostenentscheidung (mit Darstellung der vertretenen Meinungen).
75 BGHZ 113, 362 (366); BGH 29.7.2003 – VIII ZB 55/03, FamRZ 2003, 1650; Zö/Althammer § 91 a Rn. 56; ThP/Hüßtege § 91 a Rn. 55.
76 BGH NJW 2013, 2361 (2363 Rn. 18).
77 BGH VersR 1989, 276 (277); OLG Hamm NJW-RR 1987, 426; KG MDR 1986, 241; Zö/Althammer § 91 a Rn. 56; MK/Schulz § 91 a Rn. 105; Mus/Voit/Flockenhaus § 91 a Rn. 53.
78 BGH NJW-RR 1995, 1089.

III. Einseitige Erledigungserklärung des Klägers[79]

1. Begriff und Bedeutung

33 Insofern erklärt nur der Kläger den Rechtsstreit für erledigt, während der Beklagte der Erledigung widerspricht und sein Klageabweisungsbegehren weiterverfolgt. Mit dieser Erklärung endet der Rechtsstreit wie auch dessen Rechtshängigkeit nicht. Die Regelung des § 91 a gilt demgemäß für die einseitige Erledigungserklärung nicht.[80]

34 Die Erklärung des Klägers führt jedoch zur Klageänderung insofern, als das ursprüngliche Klagebegehren in einen Antrag auf Feststellung (Feststellungsklage) geändert wird, dass der Rechtsstreit in der Hauptsache erledigt sei (sog. **Klageänderungstheorie**).[81]

Der Kläger kann seine Erledigungserklärung bis zu einer Einverständniserklärung des Beklagten oder einer Entscheidung über den Feststellungsantrag frei widerrufen[82], dh zu seinem ursprünglichen Klageantrag zurückkehren; eine nach § 264 Nr. 2 zulässige Klageänderung.[83]

2. Entscheidung über diesen Feststellungsantrag

a) Zulässigkeit

aa) Anträge

35 Der erforderliche Antrag des **Klägers** auf *„Feststellung der Erledigung"* wird selten ausdrücklich gestellt. Die Erledigungserklärung des Klägers kann aber bei Widerspruch des Beklagten idR als entsprechender Feststellungsantrag ausgelegt werden[84], sofern nicht die Auslegung ergibt, dass der Kläger bei Widerspruch sein ursprüngliches Begehren wieder verfolgen will; er die Erledigung also nur für den Fall der Zustimmung des Beklagten erklärt hat (zulässige innerprozessuale Bedingung).

Außerdem hat der Kläger den Erledigungsgrund anzugeben[85], da der Streitgegenstand festgelegt werden muss: Feststellung der Erledigung (Klageantrag) wegen des vorgetragenen erledigenden Ereignisses (Klagegrund).

Der Kläger kann den **ursprünglichen Antrag hilfsweise aufrechterhalten**, um eine Klageabweisung zu vermeiden, falls der Rechtsstreit tatsächlich nicht erledigt sein sollte.[86] Er kann dagegen nicht zu seinem aufrechterhaltenen ursprünglichen Antrag hilfsweise die Feststellung der Erledigung beantragen,[87] auch nicht in der Form, dass der ursprüngliche Antrag bis zur Erledigung zulässig und begründet gewesen sei (kein

---

79 Vgl. dazu auch Huber JuS 2013, 977; Heiß/Heiß JA 2019, 15.
80 BGH NJW 1990, 2682; ThP/Hüßtege § 91 a Rn. 31; Zö/Althammer § 91 a Rn. 34.
81 HM: ua BVerfG NJW 1993, 1061; BGH NJW 1994, 2364; NJW 1999, 2520 (2522); BGH NJW 2002, 442; NJW-RR 2004, 1005; Hk-ZPO/Gierl § 91 a Rn. 55; Zö/Althammer § 91 a, 34 ff. mwN; ThP/Hüßtege § 91 a Rn. 32; MK/Schulz § 91 a Rn. 79; Mu/Voit/Flockenhaus § 91 a Rn. 29.
82 BGH NJW 2015, 699 (700 Rn. 23).
83 BGH NJW 2014, 2199 (2200 Rn. 14); NJW 2002, 442.
84 Hk-ZPO/Gierl § 91 a Rn. 57; Zö/Althammer § 91 a Rn. 35.
85 ThP/Hüßtege § 91 a Rn. 11.
86 HM BGH NJW 1965, 1597; OLG Nürnberg NJW-RR 1989, 445; MK/Schulz § 91 a Rn. 81; Zö/Althammer § 91 a Rn. 35; Mus/Voit/Flockenhaus § 91 a Rn. 31; Hk-ZPO/Gierl § 91 a Rn. 61.
87 BGHZ 106, 359 (367); NJW-RR 2011, 618 (621 Rn. 22); MK/Schulz § 91 a Rn. 81; Mus/Voit/Flockenhaus § 91 a Rn. 31; Zö/Althammer § 91 a, 35; Hk-ZPO/Gierl § 91 a Rn. 60. Streitig: vgl. dazu Knöringer JuS 2010, 572.

III. Einseitige Erledigungserklärung des Klägers

Rechtsschutzinteresse), zumal es widersprüchlich ist, nach einer Abweisung des Hauptantrags als unbegründet auf den Hilfsantrag die Erledigung festzustellen.[88]

Der Antrag des **Beklagten** lautet auf Klageabweisung. Ein besonderes Rechtsschutzinteresse ist nach hM nicht erforderlich; das schutzwürdige Interesse des Beklagten folgt allein daraus, dass er die Abweisung einer unzulässigen oder unbegründeten Klage erreichen können muss.[89]

Er kann nicht neben dem Abweisungsantrag hilfsweise der Erledigung zustimmen und damit die Folgen einer übereinstimmenden Erledigungserklärung herbeiführen, da dann ja der Streit um die Erledigung zwingend entschieden werden muss.[90]

bb) Zulässigkeit der Klageänderung

Die Änderung des ursprünglichen Klageantrags in eine Feststellungsbegehren stellt eine gemäß § 264 Nr. 2 stets zulässige Klageänderung dar.[91]

cc) Feststellungsinteresse (§ 256)

Dieses ist im Hinblick auf den Eintritt der Erledigung in Bezug auf den ursprünglichen Klageantrag auf die nunmehr im Kern verfolgte Kostenentscheidung zugunsten des Klägers idR zu bejahen.[92]

dd) Sachurteilsvoraussetzungen

Im Übrigen müssen für die (nunmehr) zur Entscheidung stehende Feststellungsklage iSd § 256 alle **Sachurteilsvoraussetzungen** nach den allgemeinen Grundsätzen vorliegen.[93]

b) Begründetheit der Feststellungsklage

aa) Grundsatz

Entscheidungsgegenstand ist der **Feststellungsantrag**. Der ursprüngliche Antrag ist infolge der zulässigen Klageänderung durch diesen (neuen) Antrag ersetzt worden (→ Rn. 35) und steht somit nicht mehr zur Entscheidung, es sei denn, dass er als Hilfsantrag aufrechterhalten wird (→ Rn. 35).

Der Feststellungsantrag ist begründet, wenn Erledigung der Hauptsache eingetreten ist, dh wenn die zunächst **zulässige** und **begründete** Klage durch ein **nach Klageerhebung** eingetretenes Ereignis **gegenstandslos** geworden ist.[94]

---

88 BGH NJW-RR 2006, 1378; NJW-RR 2011, 618 (621 Rn. 22).
89 BGH NJW 1992, 2236; Zö/Althammer § 91 a Rn. 43.
90 OLG Düsseldorf MDR 1989, 72; NJW-RR 1992, 384; Zö/Althammer § 91 a Rn. 43.
91 BGH NJW 2002, 442; Zö/Althammer § 91 a Rn. 34; ThP/Hüßtege § 91 a Rn. 6; Mus/Voit/Flockenhaus § 91 a Rn. 29; Hk-ZPO/Gierl § 91 a Rn. 55. Mk/Schulz § 91 a Rn. 80.
92 Vgl. auch BGH NJW-RR 2011, 618 (621 Rn. 22).
93 Zur Problematik der Erklärung vor einem unzuständigen Gericht vgl. BGH (12. Senat) FamRZ 2017, 1699, NJW 2019, 2544; NJW-RR 2020, 125 (3. Senat) mAnm Hofmann NJW 2020, 1117.
94 HM: BGHZ 83, 12; 106, 359, 366; BGH NJW 1997, 3242; 1999, 2516; NJW-RR 1996, 1210; BGH NJW 2003, 3134 mwN; Hk-ZPO/Gierl § 91 a Rn. 70; Zö/Althammer § 91 a Rn. 43; ThP/Hüßtege § 91 a Rn. 33.

bb) Voraussetzungen der Erledigung

(1) Tatsächliche Erledigung bzgl. des Klagebegehrens

41 also der Eintritt eines Ereignisses, das den Kläger daran hindert, das Klagebegehren noch sinnvollerweise geltend zu machen, dh eines Ereignisses, das als solches die Klage gegenstandslos, also unzulässig oder unbegründet macht.[95]

Beispiele[96]: Erfüllung – aber nicht, falls nur zur Vollstreckungsabwehr erfolgt,[97] Untergang der he-rausverlangten Sache, Ausschlagung der Erbschaft durch den beklagten Erben,[98] Wegfall der Wiederholungsgefahr bei Unterlassungsanspruch (Ausgangsfall), die erstmalige Erhebung der Einrede der Verjährung im Laufe des Rechtsstreits, selbst wenn die Verjährung selbst bereits vor Rechtshängigkeit eingetreten ist[99], Entfallen von Sachurteilsvoraussetzungen (zB des Feststellungsinteresses für negative Feststellungsklage bei positiver Leistungsklage des Beklagten,[100] → § 7 Rn. 62). Der bloße Wegfall des wirtschaftlichen Interesses des Klägers an der Durchsetzung des eingeklagten Anspruchs bedeutet dagegen keine Erledigung im Rechtssinn.[101]

42 Falls keine tatsächliche Erledigung eingetreten ist, ist der Feststellungsantrag unbegründet und die Feststellungsklage abzuweisen, auch wenn die ursprüngliche Klage zulässig und begründet wäre.[102]

Hinweis In solch einem Fall ist es zweckmäßig, uU den ursprünglicher Klageantrag als Hilfsantrag aufrechtzuerhalten (→ Rn. 35). Ist unklar, ob ein solcher Hilfsantrag (stillschweigend) gestellt ist, ist dies von Seiten des Gerichts aufzuklären (§ 139).

(2) Eintritt der Erledigung nach Klageerhebung

43 Das erledigende Ereignis muss **nach Zustellung der Klage** (= Eintritt der Rechtshängigkeit, §§ 253 Abs. 1, 261 Abs. 1) eingetreten sein.[103]

Bei der einseitigen Erledigungserklärung wird also der Zeitpunkt des Erledigungseintritts von Bedeutung!

Bei Erledigung durch **Aufrechnung** ist trotz § 389 BGB der Zeitpunkt der Erklärung entscheidend, da erst diese das Erlöschen der Klageforderung und damit die Erledigung bewirkt, auch bei bereits vor Klageerhebung bestehender Aufrechnungslage.[104]

(3) Zulässigkeit und Begründetheit des ursprünglichen Klageantrages im Zeitpunkt des Eintritts der Erledigung[105]

44 Es gehört daher zum Begriff der (einseitigen) Erledigung, dass die Klage zulässig und begründet war. War sie dagegen ohnehin unzulässig oder unbegründet, also von vorn-

---

95 BGH NJW-RR 2006, 544 (545).
96 Vgl. Hk-ZPO/Gierl § 91a Rn. 7; Zö/Althammer § 91a Rn. 4/5.
97 BGHZ 94, 274; BGH NJW 2015, 699 Rn. 19 NJW 1994, 943; OLG Saarbrücken NJW-RR 1998, 1068.
98 BGHZ 106, 366.
99 BGH NJW 2010, 2422 Rn. 20 und 26 mwN.
100 BGH NJW 1999, 2516 (2517); 1994, 3107 (3108); 1991, 1061 (1062).
101 BGH NJW-RR 2006, 544 (545).
102 OLG Nürnberg NJW-RR 1989, 444.
103 BGHZ 83, 12; BGH NJW 1994, 2895 (2896), NJW 1994, 3232 (3233); BGH NJW 2003, 3134.
104 BGH NJW 2003, 3134; BayObLG NJW-RR 2002, 373. aber: Widerspruch zur BGH-Rechtsprechung zu § 767 Abs. 2, die insoweit auf den Zeitpunkt der Aufrechnungslage abstellt (ua BGHZ 34, 279; 103, 366; 125, 352; 163, 339 s. dazu ua Wolf/Lange JZ 2004, 461; Billing JuS 2004, 186; Feser JA 2008, 525.
105 BGHZ 83, 12; BGH NJW 1994, 2895 (2896); NJW 1997, 3241 (3242); NJW 1999, 2516 (2517); NJW-RR 1996, 1210 (1211); BGH NJW 2003, 3134.

III. Einseitige Erledigungserklärung des Klägers § 15

herein ohne Erfolgsaussicht, kann sie sich nicht nachträglich noch im Rechtssinne erledigen; das nachträgliche Ereignis wird dann für ihre Erfolglosigkeit nicht ursächlich. Der Antrag auf Feststellung der Erledigung ist abzuweisen, wenn die ursprüngliche, ansonsten zulässige und begründete Klage zum Zeitpunkt des erledigenden Ereignisses bei einem unzuständigen Gericht anhängig und zu diesem Zeitpunkt auch kein Verweisungsantrag gestellt war.[106]

Das Abstellen auf den Erledigungszeitpunkt bedeutet, dass eine Erledigung im Rechtssinn auch eintreten kann, wenn die Klage erst im Zeitpunkt des erledigenden Ereignisses, nicht schon bei ihrer Erhebung, zulässig und begründet war.[107]

> **Hinweis** Insofern besteht ein entscheidender Unterschied zur übereinstimmenden Erledigungserklärung: Die Annahme einer einseitigen Erledigung erfordert die Feststellung der tatsächlichen Erledigung, ihres Zeitpunktes, der Zulässigkeit und Begründetheit des ursprünglichen Antrags; für den Eintritt der Wirkungen der übereinstimmenden Erledigungserklärungen kommt es darauf dagegen nicht an, sondern allein auf die Erklärungen der Parteien.

Die **Entscheidung,** ob sich der Rechtsstreit in diesem Sinne erledigt hat, ist nach den allgemeinen Grundsätzen des Klageverfahrens zu treffen. Es hat daher eine vollständige Sachprüfung zu erfolgen samt gegebenenfalls erforderlicher Beweisaufnahme, ob wirklich ein nachträgliches Ereignis das ursprüngliche Begehren gegenstandslos gemacht hat und ob die Klage bis zu diesem Ereignis zulässig und begründet war.[108]

> **Hinweis:** Für ein Gutachten bedeutet dies, dass insoweit eine Prüfung nach den üblichen Stationen (Kläger-, Beklagten-, uU Beweisstation) zu erfolgen hat und dass es somit auch darauf ankommt, ob die relevanten tatsächlichen Umstände unstreitig, streitig oder bewiesen sind.

c) Entscheidung[109]

aa) Fassung der Entscheidung

IdR ergeht die Entscheidung nach streitiger Verhandlung, so dass die Grundsätze gemäß eines (normalen) streitigen Verfahren über einen Feststellungsantrag gelten. Die Entscheidung ergeht daher im Rahmen eines normalen **Endurteils**, bei Säumnis des Beklagten durch entsprechendes Versäumnisurteil (→ § 12 Rn. 18 ff.).

bb) Tenorierung

Bei Erledigung erfolgt die Feststellung, *„dass der Rechtsstreit in der Hauptsache erledigt ist"*[110].

> **Hinweis:** Keine Tenorierung wie „wird für erledigt erklärt" oder „ist für erledigt erklärt", da Streitgegenstand die Feststellung einer bereits eingetretenen, nicht auf Erledigungserklärungen beruhenden Erledigung ist.

---

106 BGH (12. Senat) FamRZ 2017, 1699, NJW 2019, 2544; NJW-RR 2020, 125 (3. Senat) mAnm Hofmann NJW 2020, 1117.
107 BGH NJW 1986, 588 (589).
108 BGH NJW 1969, 237; 1982, 767, 1992, 2236; BGH NJW-RR 2006, 544 (545); Hk-ZPO/Gierl § 91 a Rn. 72; Zö/Althammer § 91 a Rn. 44; Bergerfurth NJW 1992, 1659.
109 Vgl. auch Heiß/Heiß JA 2019, 15.
110 BGHZ 83, 12; 91, 127; Zö/Althammer § 91 a Rn. 45; ThP/Hüßtege § 91 a Rn. 38; Hk-ZPO/Gierl § 91 a Rn. 77.

Vorausgegangene nicht rechtskräftige Entscheidungen verlieren auch hier von selbst ihre Wirksamkeit, was zweckmäßigerweise (vgl. § 775 Nr. 1) deklaratorisch im Tenor zum Ausdruck gebracht werden kann.[111]

48 Falls eine Erledigung nicht festgestellt werden kann (also: kein erledigendes Ereignis, kein Eintritt nach Rechtshängigkeit oder Klage bei Erledigung nicht zulässig und begründet), erfolgt die Abweisung der Klage, da der Feststellungsantrag unbegründet ist.[112]

Wenn der ursprüngliche Antrag als Hilfsantrag gestellt ist (→ Rn. 35), ist nunmehr über diesen Antrag zu entscheiden. Er kann aber natürlich nur dann erfolgreich sein, wenn kein erledigendes Ereignis ihn gegenstandslos gemacht hat, und nicht bei Unzulässigkeit oder Unbegründetheit der Klage.

cc) Kostenentscheidung

49 Die Kostenentscheidung bestimmt sich nach § 91 (nicht nach § 91 a) gegen die Partei, die im Streit um die Feststellung der Erledigung unterliegt, also bei Feststellung der Erledigung gegen den Beklagten, bei Klageabweisung gegen den Kläger.[113]

dd) Vorläufige Vollstreckbarkeit

50 Es gelten die §§ 708 ff. Der Ausspruch bezieht sich naturgemäß nur auf die Kostenentscheidung. Insofern kommt der Höhe der Kosten maßgebliche Bedeutung zu.

Soweit die Gebühren bereits vor der Erledigungserklärung entstanden sind, bestimmen sie sich natürlich nach dem Wert des ursprünglichen Antrags.

Die Gebühren, die erst mit oder nach der Erledigungserklärung entstehen, bestimmen sich dagegen nach dem **Streitwert** der einseitigen Erledigungserklärung. Dieser ist sehr streitig.[114] Es wird vertreten, dass **weiterhin der volle ursprüngliche Streitwert gilt**, da in Wirklichkeit über einen Streit um Zulässigkeit und Begründetheit des ursprünglichen Begehrens entschieden wird.[115] Eine weitere Auffassung geht von einem **Abschlag von 50 %** aus, da nur noch das Feststellungsbegehren bestehe.[116] Schließlich wird auch die Meinung vertreten, es sei nur **der Wert der bisher entstandenen Kosten** (Kosteninteresse) anzusetzen, da praktisch Streit nur noch um die Kostenpflicht bestehe.[117]

ee) Tatbestand

51 Im Tatbestand ist das ursprüngliche Klagebegehren (als Prozessgeschichte vor den letztgestellten Anträgen) mitzuteilen, weil die Entscheidung dieses Begehren betrifft.

---

111 Zö/Althammer § 91 a Rn. 45; nach ThP/Hüßtege § 91 a Rn. 38 zwingend.
112 BGHZ 83, 12 (13); 91, 127; 106, 367; BGH NJW 1982, 767; Hk-ZPO/Gierl § 91 a Rn. 78 und 79; Zö/Althammer § 91 a Rn. 45.
113 BGHZ 83, 12 (15); Zö/Althammer § 91 a Rn. 47 mwN; ThP/Hüßtege § 91 a Rn. 39.
114 Vgl. zum Streitstand: Hk-ZPO/Gierl § 91 a Rn. 88 ff.
115 Ua OLG München NJW-RR 1996, 956; OLG Brandenburg NJW-RR 1996, 1472; Deckenbrock/Dötsch JurBüro 2003, 287, insbes. wegen der Rechtskraftwirkung.
116 Ua: OLG München MDR 1998, 62; OLG Frankfurt MDR 1995, 207.
117 BGH für den Regelfall: BGHZ 106, 366; 1996, 1210; NJW 2015, 3173 Rn. 3; NJW-RR 2005, 1728; ferner ua OLG Nürnberg JurBüro 2006, 478; KG MDR 2004, 116; JurBüro 2006, 201; Zö/Althammer § 91 Rn. 48; Mus/Voit/Flockenhaus § 91 a Rn. 47.

ff) Entscheidungsgründe

In den Entscheidungsgründen werden idR einleitend kurze Ausführungen zur Änderung der Klage in eine Feststellungsklage und deren Zulässigkeit gemäß § 264 Nr. 2 geboten sein; im Folgenden sind dann die Zulässigkeit sowie die Begründetheit der Feststellungsklage abzuhandeln. Gegenstand der Darstellung im Begründetheitsteil ist dabei die Zulässigkeit und Begründetheit des ursprünglichen Begehrens sowie dessen Erledigung durch ein nachträgliches Ereignis, natürlich entsprechend den Erfordernissen des konkreten Falles.[118]

d) Rechtskraftwirkung

Die Entscheidung ist ein Sachurteil mit entsprechender Rechtskraftwirkung.[119]

Nach **stattgebendem Urteil** ist daher eine erneute Klage unzulässig, weil durch das Urteil rechtskräftig feststeht, dass der ursprüngliche prozessuale Anspruch erledigt ist, also nicht mehr besteht.[120]

Bei **Klageabweisung** ist dagegen die Tragweite der Rechtskraft vom Grund der Abweisung abhängig, nämlich davon, ob die Zulässigkeit oder Begründetheit des ursprünglichen Begehrens oder der Eintritt eines erledigenden Ereignisses verneint worden ist:[121] Ist nur die Zulässigkeit der Klage oder ein erledigendes Ereignis verneint, ist der Anspruch als solcher nicht aberkannt, eine neue Klage daher möglich. Ist dagegen die Klageabweisung darauf gestützt, dass die ursprüngliche Klage unbegründet gewesen sei, ist dieser Anspruch aberkannt, eine neue Klage unzulässig.

e) Rechtsmittel

Es gelten die allgemeinen Grundsätze, daher **Berufung**. Eine Anfechtung nur der Kostenentscheidung ist durch § 99 Abs. 1 ausgeschlossen.[122] Insoweit ist auch keine Beschwerde statthaft, da §§ 91a Abs. 2, 99 Abs. 2 nicht zutreffen.[123] Daher ist nur Berufung gegen die Entscheidung zur Hauptsache (Feststellung/Abweisung) möglich, bei deren Erfolg dann auch die Kostenentscheidung zu ändern ist. Der Statthaftigkeit dieser Berufung steht nicht entgegen, wenn es dem Berufungsführer entscheidend nur auf eine Änderung der Kostenentscheidung ankommen sollte.[124]

> **Zum Ausgangsfall** B widerspricht der Erledigungserklärung und beantragt Klageabweisung, da die beanstandete Werbung zutreffend und daher erlaubt gewesen sei; die Unterlassungserklärung habe er nur „des lieben Friedens willen" abgegeben.
> 1) Einseitige Erledigungserklärung: Zulässige Klageänderung in Feststellungsantrag (§ 264 Nr. 2); daher ist nur über diesen Antrag auf Feststellung der Erledigung zu entscheiden, das ursprüngliche Begehren ist durch den Feststellungsantrag ersetzt.
> 2) Zulässigkeit der Feststellungsklage: keine Bedenken (insbes. Feststellungsinteresse unproblematisch).

---

118 Pape/Notthoff JuS 1996, 540.
119 BGH NJW 1991, 2281; Hk-ZPO/Gierl § 91a Rn. 81; ThP/Hüßtege § 91a Rn. 51.
120 ThP/Hüßtege § 91a Rn. 51.
121 Hk-ZPO/Gierl § 91a Rn. 81–86; Zö/Althammer § 91a Rn. 46; Mus/Voit/Flockenhaus § 91a Rn. 46; ThP/Hüßtege § 91a Rn. 51; Pape/Notthoff JuS 1996, 541.
122 BGH NJW 1968, 2243; NJW-RR 1993, 766.
123 BGHZ 57, 224.
124 BGHZ 57, 224; Hk-ZPO/Gierl § 91a Rn. 87.

3) **Begründetheit:** Feststellung, ob Erledigung im Rechtssinn eingetreten ist, dh ob bis dahin zulässige und begründete Klage durch ein nach Klageerhebung eingetretenes Ereignis gegenstandslos geworden ist.
   a) **Erledigendes Ereignis:** Unterlassungserklärung, durch die die Wiederholungsgefahr und damit eine materiellrechtliche Voraussetzung des Unterlassungsanspruchs beseitigt wurde.
   b) **Nach Zustellung der Klage.**
   c) **Klage im Zeitpunkt der Erledigung zulässig** (unproblematisch) **und begründet?**

Nach den allgemeinen Grundsätzen des Streitverfahrens, ggf. durch Beweisaufnahme zu klären, ob die Werbeaussage des B zutreffend war oder nicht;[125] diese Prüfung entfällt nicht wegen der Unterlassungserklärung, auch nicht bei sonstiger vorbehaltsloser Erfüllung des Klagebegehrens[126] (nicht § 307 analog, da Beklagter gleichwohl Klageabweisung begehrt).

Bei Unrichtigkeit und damit Unzulässigkeit der Werbung: Feststellung der Erledigung, mit Kostenentscheidung gegen den Bekl. (§ 91), bei Zulässigkeit der Werbung: Klageabweisung (Kosten gegen Kläger, § 91), bei Unaufklärbarkeit: Entscheidung nach Beweislast (grds. Kläger für Unrichtigkeit der Werbung, aber gewisse Umkehr gegen den beklagten Spitzenstellungswerbenden möglich).[127]

3. Einseitige Erledigung eines Teils des Rechtsstreits

a) Bei im Übrigen ursprünglichem streitigem Begehren

55 Die Entscheidung ergeht durch Urteil über den Feststellungsantrag und das verbliebene ursprüngliche Begehren (Kosten: §§ 91, 92).

b) Bei im Übrigen übereinstimmender Erledigung

56 Über den Feststellungsantrag ist durch Urteil zu entscheiden, wobei eine einheitliche (gemischte) Kostenentscheidung ergeht, in die die § 91 a-Entscheidung zum übereinstimmend für erledigt erklärten Teil einzubeziehen ist.

IV. „Erledigung" vor Rechtshängigkeit[128]

1. Ausgangspunkt

57 In dieser Fallkonstellation (zB Kläger reicht gegen den im Verzug befindlichen Beklagten Klage ein; der Beklagte zahlt den Klagebetrag noch vor Zustellung – im Ausgangsfall geht die Unterlassungserklärung beim Kläger nach Einreichung, aber vor Zustellung der Klage ein), ist die Klage ist jedenfalls ab dem Zeitpunkt des Eintritts der Erledigungsereignisses unbegründet, ihre Weiterverfolgung daher sinnlos geworden. Für den Kläger stellt sich deshalb die Frage der prozessualen Beendigung des Rechtsstreits, natürlich möglichst mit einer Auferlegung der Kosten auf den Beklagten.

---

125 Vgl. BGH NJW 1998, 3349.
126 BGH NJW 1981, 686.
127 S. Köhler/Bornkamm UWG § 5 Rn. 2.155, § 12 Rn. 2.91 ff.; Fezer/Peifer § 5 Rn. 478, 479, 482.
128 Vgl. dazu auch Heiß/Heiß JA 2019, 15 (22).

IV. „Erledigung" vor Rechtshängigkeit　§ 15

2. Reaktionsmöglichkeiten des Klägers

a) Klagerücknahme

Diese bewirkt eine Kostenentscheidung gegen den Beklagten nach § 269 Abs. 3 S. 3, dessen Regelungsgehalt gerade eine Regelung der „Erledigung vor Rechtshängigkeit" beinhaltet. Die Entscheidung bestimmt sich nach den Grundsätzen des § 91 a (→ Rn. 13 ff.).

58

Falls der Kläger einen materiellrechtlichen Kostenerstattungsanspruch, etwa aus Verzug, gegen den Beklagten besitzt, werden diesem die Kosten aufzuerlegen sein:[129] Insoweit besteht daher für den Kläger in der Klagerücknahme eine Möglichkeit zur Prozessbeendigung mit Kostenpflicht des Beklagten.

Da aber nach dem bisherigen Sach- und Streitstand entschieden wird, hat der Kläger dann, wenn die tatsächlichen Umstände des Anlasswegfalls und der Gründe für eine Kostenpflicht des Beklagten (etwa die Verzugsvoraussetzungen) streitig sind, keine Möglichkeit, dies durch eine Beweisaufnahme zu seinen Gunsten klären zu lassen. Insoweit besteht die Gefahr, dass das Gericht die Kosten einfach gegeneinander aufhebt, ebenso dann, wenn schwierige Rechtsfragen zu klären sind.

b) Erledigungserklärung

Diese löst diese Problematik für den Kläger nicht: Schließt sich der Beklagte der Erledigungserklärung an, wird über die Kosten unmittelbar gemäß § 91 a entschieden; auf den Zeitpunkt der Erledigung kommt es ja nicht an (→ Rn. 8).[130] War der Beklagte in Verzug, werden ihm zwar die Kosten aufzuerlegen sein[131]; streitige Umstände werden aber ebenfalls nicht geklärt, so dass der Kläger auch hier nicht den Beweis für tatsächliche Umstände einer ihm günstigen Kostenentscheidung führen kann.

59

Wenn der Beklagte – womit zu rechnen ist – widerspricht, ist der dann anzunehmende Feststellungsantrag des Klägers nach hM sogar mit der Kostenfolge aus § 91 abzuweisen, da keine Erledigung des Rechtsstreits im Rechtssinn angenommen werden könnte, da das erledigende Ereignis nicht nach, sondern vor Zustellung der Klage eingetreten ist.[132]

c) Selbstständige Geltendmachung eines materiellrechtlichen Kostenerstattungsanspruchs

Eine **neue Klage** auf Erstattung der entstandenen Kosten wäre zwar nach einer Klageabweisung oder auch nach einer Kostenbelastung über §§ 269, 91 a grds. möglich. Mit dieser Klage gehen aber Rechtskraftprobleme einher, so wenn das Gericht in der vorangegangenen Kostenentscheidung auch über einen materiellrechtlichen Kostenerstattungsanspruch entschieden hat (zB in Ablehnung des § 269 Abs. 3 S. 3). Eine solche Entscheidung würde einer selbstständigen Durchsetzung eines materiellrechtlichen Kostenerstattungsanspruchs entgegenstehen.[133]

60

129　ThP/Seiler § 269 Rn. 16.
130　Es muss aber im Nachgang zum erledigenden Ereignis jedenfalls (noch) zur Rechtshängigkeit der Klage gekommen sein; vgl. Hk-ZPO/Gierl § 91 a Rn. 28.
131　OLG Hamm MDR 2001, 470.
132　BGH NJW 1994, 2895; BGH NJW 2003, 3134.
133　BGH NJW 2002, 680.

d) Klageänderung auf eine Kostenpflicht des Beklagten

aa) Ausgangspunkt

61 Eine solche Klageänderung ist (nur)n dann angezeigt, wenn ein materiellrechtlicher Kostenerstattungsanspruch besteht, der im normalen streitigen Verfahren zu prüfen ist. Falls bzw. soweit kein solcher Anspruch besteht (zB bei Klageeinreichung vor Verzugseintritt oder bei Zahlung vor Klageeinreichung, was der Kläger noch hätte berücksichtigen können (§ 254 BGB)), droht die Abweisung des neuen Antrags samt Kostentragungslast des Klägers gemäß § 91.

bb) Bezifferter Zahlungsantrag

62 Ist es dem Kläger während der Rechtshängigkeit des ursprünglichen Klageantrags möglich, die ihm bereits erwachsenen Kosten zu berechnen, kann er den Klageantrag in einen neuen Klageantrag gemäß (§ 264 Nr. 2, 3) umstellen.

Die Möglichkeit eines Kostenantrags nach § 269 Abs. 3 S. 3 steht der Kostenerstattungsklage nicht entgegen, da diese nicht das Rechtschutzbedürfnis für die Zahlungsklage entfallen lässt. Stellt nämlich der Kläger einen Kostenantrag gem. § 269 Abs. 3 S. 3 verliert er die bei einer Klagerücknahme an sich bestehende Gebührenermäßigung nach Nr. 1211 Nr. 1 KV GKG wie auch in Bezug auf die Kostenentscheidung lediglich eine summarische Prüfung entsprechend den Grundsätzen gem. § 91a ZPO stattfindet, bei der das Gericht grundsätzlich davon absehen kann, in einer rechtlich schwierigen Sache alle bedeutsamen Rechtsfragen zu klären.[134]

cc) Unbezifferte Kostenfeststellungsklage

63 Ein solcher Antrag dahin, dass der Beklagte die Kosten des Rechtsstreits zu tragen hat, wurde vor Einführung des § 269 Abs. 3 S. 3 zugelassen, um dem Kläger eine einfache Möglichkeit zu geben, eine Kostenpflicht des Beklagten feststellen und festsetzen zu lassen.[135]

Ob eine solche Klage vor dem Hintergrund des § 269 Abs. 3 S. 3 weiterhin zulässig ist, ist fraglich. Überwiegend wird das Rechtsschutz-/Feststellungsinteresse weiterhin bejaht, um dem Kläger die Möglichkeit zu geben, die tatsächlichen und rechtlichen Voraussetzungen einer materiellrechtlichen Kostenerstattungspflicht des Beklagten (ggf. auch durch eine Beweisaufnahme) klären zu lassen.[136]

> Tenor: „Es wird festgestellt, dass der Beklagte die Kosten des Rechtsstreits zu tragen hat" – oder auch: „Der Beklagte trägt die Kosten des Rechtsstreits" bzw. „Dem Beklagten werden die Kosten des Rechtsstreits auferlegt."[137]

Eine zusätzliche Kostenentscheidung wird nicht erforderlich sein;[138] der Kostenausspruch erfasst dann sowohl den materiellrechtlichen als auch den prozessualen Kosten-

---

[134] BGH NJW 2013, 2201 mAnm Elzer; MK/Becker-Eberhard § 269 Rn. 67; Zö/Greger § 269 Rn. 18 e; Zö/Althammer § 91a Rn. 32; MK/Becker-Eberhard § 269 Rn. 67; Hk-ZPO/Gierl § 91a Rn. 73; ThP/Seiler § 269 Rn. 16; Musielak JuS 2002, 1203 (1206); Fischer MDR 2002, 476; Deckenbrock/Dötsch MDR 2004, 647.
[135] BGH NJW 1994, 2895; KG NJW-RR 1998, 1074; OLG Hamburg MDR 1998, 367.
[136] OLG Frankfurt NJW 2019, 1158 Rn. 14; Elzer/Nissen NJW 2019, 1116; Zö/Greger § 269 Rn. 18 e; ThP/Seiler § 269 Rn. 16; MK/Becker-Eberhard § 269 Rn. 67; Mus/Foerste § 269 Rn. 13 c; aA KG MDR 2018, 559; Tegeder NJW 2003, 3328.
[137] S. Anders/Gehle Abschnitt P Rn. 68.
[138] BGH NJW 1994, 2895 (2896); streitig.

IV. „Erledigung" vor Rechtshängigkeit § 15

erstattungsanspruch gemäß § 91 aus dem fortgesetzten Prozess. Der Kläger kann dann alle ihm in dem Prozess entstandenen Kosten gegen den Beklagten festsetzen lassen. Die vorläufige Vollstreckbarkeit bestimmt sich nach §§ 708 Nr. 11, 709, 711.

Hinweis: Falls die tatsächlichen Voraussetzungen eines materiellrechtlichen Kostenerstattungsanspruchs streitig sind, ist ein solcher Feststellungsantrag für den Kläger auch **bei einer Erledigung während des Rechtsstreits** zu erwägen. Bei einer Erledigungserklärung besteht nämlich die Gefahr, dass der Beklagte – was für ihn taktisch sinnvoll sein kann – sich der Erledigungserklärung anschließt, so dass dann die Kostenentscheidung nach § 91a ergeht, gerade ohne Klärung der streitigen tatsächlichen Umstände.[139]

dd) Einigung mit dem Gegner

Eine solche hat den Vorteil, dass die Gebührenermäßigung iSd Nr. 1211 Nr. 1 KV GKG nicht verlustig geht, andererseits erwächst die Einigungsgebühr nach Nr. 1000 VV RVG. 64

---

[139] ThP/Hüßtege § 91a Rn. 6; Hk-ZPO/Gierl § 91a Rn. 13; Anders/Gehle Abschnitt P Rn. 64 ff.; Fischer MDR 2002, 1097.

§ 16 Der Prozessvergleich

I. Allgemeines

1. Gründe für den Abschluss eines Vergleichs

1 Vergleiche sind in der Praxis von großer Bedeutung, ein Großteil der streitigen Prozesse wird durch Vergleich, nicht durch Urteil erledigt. Entsprechend bedeutsam ist der Vergleich auch für die Ausbildung.[1]

Vergleiche haben zahlreiche Vorteile gegenüber einer streitigen Entscheidung. Folgende (**prozesstaktische**) **Erwägungen** lassen sich für den Abschluss eines Vergleichs anführen:[2]

Durch einen – unter Verhandlungen und gegenseitigem Nachgeben der Parteien zustande gekommenen – Vergleich ist eine **Wiederherstellung des Rechtsfriedens** eher möglich als durch staatlichen Urteilsspruch. Dies kann insbesondere für das **zukünftige Verhältnis der Parteien** wichtig sein: Ein Vergleich kann etwa eine bedeutsame Geschäftsverbindung oder Nachbarschafts- oder familiäre Beziehungen erhalten und sogar verbessern; insoweit kann auch ein nach der Prozesslage an sich nicht gebotenes Nachgeben durchaus Gewinn bringen, während eine streitige Durchführung des Prozesses oft zu einer endgültigen Verhärtung oder Beendigung der Beziehungen führt.

Eine **sachgerechte Lösung gerade für den besonderen Fall der Parteien** ist dem Gericht nicht immer möglich. Das Gericht ist an die Anspruchsgrundlagen und deren Rechtsfolgen gebunden, während die Parteien abweichende, für ihren Fall sinnvollere Lösungen vereinbaren können (etwa: eine verbilligte neue Reise statt Minderung bei Reisemangel; Entschuldigung statt Widerruf einer Äußerung; geringerer – tragbarer – Schuldbetrag mit Zahlungsmodalitäten), während das Gericht nur voll zusprechen könnte.

Im Prozessvergleich können über den Streitgegenstand des Prozesses hinaus **auch andere** – nicht oder anderweitig rechtshängige, auch schon rechtskräftig entschiedene – **Ansprüche oder Probleme der Parteien mitgeregelt werden**,[3] was eine umfassende Regelung der Beziehungen der Parteien ermöglicht. Im Urteil kann dagegen nur über den konkreten Streitgegenstand entschieden werden.

Eine **Einbeziehung Dritter ist möglich** (§ 794 Abs. 1 Nr. 1): Dies etwa von Familienangehörigen oder Mitgesellschaftern der Parteien oder von anderen Personen, die am Streitstoff beteiligt sind. Dieser Umstand ermöglicht ebenfalls eine umfassende Regelung und vermeidet weitere Prozesse (zB der Hersteller der Kaufsache verpflichtet sich im Prozess zwischen Verkäufer und Käufer zur Neulieferung; die Ehefrau tritt einem Räumungsvergleich bei; oder: ein Dritter zahlt einen Betrag oder stellt Sicherheiten).

Mit einem Vergleich kann das **Risiko eines ungünstigen Ausgangs des Rechtsstreits (Prozessrisiko)** beseitigt werden, dies allerdings verbunden mit einem Verzicht auf eine möglicherweise günstigere Entscheidung bei streitiger Durchführung. Auch kann das **beiderseitige Prozessrisiko abgewogen** werden, während im Urteil oft nur eine volle Entscheidung für bzw. gegen eine Partei möglich ist („alles oder nichts").

---

[1] Zum Prozessvergleich ferner: Huber JuS 2017, 1058; Schultheiß JuS 2015, 318.
[2] Hierzu ua Schellhammer Rn. 707 ff.
[3] BGH NJW 1999, 2806.

I. Allgemeines

Auch können mit einem Vergleich **weitere Kosten** – etwa die Kosten einer aufwendigen Beweisaufnahme oder von Rechtsmitteln – vermieden werden, die oft in keinem angemessenen Verhältnis zum Wert oder der Bedeutung des Streitgegenstandes stehen und mit deren Belastung oft beide Parteien wegen des Prozessrisikos rechnen müssen. Allerdings entsteht die **zusätzliche RA-Einigungsgebühr** (RVG VV 1003), was jedoch zum Teil durch die Ermäßigung der Gerichtsgebühr auf 1,0 (GKG KV 1211 Nr. 3) ausgeglichen wird. Kostenfragen sind allerdings im Rahmen der Kostenzusage einer **Rechtsschutzversicherung** unerheblich (ein von Richtern oft beklagter Grund für fehlende Vergleichsbereitschaft).

Darüber hinaus ist mit einem Vergleich eine **schnelle und endgültige Klärung der Rechtslage** möglich. Erfolg oder Misserfolg des Prozesses und die sich daraus für die Parteien ergebenden Auswirkungen bleiben im Falle eines Vergleiches nicht für die oft lange Prozessdauer in der Schwebe; die wirtschaftliche Dispositionsfreiheit der Parteien wird schneller wiederhergestellt. Jedoch wird dies durch den Verzicht auf eine vollständige Sachaufklärung mit der Chance eines günstigeren Ergebnisses und der Überprüfbarkeit durch Rechtsmittel erkauft.

Mit einem Vergleich kann zudem zeitnah ein **Vollstreckungstitel** erlangt werden. Von Bedeutung ist eine entsprechende Beschleunigung insbesondere bei einem wirtschaftlich schwachen Schuldner und der Gefahr der Verschlechterung der Vollstreckungsmöglichkeiten: Möglicherweise kann noch die im Vergleich reduzierte (Anreiz für den Schuldner!) Forderung realisiert werden.

Weiter ermöglicht eine vergleichsweise Einigung eine **Beendigung des Rechtsstreits ohne Prestigeverlust für die Parteien:** Dies deswegen, weil der Vergleich keinen eigentlichen Sieger oder Unterlegenen ausweist – ein für die Parteien oft sehr wichtiger Gesichtspunkt, der auch in der Vergleichsformulierung und der Kostenregelung berücksichtigt werden muss.

Nicht zuletzt können die mit dem Prozess verbundenen **persönlichen Belastung** durch einen Vergleich zeitnah beseitigt werden.

2. Abgrenzung Prozessvergleich ieS und Zwischenvergleich

Prozessvergleich ieS ist nur ein solcher Vergleich, durch den der **Rechtsstreit (Streitgegenstand)** – ganz oder zu einem Teil – **erledigt** wird (§ 794 Abs. 1 Nr. 1); nur ein solcher Vergleich hat die besonderen Wirkungen des Prozessvergleichs, insbesondere als Vollstreckungstitel.

Der Prozessvergleich kann den Rechtsstreit vollständig oder auch nur teilweise beenden. Der – anzustrebende – Idealfall erledigt den **gesamten Rechtsstreit einschließlich der Kostenregelung:** Der Rechtsstreit wird in diesem Falle unmittelbar durch den Vergleich beendet. Möglich ist indes auch eine Erledigung zwar des gesamten Rechtsstreits in der Hauptsache, jedoch **ohne eine Kostenregelung:** Dies, wenn sich die Parteien – in der Praxis keineswegs selten – über die Kostenregelung nicht einigen können. In diesem Falle bedarf es (nur noch) einer Kostenentscheidung durch das Gericht.

> **Hinweis:** Regelmäßig wird man in einem Vergleichsabschluss unter Ausklammerung der Kostenregelung zugleich eine **übereinstimmende Erledigungserklärung** zu sehen haben, so dass das Gericht einen **Kostenbeschluss gem. § 91a** zu treffen hat.[4] Bei dieser Ent-

---

[4] HM: BGH NJW 2007, 835; OLG Hamm JurBüro MDR 2003, 116; ThP/Hüßtege § 98 Rn. 4; Zö/Herget § 98 Rn. 3; Mus/Voit/Flockenhaus § 98 Rn. 3; Hk-ZPO/Gierl § 98 Rn. 10.

scheidung ist **nach dem voraussichtlichen Prozessausgang (Erfolgsaussicht)**[5] – ggf. auch unter Berücksichtigung des Vergleichsinhalts[6] – zu entscheiden. Bei einem (streitigen) § 91 a-Beschluss ermäßigt sich die gerichtliche Verfahrensgebühr nicht (GKG KV 1210; → § 15 Rn. 10); dies ist bei den prozesstaktischen Überlegungen zu beachten. Demgegenüber kommt eine **Kostenaufhebung gem.** § 98 in solchen Fällen regelmäßig nicht in Betracht,[7] da § 98 unter dem Vorbehalt einer anderweitigen Vereinbarung der Parteien steht, die in derartigen Konstellationen regelmäßig – zumindest konkludent – getroffen wird: Denn hätten die Parteien Kostenaufhebung gewollt, hätten sie dies in dem Vergleich selbst regeln können; nehmen sie hiervon Abstand, bringen sie damit gerade zum Ausdruck, dass die Regelung des § 98 keine Anwendung finden soll. Dies stellt eine anderweitige Vereinbarung iSv § 98 Abs. 1 S. 1 dar.

Der Vergleich muss den Rechtsstreit jedoch nicht in Gänze erledigen, möglich ist auch ein **Teilvergleich** zu einem abgrenzbaren Teil des Streitgegenstandes oder zu einzelnen Streitgegenständen. In einem solchen Falle ist nur der geregelte Teil erledigt; im Übrigen wird der Rechtsstreit streitig fortgesetzt und entschieden.

Hinweis: Durch einen Teilvergleich kann all das erledigt werden, was auch **Gegenstand eines Teilurteils (§ 301)** sein kann, etwa der materielle Unfallschaden: Der Beklagte verpflichtet sich insoweit bereits zur Zahlung (Titel!), während der Rechtsstreit zum Schmerzensgeld durch medizinische Gutachten fortgeführt wird. Der Rechtsstreit wird durch einen solchen Teilvergleich uU wesentlich entlastet. Hinsichtlich der **Kosten** des erledigten Teils ist vorrangig eine Vereinbarung der Parteien zu beachten, andernfalls ergeht eine Entscheidung nach § 98 oder § 91a; die Entscheidung ist **einzubeziehen in die Kostenentscheidung des Endurteils.** Die Gerichtsgebühr ermäßigt sich bei einem Teilvergleich nicht (GKG KV 1211). Die RA-Einigungsgebühren bestimmen sich nach dem Vergleichswert.

4   Möglich sind zuletzt auch **Zwischenvergleiche**. Hierbei handelt es sich um Vereinbarungen, mit denen die Parteien im Rechtsstreit einzelne materiellrechtliche oder prozessuale Fragen regeln, **ohne** damit **den Streitgegenstand als solchen zu erledigen**. Solche Vergleiche stellen zwar bindende **Prozessverträge** der Parteien dar, **nicht jedoch Prozessvergleiche ieS** – sie sind **keine Vollstreckungstitel**, die besonderen Wirksamkeitsvoraussetzungen des Prozessvergleichs gelten für sie nicht. Daher ist auch keine Protokollierung in mündlicher Verhandlung oder Feststellung durch gerichtlichen Beschluss erforderlich, wechselseitige Schriftsätze genügen. Erforderlich ist dagegen stets die **Postulationsfähigkeit** als Voraussetzung jeden wirksamen Prozesshandelns, ferner gelten die allgemeinen Vertragsregeln (etwa §§ 134, 138 BGB).

Zwischenvergleiche können zunächst **Verfahrensfragen** betreffen, jedenfalls soweit sie von den Parteien regelbar sind.

Beispiele: Einigung über die Zuständigkeit, auf einen bestimmten Sachverständigen (§ 404 Abs. 5), oder darüber, dass zunächst ein Sachverständiger den Umfang der Reparaturbedürftigkeit des umstrittenen Pkw bindend feststellen soll (zur Schiedsgutachtenabrede → § 9 Rn. 20).

Darüber hinaus können auch **einzelne Tatsachen** (dies z.B. durch „Unstreitigstellen" einzelner Rechnungspositionen), **präjudizierende Rechtsverhältnisse** oder gar der **Grund des Anspruchs** selbst Gegenstand eines Zwischenvergleiches sein.

Beispiel: *„Die Parteien sind sich darüber einig, dass die Klageforderung dem Grunde nach zu 2/3 gerechtfertigt ist."* In diesem Falle ist der Prozess zur Höhe fortzusetzen, bei

---

5 OLG Hamm MDR 2003, 116; OLG Stuttgart NJW-RR 1999, 147; Zö/Herget § 98 Rn. 3; Hk-ZPO/Gierl § 98 Rn. 10.
6 OLG Nürnberg FamRZ 2001, 1383 (streitig).
7 BGH NJW 2007, 835; OLG Köln JurBüro 2006, 598; ThP/Hüßtege § 98 Rn. 4.

II. Wirksamkeitsvoraussetzungen des Prozessvergleichs

entsprechendem Antrag der Parteien kommt auch (in der Praxis nicht selten) ein Ruhen des Verfahrens in Betracht, um eine außergerichtliche Einigung zu ermöglichen.

II. Wirksamkeitsvoraussetzungen des Prozessvergleichs

Da der Prozessvergleich nach hM ein **Vertrag mit Doppelnatur** darstellt, bei dem **Prozesshandlung** und **materielles Rechtsgeschäft** (= Vergleich iSd § 779 BGB) untrennbar miteinander verbunden sind,[8] müssen zu seiner Wirksamkeit die Wirksamkeitsvoraussetzungen sowohl als Prozesshandlung als auch als materiellrechtlicher Vergleich erfüllt sein.

1. Wirksamkeitsvoraussetzungen als Prozesshandlung

Für den Abschluss eines Prozessvergleichs (vgl. § 794 Abs. 1 Nr. 1) bestehen grundsätzlich drei (**prozessuale**) **Voraussetzungen**:

Zunächst muss der Vergleich **vor einem Gericht** abgeschlossen werden. In der Regel ist dies das Gericht, bei dem der Rechtsstreit anhängig ist. Ausreichend ist jedoch auch, dass der Vergleich vor jedem „**irgendwie mit dem Gegenstand des Rechtsstreits befassten Richter**" (unabhängig von Zuständigkeit und ordnungsgemäßer Besetzung)[9] erfolgt, da das Gericht nicht entscheidet, sondern **nur beurkundet**.

Weiter muss der der Vergleich **in einem anhängigen Verfahren mit Dispositionsmaxime**[10] geschlossen werden. Daher ist ein Vergleich hinsichtlich einer Ehesache als solcher grundsätzlich nicht möglich, wohl aber hinsichtlich der Folgesachen im Falle einer einvernehmlicher Scheidung.

Zuletzt müssen die Parteien **postulationsfähig** sein (Anwaltszwang vor dem Landgericht). Demgegenüber besteht für einen **beitretenden Dritten kein Anwaltszwang**, da der Dritte durch den Beitritt nicht Prozesspartei wird.[11] In der Praxis wird der Dritte allerdings in der Regel von dem Anwalt der Partei, auf deren Seite er steht, bei dem Beitritt mitvertreten, was in das Protokoll aufgenommen wird.

Der Abschluss eines Vergleiches kann auf **zwei Wegen** erfolgen. Zum einen kann er **in der mündlichen Verhandlung unter ordnungsgemäßer Protokollierung** geschlossen werden. Der Vergleich ist in diesem Falle mit vollem Wortlaut in das Protokoll aufzunehmen (§ 160 Abs. 3 Nr. 1) und anschließend vorzulesen (bzw. abzuspielen). Die Parteien müssen den Vergleich genehmigen, hierüber ist ein Vermerk in das Protokoll aufzunehmen (§ 162 Abs. 1; etwa *„vorgespielt und genehmigt"*). Zudem bedarf es der Unterschrift des Gerichts (Einzelrichter/Vorsitzender, Protokollführer, § 163; Unterschrift der Parteien ist nicht erforderlich). Das Vorlesen/Abspielen und die Genehmigung sind **Wirksamkeitserfordernisse** für einen Vergleich, nicht dagegen der Protokollvermerk darüber.[12]

Zum anderen kann ein Vergleich im Wege eines **schriftlichen Vergleichsschluss mit entsprechender Feststellung durch Beschluss** (§ 278 Abs. 6) geschlossen werden. Der Vergleich kommt in diesem Falle zustande durch die schriftsätzliche Annahme eines Vergleichsvorschlags des Gerichts oder der Unterbreitung eines Vergleichsvorschlags

---

8 BGH (st. Rspr.), ua NJW 2005, 3567 mwN.
9 ThP/Seiler § 794 Rn. 7.
10 Anders/Gehle/Hunke Anh. § 307 Rn. 8.
11 BGHZ 86, 160. A.A. Anders/Gehle/Hunke Anh. § 307 Rn. 28.
12 BGH NJW 1999, 2806 (streitig). A.A. MK/Wolfsteiner § 794 Rn. 41.

durch die Parteien, auch durch Annahme eines schriftsätzlichen Vergleichsvorschlags der einen Partei durch die andere.[13] Ein späterer „Widerruf" einer Partei ist unbeachtlich und steht der Feststellung des Vergleichsabschlusses durch das Gericht nicht entgegen.[14] Zustandekommen und Inhalt des Vergleichs werden durch **Beschluss** festgestellt. Dieser Beschluss hat grundsätzlich die gleiche Bedeutung und Wirkung wie eine Vergleichsprotokollierung; er ist auch Vollstreckungstitel (§ 794 Abs. 1 Nr. 1, → Rn. 18 ff.), zudem findet § 127 a BGB entsprechende Anwendung (streitig).[15] Eine Auflassung kann dagegen zwar in einem in der mündlichen Verhandlung protokollierten Vergleich (§ 925 Abs. 1 S. 3 BGB), wegen der fehlenden Anwesenheit der Beteiligten (§ 925 Abs. 1 S. 1 BGB) nicht aber in einem schriftlichen Vergleich erklärt werden.[16]

> **Hinweis:** Bei Unrichtigkeit des Beschlusses erfolgt eine Berichtigung entsprechend § 164. Der Weg über § 278 Abs. 6 löst immer auch die anwaltliche Terminsgebühr gem. VV 3104 (1) Nr. 1 aus.[17]

8   **Fehlen prozessuale Wirksamkeitsvoraussetzungen** (zB bei fehlender Postulationsfähigkeit oder fehlerhafter Protokollierung) liegt zwar kein wirksamer Prozessvergleich vor (daher: keine Prozessbeendigung, kein Titel). In einem solchen Falle kann jedoch – bei entsprechendem hypothetischen Parteiwillen (§§ 140, 154 Abs. 2 BGB) – ein **wirksamer materiellrechtlicher Vergleich** zustande gekommen sein,[18] dies mit Einfluss auf die materielle Rechtslage (Anspruchsgrundlage/-höhe) und Prozesswirkung bei prozessualer Einführung, zB durch formgerechten Abschluss oder Erledigungserklärung.

2. Materiellrechtliche Wirksamkeitsvoraussetzungen

9   Da es sich bei einem Prozessvergleich um einen Vergleich iSd § 779 BGB handelt, muss dieser nach hM zunächst ein **gegenseitiges Nachgeben** zum Gegenstand haben.[19]

> **Hinweis:** Ein ausschließlich einseitiges Nachgeben (zB Anerkenntnis bzw. Klagerücknahme im Vergleich unter voller Kostenübernahme) stellt hiernach kein Prozessvergleich dar.[20] Allerdings genügt nach hM bereits **jedes noch so geringe Nachgeben** – etwa hinsichtlich der Fälligkeit (Raten), Zinsen oder Kosten,[21] auch schon der bloße Verzicht auf eine rechtskraftfähige Entscheidung.[22] Damit ist das Erfordernis des gegenseitigen Nachgebens letztlich **ohne praktische Bedeutung**, so dass auf dieses zunehmend auch ganz verzichtet wird.[23] Denn dass etwa ein prozessual wirksam abgeschlossener Vergleich mangels gegenseitigen Nachgebens kein Vollstreckungstitel iSv § 794 sei, so dass aus ihm nicht vollstreckt werden könne, wird ohnehin nicht vertreten. Die Einigungsgebühr gem. RVG VV 1003 entsteht auch nach der hM bereits bei jeder Beilegung eines Rechtsstreits durch Einigung, auch ohne gegenseitiges Nachgeben.[24]

---

13 Mus/Voit/Foerste § 278 Rn. 17 ff.
14 OLG Hamm NJW 2011, 1373.
15 BGH NJW 2017, 1946; ThP/Seiler § 278 Rn. 17; Grüneberg/Ellenberger § 127 a Rn. 2. A.A. wegen der insoweit fehlenden Beratungs- und Warnfunktion der mündlichen Verhandlung: Zö/Greger § 278 Rn. 35 mwN; Knauer/Wolf NJW 2004, 2857 (2829); einschränkend auch Deckenbrock/Dötsch MDR 2006, 1325.
16 OLG Düsseldorf NJW-RR 2006, 1609; ThP/Seiler § 278 Rn. 17.
17 BGH MDR 2007, 917.
18 BGH NJW 1985, 1962.
19 ThP/Seiler § 794 Rn. 15.
20 OLG München MDR 1985, 327; ThP/Seiler § 794 Rn. 15.
21 BGH JurBüro 2005, 309.
22 Vgl. StJ/Münzberg (22. Auflage) § 794 Rn. 17 mN.
23 MK/Wolfsteiner § 794 Rn. 15.
24 BGH NJW 2007, 2187; BGH FamRZ 2009, 43.

II. Wirksamkeitsvoraussetzungen des Prozessvergleichs § 16

Im Übrigen müssen die **allgemeinen Voraussetzungen** eines materiellrechtlichen Vertrages vorliegen.

Beispiele: Vertretungs- und Verfügungsbefugnis,[25] kein Verstoß gegen §§ 134, 138 BGB, besondere Wirksamkeitsvoraussetzungen wie zB vormundschafts- oder familiengerichtliche Genehmigung (generell gem. §§ 1822 Nr. 12, 1915, 1908i BGB für Vormund, Pfleger und Betreuer – jedoch nicht erforderlich nach gerichtlichem Vergleichsvorschlag – oder gem. §§ 1821, 1822, 1643 BGB für gesetzliche Vertreter je nach nhalt des Vergleichs).

Keine Voraussetzungen für den Abschluss eines Prozessvergleiches sind **Zulässigkeit und Begründetheit** der Klage, so dass die Parteien auch eine unzulässige Klage durch Vergleich erledigen können (zB vor unzuständigem Gericht, um dadurch auch eine Verweisung und weitere Kosten zu vermeiden).

3. Bedingung

Der Prozessvergleich ist als (auch) materielles Rechtsgeschäft grundsätzlich **nicht bedingungsfeindlich**.[26] Falls jedoch ein Rechtsgeschäft nach materiellem Recht bedingungsfeindlich ist, gilt diese Bedingungsfeindlichkeit auch für den Vergleich.

10

Beispiel: Eine **Auflassung** kann nicht bedingt (§ 925 BGB) und daher auch **nicht in einem Widerrufsvergleich** erklärt werden.[27]

Die in der Praxis wichtigste Bedingung stellt der **Widerrufsvorbehalt** dar. Bei einem solchen (Widerrufs-)Vergleich behält sich eine oder auch beide Parteien vor, den Vergleich bis zu einem bestimmten Zeitpunkt zu widerrufen; dies ermöglich eine zusätzliche Überlegungsfrist. Das Unterbleiben des Widerrufs stellt dann eine **aufschiebende Bedingung für die Wirksamkeit des Vergleichs** dar; der Vergleich wird daher nicht wirksam und der Prozess fortgesetzt, wenn der Widerruf fristgemäß erklärt wird.[28]

11

In Bezug auf die **Frist** gelten §§ 222 ZPO, 187 ff. BGB, auch § 193 BGB[29] (dh Fristablauf erst mit dem nächsten Werktag). Eine Verlängerung durch **Vereinbarung der Parteien** (nicht jedoch durch das Gericht!) ist möglich und nach hM formlos wirksam.[30] Die **Ausübung des Widerrufs** kann grundsätzlich – falls die Parteien keine abweichende Vereinbarung getroffen haben – (**formfrei**) **sowohl gegenüber dem Gericht als auch gegenüber dem Prozessgegner** erklärt werden. Dies folgt aus der Doppelnatur des Prozessvergleichs als Prozesshandlung, die gegenüber dem Gericht widerrufen werden kann, und als materiellrechtliches Rechtsgeschäft, hinsichtlich dessen der Prozessgegner gem. § 130 BGB der Erklärungsempfänger ist.[31] Regelmäßig wird jedoch – zur Vermeidung von Unklarheiten hinsichtlich Erklärung und Fristwahrung – eine **bestimmte Form vereinbart**, deren Einhaltung dann **Wirksamkeitsvoraussetzung des Widerrufs** ist (§ 125 S. 2 BGB). In der Regel ergeht eine **schriftsätzliche Anzeige an das Gericht**.

Formulierung: „*Beide Parteien behalten sich vor, diesen Vergleich durch schriftsätzliche Anzeige (oder: Anwaltsschriftsatz) an das Gericht bis einschließlich... (Datum) zu widerrufen.*" Oder: „*Dieser Vergleich ist für die Klägerseite widerruflich mit Schriftsatz*

---

25 Zö/Geimer § 794 Rn. 8.
26 BGHZ 88, 364; Zö/Geimer § 794 Rn. 10 (allgemeine Ansicht).
27 BGH NJW 1988, 415; Grüneberg/Herrler § 925 Rn. 19; MK/Wolfsteiner § 794 Rn. 63 mwN. A.A. BVerwG NJW 1995, 2179.
28 BGH NJW-RR 1996, 15.
29 BGH MDR 1979, 49.
30 OLG Hamm FamRZ 1988, 535; StJ/Roth § 224 Rn. 3
31 BGH NJW 2005, 3576.

gegenüber dem Gericht bis einschließlich... (Datum)." Eine solche Regelung kann dem Vergleich ggf. auch durch Auslegung zu entnehmen sein.[32]

Der *Widerruf* ist nur dann wirksam, wenn der Schriftsatz (Postulationsfähigkeit erforderlich) innerhalb der Frist **bei Gericht eingeht**, dh „zugeht" iSv § 130 Abs. 1 S. 1 BGB.[33] Eine Erklärung gegenüber dem **Gegner** reicht dann **grundsätzlich nicht** aus,[34] jedoch kann unter besonderen Umständen nach Treu und Glauben oder auch durch Auslegung des Vergleichs Wirksamkeit auch des Widerrufs gegenüber dem Gegner anzunehmen sein.[35]

Wird der **Vergleich (wirksam) widerrufen**, wird der Prozess **fortgesetzt**. Der Abschluss des Widerrufsvergleichs ist dann ohne jede Bedeutung. Andernfalls wird der Vergleich wirksam.

> ▸**RA-Stage:** Gegen eine Versäumung der Widerrufsfrist gibt es (da keine Notfrist) **keine Wiedereinsetzung**,[36] daher muss diese Frist sorgfältig beachtet werden. Im Falle einer Anweisung des Mandanten zum Widerruf muss ein solcher sofort erklärt werden.[37]

12 Alternativ zu einem Widerrufsvorbehalt kommen **weitere Gestaltungsmöglichkeiten** in Betracht, mittels derer ein Vergleich von dem nachträglichen Parteiwillen abhängig gemacht werden kann. So können die Parteien ein **Rücktrittsrecht** iSv §§ 346 ff. BGB vereinbaren, bei dessen Ausübung die Wirkungslosigkeit des – an sich unbedingten – Vergleichs eintritt. Im Unterschied zum Widerrufsvorbehalt kann der Rücktritt jedoch **nicht beliebig**, sondern **nur bei Vorliegen des vereinbarten Rücktrittsgrundes** (zB Ausbleiben einer Teilzahlung) ausgeübt werden. Ein Rücktrittsrecht ist daher dann zweckmäßig, wenn sich eine Partei nur bei bestimmten Umständen (nicht generell) von dem Vergleich lösen können soll.[38] Weiter kann ein **Bestätigungsvorbehalt** vereinbart werden. Hierbei handelt es sich um eine Vereinbarung, dass der Eintritt der Wirksamkeit des Vergleichs von einer ausdrücklichen Bestätigung durch eine oder beide Parteien abhängig ist. Der Vorteil gegenüber einem Widerrufsvorbehalt liegt darin, dass der Vergleich nicht durch eine nicht mehr korrigierbare Versäumung der Widerrufsfrist wirksam werden kann. Allerdings sind diese beiden Gestaltungsmöglichkeiten in der Praxis selten.

III. Die Wirkungen des Prozessvergleichs

13 Die Rechtshängigkeit erlischt, soweit der Streitgegenstand geregelt wird.[39] Insoweit ist daher kein Raum mehr für ein Urteil,[40] bei Regelung des gesamten Streitgegenstandes einschließlich der Kosten ist der Prozess somit beendet.

> **Hinweis:** Im Falle eines sog. **Gesamtvergleichs**, durch den auch **weitere Prozesse der Parteien** verglichen werden, erlischt grundsätzlich sogleich **auch die Rechtshängigkeit dieser anderen Prozesse**, selbst wenn sie bei anderen Gerichten anhängig sind. Die Parteien können jedoch auch **vereinbaren**, dass in den anderen Rechtsstreiten noch **besondere verfahrensbeendende Erklärungen** (zB Klagerücknahme, Erledigungserklärungen) abgegeben werden sollen; ein solcher (uU durch Auslegung dem Gesamtvergleich zu

---

[32] BGH NJW-RR 2005, 1323 (dazu Gilfrisch MDR 2006, 1145).
[33] BGH MDR 1990, 43.
[34] BAG NJW 1992, 1127; NJW 1998, 2844; OLG München NJW 1992, 3042.
[35] StJ/Münzberg (22. Auflage) § 794 Rn. 84.
[36] BGH NJW 1995, 521; BAG NJW 1998, 2844.
[37] BGH NJW 1995, 521.
[38] BGHZ 46, 278; 88, 364 (366); Zö/Geimer § 794 Rn. 10.
[39] BGHZ 86, 187.
[40] Schellhammer Rn. 689.

III. Die Wirkungen des Prozessvergleichs

entnehmender) Wille der Parteien hat Vorrang, die Rechtshängigkeit der anderen Prozesse erlischt dann erst aufgrund und nach Maßgabe dieser besonderen Verfahrensbeendigung.[41]

Ein bereits im Prozess ergangenes Urteil wird, wenn es **noch nicht rechtskräftig** ist (zB ein mit Einspruch angefochtenes Versäumnisurteil), zwar **grundsätzlich entsprechend § 269 Abs. 3 S. 1 von selbst wirkungslos**, soweit sein Streitgegenstand von dem Vergleich geregelt wird.[42] Die Parteien können jedoch **etwas anderes vereinbaren** und das Urteil **ganz oder teilweise aufrechterhalten:** Dann behält es insoweit seine Wirksamkeit und wird rechtskräftig, so dass aus ihm vollstreckt werden kann.[43]

14

> **Beispiel:** Klage auf Zahlung von 1.000 EUR; nach Versäumnisurteil und Einspruch einigen sich die Parteien auf 750 EUR. Im Vergleich kann dann zum einen vereinbart werden, dass der Beklagte an den Kläger 750 EUR zahlt: Dann wird das Versäumnisurteil durch den Vergleich (da Regelung des gesamten Streitgegenstandes) wirkungslos, was zweckmäßigerweise im Vergleich selbst zum Ausdruck gebracht wird, aber auch durch deklaratorischen Beschluss entsprechend § 269 Abs. 4 festgestellt werden kann.[44] Zum anderen kann aber auch das Versäumnisurteil in Höhe von 750 EUR aufrechterhalten werden: Dann wird es insoweit rechtskräftig (durch schlüssige Teil-Rücknahme des Einspruchs), im Übrigen wirkungslos.

Ob das Urteil wirkungslos wird oder aufrechterhalten bleibt, ist daher dem Vergleich (uU durch Auslegung) zu entnehmen.

> **Hinweis:** Deshalb ist eine **ausdrückliche Klarstellung im Rahmen des Vergleichs** stets zweckmäßig,[45] dies insbesondere dann, wenn ein **Teilurteil** ergangen war und daher nicht ohne Weiteres deutlich ist, ob es gegenstandslos werden oder neben dem Vergleich fortgelten soll.
>
> **Formulierungsbeispiel:** „*Der Beklagte zahlt über den im Teilversäumnisurteil vom..., das aufrechterhalten bleibt, ausgeurteilten Betrag hinaus weitere 1.000 EUR an den Kläger.*" Oder aber: „*Der Beklagte zahlt an den Kläger insgesamt 2.000 EUR. Mit diesem Vergleich wird das Teilversäumnisurteil … wirkungslos; der Kläger verzichtet auf seine Rechte aus diesem Urteil und gibt die vollstreckbare Ausfertigung an den Beklagten heraus.*"

Soweit das Urteil dagegen **bereits rechtskräftig** ist (zB nicht angefochtene Teil-Versäumnisurteil/Anerkenntnisurteil, rechtskräftiges Urteil eines anderweitigen Rechtsstreits), wird es durch den Vergleich nicht wirkungslos, da die Parteien ein rechtskräftiges Urteil nicht durch Vereinbarung beseitigen können. Soweit aber der Gegenstand des Urteils durch den Vergleich anders geregelt wird (Klarstellung zweckmäßig, ansonsten Auslegung), begründet der Vergleich die **Vollstreckungsgegenklage**.[46]

15

> **Formulierungsbeispiel:** „*Das Teilanerkenntnisurteil vom... oder: das Urteil des Rechtsstreits 2 O 796/21 Landgericht Frankfurt – bleibt unberührt.*" Oder aber: „*Der Kläger verzichtet auf die Rechte aus dem Teilanerkenntnisurteil/Urteil …*" (Grund für Vollstreckungsgegenklage, falls erforderlich; kein Rechtsschutzbedürfnis, solange sich der Kläger ersichtlich an den Vergleich hält). War dem Kläger schon eine vollstreckbare Ausfertigung (§§ 724 ff.) erteilt, ferner: „*Der Kläger gibt die vollstreckbare Ausfertigung an den Beklagten heraus*", wodurch dieser (da der Kläger keine zweite vollstreckbare Ausfertigung erhält) auch ohne Vollstreckungsgegenklage vor einer Vollstreckung gesichert wird.

---

41 ThP/Seiler § 794 Rn. 26.
42 HM: BGH JZ 1964, 257; Zö/Geimer § 794 Rn. 13; Anders/Gehle/Schmidt § 794 Rn. 9; Rensen JA 2004, 556.
43 BGH NJW 1969, 1481; Zö/Geimer § 794 Rn. 13; ThP/Seiler § 794 Rn. 28.
44 Schellhammer Rn. 689.
45 Schellhammer Rn. 689.
46 Anders/Gehle/Schmidt § 794 Rn. 9; StJ/Münzberg (22. Auflage) § 794 Rn. 39.

16 Materiellrechtlich regelt der Prozessvergleich die Rechtsbeziehungen der Parteien durch Rechtsgeschäft gemäß seinem konkreten Inhalt. Dabei treten **alle Rechtswirkungen des betreffenden Rechtsgeschäfts** ein, mithin die Begründung von Ansprüchen, Gestaltung der Rechtsbeziehungen (etwa Abschluss oder Änderung eines Gesellschaftsvertrages) oder Verfügungswirkungen (etwa Übereignung).

17 Die ordnungsgemäße Vergleichsprotokollierung **ersetzt jede anderweitige** für das betreffende Rechtsgeschäft vorgeschriebene Form (notarielle Beurkundung oder Schriftform, §§ 127a, 126 Abs. 4, 127 BGB), so dass durch Prozessvergleich jedes formbedürftige Geschäft vorgenommen werden kann.

> **Beispiele:** Bürgschaft, Schenkungsversprechen, Grundstücksverträge und Auflassung, Übertragung von GmbH-Anteilen. Hinsichtlich eines notariellen Formerfordernisses für den schriftlichen Vergleichsabschluss gem. § 278 Abs. 6 ist dies jedoch streitig (→ Rn. 7).

Soweit das im Vergleich beurkundete Rechtsgeschäft die **persönliche Erklärung** einer Partei erfordert (zB des Erblassers im Falle eines Erbvertrags oder eines Erbverzichts, §§ 2274, 2347 BGB), muss die Partei bei Vergleichsschluss anwesend sein und dem Vergleich auch persönlich zustimmen; streitig ist allerdings, ob sich dies aus dem Protokoll selbst ergeben muss.[47]

18 Der Prozessvergleich ist ein **Vollstreckungstitel**, soweit er einen vollstreckungsfähigen Inhalt hat (§ 794 Abs. 1 Nr. 1).

Vollstreckbar ist **jede vollstreckungsfähige Regelung**, auch soweit sie über den Streitgegenstand des Prozesses hinausgeht oder einen anderweitigen Gegenstand regelt und auch unabhängig davon, welche der Parteien verpflichtet ist.

> **Beispiel:** Klage auf Zahlung des Restkaufpreises für einen PKW; Beklagte macht Mängel geltend. Im Vergleich verpflichtet sich der Kläger zur Rücknahme des Wagens und Rückzahlung eines bestimmten Betrages (Anzahlung abzüglich Nutzungsentschädigung): Diese Verpflichtungen **des Klägers** sind tituliert und gem. § 794 Abs. 1 Nr. 1 von dem Beklagten vollstreckbar.
>
> Oder: Ein Pflichtteilsberechtigter klagt gegen den Erben auf Auskunft (§ 2314 BGB). Der Beklagte verpflichtet sich – zur Abgeltung des Pflichtteils – zur Zahlung eines Betrages und zur Aushändigung von Nachlassgegenständen: Vollstreckungstitel auf Zahlung und Herausgabe.

19 **Vollstreckungsfähig** ist der Vergleich indes nur bei – aus dem **Vergleichstext selbst** (ggf. durch Auslegung) entnehmbarer, zur Vollstreckung geeigneter – **Bestimmtheit**.

> **Hinweis:** Die Bestimmtheitsanforderungen entsprechen denjenigen eines **Urteilstenors**;[48] daher zB: **einen bestimmten Betrag** an den Kläger zu zahlen (nicht dagegen: *„die Klageforderung zu bezahlen"*);[49] im Einzelnen bezeichnete Mängel zu beseitigen. Nicht: *„die im Gutachten des Sachverständigen Meier vom ... festgestellten Mängel zu beseitigen"*; dieser Vergleich wäre (auch wenn er eine materiellrechtlich wirksame Verpflichtung begründet) nicht vollstreckbar; anders wäre dies jedoch, wenn das Sachverständigengutachten als **Protokollanlage** beigefügt wird (§ 160 Abs. 5).

20 Die **Zwangsvollstreckung aus dem Vergleich** erfolgt unter den allgemeinen Zwangsvollstreckungsvoraussetzungen (§ 795, wie Klausel und Zustellung) nach dem Inhalt

---

47 Bejahend Zö/Greger § 137 Rn. 5; anders OLG Düsseldorf NJW 2007, 1290.
48 BGH NJW 1993, 1995; OLG Zweibrücken NJW-RR 1992, 1408; OLG Koblenz FamRZ 2003, 108.
49 OLG Oldenburg Rechtspfleger 1985, 448.

III. Die Wirkungen des Prozessvergleichs

der zu vollstreckenden Verpflichtung, bei Zahlungsverpflichtung daher nach §§ 803 ff. Es bestehen folgende Besonderheiten:

Für eine **Verpflichtung zur Abgabe einer Willenserklärung** gilt **§ 894 nicht**, da die Fiktion der Erklärungsabgabe auf der Rechtskraft beruht, die einem Prozessvergleich jedoch fehlt.[50] Daher ist entweder **nach § 888 zu vollstrecken oder eine neue Leistungsklage** auf Abgabe der Willenserklärung zu erheben (Anspruchsgrundlage: der Vergleich); für das **Urteil** gilt dann § 894.[51] Wegen dieser Umständlichkeiten ist in den Vergleich möglichst nicht eine bloße Verpflichtung aufzunehmen, sondern die **Willenserklärung selbst**; denn insoweit bedarf es keiner besonderen Herbeiführung der Erklärung mehr, da sie dann bereits **abgegeben ist**.

Weiter kann bei der **Vollstreckung einer Unterlassungsverpflichtung** (§ 890) die **Strafandrohung** nicht in den Vergleich aufgenommen werden, da es sich hierbei um eine hoheitliche Maßnahme handelt;[52] vielmehr ist ein **besonderer Beschluss erforderlich**.[53] Im Vergleich kann aber auch eine **Vertragsstrafe** vereinbart werden,[54] die jedoch nicht aus dem Vergleich vollstreckt, sondern nur durch neue Klage durchgesetzt werden kann.[55]

Im Falle der **Beteiligung eines Dritten** ist eine Vollstreckung durch oder gegen einen Dritten unstreitig möglich aus einem Vergleich, dem der Dritte **beigetreten ist**.[56] Im Falle einer **bloßen Begünstigung des Dritten ohne Beitritt** (etwa: der Beklagte verpflichtet sich gegenüber dem Kläger zur Leistung an den Dritten) kann dieser dagegen nicht selbst aus dem Vergleich vollstrecken, da er nicht Vergleichspartei ist, wohl aber der **Vergleichsgläubiger auf Leistung an den Dritten**.[57]

21

> **Hinweis:** Der Dritte kann aber jedenfalls **Leistungsklage** gegen den Verpflichteten aus dem materiellrechtlichen Vertrag zugunsten Dritter erheben (§ 328 BGB).[58] Zu beachten ist in diesem Zusammenhang die wichtige Sonderregelung für **Unterhaltsansprüche von Kindern** in § 1629 Abs. 3 S. 2 BGB.

Eine **Vollstreckungsgegenklage** ist bei materiellrechtlichen Einwendungen gegen den im Vergleich titulierten Anspruch möglich. Der Prozessvergleich erwächst nicht in Rechtskraft, daher gilt die **Beschränkung des § 767 Abs. 2** für ihn **nicht**. Mit der Vollstreckungsgegenklage können deshalb grundsätzlich auch Einwendungen geltend gemacht werden, die **vor dem Abschluss des Vergleichs entstanden sind**.[59] Nicht gestützt werden kann die Vollstreckungsgegenklage jedoch auf solche Einwendungen, die (wie in der Regel) **gerade durch den Vergleich erledigt worden** sind, da diese dem Schuldner nicht mehr zustehen.[60] Bei einer Klage gem. § 767 gegen einen Prozessvergleich ist daher besonders zu prüfen, ob die Einwendungen von dem Vergleich erfasst werden: In diesem Falle sind sie nicht mehr geeignet, die Klage zu begründen.

22

---

50 BGHZ 98, 127 (allgemeine Auffassung).
51 BGHZ 98, 127; StJ/Bartels § 894 Rn. 4; MK/Gruber § 888 Rn. 9.
52 BGH GRUR 2012, 957; KG NJW-RR 1987, 507; Mus/Voit/Lackmann § 890 Rn. 7.
53 BGH MDR 1979, 116.
54 OLG Hamm MDR 1988, 506.
55 StJ/Münzberg (22. Auflage) § 794 Rn. 43 mN (hM). Differenzierend MK/Wolfsteiner § 794 Rn. 100.
56 StJ/Münzberg (22. Auflage) § 794 Rn. 45.
57 HM: OLG Hamm NJW-RR 1996, 1157; Zö/Geimer § 794 Rn. 6; Anders/Gehle/Schmidt § 794 Rn. 20. A.A. StJ/Münzberg (22. Auflage) § 794 Rn. 45 mN: auch Vollstreckungsrecht des Dritten.
58 Schellhammer Rn. 692.
59 BGH Rechtspfleger 1977, 99; BGH MDR 1987, 933; StJ/Münzberg (22. Auflage) § 795 Rn. 15; Zö/Geimer § 794 Rn. 16.
60 Anders/Gehle/Schmidt § 795 Rn. 13.

IV. Das Zustandekommen des Vergleichs im Zusammenwirken von Gericht, Anwälten und Parteien

1. Aufgabe des Gerichts

a) Allgemeines

23 Das Gericht soll in jeder Lage des Verfahrens auf eine gütliche Beilegung des Rechtsstreits „bedacht sein" (§ 278 Abs. 1), also stets eine Erledigung des Prozesses durch Vergleich in seine Überlegungen einbeziehen (→ § 3 Rn. 16). Wenn Gesichtspunkte und Umstände für eine vergleichsweise Beilegung sprechen (→ Rn. 1), hat das Gericht eine solche anzusprechen, dies durch formlose Vergleichsanregung, durch ausdrücklichen Vergleichsvorschlag oder durch Führung von Vergleichsverhandlungen (letzteres insbesondere in der Güteverhandlung).

> Für **Referendare in der** ▸**Gerichtsstage:** Soweit sich ein Vergleich anbietet, sollte ein entsprechender Vorschlag **im Votum oder Vortrag** angeregt werden, dies **zusätzlich** zu dem stets erforderlichen Vorschlag für die streitige Durchführung des Prozesses. In der Station – zudem auch in der **Examensklausur** – kann ein schriftlicher Vergleichsvorschlags zu entwerfen sein (→ Rn. 25 f.).

24 Das Gericht kann einen schriftlichen **Vergleichsvorschlag** unterbreiten oder **Vergleichsverhandlungen** führen. Ein schriftlicher begründeter Vergleichsvorschlag wird in der Regel dann erbeten, wenn die Anwälte die Vorstellungen des Gerichts mit nicht anwesenden Parteien, Verkehrsanwälten, Entscheidungsgremien, Haftpflichtversicherungen, Steuerberatern oder beteiligten Dritten erörtern müssen. Ein solcher Vorschlag birgt jedoch die Gefahr, dass sich das Gericht schon zu sehr – auch in den Vergleichsvorstellungen – festlegt. Es ist daher **im Allgemeinen sinnvoller,** mündliche **Vergleichsverhandlungen zu führen,** dies unter Ladung der Parteien (§§ 141, 278 Abs. 3) und Hinzuziehung sonstiger Beteiligter. Denn in mündlicher Verhandlung kann von allen Beteiligten flexibler argumentiert werden, zudem unter sofortiger Einbeziehung aller Vorstellungen, Interessen, Wünsche und Bedenken der Parteien, die das Gericht nicht immer von sich aus erkennen und berücksichtigen kann.

b) Schriftlicher Vergleichsvorschlag

25 Der **schriftliche Vergleichsvorschlag** besteht in der Regel aus

1) dem **Wortlaut des vorgeschlagenen Vergleichs:** Dies so, wie er beurkundet werden sollte („Tenor" des Vergleichs).
2) der **Begründung dieses Vorschlags:** Die Begründung des Vergleichsvorschlags hängt in ihrer Ausführlichkeit natürlich von dem jeweiligen Einzelfall ab. Sie erfolgt insbesondere durch Erörterung der Anspruchsgrundlagen und Einwendungen, der streitigen Rechts- und Tatfragen unter Abwägung der Entscheidungsrisiken, insbesondere der Beweissituation (Beweismöglichkeiten, Beweislast), zudem durch Abrechnung einer Werklohnforderung oder eines Schadensersatzanspruchs zur Höhe unter Vorschlägen zu Abrechnungsdifferenzen je nach der Erfolgsaussicht der unterschiedlichen Parteipositionen, durch Darstellung möglicher Vergleichsalternativen etc.
3) **Ausführungen zur Zweckmäßigkeit eines Vergleichsabschlusses:** Hier können die oben → Rn. 1 aufgeführten Gesichtspunkte für den Abschluss eines Vergleichs ausgeführt werden, etwa Hinweise auf Dauer, Schwierigkeit oder Kosten einer Be-

IV. Das Zustandekommen des Vergleichs　§ 16

weisaufnahme, auf besondere wirtschaftliche oder persönliche Umstände, auf verwandtschaftliche oder geschäftliche Beziehungen etc.

4) **Hinweisen oder Anordnungen zum weiteren Verfahren:** Das Gericht muss zwar die Parteien über alle wesentlichen rechtlichen und tatsächlichen Gesichtspunkte informieren und auch seine eigenen derzeitigen Vorstellungen zur Entscheidung des Falles deutlich machen, damit die Parteien sich dazu äußern und sich entscheiden können.[61] Andererseits muss aber der Eindruck vermieden werden, dass das Gericht sich bereits endgültig in der Entscheidung des Rechtsstreits oder einzelner streitiger Punkte festgelegt hat, was uU den Vorwurf der Befangenheit (§ 42 Abs. 2) begründen könnte; es muss vielmehr – durch abwägende, teils auch offen lassende Formulierungen – zum Ausdruck gebracht werden, dass eben nur Ausführungen zu einem Vergleichsschluss nach dem derzeitigen Stand des Prozesses gemacht werden, dass das Gericht aber auch zu anderer Beurteilung, insbesondere bei streitiger Durchführung des Rechtsstreits, offen bleibt. Aus diesem Grunde sind Hinweisen oder Anordnungen zum weiteren Verfahren – etwa Äußerungsfristen (auch zur schriftsätzlichen Annahme, § 278 Abs. 6) und eine Terminsbestimmung – stets sinnvoll.

▸ **Beispiel für einen schriftlichen Vergleichsvorschlag** bei folgender prozessualer Situation: Die Parteien sind die einzigen Kinder des verwitwet verstorbenen Erblassers. Dieser hat die Beklagte, bei der er die letzten Lebensjahre verbracht hat, zur Alleinerbin eingesetzt; zwei Jahre vor seinem Tod, im Alter von 83 Jahren, hat er ihr sein Hausgrundstück übereignet, zum – wie es im Vertrag heißt – „Ausgleich bereits erbrachter Unterhalts- und Pflegeleistungen", unter Übernahme der Grundstücksbelastungen und der Verpflichtung zu Unterhalt und Pflege für die Zukunft durch die Beklagte. Der Kläger verlangt Zahlung von 36.000 EUR als Pflichtteils- und Pflichtteilsergänzungsanspruch. Streitig sind ua der Wert des Nachlasses und des Grundstücks, Umfang und Bewertung der Unterhalts- und Pflegeleistungen der Beklagten und eigene Vorempfänge des Klägers; die Parteien haben sich insoweit ua auf Sachverständigengutachten und auf zahlreiche Zeugen aus ihrem Verwandten- und Bekanntenkreis berufen.

▸ 29 O 116/22

Beschluss

im Rechtsstreit Meyer./. Schulze (kein volles Rubrum)

Das Gericht schlägt den Parteien folgende vergleichsweise Erledigung des Rechtsstreits vor:

1) Die Beklagte zahlt an den Kläger 21.750 EUR.
2) Damit sind alle Pflichtteils- bzw. Pflichtteilsergänzungsansprüche und auch alle sonstigen Ansprüche des Klägers gegen die Beklagte aufgrund des Erbfalles nach dem am …verstorbenen Vater der Parteien Johann Meyer geregelt.
3) Von den Kosten des Rechtsstreits trägt der Kläger 2/5, die Beklagte 3/5.

Dieser Vorschlag beruht auf folgenden Erwägungen:

Dem Kläger steht ein Pflichtteilsanspruch in Höhe von einem Viertel des Nachlasswertes zu (§§ 2303, 1924 BGB), ferner ein Pflichtteilsergänzungsanspruch in gleichem Umfang, soweit in dem Vertrag vom (…) eine Schenkung zu sehen ist (§§ 2325, 2329 BGB).

---

61 Vgl. hierzu Schellhammer Rn. 713.

Köhler

Der Nachlass besteht im Wesentlichen aus den Sparguthaben des Erblassers, die sich im Zeitpunkt des Erbfalls – nach der nunmehr vorliegenden Auskunft der Stadtsparkasse Köln (Anlage B 4) – auf 10.724,80 EUR beliefen. Hinzu kommen nur die Gegenstände des persönlichen Gebrauchs, die erfahrungsgemäß nur einen geringen Wert gehabt haben. Insgesamt wird daher von einem Nachlasswert von 12.000 EUR ausgegangen werden können.

Ob und inwieweit in der Übereignung des Grundstückes eine Schenkung zu sehen ist, hängt vom Verhältnis von Leistung und Gegenleistung des Vertrages ab.

Der Wert des Grundstücks wird auf damals etwa 130.000 EUR geschätzt werden können (§ 2311 Abs. 2 BGB; wird ausgeführt). Hinzu kommt der Wert der mitübertragenen Einrichtung mit etwa 12.000 EUR; einen wesentlich höheren Wert wird der Kläger kaum beweisen können, da (...).

Als Gegenleistung der Beklagten – oder, was auf dasselbe Ergebnis hinausläuft: als leistungsmindernd – ist zum einen die Übernahme der Grundstückslasten zu berücksichtigen, die im Zeitpunkt des Vertragsschlusses mit insgesamt 26.300 EUR valutierten.

Gegenleistung ist zum anderen die Übernahme von Unterhalt und Pflege des Erblassers jedenfalls für die Zukunft.

Der Wert dieser Leistungen wird nach den konkreten damaligen Umständen mit monatlich 470 EUR angemessen anzusetzen sein. Zur Bewertung der Gesamtverpflichtung der Beklagten wird dabei nicht – wie der Kläger meint – die tatsächliche Lebenszeit des Erblassers, sondern, da auf die Vorstellungen der Beteiligten bei Vertragsschluss abzustellen ist, die für diesen Zeitpunkt bestehende Lebenserwartung des Erblassers zugrunde zu legen sein, die für einen 83-jährigen Mann nach der allgemeinen Sterbetafel (Statistik der Lebensversicherungen) rund 5,9 Jahre beträgt. Dies führt zu einer Bewertung der Verpflichtung der Beklagten mit rund 33.000 EUR.

Nicht berücksichtigt werden sollten dagegen etwaige – unter den Parteien auch streitige – Unterhalts- und Pflegeleistungen der Beklagten vor Vertragsschluss: Ersichtlich haben die Beteiligten insoweit nur eine „belohnende Schenkung", nicht aber eine Erfüllung echter Vergütungsverpflichtungen des Erblassers bezweckt. Die Beklagte wäre ja auch für solche Leistungen bereits gerade durch die Grundstücksübertragung – und auch, wie das Testament vom (...) ausweist: durch die Einsetzung als Alleinerbin – vom Erblasser gegenüber dem Kläger begünstigt worden, so dass für eine weitere Begünstigung keine Rechtfertigung bestehen wird.

Dies führt zu einer Differenz von Leistung und Gegenleistung bei Vertragsschluss von – zunächst – 82.700 EUR. Da allerdings die Vertragsparteien einen gewissen zu tolerierenden Spielraum in der Bewertung der beiderseitigen Leistungen haben, erscheint es angebracht, nicht diese volle Differenz, sondern nur einen Wert von 75.000 EUR als unentgeltliche Zuwendung („gemischte Schenkung") zu behandeln.

Dies ergibt dann den vorgeschlagenen Vergleichsbetrag von 12.000 EUR Nachlass zuzüglich 75.000 EUR Schenkung = 87.000 EUR ./. 4, also 21.750 EUR. Zwar ist der Pflichtteilsergänzungsanspruch, soweit er auf § 2329 BGB beruht, grundsätzlich zunächst nur auf Duldung der Vollstreckung in den Schenkungsgegenstand gerichtet, doch ist es zweckmäßiger, sogleich einen Zahlungsbetrag zu vereinbaren.

Etwaige Vorempfänge des Klägers sollten von diesem Vergleichsbetrag nicht abgesetzt werden: Zum einen werden solche Vorempfänge kaum als solche zu beweisen sein (...); zum anderen würde eine Anrechnung solcher Leistungen, die, falls überhaupt, nur verhältnismäßig

IV. Das Zustandekommen des Vergleichs

geringfügig gewesen wären, schon aus Rechtsgründen kaum in Betracht kommen (wird unter Hinweis auf §§ 2315, 2327 BGB näher ausgeführt).

Die vorgeschlagene Kostenregelung entspricht einer Quotelung zur Hauptsache.

Die Parteien werden gebeten, bis zum (...) mitzuteilen, ob sie diesen Vorschlag annehmen.

Die Parteien mögen bei ihrer Entscheidung bedenken, dass bei Durchführung des Prozesses voraussichtlich eine umfangreiche Beweisaufnahme zu zahlreichen Streitpunkten erforderlich wird (...). Diese Beweisaufnahme wird erhebliche Kosten verursachen und zu einer beträchtlichen Prozessdauer führen, ohne dass letztlich eine völlige Klärung zu erreichen sein wird (...). Außerdem sollte es im eigenen Interesse der Parteien liegen, die zahlreichen Zeugen aus ihrem Verwandten- und Bekanntenkreis aus ihren Streitigkeiten herauszuhalten. Und schließlich sprechen insbesondere auch die nahen verwandtschaftlichen Beziehungen der Parteien dafür, die erforderlichen Regelungen hinsichtlich des Vermögens ihres verstorbenen Vaters durch Vergleich und gegenseitiges Nachgeben und nicht durch Erwirken eines streitigen Urteils vorzunehmen.

c) Vergleichsverhandlungen

Im Rahmen von **Vergleichsverhandlungen** entwickelt das Gericht seine Vergleichsvorstellungen und verhandelt darüber mit den Parteien. Dabei ist Zurückhaltung geboten: Den Beteiligten ist Gelegenheit zur Überlegung und Beratung zu geben (uU Verhandlungsunterbrechung). Druck, Überredungsversuche, Übergehen der Anwälte, Anschein einer bereits endgültigen Festlegung oder Drohung mit der ansonsten ergehenden Entscheidung haben zu unterbleiben, da sonst Befangenheitsablehnung oder sogar Anfechtbarkeit gem. § 123 BGB droht.[62]

2. Die Tätigkeit des Anwalts

Die Tätigkeit eines Rechtsanwalts zum Vergleichsschluss (▶RA-Stage) bezieht sich zunächst auf die **Beratung des Mandanten**: Die Prozessvollmacht deckt zwar im Außenverhältnis auch den Abschluss eines Vergleichs (§ 81); der Anwalt darf aber im Innenverhältnis einen Vergleich grundsätzlich **nur mit Zustimmung des Mandanten** abschließen, was eine entsprechende **Beratung** voraussetzt.[63]

> **Hinweis:** Durch den Abschluss eines ungünstigen, der Prozesslage nicht entsprechenden Vergleichs oder durch nicht ausreichende Beratung kann sich der Anwalt **regresspflichtig** machen.

Im Rahmen der anwaltlichen Beratung muss **umfassend** über Vor- und Nachteile eines Vergleichs aufgeklärt werden, dies unter Berücksichtigung der Prozess- und Rechtslage, der Risiken und Erfolgsaussichten einer streitigen Prozessfortsetzung sowie unter Beachtung auch der Vorstellungen des Gerichts und der Möglichkeit von Rechtsmitteln.[64] Insbesondere sind die **Zielvorstellungen** des Mandanten abzuklären, zudem sollte auch eine Erörterung von außerhalb des unmittelbaren Streitgegenstandes liegenden Wünschen oder Streitpunkten erfolgen, um eine umfassende Regelung der Rechtsbeziehungen der Parteien herbeiführen zu können. Ein Vergleichsvorschlag des Gerichts

---

62 BGH NJW 1966, 2399; vgl. hierzu auch Schellhammer Rn. 699 f.
63 BGH NJW 1994, 2085; NJW 2002, 292.
64 BGH NJW 2000, 1944; NJW 2002, 292; NJW 2009, 1589; NJW 2010, 1357; OLG Düsseldorf FamRZ 1997, 939; FamRZ 2001, 1607; OLG Oldenburg VersR 1999, 622.

befreit den Anwalt nicht von seiner eigenen Prüfungs- und Beratungspflicht.[65] Falls begründete Aussicht besteht, dass durch ein Urteil ein wesentlich günstigeres Ergebnis zu erzielen ist, hat der Anwalt **von einem Vergleich abzuraten**;[66] entsprechend ist zu einem nach der Rechtslage günstigen Vergleich zuzuraten. Wenn der Mandant den Rat nicht befolgt, sollte sich der Anwalt die Beratung zur Absicherung schriftlich bestätigen lassen, zudem einen Aktenvermerk erstellen oder ein entsprechendes Schreiben an den Mandanten adressieren.[67]

28 Insbesondere sollte der Mandant **über Kostenfragen des Vergleichs** unterrichtet werden, allen voran darüber, welcher Kostenbetrag **konkret** auf ihn zukommt.

> **Hinweis:** Der Vergleichsschluss löst die **Einigungsgebühr** aus (RVG VV 1003, 1000), während sich die Gerichtsgebühr – in der Regel allerdings insgesamt geringer – ermäßigt (GKG KV 1211 Nr. 3). Daher kann es bei aussichtsloser Prozesslage kostengünstiger sein, die Klage zurückzunehmen, anzuerkennen, Versäumnisurteil oder sogar ein streitiges Urteil ergehen zu lassen, anstatt einen Vergleich mit ungünstigem Inhalt und zusätzlichen Gebühren zu schließen (→ § 10 Rn. 5 ff.). Dies muss **im Einzelfall durchgerechnet** und gegenüber sonstigen Vergleichsvorteilen abgewogen werden. Da hierfür der Streitwert von Bedeutung ist, ist uU schon vor Vergleichsschluss eine **Streitwertfestsetzung** zu beantragen. Dabei ist zu beachten, dass bei über den Streitgegenstand hinausgehenden Vergleichsregelungen der Wert des Vergleichs (Einigungsgebühr, erhöhte Verfahrensgebühr, GKG KV 1900) in der Regel höher sein wird als der Streitwert des Verfahrens (für die übrigen Gebühren).
>
> Eine **Rechtsschutzversicherung** übernimmt Kosten grundsätzlich nur insoweit, wie sie dem Verhältnis des Obsiegens zum Unterliegen entsprechen (**Quote entsprechend dem Vergleichsergebnis**). Falls daher von dieser Quote abgewichen werden soll, ist grundsätzlich eine Abstimmung mit der Versicherung erforderlich, da anderenfalls der Mandant Gefahr läuft, die Kostendifferenz selbst tragen zu müssen (Regressgefahr!).[68] Ggf. sollte daher ein § 91 a-Beschluss beantragt werden (Bindung der Rechtsschutzversicherung).[69]

Falls eine Abstimmung mit dem Mandanten nicht möglich ist oder der Mandant weiterer Beratung bedarf (zB durch Steuerberater), kommt allenfalls der Abschluss eines **Widerrufsvergleichs** (→ Rn. 11) in Betracht.

29 Darüber hinaus bezieht sich die anwaltliche Tätigkeit zum Vergleichsschluss auf die **Verhandlung mit Prozessgegner und Gericht**. Die Beratung muss auch hier vor dem Hintergrund der **Zielvorstellungen des Mandanten** erfolgen, zudem müssen stets die **Interessen des Mandanten** gewahrt werden. Soweit erforderlich, kann zur näheren Abstimmung mit dem Mandanten (Stand des Vergleichsgesprächs, weitere Zugeständnisse, endgültige Zustimmung etc) eine **Unterbrechung der Verhandlung** beantragt werden.

Angestrebt werden sollten umfassende Regelung, zudem sollten realistische Vorschläge mit Spielraum für etwaiges Nachgeben unterbreitet werden. Stets sollte ein möglichst günstiges Ergebnis für den Mandanten erzielt werden, daher ist von einer vorschnellen Aufgabe von Rechtspositionen oder unnötigen Zugeständnissen Abstand zu nehmen.

---

65 Borgmann/Jungk/Schwaiger § 20 Rn. 116.
66 BGH VersR 1993, 1109; BGH NJW-RR 1996, 567; BGH NJW 2010, 1357; OLG Saarbrücken VersR 2002, 1380; OLG Düsseldorf FamRZ 2001, 1607; OLG Hamm FamRZ 1999, 1423.
67 Borgmann/Jungk/Schwaiger § 20 Rn. 121.
68 Vgl. zur Darlegungs- und Beweislast BGH NJW 2011, 2054.
69 OLG Hamm VersR 2005, 1142.

IV. Das Zustandekommen des Vergleichs § 16

Andererseits sind aber auch die Interessen der Gegenseite in die Überlegungen einzubeziehen, damit eine sinnvolle Gesamtregelung erzielt werden kann.

Bei den Vergleichsverhandlungen immer im Auge zu behalten sind **Zins- und Kostenregelungen**, da diese regelmäßig von erheblicher betragsmäßiger Bedeutung sind. Falls eine Einigung über die Kosten nicht zu erzielen ist, kann die Kostenentscheidung gem. § 91a dem Gericht überlassen werden (→ Rn. 3); dies führt jedoch zu höheren Kosten (keine Ermäßigung der Verfahrensgebühr, GKG KV 1211).

Alle regelungsbedürftigen Punkte müssen – den Interessen und Vorstellungen des Mandanten entsprechend – in den Vergleichstext aufgenommen werden, und zwar so bestimmt, dass keine Missverständnisse und Auslegungsschwierigkeiten entstehen und dass insbesondere die Regelungen auch vollstreckungsfähig sind.[70] Daher sind Diktat und Vorlesung des Vergleichstextes sorgfältig verfolgen, zumal eine nachträgliche Berichtigung entsprechend § 319 (etwa hinsichtlich etwaiger Rechenfehler) nicht möglich ist.[71]

3. Typische Vergleichsinhalte

a) Präambel

Ggf. können einleitend folgende Formulierungen gewählt werden: 30

- *„Die Parteien schließen **auf Anraten des Gerichts** folgenden Vergleich"*. Der entsprechende Zusatz verdeutlicht, dass der Vergleich nach Auffassung des Gerichts der Sach- und Rechtslage entspricht, und kann (im Hinblick auf seine Akzeptanzfähigkeit) von Bedeutung sein, wenn das Einverständnis der Haftpflicht- oder Rechtsschutzversicherung oder eine vormundschafts- oder familiengerichtliche Genehmigung eingeholt werden muss.

- *„Die Parteien schließen **ohne Aufgabe ihrer jeweiligen Rechtsstandpunkte** folgenden Vergleich"*. Mit einer entsprechenden Formulierung kann eine Präjudizierung für die Zukunft oder der Eindruck einer Unterwerfung vermieden werden.

    Hinweis: Gelegentlich zu lesen ist auch die Formulierung *„ohne Anerkennung einer Rechtspflicht"*; da der Vergleich jedoch eine solche begründen soll, ist eine derartige Formulierung jedenfalls missverständlich (nur rechtlich unverbindliche Äußerungen?)[72] und sollte daher vermieden werden.

b) Regelung des Streitgegenstandes

Bei **Zahlungsvereinbarungen** kommen folgende Regelungen in Betracht: 31

- **Bestimmte Zahlungsverpflichtung** und uU bestimmte Regelung etwaiger Voraussetzungen. **Beispiel:** *„Der Beklagte zahlt an den Kläger 5.000 EUR"*, oder: *„Der Beklagte verpflichtet sich, an den Kläger 5.000 EUR zu zahlen, und zwar Zug um Zug gegen ..."* (bestimmte Bezeichnung der Gegenleistung).

    Weitere Formulierungsmöglichkeiten: *„einredefrei"*, um nachträgliche Erhebung von Einwendungen auszuschließen. Zudem kann eine Regelung des Zahlungsweges erfolgen, etwa *„auf das Konto des Klägers"* oder *„zu Händen des Prozessbevollmächtigten des Klägers, auf dessen Konto."*

---

70 BGH NJW 2002, 1048.
71 StJ/Althammer § 319 Rn. 3; MK/Musielak § 319 Rn. 3.
72 Vgl. dazu OLG Stuttgart Rechtspfleger 1997, 446.

- **Fälligkeitsregelung**, anderenfalls ist die Leistung **sofort** fällig (§ 271 BGB). Die Aufnahme eines bestimmten **Fälligkeitsdatums** ist zweckmäßig, damit bei Nichterfüllung auch ohne zusätzliche Mahnung Verzug eintritt (§ 286 Abs. 2 Nr. 1 BGB).
- **Zinsregelung**, mit Beginn und Höhe des Zinssatzes, uU erst ab einem künftigen Zeitpunkt, für den Fall, dass der Vergleichsbetrag bis dahin nicht gezahlt ist. Beispiel: *„Der Betrag ist fällig zum 1.9.2022 und bei Nichtzahlung von diesem Zeitpunkt an mit 10 % (oder 5 Prozentpunkte über dem Basiszinssatz) zu verzinsen."*

    Hinweis: Die Zinsregelung für die Vergangenheit ist oft eine besondere Verhandlungsmasse für die Vergleichsverhandlungen. Insoweit kann der Kläger dem Beklagten – jedenfalls zum Teil – entgegenkommen, wobei es natürlich auch auf die Höhe der zustehenden Zinsen ankommt; als Beklagter kann vom Kläger ein (teilweiser) Verzicht verlangt werden, auch unter Hinweis, **dass bei der ungeklärten Rechtslage ein Verzug zweifelhaft sei.**

- Des Weiteren kommen bei Zahlungsvereinbarungen u.U. die Regelung von Steuerfragen (insbesondere **Mehrwertsteuer**), u.U. eine **Wertsicherungsklausel** bei langdauernder Verpflichtung und u.U. eine **Verfallklausel bei Ratenzahlungsvereinbarung** in Betracht. Beispiel: *„Der Beklagte zahlt an den Kläger 5.000 EUR in monatlichen Raten von 200 EUR, jeweils fällig zum 3. eines Monats, beginnend mit Oktober 2022. Kommt der Beklagte mit einer Rate (auch nur teilweise) länger als einen Monat in Rückstand (besser als „Verzug", der durch Nachweis fehlenden Verschuldens ausgeräumt werden kann), so ist der gesamte dann noch ausstehende Betrag sofort fällig."*
- Möglich ist ferner die Regelung eines **Teilverzichts bei frühzeitiger Zahlung** (Anreiz für Schuldner). Beispiel: *„Der Beklagte zahlt an den Kläger 10.000 EUR, fällig am 1.1.2023. Falls der Beklagte bis zum 30.9.2021 8.000 EUR zahlt, verzichtet der Kläger auf den Restbetrag."* Bei Bedarf kann eine entsprechende **Absicherung** (zB Bürgschaft Dritter, Grundschuld) aufgenommen werden. Bei **mehreren Verpflichteten: Gesamtschuldner** (was in der Regel zu verlangen bzw. zu vereinbaren sein wird) oder Teilschuldner.

32 Bei **anderen Streitgegenständen:**

- Abgabe der eingeklagten **Willenserklärung.** Beispiel: *„Der Beklagte stimmt der Auszahlung des beim Amtsgericht Regensburg zu 7 HL 3/12 hinterlegten Betrages von 7.000 EUR nebst den aufgelaufenen Zinsen an den Kläger zu."* (nicht nur: Verpflichtung zur Abgabe, → Rn. 20).
- **Räumungsprozess.** Beispiel: *„Der Beklagte verpflichtet sich, die Wohnung (bestimmte Bezeichnung!) bis spätestens (…) zu räumen und geräumt an den Kläger herauszugeben."* (u.U. mit ausdrücklichem Verzicht des Beklagten auf eine weitere Räumungsfrist).
- **Unterlassungsklage.** Beispiel: *„Der Beklagte verpflichtet sich, folgende Behauptungen zu unterlassen: …"* (genaue Bezeichnung dieser Behauptungen). Oft zweckmäßig ist die Vereinbarung einer Vertragsstrafe für jeden Fall der Zuwiderhandlung (→ Rn. 20); die Vertragsstrafe erhält **der Vergleichsgläubiger selbst,** anders als das Ordnungsgeld, das in die Staatskasse fließt.

c) Weitere Regelungen

33 Auch können in den Vergleich weitere Regelungen aufgenommen werden. In Betracht kommen insbesondere Vereinbarungen, die über die Regelung des Streitgegenstandes hinausgehen, eine **Einbeziehung Dritter** (auch generell dadurch, dass der Dritte dem Vergleich **insgesamt** beitritt, was vor oder nach dem Vergleichstext im Protokoll festgestellt wird), eine Regelung hinsichtlich **bereits ergangener Entscheidungen** (→ Rn. 15) sowie bei Bedarf eine **Störfallvorsorge** (Rücktrittsrecht, Schadensersatzansprüche, Vertragsstrafe etc für den Fall der Nichteinhaltung von übernommenen Verpflichtungen).

d) Abfindungs-/Regelungsklauseln

Abfindungs-/Regelungsklausel dienen der Klarstellung der Regelungsweite. Insoweit kommen folgende **Formulierungen** in Betracht: „*Mit diesem Vergleich ist die Klageforderung geregelt.*" (am engsten), „*Mit diesem Vergleich sind alle von den Parteien in diesem Rechtsstreit geltend gemachten gegenseitigen Ansprüche erledigt.*" (weitergehend) oder („**Generalquittung**"): „*Mit diesem Vergleich sind alle gegenseitigen Ansprüche der Parteien – gleich aus welchem Rechtsgrund – geregelt.*" (am weitesten). 34

▸**RA-Stage:** Insoweit ist **besondere Vorsicht** geboten, da mit letzterer Formulierung ein gegenseitiger Verzicht auf alle weitergehenden nur denkbaren Ansprüche, auch soweit unbekannt, einhergeht.[73] In einem solchen Falle muss daher sorgfältig mit den Parteien/dem Mandanten geklärt werden, ob nicht irgendwelche Ansprüche bestehen können, die nicht durch den Vergleich betroffen werden sollen (ggf. Haftung des Anwalts).[74]

Natürlich kann auch umgekehrt festgestellt werden, was nicht vom Vergleich erfasst werden soll (zB: „*Unberührt von diesem Vergleich sind ...*"). Wenn Ansprüche ungeregelt bleiben (etwa künftige Ansprüche aus Spätfolgen bei einem Unfall), sollte eine mögliche Verjährung verhindert werden (zB durch ausdrücklichen **Verzicht des Gegners auf die Einrede der Verjährung**, § 202 BGB).

e) Kostenregelung

In Bezug auf die Kostenregelung kann grundsätzlich Kostenaufhebung oder -quotelung vereinbart werden, uU ist auch eine Differenzierung nach den einzelnen entstandenen Kosten sinnvoll: Gerichtskosten, außergerichtliche Kosten, Kosten der Beweisaufnahme, des Vergleichs, auch der Kosten anderer Verfahren und insbesondere der **Durchführung des Vergleichs**. Beispiel: „*Der Beklagte trägt die Kosten der Eintragung/Löschung der Grundschuld.*" 35

f) Widerrufsvorbehalt, Rücktrittsrecht

→ Rn. 11 f. 36

V. Streit der Parteien um Wirksamkeit, Fortbestand oder Durchsetzbarkeit des Vergleichs

1. Der Streit um ein Nichtzustandekommen oder eine Nichtigkeit

Streiten die Parteien darüber, ob **überhaupt ein wirksamer Prozessvergleich** vorliegt, ist dieser Streit **durch Fortsetzung des bisherigen Rechtsstreits** auszutragen; denn wenn der Vergleich nicht oder nicht wirksam zustande gekommen ist, hat er in Wirklichkeit 37

---

[73] OLG Köln MDR 2000, 140.
[74] BGH MDR 2000, 912.

die **Rechtshängigkeit des Rechtsstreits** nicht beendet.[75] Dies gilt auch bei einem Vergleich mit Feststellungsbeschluss gem. § 278 Abs. 6.[76]

Einer **neuen Klage** der den Vergleich angreifenden Partei mit **identischem Streitgegenstand** (etwa des Klägers mit dem ursprünglichen Klagebegehren) stünde entweder die mögliche Rechtshängigkeit (§ 261 Abs. 3 Nr. 1) oder aber die Rechtskraft entgegen.[77] Ist das Verfahren, in dem ein nichtiger Prozessvergleich abgeschlossen wurde, aber rechtskräftig beendet, können Leistungen, die aufgrund des nichtigen Vergleichs erbracht wurden, jedoch mit einer neuen Klage verfolgt werden.[78]

38 Umstände, die bewirken können, dass der Prozessvergleich nicht oder nicht wirksam zustande gekommen ist, können betreffen: das **Zustandekommen des Vergleichs als solches** (etwa die Ausübung eines **im Vergleich vorbehaltenen Widerrufs- oder Rücktrittsrechts**, der Nichteintritt einer aufschiebenden oder Eintritt einer auflösenden Bedingung), die **Wirksamkeit als materiellrechtliches Rechtsgeschäft** (ua Nichtigkeit, §§ 134, 138 BGB; Anfechtung wegen Irrtums gem. § 119 BGB[79] oder § 123 BGB) oder die **Wirksamkeit als Prozesshandlung** (etwa keine ordnungsgemäße Protokollierung).

39 Das **Fortsetzungsverfahren** bei Streit über die Wirksamkeit eines Vergleiches setzt zunächst einen **Fortsetzungsantrag** derjenigen Partei voraus, welche die Unwirksamkeit geltend macht. Sodann erfolgt eine **Terminsanberaumung** durch das Gericht, da über die Wirksamkeit oder Unwirksamkeit des Vergleichs nur durch Urteil entschieden werden kann.

Bezüglich der **Antragstellung** verbleibt es in der Regel bei dem ursprünglichen Antrag der den Vergleich angreifenden Partei. Der Kläger hat daher seinen Klageantrag zu stellen, der Beklagte seinen Antrag auf Klageabweisung, den er ggf. mit einem Antrag auf Feststellung, dass der Vergleich den Rechtsstreit nicht beendet hat (Zwischenfeststellungsantrag gem. § 256 Abs. 2), sowie ggf. mit einem weiteren Leistungsantrag **auf Erstattung bereits erbrachter Vergleichsleistungen** verbinden kann.[80] Der Antrag des Gegners ist auf die Abweisung dieser Anträge gerichtet, zudem ggf. auf Feststellung der Beendigung des Rechtsstreits (§ 256 Abs. 2) sowie hilfsweise auf das ursprüngliche Begehren.[81]

Im Rahmen des **Fortsetzungsverfahrens** erfolgt zunächst nur eine Klärung, ob der Vergleich wirksam ist oder nicht, dies ggf. durch Beweisaufnahme über die insoweit entscheidungserheblichen Umstände. Falls der **Vergleich wirksam** ist, ergeht ein **Endurteil auf Feststellung, dass der Rechtsstreit durch den Vergleich beendet (oder erledigt) ist**,[82] oder auch eine Abweisung der von dem Kläger weiterverfolgten Klage **als unzulässig**.[83]

---

75 BGHZ 86, 187; BGHZ 87, 230; BGH NJW 1999, 2903; NJW 2002, 1503; NJW 2014, 394. Vgl. hierzu auch Grüneberg/Sprau § 779 Rn. 31.
76 Zö/Greger § 278 Rn. 35 a; Anders/Gehle/Hunke Anh. § 307 Rn. 39.
77 Schellhammer Rn. 703.
78 BGH NJW 2011, 2141.
79 HM StJ/Münzberg (22. Auflage) § 794 Rn. 71; OLG München NJW-RR 1990, 1460 (Rechenfehler).
80 BGH NJW 1999, 2903.
81 Schellhammer Rn. 704 ff.
82 OLG Oldenburg MDR 1997, 781; OLG Hamm MDR 2000, 142; FamRZ 2001, 106; Anders/Gehle/Hunke Anh. § 307 Rn. 39.
83 So MK/Wolfsteiner § 794 Rn. 77; Mus/Voit/Lackmann § 794 Rn. 21. Vgl. BGH NJW 1996, 3345: beide Tenorierungen zulässig.

V. Streit der Parteien um Wirksamkeit, Fortbestand oder Durchsetzbarkeit des Vergleichs § 16

Die **weiteren Kosten** sind gem. § 91 derjenigen Partei aufzuerlegen, die den Vergleich erfolglos angegriffen hat.

Ist der **Vergleich** hingegen **unwirksam**, wird der **Rechtsstreit zur Klage** nach den allgemeinen Grundsätzen fortgesetzt, dies in der Regel mit den ursprünglichen Anträgen der Parteien.[84] Bei prozessualer Unwirksamkeit kann der Vergleich jedoch bei entsprechendem Parteiwillen als **materiellrechtlicher Vergleich** aufrechtzuerhalten sein (→ Rn. 8), was dann **bei der Sachentscheidung zu berücksichtigen** ist.

2. Der Streit um den Fortbestand eines wirksam geschlossenen Prozessvergleichs

Demgegenüber ist der Streit um den **Fortbestand eines wirksam geschlossenen Prozessvergleichs** nach (umstrittener, s.u.) Auffassung der **Rechtsprechung** nicht durch Fortsetzung des früheren, sondern durch einen **neuen Prozess** zu klären: Nachträgliche, den Fortbestand der Vergleichsregelungen berührende Umstände könnten nur das materiellrechtliche Rechtsgeschäft beeinflussen, nicht dagegen die im Prozessvergleich zugleich enthaltene prozessbeendigende Prozesshandlung, die daher in ihrer Wirksamkeit nicht betroffen werde, so dass es bei der **eingetretenen Beendigung** des ursprünglichen Prozesses **verbleibe**. Im Rahmen eines **neuen Prozesses** wäre daher etwa ein **Rücktritt von dem Vergleich** wegen Verletzungen (insbesondere Nichterfüllung) von Vergleichsverpflichtungen (§ 323 BGB) zu klären,[85] **nicht dagegen** der **vorbehaltene Rücktritt**, dessen Ausübung das Zustandekommen des Vergleichs hindert; in diesem Falle wird der ursprüngliche Rechtsstreit fortgesetzt (→ Rn. 37 f.). Demgegenüber wären wiederum im Rahmen eines neuen Prozesses der **Wegfall** bzw. das **Fehlen der Geschäftsgrundlage** des Vergleichs,[86] zudem eine **Aufhebung oder Änderung** des Vergleichs durch eine nachträgliche Vereinbarung geltend zu machen.[87] Als **neuer Prozess** kommt – je nach Fallgestaltung – in Betracht: eine Leistungs-, Feststellungs- oder Vollstreckungsgegenklage.

Beispiel: Der Kläger hat im Prozessvergleich auf einen Anspruch verzichtet. Er tritt vom Vergleich zurück, weil der Beklagte seine Gegenleistung nicht erbringen könne, und macht nunmehr den Anspruch mit einer neuen Leistungsklage geltend. Bei wirksamem Rücktritt gem. § 323 BGB hat der Kläger Anspruch gegen den Beklagten auf Wiederbegründung der durch den im Vergleich enthaltenen Erlassvertrag gem. § 397 BGB erloschenen Forderung und kann daher die Forderung neu einklagen.[88] Oder: Eine Partei hat sich zu einer Leistung verpflichtet. Sie behauptet einen nachträglichen Wegfall der Geschäftsgrundlage: Vollstreckungsgegenklage gegen die titulierte Forderung.

Die geschilderte Rechtsprechung ist im Schrifttum jedoch **umstritten**.[89] Nach der Gegenauffassung ist dagegen auch ein solcher Streit grundsätzlich durch **Fortsetzung des bisherigen Rechtsstreits** zu klären: Es gehe auch dann um eine Unwirksamkeit des Vergleichs. Die Unwirksamkeitsgründe (etwa vorbehaltener Rücktritt oder Rücktritt wegen Vergleichsverletzung) dürften nicht prozessual unterschiedlich behandelt werden. Es müssten auch verschiedene Unwirksamkeitsgründe (wie zB Anfechtung oder Fehlen der Geschäftsgrundlage) in einem einzigen Prozess, eben durch Fortsetzung des

---

84 Anders/Gehle/Hunke § 307 Rn. 39; ThP/Seiler § 794 Rn. 39.
85 BGHZ 16, 388.
86 BGH NJW 1966, 1658; NJW 1986, 1348; OLG Hamm VersR 2006, 562.
87 BGHZ 41, 310.
88 Grüneberg/Sprau § 779 Rn. 31.
89 Zustimmend Anders/Gehle/Hunke Anh. § 307 Rn. 43; Mus/Voit/Lackmann § 794 Rn. 24; Schellhammer Rn. 701.

Rechtsstreits, geltend gemacht werden können; eine Trennung sei daher nicht prozessökonomisch.[90]

41 Falls der Angreifende **sowohl Unwirksamkeitsgründe als auch Gründe gegen den Fortbestand des Vergleichs** geltend macht, ist nach der Rechtsprechung des BGH zu unterscheiden: Bei einer Fortsetzung des ursprünglichen Verfahrens können nur die Unwirksamkeitsgründe geprüft werden, während hinsichtlich der Gründe gegen einen Fortbestand des Vergleichs auf die Erhebung einer neuen Klage verwiesen werden muss (Grund: anderer Streitgegenstand).[91] Im Rahmen einer neuen Klage werden dagegen auch die Unwirksamkeitsgründe berücksichtigt werden können.[92] Bei Zugrundelegung der Gegenmeinung sind dagegen alle Einwände nur durch Fortsetzung des bisherigen Prozesses zu entscheiden.

3. Der Streit um die Auslegung des Vergleichs

42 Ein Streit um die **Auslegung des Vergleichs** ist nach einhelliger Auffassung nicht durch Fortsetzung des bisherigen Rechtsstreits, sondern durch neue Klage (in der Regel Feststellungs- oder Vollstreckungsgegenklage) zu klären, da die Wirksamkeit des Vergleichs und seine prozessbeendigende Wirkung in einem solchen Falle nicht infrage stehen.[93]

4. Einwendungen gegen eine im Vergleich titulierte Verpflichtung

43 Einwendungen gegen eine im Vergleich titulierte Verpflichtung (wie Erfüllung oder Aufrechnung, auch mit vorher entstandener Gegenforderung, falls diese nicht gerade durch den Vergleich ausgeschlossen wurde) sind grundsätzlich mittels **Vollstreckungsgegenklage** geltend zu machen (→ Rn. 22). Für die Vollstreckungsgegenklage besteht allerdings **kein Rechtsschutzbedürfnis**, wenn sie **nur** auf Gründe gestützt wird, die eine Fortsetzung des bisherigen Rechtsstreits ermöglichen (→ Rn. 37 ff.); eine solche Fortsetzung hat daher Vorrang.[94] Dagegen werden mit einer zulässigen Vollstreckungsgegenklage zugleich auch Nichtigkeitsgründe geltend gemacht werden können.[95]

VI. Außergerichtlicher Vergleich der Parteien über den Streitgegenstand

44 Die Parteien können sich nicht nur durch gerichtlichen Vergleich, sondern auch **außergerichtlich** einigen. Eine derartige Vereinbarung stellt ein **materiellrechtlicher Vertrag** der Parteien dar, ist jedoch keine Prozesshandlung: Ihr Zustandekommen setzt daher auch nur die Wirksamkeitserfordernisse des materiellrechtlichen Rechtsgeschäfts voraus, nicht dagegen diejenigen einer Prozesshandlung. Insbesondere bedarf es **keiner Postulationsfähigkeit**; die Parteien können daher einen außergerichtlichen Vergleich auch ohne ihre Anwälte schließen.

45 Der Abschluss eines außergerichtlichen Vergleiches hat auf den Rechtsstreit indes **keine unmittelbare Wirkung:** Der außergerichtliche Vergleich als solcher beeinflusst oder erledigt den Prozess und seine Rechtshängigkeit noch nicht,[96] insbesondere ist

---

[90] Ua StJ/Münzberg (22. Auflage) § 794 Rn. 72 ff.; Zö/Geimer § 794 Rn. 15 f.; Hk-ZPO/Kindl § 794 Rn. 22.
[91] BGH NJW 1986, 1348.
[92] Anders/Gehle/Hunke Anh. § 307 Rn. 40.
[93] BGH NJW 1977, 583; Zö/Geimer § 794 Rn. 16; Schellhammer Rn. 702; Anders/Gehle/Hunke Anh. § 307 Rn. 40.
[94] BGH NJW 1971, 467; NJW 1999, 2903 (streitig).
[95] Anders/Gehle/Hunke Anh. § 307 Rn. 40.
[96] BGH JZ 1964, 257; BGH NJW 2002, 1503; Zö/Geimer § 794 Rn. 17.

VI. Außergerichtlicher Vergleich der Parteien über den Streitgegenstand

er **kein Vollstreckungstitel**. Noch nicht rechtskräftige Entscheidungen werden nicht schon durch seinen Abschluss gegenstandslos.[97] Vielmehr bedarf der außergerichtliche Vergleich **einer prozessualen Umsetzung** durch die Parteien. Insoweit kommen folgende Möglichkeiten in Betracht:

1. Prozessvergleich

Prozessual umgesetzt werden kann der außergerichtliche Vergleich zunächst durch förmlichen Abschluss als **Prozessvergleich**. Dann gelten dessen Regelungen (also: Prozessbeendigung, je nach Tragweite; Vollstreckungstitel gem. § 794 Abs. 1 Nr. 1)

2. Anerkenntnis, Verzicht, Klagerücknahme oder übereinstimmende Erledigungserklärung

Die prozessuale Umsetzung des außergerichtlichen Vergleichs kann ferner – entsprechend der Vereinbarung der Parteien – durch **Anerkenntnis, Verzicht, Klagerücknahme oder übereinstimmende Erledigungserklärung** – geschehen. Dann gelten die Grundsätze dieser Rechtsinstitute.

Beispiele: Der Kläger nimmt die Klage zurück, nachdem der Beklagte den Vergleichsbetrag und die Kosten des Klägers entsprechend der Kostenvereinbarung gezahlt hat; der Beklagte stellt keinen Kostenerstattungsanspruch gem. § 269 Abs. 3 S. 2, Abs. 4 (Verzicht im außergerichtlichen Vergleich). Oder: Die Parteien erklären den Rechtsstreit übereinstimmend für erledigt und schließen einen Kostenvergleich oder stellen Kostenanträge.[98]

3. Klageänderung

Der außergerichtliche Vergleich kann im Übrigen auch durch **Klageänderung** mittels **Anpassung des Klageantrages** an die durch den Vergleich entstandene neue materiellrechtliche Rechtslage erfolgen. Dann ist über die neuen Anträge zu entscheiden.

Beispiel: Kläger klagt auf Rückzahlung von 1.000 EUR als Minderung des Kaufpreises wegen Mangelhaftigkeit. In einem außergerichtlichen Vergleich vereinbaren die Parteien die Rücknahme der Sache durch den Beklagten unter Rückzahlung des Kaufpreises von 4.000 EUR, abzüglich einer Nutzungsentschädigung von 500 EUR. Als der Beklagte diesem Vergleich nicht nachkommt, ändert der Kläger – unter Vortrag der Vereinbarung – den Klageantrag auf 3.500 EUR und auf Verurteilung des Beklagten zur Rücknahme der Sache. Es liegt eine gem. § 264 Nr. 3 zulässige,[99] jedenfalls aber nach § 263 als sachdienlich zuzulassende Klageänderung vor.[100] Anspruchsgrundlage ist nunmehr der außergerichtliche schuldrechtliche Vergleichsvertrag.

4. Außergerichtliche Verpflichtung zur Klagerücknahme

Verpflichtet sich der Kläger außergerichtlich zur **Klagerücknahme**, erklärt diese aber nicht und betreibt die Klage weiter, kann der Beklagte dies einredeweise geltend machen (Einrede der prozessualen Arglist, → § 9 Rn. 15); in diesem Falle erfolgt eine Abweisung der gleichwohl weiterbetriebenen Klage wegen Unzulässigkeit.

---

97 BGH JZ 1964, 257.
98 § 91 a-Entscheidung, vgl. BGH NJW-RR 1997, 510; OLG Brandenburg NJW-RR 1999, 654.
99 Anders/Gehle/Hunke Anh. § 307 Rn. 1.
100 Zö/Geimer § 794 Rn. 17.

Hinweis: Grundsätzlich könnte der Beklagte in einem solchen Falle auch Klage bzw. Widerklage aus dem außergerichtlichen Vergleich auf Klagerücknahme (Willenserklärung) erheben; allerdings dürfte in Anbetracht der möglichen Erhebung einer Einrede insoweit wohl das diesbezügliche Rechtsschutzbedürfnis fehlen (→ § 13 Rn. 34).

5. Nichtmehrbetreiben des Rechtsstreits

50 Betreibt der Kläger den Rechtsstreit nicht mehr, läuft der Prozess ohne förmliche Beendigung – auch ohne Kostenentscheidung – aus. In der Praxis ist dies nicht selten, zB: Parteien beantragen zunächst das Ruhen des Verfahrens wegen außergerichtlicher Vergleichsverhandlungen (§ 251), einigen sich, zeigen dies dem Gericht aber nicht an. Die Akten werden in einem solchen Falle nach sechs Monaten einfach weggelegt (Aktenordnung), das Gericht rechnet seine Kosten ab. Die Parteien können den Prozess dann aber noch jederzeit auch formell beenden, dies durch prozessuale Umsetzung des Vergleichs.

6. Anmerkung: Kostenregelung

51 Die **Kostenregelung durch das Gericht** erfolgt grundsätzlich gemäß der **prozessualen Umsetzung** des Vergleichs. Sie ist **nicht erforderlich**, wenn die Parteien selbst eine förmliche Kostenregelung treffen (Kostenvergleich), eine außergerichtliche Kostenregelung anzeigen (→ § 15 Rn. 10), auf eine Kostenentscheidung des Gerichts verzichten oder keine anderweitige Kostenregelung treffen und treffen wollen: In letzterem Falle gilt § 98 entsprechend, dh Kostenaufhebung kraft Gesetzes[101] (→ Rn. 3).

VII. Der Anwaltsvergleich

52 Der Anwaltsvergleich (§§ 796 a-c) ist eine besondere Ausgestaltung eines außergerichtlichen Vergleichs der Parteien, der durch Vollstreckbarerklärung zu einem **außergerichtlich entstehenden Vollstreckungstitel** führen kann (§ 794 Abs. 1 Nr. 4 b).

Voraussetzungen der Vollstreckbarerklärung gem. § 796 a ist zunächst das **Vorliegen eines materiellrechtlichen Vergleichs iSv § 779 BGB** (zum Erfordernis des gegenseitigen Nachgebens → Rn. 9). Dieser muss schriftlich geschlossen (vgl. § 796 a Abs. 1: Niederlegung), zudem von den Rechtsanwälten (und nicht notwendigerweise von den Parteien) unterschrieben worden sein.[102] Weitergehende materiellrechtliche Formerfordernisse (zB gem. § 311 b BGB) werden durch diese Vergleichsform nicht ersetzt und müssen daher ggf. zusätzlich erfüllt werden. Weiter erforderlich ist die **Unterwerfung des Vergleichsschuldners** unter die sofortige Zwangsvollstreckung wegen der eingegangenen Verpflichtung (§ 796 a Abs. 1), zudem zuletzt die **Niederlegung** des Vergleichs in Urschrift oder notarieller Ausfertigung bei dem Amtsgericht des allgemeinen Gerichtsstandes einer der Parteien.

53 Die **Vollstreckbarerklärung** erfolgt durch das **Gericht** (§ 796 b) oder – jedoch nur bei Einverständnis beider Parteien – durch einen **Notar** (§ 796 c).

Hinweis: Durch die Vollstreckbarerklärung entsteht der Vollstreckungstitel; zur Vollstreckung sind dann auch noch Vollstreckungsklausel und Zustellung erforderlich.

---

101 BGH MDR 2006, 1125; OLG Frankfurt NJW 2005, 2465. Deklaratorischer Beschluss bei Streit der Parteien: ThP/Hüßtege § 98 Rn. 11.
102 ThP/Seiler § 796 a Rn. 4.

VII. Der Anwaltsvergleich

Der Abschluss eines Anwaltsvergleichs ist auch **während eines Prozesses möglich**. Dieser hat indes **keine unmittelbare Prozessbeendigung** zur Folge, vielmehr ist wiederum eine prozessuale Umsetzung erforderlich (→ Rn. 45 ff.). Wird die im Prozess verfolgte Forderung durch den Anwaltsvergleich tituliert, entfällt das Rechtsschutzbedürfnis für die Klage.[103] Soweit der Vergleich die Voraussetzungen des § 796 a nicht erfüllt, gelten uneingeschränkt die unter → Rn. 44 ff. dargestellten Regelungen des außergerichtlichen Vergleichs.

Ein außergerichtlicher Vollstreckungstitel kann zuletzt auch durch die Errichtung einer **notariellen Unterwerfungsurkunde** (§ 794 Abs. 1 Nr. 5) geschaffen werden.

---

[103] Mus/Voit/Voit § 796 a Rn. 12.

§ 17 Der Urkundenprozess

I. Zweck, Vor- und Nachteile, Prozesstaktik

1. Zweck

1 Der Urkundenprozess bietet ein erleichtertes **summarisches Verfahren** zur beschleunigten Erwirkung eines – allerdings möglicherweise nur vorläufigen – Vollstreckungstitels (§ 599 Abs. 3) für Ansprüche, die durch Urkunden beweisbar sind.[1]

2. Vorteile des Urkundenverfahrens im Verhältnis zum Normalprozess

2 Das Verfahren führt zu einer **Beschleunigung des Verfahrens** durch die Beschränkung der Beweismittel, da für anspruchsbegründende Tatsachen nur Urkunden, für andere Tatsachen (zB Einwendungen des Beklagten) lediglich Urkunden und Antrag auf Parteivernehmung, nicht aber Zeugen- und Sachverständigenbeweis (§§ 592, 595 Abs. 2), zulässig sind.

Außerdem sind Widerklagen gegen eine Urkundenklage (§ 595 Abs. 1) ausgeschlossen, wenn gleich gegen eine Klage im Normalprozess Widerklage mit einer Urkundenklage statthaft ist.[2] Eine Aussetzung iSd § 148 ist grundsätzlich auch im Urkundenprozess möglich; sie ist jedoch nicht die Regel, sondern nur unter besonderen Umständen angezeigt, weil sonst der Zweck der Verfahrensart, dem Kläger schnell einen vollstreckbaren Titel zu verschaffen, vereitelt werden könnte.[3]

Dem Urkundenprozess ist auch ein Schlichtungsverfahren nicht vorgeschaltet (§ 15a Abs. 2 Nr. 4 EGZPO).

In Bezug auf die allgemeine Einlassungs- und Ladungsfrist bestehen jedoch keine Besonderheiten in Bezug; sie sind aber gemäß § 226 abkürzbar. Kürzere Ladungsfrist bestehen lediglich im Wechsel- und Scheckprozess (§ 604).

Das ergehende Vorbehaltsurteil hat den Vorteil, dass es ohne Sicherheitsleistung vollstreckbar ist (§ 708 Nr. 4).

3. Nachteile des Urkundenprozesses

3 Bei Widerspruch des Beklagten hat der Kläger lediglich ein Vorbehaltsurteil (§ 599) erwirkt, das sich als auflösend bedingt durch eine mögliche Aufhebung im Nachverfahren (§ 600) darstellt, falls sich in diesem – einem nunmehr grundsätzlich normalen Verfahren ohne Beweismittelbeschränkung – die Unbegründetheit des Anspruches herausstellt.

Die Vollstreckung des Klägers aus dem Vorbehaltsurteil führt zu seiner verschuldensunabhängigen Schadensersatzpflicht[4], sofern das Urteil im Nachverfahren aufgehoben wird (§ 600 Abs. 2, § 302 Abs. 4 S. 3, 4). Insofern erfolgt die Vollstreckung aus dem Vorbehaltsurteil auf eigene Gefahr!

Bei Wahl des Urkundenprozesses ist eine **Verteuerung des Verfahrens**[5] möglich, da das Nachverfahren oder die Prozessfortsetzung nach Abstandnahme vom Urkundenpro-

---

1 BGH NJW-RR 2021, 638 (639 Rn. 8) mwN; Gehle JA 2018, 694; Tunze JuS 2017, 1073; Lepczyk JuS 2010, 30.
2 BGH NJW 2002, 751 (752).
3 BGH NJW-RR 2021, 638 (Rn. 6).
4 Hk-ZPO/Saenger § 302 Rn. 12.
5 H. Schneider JurBüro 2019, 113.

II. Bestimmung des Urkundenprozesses durch den Kläger

zess für die RA-Gebühren als neue Angelegenheit gilt (§ 17 Nr. 5 RVG); die Verfahrensgebühr wird zwar angerechnet (VV 3100 (2)), die Terminsgebühr fällt aber neu an. Die gerichtliche Verfahrensgebühr fällt dagegen insgesamt nur einmal an.[6]

4. Prozesstaktik

Der Kläger kann zwischen Urkunden- und Normalprozess wählen. Der Urkundenprozess ist immer dann zweckmäßig, wenn nicht zu erwarten ist, dass der Beklagte überhaupt das Nachverfahren aufnimmt, so dass es schon deshalb **beim Vorbehaltsurteil bleiben** wird. Es kommt nicht selten vor, dass der Beklagte, der zum Zeitgewinn im Urkundenprozess widersprochen hat, es dann – auch zur Vermeidung weiterer Kosten – beim Vorbehaltsurteil belässt, so dass es nicht mehr zu einem Nachverfahren kommt.

Der Urkundenprozess ist auch dann anzuraten, wenn **für das Nachverfahren hinreichende Erfolgsaussicht** besteht, so zB aufgrund der uneingeschränkten Beweismöglichkeiten des Nachverfahrens, oder deshalb, weil dem Beklagten ohnehin keine Einwendungen zur Verfügung stehen, wie oft bei urkundlich belegten Ansprüchen.

Hingegen macht bei fehlender Erfolgsaussicht für das Nachverfahren (ungünstige Beweisprognose) auch ein für sich erfolgversprechender Urkundenprozess keinen Sinn.

Im Hinblick auf die Beschleunigung des Verfahrens ist der Urkundenprozess vorteilhaft, wenn der Kläger ein besonders **dringendes Interesse an der schnellen Erwirkung eines Vollstreckungstitels** hat, so zB wegen Vermögensverfalls des Beklagten oder eigener Liquiditätsprobleme, so dass die abzuwägende Gefahr der Aufhebung des Vorbehaltsurteils und einer Schadensersatzpflicht in Kauf genommen werden muss. Insbesondere in einer solchen Situation muss der Rechtsanwalt eine Urkundenklage besonders in Erwägung ziehen.[7]

Bei **bloßem Sicherungsbedürfnis** liegt aber die wesentlich einfachere, schnellere und kostengünstigere Erwirkung eines Arrestes näher.

Der Urkundenprozess kann aber auch schon als solcher (wenn der Beklagte sich nicht wehrt (Anerkenntnis, Säumnis) zu einem endgültigen stattgebenden Urteil führen. Daher kann es gegebenenfalls zweckmäßig sein, im Urkundenprozess zu beginnen, das Verhalten des Beklagten abzuwarten und dann erforderlichenfalls vom Urkundenprozess Abstand zu nehmen (§ 596). Mehrkosten durch die Abstandnahme hat der Kläger, wenn er obsiegt, nicht zu tragen.[8]

II. Bestimmung des Urkundenprozesses durch den Kläger

1. Einleitung des Urkundenprozesses

Insofern bedarf es einer eindeutigen **Erklärung in der Klageschrift**, dass im Urkundenprozess geklagt wird (§ 593 Abs. 1). Fehlt diese Erklärung, ist die Klage im Normalprozess erhoben.

Gleiches gilt in Bezug auf den Wechsel- und Scheckprozess (Erklärung, dass im Wechsel- bzw. Scheckprozess geklagt wird (§§ 604 Abs. 1, 605a), ansonsten ist die Klage ebenfalls im Normalprozess erhoben.

---

6 zu den Gebühren: Mus/Voit/Voit § 592 Rn. 16, 17; Zö/Greger vor § 592 Rn. 8.
7 BGH VersR 1994, 1233.
8 Anders/Gehle/Gehle § 596 Rn. 10.

Bei Durchführung des Mahnverfahrens hat eine entsprechende Bezeichnung bereits im Mahnbescheid (§ 703a Abs. 2 Nr. 1) zu erfolgen.

Hinweis Falls die Erklärung in der Klageschrift vergessen wurde, ist eine Korrektur praktisch ausgeschlossen: ein nachträglicher Übergang vom Normal- zum Urkundenprozess ist zwar grds. gem. § 263 möglich, allerdings kaum praktisch, da die Einwilligung des Beklagten hierzu kaum zu erreichen und Sachdienlichkeit nur ausnahmsweise anzunehmen ist.[9]

Verschiedene Zahlungsansprüche können gleichzeitig iSd § 260 im Urkundenverfahren und normalen Klageverfahren geltend gemacht werden.[10]

2. Ein Abstehen vom Urkundenprozess (§ 596)

9   Ein Absehen vom Urkundenprozess ist dem Kläger jederzeit möglich; einer Zustimmung des Beklagten hierzu bedarf es nicht.

Ein Abstehen kommt zB in Betracht, wenn nach Hinweis des Gerichts eine Abweisung als im Urkundenprozess unstatthaft (§ 597 Abs. 2) droht.

10   Der Prozess wird dann im normalen Verfahren ohne Besonderheiten, insbes. ohne Beweiseinschränkungen, mit dem bisherigen Streitgegenstand fortgesetzt. Wird die Klage nunmehr – auch – auf einen anderen Streitgegenstand gestützt, gelten die Grundsätze der Klageänderung iSd § 263.

Nimmt der Kläger zB vom Urkundenprozess (gestützt auf ein Schuldanerkenntnis) Abstand und stützt die Klage nunmehr auch auf das Grund-(Kausal-)geschäft, stellt dies als nachträgliche Klagehäufung eine Klageänderung dar, die den allgemeinen Voraussetzungen unterliegt, also Zulässigkeit bei Sachdienlichkeit (Regelfall).[11]

11   Auch **im Berufungsverfahren** ist das Abstehen vom Urkundenprozess zulässig[12], wenn der Beklagte einwilligt oder das Gericht es für sachdienlich erachtet (also: Abstehen ist wie Klageänderung iSd § 263 zu behandeln).[13] Der Sachdienlichkeit steht grds. nicht entgegen, dass aufgrund der Klageänderung neue Parteierklärungen und gegebenenfalls Beweiserhebungen notwendig werden und die Erledigung des Prozesses verzögert wird.[14] Die sich daraus ergebende Notwendigkeit einer Beweisaufnahme kann die Verneinung der Sachdienlichkeit nicht begründen.[15] Auch der Verlust einer Tatsacheninstanz steht dieser nicht entgegen, da das Gesetz eine solche im Interesse der Prozesswirtschaftlichkeit in Kauf nimmt (vgl. § 533 Nr. 1).[16]

Ein Abstehen ist selbst nach Hinweis des Berufungsgerichts auf die beabsichtige Zurückweisung der Berufung iSd § 522 Abs. 2 S. 2 zulässig, sofern der Beklagte einwilligt oder das Gericht es für sachdienlich hält.[17]

---

9   BGHZ 69, 66.
10 BGH NJW 2002, 751 (753); Mu/Voit/Foerste § 260 Rn. 6c; OLG Rostock MDR 2020, 367; aA OLG Frankfurt MDR 2015, 671.
11 BGH NJW-RR 1987, 58; VersR 1988, 942.
12 Vgl. dazu auch Schneider NJW 2014, 2333 zur kostenrechtlichen Problematik.
13 BGH NJW 2020, 2407 (2408 Rn. 14); NJW 2011, 2796 (2797 Rn. 24); NJW 2012, 2662 (2663 Rn. 22); MDR 2012, 1184; OLG Celle MDR 2015, 671; Ulrici NJW 2020, 2370.
14 BGH NJW 2012, 2662 (2663 Rn. 22).
15 BGH NJW 2012, 2662 (Rn. 22).
16 BGH NJW 2020, 2407 (2408 Rn. 14).
17 BGH MDR 2022, 1108 (1109 Rn. 20 f.).

III. Der eigentliche Urkundenprozess („Vorverfahren")

1. Begriff

Hierbei handelt es sich um das Verfahren gemäß §§ 592 ff. bis zu einem Übergang ins Normal-/Nachverfahren.

2. Zulässigkeit der Urkundenklage

a) Allgemeine Zulässigkeitsvoraussetzungen

Die Urkundenklage setzt wie jede Klage die **allgemeinen Zulässigkeitsvoraussetzungen** voraus (ferner die besonderen des Urkundenprozesses), die vorab zu prüfen sind.

Für die Feststellung der allgemeinen Zulässigkeitsvoraussetzungen gelten die Beweismittelbeschränkungen des Urkundenprozesses nicht: Die Urkundenklage ist vielmehr insoweit wie eine normale Klage zu behandeln, so dass daher die allgemeinen Zulässigkeitsvoraussetzungen auch durch andere Beweismittel, zB durch Zeugen oder im Freibeweis (hM), festgestellt werden können.[18] Eine Gerichtsstandsvereinbarung ist daher auch im Urkundenprozess durch Zeugen beweisbar.

Die Annahme der Zulässigkeit der Klage führt daher zu deren Bindung im Nachverfahren (hM).

Bei Fehlen der allgemeinen Zulässigkeitsvoraussetzungen der Klage ist diese durch normales Prozessurteil abzuweisen.

b) Besondere Zulässigkeitsvoraussetzungen (= Statthaftigkeit der Urkundenklage, § 592)

aa) Geltendmachung eines Anspruchs iSd § 592

Die Klage muss auf Zahlung einer bestimmten Geldsumme (§ 592 S. 1), auf künftige Leistung und auf Zahlung Zug um Zug, ferner auf Duldung der Vollstreckung aus Grundpfandrechten (§ 592 S. 2), auf Leistung vertretbarer Sachen oder Wertpapiere (praktisch bedeutungslos) gerichtet sein.

Sie ist daher nicht statthaft betreffend Ansprüche auf Individualleistungen, Handlungen oder Willenserklärungen, auf Befreiung von einer Geldschuld,[19] für Feststellungsklagen.[20]

Falls die Klage nicht auf statthafte Leistung gerichtet, erfolgt die Abweisung „als im Urkundenprozess unstatthaft."

Der Entstehungsgrund des Anspruchs ist unmaßgeblich. Der Anspruch kann daher sowohl persönlicher oder dinglicher Natur sein.[21]

Eine Ausnahme gilt nur für solche Ansprüche, die mit Zweck und Grundlagen des Urkundenprozesses nicht vereinbar sind (zB bei einer Bürgschaft auf erstes Anfordern für den Rückforderungsprozess). In solch einem Fall ist der Urkundenprozess in der Regel unstatthaft.[22] Hingegen können auch Ansprüche auf **Miete aus Wohnraummietverträ**-

---

[18] BGH NJW 1986, 2765; NJW-RR 1997, 1154; Zö/Greger § 592 Rn. 9.
[19] Zö/Greger § 592 Rn. 4.
[20] MK/Braun/Heiß § 592 Rn. 4, hM.
[21] Zö/Greger § 592 Rn. 2.
[22] BGH NJW 2001, 3549 (3551).

gen im Urkundenprozess verfolgt werden.[23] Dies gilt auch in dem Fall, dass der Mieter wegen Mängel der Mietsache Minderung geltend macht oder die Einrede des nicht erfüllten Vertrages erhebt, sofern der Mieter die Wohnung in vertragsgemäßen Zustand erhalten hat und die Einrede darauf stützt, dass der Mangel nachträglich eingetreten ist.[24] Bei einem Mangelvorbehalt des Mieters ist die Klage jedoch dann statthaft, sofern unstreitig ist oder der Vermieter urkundlich beweisen kann, dass der Mieter trotz des erklärten Vorbehalts die Mietsache als Erfüllung angenommen hart.[25] Auch Ansprüche des Vermieters auf **Betriebskostennachzahlungen** aus Wohnraummietverträgen können im Urkundenprozess geltend gemacht werden.[26] Grundsätzlich ist der Urkundenprozess auch betreffend **Werklohnforderungen** statthaft.[27]

bb) Beweisbarkeit der anspruchsbegründenden Tatsachen durch Urkunden

16 Es gilt der **Grundsatz**, dass sämtliche anspruchsbegründenden Tatsachen durch Urkunden beweisbar sein müssen (§ 592 S. 1).

Welche Tatsachen anspruchsbegründend sind, ergibt sich aus der materiellrechtlichen Anspruchsgrundlage – Tatbestandsvoraussetzungen, Beweislastgrundsätze – und kann daher nur aufgrund einer Schlüssigkeitsprüfung festgestellt werden[28], zB Vertragsschluss, Vertretungsmacht, Fälligkeit, Abtretung. Kündigung oder Genehmigung vollmachtslosen Vertreterhandelns können jedoch in der Klageerhebung selbst liegen und bedürfen dann keines weiteren Urkundenbeweises.

Da der Vermieter zur Begründung seines Mietzinsanspruches nur Mietvertrag u. -höhe vorzutragen hat[29], kann auch **Mietzins** im Urkundenprozess eingeklagt werden, selbst wenn der Mieter Wohnungsmängel einwendet, da diese grds. als materiellrechtliche Einwendung (Minderung, Einrede des nichterfüllten Vertrages) vom Mieter geltend zu machen und zu beweisen sind (s. o.).[30] Sind aber erhebliche Mängel zwischen den Parteien unstreitig, so steht die Minderung der Gebrauchstauglichkeit fest. Dies hat zur Folge, dass die Höhe der geminderten Miete sich nicht aus dem Mietvertrag ergibt. IdR kann dann die Miete nicht mehr im Urkundenprozess eingeklagt werden.[31]

17 Als **Urkunde** gilt ein Schriftstück jeder Art, dessen Form (zB: öffentlich, privat; unterschrieben oder nicht; hand- oder maschinengeschrieben, gedruckt (AGB); Computer-Ausdruck, Telefax) unerheblich ist.

18 Die Urkunde selbst muss **beweiserheblich** sein. Dabei wird sie häufig unmittelbar Träger des Anspruchs (zB Wechsel, Scheck, Vertragsurkunde) oder der zu beweisenden Haupttatsache sein. Es kann aber auch eine Urkunde ausreichen, die nur – auch im Wege der Auslegung – einen Schluss auf die Haupttatsache zulässt (sog. Indizurkunde).[32]

---

23 BGH NJW 1999, 1408.
24 BGH NJW 2005, 2701 (2702); NJW 2007, 1061 Rn. 10; ZMR 2011, 204; KG MDR 2012, 901.
25 BGH MDR 2013, 993.
26 BGH NJW 2015, 475 (476 Rn. 12).
27 OLG Schleswig NJW 2014, 945 (946).
28 KG NJW-RR 1997, 1059; OLG München MDR 1998, 1180; Zö/Greger § 592 Rn. 8.
29 Vgl. dazu auch Streyl NZM 2014, 1; Börstinghaus NZM 2014, 217.
30 BGH NJW 2005, 2701 (2702); BGH NJW 2007, 1061 Rn. 10.
31 KG MDR 2012, 901.
32 BGH NJW 1995, 1683; BGH NJW 2002, 2772 (2778 aE).

III. Der eigentliche Urkundenprozess („Vorverfahren")   § 17

Ein verdeckter Zeugen-, Sachverständigen- oder Augenscheinsbeweis ist jedoch nicht statthaft. Daher sind – obwohl an sich grds. zum Urkundenbeweis geeignete Urkunden[33] – schriftliche Aussagen oder eidesstattliche Versicherungen von Zeugen und Privatgutachten, ferner auch gerichtliche Vernehmungsprotokolle und Sachverständigengutachten aus anderen Gerichts-, insbes. selbstständigen Beweisverfahren (§ 485) für den Urkundenprozess nicht als Urkunden verwertbar, soweit dadurch der Zeugen- oder Sachverständigenbeweis ersetzt werden soll.

Da ein unmittelbarer Zeugen- und Sachverständigenbeweis im Urkundenprozess durch §§ 592, 595 Abs. 2 ausdrücklich ausgeschlossen ist, muss er dann logischerweise auch (erst recht) in der grundsätzlich schwächeren Form des Urkundenbeweises ausgeschlossen sein.[34]

Nach hM, insbes. der Rechtsprechung des BGH, brauchen jedoch entgegen dem Wortlaut des § 592 („sämtliche") **nicht alle anspruchsbegründenden Tatsachen** in dieser Weise durch Urkunden beweisbar zu sein, sondern nur die nach allgemeinen Grundsätzen beweisbedürftigen, also **nur die streitigen**, nicht aber unstreitige, zugestandene oder offenkundige Tatsachen.[35]   19

Grund hierfür ist, dass der allgemeine Grundsatz, dass unstreitige oder offenkundige Tatsachen nicht bewiesen zu werden brauchen (§§ 138 Abs. 3, 288, 291), auch hier gelten müsse. Dies werde durch § 597 Abs. 2 bestätigt, dass die Klage ua dann als unstatthaft abzuweisen sei, wenn ein dem Kläger „obliegender" Beweis nicht mit den im Urkundenprozess zulässigen Beweismitteln angetreten oder geführt sei; dem Kläger „obliege" aber nach allgemeinen Grundsätzen eben nur der Beweis streitiger Tatsachen. Es sei auch ein unnötiger Formalismus, Urkundenbeweis für unstreitige Tatsachen zu verlangen. Insofern erhält der Kläger, die Möglichkeit der Beweisführung durch unstreitige, zugestandene oder offenkundige Tatsachen zu schließen.

Nach der **Gegenmeinung** ist dagegen Urkundenbeweisbarkeit aller, auch der unstreitigen anspruchsbegründenden Tatsachen – zT anders bei offenkundigen – erforderlich, als Voraussetzung („Eintrittskarte") für das Privileg der Verfolgung des Anspruchs im Urkundenprozess; der verhandelnde Beklagte dürfe auch nicht schlechter stehen als der säumige.[36]

Einschränkungen des Ansatzes der hM bestehen jedoch insofern, als zum **Erlass eines Versäumnisurteils** gegen den säumigen Beklagten unstreitig alle (bis auf offenkundige) anspruchsbegründenden Tatsachen durch Urkunden bewiesen werden müssen, da andernfalls gemäß § 597 Abs. 2 die Abweisung der Klage als im Urkundenprozess unstatthaft zu erfolgen hat.[37] Die Geständnisfiktion des § 331 Abs. 1 S. 1 gilt daher im Urkundenprozess für anspruchsbegründende Tatsachen nicht, sondern nur für andere Tatsachen und für die Echtheit der Urkunde. Umstritten ist, ob zum Beweis das Origi-   20

---

33 BGH Urt. v. 13.2.2007 – VI ZR 58/06, NJW-RR 2007, 1077.
34 BGH NJW 2008, 523 (524 Rn. 15 f. betr. Gutachten aus selbstständigem Beweisverfahren); dazu Looff JR 2008, 402); NJW-RR 2012, 1242 (1245 Rn. 24); ThP/Seiler § 592 Rn. 7; Mus/Voit/Voit § 596 Rn. 12. für private Zeugenaussagen und Gutachten praktisch allg. Ansicht, für gerichtliche Gutachten und Vernehmungsprotokolle streitig (s. Nachweis bei BGH aaO).
35 BGHZ 62, 286; 70, 267; BGH NJW 2015, 475 (476 Rn. 16) mwN; zustimmend: Anders/Gehle/Gehle § 592 Rn. 12; Mus/Voit/Voit § 592 Rn. 11; ThP/Seiler § 592 Rn. 6; Hk-ZPO/Siebert § 592 Rn. 4; Zö/Greger § 592 Rn. 11.
36 MK/Braun/Heiß § 592 Rn. 18 (anders bei Offenkundigkeit und Anerkenntnis); OLG Schleswig NJW 2014, 945 (946); Leidig/Jöbges NJW 2014, 892; Stürner NJW 1972, 1257, JZ 1974, 681.
37 BGHZ 62, 286 (290); Hk-ZPO/Siebert § 592 Rn. 4; Mus/Voit/Voit § 597 Rn. 11.

nal der Urkunde vorzulegen ist (hM verneint).³⁸ Unstreitig jedoch hat der Kläger einen Wechsel oder Scheck zum Nachweis seiner Inhaberschaft (Art. 16 WG, Art. 19 SchG) im Original vorzulegen, damit ein VU ergehen kann.

Eine weitere Einschränkung des Ansatzes der hM. besteht ferner darin, dass überhaupt eine auf die Klageforderung bezogene Urkunde (sog. **Grundurkunde**) vorgelegt wird, also trotz des Grundsatzes, dass unstreitige Tatsachen nicht durch Urkunden bewiesen zu werden brauchen.³⁹ Ansonsten würde es dem Wesen des Urkundenprozesses zuwiderlaufen, wenn er ohne jede Urkunde statthaft wäre (was bei konsequenter Fortführung der Rspr. möglich sein müsste). Der BGH stellt dabei keine hohen Anforderungen. So reicht bereits die Vorlage einer Indizurkunde aus oder die Vorlage von Lieferscheinen, Frachtbriefdoppeln u. Rechnungen des Klägers bei unstreitigem Vertragsschluss und Kaufpreis.⁴⁰ Nach a.A.⁴¹ müssen dagegen alle wesentlichen klagebegründenden Tatsachen durch Urkunden belegt werden.

Ohne Vorlage überhaupt einer Urkunde zur Klageforderung ist daher der Urkundenprozess auch nach der BGH-Rspr.) in jedem Fall unstatthaft.⁴²

cc) Prüfung der Statthaftigkeitsvoraussetzungen

21   Die Prüfung hat für **alle** vom Kläger verfolgten **Anspruchsgrundlagen gesondert** zu prüfen. Stellt sich dabei heraus, dass für eine Anspruchsgrundlage der Urkundenprozess nicht statthaft ist (zB: der Kläger stützt sich auf ein schriftliches Anerkenntnis und auf den Anspruch aus dem Grundgeschäft, der aber nicht vollständig urkundlich beweisbar ist), so ist bei Begründetheit der Klage aus dem statthaften Anspruch auf die unstatthafte Anspruchsgrundlage nicht einzugehen. Bei Erfolglosigkeit der Klage hinsichtlich des statthaften Anspruchs ist die Klage insgesamt abzuweisen, bezüglich der unstatthaften Anspruchsgrundlage als in der gewählten Prozessart unstatthaft.

Tenor: „Die Klage wird abgewiesen, und zwar hinsichtlich des geltend gemachten Anspruchs aus dem Kaufvertrag vom ... als im Urkundenprozess unstatthaft."

3. Begründetheit der Urkundenklage

a) Schlüssigkeit der Klage

22   Die Schlüssigkeit der Klage ist **nach den allgemeinen Grundsätzen** von den in Betracht kommenden Anspruchsgrundlagen her festzustellen.

aa) Unschlüssigkeit der Klage

23   Falls bzw. soweit die Klage nicht schlüssig ist, ist sie unabhängig vom Vorliegen der Statthaftigkeitsvoraussetzungen durch **normales Sachurteil** abzuweisen (§ 597 Abs. 1).

Eine unschlüssige Klage ist also auch dann durch Sachurteil abzuweisen, wenn außerdem die Statthaftigkeitsvoraussetzungen des Urkundenprozesses nicht erfüllt sind. Es hat nämlich keinen Sinn, dem Kläger durch eine Abweisung als unstatthaft die Klagemöglichkeit im normalen Verfahren zu erhalten, wenn er ohnehin keinen schlüssigen

---

38 Zö/ Greger § 597 Rn. 9; ThP/Seiler § 592 Rn. 6; MK/Braun/Heiß § 597 Rn. 7.
39 BGHZ 62, 286 (290); OLG Köln MDR 2014, 1022.
40 BGHZ 62, 286 (292).
41 OLG Köln VersR 1993, 901.
42 BGHZ 62, 286 (292); OLG Köln MDR 2014, 1022; VersR 1993, 901; OLG München MDR 2012, 186; OLG Frankfurt MDR 1982, 153; Mus/Voit/Voit § 592 Rn. 11; Zö/Greger § 592 Rn. 11.

III. Der eigentliche Urkundenprozess („Vorverfahren") § 17

Anspruch hat; der Beklagte muss dann auch vor einer erneuten Inanspruchnahme geschützt werden.[43]

Die besonderen Statthaftigkeitsvoraussetzungen sind daher nur Voraussetzung für eine stattgebende, nicht für eine abweisende Entscheidung; fehlende allgemeine Zulässigkeitsvoraussetzungen führen dagegen immer zur Prozessabweisung (→ Rn. 13).

bb) Schlüssigkeit der Klage

Nach Feststellung der Schlüssigkeit ist im **zweiten Schritt** zu prüfen, welche anspruchsbegründenden Tatsachen beweisbedürftig (also streitig) und ob diese Tatsachen durch Urkunden beweisbar und bewiesen sind. 24

Der **Beweis** kann nur durch Vorlage der Urkunden, jedoch nicht durch Anträge auf Vorlegung, wie in §§ 421 ff. § 428, § 432 ZPO angetreten werden (§§ 593 Abs. 2, 595 Abs. 3).[44] Eine Bezugnahme auf dem Gericht bereits vorliegende Akten, zB Strafakten, reicht aber aus.[45]

Die Vorlage einer Abschrift der Urkunde reicht (nur) aus, wenn der Beklagte ihre Echtheit und die Übereinstimmung von Original und Abschrift nicht bestreitet.[46]

Ob die Tatsache bewiesen ist, unterliegt grds. der **freien Beweiswürdigung** (§ 286 Abs. 1), auch unter Auslegung der Urkunde und Heranziehung unstreitiger Tatsachen, von Erfahrungssätzen u. anderer Beweiswürdigungsumstände.[47] Zu beachten sind dabei die §§ 415 ff. Im Hinblick auf § 595 Abs. 2 ist die Beweisführung bzgl. der Echtheit der Urkunde nicht durch Zeugen-, Sachverständigen- und Augenscheinsbeweis, eidesstattlicher Versicherung oder durch Vorlage sog. Berichtsurkunden (→ Rn. 18) möglich.

Falls der dem Kläger obliegende Beweis nicht mit den im Urkundenprozess zulässigen Beweismitteln angetreten oder geführt werden kann, ist die Klage *„als im Urkundenprozess unstatthaft"* abzuweisen (597 Abs. 2). 25

Diese Art der Abweisung hat zur Folge, dass die Klage nur für diesen Urkundenprozess abgewiesen wird, und daher im Normalprozess[48], aber auch in einem neuen Urkundenprozess erneut erhoben werden kann, wenn der Statthaftigkeitsmangel vermieden wird.[49]

Falls die betreffende anspruchsbegründende Tatsache bewiesen ist und damit der Urkundenprozess insofern statthaft, ist die Sachprüfung fortzusetzen.

Zum Prüfungsaufbau für Gutachten und Votum 26

Der Zusammenhang von Statthaftigkeit und Schlüssigkeit/Bestreiten des Beklagten führt dazu, dass keine einheitliche Verfahrensstation gebildet werden kann; denn die Statthaftigkeitsfrage, welche Tatsachen als anspruchsbegründend und beweisbedürftig durch Urkunden bewiesen sein müssen, kann erst nach der Schlüssigkeitsprüfung und der Feststellung eines Bestreitens des Beklagten beantwortet werden. Daher kann zu-

---

43 BGH NJW 1991, 1117; MDR 1976, 561; Zö/Greger § 597 Rn. 6; ThP/Seiler § 597 Rn. 6.
44 BGH NJW 1994, 3295 (3296); MK/Braun § 595 Rn. 8; Zö/Greger § 595 Rn. 9.
45 BGH NJW 1998, 2280; BGH NJW 2008, 523.
46 OLG Koblenz JurBüro 2006, 326; Zö/Greger § 595 Rn. 7; Zö/Feskorn § 435 Rn. 1.
47 BGH NJW 1985, 2953; 1995, 1683; ThP/Seiler § 592 Rn. 6; Zö/Greger § 595 Rn. 7.
48 Hk-ZPO/Siebert § 597 Rn. 6.
49 Zö/Greger § 597 Rn. 7; MK/Braun § 597 Rn. 8; Anders/Gehle/Gehle § 597 Rn. 13; MK/Braun/Heiß § 597 Rn. 9; differenzierend Mu/Voit/Voit § 597 Rn. 9.

nächst nur eine Teil-Verfahrensstation gebildet werden, und es muss dann ggf. nach der Schlüssigkeitsprüfung wieder in die Verfahrensstation eingetreten werden.[50] Eine einheitliche Verfahrensstation – unter Integrierung der Schlüssigkeits-/Bestreitensprüfung und Prüfung der Urkundenbeweisbarkeit[51] – wäre noch unübersichtlicher.

Zweckmäßig ist folgender Aufbau der Zulässigkeitsprüfung:

▶ 1) **Vorweg**: Erklärung, dass im Urkunden- (Wechsel-, Scheck-)Prozess geklagt wird

Falls nicht: Normalprozess, keine Aufbaubesonderheiten.

2) **Verfahrensstation I:**

(1) Allgemeine Zulässigkeitsvoraussetzungen

Feststellung nach allg. Grundsätzen (Beweisaufnahme ohne Einschränkung).

Bei Fehlen: Abweisung der Klage durch (normales) Prozessurteil. Wenn sie vorliegen:

(2) Statthaftigkeitsprüfung

d.h. Prüfung der Statthaftigkeit des Urkundenprozesses, soweit ohne Schlüssigkeitsprüfung möglich:

(a) Für Urkundenprozess geeigneter Anspruch (grds. Zahlungsanspruch)?

(b) Überhaupt eine auf den Anspruch bezogene (Grund-)Urkunde vorgelegt?

(c) Keine Vereinbarung des Ausschlusses des Urkundenprozesses (Einrede)?

Bei Fehlen: Abweisung der Klage als im Urkundenprozess unstatthaft (§ 597 Abs. 2)

Zwar ist auch dann eine Schlüssigkeitsprüfung und bei Unschlüssigkeit Klageabweisung durch Sachurteil möglich, in der Praxis aber nicht üblich:

Wenn die Unstatthaftigkeit schon ohne Schlüssigkeitsprüfung feststeht, erfolgt sogleich Abweisung nach § 597 Abs. 2, ohne dass noch die Schlüssigkeit geprüft wird.

Falls Klage bis hierhin zulässig: entsprechende zusammenfassende Feststellung, und dann:

3) **Schlüssigkeitsprüfung**, nach den allgemeinen Grundsätzen.

(1) Klage nicht schlüssig: Abweisung durch normales Sachurteil (§ 597 Abs. 1).

(2) Bei Schlüssigkeit der Klage:

4) **Verfahrensstation/Statthaftigkeitsprüfung II:**

Feststellung, welche anspruchsbegründenden (Schlüssigkeits-)Tatsachen beweisbedürftig (streitig, nicht offenkundig) und ob diese Tatsachen durch Urkunden bewiesen sind.

Bei Säumnis des Beklagten: alle anspruchsbegründenden Tatsachen müssen durch Urkunden bewiesen werden.

(1) Wenn nicht bewiesen: Statthaftigkeit fehlt:

Abweisung der Klage als im Urkundenprozess unstatthaft (§ 597 Abs. 2).

(2) Wenn bewiesen: Statthaftigkeit des Urkundenprozesses und

5) **Fortsetzung der Sachprüfung**: ggf. weitere Einlassung des Beklagten.

---

50 Schellhammer Rn. 1834, 1835.
51 So Anders/Gehle Abschnitt Q Rn. 25.

III. Der eigentliche Urkundenprozess („Vorverfahren")

b) Verhalten/Verteidigung des Beklagten
aa) Säumnis des Beklagten[52]

- **Bei Fehlen von allgemeinen Zulässigkeitsvoraussetzungen:** Klageabweisung durch normales Prozessurteil (wie auch sonst bei Säumnis → § 12 Rn. 14).
- **Bei ohne Schlüssigkeitsprüfung feststellbarer Unstatthaftigkeit:** Abweisung als im Urkundenprozess unstatthaft (§ 597 Abs. 2).
- **Bei Unschlüssigkeit:** Abweisung durch Sachurteil (§§ 331 Abs. 2, 597 Abs. 1).
- **Bei Schlüssigkeit, aber fehlender Urkundenbeweisbarkeit aller Schlüssigkeitstatsachen:** Abweisung als im Urkundenprozess unstatthaft (§ 597 Abs. 2).
- **Bei zulässiger, schlüssiger und statthafter Klage:** (normales) Versäumnisurteil gegen den Beklagten, ohne Vorbehalt, da ein Vorbehalt nur bei Widerspruch des Beklagten erfolgt. Wird das VU rechtskräftig, findet daher auch kein Nachverfahren statt: Der Beklagte ist endgültig verurteilt.[53] Bei Einspruch des Beklagten wird der Urkundenprozesses fortgesetzt.[54] Es kommt nicht zum Nachverfahren iSd § 600, da dieses erst nach Aufrechterhaltung des VU durch Vorbehaltsurteil nachfolgt.

27

bb) Anerkenntnis

- **bei generellem Anerkenntnis** (nicht nur für den Urkundenprozess): Normales Anerkenntnisurteil ohne Vorbehalt, da kein Widerspruch.
- **bei Anerkenntnis unter Vorbehalt des Nachverfahrens** (also nur für den Urkundenprozess: Vorbehalts-Anerkenntnisurteil (hM, → § 14 Rn. 17).

28

cc) Gegenwehr des Beklagten gegen eine vorbehaltslose Verurteilung

Wendet sich der Beklagte gegen eine vorbehaltslose Verurteilung, so hat dies zur Folge, dass der Beklagte – sofern die Klage nicht abzuweisen sein sollte – immer nur unter Vorbehalt verurteilt werden kann (Vorbehaltsurteil, § 599). Eine solche Gegenwehr kann dergestalt erfolgen:

29

(1) Widerspruch des Beklagten: Vorbehaltsurteil (§ 599)

Ein Widerspruch liegt in jedem Entgegentreten gegen den Klageanspruch, so zB durch Klageabweisungsantrag oder sachliche Verteidigung. Eine ausdrückliche Erklärung in Bezug auf den Vorbehalt ist nicht erforderlich, aber zweckmäßig:

30

„Der Beklagte widerspricht dem Klageanspruch und beantragt, ihm die Ausführung seiner Rechte im Nachverfahren vorzubehalten."

Beachtlich ist die Erklärung nur, sofern sie in mündlicher Verhandlung erfolgt. Bei schriftsätzlicher Ankündigung und Säumnis im Termin gelten nur die Säumnisgrundsätze[55] und zwar im Hinblick auf § 332 auch dann, wenn er in einer früheren Verhandlung widersprochen hat.[56] Dies hat zur Konsequenz, dass der säumige Beklagte

---

52 Zu Entscheidungskonstellationen siehe vorstehendes Prüfungsschema.
53 Zö/Greger § 599 Rn. 6.
54 Schellhammer Rn. 1850.
55 MK/Braun/Heiß § 599 Rn. 4.
56 Zö/Greger § 599 Rn. 6; ThP/Seiler § 599 Rn. 2; Anders/Gehle/Gehle § 599 Rn. 7; aA Hk-ZPO/Siebert § 599 Rn. 3; Mus/Voit/Voit § 599 Rn. 4; MK/Braun/Heiß § 599 Rn. 4; OLG Naumburg NJW-RR 1995, 1087.

allein für den Erhalt des Nachverfahrens Einspruch einlegen muss, selbst wenn er sich im Urkundenprozess weder verteidigen will noch kann.

31   Der Widerspruch bedarf **keiner Begründung**. Bereits die bloße Erklärung des Widerspruchs verhindert eine vorbehaltslose Verurteilung.[57] Insoweit hat keine Prüfung des Widerspruchs dahin zu erfolgen, ob er berechtigt oder erfolgversprechend ist. Vielmehr Vorbehalt auch bei offensichtlich unbegründetem (zB nur zum Zeitgewinn erklärtem) Widerspruch.[58] Zwar ist das sonstige Verteidigungsvorbringen des Beklagten auf seine Erheblichkeit für das Urkundenverfahren zu untersuchen; aber auch wenn dieses Vorbringen erfolglos ist, bleibt es beim Widerspruch als solchen: auch dann nur Verurteilung unter Vorbehalt.

> **Hinweis – Prozesstaktik:** Ist die Urkundenklage nach ihrem Inhalt unzulässig, nicht schlüssig oder unstatthaft, ist sie abzuweisen,[59] und nicht etwa wegen des Widerspruchs des Beklagten ein Vorbehaltsurteil zu erlassen.
>
> Da immer die Gefahr droht, dass Verteidigungsvorbringen durch das Vorbehaltsurteil mit Bindung für das Nachverfahren zurückgewiesen wird, ist es für den Beklagten, wenn keine wirksame Verteidigung gegen eine Vorbehaltsverurteilung möglich ist, zweckmäßig, nur einen Widerspruch, ohne jede Begründung, zu erklären oder unter Vorbehalt anzuerkennen; denn dann kann später auch kein Vorbringen abgeschnitten werden.[60]

(2) Die sachliche Verteidigung des Beklagten

32   Die Verteidigung des Beklagten gegen den schlüssigen Klageanspruch kann wie auch sonst durch Bestreiten von anspruchsbegründenden Tatsachen und/oder durch Vortrag von Gegennormen erfolgen.

33   Das **Bestreiten von anspruchsbegründenden Tatsachen** zwingt den Kläger zum Beweis dieser streitigen Tatsachen durch Urkunden. Ob dieser Beweis geführt ist, ist eine Frage der grds. freien Beweiswürdigung (→ Rn. 24).

> **Sonderfall der Echtheit einer anspruchsbegründenden Urkunde:** (zB eines privatschriftlichen Schuldanerkenntnisses) Der Beklagte hat sich zur Echtheit zu erklären (§§ 439 Abs. 1, 138). Bejaht er die Echtheit, ist sie unstreitig; gibt er keine (substantiierte) Erklärung ab, ist grds. von der Echtheit auszugehen (§ 439 Abs. 3). Bestreitet der Beklagte dagegen die Echtheit – behauptet er also Fälschung seiner Unterschrift, so hat der Kläger die Echtheit der Urkunde/Unterschrift zu beweisen (§ 440 Abs. 1)[61], nicht der Beklagte die Fälschung. Insoweit steht dem Kläger auch der Antrag auf Parteivernehmung zur Verfügung (§ 595 Abs. 2), wegen der ausdrücklichen Beschränkung der Beweismittel im Urkundenprozess aber nicht ein Beweis für die Echtheit der Unterschrift durch Schriftgutachten oder Schriftvergleich (Augenschein).[62] Da aber urkundlicher Beweis der Echtheit nur schwer möglich ist und ein Antrag auf Parteivernehmung des Gegners (§ 445) – also des Beklagten! – im Allgemeinen keinen Erfolg verspricht, ist bei Fälschungseinwand des Beklagten der Urkundenprozess idR erfolglos:
>
> Insofern ist der Übergang ins ordentliche Verfahren zweckmäßig.

---

57 BGH NJW 1988, 1468; Zö/Greger § 599 Rn. 5; Schellhammer Rn. 1846.
58 Zö/Greger § 599 Rn. 5; ThP/Seiler § 599 Rn. 4.
59 Schellhammer Rn. 1846.
60 BGH NJW 1988, 1468; Hk-ZPO/Siebert § 598 Rn. 4, 5; Schellhammer Rn. 1846, 1847.
61 BGH NJW 1995, 1683.
62 HM: Zö/Greger § 595 Rn. 7; Mus/Voit/Voit § 595 Rn. 5; Anders/Gehle/Gehle § 595 Rn. 3; ThP/Seiler § 595 Rn. 3. aA insoweit, da Schriftgutachten und -vergleich gerade Teil der Beweisführung durch Urkunden seien: MK/Braun/Heiß § 595 Rn. 9; Becht NJW 1991, 1993 (1995 f.).

III. Der eigentliche Urkundenprozess („Vorverfahren")

§ 17

Wird der Beweis geführt, erfolgt eine „*Verurteilung unter Vorbehalt*" (§ 599); wenn er nicht geführt wird dann Abweisung der Klage „*als im Urkundenprozess unstatthaft*" (§ 597 Abs. 2).

34

Bei einem **Vortrag von Gegennormen** ist der **weitere Fortgang des Verfahrens** zum einen von dessen Schlüssigkeit zum anderen von dem anschließenden Vortrag des Klägers abhängig:

Bei **unschlüssigem Vortrag des Beklagten** erfolgt dessen Verurteilung unter Vorbehalt (§ 599) unter Zurückweisung des Einwandes in den Entscheidungsgründen. Da diese Zurückweisung nicht auf der Beschränkung der Beweisführung im Urkundenprozess beruht, führt dies grds. zur Bindung für das Nachverfahren.[63]

Hinweis Verzicht auf Widerspruchsbegründung ggf. prozesstaktisch zweckmäßig

Bei **schlüssigem Vortrag des Beklagten** (zB Erfüllung), wobei der Kläger die Voraussetzungen der Gegennorm nicht bestreitet (und diese daher durchgreift) erfolgt Abweisung durch Sachurteil (§ 597 Abs. 1).[64] Auch insoweit gilt der Grundsatz, dass unstreitige Tatsachen nicht durch im Urkundenprozess zulässige Beweismittel bewiesen zu werden brauchen.

Soweit der **Kläger bestreitet**, muss der Beklagte die gegennormbegründenden Tatsachen beweisen (Beweismittel: Urkunden und Parteivernehmung; § 595 Abs. 2), also weitergehende Beweismöglichkeiten als hinsichtlich der anspruchsbegründenden Tatsachen, bei denen (mit Ausnahme bei Echtheit von Urkunden) nur der Urkundenbeweis zulässig ist.[65]

Hat der **Beklagte** diesen **Beweis nicht geführt**, so erfolgt „*Verurteilung unter Vorbehalt*" (§ 599) unter Zurückweisung des Einwandes in den Entscheidungsgründen „*als im Urkundenprozess unstatthaft*" (§ 598), so dass der Beklagte im Nachverfahren auf die Gegennorm zurückgreifen und ihre Voraussetzungen mit allen Beweismitteln beweisen kann.

Hat der **Beklagte den Beweis geführt** (zB durch Vorlage einer Quittung des Klägers), erfolgt Abweisung der Klage durch Sachurteil (§ 597 Abs. 1).[66]

Bei **unstatthaftem Gegenbeweis des Klägers** (zB Zeugen) jedoch ist die Klage nur „*als im Urkundenprozess unstatthaft*" (§ 597 Abs. 2) abzuweisen[67], ebenso bei bloßem **Widerspruch des Klägers** gegen die Gegennorm entspr. § 599 Abs. 1 zur Waffengleichheit mit dem Beklagten, der auch bereits bei bloßem Widerspruch nur unter Vorbehalt verurteilt werden kann[68].

Hinweis: Alternativ dazu kann der Kläger – worauf er gem. § 139 hinzuweisen sein wird[69] – gem. § 596 das Abstehen vom Urkundenprozess erklären.

(3) Vortrag von rechtserhaltenden Tatsachen durch den Beklagten (Replik)

Bestreitet der **Beklagte** solche Tatsachen (zB gegenüber der durch Quittung bewiesenen Erfüllung, dass nachträglich eine anderweitige Verrechnung erfolgt, die Forderung also

35

---

63 BGH NJW 1973, 467; Mus/Voit/Voit § 598 Rn. 1; Anders/Gehle/Gehle § 598 Rn. 2.
64 OLG München MDR 2004, 531; Anders/Gehle/Gehle § 597 Rn. 4.
65 Hk-ZPO/Siebert § 595 Rn. 5.
66 MK/Braun/Heiß § 597 Rn. 13; Zö/Greger § 597 Rn. 1 a.
67 BGH NJW 1986, 2767.
68 MK/Braun/Heiß § 597 Rn. 5; Mus/Voit/Voit § 597 Rn. 3.
69 Zö/Greger § 597 Rn. 1 a.

wieder begründet worden sei) **nicht**, stellt sein generelles Entgegentreten gegen den Klageanspruch weiterhin einen Widerspruch iSv § 599 dar. Es ergeht eine „*Verurteilung unter Vorbehalt*" (§ 599).

36 **Bestreitet der Beklagte,** muss der Kläger die anspruchserhaltenden Tatsachen mit im Urkundenprozess zulässigen Beweismitteln beweisen, wobei auch insoweit der Antrag auf Parteivernehmung zulässig ist (§ 595 Abs. 2).

Falls dem Kläger der Beweis gelingt, erfolgt Verurteilung des Beklagten unter Vorbehalt (§ 599), mit ebenfalls für das Nachverfahren grundsätzlich bindender Zurückweisung des somit widerlegten Einwandes des Beklagten.[70]

Hinweis: Auch insoweit ist ggf. Unterlassung einer Widerspruchsbegründung prozesstaktisch zweckmäßig.

Falls dem Kläger der Beweis nicht durch statthafte Beweismittel gilt, wird die Klage „*als im Urkundenprozess unstatthaft*" (§ 597 Abs. 2) abgewiesen.[71] Der Kläger kann dann im Normalprozess versuchen, die erforderlichen rechtserhaltenden Tatsachen durch anderweitige Beweismittel zu beweisen.

dd) Sonderfall: Hilfsaufrechnung durch den Beklagten

37 Ist die **Primärverteidigung** streitig und nicht mit statthaften Beweismitteln beweisbar, aber auch die Gegenforderung streitig und nicht beweisbar, wird der Beklagte unter Vorbehalt verurteilt.

38 Ist die **Gegenforderung** dagegen **unstreitig** (zB: Klage aus Schuldanerkenntnis. Beklagter erklärt Anfechtung, dessen Grund aber nicht durch Urkunde beweisbar ist, hilfsweise die Aufrechnung mit unstreitiger Gegenforderung), so besteht die Problematik, dass die Klage einerseits nicht aufgrund der Aufrechnung abgewiesen werden kann, weil dann, da die Primärverteidigung (Anfechtung) nicht entscheidungsreif ist, Tragweite und Rechtskraft der Abweisung nicht feststehen würde. Andererseits kann der Beklagte nicht durch Vorbehaltsurteil verurteilt werden, weil jetzt schon die Abweisung im Nachverfahren sicher ist (möglicherweise wegen der Anfechtung, auf jeden Fall aber wegen der Hilfsaufrechnung). Daher bleibt nur aus Ausweg die Abweisung der Klage „*als im Urkundenprozess unstatthaft*".[72]

4. Zum Verfahren

a) Klageerhebung

39 Sie erfolgt nach **allgemeinen Grundsätzen**. Die Urkunden müssen der Klage im Original oder in Abschrift beigefügt oder mit weiterem Schriftsatz – rechtzeitig vor dem Termin – nachgereicht werden (§ 593 Abs. 2). Zweckmäßig Beifügung in Abschrift/Ablichtung, nicht im Original; insbes. bei Wechsel und Scheck: Original nur im Termin vorlegen, weil Original für die Vollstreckung benötigt wird (Art. 39 Abs. 1 WG, 34 Abs. 1 SchG, § 757 ZPO).

---

[70] ThP/Seiler § 598 Rn. 3.
[71] BGH NJW 1986, 2767.
[72] BGHZ 80, 97; MK/Braun/Heiß § 597 Rn. 6; Zö/Greger § 598 Rn. 6; Mus/Voit/Voit § 597 Rn. 4.

III. Der eigentliche Urkundenprozess („Vorverfahren")

b) Verfahren

Es finden ebenfalls **allgemeine Grundsätze** Anwendung. Auch ist die Durchführung des schriftlichen Vorverfahrens mit Versäumnisurteil gemäß § 331 Abs. 3 möglich.

c) Entscheidung nach den dargestellten Entscheidungskonstellationen

aa) Klageabweisung

- bei Abweisung durch normales Prozessurteil oder Sachurteil gemäß § 597 Abs. 1: „Die Klage wird abgewiesen",
- bei Abweisung nach § 597 Abs. 2 dagegen: „Die Klage wird als im Urkundenprozess unstatthaft abgewiesen" oder – abstrakter: „Die Klage wird als in der gewählten Prozessart unstatthaft abgewiesen."

Die Kosten trägt der Kläger (§ 91). Die Anordnung der vorläufigen Vollstreckbarkeit betreffend die Kosten ergeht ohne Sicherheitsleistung gemäß § 708 Nr. 4 (gilt auch bei Klageabweisung[73]), mit Vollstreckungsnachlass für den Kläger (§ 711 S. 1, 2).

bb) Anerkenntnis- oder stattgebendes Versäumnisurteil

Es liegt insoweit jeweils ein Sachurteil vor, dass ein normaler Verurteilungstenor ohne Vorbehalt zu fassen ist.

Die Kosten hat der Beklagte zu tragen (§ 91). Das Urteil ist vorläufig vollstreckbar, ohne Vollstreckungsnachlass (§ 708 Nr. 1, 2).

cc) Vorbehaltsurteil

Es ist ein (normaler) Verurteilungstenor zu formulieren, jedoch mit Vorbehalt gem. § 599 Abs. 1. Formulierung des Vorbehalts. Der Vorbehalt setzt zur Wirksamkeit Aufnahme in den Tenor voraus;[74] nach aA reicht auch Ausspruch in den Entscheidungsgründen aus.[75] Bei Fehlen ist Urteilsergänzung gemäß §§ 599 Abs. 2, 321 möglich.

„Dem Beklagten bleibt/wird die Ausführung seiner Rechte im Nachverfahren vorbehalten."

Die Kosten des Verfahrens trägt der Beklagter (§ 91); die vorläufige Vollstreckbarkeit bestimmt sich nach §§ 708 Nr. 4, 711.

Tatbestand und Entscheidungsgründe sind nach allgemeinen Grundsätzen zu fassen. Bei bloßem Widerspruch des Beklagten, dh ohne Begründung, ist dieser nur knapp in den Entscheidungsgründen zu erwähnen.

d) Rechtsmittel, Rechtskraft

aa) Bei Abweisung der Klage

- *durch normales Prozessurteil*: Berufung.
  Die Rechtskraft beschränkt sich auf den prozessualen Mangel, daher ist eine neue Klage – auch Urkundenklage – unter Vermeidung des Mangels zulässig.
- „als im Urkundenprozess unstatthaft": Berufung.

---

73 Hk-ZPO/Kindl § 708 Rn. 6; Zö/Herget § 708 Rn. 6.
74 BGH NJW 1981, 394; Anders/Gehle/Gehle § 599 Rn. 9.
75 Ua Zö/Greger § 599 Rn. 2; MK/Braun/Heiß § 599 Rn. 7.

Die Rechtskraft ist auf den Statthaftigkeitsmangel beschränkt, daher ist neue Normalprozessklage uneingeschränkt und neue Urkundenklage unter Vermeidung des Statthaftigkeitsmangels zulässig (→ Rn. 25).
- durch Sachurteil: Berufung
Es tritt volle Rechtskraft in der Sache ein, die einer neuen Klage entgegensteht.[76]

bb) Bei Verurteilung des Beklagten

45
- durch *Anerkenntnisurteil*: Berufung; Rechtskraft in der Sache.
- durch *Versäumnisurteil*: Einspruch; Rechtskraft in der Sache.
- durch *Vorbehaltsurteil*:
Zwei Möglichkeiten für den Beklagten, nämlich Berufung gegen das Vorbehaltsurteil (§ 599 Abs. 3), mit dem Ziel einer Abweisung der Klage bereits im Urkundenprozess zu erreichen oder Durchführung des Nachverfahrens (§ 600), mit dem Ziel der Aufhebung des Vorbehaltsurteils im Normalverfahren.
Auch das Vorbehaltsurteil kann in Rechtskraft erwachsen. Diese Rechtskraft bezieht sich aber nur auf die Verurteilung unter Vorbehalt und schließt daher das Nachverfahren gerade nicht aus.

IV. Das Nachverfahren

1. Statthaftigkeit (§ 600 Abs. 1)

46 Ein Nachverfahren kann nur stattfinden, wenn der Beklagte unter Vorbehalt verurteilt worden ist; daher gilt der Grundsatz: „kein Nachverfahren nach vorbehaltsloser Verurteilung".

Wenn eine gebotene Aufnahme des Vorbehalts in den Tenor unterblieben ist, kann der Beklagte Ergänzung verlangen (→ Rn. 43) oder nach Ablauf der Ergänzungsfrist (§ 321 Abs. 2) Berufung mit dem Ziel des Vorbehalts einlegen.[77] Wird eine fehlerhafte vorbehaltslose Verurteilung rechtskräftig, ist ein Nachverfahren ausgeschlossen.

Der Vorbehalt als solcher macht also das Nachverfahren statthaft; er wird im Nachverfahren nicht dahin überprüft, ob er überhaupt hätte angeordnet werden dürfen.

2. Antrag

47 Das Nachverfahren wird nur auf Antrag durchgeführt,[78] nach aA wird Termin zum Nachverfahren von Amts wegen bestimmt (§ 216).[79] Dem steht aber die Frage entgegen, warum ein Nachverfahren durchgeführt werden sollte, wenn es der Beklagte bei der Vorbehaltsverurteilung bewenden lassen will (Dispositionsmaxime!). Für die Nichtdurchführung des Nachverfahrens müsste bei der Gegenansicht der Beklagte einen Verzicht hierzu gesondert erklären.

Antragsteller ist idR der Beklagte, um die Vorbehaltsverurteilung zu beseitigen; der Antrag kann aber auch vom Kläger gestellt werden, um die Endgültigkeit der Verurteilung herbeizuführen.

---

76 Zö/Greger § 597 Rn. 3; Mus/Voit/Voit § 597 Rn. 5.
77 OLG Hamm BB 1992, 236.
78 BGHZ 86, 267 (270): obiter dictum; Mus/Voit/Voit § 600 Rn. 2; ThP/Seiler § 600 Rn. 1; allg. Praxis.
79 Ua OLG Celle NJW-RR 1993, 559; MK/Braun/Heiß § 600 Rn. 4; Zö/Greger § 600 Rn. 8.

IV. Das Nachverfahren

Der Antrag ist nicht fristgebunden. Wird der Antrag aber nicht gestellt, bleibt das Nachverfahren in der Schwebe; die Akten werden nach sechs Monaten weggelegt. Eine Vielzahl von Nachverfahren laufen so aus, können aber wieder aufgenommen werden. Insoweit ist aber Verwirkung möglich.[80]

Der Antrag ist grds. bei dem Gericht der ersten Instanz zu stellen; bei Erlass des Vorbehaltsurteils erst in 2. Instanz: an das Berufungsgericht.[81]

„Im Rechtsstreit ... nehme ich das Nachverfahren für den Beklagten auf mit dem Antrag, unter Aufhebung des Vorbehaltsurteils vom ... die Klage abzuweisen."

Hinweis: Einstellungsantrag gemäß § 707 Die Abwendungsbefugnis des Beklagten gem. § 711 betrifft nur die vorläufige Vollstreckbarkeit des Vorbehaltsurteils. Wird das Vorbehaltsurteil rechtskräftig, so kann aus ihm uneingeschränkt ohne Abwendungsbefugnis vollstreckt werden.[82] Daran ändert sich nichts durch das Nachverfahren; denn die Abwendungsbefugnis gem. § 711 sichert nicht das Nachverfahren ab. Eine Einstellung der Vollstreckung kann insoweit nur über § 707 erreicht werden.

Dem Antrag wird allerdings nur in Ausnahmefällen entsprochen werden können, weil eine Einstellung an sich dem Ziel des Urkundenprozesses zur beschleunigten Schaffung eines durchsetzbaren Vollstreckungstitels zuwiderlaufen würde.[83] Der Antrag bedarf daher sorgfältigster Begründung, mit Glaubhaftmachung.

3. Grundsätze des Nachverfahrens

a) Fortsetzung des bisherigen Verfahrens

Das Nachverfahren ist eine **Fortsetzung des bisherigen Verfahrens**, wenn auch nunmehr als **Normalprozess**, ohne Beschränkung der Beweismittel. Es hat daher denselben (identischen) Streitgegenstand wie das Urkundenverfahren.[84] So betrifft zB das Nachverfahren nach einem Wechselvorbehaltsurteil nur den Anspruch aus dem Wechsel, nicht etwa sogleich auch Ansprüche aus dem Grundgeschäft. Nur wenn der Kläger die Klage nunmehr auch auf das Grundgeschäft stützt oder in anderer Weise den Streitgegenstand der Klage ändert, werden auch anderweitige Streitgegenstände Gegenstand des Nachverfahrens.

Im Hinblick auf die **Einheitlichkeit des Verfahrens** behalten im Vorverfahren entstandene bindende Prozesslagen daher ihre Wirksamkeit auch für das Nachverfahren.[85] Dies gilt insbesondere für ein Geständnis und die Anerkennung der Echtheit einer Urkunde (§§ 288, 439);[86] die Partei ist daran für das Nachverfahren gebunden, ein Widerruf daher nur unter den Voraussetzungen des § 290 beachtlich.

b) Die Bindung im Nachverfahren an das Vorbehaltsurteil[87]

aa) Grundsätze

Nach hM (insbes. nach der Rechtsprechung des BGH) entfaltet das Vorbehaltsurteil eine gewisse Bindung auch für das Nachverfahren. Der Grundsatz; dass das Gericht an

---

80 OLG Frankfurt MDR 1990, 256.
81 BGH NJW 2005, 2701 (2703).
82 BGHZ 69, 270.
83 MK/Braun/Heiß § 599 Rn. 10; Anders/Gehle/Gehle § 599 Rn. 10; Zö/Greger § 599 Rn. 15.
84 Hk-ZPO/Siebert § 600 Rn. 2; Schellhammer Rn. 1852.
85 Zö/Greger § 600 Rn. 1; Hk-ZPO/Siebert § 600 Rn. 2.
86 OLG Saarbrücken MDR 2002, 109.
87 Wichtigstes Problem des Nachverfahrens und daher besonders examensrelevant!

seine in Urteilen (auch Zwischenurteilen) getroffenen Entscheidungen gebunden ist (§ 318), gelte grds. auch für das Vorbehaltsurteil. Da eine Bindung aber andererseits naturgemäß insoweit nicht eintreten kann, als im Urkundenprozess – bedingt durch seine Besonderheiten – eine vollständige Sachprüfung gerade nicht stattgefunden, das Vorbehaltsurteil demgemäß auch nicht den gesamten Streitstoff berücksichtigt hat, definiert die hM[88] die Bindungswirkung grundsätzlich wie folgt:

> **Merksatz** Das Vorbehaltsurteil ist insoweit für das Nachverfahren bindend, als es nicht auf den Beschränkungen des Urkundenprozesses – der Beschränkung des Streitstoffes, insbesondere der Beweismittel – beruht.

51 Zunehmend wird jedoch eine solche Bindungswirkung generell abgelehnt, weil das Urkundenverfahren gerade nicht zu einer endgültigen Bindung führen solle, weil § 318 auch nur für den Entscheidungstenor im Urkundenprozess und nicht für den Inhalt der Entscheidungsgründe gelten könne und weil das Gericht im Nachverfahren nicht an eine als unrichtig erkannte Rechtsauffassung gebunden sein könne.[89]

bb) Bindungswirkung hinsichtlich der einzelnen Entscheidungselemente des Vorbehaltsurteils:

(1) Zulässigkeit der Klage

52 Das Gericht ist an die Annahme der Zulässigkeit der Klage im Urkundenprozess samt Vorliegen der Prozessvoraussetzungen im Vorbehaltsurteil gebunden, da insoweit keine Beschränkung des Prozessstoffes und der Beweismittel bestanden hat (→ Rn. 52).[90] Danach kann die Klage nicht mehr wegen Unzulässigkeit abgewiesen werden, etwa jetzt erst bemerkter Zuständigkeit des Arbeitsgerichts:[91] Die Zulässigkeit der Klage ist insges. bindend festgestellt.

Nach der Gegenmeinung besteht keine Bindung, da die Sachurteilsvoraussetzungen in jedem Stadium des Verfahrens von Amts wegen neu festzustellen seien.[92]

(2) Schlüssigkeit

53 Es besteht grds. eine Bindung an die Schlüssigkeitsannahme im Vorbehaltsurteil, da die Schlüssigkeit uneingeschränkt überprüft werden konnte und musste; die Klage kann daher grundsätzlich nicht mehr wegen Unschlüssigkeit abgewiesen werden.[93]

Daher steht für das Nachverfahren zB die rechtliche Bewertung der Urkunde als Schuldanerkenntnis, die Formgültigkeit des Wechsels, die Fälligkeit der Forderung bindend fest.[94] Auch können Tatsachen, die das Gericht im Vorbehaltsurteil als schlüssigkeitsausschließend übersehen hat, im Nachverfahren nicht mehr zur Verneinung der Schlüssigkeit führen.[95] Insoweit hätte der Beklagten Berufung gegen das Vorbehaltsurteil einlegen müssen. Eine Bindung wird sogar bei Vorbehalts-Anerkenntnisurteil

---

88 BGHZ 82, 115; BGH NJW 1991, 1117; 1993, 668; NJW-RR 1992, 254; BGH NJW 2004, 1159 (1160); ferner: Anders/Gehle/Gehle § 600 Rn. 6 ff.; ThP/Seiler § 600 Rn. 4; Mus/Voit/Voit § 600 Rn. 8 ff.; Hk-ZPO/Siebert § 600 Rn. 3; Schellhammer Rn. 1854.
89 MK/Braun/Heiß § 600 Rn. 19 ff.; Zö/Greger § 600 Rn. 20.
90 BGH NJW 1976, 330; 1993, 668; Hk-ZPO/Siebert § 600 Rn. 3; ThP/Seiler § 600 Rn. 4; Zö/Greger § 600 Rn. 19.
91 BGH NJW 1976, 330.
92 Zö/Greger § 600 Rn. 20; MK/Braun/Heiß § 600 Rn. 21.
93 BGH NJW 1991, 1117; BGH NJW 2004, 1159 (1160).
94 Anders/Gehle/Gehle § 600 Rn. 10 mwN; ThP/Seiler § 600 Rn. 4.
95 BGH NJW 1991, 1117; BGH NJW 2004, 1159 (1160).

angenommen[96], was aber zweifelhaft erscheint, da gerade keine Schlüssigkeitsprüfung (und Anerkenntnis idR aus Kostengründen) erfolgt.

Die Bindungswirkung gilt aber auch nach hM nicht, soweit neuer Tatsachenvortrag die Schlüssigkeit ausräumt.[97] Trägt zB der Beklagte im Nachverfahren neue der Schlüssigkeit entgegenstehende Tatsachen vor, die der Kläger nicht bestreitet, so ist die Schlüssigkeit nunmehr zu verneinen.

Nach der Gegenmeinung besteht keine Bindung. Es ist eine selbstständige Prüfung durchzuführen, damit ein materiell unrichtiges Urteil aufgehoben und eine unschlüssige Klage abgewiesen werden kann.[98]

(3) Beweiswürdigung

Das Gericht ist an die Beweiswürdigung im Vorbehaltsurteil gebunden, falls im Nachverfahren ausschließlich dieselben Beweise zu würdigen sind, nicht dagegen, wenn im Nachverfahren weitere Beweise erhoben worden sind.[99] 54

Nach der Gegenmeinung besteht keine Bindung an die Beweiswürdigung.[100]

c) Einlassung des Beklagten

aa) Bindung an das Vorbehaltsurteil

Da eine uneingeschränkte rechtliche Beurteilung erfolgt[101] (→ Rn. 34 ff.), wird dem Beklagten das Verteidigungsvorbringen für das Nachverfahren abgeschnitten, soweit die Einlassung als **unerheblich (unschlüssig) zurückgewiesen** worden ist oder **uneingeschränkt als widerlegt** behandelt worden ist, es sei denn, dass der Beklagte neuen Tatsachenvortrag anbringt oder neue Beweismittel anbietet. Eine Bindung besteht daher also nur bei unverändertem Streitstand, da nur insoweit ist das Gericht an seine rechtliche oder tatsächliche Beurteilung gebunden ist.[102] 55

Nach der Gegenmeinung besteht generell keine Bindung.[103]

bb) Keine Bindung an Vorbehaltsurteil

Auch nach hM wird ein Verteidigungsvorbringen uneingeschränkt mit allen Beweismitteln: berücksichtigt, soweit eine **Einwendung gemäß § 598 als im Urkundenprozess unstatthaft zurückgewiesen** worden ist, da die uneingeschränkte Vortragsmöglichkeit im Nachverfahren gerade der Sinn dieser Zurückweisung ist. 56

Ebenso kann ein Beweisangebot des Beklagten für seinen bisherigen Vortrag mittels **neuem**, insbes. im Urkundenprozess noch nicht statthaften **Beweis** berücksichtigt werden, und zwar selbst dann, wenn der Vortrag im Urkundenprozess als widerlegt behandelt worden ist, denn dies kann dann nur auf den beschränkten Beweismitteln beruht haben. 57

---

96 OLG Düsseldorf NJW-RR 1999, 68.
97 Hk-ZPO/Siebert § 600 Rn. 4; ThP/Seiler § 600 Rn. 6; Zö/Greger § 600 Rn. 16; Bilda NJW 1983, 142, JR 1988, 332.
98 Zö/Greger § 600 Rn. 20; MK/Braun/Heiß § 600 Rn. 21.
99 Mus/Voit/Voit § 600 Rn. 10.
100 MK/Braun/Heiß § 600 Rn. 22.
101 BGH NJW 1973, 467.
102 BGHZ 82, 115 (120).
103 Zö/Greger § 600 Rn. 20; MK/Braun/Heiß § 600 Rn. 21.

58 Bei **neuem tatsächlichen Verteidigungsvorbringen des Beklagten** (zB für neue Einwendungen oder Einreden, aber auch bei neuem das Vorbringen im Vorverfahren ergänzendem Tatsachenvortrag) ist der Tatsachenvortrag des Beklagten uneingeschränkt im Nachverfahren zu berücksichtigen, auch wenn das Vorbringen bereits im Vorverfahren möglich war. Grund hierfür ist, dass der Beklagte seinen Widerspruch nicht zu begründen braucht (→ Rn. 31), er sich im Urkundenprozess also überhaupt nicht sachlich verteidigen muss, was gerade eine Besonderheit des Urkundenprozesses ist, die zu einer ihm eigentümlichen Beschränkung des Streitstoffes führt. Der neue Tatsachenvortrag war demgemäß nicht Gegenstand des Vorverfahrens, so dass sich daher die Bindungswirkung des Vorbehaltsurteils auch nicht auf diesen beziehen kann.[104] Insoweit ist auch keine Zurückweisung von neuem Vortrag wegen Verspätung iSd § 296 möglich.

59 Der Beklagte kann noch im Nachverfahren **eine bisher nicht bestrittene anspruchsbegründende Tatsache wirksam bestreiten**, mit der Folge, dass der Kläger sie zu beweisen hat, selbst wenn sie im Vorbehaltsurteil ausdrücklich angenommen wurde. Denn da sich der Beklagte im Urkundenprozess nicht sachlich einzulassen brauchte, ist auch dieses neue Bestreiten nicht Gegenstand des Vorverfahrens gewesen.[105] Daher kann der Beklagte die Echtheit einer Urkunde bestreiten, von der das Vorbehaltsurteil – da bis dahin nicht bestritten – ausgegangen war.[106] Zur Klarstellung: An ein Geständnis oder eine Anerkennung der Echtheit einer Urkunde ist der Beklagte gebunden (→ Rn. 49); er kann daher nur ein Bestreiten nachholen oder von einem Nichtbestreiten zu einem Bestreiten übergehen.[107]

cc) Sonstige Einwendungen

60 Ausgeschlossen im Nachverfahren bleiben dagegen Einwendungen des Beklagten, die er materiellrechtlich überhaupt zunächst nicht gegenüber dem Klageanspruch geltend machen kann. So sind bei der in der Praxis sehr wichtigen Bürgschaft auf erstes Anfordern gegenüber der Bürgschaftsklage grds. keine Einwendungen möglich; der beklagte Bürge ist wegen seiner Einwendungen auf den Rückforderungsprozess verwiesen. Dies gilt bei einer Klage aus der Bürgschaft im Urkundenprozess dann auch für das Nachverfahren.[108]

> **Hinweis** In einem Gutachten ist auf die Bindungswirkung des Vorbehaltsurteils dort einzugehen, wo sie von Bedeutung wird;[109] zB zur Verfahrensstation: „Die Zulässigkeit der Klage steht aufgrund des Vorbehaltsurteils fest, da ..." (Begründung der Bindung).

d) Klageänderung und Klageerweiterung

61 Im Nachverfahren gelten die allgemeinen Grundsätze iSd § 263. Stützt der Kläger zB die Klage im Nachverfahren nunmehr auch auf das Kausalgeschäft (= Vortrag eines weiteren Streitgegenstandes), ist dies wie eine Klageänderung zu behandeln, die bei Einwilligung oder idR zu bejahender Sachdienlichkeit zulässig ist.[110]

---

104 BGHZ 82, 115; BGH NJW 1988, 1468; 1993, 668; NJW-RR 1992, 254 (Verjährungseinrede); Hk-ZPO/Siebert § 600 Rn. 4; ThP/Seiler § 598 Rn. 3; Mus/Voit/Voit § 600 Rn. 10; Bilda NJW 1983, 142 (146).
105 BGHZ 82, 115; BGH NJW 1988, 1468; OLG Brandenburg MDR 2002, 780.
106 BGH NJW 2004, 1159 (1160).
107 Zö/Greger § 600 Rn. 13.
108 BGH NJW 1994, 380; MK/Braun/Heiß § 600 Rn. 11, § 592 Rn. 14.
109 Anders/Gehle Abschnitt Q Rn. 37.
110 BGH NJW-RR 1987, 58 (59).

IV. Das Nachverfahren

Auf neue Streitgegenstände und Anspruchsgrundlagen kann sich die Bindungswirkung des Vorbehaltsurteils naturgemäß nicht beziehen. Insoweit ist eine uneingeschränkte Prüfung auf Zulässigkeit und Begründetheit durchzuführen.

4. Durchführung des Nachverfahrens

a) Anträge

- des Klägers: das Vorbehaltsurteil aufrechtzuerhalten, zu bestätigen oder für vorbehaltslos zu erklären,
- des Beklagten: das Vorbehaltsurteil aufzuheben und die Klage abzuweisen.

b) Widerklage

Im Rahmen des Nachverfahrens findet § 592 Abs. 1 keine Anwendung. Die Erhebung der Widerklage ist daher uneingeschränkt zulässig.

c) Beweisaufnahme

Die Beschränkungen des Vorverfahrens gelten nicht mehr, so dass auch keine Beschränkung der Beweismittel mehr gegeben ist.

d) Urteilstenor

aa) Die Klage ist auch im Nachverfahren begründet

„Das Vorbehaltsurteil vom … wird aufrechterhalten (bestätigt)" oder „für vorbehaltslos erklärt".
Die „*Weitere Kosten*" sind gemäß § 91 dem Beklagten aufzuerlegen.
Die vorläufige Vollstreckbarkeit bestimmt sich nach §§ 708 Nr. 5, 711, bezogen nur auf die weiteren Kosten; im Übrigen – hinsichtlich Verurteilungsbetrag und Kosten des Urkundenverfahrens – verbleibt es bei der Vollstreckung aus dem (inzwischen idR rechtskräftigen) Vorbehaltsurteil.

bb) Die Klage erweist sich nunmehr als unbegründet

„Das Vorbehaltsurteil vom … wird aufgehoben. Die Klage wird abgewiesen" oder „Unter Aufhebung des Vorbehaltsurteils vom … wird die Klage abgewiesen" (vgl. §§ 600 Abs. 2, 302 Abs. 4 S. 2).
Der Kläger trägt gemäß § 91 alle Kosten, auch die des Urkundenverfahrens. Die vorläufige Vollstreckbarkeit wegen dieser Kosten bestimmt sich nach §§ 708 Nr. 11, 711 oder § 709.

cc) Bei teilweiser Begründetheit/Unbegründetheit

Entsprechende Tenorierung mit Teilbestätigung und Teilaufhebung, Kostenquotelung.

> **Hinweis** Keine generelle Aufhebung des Vorbehaltsurteils mit Neutenorierung, um nicht dem Kläger den Rang aus einer bereits aus dem Vorbehaltsurteil erfolgten Vollstreckung zu nehmen[111] (Problematik wie bei teilweiser Aufrechterhaltung eines VU).

---

111 Anders/Gehle Abschnitt Q Rn. 36.

e) **Rechtsmittel: Berufung; Rechtskraft: nach allgemeinen Grundsätzen.**

69 Gegen die Entscheidung ist das Rechtsmittel der Berufung gegeben; die Rechtskraft bestimmt sich nach den allgemeinen Grundsätzen.

Zusammenfassender Überblick

A. Zulässigkeit der Urkundenklage im „Vorverfahren"
   I. Bestimmung des Klägers
  II. Zulässigkeit der Urkundenklage
      1. Allgemeine Zulässigkeitsvoraussetzungen einer „Normalklage"
         – Beschränkungen der Beweismittel des Urkundenprozesses gelten nicht, sämtliche Beweismittel zulässig.
         – sofern nicht gegeben; Prozessurteil
      2. Besondere Zulässigkeitsvoraussetzungen (§ 592)
         a) Klage auf Zahlung einer bestimmten Geldsumme

sofern nicht: Abweisung „als in der gewählten Prozessart unstatthaft (§ 597 Abs. 2)

         b) Beweisbarkeit der anspruchsbegründenden Tatsachen durch Urkunden
            aa) Grundsatz. alle streitigen, anspruchsbegründenden Tatsachen müssen durch Urkunden beweisbar sein (§ 592 S. 1)
            bb) Ausnahmen:

Erlass eines **Versäumnisurteils**: alle anspruchsbegründenden Tatsachen müssen durch Urkunden bewiesen werden

zumindest eine Urkunde, die sich auf die Klageforderung bezieht, muss vorgelegt werden.

III. Begründetheit der Urkundenklage
      1. Übersicht

IV. Das Nachverfahren §17

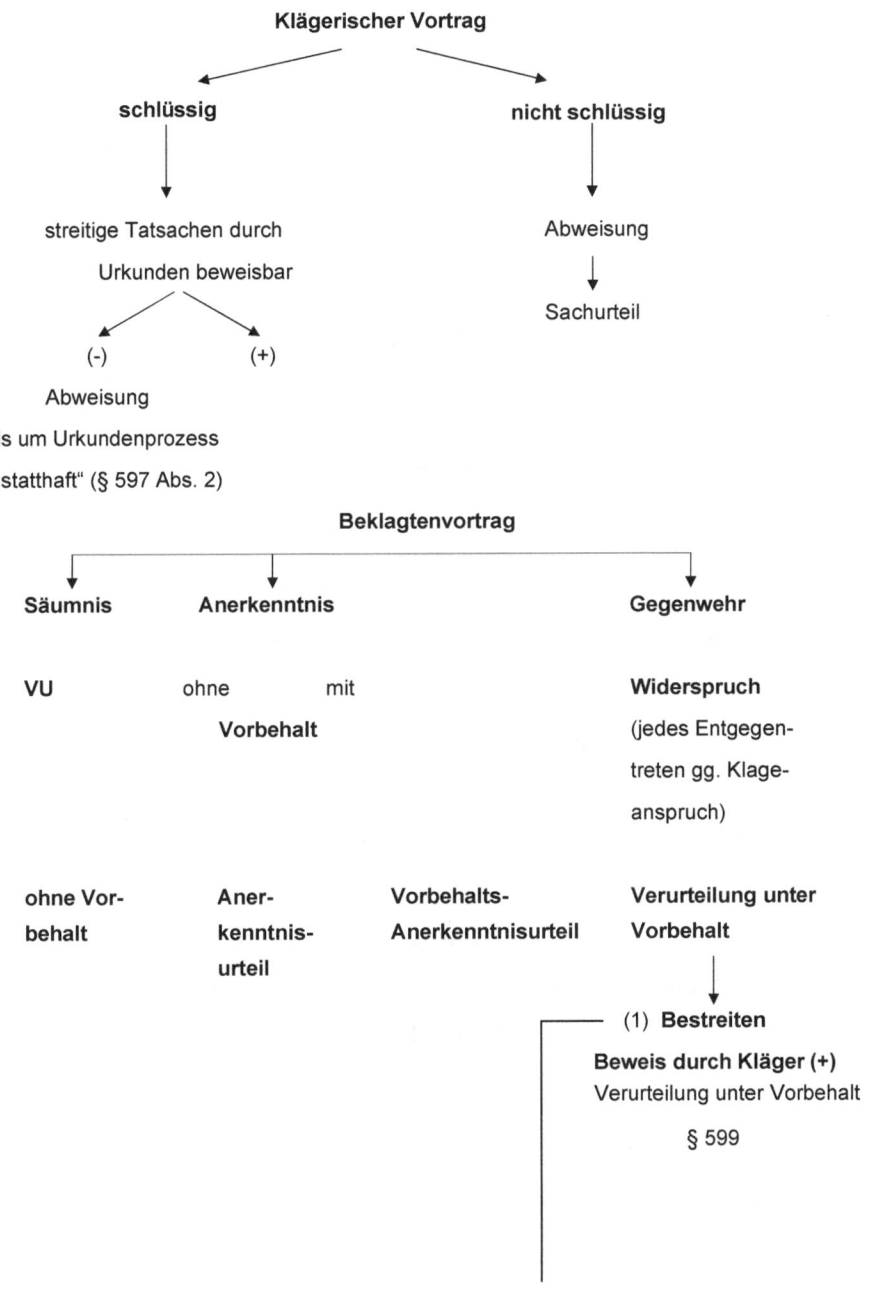

§ 17 4. Teil: Besondere Verfahrenssituationen

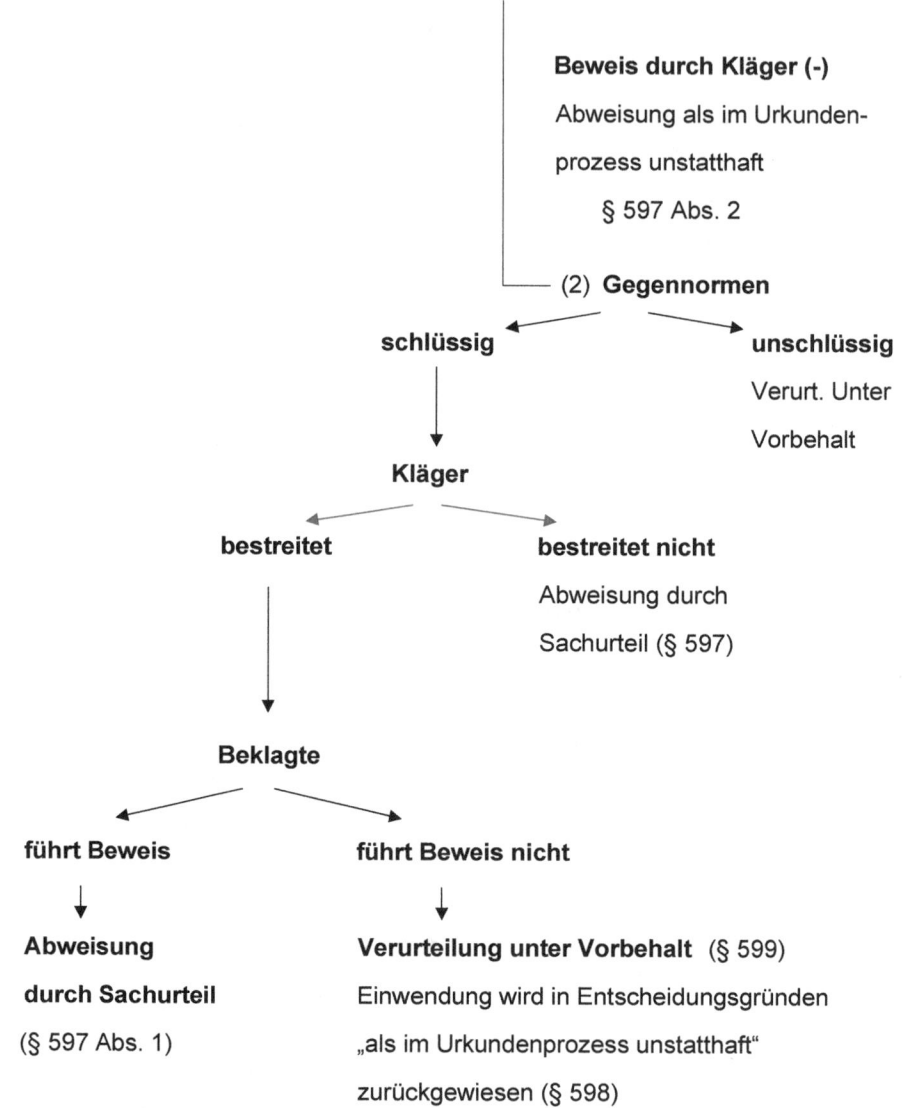

2. Entscheidungen im „Vorverfahren"

Prozessurteil	Allgemeine Zulässigkeitsvoraussetzungen liegen nicht vor
Sachurteil	▪ Abweisung: Klage nicht schlüssig/Kläger bestreitet schlüssige Gegennorm des Beklagten nicht ▪ Verurteilung: Versäumnisurteil ▪ Anerkenntnisurteil

IV. Das Nachverfahren

Abweisung „in der gewählten Prozessart nicht statthaft"	■ Besondere Zulässigkeitsvoraussetzungen der Urkundenklage liegen nicht vor (§ 597 Abs. 2) ■ Beweis kann vom Kläger nicht mit im Urkundenprozess zulässigen Beweismitteln erbracht werden
Vorbehaltsurteil	■ Verurteilungssatz ■ „Dem Beklagten bleibt die Ausführungen seiner Rechte im Nachverfahren vorbehalten" ■ Kosten, § 91 ■ Vorl. Vollstreckbarkeit §§ 708 Nr. 4, 711

B. Das Nachverfahren

I. **Statthaftigkeit (§ 600 Abs. 1)**
   Verurteilung „unter Vorbehalt", ansonsten ist Nachverfahren ausgeschlossen
II. **Antrag auf Fortsetzung des Verfahrens (str.)**
III. **Durchführung des Verfahrens**
   1. **Grundsatz**
      Der bisherige Prozess wird als „Normalprozess" fortgesetzt, d.h.:
      - der Streitgegenstand bleibt derselbe, sofern nicht eine Klageänderung/-erweiterung/Widerklage erfolgt
      - es besteht eine „Einheitlichkeit des Verfahrens", so dass Prozesshandlung des Gerichts und der Parteien fortbestehen.
   2. **Bindung des Nachverfahrens an das Vorbehaltsurteil**
      Grundsatz Das Vorbehaltsurteil ist insoweit für das Nachverfahren bindend, soweit es nicht auf den Beschränkungen der Beweismittel im Urkundenprozess beruht.
      Eine Bindung besteht daher nur insoweit als der Streitstand im Nachverfahren im Verhältnis zum Vorverfahren unverändert geblieben ist.
      a) Eine **Bindung** besteht für folgende Entscheidungselemente:
         aa) Zulässigkeit der Klage
         bb) Statthaftigkeit des Urkundenprozesses
         cc) Schlüssigkeit der Klage
         dd) Passivlegitimation des Beklagten
         ee) Rechtliche Einordnung des Klageanspruchs insoweit als diese den Erlass des Vorbehaltsurteils bedingt
      b) **Einwendung des Beklagten**
         aa) Bindung
            - Einwendungen, die als unschlüssig zurückgewiesen worden sind
            - Einwendungen, die in Form eines rechtserhaltenden Vortrags des Klägers als widerlegt angesehen worden sind
         bb) Keine Bindung
            - Neues tatsächliches Vorbringen des Beklagten

Daher: keine Präklusion gem. § 296, da sich der Beklagte im Vorverfahren überhaupt nicht verteidigen muss und das alleinige Vorbringen des Widerspruchs ausreichend ist. Dadurch kann nunmehr die Klage unschlüssig werden, so dass eine Bindung an die im Vorverfahren festgestellte Schlüssigkeit der Klage entfällt

- Erstmaliges Bestreiten einer anspruchsbegründenden Tatsache
- Verteidigungsvorbringen, das im Urkundenprozess gem. § 598 als unstatthaft zurückgewiesen ist

c) **Beweiswürdigung**

Soweit das Gericht im Nachverfahren ausschließlich dieselben Beweise zu würdigen hat wie im Vorverfahren.

3. **Verhältnis des Vorverfahrens zum Nachverfahren im Übrigen**

Der Beklagte hat zwei Möglichkeiten, sich gegen das Vorbehaltsurteil vorzugehen:

a) Antrag auf Nachverfahren

Vorbehaltsurteils erwächst bei Ablauf der Berufungsfrist samt den Bindungswirkungen in Rechtskraft

b) Berufung gegen Vorbehaltsurteil

Sofern das Vorbehaltsurteil aufgehoben und die Klage abgewiesen worden ist, tritt eine Hauptsachenerledigung für das Nachverfahren ein.

4. **Entscheidungen im Nachverfahren**

IV. Das Nachverfahren §17

Klage begründet	Klage unbegründet	Klage teilweise begründet
1. Tenor VorbU aufrechterhalten/bestätigt od. vorbehaltslos erklärt	1. Tenor VorbU aufheben + Klageabweisung	1. Tenor Teilbestätigung + Teilbestätigung
2. Kosten weitere Kosten/ Kostenquotelung, sofern VorbU noch nicht rechtskräftig	2. Kosten alle Kosten: § 91	2. Kosten etc.
3. VorlVollstr VorlV: §§ 708 Nr. 5 /711 (nur bzgl. Weitere Kosten)	3. VorlVollstr VorlV: §§ 708 Nr. 11, 711, 709 ↓ 4. Schadensersatzpflicht des Klägers bei Vollstreckung aus Vorbehaltsurteils §§ 600 Abs. 2, 302 Abs. 4 S. 3, 4 Geltendmachung bereits im anhängigen Verfahren möglich	3. VorlVollstr etc.

§ 18 Wechsel- und Scheckprozess

1 Der Wechsel -und Scheckprozess ist eine **Unterart des allgemeinen Urkundenprozesses**: Es gelten daher grundsätzlich die §§ 592 ff.; insbes. die Aufteilung in Vorverfahren (Wechselprozess) und Nachverfahren mit den unterschiedlichen Entscheidungskonstellationen, soweit nicht Sonderregelungen in §§ 602 ff. gelten.

Da Wechsel und Scheck inzwischen wegen anderer Zahlungsformen – zB über Scheck- und Kreditkarten – stark an Bedeutung verloren haben, ist auch die früher große praktische Bedeutung des Wechsel- und Scheckprozesses stark zurückgegangen.

I. Vorverfahren: Wechsel bzw. Scheckprozess ieS.

1. Allgemeine Zulässigkeitsvoraussetzungen

2 Es gelten die allgemeinen Grundsätze. Eine Besonderheit ergibt sich aus der erweiterten Zuständigkeit betreffend den Gerichtsstand iSd § 603.

Liegen die allgemeinen Zulässigkeitsvoraussetzungen nicht vor, erfolgt Abweisung der Klage durch Prozessurteil.

2. Statthaftigkeit (Fehlen: Abweisung „als im Wechselprozess unstatthaft"):

a) Anspruch aus Wechsel bzw. Scheck,

3 Dieser richtet sich i.e.L. gegen die unmittelbaren Wechsel- bzw. Scheckverpflichteten, wie Annehmer, Aussteller, Indossanten, aber auch gegen Personen, die für den Anspruch haften, zB Erben, OHG-Gesellschafter. Die Anspruchsvoraussetzungen sind ggf. durch Urkunden zu beweisen.[1]

b) Beweisbarkeit der anspruchsbegründenden Tatsachen durch Urkunden

4 Auch hier gilt der Grundsatz, dass nicht alle anspruchsbegründenden Tatsachen durch Urkunden beweisbar sein müssen, sondern sofern sie beweisbedürftig sind (→ § 17 Rn. 19). Der Wechsel/Scheck stellt insofern die sog. Grundurkunde dar. Zu beachten sind die in § 605 geregelte Erleichterung betreffend die Vorlegung der Urkunde und die Nebenansprüche (Glaubhaftmachung ausreichend).

3. Sachprüfung – Entscheidungskonstellationen des Urkundenprozesses

5 - Klageabweisung bei Unbegründetheit (§ 597 Abs. 1).
- vorbehaltlose Verurteilung des Beklagten (VU/Anerkenntnisurteil).
- Verurteilung unter Vorbehalt (§ 599).

4. Verfahrenssonderregelungen

6 Verkürzte Ladungsfrist (§§ 604, 605a); Zuständigkeit der KfH/Vorsitzender (§ 95 GVG, § 349 Abs. 2, auch bei Nichtkaufleuten), „Sommersache" (§ 227 Abs. 3 S. 2 Nr. 4, auch im Nachverfahren).[2] Diese dienen in erster Linie zur Beschleunigung.

---

1 S. Zö/Greger § 602 Rn. 2 ff. mN.
2 Str., s. Zö/Feskorn § 227 Rn. 15 mwN.

II. Nachverfahren

Insofern gelten die Grundsätze wie im allgemeinen Urkundenprozess (→ § 17 Rn. 48 ff.). Diese betreffen nur den Anspruch aus dem Wechsel bzw. Scheck und finden insoweit keine Anwendung in Bezug auf eine Klageänderung oder -erweiterung (zB auf das Grundgeschäft).[3]

---

[3] BGH NJW-RR 1987, 58 (59).

5. Teil:
Nach dem erstinstanzlichen Urteil

§ 19 Berufung

I. Vorbemerkung

1 Die ZPO kennt zahlreiche Rechtsbehelfe, jedoch **nur drei Rechtsmittel**: Gegen Urteile die Berufung (§§ 511 ff.) sowie die Revision (§§ 543 ff.), gegen Beschlüsse die Beschwerde (sofortige Beschwerde gem. §§ 567 ff. ZPO sowie die Rechtsbeschwerde gem. §§ 574 ff. ZPO). Rechtsmittel zeichnen sich durch ihren **Suspensiv- sowie Devolutiveffekt** aus: Ein zulässiges Rechtsmittel hemmt den Eintritt der formellen Rechtskraft (vgl. § 705 S. 2 ZPO) und führt zu einer Entscheidung durch eine übergeordnete Instanz. Allen anderen Rechtsbehelfen fehlt zumindest eine dieser Wirkungen.[1]

Für die Ausbildung von besonderer Bedeutung ist die **Berufung**. Sie stellt seit der ZPO-Reform von 2001 keine vollwertige zweite Tatsacheninstanz mehr dar, sondern dient in erster Linie der Überprüfung des erstinstanzlichen Urteils auf korrekte Anwendung des materiellen Rechts sowie auf Richtigkeit und Vollständigkeit der getroffenen Feststellungen und Beseitigung etwaiger Fehler.[2] Auf dieses Rechtsmittel ist im Rahmen dieses Kapitels näher einzugehen.

II. Taktische Überlegungen zur Einlegung einer Berufung (▸RA-Stage)

1. Allgemeines

2 Ist der Mandant durch das erstinstanzliche Urteil beschwert, muss dieser **hinsichtlich einer etwaigen Berufungseinlegung** beraten werden. Eine entsprechende Beratungspflicht des (erstinstanzlich vertretenen) Mandanten besteht nicht nur im Falle eines **konkreten Beratungsauftrags des Mandanten** (Auftrag zur Prüfung der Erfolgsaussichten einer Berufung), sondern auch ohne einen solchen speziellen Auftrag; dies jedenfalls hinsichtlich der formellen Voraussetzungen einer Berufung (Hinweis auf laufende Fristen), bei ohne Weiteres erkennbarer Divergenz des Urteils zur höchstrichterlichen Rechtsprechung, ferner zudem dann, wenn der Fehler des Urteils auch darauf beruht, dass der Rechtsanwalt nicht sachgerecht gearbeitet, die Unrichtigkeit des Urteils also mitverschuldet hat (zB durch Unterlassen der Geltendmachung einer erkennbaren fehlenden Schlüssigkeit der Klage).[3]

2. Anwaltliche Beratungsgesichtspunkte

3 Die anwaltliche **Beratung** entspricht ihrem Inhalt und Umfang nach der Beratung zu einer Klage (→ § 2 Rn. 5 ff.). Anwaltliche Beratungsgesichtspunkte stellen im Falle einer Berufung insbesondere dar:

---

1 Schellhammer Rn. 956.
2 BGH NJW 2010, 376.
3 BGH NJW-RR 2007, 1553.

II. Taktische Überlegungen zur Einlegung einer Berufung (▶ RA-Stage) §19

a) Funktionelle Zuständigkeit

Zu bedenken sind zunächst Fragen der (funktionellen) Zuständigkeit: Für die Entscheidung über die Berufung gegen ein amtsgerichtliches Urteil ist das Landgericht (§§ 511 ZPO, 72 GVG), gegen ein landgerichtliches Urteil (erster Instanz) das Oberlandesgericht (§§ 511 ZPO, 119 I Nr. 2 GVG) funktionell zuständig.

b) Erfolgsaussichten einer Berufung

Zentraler Gegenstand der anwaltlichen Beratung bilden naturgemäß die **Erfolgsaussichten einer Berufung**, dies ggf. auch nur zu einem Teil des Streitgegenstandes. Zu bedenken sind insoweit etwa folgende Punkte:

- Ist die Berufung **statthaft/zulässig**?
- Da die Berufung **grundsätzlich nur noch der Fehlerkontrolle** (→ Rn. 1) dient: Sind erfolgversprechende Angriffe gegen das erstinstanzliche Verfahren und/oder Urteil möglich? Ist eine anderweitige (günstigere) Beurteilung der Rechtsfragen oder Tatsachenfeststellung durch das Berufungsgericht realistischer Weise zu erwarten? Wird das Urteil möglicherweise durch andere Gründe getragen, mit deren Berücksichtigung durch das Berufungsgericht gerechnet werden muss? Nicht entscheidend ist, ob das Urteil für sich gesehen richtig oder falsch ist, sondern vielmehr, **ob seine Änderung in der zweiten Instanz erreichbar ist**.
- Ist **neuer** Vortrag oder Beweisantritt möglich?
- Ist neuer erfolgversprechender Gegenvortrag des **Gegners** zu erwarten?

Sofern die Berufung **keine Aussicht auf Erfolg** hat, muss von der Einlegung einer solchen abgeraten werden. Die Entscheidung liegt aber bei dem Mandanten; beharrt er auf der Berufung, kann diese vertreten werden, allerdings sollte sich der Rechtsanwalt die Abweichung von der Beratung und seinem Vorgehensvorschlag seitens des Mandanten **schriftlich bestätigen** lassen (Haftungsrisiko).

c) Kostenrisiko

Zu bedenken ist stets, dass die Berufung zu einem **höheren Kostenrisiko** durch die weiteren Kosten der Berufungsinstanz führt. Hierüber muss erschöpfend beraten werden.

In der Berufungsinstanz fällt eine **höhere RA-Verfahrensgebühr** (RVG VV 3200: 1,6) an, ggf. eine Verkehrsgebühr für den erstinstanzlichen Rechtsanwalt (RVG VV 3400) bei Beauftragung eines anderen Rechtsanwalts für die Berufung,[4] zudem eine **höhere Verfahrensgebühr des Gerichts** (GKG KV 1220 ff.: grundsätzlich 4,0, jedoch mit Ermäßigungstatbeständen).

d) Teilanfechtung zur Risikobegrenzung

Zur Risikobegrenzung erwogen werden kann eine Teilanfechtung. In diesem Falle sollte im Rahmen des Schriftsatzes ausdrücklich der **Vorbehalt einer Erweiterung** der Berufung erklärt werden, um zu vermeiden, dass die Teilanfechtung als konkludenter Rechtsmittelverzicht im Übrigen verstanden wird; eine spätere Berufungserweiterung

---

[4] Die Kosten eines Verkehrsanwalts im Berufungsverfahren sind aber grds. nicht erstattungsfähig, da wegen des Wegfalls des Lokalisationsgrundsatzes grds. nicht mehr erforderlich: BGH NJW 2006, 301.

(zB bei günstiger Beurteilung durch das Berufungsgericht) kann damit offengehalten werden (→ Rn. 44).

e) Gefahr der Verschlechterung des bisherigen Prozessergebnisses

8   Zwar besteht das **Verbot der reformatio in peius** (§ 528 S. 2),[5] so dass bei Erfolglosigkeit der Berufung an sich nur ihre Zurückweisung, nicht aber eine Verschlechterung des in erster Instanz erreichten Ergebnisses droht (→ Rn. 102).

Beispiel: Klage auf 5.000 EUR; der Beklagte wird unter Abweisung im Übrigen zu 2.500 EUR verurteilt. Bei Erfolglosigkeit der Berufung des Beklagten bleibt es bei der Verurteilung zu (nur) 2.500 EUR; der Beklagte kann nicht etwa zu den vom Kläger in erster Instanz geforderten 5.000 EUR verurteilt werden.

Allerdings besteht die Gefahr, dass der **Gegner** auch **seinerseits Berufung oder Anschlussberufung** (§ 524) einlegt, mit der er eine Abänderung des Urteils zu seinen Gunsten – und damit eine Verschlechterung für den Mandanten – erreichen kann; dies im **Beispiel** dahin, dass die Berufung des Beklagten zurückgewiesen **und** der Beklagte auf die Berufung des Klägers hin zur Zahlung von 5.000 EUR verurteilt wird. Diese Gefahr muss bei der anwaltlichen Beratung stets mitbedacht werden. Wenn das durch das erstinstanzliche Urteil bisher **Erreichte keinesfalls riskiert werden soll**, ist es zweckmäßig, eine Berufung des Gegners erst abzuwarten und **erst bei Einlegung einer solchen** ebenfalls (Anschluss-)Berufung einzulegen, um – da nunmehr eine Verschlechterung droht – auch die Chance eines günstigeren Ergebnisses wahrzunehmen.

f) Tatbestandsberichtigungsantrag (§ 320)

9   Um zu vermeiden, dass der Mandant gem. § 314 an einer unrichtigen Wiedergabe seines Vortrags im Tatbestand festgehalten, dass Berufungsvortrag zu Unrecht als neu iSv § 531 Abs. 2 S. 1 behandelt oder dass eine Bindung des Berufungsgerichts gem. § 529 Abs. 1 Nr. 1 angenommen wird, ist nur **ausnahmsweise ein Tatbestandsberichtigungsantrag erforderlich.** Da grundsätzlich das gesamte schriftsätzliche Vorbringen der Parteien als vorgetragen und damit auch ohne ausdrückliche Erwähnung als Inhalt des Tatbestandes gilt (**keine negative Beweiskraft des Tatbestandes**), zudem das gesamte schriftsätzliche Vorbringen im Rahmen des Tatbestands regelmäßig noch zusätzlich durch zulässige Pauschalverweisung einbezogen ist (*„Im Übrigen wird auf das gesamte schriftsätzliche Vorbringen der Parteien Bezug genommen"*), muss eine Unvollständigkeit des Tatbestandes in Bezug auf den schriftsätzlichen Vortrag nicht beanstandet werden;[6] ein Berichtigungsantrag ist daher nur bei **konkreten Unrichtigkeiten** des Tatbestandes erforderlich.[7]

3. Weiteres anwaltliches Vorgehen

10   Falls Berufung eingelegt werden soll, müssen deren **Zulässigkeitsvoraussetzungen** – insbesondere Form und Fristen (**Fristenkontrolle!**) – eingehalten (→ Rn. 14 ff.), im Übrigen aber natürlich auch darüber hinaus die Interessen des Mandanten (etwa durch

---

[5] Vgl. dazu BGH NJW 2013, 1009.
[6] BGH NJW 2004, NJW 2004, 2152 (2155); NJW 2004, 3777; Mus/Voit/Musielak § 320 Rn. 3. A.A. Wach/Kern NJW 2006, 1315.
[7] BGH NJW 2007, 2913 (2915); StJ/Althammer § 320 Rn. 3; Mus/Voit/Ball § 529 Rn. 6 f.; Zö/Feskorn § 320 Rn. 2; Stöber MDR 2006, 5.

sorgfältige und vollständige Begründung) gewahrt werden. Fehler bei den Zulässigkeitsvoraussetzungen sind in der Praxis besonders **regressträchtig**.

III. Die Zulässigkeit der Berufung

1. Zwingender prozessualer Vorrang

Die Feststellung der Zulässigkeit der Berufung hat zwingenden prozessualen Vorrang vor der Prüfung ihrer Begründetheit: Die unzulässige Berufung **ist zu verwerfen** (§ 522 Abs. 1 S. 2), ohne dass auf die Begründetheit eingegangen werden darf; die Frage der Begründetheit stellt sich somit nur und erst, wenn die Zulässigkeit bejaht worden ist.[8] **Nicht möglich ist daher (schwerer Fehler!) eine Zurückweisung der Berufung unter Offenlassen ihrer Zulässigkeit**, weil sie jedenfalls unbegründet ist, oder wegen Unzulässigkeit **und zugleich** wegen Unbegründetheit.

11

> **Hinweis:** Anders ist dies indes bei der **Beschwerde**: Steht ihre Unbegründetheit bereits fest, kann sie unabhängig von ihrer Zulässigkeit als unbegründet zurückgewiesen werden, wenn diese Zurückweisung keine weitergehenden Folgen als eine Verwerfung wegen Unzulässigkeit hat und die Interessen der Parteien dem nicht entgegenstehen (Prozessökonomie).[9]

Die Prüfung der Zulässigkeit der Berufung erfolgt **von Amts wegen** (§ 522 Abs. 1 S. 1); denn ist die Berufung unzulässig, ist das erstinstanzliche Urteil – nach Ablauf der Berufungseinlegungsfrist – in Wirklichkeit bereits *rechtskräftig*, was von Amts wegen beachtet werden muss. Lediglich ein Berufungsverzicht ist (nur) auf Einrede hin zu berücksichtigen (→ Rn. 63).

12

Die Prüfung von Amts wegen erstreckt sich indes nicht auf den Prozessstoff; hier liegt die **Darlegungs- und Beweislast** grundsätzlich bei dem Berufungsführer.[10] Insoweit gilt Entsprechendes wie zur Feststellung der Zulässigkeit der Klage (→ § 9 Rn. 26 ff.). Bei der Feststellung der Zulässigkeitsvoraussetzungen ist auch **Freibeweis**[11] möglich (zur vollen richterlichen Überzeugung, keine Herabsetzung des Beweismaßes, → § 9 Rn. 34).

Zu unterscheiden ist die **Zulässigkeit der Berufung** und die **Zulässigkeit der Klage**: Die Prüfung der Zulässigkeit der Klage gehört zur Prüfung der **Begründetheit der Berufung**.[12] Daher ist die unzulässige Berufung des Beklagten zu verwerfen (§ 522 Abs. 1 S. 2), auch wenn die Klage, entgegen dem erstinstanzlichen Urteil, unzulässig war; das insoweit unrichtige Urteil wird dadurch rechtskräftig. Die – zulässige – Berufung des verurteilten Beklagten ist bei Unzulässigkeit der Klage begründet, da die Klage abzuweisen ist.

13

2. Zulässigkeitsvoraussetzungen der Berufung

Grundsätzlich sind die Zulässigkeitsvoraussetzungen für eine Berufung vollständig durchzuprüfen (zweckmäßiges Prüfungsschema → Rn. 127), es besteht jedoch **keine bindende Prüfungsreihenfolge**. Eine eindeutig zu verneinende Voraussetzung kann daher (ggf. wie bei der Zulässigkeit der Klage, → § 9 Rn. 35) vorgezogen werden. Eine

14

---

[8] Mus/Voit/Ball Vor § 511 Rn. 12 ff.; ThP/Seiler Vor § 511 Rn. 11; Schellhammer Rn. 961.
[9] BGH NJW-RR 2006, 1346; OLG Köln NJW 1974, 2241; OLG Hamm MDR 1979, 943.
[10] BGH NJW 2006, 1808; ThP/Seiler Vor § 511 Rn. 14.
[11] BGH NJW 2000, 814; NJW 2007, 1457.
[12] ThP/Seiler Vor § 511 Rn. 12; Schellhammer Rn. 962.

ausführliche Darstellung bedarf es in dem Gutachten/in den Urteilsgründen nur bei besonderer Veranlassung. Allerdings ist es auch bei unproblematischer Zulässigkeit in der Praxis (noch) üblich, dies zu Beginn des Begründungsteils des Berufungsurteils kurz festzustellen, etwa: „*Die Berufung ist zulässig, insbesondere form- und fristgerecht eingelegt.*"

a) Statthaftigkeit

15 Im Grundsatz gilt: Die Berufung ist statthaft gegen alle **erstinstanzlichen Endurteile** (§ 511 Abs. 1), auch Teilurteile (→ § 5 Rn. 38), Anerkenntnis- und Verzichtsurteile (→ § 14 Rn. 34, → § 13 Rn. 40), Grundurteile (§ 304 Abs. 2, → § 5 Rn. 54), Vorbehaltsurteile (§§ 302 Abs. 3, 599 Abs. 3) und Scheinurteile (zB wenn das Urteil noch nicht verkündet, jedoch zugestellt wurde).[13]

16 **Nicht statthaft** ist die Berufung hingegen gegen echte Versäumnisurteile sowie allein gegen die Kostenentscheidung des erstinstanzlichen Urteils. Besonderheiten bestehen zudem im Falle einer inkorrekter Entscheidungsform.

aa) Echte Versäumnisurteile

17 Gegen **echte Versäumnisurteile** kann keine Berufung (§ 514 Abs. 1), sondern vielmehr nur ein Einspruch eingelegt werden. Eine **Ausnahme** stellt das (technisch) **zweite Versäumnisurteil** (§ 345) dar. Eine Berufung nach § 514 Abs. 2 ist jedoch nur mit der Begründung statthaft, dass bei seinem Erlass eine **schuldhafte Säumnis nicht vorgelegen habe**, nach hM **nicht mit einer anderen Gesetzwidrigkeit des Versäumnisurteils** (zB Unschlüssigkeit der Klage)[14] oder dass nachträglich eine Urkunde aufgefunden wurde, die zu einer günstigeren Entscheidung geführt hätte (Restitutionsgrund iSv § 580 Nr. 7 b ZPO).[15] Hierzu → § 12 Rn. 45; hinsichtlich der Berufung gegen ein zweites Versäumnisurteil nach **Vollstreckungsbescheid** → § 1 Rn. 68.

bb) Isolierte Anfechtung der Kostenentscheidung

18 Im Grundsatz gilt: Eine Berufung **allein gegen die Kostenentscheidung des erstinstanzlichen Urteils** ist nicht möglich (§ 99 Abs. 1). Vielmehr ist die Kostenentscheidung grundsätzlich nur zusammen mit der Berufung in der Sache selbst anfechtbar; diese erfasst – auch bei Teilberufung – zugleich die gesamte Kostenentscheidung. Die Berufung in der Sache wird jedoch nicht dadurch unstatthaft, dass ihr Ziel die Beseitigung der Kostenentscheidung ist; denn das Motiv für die Berufung ist unerheblich.[16] Im Falle einer **gemischten Kostenentscheidung** ist der Teil, der nicht auf der streitigen Entscheidung beruht, isoliert mit der Beschwerde anfechtbar. Die Berufung hinsichtlich der streitigen Sachentscheidung erfasst die gesamte Kostenentscheidung, auch hinsichtlich ihres nichtstreitigen Teils; eine zusätzliche Beschwerde ist nicht erforderlich, → § 14 Rn. 47 (Teilanerkenntnisurteil), → § 15 Rn. 32 (Teilerledigung).

Eine isolierte Kostenanfechtung ist hingegen möglich gegen die Kostenentscheidung bei übereinstimmender Erledigungserklärung, Anerkenntnisurteil und Klagerücknahme (§§ 91 a Abs. 2, 99 Abs. 2, 269 Abs. 5).

---

13 OLG München NJW 2011, 689.
14 BGH NJW 1999, 2120 (2599).
15 BGH MDR 2011, 1371.
16 BGH NJW 1976, 1267; Zö/Herget § 99 Rn. 4; ThP/Hüßtege § 99 Rn. 3.

III. Die Zulässigkeit der Berufung § 19

cc) Inkorrekte Entscheidungsform

Im Falle einer **inkorrekten Entscheidungsform** (Beispiel: Urteil bei übereinstimmender, Beschluss bei einseitiger Erledigungserklärung) ist nach dem **Grundsatz der Meistbegünstigung** sowohl das Rechtsmittel, das nach der gewählten Entscheidungsform gegeben **ist**, als auch das Rechtsmittel, das nach der angebrachten Entscheidungsform gegeben **wäre**, statthaft.[17] Der Grund hierfür liegt darin, dass den Parteien kein Nachteil durch den Fehler des Gerichts entstehen soll.   19

> **Beispiele:** Somit ist etwa bei fehlerhafter Entscheidung durch Urteil auch die Berufung zulässig, bei Beschluss statt Urteil auch die Beschwerde,[18] bei fehlerhafter Bezeichnung eines Versäumnisurteils als „zweites Versäumnisurteil" auch (neben einem Einspruch) die Berufung gem. § 514 Abs. 2 (→ § 12 Rn. 46)[19] oder bei Unklarheit, ob Versäumnisurteil oder streitiges Urteil erlassen wurde, Einspruch und Berufung.[20]

Der Grundsatz der Meistbegünstigung gilt nur bei inkorrekter Entscheidungsform, dh, falls dem Gericht ein Fehler in der **bloßen Wahl** der Entscheidungsform unterlaufen ist. Der Grundsatz gilt dagegen nicht bei **sachlich unrichtigen Entscheidungen**. Diese können nur mit dem für die betreffende Entscheidungsart vorgesehenen Rechtsmittel angefochten werden. Wenn daher das Gericht in Verkennung des Begriffs der Säumnis statt eines streitigen Urteils ein Versäumnisurteil erlassen **wollte** und erlassen **hat**, so ist gegen dieses Versäumnisurteil nur der Einspruch statthaft;[21] das Versäumnisurteil war dann zwar inhaltlich falsch, aber keine inkorrekte Entscheidungs*form*.

> ▶**RA-Stage:** Aus Anwaltssicht ist es daher bei Unklarheit zweckmäßig, das nach der prozessualen Form der Entscheidung in Betracht kommende Rechtsmittel einzulegen, dies jedoch mit hilfsweisen Verweisungsantrag an das „richtige" Rechtsmittelgericht.

Ist für die richtige Entscheidungsform indes **kein Rechtsmittel** gegeben, ist auch gegen die inkorrekte Entscheidung kein Rechtsmittel statthaft; denn der Meistbegünstigungsgrundsatz soll die beschwerte Partei nur gegen solche Nachteile schützen, die auf der unrichtigen Entscheidungsform beruhen, nicht aber zu einer Erweiterung des gesetzlichen Rechtsmittelzuges führen.[22] Daher ist etwa gegen eine Verweisung durch Urteil wegen § 281 Abs. 2 S. 2 keine Berufung statthaft. Auch muss im Falle einer Entscheidung durch Beschluss statt durch Urteil für die Beschwerde die Berufungssumme erreicht sein.[23]

Das Rechtsmittelgericht hat grundsätzlich in der Weise **zu verfahren und zu entscheiden**, wie dies auch bei **korrekter Entscheidung** angebracht wäre, damit das Verfahren möglichst schnell wieder in die richtige Form kommt.[24]

> **Beispiel:** Erging bei übereinstimmender Erledigung ein Urteil, ist gegen dieses Urteil zwar auch eine Berufung möglich (Meistbegünstigung), jedoch erfolgt die Entscheidung des Rechtsmittelgerichts über die Berufung **durch Beschluss**, nicht durch Urteil, weil

---

17 BGH NJW 1997, 1448; NJW 1999, 1116; BGH MDR 2003, 285; BGH NJW 2004, 1598; BGH NJW-RR 2008, 218. Vgl. hierzu auch ThP/Seiler Vor § 511 Rn. 5 ff.; Zö/Heßler Vor § 511 Rn. 29 ff.
18 OLG Köln NJW-RR 1997, 955.
19 BGH NJW 1997, 1448.
20 BGH NJW 1999, 583.
21 BGH NJW 1994, 665.
22 BGH NJW 1997, 1448; NJW-RR 1990, 1483; NJW-RR 1993, 557; BGH MDR 2006, 1422. Vgl. auch Zö/Heßler Vor § 511 Rn. 32.
23 Vgl. auch Zö/Heßler Vor § 511 Rn. 32.
24 BGH JR 1966, 67; OLG Brandenburg MDR 1996, 635; OLG Köln NJW-RR 1999, 1084; Zö/Heßler Vor § 511 Rn. 32.

Köhler

bei korrekter Entscheidungsform (Beschluss) nur die sofortige Beschwerde statthaft gewesen wäre, über die dann auch durch Beschluss hätte entschieden werden müssen.[25]

b) Beschwer des Berufungsführers

aa) Allgemeines

20 Voraussetzung eines jeden Rechtsmittels ist eine **Beschwer des Berufungsführers** durch das angefochtene Urteil. Eine solche Beschwer besteht, wenn und soweit der **rechtskräftige Inhalt des Urteils für den Berufungsführer (Berufungskläger) rechtlich nachteilig ist**.[26] Damit die Berufung überhaupt zulässig ist, muss die Beschwer **im Zeitpunkt der Rechtsmitteleinlegung vorliegen** und darf vor der Entscheidung nicht entfallen sein.[27] Die **Beschwer** ist zu **unterscheiden** von dem „**Beschwerdegegenstand**" (§ 511 Abs. 2 Nr. 1): Die Beschwer ergibt sich aus der – abstrakten – Belastung der Partei durch das Urteil, ihr Wert daher aus dieser Belastung; der Beschwerdegegenstand und sein Wert bestimmen sich dagegen nach der von dem Berufungsführer konkret erstrebten Abänderung des Urteils, dh **nach seinen Berufungsanträgen** (→ Rn. 56 f.).

Die Beschwer kann sich daher grundsätzlich nur aus der rechtskraftfähigen Entscheidung zur Hauptsache ergeben, konkret aus dem **Entscheidungstenor zur Hauptsache**, wobei allerdings zur Feststellung seines rechtskraftfähigen Inhalts Tatbestand und Entscheidungsgründe heranzuziehen sind.[28]

21 Eine Beschwer kann sich hingegen **nicht aus dem Inhalt der Entscheidungsgründe als solchem** ergeben, also etwa nicht aus den Rechtsausführungen, den tatsächlichen Feststellungen, den Annahmen zu den präjudiziellen Rechtsverhältnissen oder aus den Einwendungen[29] (**Ausnahme:** § 322 Abs. 2, → § 10 Rn. 37 ff.). Daher liegt keine Beschwer vor, wenn nur die Begründung als belastend oder unzutreffend empfunden wird, das rechtskraftfähige Ergebnis selbst aber nicht belastet.

22 Ebenso wenig kann sich eine Beschwer **aus der Kostenentscheidung** ergeben (§ 4; → Rn. 18): Diese bleibt daher für die Feststellung der Beschwer und ihrer Höhe außer Betracht.[30]

Bei nur zum Teil streitigem Urteil mit „gemischter" Kostenentscheidung bestimmt sich die Beschwer daher nur nach der streitigen Entscheidung (verbliebene Hauptsache); die Kosten des streitigen, aber auch des unstreitigen Teils (zB § 91 a) sind für Beschwer und Beschwerdewert unerheblich,[31] auch wenn die Berufung die Kostenentscheidung hinsichtlich des unstreitigen Teils umfasst. Eine Kostenbeschwer ist jedoch nach Auffassung des BGH dann entscheidend, wenn die Belastung durch den Urteilstenor praktisch gerade nur in der Kostenbelastung liegt (so für den Beklagten bei einseitiger Erledigung, → § 15 Rn. 50).[32]

Beschwert können **beide Parteien** sein, dies bei Teilverurteilung und Teilabweisung.

---

25 OLG Karlsruhe JurBüro 1994, 678; Schenkel MDR 2003, 136.
26 BGH NJW 1997, 3246; 1999, 3564; BGH NZM 2007, 499; ThP/Seiler Vor § 511 Rn. 17; Zö/Heßler Vor 511 Rn. 10; Mus/Voit/Ball Vor § 511 Rn. 20.
27 Zö/Heßler Vor § 511 Rn. 10 a.
28 BGH NJW 1986, 2703.
29 BGH NJW 1982, 579; ThP/Seiler Vor § 511 Rn. 21.
30 BGH NJW-RR 1998, 934.
31 BGH NJW-RR 1995, 1089.
32 BGH NJW-RR 1990, 1474; NJW 1992, 1514; BGH MDR 2006, 109.

bb) Die Beschwer des Klägers

Für den **Kläger** ist eine **formelle Beschwer** erforderlich: Er ist beschwert, wenn ihm im Urteil etwas versagt wurde, **was er beantragt hatte** (allgemeine Ansicht).[33]

Der Kläger ist daher durch jede (auch teilweise) Klageabweisung **beschwert**, so insbesondere auch bei Abweisung des Hauptantrags und Stattgabe des (auch gleichwertigen) Hilfsantrags,[34] bei Verurteilung Beklagter nur aus hilfsweise vorgetragenem Lebenssachverhalt/Streitgegenstand,[35] bei Klageabweisung statt Feststellung der Erledigung,[36] bei nur Zug-um-Zug-Verurteilung des Beklagten[37] (zwar erwächst die Gegenleistung nicht in Rechtskraft, wohl aber die Einschränkung des Klageantrags!) oder bei Abweisung der Klage als unbegründet statt als unzulässig[38] (dies wegen der weitergehenden Rechtskraftwirkung des Sachurteils; eine Berufung ist daher möglich, um statt erstinstanzlicher Sachabweisung eine Abweisung nur wegen Unzulässigkeit – Prozessurteil – zu erreichen). Demgegenüber ist der Kläger bei vollem erstinstanzlichem Erfolg **nicht beschwert**.[39]

cc) Die Beschwer des Beklagten

Für den **Beklagten** als Berufungsführer reicht **nach hM das Vorliegen einer materiellen Beschwer** aus. Der Beklagte ist daher immer dann beschwert, wenn das Urteil für ihn überhaupt nachteilig (belastend) ist, **unabhängig** davon, **wie er sich in erster Instanz verhalten** hatte.[40] Demgegenüber verlangt die Gegenansicht eine **formelle Beschwer**, dies jedenfalls dann, **wenn** der Beklagte einen **Antrag gestellt** hatte; andernfalls genügt auch eine materielle Beschwer.[41]

Eine **Beschwer** auf Seiten des Beklagten liegt nach beiden Auffassungen unproblematisch bei jeder (auch teilweisen) Verurteilung entgegen dem Abweisungsantrag vor: Insoweit ist der Beklagte sowohl materiell als auch formell beschwert.

Bei einer Verurteilung **Zug um Zug** liegt nach hM stets eine Beschwer des Beklagten vor, da der Beklagte durch die Zug-um-Zug-Leistung materiell beschwert ist,[42] nicht dagegen nach der Gegenmeinung, wenn (und soweit) der Beklagte selbst Verurteilung nur Zug um Zug beantragt hatte; in diesem Falle geht die Verurteilung nicht über den Antrag des Beklagten hinaus, so dass es an einer formellen Beschwer fehlt.

Im Falle eines **Anerkenntnisurteils** ist der Beklagte nach hM ausreichend (materiell) beschwert, nicht jedoch nach der Gegenansicht, da die Verurteilung dem Antrag des Beklagten entspricht (→ § 14 Rn. 34 f.).

Im Falle einer **Hilfsaufrechnung** ist zu differenzieren: Wird die Klage wegen Nichtbestehens der Klageforderung abgewiesen, liegt keine Beschwer des Beklagten vor (insoweit ist nur der Kläger beschwert). Der Beklagte ist jedoch beschwert bei Abweisung

---

33 BGH FamRZ 2005, 514; BGH MDR 2006, 768.
34 BGH VersR 1984, 739.
35 ThP/Seiler Vor § 511 Rn. 18.
36 BGHZ 57, 224.
37 BGH NJW 1982, 1048.
38 BGH NJW-RR 2001, 929.
39 BGH NJW-RR 1995, 839.
40 BGH NJW 1992, 1514; Zö/Heßler Vor § 511 Rn. 19 a; ThP/Seiler Vor § 511 Rn. 19; Mus/Voit//Ball Vor § 511 Rn. 20.
41 Generell für Abstellen nur auf formelle Beschwer MK/Rimmelspacher Vor § 511 Rn. 15 ff. mwN. zum Streitstand.
42 Schellhammer Rn. 971.

aufgrund der Aufrechnung (Verlust der Gegenforderung gem. § 322 Abs. 2, zugleich auch Beschwer des Klägers), zudem bei Verurteilung („doppelte" Beschwer – durchgreifende Klageforderung, Verlust der Gegenforderung).[43]

Wird die **Klage abgewiesen**, ist der Beklagte grundsätzlich nicht beschwert. Ausnahmsweise ist dies anders, wenn eine **Abweisung als unzulässig** statt als – wie aber begehrt – unbegründet erfolgt[44] (dies wegen der eingeschränkten Rechtskraftwirkung des Prozessurteils, nicht dagegen im umgekehrten Fall), zudem bei **Abweisung als derzeit** (und nicht als schlechthin) **unbegründet**,[45] nicht aber nur wegen der Begründung der Abweisung im Übrigen.[46]

c) Mindestwert der Beschwer oder Zulassung der Berufung

25 Nach § 511 Abs. 2 setzt die Zulässigkeit der Berufung weiter voraus, dass der **Wert des Beschwerdegegenstandes 600 EUR übersteigt** (also mindestens 600,01 EUR beträgt) oder dass das erstinstanzliche Gericht die **Berufung zugelassen** hat. Daraus ergibt sich, dass die **Berufung nur statthaft ist im** Falle einer **Beschwer über 600 EUR** (denn nur dann kann auch der Wert des Beschwerdegegenstandes 600 EUR übersteigen) oder **im Falle ihrer Zulassung** bei einer Beschwer bis 600 EUR.

Diese Voraussetzung der Mindestbeschwer oder Zulassung lässt sich als eine besondere **abstrakte** Statthaftigkeits-Voraussetzung auffassen, die von dem Wert des Beschwerdegegenstandes (für den auf die **konkret** eingelegte Berufung abgestellt werden muss, → Rn. 56 f.) unterschieden werden sollte: Wenn die Beschwer unter 600 EUR liegt und keine Zulassung erfolgt ist, ist die Berufung unstatthaft, unabhängig davon, was der Berufungsführer beantragt. Eine **Ausnahme** besteht insoweit nur für die Berufung gegen ein **zweites Versäumnisurteil**. Ein solches unterliegt der Berufung insoweit, als sie darauf gestützt wird, dass der Fall der schuldhaften Versäumung nicht vorgelegen habe; § 511 Abs. 2 ist gem. § 514 Abs. 2 S. 2 nicht anzuwenden, so dass es auf diese Voraussetzungen nicht ankommt.

26 Die **Zulassung der Berufung** durch das erstinstanzliche Gericht ist für das Berufungsgericht bindend (§ 511 Abs. 4 S. 2), unabhängig davon, ob die Zulassungsvoraussetzungen vorgelegen haben. Die Nichtzulassung ist ebenfalls bindend, insoweit gibt es **keine Nichtzulassungsbeschwerde**. Ein Schweigen im Urteil bedeutet stets die Nichtzulassung der Berufung.[47]

27 Die **Beschwer** bestimmt sich nach dem **Wert der (wirtschaftlichen) Belastung des Berufungsführers / Berufungsklägers durch das angefochtene Urteil** bzw. seinem (wirtschaftlichen) Interesse an der Beseitigung dieser Belastung. Maßgeblich ist insoweit ausschließlich das Interesse **des Berufungsführers**, welches selbstständig zu ermitteln ist; dieses muss daher nicht identisch sein mit dem gegensätzlichen Interesse des Berufungsgegners an der Aufrechterhaltung der Entscheidung (es kann also niedriger, aber auch höher sein als die Beschwer des Gegners im umgekehrten Fall).

Beispiel: Klage auf **Beseitigung eines Überbaus** – das wirtschaftliche Interesse besteht für den Kläger allein an der Beseitigung seiner Beeinträchtigung; für den Beklagten ist

---

43 Schellhammer Rn. 972.
44 BGHZ 28, 349; BAG NJW 1987, 514.
45 BGH MDR 2000, 966.
46 OLG Köln Rechtspfleger 1986, 184.
47 Zö/Heßler § 511 Rn. 39; MK/Rimmelspacher § 511 Rn. 85.

III. Die Zulässigkeit der Berufung

das wirtschaftliche Interesse uU wesentlich höher, dies etwa, wenn er sein Gebäude abbrechen müsste; ähnlich ist dies bei Klagen aus § 1004 BGB.[48]

Der Wert **dieses Interesses** ist gem. § 2 nach §§ 3-9 zu ermitteln.

Beispiele: Bei **Zahlungsklagen** bestimmt sich der Wert nach dem Betrag der Verurteilung/Abweisung, bei Herausgabeurteilen nach dem Verkehrswert des Gegenstandes (§ 6). Bei **positiven Feststellungsklagen** ist der in der Regel um 20 % geminderte (Gebühren-)Streitwert anzusetzen.[49]

Zinsen und Kosten als **Nebenforderungen** bleiben gem. § 4 Abs. 1 unberücksichtigt, auch bei Einbeziehung in den Klageantrag; dies gilt auch für die vorprozessuale Geschäftsgebühr (RVG VV 2300), eine Abweisung wirkt daher nicht beschwererhöhend.[50] Anders ist dies, wenn die Nebenforderung ihrerseits als Hauptforderung (dh nicht zusammen mit bzw. neben dem Hauptanspruch, auf den sie sich beziehen) geltend gemacht wird; dann ist sie bei der Beschwer zu berücksichtigen.[51]

Wichtige Sonderfälle zur Berechnung der Beschwer stellen dar:

- **Anspruchsmehrheit:** Mehrere in einer Klage geltenden gemachte Ansprüche werden zusammengerechnet (§ 5); grundsätzlich ist im Falle der objektiven Klagehäufung aber eine **gesonderte Berufungsbegründung zur Zulässigkeit** erforderlich (→ Rn. 52).
- **Einseitige Erledigungserklärung:** Ob sich die Beschwer für den Unterliegenden nach dem Wert der Hauptsache, dem Feststellungsinteresse oder den Kostenbetrag richtet, ist streitig; die Überlegungen hinsichtlich des (Gebühren-) Streitwerts (→ § 15 Rn. 50) gelten auch hier, nach vorzugswürdiger Auffassung richtet sich der Wert des Beschwerdegegenstands nach dem Hauptsachewert.[52]
- **Haupt- und Hilfsantrag:** Bei völliger Abweisung erfolgt eine Zusammenrechnung der Anträge, falls diese nicht wirtschaftlich identisch sind;[53] bei Abweisung des Haupt- und gleichzeitigem Erfolg des Hilfsantrag richtet sich die Beschwer für Kläger nach dem Wert des Hauptantrages[54] (nicht der Differenz zum Wert des Hilfsantrages).
- **Hilfsaufrechnung:** Eine Entscheidung über die Gegenforderung erhöht die Beschwer (§ 322 Abs. 2).[55]

    Beispiel: Klage auf 1.000 EUR, Hilfsaufrechnung des Beklagten mit drei Gegenforderungen über 1.000, 2.000 und 750 EUR (über die allesamt zu entscheiden war), vollständige Verurteilung des Beklagten – Beschwer für den Beklagten: 4.750 EUR.[56]

- **Klage und Widerklage:** Soweit die Entscheidung dieselbe Partei belastet, ist der Wert **zusammenzurechnen**, soweit nicht derselbe Gegenstand betroffen ist (insoweit kommt es also zu einer **Abweichung zu § 5**).[57]

---

48 BGH NJW 1994, 735.
49 Mus/Voit/Ball § 511 Rn. 24; Hk-ZPO/Wöstmann § 511 Rn. 22.
50 BGH NJW 2007, 3289.
51 BGH NJW 2008, 999.
52 Zö/Heßler § 511 Rn. 27.
53 BGH MDR 1984, 208; NJW-RR 1994, 701; Zö/Heßler § 511 Rn. 28.
54 BGHZ 26, 295.
55 Zö/Heßler § 511 Rn. 23.
56 BGH NJW 1994, 1538.
57 Zö/Heßler § 511 Rn. 23.

> Beispiel: Bei Abweisung der Klage über 1.000 EUR und Erfolg der Widerklage über andere 1.000 EUR beträgt die Beschwer für den Kläger 2.000 EUR.[58]

- **Nichtvermögensrechtliche** Streitigkeit: Es gilt § 3, der Wert liegt insoweit regelmäßig über 600 EUR.[59]
- **Prozessurteil:** Die Beschwer für den Kläger besteht in gleicher Höhe wie bei einem abweisendem Sachurteil.[60]
- **Übereinstimmende Teilerledigung:** Die Beschwer richtet sich nach dem streitig gebliebenen Teil der Hauptsache (→ § 15 Rn. 32).
- **Zug-um-Zug-Verurteilung:** Die Beschwer für den Kläger bestimmt sich nach dem Wert der Gegenleistung bzw. dem Zeit- oder Kostenaufwand für die Erfüllung der Gegenleistung,[61] begrenzt durch den Wert des Klagebegehrens.[62]
- **Zurückbehaltungsrecht:** Der Beklagte wird durch die Erfolglosigkeit eines hilfsweise von ihm geltend gemachten Zurückbehaltungsrechts nicht über den Betrag der zuerkannten Klageforderung hinaus beschwert; es erfolgt also keine Zusammenrechnung.[63]

Die **Feststellung der Beschwer** erfolgt **selbstständig durch das Berufungsgericht**, dieses ist somit nicht an die Wertfestsetzung der ersten Instanz gebunden;[64] ist die Beschwer nach Ansicht des Berufungsgerichts nicht erreicht, wird die Berufung (Ausnahme: Zulassung) als unzulässig verworfen. Eine **Streitwertbeschwerde** gegen die Streitwertfestsetzung der ersten Instanz hat somit keinen Einfluss auf die Feststellung der Beschwer bzw. der Berufungssumme. Bestehen Zweifel, ob diese erreicht ist, ist daher Berufung – mit Begründung (Glaubhaftmachung, vgl. § 511 Abs. 3) zur Beschwer/Berufungssumme – einzulegen, und zwar **ohne Rücksicht auf eine Streitwertbeschwerde**.[65]

d) Zulässige Parteien des Berufungsverfahrens

29 Berufung einlegen kann **jede Partei** des erstinstanzlichen Verfahrens (auch einzelne Streitgenossen), zudem **Streithelfer** (→ § 6 Rn. 52), auch wenn der Beitritt erst **mit Einlegung** (§ 66 Abs. 2) der Berufung erfolgt; es handelt sich dann um eine Berufung für die Partei, so dass **deren Beschwer** maßgeblich ist.[66]

Die die Berufung einlegende Partei wird üblicherweise als **Berufungskläger** (oder: **Berufungsführer**) bezeichnet. Als Gegner (Berufungsbeklagter bzw. Berufungsgegner) kommt ausschließlich **die Gegenpartei des erstinstanzlichen Verfahrens** in Betracht, also nicht eigene oder fremde Streithelfer oder eigene Streitgenossen.[67]

---

58 HM, ua BGH NJW 1994, 3292; Zö/Herget § 5 Rn. 2; Zö/Heßler § 511 Rn. 22; Schneider NJW 1992, 2680.
59 Anders/Gehle/Göertz § 511 Rn. 13.
60 MK/Rimmelspacher Vor § 511 Rn. 60.
61 BGH MDR 2010, 1087.
62 BGH NJW-RR 1991, 1084; BGH NZM 2007, 499.
63 BGH NJW-RR 1996, 828; NJW-RR 2005, 367.
64 BGH NJW-RR 1988, 837; NJW-RR 2005, 219.
65 Anders/Gehle/Göertz § 511 Rn. 14.
66 BGH NJW 1997, 2385.
67 Anders/Gehle/Göertz § 511 Rn. 12.

III. Die Zulässigkeit der Berufung

e) Frist- und formgerechte Einlegung der Berufung (§§ 517, 519)
aa) Zuständiges Gericht, Form und Frist

Die Berufung ist **unmittelbar bei dem Berufungsgericht** (§ 519 Abs. 1: **judex ad quem**), also bei dem dem erstinstanzlichen Gericht übergeordneten Land- bzw. Oberlandesgericht (§§ 72, 119 Abs. 1 GVG) einzureichen. Wird die Berufung demgegenüber bei dem erstinstanzlichen Gericht eingelegt, hat das Gericht die Berufung an das Berufungsgericht weiterzuleiten. Ist die Weiterleitung im normalen Geschäftsgang innerhalb der Einlegungsfrist möglich, wirkt sich ein Verschulden der Partei bzw. des Rechtsanwalts nicht mehr aus, so dass bei einer Verzögerung (und hierauf beruhendem Fristversäumnis) Wiedereinsetzung in den vorigen Stand (→ Rn. 31) zu gewähren ist.[68]

Die Einlegung der Berufung hat **schriftlich** (§ 519) mittels Einlegungs-/**Berufungsschrift** durch einen Anwalt (§ 78) zu erfolgen.[69] Eine Einlegung durch die Partei persönlich ist unwirksam (zur Behandlung einer solchen Berufung → Rn. 62). Im Übrigen gelten die allgemeinen Vorschriften über die vorbereitenden Schriftsätze (§ 519 Abs. 4). Die Berufungsschrift ist ein bestimmender Schriftsatz iSd § 129 und bedurfte daher bislang gem. § 130 Nr. 6 der eigenhändigen Unterschrift des den Schriftsatz verantwortenden Anwalts,[70] nunmehr ist – bei elektronischer Übermittlung (§ 130 d) – eine qualifizierte elektronische Signatur erforderlich (§ 130 a).[71]

Die **Einlegungsfrist** (§ 517) beträgt **ein Monat**; sie beginnt mit der ordnungsgemäßen[72] **Zustellung des vollständigen**[73] **Urteils, spätestens fünf Monate nach Verkündung**.[74] Eine Einlegung (**Eingang!**) bis 24.00 Uhr des letzten Tages ist möglich (soweit eine nicht-elektronische Übermittlung noch gem. § 130 d S. 2 möglich ist: zB Nachtbriefkasten; Eingang im Gerichtsfax,[75] Defekt des Empfangsgeräts schadet nicht).[76] Für das Fristende gilt § 222 Abs. 2.

> **Beispiel:** Zustellung am 20.11.2021, Fristablauf nicht 22.12., sondern 23.12., weil der 22.12.2021 ein Sonntag war; etwaige „Fristüberschreitung" sind daher stets mit einem Kalender zu überprüfen!

Ob die Frist gewahrt ist, ergibt sich – wegen der Amtszustellung des Urteils (und des Eingangsvermerks auf der Berufung) – aus den Akten.

Bei der Einlegungsfrist handelt es sich um eine **Notfrist** (§ 517), so dass diese nicht verlängert werden kann (§ 224 Abs. 1). Wird die Frist versäumt, ist jedoch (auf Antrag und bei fehlendem Verschulden)[77] **Wiedereinsetzung** möglich (§§ 233 ff.). Wird die

---

68 BVerfG FamRZ 2005, 1231; BGH MDR 2004, 1311; BGH NJW 2006, 3499; NJW 2011, 3240; BGH MDR 2013, 240; zu den Grenzen der Weiterleitungspflicht vgl. aber auch OLG Bremen MDR 2013, 366.
69 BGH NJW-RR 2012, 694: der Anwalt trägt die Verantwortung, dass die Rechtsmittelschrift rechtzeitig bei dem zuständigen Gericht eingeht. Insofern unterliegt es seiner Pflicht, darauf zu achten, dass die Schrift zutreffend adressiert ist.
70 Vgl. dazu BGH NJW 2012, 3378 (zu Blankounterschrift); NJW 2012, 3379 sowie NJW 2013, 237 (zu Unterschriftzusatz „i.A.").
71 Zur Unzulässigkeit der Berufung wegen fehlender elektronischer Übermittlung OLG Düsseldorf NJW-RR 2022, 999.
72 BGH MDR 2011, 65.
73 BGH NJW 2010, 2519.
74 BGH MDR 2011, 382.
75 Vgl. dazu OLG Nürnberg MDR 2012, 1310; OLG Naumburg MDR 2013, 55.
76 BGH NJW 1998, 762; Anders/Gehle/Goertz § 519 Rn. 10.
77 BGH NJW 2012, 2443 mAnm Borgmann betreffend inhaltlich unrichtige Rechtsmittelbelehrung; BGH NJW 2012, 2445; NJW 2011, 386; BGH NJW-RR 2010, 1297.

Wiedereinsetzung versagt, erfolgt zugleich eine Verwerfung der Berufung als unzulässig, da diese dann nicht fristgerecht eingelegt wurde (§ 522 Abs. 1).

▶**RA-Stage:** Da wegen der Kürze der Einlegungsfrist oft eine vollständige Überprüfung der Erfolgsaussichten nicht rechtzeitig möglich ist, ist es zweckmäßig, zunächst nur die bloße Einlegung der Berufung, ohne Begründung und ohne Antrag (nicht nötig), ausdrücklich **„nur zur Fristwahrung"** zu erklären. Dies hat **Kostenvorteile:** Wird die **erklärtermaßen** nur zur Fristwahrung eingelegte Berufung vor ihrer Begründung zurückgenommen, hat der Berufungsgegner, der sich bereits gemeldet hat (Zurückweisungsantrag), nur einen Kostenerstattungsanspruch gem. § 516 Abs. 3 in Höhe der ermäßigten Verfahrensgebühr (RVG VV 3201: 1,1), nicht in der vollen Höhe von 1,6, da er zwar bereits nach Einlegung der Berufung einen Anwalt mit seiner Vertretung beauftragen durfte, ein Zurückweisungsantrag (Sachantrag) aber bis zur Begründung der Berufung weder sinnvoll noch iSv § 91 notwendig ist.[78] Die volle Verfahrensgebühr iHv 1,6 (RVG VV 3200) entsteht dann aber, wenn im Nachgang zum verfrühten Zurückweisungsantrag doch noch die Berufungsbegründung folgt.[79]

bb) Inhalt der Berufungsschrift

32 Die Berufungsschrift muss **zwingend** (andernfalls ist die Berufung unzulässig) enthalten:

1) die **Bezeichnung** des **angefochtenen Urteils** (§ 519 Abs. 2 Nr. 1), dies grundsätzlich nach Gericht, Parteien, Verkündungstermin, Aktenzeichen.[80] Falsche oder unvollständige Bezeichnung schadet nicht, soweit nur die Identität des Urteils feststeht.[81]

2) die **unbedingte** Erklärung, dass **Berufung eingelegt** wird (§ 519 Abs. 2 Nr. 2). Dies muss nicht zwingend ausdrücklich erfolgen, auch eine falsche Bezeichnung („Einspruch" o.ä.) schadet nicht: Es muss nur der Wille erkennbar sein, dass das Urteil durch die höhere Instanz überprüft werden soll.[82]

3) sowie die **Angabe von Berufungsführer und Berufungsgegner**, also: für und gegen welche Partei Berufung eingelegt wird.

Letztere Angabe wird von der **Rechtsprechung** gefordert.[83] So muss zB bei Streitgenossen eindeutig erklärt werden, für bzw. gegen welche die Berufung eingelegt werden soll.[84] **Erkennbarkeit** reicht allerdings auch insoweit aus: Eine unvollständige, fehlerhafte oder unrichtige Bezeichnung schadet daher nicht, wenn für Gericht und Gegner bei **verständiger Würdigung** keine vernünftigen Zweifel darüber bestehen können, wer Berufungsführer und wer Berufungsgegner ist.[85] Dabei werden von dem BGH an die Bezeichnung des Rechtsmittelgegners weniger strenge Anforderungen gestellt als an die Bezeichnung des Rechtsmittelführers.[86] Es reicht auch aus, dass erforderliche Angaben vom Berufungsführer **innerhalb der Einlegungsfrist** schriftlich nachgeholt werden oder von dem Berufungsgericht aus den ihm innerhalb der Frist zugänglich gewordenen Unterlagen (zB Urteilsabschrift, Akten der ersten Instanz) entnommen werden können.[87]

---

78 BGH NJW 2007, 3723; KG JurBüro 2008, 646.
79 BGH MDR 2009, 771.
80 BGH NJW 2003, 1950.
81 BGH NJW 2001, 1070; NJW 2003, 1950; BGH MDR 2007, 734; MDR 2013, 169.
82 BGH NJW-RR 1998, 507; BGH FamRZ 2008, 1926.
83 BGH MDR 2006, 589; MDR 2007, 481; MDR 2008, 1352; BGH NJW-RR 2022, 784.
84 OLG Stuttgart NJW 2012, 1375.
85 BGH NJW 2002, 1430; NJW 2003, 3203; BGH NJW-RR 2004, 862; BGH MDR 2010, 44.
86 BGH MDR 2011, 181; vgl. auch OLG Stuttgart NJW 2012, 1375.
87 BGH NJW 2003, 3203; BGH MDR 2007, 735; BGH NJW-RR 2022, 784.

III. Die Zulässigkeit der Berufung §19

▸**RA-Stage:** Die strengen Anforderungen der Rechtsprechung sind zwar zum Teil umstritten. Der Anwalt des Berufungsführers sollte sich aber **auf die Rechtsprechung einstellen** und deren – doch einfach zu erfüllende! – Voraussetzungen **sorgfältig einhalten.** **Daher gilt für die Berufungsschrift: Volles Rubrum, genaue Bezeichnung des angefochtenen Urteils, Erklärung als Berufung und ausdrückliche Angabe von Berufungsführer und -gegner** (zB „für den Kläger", „für den Kläger zu 1)" oder „gegen alle Beklagten").

Im Übrigen **soll** mit der Berufungsschrift eine Ausfertigung oder beglaubigte Abschrift des angefochtenen Urteils vorgelegt werden (§ 519 Abs. 3). Auch wenn es sich hierbei um eine Sollvorschrift handelt, ist die **Beifügung des Urteils** zweckmäßig, weil sich aus dem Urteil fehlende Angaben entnehmen lassen, **die eine Unzulässigkeit verhindern können.** 33

Begründung und **Anträge** sind zur wirksamen **Einlegung** der Berufung nicht erforderlich, müssen aber innerhalb der Frist des § 520 Abs. 2 S. 1 nachgereicht werden (vgl. hierzu noch → Rn. 41). Selbstverständlich kann die Berufung aber auch sogleich begründet werden; Ergänzung innerhalb der Berufungsbegründungsfrist sind stets möglich.[88] 34

Falls erforderlich, kann zudem ein **Einstellungsantrag** nach §§ 719, 707 gestellt werden, da die Berufungseinlegung die Vollstreckung aus dem Urteil nicht hindert. In diesem Falle bedarf es aber dann **sogleich** der Darlegung der Erfolgsaussicht und daher der Begründung der Berufung,[89] ferner des Vortrags und der Glaubhaftmachung der Einstellungsvoraussetzungen. 35

▸**RA-Stage:** Eine alsbaldige Begründung der Berufung kann sich aber auch deshalb empfehlen (**Prozesstaktik**), um den Gegner durch eine aussichtsreich erscheinende Berufungsbegründung wegen der Schadensersatzpflicht bei einer Aufhebung des Urteils (§ 717 Abs. 2) von vornherein zur Abstandnahme von einer Vollstreckung zu veranlassen.

cc) Mehrfache Berufungseinlegung

Eine **mehrfache Berufungseinlegung** empfiehlt sich bei Zweifeln hinsichtlich der Ordnungsgemäßheit der früheren Einlegung: Dies bleibt eine einzige Berufung. Soweit **eine** Einlegung ordnungsgemäß ist, kommt es auf die anderen nicht mehr an; diese sind bedeutungslos, werden nicht zurückgewiesen und brauchen auch nicht zurückgenommen zu werden.[90] 36

dd) Berufungseinlegung und Prozesskostenhilfeantrag

Der **Berufungsführer**, der Prozesskostenhilfe für die Berufung erstrebt, hat **zwei Möglichkeiten:** 37

Zum einen kann der Berufungsführer die Berufung **unbedingt** einlegen (Anwaltszwang!) und zugleich einen Antrag auf Prozesskostenhilfeantrag stellen; wird PKH versagt, kann die Berufung mit der Kostenfolge gem. § 516 Abs. 3 zurückgenommen, aber natürlich auch ohne PKH weitergeführt werden.

Hinweis: Dem PKH-Antrag sind die vollständigen PKH-Unterlagen beizufügen. Falls keine Änderung gegenüber den Verhältnissen der ersten Instanz eintreten ist, reicht eine

---

88 ThP/Seiler § 520 Rn. 1.
89 OLG Bremen MDR 2008, 1065; OLG Saarbrücken MDR 1997, 1157.
90 BGH NJW 1996, 2659; Anders/Gehle/Göertz § 519 Rn. 18; Zö/Heßler § 519 Rn. 3; ThP/Seiler § 519 Rn. 10.

entsprechende Versicherung aus,[91] und zwar innerhalb der Berufungseinlegungsfrist.[92] Einer **sachlichen Begründung** des Antrags bedarf es an sich nicht;[93] der Bemittelte braucht ja auch nicht innerhalb der Einlegungsfrist die Berufung zu begründen, und der Mittellose darf nicht schlechter gestellt werden. Gleichwohl ist eine sachliche Begründung aber natürlich **zweckmäßig**, da das Gericht die Erfolgsaussicht sonst nur von dem erstinstanzlichen Sach- und Streitstand aus beurteilen kann, ohne die Angriffe des Berufungsführers gegen das Urteil zu kennen.

Zum anderen kann der Berufungsführer jedoch auch zunächst **nur** einen **Prozesskostenhilfeantrag** (isolierter PKH-Antrag) stellen und erst **nach PKH-Bewilligung** die Berufung einlegen, dies verbunden mit einem **Wiedereinsetzungsantrag**[94] hinsichtlich der regelmäßig inzwischen verstrichenen Berufungseinlegungsfrist. Der isolierte PKH-Antrag unterliegt gem. §§ 117 Abs. 1, 78 Abs. 3 **nicht dem Anwaltszwang**, kann daher auch von der **Partei persönlich** gestellt werden.[95] Bei PKH-Bewilligung ist der Partei gem. § 121 zugleich ein **Anwalt beizuordnen**, der dann die Berufung einlegen und den ggf. erforderlichen Wiedereinsetzungsantrag stellen muss. Dem nach der PKH-Bewilligung gestellten **Wiedereinsetzungsantrag** ist – falls im Übrigen ordnungsgemäß – zu entsprechen: Die Bedürftigkeit gilt als fehlendes Verschulden.[96] Voraussetzung ist aber zudem, dass die Bedürftigkeit ursächlich für die Fristversäumung war.[97] Innerhalb der Frist für den Wiedereinsetzungsantrag – **zwei Wochen ab Bekanntgabe der PKH-Bewilligung** (= Wegfall des Hindernisses für die Berufungseinlegung) – ist auch die **Berufung selbst einzulegen** (§§ 236 Abs. 2 S. 2, 234 Abs. 1, 2). Eine Wiedereinsetzung ist uU auch möglich nach **Versagung der PKH**, wenn die Partei vernünftigerweise nicht mit einer Ablehnung wegen fehlender Bedürftigkeit hatte zu rechnen brauchen und nunmehr die Berufung auf eigene Kosten durchführen will.[98] Mit der Verweigerung der PKH hat die Partei aber bereits dann zu rechnen, wenn das Rechtsmittelgericht auf Zweifel hinsichtlich ihrer Bedürftigkeit hingewiesen hat und diese vernünftigerweise davon ausgehen muss, dass sie die Zweifel nicht ausräumen kann.[99]

38 Der Berufungsführer kann dagegen **nicht** die Berufung und den PKH-Antrag in der Weise verbinden, dass die Berufung **nur für den Fall** der Bewilligung eingelegt sein soll: Dies stellte eine **bedingte Berufungseinlegung** dar, die unzulässig ist und daher die Verwerfung der Berufung gem. § 522 Abs. 1 S. 2 zur Folge hat.[100] Die Verwerfung kann jedoch erst verfolgen, nachdem über den PKH-Antrag entschieden worden ist.[101] Ob die Berufung bedingt eingelegt ist, ist ggf. durch **Auslegung** zu klären, die sich allein nach dem objektiven Erklärungswert – wie er dem Rechtsmittelgericht innerhalb der Rechtsmittelfrist erkennbar war – richtet; spätere klarstellende Parteierklärungen blei-

---

91 BGH NJW 2001, 2720; Zö/Schultzky § 117 Rn. 22.
92 BGH FamRZ 2006, 1522; BGH MDR 2008, 1297.
93 BGH NJW 1993, 732; BGH NJW-RR 2001, 1146. A.A. OLG Celle MDR 2003, 470; OLG Dresden MDR 2003, 1443; grds. auch Fischer MDR 2004, 1160.
94 Vgl. zur Rechtsprechung des BGH zur Wiedereinsetzung in den vorigen Stand Bernau NJW 2012, 2004 sowie Jungk NJW 2013, 667.
95 Zö/Schultzky § 117 Rn. 4, § 119 Rn. 13.
96 BGH NJW-RR 2001, 570; NJW-RR 2008, 942; Zö/Greger § 233 Rn. 23.29.
97 BGH NJW 2011, 62; NJW 2012, 2041; NJW 2013, 697 betreffend Einreichung eines vollständigen PKH-Antrags samt nicht unterzeichnetem Entwurf des Rechtsmittels und der Rechtsmittelbegründung ihres Prozessbevollmächtigten (Abgrenzung zu BGH NJW 2008, 2855).
98 BGH FamRZ 2005, 1901; BGH MDR 2008, 99 (mit zusätzlicher Überlegungsfrist von drei Tagen); BGH NJW 2011, 153.
99 BGH MDR 2010, 400.
100 BGH FamRZ 2005, 1537; BGH NJW-RR 2007, 780; BGH FamRZ 2007, 895.
101 BGH MDR 2013, 481.

III. Die Zulässigkeit der Berufung § 19

ben dabei unberücksichtigt.[102] Wegen der schwerwiegenden Auswirkungen kommt eine entsprechende Auslegung nur dann in Betracht, wenn sich die bedingte Berufungseinlegung **unzweifelhaft** aus der Berufungsschrift ergibt[103] (zB wenn die Berufung für den Fall der PKW-Bewilligung eingelegt **sein** soll).[104] Wenn erklärt wird, dass die Berufung nach Bewilligung von PKH eingelegt **werde**, oder die beigefügte Berufungsschrift und -begründung als „Entwurf" bezeichnet wird, ist dies als reiner PKH-Antrag zu werten.[105] Die Rechtsprechung nimmt zum Schutz des Berufungsführers weitmöglichst eine unbedingte Berufungseinlegung mit PKH-Antrag an, zB wenn die „Durchführung" der Berufung von der PKH-Bewilligung abhängig gemacht wird (Ankündigung der Berufungsrücknahme bei PKH-Ablehnung)[106] oder gebeten wird, die Berufung erst nach PKH-Bewilligung zuzustellen.[107]

> **Hinweis:** Sind die gesetzlichen Anforderungen an eine Berufungsschrift oder eine Berufungsbegründung erfüllt, ist eine Auslegung, dass der Schriftsatz nicht als zugleich eingelegte Berufung oder Berufungsbegründung bestimmt war, nur dann nahe liegend, wenn sich dies „aus den Begleitumständen mit einer jeden vernünftigen Zweifel ausschließenden Deutlichkeit ergibt".[108] Wenn daher (häufige Praxis) dem PKH-Antrag zur Vereinfachung und Beschleunigung bereits der Wiedereinsetzungsantrag mit Berufungseinlegung (und -begründung) beigefügt wird,[109] muss eindeutig klargestellt werden, dass diese Anträge **erst nach PKH-Bewilligung gestellt werden.**

Die **Erfolgsaussicht** des Prozesskostenhilfeantrags ist nach den allgemeinen Grundsätzen zu prüfen (→ Rn. 3), wobei auf die Erfolgsaussicht **in der Sache selbst** abzustellen ist.[110] Besteht hinreichende Aussicht, dass der Berufungsführer – gerade auch unter den besonderen Voraussetzungen des Berufungsverfahrens, wie der Einschränkung neuen Tatsachenvortrags – ein für ihn günstigeres Ergebnis erreichen kann, ist dem Antrag zu entsprechen, andernfalls ist dieser abzulehnen. Falls eine Erfolgsaussicht nur zu einem Teil unter der (erforderlichen) Berufungssumme von 600 EUR besteht, ist PKH nach hM insgesamt zu versagen, da die Berufung, soweit erfolgversprechend, nicht zulässig wäre,[111] und zwar auch dann, wenn die Berufung bereits in zulässiger Höhe eingelegt worden ist.[112]

39

Bei einem **PKH-Antrag des Berufungsgegners** ist zu beachten, dass nur eine Prüfung der Mittellosigkeit, **nicht der Erfolgsaussicht** zu erfolgen hat (§ 119 Abs. 1 S. 2, sog. „notwendige" PKH). Eine andere Frage ist jedoch, ob eine Verteidigung gegen die Berufung überhaupt **notwendig** ist. Ist dies zu verneinen, ist dem Berufungsgegner PKH zu versagen.[113] Eine Verteidigung ist nicht notwendig, wenn die Berufung bereits von Amts wegen nach § 522 Abs. 1 wegen Unzulässigkeit zu verwerfen ist. Da die Zulässigkeit der Berufung erst nach Vorliegen der Berufungsbegründung festgestellt werden kann, kann dem Berufungsgegner daher grundsätzlich **vor Begründung der Berufung**

40

---

102 BGH MDR 2012, 731.
103 BGH NJW-RR 2006, 140; BGH NJW 2006, 693; BGH FamRZ 2007, 1726.
104 BGH FamRZ 2007, 793.
105 Anders/Gehle/Göertz § 519 Rn. 23.
106 BGH FamRZ 2007, 1726.
107 Vgl. dazu näher Zö/Schultzky § 117 Rn. 12; BGH FamRZ 2001, 1703; FamRZ 2004, 1553; BGH MDR 2009, 400.
108 BGH MDR 2011, 182.
109 BGH NJW-RR 1988, 507.
110 Zö/Schultzky § 114 Rn. 39, § 119 Rn. 18.
111 OLG Koblenz NJW 2021, 168; OLG Hamburg FamRZ 1997, 621; Anders/Gehle/Dunkhase § 114 Rn. 85; Zö/Schultzky § 119 Rn. 18; Fischer MDR 2007, 437 (auch zu Ausnahmen).
112 A.A. OLG Karlsruhe JurBüro 2007, 43.
113 BGH NJW-RR 2001, 1009; Zö/Schultzky § 119 Rn. 21.

PKH noch nicht bewilligt werden.[114] Wird die Berufung vor Begründung zurückgenommen, ist die beantragte PKH zu versagen.[115] Die früher verbreitete obergerichtliche Auffassung, dem Berufungsgegner könne PKH noch nicht bewilligt werden, solange nicht feststehe, dass die Berufung nicht nach § 522 Abs. 2 durch Beschluss zurückgewiesen werde,[116] ist überholt. Nach Auffassung des BGH kann nämlich dem Berufungsbeklagten nach Eingang der Rechtsmittelbegründung PKH zur Verteidigung gegen die Berufung nicht mit der Begründung versagt werden, eine Entscheidung über die Zurückweisung nach § 522 Abs. 2 stehe noch aus.[117]

f) Frist- und formgerechte Berufungsbegründung (§ 520)

aa) Frist- und Form

41 Der Berufungskläger muss die Berufung gem. § 520 Abs. 1 begründen. Die Frist für die Berufungsbegründung beträgt **zwei Monate** und beginnt mit der Zustellung des in vollständiger Form abgefassten Urteils, spätestens aber mit Ablauf von fünf Monaten nach der Verkündung (§ 520 Abs. 2 S. 1); für das Fristende ist § 222 Abs. 2 zu beachten.

Eine **Verlängerung** der Frist ist auf schriftlichen Antrag möglich (§ 520 Abs. 2 S. 2, 3).[118] Der Antrag muss vor Ende der Frist eingehen, die Verlängerung kann jedoch noch nach Ablauf bewilligt werden.[119]

Auch wenn es sich bei der Frist gem. § 520 Abs. 2 S. 1 **nicht** um eine Notfrist handelt, ist bei Versäumung eine **Wiedereinsetzung in den vorherigen Stand** gleichwohl möglich (§ 233); Voraussetzung ist auch hier, dass die Mittellosigkeit für die Fristversäumung kausal geworden ist.[120] Die **Frist** für den Wiedereinsetzungsantrag (und die Berufungsbegründung) beträgt grundsätzlich **einen Monat** (§ 234 Abs. 1 S. 2, § 236 Abs. 2 S. 2; beachte aber auch die Jahresfrist des § 234 Abs. 3, die absoluten Charakter hat).[121]

42 Die Berufungsbegründung ist bei dem Berufungsgericht (vorbereitender Schriftsatz, §§ 520 Abs. 5, 130 bzw. 130 a), mit Unterschrift bzw. nunmehr mit **qualifizierter Signatur des Berufungsanwalts**, der erkennbar die Verantwortung für den Inhalt der Begründung übernehmen muss,[122] einzureichen. Die Begründung muss grundsätzlich aus sich heraus verständlich sein. Bloße Bezugnahme auf andere Schriftstücke, insbesondere von **Nichtpostulationsfähigen** (zB PKH-Gesuch der Partei selbst) reicht nicht aus.[123] Dagegen genügt ein von dem **Berufungsanwalt** eingereichter PKH- oder Einstellungsantrag, falls er inhaltlich dem § 520 Abs. 3 entspricht und zugleich auch (wovon regelmäßig auszugehen ist) als Berufungsbegründung dienen soll.[124]

---

114 BGH NJW-RR 2001, 1009; BGH MDR 2010, 828; BAG NJW 2018, 2433; NJW 2005, 1213; Zö/Schultzky § 119 Rn. 21; Mus/Voit/Fischer § 119 Rn. 16.
115 Mus/Voit/Fischer § 119 Rn. 16.
116 Etwa OLG Dresden MDR 2007, 423; OLG Köln MDR 2006, 947.
117 BGH NJW-RR 2017, 1273; BGH MDR 2010, 828; vgl. Zö/Schultzky § 119 Rn. 21.
118 Zur Einwilligung des Berufungsgegners vgl. BGH MDR 2012, 1113.
119 BGHZ 83, 217; BGH NJW 1992, 842.
120 BGH NJW 2008, 2855; NJW 2012, 2041; NJW 2013, 697 betreffend eine unbeschränkte Berufungseinlegung durch einen Anwalt unter Einreichung einer vollständigen, allerdings als Entwurf bezeichnete und nicht unterzeichnete Berufungsbegründungsschrift.
121 BGH NJW 2013, 1684.
122 BGH NJW 2012, 3379 sowie NJW 2013, 237 (zu Unterschriftszusatz „i.A."); BGH MDR 2012, 796 (zu Unterschriftszusatz „i.V."); MDR 2012, 1114 (Unterschrift mit dem Zusatz, dass der andere Anwalt „nach Diktat außer Haus ist", MDR 2012, 1114; BGH NJW 1998, 1647; BGH NJW-RR 1994, 569.
123 BGH NJW 1993, 3334; BGH FamRZ 1994, 102.
124 BGH NJW-RR 1999, 212; NJW-RR 2001, 789; BGH NJW 2008, 1740.

III. Die Zulässigkeit der Berufung   § 19

Die Berufungsbegründung muss **zwingend** die **Berufungsanträge** (§ 520 Abs. 3 S. 2 Nr. 1; → Rn. 43 ff.) sowie die **Berufungsgründe** (§ 520 Abs. 3 S. 2 Nr. 2-4; → Rn. 46 ff.) enthalten, andernfalls ist die Berufung unzulässig. Soweit diese schon in der Einlegungsschrift enthalten sind, ist eine Wiederholung nicht erforderlich.

bb) Berufungsanträge

Berufungsanträge sind gem. § 520 Abs. 3 Nr. 1 die Erklärung des Berufungsführers, in welchem Umfang das erstinstanzliche Urteil angefochten und welche Abänderung des Urteils begehrt wird. Es ist damit ein **Sachantrag** (also ein Antrag auf **sachliche Änderung des Urteils**) erforderlich. Ein solcher Antrag muss nicht ausdrücklich formuliert sein, es genügt, wenn **Umfang** und **Ziel** der Berufung aus dem Vorbringen **eindeutig erkennbar** sind.[125] So ergibt sich regelmäßig aus einer Wiederholung des erstinstanzlichen Sachvortrags, dass auch der erstinstanzliche Sachantrag wieder gestellt sein soll.[126]

43

Ein Antrag auf **Aufhebung** des Urteils **und Zurückverweisung** wegen eines Verfahrensmangels reicht an sich (da kein Sachantrag) nicht aus.[127] Allerdings ist auch ein solcher Antrag jedenfalls regelmäßig erkennbar darauf gerichtet, dass nach dem **ursprünglichen Begehren** entschieden, der erstinstanzliche Sachantrag also weiterverfolgt werden soll; ist dies der Fall, liegt ein ausreichender Sachantrag vor.[128] Als zusätzlicher Antrag ist der Antrag auf Aufhebung des Urteils und Zurückverweisung allerdings im Falle des § 538 Abs. 2 S. 1 aE erforderlich; insoweit ist er – als reiner Prozessantrag – bis zum Schluss der Verhandlung zulässig.[129]

> ▸**RA-Stage:** Eine ausdrückliche (und keinen Auslegungsspielraum eröffnende) Formulierung ist selbstverständlich stets zweckmäßig. **Beispiel** bei Berufung gegen eine Klageabweisung: „*das angefochtene Urteil aufzuheben und den Beklagten zu verurteilen, an den Kläger 3.200 EUR zu zahlen*", bei Berufung gegen eine Verurteilung: „*das angefochtene Urteil aufzuheben und die Klage abzuweisen.*" Die Formulierung „*nach dem erstinstanzlichen Antrag zu entscheiden*" sollte aus Gründen der Klarheit und Selbstkontrolle unterbleiben.
>
> Bei **Teilanfechtung** (Beispiel: Klage auf Zahlung von 3.000 EUR ist abgewiesen worden, mit der Berufung verfolgt der Kläger das Zahlungsbegehren in Höhe von 2.000 EUR weiter) wäre der Antrag zu formulieren: „*das angefochtene Urteil insoweit aufzuheben, als die Klage zu mehr als 1.000 EUR abgewiesen worden ist, und den Beklagten zu verurteilen, an den Kläger 2.000 EUR zu zahlen.*"

In einer **Teilanfechtung** (eingeschränkter Berufungsantrag unterhalb der Gesamtbeschwer) liegt grundsätzlich noch **kein Verzicht** auf eine weitergehende Berufung.[130] Der nicht angefochtene Teil des Urteils wird daher – falls nicht ausnahmsweise ein Verzicht anzunehmen ist (Frage der Auslegung, → Rn. 63) – noch **nicht rechtskräftig**.[131] Daher kann der Berufungsführer nach einer zunächst erfolgten Teilanfechtung **den Berufungsantrag** unstreitig innerhalb, **nach hM aber auch nach Ablauf der Berufungsbegründungsfrist noch erweitern**; dies allerdings nur, soweit diese Erweiterung von der fristge-

44

---

125 BGH NJW-RR 1997, 866; NJW-RR 1999, 211; BGH FamRZ 2004, 179; BGH NJW 2006, 2705; BGH NJW-RR 2019, 1022; NJW-RR 2019, 1293; NJW-RR 2020, 1188.
126 BGH NJW 2006, 2767; Zö/Heßler § 520 Rn. 30.
127 Zö/Heßler § 520 Rn. 30.
128 BGH NJW-RR 1995, 1154; NJW-RR 1996, 834; BGH NJW 2006, 2705. Vgl. auch BGH NJW-RR 2019, 1293.
129 OLG Saarbrücken NJW-RR 2003, 573; Zö/Heßler § 538 Rn. 4.
130 BGH NJW 2001, 146; BGH NJW-RR 1998, 572; MK/Rimmelspacher § 520 Rn. 34.
131 BGH NJW-RR 2007, 414; Zö/Heßler § 520 Rn. 31.

recht eingereichten Berufungsbegründung gedeckt wird, also keine zusätzliche Begründung erfordert.[132]

▸**RA-Stage:** Diesen Umstand kann der Berufungsführer **prozesstaktisch** dadurch ausnutzen, dass er zunächst einen niedrigeren Berufungsantrag stellt, damit bei einer Beschlussverwerfung nach § 522 Abs. 2 nur geringere Kosten anfallen,[133] den Antrag aber, falls die Berufung nach dem Verhalten des Gerichts höheren Erfolg verspricht, nachträglich erhöht.

45 Eine **Klageänderung bzw. -erweiterung** oder eine **Widerklage** in der Berufungsinstanz stellen keine Anfechtung des erstinstanzlichen Urteils dar: § 520 Abs. 2, 3 gelten daher nicht, die Einhaltung der Begründungsfrist ist somit nicht erforderlich.[134] Erforderlich ist aber die Zulässigkeit der Berufung, die Einhaltung der Klageänderungs- bzw. Widerklageregeln, zudem eine Beschränkung auf den nach § 529 maßgeblichen Sachverhalt (§ 533, → Rn. 112).

cc) Berufungsgründe

46 Nach § 513 Abs. 1 kann die Berufung nur darauf gestützt werden, dass die angefochtene Entscheidung auf einer Rechtsverletzung beruht oder dass die zugrunde zu legenden Tatsachen eine andere Entscheidung rechtfertigen. Dies wird gem. § 520 **Abs. 3 S. 2 Nr. 2-4** dahingehend **konkretisiert**, dass in der Berufungsbegründung vorgetragen werden müssen: die Umstände, die die geltend gemachte **Rechtsverletzung** ergeben (Abs. 3 Nr. 2), **konkrete Anhaltspunkte, die Zweifel an der Richtigkeit oder Vollständigkeit der Tatsachenfeststellung** im angefochtenen Urteil begründen (Abs. 3 Nr. 3), **und/oder neue Angriffs- und Verteidigungsmittel** (Abs. 3 Nr. 4), dies zugleich mit den Tatsachen, die ihre – ausnahmsweise – Zulassung gem. § 531 Abs. 2 im Berufungsverfahren begründen. Im Übrigen muss für jeden dieser Angriffspunkte die Entscheidungserheblichkeit (**Kausalität**) begründet werden, also konkret ausgeführt werden, dass das angefochtene Urteil bei Berücksichtigung der gerügten Punkte für den Berufungsführer günstiger ausgefallen wäre. Wird die Berufung nicht in dieser Weise ausreichend begründet, ist sie unzulässig und **als unzulässig zu verwerfen** (§ 522 Abs. 1). Zu dem erforderlichen Vortrag im Einzelnen:

(1) Vortrag einer Rechtsverletzung (§ 520 Abs. 3 Nr. 2)

47 Der Vortrag einer Rechtsverletzung kann sich zum einen auf **Verfahrensfehler** beziehen: Insoweit bedarf es der (nicht unbedingt ausdrücklichen) Angabe der verletzten Verfahrensnorm und Vortrag der Tatsachen, die den Verfahrensverstoß ergeben. Ohne solche Rüge werden verzichtbare Verfahrensmängel iSv § 295 vom Berufungsgericht nicht berücksichtigt (§ 529 Abs. 2 S. 1). Von Amts wegen zu berücksichtigende Verfahrensmängel (zB hinsichtlich der Sachurteilsvoraussetzungen, der Zulässigkeit des Einspruchs) müssen nicht gerügt werden; solche – jedoch durchaus zweckmäßige – Rügen

---

132 BGH NJW 1983, 1063; NJW 1985, 3079; NJW 1996, 2425; BGH NJW-RR 2005, 714; BGH NJW 2005, 3067; MK/Rimmelspacher § 511 Rn. 51, § 520 Rn. 36; Mus/Voit/Ball § 520 Rn. 25; Zö/Heßler § 520 Rn. 32. Nach der Gegenauffassung (Schmidt/Iliou VersR 2007, 1628) ist dagegen eine Antragserhöhung nur innerhalb der Berufungsbegründungsfrist zulässig, weil gem. § 520 Abs. 3 Nr. 1 auch die Berufungsanträge zu der (fristgerecht einzureichenden) Berufungsbegründung gehören und weil der Berufungsgegner nach Ablauf der Begründungsfrist den Umfang der Berufung sicher kennen, sein Prozessrisiko einschätzen und seine Verteidigung entsprechend einrichten können muss.
133 Vgl. Schmidt/Iliou VersR 2007, 1628.
134 BGH NJW 1992, 557 (3244).

III. Die Zulässigkeit der Berufung

stellen insoweit nur jederzeit, also auch nachträglich zulässige Prüfungsanregungen dar.[135] Die **Unzuständigkeit des Gerichts** ist indes nicht rügbar und daher unbeachtlich (§ 513 Abs. 2).

Zum anderen kann sich der Vortrag einer Rechtsverletzung aber auch auf **materiell-rechtliche Rechtsfehler** beziehen: Insoweit bedarf es einer auf den Streitfall zugeschnittene Darlegung, in welchen Punkten und aus welchen rechtlichen Gründen der Berufungsführer das angefochtene Urteil für falsch hält.[136] Dies ist **rein formal zu sehen**. Erforderlich sind (nur) konkrete Angriffe auf die Rechtsauffassung des Urteils. Die Rechtsausführungen des Berufungsführers müssen dagegen weder schlüssig noch (auch nur) vertretbar sein:[137] Dies ist (erst) eine Frage der Begründetheit der Berufung (→ Rn. 75 ff.).

(2) Vortrag hinsichtlich der Tatsachenfeststellung des erstinstanzlichen Gerichts (§ 520 Abs. 3 Nr. 3)

Erforderlich ist insoweit **Vortrag konkreter Anhaltspunkte für Zweifel hinsichtlich der Richtigkeit und Vollständigkeit** der Tatsachenfeststellung im angefochtenen Urteil, also hinsichtlich der Tatsachenfeststellung aufgrund des Sach- und Streitstandes und der Beweisaufnahme in der ersten Instanz.

48

Konkrete Anhaltspunkte stellen alle tatsächlichen, rechtlichen und logischen Umstände dar, die Anlass geben können, an der Zuverlässigkeit der erstinstanzlichen Beweiserhebung und Beweiswürdigung zu zweifeln, und die eine ergänzende oder wiederholende Beweisaufnahme als notwendig erscheinen lassen.[138] Dies betrifft zB die Beweiswürdigung, etwa die Annahme der Glaubwürdigkeit von Zeugen oder die Widersprüchlichkeit von Erwägungen, das Übergehen von Vortrag oder Beweisanträgen oder den Ausschluss von Behauptungen oder Beweisanträgen wegen Verspätung.[139] Bei einem Angriff auf eine nachteilige Beweiswürdigung genügt es aber für die Zulässigkeit der Berufung, dass der Berufungsführer deutlich macht, dass und aus welchen Gründen er die Beweisführung für unrichtig hält. Eine noch weitergehende Auseinandersetzung mit der Beweiswürdigung ist insofern grundsätzlich nicht erforderlich. Insoweit ist es für die Frage der Zulässigkeit der Berufung auch nicht maßgeblich, ob die Berufungsbegründung inhaltlich schlüssig ist und begründeten Anlass für eine erneute und vom Erstgericht abweichende Tatsachenfeststellung gibt.[140]

▸ **RA-Stage:** Übergangene erstinstanzliche **Beweisanträge** sollten ausdrücklich wiederholt werden, auch wenn die Notwendigkeit umstritten ist (→ Rn. 79); dies ist jedenfalls der „sicherste Weg".[141]

(3) Vortrag hinsichtlich neuer Angriffs- und Verteidigungsmittel (Abs. 3 Nr. 4)

Vorzutragen sind insoweit insbesondere neue Tatsachenbehauptungen, Einwendungen/Bestreiten und Einreden, zudem Beweismittel.

49

---

135 Mus/Voit/Ball § 529 Rn. 21 f.
136 BGH NJW 2003, 2532; BGH NJW-RR 2022, 998.
137 BGH NJW 2002, 682; BGH MDR 2003, 1130; BGH NJW 2003, 2532; NJW 2012, 3581 (3582); BGH NJW-RR 2022, 998.
138 ThP/Seiler § 520 Rn. 23.
139 BGH NJW 2004, 1876.
140 BGH NJW 2012, 3581.
141 Vgl. Zö/Heßler § 520 Rn. 44.

Hinweis: Wird die Berufung (was zulässig ist) ausschließlich mit neuen Angriffs- oder Verteidigungsmitteln begründet, bedarf es keiner Auseinandersetzung mit den Gründen des Urteils.[142]

Neu ist alles, was in erster Instanz noch nicht vorgetragen worden ist.[143] Grundsätzlich gilt das gesamte erstinstanzliche schriftsätzliche Vorbringen als vorgetragen (→ Rn. 9). Problematisch kann jedoch sein, inwieweit „neuer" Vortrag nicht nur bereits bisheriges Vorbringen lediglich konkretisiert, verdeutlicht oder erläutert, etwa durch Vorlage eines Gutachtens: Dann ist es nicht neu und daher nicht nach § 531 Abs. 2 ausgeschlossen.[144] Die Benennung eines in erster Instanz mit „N.N." benannten Zeugen ist stets neuer Beweisantritt, da bei Lichte betrachtet eine erstmalige Benennung erfolgt.[145]

Da neuer Vortrag nur ausnahmsweise **unter den Voraussetzungen des § 531 Abs. 2 zulässig** ist, gehört zu einer ordnungsgemäßen Berufungsbegründung insoweit auch der Vortrag, dass und weshalb diese Zulassungsvoraussetzungen nach Auffassung des Berufungsführers vorliegen.[146] Zulässigkeitserfordernis ist insoweit **nur ein Vortrag als solcher**, ob er eine Zulassung begründet, ist dagegen eine Frage der Begründetheit der Berufung.[147] Zu den Voraussetzungen der Zulassung von neuem Vortrag → Rn. 88 ff.

▸**RA-Stage:** Da **neuer unstreitiger Vortrag** nicht durch § 531 Abs. 2 ausgeschlossen wird, ist trotz Zurückweisungsgefahr solcher Vortrag sinnvoll, der **unstreitig werden kann**. Dies gilt auch für neue Einreden aufgrund unstreitigen Sachverhalts, → Rn. 90).

(4) Vortrag zur Kausalität

50 Darüber hinaus hat eine Darlegung dahin gehend zu erfolgen, dass ohne den Rechts- oder Tatsachenfehler die Entscheidung für den Berufungsführer günstiger ausgefallen wäre. Dies ist bereits dann anzunehmen, wenn die **Möglichkeit** einer günstigeren Entscheidung **nicht ausgeschlossen** werden kann.[148] Einer gesonderten Darlegung der Entscheidungserheblichkeit eines Rechtsverstoßes oder einer beanstandeten Tatsachenfeststellung bedarf es aber dann nicht, wenn sich diese unmittelbar aus dem Prozessstoff ergibt.[149]

Beispiel: Macht eine Partei in der Berufungsbegründung die Verletzung der Aufklärungs- und Hinweispflicht nach § 139 ZPO durch das erstinstanzliche Gericht geltend, ist ein Vortrag dahingehend, was bei erteiltem Hinweis vorgetragen worden wäre und dass dies Einfluss auf die Entscheidung gehabt haben könnte, nicht erforderlich. Vielmehr genügt es, dass nach dem Inhalt der Berufungsbegründung ohne Zweifel ersichtlich ist, was auf Grund des gerichtlichen Hinweises vorgetragen worden wäre.[150]

dd) Art und Umfang der Berufungsbegründung

51 Grundsätzlich ist eine **auf den Einzelfall zugeschnittene konkrete Begründung** erforderlich, aus welchen rechtlichen und/oder tatsächlichen Gründen das Urteil nach

---

142 BGH NJW-RR 2007, 934.
143 Zö/Heßler § 531 Rn. 21; Mus/Voit/Ball § 531 Rn. 14.
144 BGH NJW 2004, 2825; NJW 2007, 1531; BGH NJW-RR 2008, 335 (337).
145 Mus/Voit/Ball § 531 Rn. 15.
146 BGH NJW 2003, 2531; MK/Rimmelspacher § 520 Rn. 69.
147 MK/Rimmelspacher § 520 Rn. 69.
148 Zö/Heßler § 513 Rn. 5.
149 BGH NJW 2012, 3581 (3582).
150 BGH NJW-RR 2004, 495.

III. Die Zulässigkeit der Berufung

Ansicht des Berufungsführers unrichtig ist.[151] Bloße globale Bezugnahmen auf den erstinstanzlichen Vortrag genügen daher regelmäßig nicht, ebenso nicht die bloße Wiederholung,[152] des Weiteren nicht nur pauschale formelhafte Floskeln (zB die Rechtsausführungen des Urteils seien verfehlt oder die Rechtsansicht erschließe sich nicht und finde in Literatur und Rechtsprechung keine Stütze,[153] die Feststellungen seien unzutreffend, die Anwendung einer bestimmten Vorschrift sei rechtsirrig, die Beweiswürdigung unhaltbar). Erschöpft sich die Begründung in solchen Formulierungen, ist die Berufung unzulässig. Daher ist bei Angriffen gegen Rechtsausführungen die Darlegung einer anderen Rechtsansicht erforderlich, bei Angriffen gegen die Tatsachenfeststellung die konkrete Begründung, weshalb sie falsch sei. Schlüssig oder vertretbar (rechtlich haltbar) braucht die Begründung für die Zulässigkeit der Berufung jedoch nicht zu sein; dies ist, wie bereits ausgeführt wurde, eine Frage der Begründetheit.

Bei einer **Mehrheit von prozessualen Ansprüchen** oder bei **teilurteilsfähigen Teilen eines Streitgegenstandes** (zB Schadenspositionen) ist – soweit angefochten – zu **allen** Ansprüchen bzw. zu **allen** Teilen eine Begründung oder ein Angriff gegen eine für **alle Ansprüche** geltende Erwägung erforderlich. Anderenfalls ist die Berufung insoweit nicht zulässig, was, falls im Übrigen die Berufungssumme nicht erreicht ist, auch zur Unzulässigkeit der gesamten Berufung führt.[154] 52

> **Beispiel:** Der Kläger ist mit der Klage über 1.000 EUR, gestützt auf 500 EUR Kaufpreis und 500 EUR Darlehen, abgewiesen worden; er legt in vollem Umfang Berufung ein, begründet sie aber wirksam nur hinsichtlich des Kaufpreises: Die Berufung ist hinsichtlich des Darlehens mangels Begründung sowie hinsichtlich des Kaufpreises wegen Nichterreichens der Berufungssumme (und damit insgesamt) unzulässig. Falls den Ansprüchen aber (auch) eine einheitliche Erwägung zugrunde liegt, genügt der Angriff allein gegen diese Begründung[155] (zB gegen die Annahme eines Mietvertrages, mit dem das Gericht verschiedene Ansprüche aus dem Mietvertrag begründet hat).

Wird das Urteil auf **mehrere voneinander unabhängige, also selbstständig tragende Erwägungen** gestützt, muss sich die Berufungsbegründung mit **allen** diesen Erwägungen befassen. Anderenfalls fehlt es an einer hinreichenden Begründung mit der Folge der Unzulässigkeit der gesamten (!) Berufung.[156] 53

> **Beispiel:** Die Klage ist mangels Verschuldens und wegen Verjährung abgewiesen worden. Die Berufungsbegründung des Klägers befasst sich nur mit der Verschuldensfrage, nicht mit der Verjährung. Folge: Keine zulässige Berufung, da das Urteil ja auch nur mit der Verjährung hätte begründet werden können; hierzu fehlt es aber an einem Berufungsangriff.

Soweit demgemäß eine Begründung erforderlich ist, genügt bereits ein **einziger konkreter Angriff**, wenn die bezeichneten Umstände geeignet sind, der angegriffenen Entscheidung insgesamt die Grundlage zu entziehen:[157] Bereits darin liegt eine für die **Zulässigkeit insgesamt genügende wirksame Begründung**,[158] nicht maßgeblich ist hingegen, ob der Angriff begründet ist oder ob die Begründung weitere Rügen zu rechtli- 54

---

151 BGH NJW-RR 2002, 209; BGH NJW 2002, 682; NJW 2003, 2532; BGH MDR 2008, 994.
152 BVerfG NJW 1992, 495; BVerfG NJW-RR 2002, 135; BGH NJW-RR 1998, 354; NJW-RR 2002, 209.
153 BGH NJW 2013, 174.
154 BGH NJW 2001, 2464; BGH NJW-RR 2007, 414; BGH MDR 2008, 225; ThP/Seiler § 520 Rn. 25.
155 BGH NJW 1998, 1400; BGH NJW-RR 2001, 789.
156 BGH NJW 2002, 683; BGH MDR 2004, 405; BGH NJW-RR 2006, 285; BGH NJW 2007, 1534; BGH MDR 2011, 933; BGH NJW 2013, 174 (175).
157 BGH NJW-RR 2012, 440.
158 BGH NJW 2001, 228; BGH MDR 2012, 244; Mus/Voit/Ball § 520 Rn. 40.

chen oder tatsächlichen Gesichtspunkten enthält, auf die das angefochtene Urteil überhaupt nicht gestützt wird.[159] Das Berufungsgericht hat daher aufgrund bereits **eines einzigen** ausreichenden Angriffs den **gesamten materiellrechtlichen Streitstoff** (soweit die Anfechtung reicht) **umfassend** zu prüfen, da durch die zulässige Berufung der gesamte Rechtsstreit, in den Grenzen der Berufungsanträge, in die Berufungsinstanz gelangt. Es ist also insoweit **nicht auf die konkrete Rüge beschränkt**, sondern hat gem. § 529 Abs. 2 S. 2 den Rechtsstreit unter **allen**, auch von den Parteien nicht vorgetragenen **rechtlichen Gesichtspunkten**, Anspruchsgrundlagen, Einwendungen usw zu entscheiden.[160]

> **Beispiele:** Wendet sich der Beklagte gegen seine erstinstanzliche Verurteilung aus einer Vertragsverletzung mit der Begründung, dass ein Verschulden nicht vorliege, kann das Berufungsgericht der Berufung auch deswegen stattgeben (und die Klage abweisen), weil bereits das Vorliegen eines Vertrages zu verneinen ist. Oder: Der Beklagte wendet sich zu Recht gegen eine bestimmte Anspruchsgrundlage; die Berufung kann dann auch wegen einer durchgreifenden (und ggf. leichter zu begründenden) anderen Anspruchsgrundlage zurückgewiesen werden.

> **Zur Klarstellung:** Wenn der Berufungsführer etwa **nur** die Beweiswürdigung rügt, muss er diese Rüge konkret begründen, sonst ist die Berufung unzulässig. Hat er aber auch **nur eine Rüge zulässig** erhoben, wird damit der gesamte erstinstanzliche Prozessstoff Gegenstand des Berufungsverfahrens, daher auch die Tatsachenfeststellung, so dass das Berufungsgericht sie bei Zweifeln zu überprüfen hat, auch wenn insoweit kein Berufungsangriff erhoben ist. Entsprechend ist auch eine erstinstanzlich erhobene Verjährungseinrede zu berücksichtigen, auch wenn die Berufungsbegründung nicht mehr auf sie zurückgekommen ist.[161]

> ▸**RA-Stage:** Auch wenn für die Zulässigkeit der Berufung bereits ein konkreter Berufungsangriff ausreicht, darf sich der Rechtsanwalt jedoch nicht mit einem einzigen Angriff begnügen. Vielmehr müssen aus Gründen der anwaltlichen Sorgfalt **so viele konkrete Angriffe wie nur möglich** gegen das erstinstanzliche Urteil vorgetragen und auch erstinstanzliches Vorbringen – soweit sinnvoll (wie zB Einreden, Beweisanträge) – ausdrücklich wiederholt werden, damit von dem Berufungsgericht kein erheblicher Gesichtspunkt übersehen wird. Verzichtbare Verfahrensmängel müssen ohnehin stets konkret gerügt werden (§ 529 Abs. 2 S. 1). Dies ist insbesondere auch deshalb geboten, um eine **Zurückweisung der Berufung nach § 522 Abs. 2 zu verhindern**, über die das Berufungsgericht in der Regel nur anhand der Berufungsbegründung entscheidet. Die Berufungsbegründung muss deshalb grundsätzlich **auch über das zur Zulässigkeit Erforderliche hinausgehen** und sich ggf. auch mit der Frage einer grundsätzlichen Bedeutung des Rechtsstreits befassen.

g) Erstreben der Beseitigung der Beschwer

55 Der Berufungsführer muss mit der Berufung – nach Berufungsanträgen und -begründung – **die völlige oder teilweise Beseitigung der Beschwer erstreben**, insoweit also die Belastung durch das Urteil angreifen, die Richtigkeit des Urteils in Frage stellen und eine Abänderung begehren, **sein ursprüngliches Begehren also mindestens teilweise weiterverfolgen**.[162]

---

159 BGH NJW-RR 2012, 440.
160 BGH NJW 2001, 228; NJW 2004, 1876; BGH NJW-RR 2005, 1071; Mus/Voit/Ball § 520 Rn. 40.
161 BGH NJW 1990, 326; BGH NJW-RR 1986, 991.
162 BGH NJW 2001, 226; BGH NJW-RR 2002, 1073; NJW-RR 2005, 118.

III. Die Zulässigkeit der Berufung § 19

Vor diesem Hintergrund ist eine **seitens des Klägers** Berufung **unzulässig**, wenn sie – ohne Erstreben einer Abänderung des beschwerenden Urteils – **ausschließlich** eingelegt wird, um einen neuen, bislang nicht verfolgten Anspruch geltend zu machen, also **nur um die Klage zu erweitern oder zu ändern**.[163] Unstreitig ist dies jedenfalls dann, wenn der Kläger in erster Instanz obsiegt hatte, da er dann durch das Urteil überhaupt nicht beschwert ist. Nach hM gilt dies aber auch für den Fall, dass der Kläger **unterlegen** war und nunmehr **nur die Klage ändern** will, da er dann die im Urteil selbst liegende Beschwer gerade nicht angreift und auch die Richtigkeit des Urteils an sich nicht infrage stellt.[164]

Beispiele: So ist die Berufung etwa unzulässig, wenn der mit Rücktrittsansprüchen abgewiesene Kläger nunmehr Minderung begehrt, da er dann den Fortbestand des Vertrages akzeptiert und die in der Ablehnung des Rücktritts liegende Beschwer gerade nicht angreift.[165] Unzulässig ist die Berufung zudem dann, wenn sie auf einen **anderen Klagegrund/Lebenssachverhalt** gestützt wird (Klageänderung, → § 8 Rn. 29 ff.), da auch in einem solchen Falle die Beseitigung der Beschwer aus der Abweisung hinsichtlich des erstinstanzlichen Streitgegenstandes nicht erstrebt wird.[166] Entsprechendes gilt hinsichtlich eines neuen **Hauptantrages**, wenn der Kläger den abgewiesenen erstinstanzlichen Antrag nur noch als **Hilfsantrag** weiterverfolgt; hinsichtlich des Hilfsantrages ist die Berufung jedoch zulässig.[167]

Eine **seitens des Beklagten** eingelegte Berufung ist demzufolge **unzulässig**, wenn sie nur eingelegt wird, um eine **Widerklage zu erheben** oder nunmehr eine **Aufrechnung** zu erklären.[168] Anders ist dies nur im Falle einer **Anschlussberufung** (→ Rn. 72).

Hinweis: Ist die Berufung hingegen zulässig, kann der Berufungsführer – jedoch nur unter den Voraussetzungen des § 533 (→ Rn. 112) – die Klage ändern oder Widerklage erheben bzw. eine neue Aufrechnung erklären, soweit das Urteil **mindestens in Höhe der Berufungssumme angefochten ist/bleibt**.[169] Unzulässig ist daher nur eine Berufung **allein mit dem neuen Begehren**.

h) Berufungssumme

Die Berufung ist – soweit sie nicht zugelassen wurde – gem. § 511 Abs. 2 Nr. 1 nur zulässig, wenn der Wert des Beschwerdegegenstandes 600 Euro übersteigt. Daraus folgt nicht nur, dass die Beschwer durch das Urteil diesen Wert erreichen muss, sondern auch, dass der „Wert der Beschwerde" (dh **des konkreten Angriffs gegen das Urteil**, also der mit der Berufung erstrebten Beseitigung der Beschwer) – 600 EUR übersteigen muss.

56

Die Zulässigkeit setzt daher **zweierlei** voraus: Zum einen muss der Berufungsführer durch das Urteil überhaupt beschwert sein und der Wert dieser Beschwer muss mindestens 600,01 EUR betragen; fehlt eine solche Beschwer, scheidet (ausgenommen bei Zulassung) eine Berufung von vornherein aus (→ Rn. 25 ff.). Zum anderen muss der Berufungsführer mit seiner Berufung gerade die Beseitigung dieser Beschwer erstreben, und zwar jedenfalls zu einem Wert von mindestens 600,01 EUR. Erreicht der Wert seines Angriffs diesen Wert nicht, ist seine (konkrete) Berufung unzulässig.

---

163 BGH NJW 2001, 226; BGH NJW-RR 2002, 1073; BGH NJW-RR 2006, 442; BGH NJW 2008, 1953.
164 BGH NJW 2000, 1958; BGH NJW-RR 2005, 118; NJW-RR 2006, 442; NJW-RR 2012, 516.
165 OLG Saarbrücken MDR 2006, 169.
166 BGH MDR 1999, 693; BGH NJW-RR 2006, 1502; BGH MDR 2011, 1371.
167 BGH NJW 2001, 226.
168 OLG Brandenburg FamRZ 2001, 1713.
169 BGH MDR 2002, 1085; BGH FamRZ 2006, 402; BAG NJW 2005, 1884; Anders/Gehle/Göertz § 533 Rn. 4.

57 Der **Wert des Beschwerdegegenstandes** in dieser Hinsicht – also das Erreichen der Berufungssumme – bestimmt sich nach dem **Wert der Beschwer des Berufungsführers** (Berufungsklägers) durch den rechtskräftigen Inhalt des angefochtenen Urteils, jedoch **begrenzt durch seine Berufungsanträge**.[170] Er kann daher **höchstens dem Wert der Beschwer** entsprechen, ist aber geringer bei Teilanfechtung, wenn also nicht die Beseitigung der gesamten Beschwer erstrebt wird.[171]

> **Beispiele:** Bei Verurteilung des Beklagten zur Zahlung von 1.000 EUR beträgt die Beschwer daher 1.000 EUR. Bei vollständiger Anfechtung: Wert des Beschwerdegegenstandes ebenfalls 1.000 EUR (= volle Beschwer). Bei Teilanfechtung beträgt die Beschwer zwar immer noch 1.000 EUR, der Wert des Beschwerdegegenstandes ist dann aber entsprechend geringer. Greift der Beklagte die Verurteilung nur zu 500 EUR an (nimmt er sie also zu 500 EUR hin), beträgt der Wert des Beschwerdegegenstandes (Berufungsantrag) nur 500 EUR; die Berufungssumme ist dann nicht erreicht, so dass die Berufung unzulässig wäre.
>
> Weitere Beispiele zum Wert der Beschwer und entsprechend zur Berufungssumme → Rn. 28. Auch hinsichtlich der Berufungssumme ist eine wirtschaftliche Bewertung maßgeblich.

58 Bei der Feststellung, ob die Berufungssumme erreicht ist, sind **nur die zulässig begründeten Anträge** bzw. Antragsteile zu berücksichtigen.[172] Dies bedeutet einen **Vorrang der Feststellung der ordnungsgemäßen Begründung**. Nicht zulässig begründete Teile der Berufung sind daher vorweg als unzulässig auszuscheiden; hinsichtlich des zulässig begründeten Teils muss die Berufungssumme erreicht sein, sonst ist die Berufung insgesamt unzulässig (→ Rn. 52).

59 Die Berufungssumme kann sich **nur aus dem Angriff gegen das Urteil** ergeben. Neue zusätzliche Anträge (zB Klageerhöhung oder Widerklage) sind insoweit unbeachtlich, können also die Berufungssumme nicht begründen.[173]

> **Beispiel:** Einer Zahlungsklage auf 1.000 EUR wird unter Abweisung im Übrigen zu 500 EUR stattgegeben. Der Kläger legt Berufung ein, mit der er den vollen eingeklagten Betrag und weitere 500 EUR verlangt. Die Berufung ist unzulässig (§ 511 Abs. 2 Nr. 1): Die Beschwer des Klägers durch das erstinstanzliche Urteil beträgt nur 500 EUR; gegen die Abweisung der 500 EUR ist daher eine Berufung nicht statthaft, was der Kläger nicht durch Klageerhöhung umgehen kann. Er kann die weiteren 500 EUR aber natürlich gesondert einklagen. Ebenso hat der Beklagte die Verurteilung zu 500 EUR hinzunehmen; er kann nicht mittels neuer Widerklage eine Berufung statthaft machen.

60 **Maßgeblicher Zeitpunkt zur Bestimmung der Berufungssumme** ist grundsätzlich der Zeitpunkt der **Einlegung der Berufung** (§ 4 Abs. 1). Erreicht der Berufungsantrag die Berufungssumme nicht, ist die Berufung unzulässig.

Im Falle einer Teilanfechtung kann der Berufungsantrag nach hM noch **nachträglich** (auch noch nach Ablauf der Begründungsfrist) im Rahmen der fristgerecht eingereichten Berufungsgründe[174] **auf bzw. über die Berufungssumme erhöht** werden (→ Rn. 44), **wodurch dann die Berufung insoweit noch zulässig wird**.[175] Da eine solche Erhöhung noch in der mündlichen Verhandlung möglich ist, ist – falls die Berufungssumme noch

---

170 Zö/Heßler § 511 Rn. 13.
171 BGH NJW 2002, 2720.
172 BGH MDR 2006, 1361; BGH MDR 2008, 225; ThP/Seiler § 520 Rn. 25.
173 BGH VersR 1983, 1160; Anders/Gehle/Goertz § 511 Rn. 15.
174 BGH MDR 2012, 932.
175 BGH NJW 1961, 1115; NJW 1983, 1063; BGH NJW-RR 2005, 714; MK/Rimmelspacher § 520 Rn. 38; Mus/Voit/Ball § 520 Rn. 26.

III. Die Zulässigkeit der Berufung § 19

durch Antragserhöhung erreicht werden kann – eine Verwerfung der Berufung wegen Fehlens der Berufungssumme erst aufgrund Verhandlungstermins[176] (bzw. vorher nach ergebnislosem Hinweis durch Beschluss gem. § 522 Abs. 1 S. 2) gestattet.

Hinweis: Eine Erhöhung ist zwar ausgeschlossen, soweit ein Berufungsverzicht erklärt ist; eine Teilanfechtung stellt aber grundsätzlich noch keinen Verzicht auf eine weitergehende Berufung dar (→ Rn. 63).

Liegen bei Einlegung der Berufung (bzw. bis zum Ablauf der Begründungsfrist) Beschwer und Berufungssumme vor, so ist die Berufung zulässig; eine **nachträgliche Verringerung** hat auf die Zulässigkeit **grundsätzlich** keinen Einfluss. Die Berufung bleibt daher zulässig, wenn der Berufungs**gegner** den Berufungsführer ganz oder teilweise (auch unter die Berufungssumme) klaglos stellt.[177] 61

Beispiel: Der Kläger legt nach Abweisung seiner Klage über 1.000 EUR in voller Höhe Berufung ein. Nunmehr zahlt der Beklagte 500 EUR. Die Berufung bleibt zulässig; denn sonst könnte der Gegner durch teilweise Erfüllung die zulässige Berufung unzulässig machen. Der Kläger muss allerdings die Berufung in Höhe von 500 EUR für erledigt erklären, anderenfalls wäre seine Berufung insoweit nunmehr unbegründet.

Anders ist dies jedoch, wenn der **Berufungsführer von sich aus** durch **willkürliche Antragsrücknahme** oder durch **eigene Klaglosstellung** des Gegners die Berufungssumme unterschreitet: In diesem Falle wird die Berufung unzulässig.[178]

Beispiele: Der Kläger legt gegen eine Klageabweisung in Höhe von 1.000 EUR Berufung ein, schränkt sie aber auf 500 EUR ein: Die Berufung wird unzulässig; denn sonst könnte der Berufungsführer praktisch durch willkürlich erhöhte Berufungseinlegung und teilweise Rücknahme eine nur unterhalb der Berufungssumme erfolgversprechende Berufung zulässig machen. Da der Kläger den Berufungsantrag jedoch wieder erhöhen kann (→ Rn. 60), steht diese Unzulässigkeit allerdings erst nach der Berufungsverhandlung (oder vorheriger Verwerfung der Berufung durch Beschluss) fest.

Oder: Der Beklagte legt gegen seine Verurteilung zur Zahlung von 1.000 EUR Berufung ein, zahlt dann aber **freiwillig** 500 EUR: Die Berufung wird unzulässig,[179] es sei denn, der Beklagte hatte einen **einleuchtenden Grund** für die Zahlung (zB jetzt erst eingetretene Fälligkeit) oder die Leistung erfolgte nur **zur Abwendung der Zwangsvollstreckung** aus dem vorläufig vollstreckbaren erstinstanzlichen Urteil,[180] wovon in der Regel auszugehen ist.

i) Allgemeine Verfahrensvoraussetzungen

Allgemeine Verfahrensvoraussetzungen für das Berufungsverfahren (die nicht zu verwechseln sind mit den Zulässigkeitsvoraussetzungen **der Klage**, die eine Frage der Begründetheit der Berufung darstellen, → Rn. 82 ff.), sind die **allgemeinen Prozesshandlungsvoraussetzungen**, also ua Prozess-, Partei- und Postulationsfähigkeit sowie Vertretungsmacht.[181] 62

Die von der **Partei persönlich eingelegte Berufung** ist daher unzulässig. In einem solchen Falle sollte die Partei (Gerichtspraxis!) **sofort** über die Unzulässigkeit mit der Folge der Verwerfung, den drohenden Fristablauf für die Einlegung einer wirksamen Be-

---

176 BGH NJW-RR 2005, 714; MK/Rimmelspacher § 520 Rn. 38; Mus/Voit/Ball § 520 Rn. 26; Hk-ZPO/Wöstmann § 520 Rn. 19.
177 Zö/Heßler § 511 Rn. 14 ff.
178 BGH NJW 1983, 1063; Zö/Heßler § 511 Rn. 14; Anders/Gehle/Göertz Anh. § 511 Rn. 5.
179 Zö/Heßler § 511 Rn. 17; Anders/Gehle/Göertz Anh. § 511 Rn. 5.
180 BGH NJW 1994, 942; Anders/Gehle/Göertz Anh. § 511 Rn. 5.
181 ThP/Seiler § 511 Vor 35.

rufung und uU auch über die Möglichkeit der Beantragung von PKH belehrt werden. Nimmt die Partei daraufhin ihre Berufung zurück, ist dies trotz fehlender Postulationsfähigkeit wirksam;[182] von einer Kostenerhebung wird in der Regel abgesehen (§ 21 Abs. 1 S. 3 GKG). Eine von der Partei persönlich eingelegte Berufung kann jedoch ggf. auch als ein **PKH-Gesuch** zu werten oder umzudeuten sein, für das der Anwaltszwang nicht gilt (§§ 117, 78 Abs. 3, → Rn. 37).

j) Kein Verzicht auf Berufung

63 Berufungsverzicht – auch Teilverzicht – ist nach Urteilserlass möglich (§ 515), aber auch schon vorher durch Vereinbarung der Parteien.[183] Ein entgegen dem Verzicht eingelegte oder fortgeführte Berufung ist **unzulässig**. Zu beachten ist jedoch, dass nur der gegenüber dem Gericht erklärte Verzicht **von Amts wegen** zu beachten ist; wurde der Verzicht ausschließlich dem Gegner gegenüber erklärt, ist er nur auf dessen **Einrede** zu beachten.[184]

Ob ein Verzicht erklärt worden ist und ggf. welchen Umfang ein solcher hat, ist erforderlichenfalls durch Auslegung zu ermitteln. Eine ausdrückliche Erklärung ist nicht notwendig, eindeutiges schlüssiges Verhalten (uU freiwillige Erfüllung) kann genügen.[185] Eine bloße Teilanfechtung (eingeschränkter Berufungsantrag) bedeutet grundsätzlich für sich noch keinen Berufungsverzicht im Übrigen,[186] so dass die Berufungsanträge noch nachträglich erhöht werden können (→ Rn. 44 und → Rn. 61).

3. Verfahren und Entscheidung bei Unzulässigkeit der Berufung

64 Liegen die Zulässigkeitsvoraussetzungen nicht vor, erfolgt eine **Verwerfung der Berufung als unzulässig** (§ 522 Abs. 1); die **Kosten** trägt in diesem Falle der **Berufungsführer** (§ 97 Abs. 1). Hat auch der Gegner Berufung eingelegt hat, kann allerdings eine **Umdeutung oder Aufrechterhaltung** der unzulässigen Berufung als Anschlussberufung in Betracht kommen, falls deren (zT geringere) Zulässigkeitsvoraussetzungen erfüllt sind. Dann darf die Berufung nicht verworfen werden, vielmehr folgt sie den Regeln der Anschlussberufung.[187]

65 Vor einer Verwerfung ist dem Berufungsführer **rechtliches Gehör** zu gewähren,[188] so dass zunächst eine **entsprechende Mitteilung** zu erfolgen hat.

Daraufhin kann der Berufungsführer die Berufung noch kostengünstig zurücknehmen. Will er dies nicht, kann er den **Mangel** innerhalb noch laufender Fristen **beheben** oder – solange die Einlegungsfrist noch läuft – die **Berufung (vorsorglich) ordnungsgemäß nochmals einlegen** (einheitliches Rechtsmittel); die erste unzulässige Berufung wird in diesem Falle gegenstandslos, daher erfolgt keine Verwerfung.[189] Im Falle einer **Fristversäumung** kommt demgegenüber nur noch ein Antrag auf **Wiedereinsetzung** in Betracht. Die Berufung darf in einem solchen Falle nicht verworfen werden, bevor

---

182 Zö/Heßler § 516 Rn. 15.
183 BGH NJW 1986, 198.
184 BGH NJW-RR 1992, 568; BGH FamRZ 1997, 999; BGH NJW 2002, 2108.
185 BGH NJW 1990, 1118; NJW 1994, 943; NJW 2002, 2108.
186 BGH MDR 1990, 533; BGH NJW-RR 1998, 572; BGH NJW 2001, 146; MK/Rimmelspacher § 515 Rn. 7.
187 BGH NJW 1996, 2659; NJW 2000, 3215; Anders/Gehle/Göertz § 522 Rn. 7; Zö/Heßler § 524 Rn. 5.
188 BGH MDR 2007, 1330; BGH NJW-RR 2007, 1718.
189 BGH NJW 1985, 2480 (2834); NJW 1993, 269, 3141; NJW 1996, 2659.

nicht der Wiedereinsetzungsantrag abgelehnt worden ist,[190] die Entscheidung kann jedoch mit dem Verwerfungsbeschluss/-urteil verbunden werden. Bei Bewilligung der Wiedereinsetzung ist die Frist nicht versäumt, eine erfolgte Verwerfung wird gegenstandslos.[191] Vor Ablauf der Wiedereinsetzungsfrist darf das Gericht über den Wiedereinsetzungsantrag nicht entscheiden. Der Anspruch auf rechtliches Gehör ist aber nur dann durch eine vorzeitige Entscheidung verletzt, sofern der Antragsteller substantiiert darlegt, dass er vor Ablauf der Wiedereinsetzungsfrist noch weiter vorgetragen hätte, so dass das Gericht den weiteren Vortrag bei seiner Entscheidung hätte berücksichtigen können.[192]

Die Verwerfung der Berufung erfolgt **grundsätzlich ohne mündliche Verhandlung durch Beschluss** (§§ 522 Abs. 1 S. 2, 128 Abs. 4), im Falle einer mündlichen Verhandlung durch Urteil. Die Entscheidung ergeht dies in der Regel durch die Kammer bzw. den Senat vor einer Übertragung auf den Einzelrichter (§ 523 Abs. 1 S. 1). Nach einer Übertragung der Sache auf den Einzelrichter ist dieser auch für die Verwerfung der Berufung (durch Endurteil) zuständig (§ 526 Abs. 1).[193]

66

> **Beschluss**: Mit vollem Rubrum. Tenor zB: *„Die Berufung des Klägers vom… gegen das Urteil des Amts-/ Landgerichts… wird auf Kosten des Klägers als unzulässig verworfen"* (kein Ausspruch über die vorläufige Vollstreckbarkeit). Der Beschuss ist zu begründen, da gegen ihn die Rechtsbeschwerde statthaft ist (§§ 574 Abs. 1 Nr. 1, 522 Abs. 1 S. 4), sofern die Voraussetzungen des § 574 Abs. 2 (ohne die Wertgrenze des § 544 Abs. 2) gegeben sind.[194] Die Begründung muss (mindestens) den maßgeblichen Sachverhalt wiedergeben und den Streitgegenstand und die Anträge der Parteien in beiden Instanzen erkennen lassen.[195]

Erfolgt die Verwerfung der Berufung durch **Beschluss**, ist als **Rechtsmittel** die Rechtsbeschwerde an den BGH (§ 522 Abs. 1 S. 4; § 574 Abs. 2) statthaft, im Falle eines Urteils die Revision (bei Zulassung oder nach Nichtzulassungsbeschwerde), die **ohne die Wertbegrenzung von 20.000 EUR** zulässig ist (§ 544 Abs. 2 Nr. 2). Die Wertbegrenzung gilt auch nicht für die Rechtsbeschwerde.[196]

67

Wird die Berufung verworfen, ist im Falle einer noch laufenden Einlegungsfrist eine **Neueinlegung unter Vermeidung des Mangels** möglich.[197]

IV. Die Zulässigkeit der Anschlussberufung (§ 524)

1. Begriff und Bedeutung der Anschlussberufung

Wegen des zugunsten des Berufungsführers bestehenden Verschlechterungsverbots (§ 528, → Rn. 8) kann der **Berufungsgegner** eine Abänderung des Urteils zu seinen Gunsten nur erreichen, wenn er seinerseits das Urteil ebenfalls angreift.

68

Zum einen kann der Berufungsgegner eine **eigene normale Berufung** einlegen: Wenn der Berufungsgegner durch das Urteil (hinreichend) beschwert ist, kann er gegen das Urteil ebenfalls Berufung einlegen. Dann liegen **zwei Berufungen** vor, die beide den

69

---

190 BGH VersR 1985, 1143.
191 BGH FamRZ 2005, 791; Zö/Heßler § 522 Rn. 26.
192 BGH NJW 2012, 2201 in Abgrenzung zu BGH NJW 2011, 1363.
193 BGH NJW-RR 2012, 702.
194 BGH NJW 2003, 2172; NJW 2004, 71.
195 BGH MDR 2008, 939; MDR 2010, 1210.
196 BGH NJW 2002, 3783.
197 BGH NJW 1981, 1962; NJW 1991, 1116; BGH NJW-RR 1999, 287; Zö/Heßler § 522 Rn. 5; Anders/Gehle/Göertz § 522 Rn. 10.

normalen Berufungsregeln unterliegen und über die (wenn auch in einem einheitlichen Berufungsverfahren) selbstständig entschieden wird.[198]

Beispiel: Wird etwa einer Klage über 4.000 EUR unter Abweisung im Übrigen zu 2.000 EUR stattgegeben, so können beide Parteien unabhängig voneinander (normale) Berufungen einlegen: der Kläger, um eine höhere Verurteilung, der Beklagte, um eine völlige Klageabweisung zu erreichen. Dies sind dann selbstständige, also in ihrem Bestand voneinander unabhängige Berufungen; die spätere Berufung ist keine Anschlussberufung, so dass für sie die normalen Fristen, nicht die der Anschlussberufung gelten.[199]

70 Zum anderen einen kann der Berufungsgegner aber auch eine Anschlussberufung (§ 524) einlegen, mit der er sich unter erleichterten Voraussetzungen der bereits eingelegten Berufung des Berufungsführers (Hauptberufung) anschließt: Auch damit kann er eine Abänderung des Urteils zu seinen Gunsten erreichen, allerdings abhängig von der Durchführung der Hauptberufung.[200]

Hinweis: Legt der Berufungsgegner eine „Anschlussberufung" ein, die alle Zulässigkeitsvoraussetzungen einer normalen Berufung erfüllt, so wird dies wegen der dann regelmäßig gerade nicht gewollten Abhängigkeit der Anschlussberufung von der Hauptberufung in der Regel nicht als eine Anschlussberufung iSv § 524 zu werten, sondern als eine selbstständige Hauptberufung (mit lediglich falscher Bezeichnung) auszulegen sein.[201] Demgegenüber ist eine Umdeutung oder Auslegung einer unzulässigen selbstständigen (Haupt-)Berufung als (unselbstständige) Anschlussberufung möglich (→ Rn. 64), dies wegen der geringeren Zulässigkeitsvoraussetzungen (vgl. hierzu sogleich).[202] Freilich sollte das Berufungsgericht stets auf eine ausdrückliche Erklärung des Berufungsführers hinwirken.

2. Die Zulässigkeit der Anschlussberufung

71 Die Zulässigkeit der Anschlussberufung ist im Verhältnis zur normalen Berufung wesentlich erleichtert.

Zulässigkeitsvoraussetzungen sind nur (Prüfungsreihenfolge):

- das Vorliegen einer Hauptberufung;
- eine schriftliche Berufungseinlegung mit eindeutiger, wenn auch ggf. nur konkludenter (→ Rn. 64) Bezeichnung als Anschlussberufung und der erkennbaren Zielrichtung, dass ebenfalls Abänderung des Urteils begehrt werde;

    Hinweis: Das Angriffsziel kann sich daher nur gegen den Berufungsführer richten, nicht aber gegen Dritte.[203] Ggf. kommt aber trotz Bezeichnung als Anschlussberufung eine Auslegung als selbstständige Berufung in Betracht, wenn sich dies aus der Absicht des Erklärenden ergibt (→ Rn. 70).

- die Einhaltung der Einlegungsfrist bis zum Ablauf einer gesetzten Berufungserwiderungsfrist (§ 524 Abs. 2 S. 2) sowie ohne eine solche Fristsetzung oder bei Verurteilung zu künftig fällig werdenden wiederkehrenden Leistungen (§ 534 Abs. 2 S. 3) bis zum Schluss der mündlichen Verhandlung;[204]

---

198 BGH NJW 2003, 2388.
199 BGHZ 100, 383.
200 BGH NJW 2003, 2388.
201 BGH NJW 2011, 1455; NJW 2003, 2388; Heiderhoff NJW 2002, 1402; Piekenbrock MDR 2002, 675 (677). A.A. OLG Frankfurt MDR 2003, 534.
202 BGH NJW 2009, 442.
203 BGH MDR 2000, 843.
204 BGH NJW 2009, 515; MK/Rimmelspacher § 524 Rn. 33; ThP/Seiler § 524 Rn. 10.

IV. Die Zulässigkeit der Anschlussberufung (§ 524)

- eine **schriftliche Begründung** in der Anschlussschrift (§ 524 Abs. 3 S. 1);[205]

  Hinweis: Die Begründung entspricht grundsätzlich der herkömmlichen Berufungsbegründung (§§ 524 Abs. 3 S. 2, 520 Abs. 3): Berufungsanträge (→ Rn. 43 ff.); konkrete auf den Einzelfall zugeschnittene Begründung (→ Rn. 46 ff., nicht erforderlich für neue Ansprüche/Anträge).[206] Eine nachträgliche Erweiterung oder Änderung ist im Rahmen der Begründung möglich.[207]

- das Vorliegen eines **Rechtsschutzbedürfnisses**;

  Hinweis: Eine Anschlussberufung ist unzulässig, wenn nur eine Änderung der Begründung des angefochtenen Urteils[208] oder nur die Zurückweisung der Hauptberufung erstrebt wird, da insoweit der Abweisungsantrag ausreicht[209] (als solcher kann die unzulässige Anschlussberufung dann aber in der Regel ausgelegt werden)

- sowie zuletzt als negative Voraussetzung: **Kein Verzicht** auf eine Anschlussberufung (im Unterschied zum Verzicht auf eine selbstständige Berufung, der gem. § 524 Abs. 2 S. 1 einer Anschlussberufung nicht entgegensteht).

Im Übrigen bestehen **keine weiteren Zulässigkeitsvoraussetzungen**. Somit ist **weder eine Beschwer**[210] noch das Erreichen der **Berufungssumme** erforderlich. Eine Anschlussberufung ist daher (anders als die normale Berufung, → Rn. 55) auch zulässig – seitens des Klägers – nur zur Klageerweiterung oder Klageänderung sowie – seitens des Beklagten – nur zur Erhebung einer Widerklage.[211] Daher ist eine solche Klageerweiterung/-änderung oder Widerklage auch ohne besondere Bezeichnung regelmäßig als Anschlussberufung auszulegen.[212]

3. Verhältnis der Anschlussberufung zur Hauptberufung

Wird die Hauptberufung bis zum Sachurteil durchgeführt, ist bei dieser Sachentscheidung auch über die Anschlussberufung zu entscheiden. Falls ihre Zulässigkeitsvoraussetzungen nicht erfüllt sind, ist die Anschlussberufung als unzulässig zu verwerfen (§§ 522 Abs. 1, 97 Abs. 1). Sind sie hingegen erfüllt, ergeht ein Sachurteil auch zu der Anschlussberufung.

Allerdings wird die Anschlussberufung **kraft Gesetzes wirkungslos** (§ 524 Abs. 4), wenn die Berufung **nicht bis zum Sachurteil durchgeführt wird**, also von dem Berufungsführer **zurückgenommen** (§ 516), als unzulässig verworfen (§ 522 Abs. 1), **durch Beschluss als unbegründet (aussichtslos) zurückgewiesen** (§ 522 Abs. 2) oder **durch Vergleich** geregelt wird.[213] Ob dies auch bei übereinstimmender Erledigungserklärung der Hauptberufung gilt, ist streitig,[214] nach hM jedoch zu verneinen.

---

205 Vgl. dazu OLG Hamm MDR 2012, 1435.
206 ThP/Seiler § 524 Rn. 16.
207 BGH NJW 2005, 3067.
208 BGH NJW 1986, 2707.
209 BGH NJW-RR 1988, 185; NJW-RR 2006, 639.
210 HM: BGH NJW 2011, 3298; NJW 1980, 702; VersR 1974, 1019; MK/Rimmelspacher § 524 Rn. 13; Mus/Voit/Ball § 524 Rn. 10; Hk-ZPO/Wöstmann § 524 Rn. 7; ThP/Seiler § 524 Rn. 17. A.A. Zö/Heßler § 524 Rn. 31 mwN.
211 BGH NJW 2008, 1953; OLG Saarbrücken OLGZ 1988, 235; Anders/Gehle/Goertz § 524 Rn. 14.
212 BGH NJW 2008, 1953.
213 BAG NJW 1976, 2143 (allgemeine Ansicht); vgl. auch Anders/Gehle/Goertz § 524 Rn. 24.
214 Keine Wirkungslosigkeit der Anschlussberufung im Falle einer übereinstimmenden Erledigungserklärung nehmen an: BGH NJW 1986, 852; Zö/Heßler § 524 Rn. 24; Anders/Gehle/Goertz § 524 Rn. 24. Für Wirkungsverlust demgegenüber: MK/Rimmelspacher § 524 Rn. 54 mwN, OLG München MDR 1984, 320.

Die Wirkungslosigkeit kann auch im Urteil oder Beschluss über die Verwerfung der Hauptberufung (deklaratorisch) ausgesprochen werden,[215] vgl. § 524 Abs. 4. Gegen den „deklaratorischen" Beschluss ist jedoch Rechtsbeschwerde statthaft, wenn tatsächlich keine Anschlussberufung, sondern eine eigenständige Berufung eingelegt wurde und der Ausspruch einer Verwerfung der Berufung als unzulässig gleichkommt.[216]

Die **Kosten** der wirkungslosen Anschlussberufung trägt bei Rücknahme der Hauptberufung der Berufungsführer,[217] bei Zurückweisung gem. § 522 Abs. 2 nach hM[218] der Anschlussberufungsführer (entsprechende Quote).[219]

Wegen der Möglichkeit des Wirkungsloswerdens kann über die Anschlussberufung grundsätzlich nicht isoliert vor der Entscheidung über die Hauptberufung entschieden werden.[220]

V. Die Begründetheit der Berufung

1. Entscheidungsgegenstand und Entscheidungsgrundlage

a) Entscheidungsgegenstand

75 (Entscheidungs-)Gegenstand der Berufung ist nicht der gesamte Streitgegenstand der ersten Instanz, sondern vielmehr nur **die in der ersten Instanz ergangene Entscheidung, soweit sie von dem Berufungsführer zulässig angefochten worden ist.**

aa) Einschränkung: „von dem Berufungsführer angefochten"

76 Der Entscheidungsgegenstand wird zunächst durch den **Berufungsführer** eingeschränkt, der sich gegen das ihn beschwerende Urteil der ersten Instanz wendet.

Beispiel: Eine Klage über 5.000 EUR wird unter Abweisung im Übrigen zu 3.000 EUR stattgegeben. Entscheidungsgegenstand bei einer Berufung nur des Klägers bildet ausschließlich der abgewiesene, bei Berufung nur des Beklagten ausschließlich der zuerkannte Betrag; der jeweils andere Teil des Urteils steht nicht zur Entscheidung. Anders ist dies nur, wenn und soweit der Gegner ebenfalls Berufung oder Anschlussberufung einlegt.

bb) Einschränkung: „Entscheidung erster Instanz"

77 Grundsätzlich kann nur eine **bereits ergangene Entscheidung** Gegenstand der Berufungsentscheidung sein (§ 511 Abs. 1).

Beispiel: Wenn nur ein **Teilurteil** ergangen war, betrifft die Berufung nur den durch das Teilurteil entschiedenen Teil des Rechtsstreits; der in erster Instanz noch anhängige Teil des Rechtsstreits steht daher nicht zur Entscheidung des Berufungsgerichts.[221]

---

215 BGH NJW 1988, 2224.
216 BGH NJW 2011, 1455.
217 BGH MDR 2007, 788 (allgemeine Ansicht).
218 Ua KG MDR 2008, 1062; MK/Rimmelspacher § 524 Rn. 60; ThP/Seiler § 524 Rn. 20; Mus/Voit/Ball § 524 Rn. 31a.
219 BGHZ 80, 146; OLG Nürnberg NJW 2012, 3451: Anschlussberufungskläger kann dem Kostenrisiko dadurch begegnen, dass er die Anschlussberufung unter der auflösenden Bedingung einer Beschlusszurückweisung nach § 522 Abs. 2 einlegt. A.A. etwa OLG Bremen MDR 2008, 1306; Klose MDR 2006, 724 mwN: Kosten auch dann an Berufungsführer.
220 BGH NJW 1994, 2235; ThP/Seiler § 524 Rn. 23; Zö/Heßler § 524 Rn. 42.
221 BGH NJW 1979, 925; MK/Rimmelspacher § 528 Rn. 7; Mus/Voit/Ball § 528 Rn. 3.

V. Die Begründetheit der Berufung § 19

Allerdings lässt die **Rechtsprechung** in besonderen Fällen zu, dass in die Berufungsentscheidung ein Streitgegenstand oder ein Teil eines Streitgegenstandes **einbezogen** wird, über den in erster Instanz nicht entschieden worden ist. Ausnahmefälle bilden:

- **Teilurteil:** Im **Einverständnis der Parteien** (ebenso durch rügelose Verhandlung) kann das Berufungsgericht auch über den noch in erster Instanz anhängigen Teil entscheiden, womit dann der ganze Rechtsstreit entschieden ist,[222] ferner bei Unzulässigkeit des Teilurteils, da dann auch das erstinstanzliche Gericht einheitlich hätte entscheiden müssen.[223]
- **Stufenklage:** Das Berufungsgericht kann auf Berufung des zur Auskunft verurteilten Beklagten die Klage insgesamt abweisen, wenn es den Anspruch, der die Grundlage der Klage bildet, generell verneint.[224] Nach aufzuhebender genereller Abweisung ist eine Zurückverweisung möglich.[225]
- **Haupt- und Hilfsantrag:** Ist dem Hauptantrag in der erster Instanz stattgegeben worden, so hat das Berufungsgericht, wenn es den Hauptantrag ablehnt, insoweit also der Berufung des Beklagten stattgibt, nunmehr über den Hilfsantrag zu entscheiden, obwohl über ihn in erster Instanz noch nicht entschieden worden ist.[226] Ist demgegenüber dem Hilfsantrag unter Abweisung des Hauptantrages stattgegeben worden, so erfasst die Berufung des Beklagten nur den Hilfsantrag; der Hauptantrag bleibt abgewiesen, wenn nicht auch der Kläger Berufung oder Anschlussberufung einlegt.[227]
- **Mehrere Klagegründe** (Streitgegenstände, bei einheitlichem Klageantrag, auch hilfsweise): Ist der Klage in erster Instanz aus einem Klagegrund stattgegeben, fällt bei einer Berufung des Beklagten auch der andere an, über den daher zu entscheiden ist, wenn der erstinstanzlich angenommene nicht durchgreift.[228]
- **Grundurteil:** Insoweit besteht eine besondere gesetzliche Regelung in § 538 Abs. 2 S. 1 Nr. 4; hiernach hat das Berufungsgericht auch über die in erster Instanz nicht behandelte Anspruchshöhe zu entscheiden, wenn der Rechtsstreit insoweit entscheidungsreif ist (sonst ggf. Zurückverweisung zur Höhe).

cc) Einschränkung: „soweit angefochten"

Die erstinstanzliche Entscheidung steht **nur im Rahmen der Berufungsanträge** zur Entscheidung des Berufungsgerichts (§ 528).[229] Soweit das erstinstanzliche Urteil nicht angefochten ist, unterliegt es nicht der Abänderung durch das Berufungsgericht.

78

Beispiel: Wird eine Klage auf 3.000 EUR abgewiesen und verfolgt der Kläger den Anspruch mit der Berufung nur in Höhe von 2.000 EUR weiter, kann das Berufungsgericht höchstens 2.000 EUR zusprechen, nicht etwa 3.000 EUR, auch wenn es die Klage in dieser Höhe für begründet hält.

---

222 BGH NJW 1993, 2320. Kritisch hierzu Anders/Gehle/Göertz § 528 Rn. 8.
223 BGH NJW 1996, 2167; NJW 1999, 1035; BGH NJW-RR 1994, 381; OLG Schleswig MDR 2007, 881.
224 BGH FamRZ 1990, 863; OLG Düsseldorf VersR 2006, 1276.
225 BGH MDR 2006, 1371: § 538 Abs. 2 S. 1 Nr. 4 entsprechend.
226 BGH NJW 1992, 117; NJW 1999, 3779; BGH NJW-RR 1990, 519; NJW-RR 2005, 220; Anders/Gehle/Göertz § 528 Rn. 6; Zö/Heßler § 528 Rn. 20 f. A.A. MK/Rimmelspacher § 528 Rn. 46: nur bei Anschlussberufung des Klägers.
227 BGH NJW 1994, 2766; Zö/Heßler § 528 Rn. 21 (allgemeine Ansicht).
228 BGH NJW 1992, 117; Zö/Heßler § 528 Rn. 19.
229 BGH NJW 2013, 1009 (1010).

Maßgeblich sind insoweit die zulässig **zuletzt** in der letzten mündlichen Berufungsverhandlung gestellten (uU also erweiterten oder eingeschränkten) **Anträge**.[230]

b) Entscheidungsgrundlage

79 Die **Grundlage** der Entscheidung über den – ggf. eingeschränkten (→ Rn. 75 ff.) – Berufungsgegenstand bildet der **gesamte Streitstoff der ersten Instanz** (§ 529 Abs. 2 S. 2), also das gesamte diesbezügliche tatsächliche, prozess- und materiellrechtliche Vorbringen der Parteien (zB zu Anspruchsgrundlagen und Einwendungen). Eines erneuten Vortrags bedarf es nicht; denn das Berufungsverfahren ist, soweit die zulässige Berufung reicht, die Fortsetzung des Verfahrens erster Instanz.[231] Damit kann ein Parteivorbringen, das vom erstinstanzlichen Gericht für unerheblich erachtet worden ist, auch dann berücksichtigt werden, wenn es im Urteilstatbestand nicht erwähnt wurde.[232]

> **Beispiel:** Hat der Beklagte in erster Instanz ein **Zurückbehaltungsrecht** geltend gemacht, so ist dies ebenfalls in der Berufungsinstanz zu berücksichtigen, auch wenn im Urteil darauf nicht eingegangen worden ist und der Beklagte darauf nicht mehr zurückkommt.[233] Gleiches gilt für die in erster Instanz erhobene **Verjährungseinrede**[234] oder **Hilfsaufrechnung**.[235]

Auch ein **Geständnis** gilt fort (§ 535). Von einem Nichtbestreiten in erster Instanz kann dagegen zum Bestreiten übergegangen werden, jedoch wird ein solches Vorgehen durch §§ 530, 531 eingeschränkt. Zur Weitergeltung eines **Anerkenntnisses** → § 14 Rn. 34. Ob erstinstanzliche **Beweisantritte** weitergelten, ist streitig.[236] Daher ist es für die Berufungsbegründung (▶RA-Stage) stets zweckmäßig, **Beweisantritte immer vorsorglich zu wiederholen (sicherster Weg).** Falls das Gericht eine Wiederholung verlangt, ist ein Hinweis gem. § 139 erforderlich.[237]

80 Hinsichtlich der **Tatsachengrundlage** ist das Berufungsgericht grundsätzlich an die Feststellungen des erstinstanzlichen Gerichts gebunden, soweit keine Bedenken gegen diese bestehen oder neue Tatsachen vorgetragen wurden, die ausnahmsweise zu berücksichtigen sind (§§ 529, 531) → Rn. 87 ff.

2. Die Untersuchung der Begründetheit der Berufung

81 Die Untersuchung der Begründetheit der Berufung geht dahin, ob die Klage im Rahmen der Berufungsanträge – im Zeitpunkt der letzten mündlichen Berufungsverhandlung, nach dem zu berücksichtigenden Streitstoff – zulässig und begründet ist.

a) Die Zulässigkeit der Klage

82 Die Zulässigkeit der Klage ist grundsätzlich **von Amts wegen** zu prüfen, dies – wie stets – **mit prozessualem Vorrang vor der Begründetheit der Klage**.[238]

---

230 BGH NJW-RR 1988, 66.
231 BGH MDR 2004, 829; BGH NJW 2004, 2152; BGH NJW-RR 2020, 822; ThP/Seiler § 520 Rn. 26; Mus/Voit/Ball § 529 Rn. 24 f.
232 BGH MDR 2012, 1184; BGH NJW-RR 2020, 822.
233 BGH NJW-RR 1986, 991.
234 BGH NJW 1990, 326.
235 BGH NJW 2002, 3240.
236 Bejahend: BGH NJW 1991, 639; KG NJW 1990, 844; verneinend: BGH NJW-RR 2000, 970; Zö/Heßler § 520 Rn. 41, BGH MDR 2004, 829.
237 BVerfG NJW-RR 1995, 828; BGH NJW 1998, 155.
238 Schellhammer Rn. 1048.

V. Die Begründetheit der Berufung § 19

Zu beachten sind jedoch zwei Besonderheiten: Zum einen kann in der Berufungsinstanz gem. § 513 Abs. 2 nicht mehr gerügt werden, dass das Gericht seine Zuständigkeit zu Unrecht angenommen habe; die **Zuständigkeit steht daher insoweit bindend fest.** Anders ist es dagegen, wenn das Gericht seine Zuständigkeit verneint und deshalb die Klage abgewiesen hat: Dies ist vollständig nachprüfbar.[239]

Zum anderen kann die **Unzulässigkeit des Rechtsweges** grundsätzlich nicht mehr mit der Berufung gerügt werden (§ 17a Abs. 5 GVG); die Klärung des Rechtsweges hat daher **in der ersten Instanz** zu erfolgen, dies ggf. im Wege der Beschwerde (§ 17a Abs. 4 S. 3 GVG). Etwas anderes gilt jedoch bei einem Verstoß gegen § 17a Abs. 3 S. 2 GVG,[240] da der rügenden Partei andernfalls eine solche Klärung versagt wäre.

Ist die **Klage unzulässig**, erfolgt eine (Prozess-)**Abweisung**. Für die Berufung gilt insoweit: 83

Wurde die **Klage** in erster Instanz **wegen Unzulässigkeit abgewiesen**, ist die Berufung des Klägers unbegründet, da das Urteil richtig ist; die Berufung ist daher zurückzuweisen.

Wurde die **Klage wegen Unbegründetheit abgewiesen**, ist die Berufung des Klägers zurückzuweisen, dies aber mit der Begründung, dass die Klage nunmehr (nur) wegen Unzulässigkeit abgewiesen wird.[241]

Bei einer Berufung des Klägers gegen eine **Teilabweisung** wegen Unbegründetheit erfolgt ebenfalls eine Zurückweisung der Berufung wegen (bereits) Unzulässigkeit der Klage.

> Beispiel: Einer Klage über 2.000 EUR wird zu 1.000 EUR stattgegeben; in Höhe von 1.000 EUR wird sie als unbegründet abgewiesen. Gegen diese Teilabweisung legt der Kläger Berufung ein. Das Berufungsgericht kommt zu dem Ergebnis, dass die Klage unzulässig ist. Folge: Zurückweisung der Berufung des Klägers wegen dieser Unzulässigkeit der Klage. Hinsichtlich des **zuerkannten Teilbetrages**, hinsichtlich dessen die Klage auch unzulässig war, verbleibt es dagegen bei dem stattgebenden erstinstanzlichen Urteil, da der Rechtsstreit insoweit **nicht in die Berufungsinstanz gelangt** ist; der Beklagte hätte insoweit seinerseits Berufung oder Anschlussberufung einlegen müssen.[242]

Legt der Beklagte gegen seine Verurteilung Berufung ein, ist diese begründet; unter Aufhebung bzw. Abänderung des Urteils wird die Klage daher abgewiesen. Bei einer **Teilanfechtung** hat die Berufung ebenfalls Erfolg, jedoch erfolgt eine Aufhebung bzw. Änderung des Urteils und Klageabweisung nur hinsichtlich des angefochtenen Teils; trotz Unzulässigkeit der (gesamten) Klage bleibt das erstinstanzliche Urteil hinsichtlich des nicht angefochtenen Teils bestehen, weil dieser Teil des Rechtsstreits bzw. Urteils nicht in die Berufungsinstanz gelangt ist.

Stellt das Berufungsgericht demgegenüber die **Zulässigkeit der Klage** fest, muss nunmehr (erstmalig) die Begründetheit der Klage geprüft werden. Wurde die Klage von der ersten Instanz **wegen Unzulässigkeit abgewiesen**, war das (Prozess-)Urteil also insoweit unrichtig, hat das Berufungsgericht **zwei Entscheidungsmöglichkeiten**: 84

Regelmäßig wird das Berufungsgericht eine **eigene Sachentscheidung** treffen (§ 538 Abs. 1). Dabei kann auf die Berufung des Klägers die wegen Unzulässigkeit abgewiese-

---

239 Mus/Voit/Ball § 513 Rn. 10; Zö/Heßler § 513 Rn. 11.
240 BGH NJW 1993, 470; NJW 1999, 651; NJW 2008, 3572. Vgl. Hierzu auch ThP/Hüßtege § 17a GVG Rn. 22, 24.
241 BGH NJW 1999, 1113 (1114); OLG Stuttgart NJW 1992, 2708; MK/Rimmelspacher § 528 Rn. 56.
242 MK/Rimmelspacher § 528 Rn. 25; Mus/Voit/Ball § 528 Rn. 13; Schellhammer Rn. 1034; grds. auch BGH NJW 1986, 1495.

ne Klage nunmehr wegen **Unbegründetheit abgewiesen**, die Prozessabweisung also durch eine Sachabweisung ersetzt und die Berufung entsprechend zurückgewiesen werden.[243]

Ausnahmsweise kann das Berufungsgericht das Urteil jedoch auch aufheben und das Verfahren zurückverweisen, damit das erstinstanzliche Gericht die erforderliche Sachprüfung durchführt (§ 538 Abs. 2 S. 1 Nr. 3). Voraussetzung hierfür ist jedoch stets ein entsprechender **Antrag (einer Partei)**. Zudem ist eine Zurückverweisung nach § 538 Abs. 2 S. 1 Nr. 3 nur möglich, wenn das erstinstanzliche Gericht aus **nicht durchgreifenden prozessualen Gründen** von einer Sachentscheidung abgesehen hat,[244] nicht jedoch entsprechend dann, wenn das Gericht die Klage aus einem **materiellrechtlichen Gesichtspunkt** abgewiesen hat, der eine vollständige Sachprüfung erübrigte. Das Berufungsgericht muss bei einer anderen Beurteilung selbst sachlich entscheiden und die nach seiner Ansicht gebotene weitergehende Sachprüfung selbst vornehmen.

Beispiele: Erstinstanzliche Abweisung der Klage wegen Verjährung[245] oder wegen fehlender Aktivlegitimation.[246] Werden diese Rechtsfrage seitens des Berufungsgerichts abweichend beantwortet, ist die – nunmehr ggf. erforderliche umfassende – erstmalige Sachaufklärung seitens des Berufungsgerichts durchzuführen, eine – auf eine entsprechende Anwendung von § 538 Abs. 2 S. 1 Nr. 3 gestützte – Zurückweisung kommt nicht in Betracht.[247]

b) Die Begründetheit der Klage

aa) Die Schlüssigkeits- und Erheblichkeitsprüfung

85 Die Schlüssigkeits- und Erheblichkeitsprüfung der Klage ist nach den allgemeinen Grundsätzen durchzuführen, und zwar – wenn auch natürlich unter Begrenzung durch die Berufungsanträge und den Berufungsstreitstoff – ohne Einschränkung in rechtlicher Hinsicht und ohne Bindung an das erstinstanzliche Urteil: Es findet eine **neue selbstständige rechtliche Prüfung** statt (§ 529 Abs. 2 S. 2). Dabei kann das Berufungsgericht durchaus auch aus anderen rechtlichen Erwägungen zum gleichen Ergebnis kommen wie das erstinstanzliche Gericht: Die Berufung ist in diesem Falle zurückzuweisen mit der Eingangsfeststellung, dass das Urteil „im Ergebnis" richtig sei.

Beispiele: So ist das Berufungsgericht weder an die erstinstanzliche Auslegung einer Individualabrede (die das Berufungsgericht vielmehr selbstständig auszulegen hat)[248] noch an eine erstinstanzliche Ermessensentscheidungen gebunden; daher hat das Berufungsgericht etwa eine Schmerzensgeldhöhe selbst wertend zu bestimmen und nicht etwa nur auf Ermessensfehler der ersten Instanz hin zu überprüfen.[249] Eine Bindung an das erstinstanzliche Urteil besteht allenfalls an die jeweiligen Tatsachenfeststellung (§ 529 Abs. 1; → Rn. 87 ff.).

---

243 BGH NJW 1992, 438; NJW 2000, 1645; BGH NJW-RR 2004, 1000; MK/Rimmelspacher § 528 Rn. 55; Zö/Heßler § 528 Rn. 32; Mus/Voit/Ball § 528 Rn. 18; Hk-ZPO/Wöstmann § 528 Rn. 7. A.A. Schellhammer Rn. 1034, weil die Sachabweisung für den Kläger belastender ist als die Prozessabweisung (Verstoß gegen das Verschlechterungsverbot); aber: Bei einer Zurückverweisung oder einer neuen Klage müsste das erstinstanzliche Gericht doch auch zu einer Sachabweisung kommen; durch eine Sachabweisung wird dem Kläger auch nichts „genommen", weil ihm zuvor nichts zugesprochen war.
244 BGH NJW 1984, 128; OLG Düsseldorf NJW-RR 1990, 1040.
245 BGH NJW 1989, 3149; NJW 1999, 3125.
246 BGH NJW 1975, 1785.
247 Mus/Voit/Ball § 538 Rn. 23.
248 BGH NJW 2004, 2751.
249 BGH MDR 2006, 1123; OLG Köln VersR 2008, 364.

V. Die Begründetheit der Berufung § 19

Ist der Rechtsstreit bereits aufgrund dieser Untersuchung entscheidungsreif, ergeht eine entsprechende Sachentscheidung. Die Frage eines Verfahrensfehlers oder einer Zulassung oder Zurückweisung von Vortrag stellt sich dann nicht: Denn eine Aufhebung und Zurückverweisung wegen eines Verfahrensmangels ist ausgeschlossen, wenn der Rechtsstreit entscheidungsreif ist. Eine Zurückweisung von Vortrag kommt nur in Betracht, wenn der neue Vortrag überhaupt entscheidungserheblich und wenn er streitig ist,[250] scheidet also aus, wenn der Rechtsstreit bereits aufgrund der Rechtsprüfung entscheidungsreif ist.

86

Demgegenüber bedarf es bei fehlender Entscheidungsreife einer eigenständigen **Tatsachenfeststellung** durch das Berufungsgericht.

bb) Tatsachenfeststellung (Beweisstation)

Ausgangspunkt für die Tatsachenfeststellung in der Berufungsinstanz bildet § 529 Abs. 1: Das Berufungsgericht hat hiernach seiner Entscheidung grundsätzlich die Feststellungen des erstinstanzlichen Urteils zugrunde zu legen (**Bindung an die erstinstanzlichen Feststellungen**), falls nicht Bedenken gegen diese Feststellungen bestehen oder neue Tatsachen vorgetragen worden sind, die berücksichtigt werden müssen. Diese Formulierung ist indes missverständlich: Zugrunde zu legen sind nicht nur die von dem erstinstanzlichen Gericht konkret durch eine Beweisaufnahme „festgestellte", sondern auch die ohne Beweisaufnahme als offen- oder gerichtskundig, zugestanden oder unstreitig oder aus Vermutungen oder Beweis- und Auslegungsregeln folgend **der Entscheidung zugrunde gelegten Tatsachen**.[251]

87

Zweckmäßigerweise ist **zunächst zu prüfen**, ob die **Ausnahmen** von der grundsätzlichen Bindung eingreifen.[252] Daher ist folgende **Untersuchungsreihenfolge** anzuraten:

- Sind **neue Behauptungen/Beweisantritte** (§ 529 Abs. 1 Nr. 2) zu berücksichtigen (§ 531)? Ist dies der Fall, bedarf es zwingend einer erneuten Beweisaufnahme.
- Bestehen (ggf. zusätzlich) **Bedenken gegen die Feststellungen der ersten Instanz**, die erneute Feststellung gebieten (§ 529 Abs. 1 Nr. 1 2. Hs.)? Ist dies der Fall, muss ebenfalls zwingend eine erneute Beweisaufnahme erfolgen.

Wenn weder neue Behauptungen/Beweisantritte zu berücksichtigen sind noch Bedenken gegen die Feststellungen der ersten Instanz bestehen, ist von den erstinstanzlichen Feststellungen auszugehen. Somit hat nur eine rechtliche Prüfung zu erfolgen, deren Ergebnis jedoch eine neue bzw. weitere Beweisaufnahme erforderlich machen kann.

(1) Zu berücksichtigende neue Behauptungen/Beweisantritte (§ 529 Abs. 1 Nr. 2)

Gem. § 529 Abs. 1 Nr. 2 hat das Berufungsgericht seiner Verhandlung und Entscheidung nur dann neue Tatsachen zugrunde zu legen, soweit deren Berücksichtigung zulässig ist. **Neu** sind alle Tatsachenbehauptungen (auch Bestreiten) und Beweisanträge, die **in erster Instanz nicht vorgetragen** worden sind (→ Rn. 49). Neue Behauptungen und Beweisantritte sind – mit Ausnahme unstreitigen Vorbringens (→ Rn. 90) – **nur zuzulassen, wenn sie bereits in der Berufungsbegründung** bzw. -erwiderung vorgetra-

88

---

250 Nicht also, wenn der Vortrag unstreitig ist; vgl. BGH NJW 2005, 291.
251 BGH NJW 2004, 2152; NJW 2005, 983; ThP/Seiler § 529 Rn. 1.
252 Anders/Gehle Abschnitt S Rn. 5.

gen worden sind (anderenfalls ist eine Zurückweisung wegen Verspätung möglich, §§ 530, 296) **und wenn sie im Übrigen die Voraussetzungen von § 531 Abs. 2 erfüllen.** § 531 Abs. 2 sieht drei verschiedene Konstellationen vor. **Gem. § 531 Abs. 2 Nr. 1** sind neue Angriffs- und Verteidigungsmittel zunächst zuzulassen, wenn sie einen **Gesichtspunkt betreffen, der vom erstinstanzlichen Gericht erkennbar übersehen oder für unerheblich gehalten worden** ist. Hiervon erfasst ist insbesondere neues Vorbringen, das aufgrund einer anderen rechtlichen Beurteilung durch das Berufungsgericht erforderlich wird. Wenn zB das erstinstanzliche Gericht einen Vertragsanspruch für gegeben, das Berufungsgericht aber nur einen Bereicherungsanspruch für möglich hält, ist neuer Vortrag des Klägers zu diesem Anspruch grundsätzlich zuzulassen. Die Rechtsansicht des erstinstanzlichen Gerichts muss aber dafür (**mit-)ursächlich** geworden sein, dass die Partei in erster Instanz nicht zu den nunmehr für erheblich gehaltenen rechtlichen Gesichtspunkten vorgetragen hat:[253] Waren diese dagegen bereits Erörterungsgegenstand des -erstinstanzlichen Verfahrens, musste dazu auch dort schon vorgetragen werden, auch wenn das Gericht diese Gesichtspunkte letztlich doch nicht für erheblich gehalten hat,[254] kann dies dann nicht in der Berufungsinstanz nachgeholt werden. Ausreichend für die Annahme, dass die Rechtsansicht des Gerichts des ersten Rechtszugs den Sachvortrag der Partei (mit-)beeinflusst hat, ist, dass die Partei durch die Prozessleitung oder durch die erkennbare rechtliche Beurteilung des Streitverhältnisses durch das Gericht davon abgehalten wurde, zu bestimmten Gesichtspunkten vorzutragen. Das Unterlassen von Hinweisen durch das Gericht kann hierfür genügen.[255]

Im Übrigen sind neue Angriffs- und Verteidigungsmittel nur zuzulassen, die **infolge eines Verfahrensmangels nicht in der ersten Instanz geltend gemacht worden** sind (§ 531 Abs. 2 Nr. 2) – dies insbesondere wegen des Unterbleibens eines von der Rechtsauffassung des erstinstanzlichen Gerichts her gebotenen Hinweises[256] – oder **ohne Verschulden in erster Instanz nicht geltend gemacht** worden sind (§ 531 Abs. 2 Nr. 3), wobei insoweit bereits **einfache Fahrlässigkeit schadet.**[257] Aufgrund letzterer Einschränkung ist auch keine „Flucht in die Berufung" zur Vermeidung einer Verspätungszurückweisung durch Zurückhaltung oder Fallenlassen von Vortrag möglich; denn ein Verschulden hinsichtlich des Unterbleibens in erster Instanz wird grundsätzlich vorliegen. Auch im Übrigen ist ein Vortrag, der in erster Instanz aus prozesstaktischen Erwägungen bewusst zurückgehalten worden ist, regelmäßig nicht zuzulassen.[258] **Keine Nachlässigkeit** iSv § 531 Abs. 2 Nr. 3 liegt jedoch etwa vor, wenn das neue Angriffs- und Verteidigungsmittel erst nach Schluss der mündlichen Verhandlung entstanden ist.[259] Daher ist es aus Anwaltssicht wichtig, **neues Vorbringen** in der Berufungsinstanz **sofort** (wegen § 530) vortragen, dies unter Darlegung, weshalb der Vortrag in der ersten Instanz unterblieben ist (zur Entschuldigung gem. § 531 Abs. 2 Nr. 3, erforderlichenfalls mit Glaubhaftmachung).

89 Sind die genannten Zulassungsvoraussetzungen nicht erfüllt, ist der neue Tatsachenvortrag **zurückzuweisen,** und dies auch dann, **wenn eine Zulassung die Berufung nicht**

---

253 BGH NJW-RR 2006, 1292; NJW-RR 2007, 774; Hk-ZPO/Wöstmann § 531 Rn. 7.
254 MK/Rimmelspacher § 531 Rn. 21.
255 BGH MDR 2012, 487; BGH NJW-RR 2012, 1408.
256 BGH NJW 2004, 2152; BGH NJW-RR 2005, 213; Zö/Heßler § 531 Rn. 28.
257 Mus/Voit/Ball § 531 Rn. 19; Zö/Heßler § 531 Rn. 30.
258 OLG Karlsruhe VersR 2005, 420.
259 BGH MDR 2011, 1254.

V. Die Begründetheit der Berufung § 19

verzögern würde.[260] Ist der neue Vortrag hingegen zuzulassen, folgt hieraus regelmäßig die Notwendigkeit einer (eigenen) **Beweisaufnahme** durch das Berufungsgericht.

Zuzulassen ist ein neuer Vortrag hingegen auch **ohne die Voraussetzungen des § 531 Abs. 2**, wenn er **unstreitig** ist bzw. unstreitig wird,[261] da anderenfalls die Berufungsentscheidung auf einen von den Parteien übereinstimmend als unrichtig bezeichneten Sachverhalt abgestellt würde. Dies gilt auch dann, wenn nunmehr aufgrund dieses Sachverhalts eine Beweisaufnahme erforderlich wird.[262] Auch neue **Einreden** sind zuzulassen, **wenn der zugrunde liegende Sachverhalt unstreitig ist** (zB erst jetzt erhobene **Verjährungseinrede des Beklagten**),[263] da insoweit lediglich eine (ja ohnehin umfassend vorzunehmende, § 529 Abs. 2 S. 2) Rechtsprüfung durchzuführen ist und das Gericht bei einer Zurückweisung ebenfalls sehenden Auges eine auf einer falschen, von keiner Partei (mehr) geltend gemachten Grundlage beruhende materiell unrichtige Entscheidung treffen müsste. Bei Erfolg der Berufung aufgrund dieser Einrede sind die Kosten des Berufungsverfahrens gem. § 97 Abs. 2 dem Beklagten aufzuerlegen.[264] 90

(2) Bedenken gegen die Feststellungen der ersten Instanz (§ 529 Abs. 1 Nr. 1)

Bedenken, die gem. § 529 Abs. 1 Nr. 1 eine neue Tatsachenfeststellung durch das Berufungsgericht ermöglichen, liegen dann vor, wenn **konkrete Anhaltspunkte Zweifel an der Richtigkeit und Vollständigkeit der erstinstanzlichen Feststellungen begründen**, und zwar hinsichtlich – aus der rechtlichen Beurteilung des Berufungsgerichts – entscheidungserheblicher Tatsachen, die so schwerwiegend sind, dass sie eine erneute Beweiserhebung gebieten. 91

Konkrete Anhaltspunkte für Zweifel an der Richtigkeit und Vollständigkeit der erstinstanzlichen Feststellungen sind gegeben, wenn aus der Sicht des Berufungsgerichts eine gewisse (nicht notwendig überwiegende) Wahrscheinlichkeit dafür besteht, dass die erstinstanzliche Feststellung im Falle der Beweiserhebung keinen Bestand hat; somit muss also die konkrete Möglichkeit eines anderen Ergebnisses bestehen.[265] 92

Anhaltspunkte für derartige Zweifel können sich zum einen **aus Rechtsfehlern des erstinstanzlichen Gerichts** bei der Tatsachenfeststellung ergebe, etwa aus unvollständigen Beweisaufnahme (Übergehen von erheblichem Parteivortrag oder Beweisanträgen), aus einer Verkennung der Beweislast, aus Verfahrensfehlern bei der Beweisaufnahme oder aus einer fehlerhaften oder unvollständigen Beweiswürdigung (wie Widersprüche, logische Fehler oder Verstöße gegen die Denkgesetze, Nichtberücksichtigung von offenkundigen Tatsachen oder Erfahrungssätzen).[266] Anhaltspunkte für Zweifel können sich zum anderen aber auch (bei an sich fehlerfreier Tatsachenfeststellung) **aus einer lediglich anderen Bewertung/Würdigung** der vom erstinstanzlichen Gericht getroffenen

---

260 MK/Rimmelspacher § 531 Rn. 14; ThP/Seiler § 531 Rn. 17.
261 BGH NJW 2005, 291; MK/Rimmelspacher § 531 Rn. 15; ThP/Seiler § 531 Rn. 1; Zö/Heßler § 531 Rn. 21.
262 BGH NJW 2005, 291.
263 BGH (Großer Senat) NJW 2008, 3434, auf Vorlagebeschluss BGH NJW 2008, 1312 (ausführlich).
264 OLG Celle NJW-RR 2006, 1530.
265 BGH NJW-RR 2019, 1343; BGH NJW 2004, 2825; BGH MDR 2004, 1313; Zö/Heßler § 529 Rn. 8; Mus/Voit/Ball § 529 Rn. 5.
266 BGH NJW 2004, 1876; NJW 2004, 2825.

Tatsachenfeststellung durch das Berufungsgericht ergeben;[267] Rechts-/Verfahrensfehler des erstinstanzlichen Gerichts müssen daher keinesfalls zwingend gegeben sein.[268]

93 Ob die Tatsachenfeststellung des erstinstanzlichen Gerichts der Berufungsentscheidung zugrunde gelegt werden kann, muss das Berufungsgericht **auch ohne eine Berufungsrüge** (insbesondere einer Verfahrensrüge hinsichtlich der Tatsachenfeststellung) klären: Ist die Berufung (bereits aufgrund eines – eben auch anderweitigem – konkreten Berufungsangriffs) zulässig, hat das Berufungsgericht den gesamten Prozessstoff (→ Rn. 54) und damit **zwingend auch die Tatsachenfeststellung des erstinstanzlichen Gerichts** zu überprüfen, wenn insoweit Anhaltspunkte für Zweifel iSv § 529 Abs. 1 Nr. 1 bestehen.[269] **Im praktischen Ergebnis** bedeutet dies, dass das Berufungsgericht hinsichtlich der Tatsachenfeststellung (entgegen der in § 529 Abs. 1 Nr. 1 normierten grundsätzlichen Bindung) **faktisch frei** ist:[270] Wenn es sich von der Richtigkeit der erstinstanzlichen Beweiswürdigung – aus welchen Gründen auch immer – nicht zu überzeugen vermag[271] (etwa die auch fehlerfrei erhobene Beweise nur anders würdigen will), entfällt bereits die Bindung an die erstinstanzlichen Feststellungen.

94 Bestehen Anhaltspunkte für Zweifel an den erstinstanzlichen Feststellungen, hat das Berufungsgericht eine **erneute Tatsachenfeststellung** vorzunehmen. Diese kann in einer lediglich neuen Würdigung der bestehenden Tatsachenlage bestehen, aber auch eine neue Beweisaufnahme erforderlich machen.

Die **erneute Vernehmung erstinstanzlich vernommener Zeugen** ist etwa dann erforderlich, wenn das Berufungsgericht die **persönliche Glaubwürdigkeit eines Zeugen** anders beurteilen will als das erstinstanzliche Gericht,[272] wenn es die Glaubwürdigkeit eines Zeugen verneinen will, zu der sich das erstinstanzliche Gericht nicht geäußert hat,[273] wenn das Berufungsgericht die protokollierte Aussage **anders versteht**, ihr eine **andere Auslegung** oder ein anderes Gewicht beilegen will als die Vorinstanz[274] oder wenn Zweifel an der Richtigkeit und Vollständigkeit der Protokollierung bestehen:[275] In all diesen Fällen bestehen immer auch für das Berufungsgericht Zweifel hinsichtlich der Tatsachenfeststellung der ersten Instanz. Dagegen ist dem Berufungsgericht grundsätzlich eine **abweichende Würdigung des objektiven Inhalts der protokollierten Aussage** auch ohne erneute Vernehmung gestattet,[276] ebenso ein **anderer rechtlicher Schluss** aus der festgestellten Tatsache; denn dann wird die Tatsachenfeststellung als solche gerade nicht in Zweifel gezogen. Für die **Parteivernehmung** gilt Entsprechendes.[277]

Die mündliche Erläuterung eines **Sachverständigengutachtens** oder die Einholung eines neues bzw. weiteres Gutachten ist jedenfalls bei Widersprüchlichkeit oder Unvollständigkeit des erstinstanzlichen Gutachtens erforderlich.[278] Bestellt das Gericht einen

---

267 BGH NJW 2016, 3015; NJW 2005, 1583 (mAnm Manteuffel NJW 2005, 2963; Wolff ZZP 2005, 488; Rimmelspacher JZ 2005, 1061); BGH NJW 2007, 2919; Zö/Heßler § 529 Rn. 8; Mus/Voit/Ball § 529 Rn. 5. A.A. MK/Rimmelspacher § 529 Rn. 19.
268 BGH NJW 2004, 1876; NJW 2005, 1583.
269 BGH NJW 2004, 1876; NJW 2005, 983; NJW 2005, 1583.
270 Manteuffel NJW 2005, 2963.
271 BGH NJW 2005, 1583.
272 BVerfG NJW 2005, 1487; NJW 2011, 49; BGH NJW 2007, 2919; NJW 2011, 1364; NJW 2011, 3780.
273 BGH NJW VersR 2000, 227.
274 BGH NJW-RR 2006, 282; BGH VersR 2006, 949; BGH MDR 2011, 1133; BGH NJW-RR 2012, 704.
275 BGH NJW-RR 2005, 609 (611).
276 BGH NJW 1998, 384; OLG Düsseldorf MDR 2005, 532.
277 BGH NJW 1999, 363.
278 BGH NJW 2003, 3480.

anderen Sachverständigen als das erstinstanzliche Gericht und beurteilt dieser die Beweisfrage anders als der frühere Gutachter, so hat das Gericht dem Antrag einer Partei auf Ladung des neuen Sachverständigen zur Erläuterung seines schriftlichen Gutachten zu entsprechen.[279]

Zu beachten ist zuletzt, dass **in erster Instanz zu Recht als verspätet zurückgewiesene Angriffs- und Verteidigungsmittel** gem. § 531 Abs. 1 auch in der Berufungsinstanz ausgeschlossen bleiben. Voraussetzung der Fortwirkung des Ausschlusses ist, dass die Angriffs- und Verteidigungsmittel in erster Instanz **wegen Verspätung** (und nicht aus anderen Gründen, etwa wegen Unschlüssigkeit)[280] zurückgewiesen wurde, und zwar „zu Recht", d.h.: es müssen **alle Ausschlussvoraussetzungen** gem. § 296 vorgelegen haben (→ § 4 Rn. 28 ff.), was das Berufungsgericht nach der objektiven Sachlage im Zeitpunkt der Zurückweisung aus seiner Sicht zu beurteilen hat.[281]

Hat das erstinstanzliche Gericht den Vortrag gem. § 296 **zu Recht** zurückgewiesen, ist der Ausschluss in der Berufungsinstanz zwingend, und zwar auch dann, wenn die Zulassung des Vorbringens die Erledigung des Rechtsstreits nicht verzögern würde; eine Berücksichtigung kommt nach allgemeinen Grundsätzen (→ Rn. 90) nur in Betracht, wenn der Vortrag unstreitig geworden ist.[282] Hat das erstinstanzliche Gericht den Vortrag demgegenüber **zu Unrecht** zurückgewiesen, lagen die Voraussetzungen von § 296 also nicht vor, ist das Vorbringen in der Berufungsinstanz zu berücksichtigen. Falls umgekehrt das erstinstanzliche Gericht ein Vorbringen berücksichtigt hat, das es hätte zurückweisen müssen, verbleibt es hingegen wiederum bei der Zulassung.[283]

(3) Aufhebung und Zurückverweisung

Wird eine neue Beweiserhebung erforderlich, hat das Berufungsgericht **diese Beweisaufnahme grundsätzlich selbst durchzuführen** (§ 538 Abs. 1). Nur im **Ausnahmefall** erfolgt eine Aufhebung des erstinstanzlichen Urteils und **Zurückverweisung des Rechtsstreits an das erstinstanzliche Gericht**, damit dieses die Beweisaufnahme durchführt (§ 538 Abs. 2 Nr. 1). Letzteres setzt im Einzelnen voraus den **Antrag einer Partei** (also: keine Zurückweisung von Amts wegen!), die Notwendigkeit einer **umfangreichen oder aufwendigen Beweisaufnahme** infolge eines wesentlichen Verfahrensmangels sowie eine entsprechende **Ermessensausübung** des Berufungsgerichts bezüglich der Zurückverweisung, die revisionsrechtlich nachprüfbar ist.[284]

Ob ein wesentlicher Verfahrensfehler vorliegt, ist dabei allein **von dem materiellrechtlichen Standpunkt des erstinstanzlichen Gerichts** aus zu beurteilen, also ohne Rücksicht darauf, ob dieser Standpunkt nach Ansicht des Berufungsgerichts zutreffend ist oder nicht: Nur wenn unter Zugrundelegung dieses Ausgangspunktes ein Verfahrensfehler vorliegt, ist (und zwar immer nur: bei entsprechendem Antrag) eine Zurückverweisung gestattet.[285]

---

279 BGH MDR 2011, 317.
280 BGHZ 94, 212.
281 BGH NJW 1986, 134; Anders/Gehle/Göertz § 531 Rn. 7; Mus/Voit/Ball § 531 Rn. 6.
282 BGH NJW 2005, 291; Zö/Heßler § 531 Rn. 9.
283 Allgemeine Ansicht, ua BGH NJW 1991, 1896; NJW 2006, 1741 (1742); Anders/Gehle/Göertz § 531 Rn. 9.
284 Vgl. BGH NJW-RR 2011, 1365.
285 BGH NJW 1995, 3258; NJW 1997, 1447; NJW 2000, 143; NJW 2001, 1500; BGH MDR 2010, 1072; Zö/Heßler § 538 Rn. 10; Mus/Voit/Ball § 538 Rn. 8. A.A. MK/Rimmelspacher § 538 Rn. 22: Beurteilung vom Standpunkt des Berufungsgerichts aus.

Beispiele: Fehlerhafte Zurückweisung von Vortrag oder Beweisantritten wegen Verspätung;[286] Übergehen eines auch nach der Rechtsansicht des erstinstanzlichen Gerichts erheblichen Beweisantrages,[287] Verletzung des § 139,[288] zB durch Unterlassen eines gebotenen Hinweises zum Beweisantritt[289] oder zur Substantiierung.[290]

Dagegen ist **keine Zurückverweisung** gestattet, wenn die weitere Beweisaufnahme nur aufgrund einer anderweitigen materiellrechtlichen **Beurteilung des Berufungsgerichts** (etwa zur Schlüssigkeit oder Beweislast) erforderlich wird. Denn dann hat das erstinstanzliche Gericht keinen Verfahrensfehler begangen (vielmehr von seinem materiellrechtlichen Standpunkt aus zu Recht von einer Beweiserhebung abgesehen), sondern allenfalls einen materiellrechtlichen Fehler: **In einem solchen Falle muss das Berufungsgericht die erst von seiner Rechtsauffassung gebotene Beweisaufnahme immer selbst durchführen.**[291]

(4) Beweisaufnahme

98   Falls eine weitere Beweisaufnahme erforderlich wird, ist seitens des Berufungsgerichts zu erwägen, ob nicht **zugleich auch eine vollständige oder teilweise Wiederholung der erstinstanzlichen Beweisaufnahme im Übrigen** notwendig ist. So wird es im Falle eines zuzulassenden neuen Zeugen in der Regel erforderlich sein, auch die bereits in erster Instanz zu demselben Beweisthema vernommenen Zeugen (auch zur Gegenüberstellung mit den neuen Zeugen und zur Abwägung der Glaubwürdigkeit) nochmals zu vernehmen.

In Bezug auf die **Beweisaufnahme als solche** bestehen keine Besonderheiten; das Berufungsgericht kann – ebenso wie das Gericht der ersten Instanz – bereits im Vorfeld einen entsprechenden Beweisbeschluss erlassen oder (in der Praxis häufig) vorbereitende Maßnahmen (§§ 273, 358, 358 a, 525) treffen, etwa Zeugen zum Verhandlungstermin vorbereitend laden. Zur Beweisaufnahme → § 11 Rn. 19 ff.

(5) Ergebnis zur Tatsachenfeststellung

99   Im Hinblick auf das Ergebnis zur Tatsachenfeststellung ist zu unterscheiden:

Trifft das Berufungsgericht (wie regelmäßig, → Rn. 84) eine **eigene Entscheidung** (§ 538 Abs. 1), ergeht diese – falls **keine Fehler/Zweifel hinsichtlich der erstinstanzlichen Tatsachenfeststellung vorliegen** – allein aufgrund der Tatsachengrundlage des erstinstanzlichen Urteils (Bindung); insoweit erfolgt nur eine rechtliche Überprüfung des Urteils. Ist hingegen eine **Beweiserhebung** erforderlich, hat die Beweiswürdigung nach allgemeinen Grundsätzen (ggf. unter Einbeziehung der weiteren Beweisergebnisse der ersten Instanz) zu erfolgen.

100 Wird das erstinstanzliche Urteil demgegenüber ausnahmsweise **aufgehoben** und das Verfahren an das erstinstanzliche Gericht zurückverwiesen (§ 538 Abs. 2), ergeht ein entsprechendes **Endurteil**. Der **Umfang** der Aufhebung und Zurückverweisung bestimmt sich (ausschließlich) nach den Berufungsanträgen (das Verschlechterungsverbot gilt auch insoweit). Im Falle einer Teilanfechtung betrifft die Aufhebung und Zurück-

---

286 BGH NJW 1983, 823; OLG Celle NJW-RR 1995, 1407.
287 OLG Hamm NJW-RR 1995, 518.
288 BGH NJW 1991, 256; OLG Köln NJW-RR 1998, 1274.
289 OLG Köln NJW 1995, 2116.
290 OLG Köln NJW-RR 1997, 944.
291 BGH NJW 1997, 1447; BGH NJW-RR 1999, 1289; BGH NJW 2000, 2099; BGH MDR 2012, 989.

V. Die Begründetheit der Berufung § 19

weisung daher nur den angefochtenen Teil des Urteils. Folge einer Aufhebung und Zurückweisung ist, dass der Rechtsstreit wieder in der ersten Instanz rechtshängig wird, dies (entsprechend § 563 Abs. 2) mit **Bindung des erstinstanzlichen Gerichts** an die der Aufhebung zugrunde liegende **tragende Rechtsansicht des Berufungsgerichts**.[292]

Urteilstenor der Berufungsentscheidung: *„1. Auf die Berufung des Beklagten wird das Urteil des Amtsgerichts … vom … – Aktenzeichen – einschließlich des zugrunde liegenden Verfahrens aufgehoben und der Rechtsstreit zur erneuten Verhandlung und Entscheidung – auch über die Kosten des Berufungsverfahrens – zurückverwiesen. 2. Das Urteil ist vorläufig vollstreckbar. 3. Die Revision wird nicht zugelassen. (ggf. mit Zusatz): 4. Die Entscheidung ergeht gerichtsgebührenfrei."*

Im Falle einer Aufhebung und Zurückweisung ergeht grundsätzlich **keine Kostenentscheidung**, da der Ausgang des Rechtsstreits (also die Frage, welche Partei unterliegt) noch nicht feststeht; vielmehr hat das erstinstanzliche Gericht die Kosten der Berufung in seine neue Entscheidung einzubeziehen. In Bezug auf die **vorläufige Vollstreckbarkeit** ist nach hM ein Ausspruch erforderlich, dies wegen der Regelung in § 775 Nr. 1 („vollstreckbare" Entscheidung).[293]

In der Regel wirkt sich eine Aufhebung und Zurückweisung zudem auf die **Gerichtskosten** aus: Gem. **§ 21 Abs. 1 S. 1 GKG** werden Kosten, die bei richtiger Behandlung der Sache nicht entstanden wären, nicht erhoben; dies gilt in der vorliegenden Konstellation jedenfalls bei einem eindeutigen Gesetzesverstoß oder offensichtlichem Versehen des erstinstanzlichen Gerichts.[294]

cc) Die Sachentscheidung zur Begründetheit der Klage

Die Sachentscheidung zur Begründetheit der Klage führt zur Entscheidung über die Berufung: Ganz oder teilweise begründet oder unbegründet mit der Folge einer entsprechenden Abänderung des Urteils oder einer Zurückweisung der Berufung. 101

Eine Abänderung des erstinstanzlichen Urteils ist jedoch stets **nur im Rahmen der Berufungsanträge** (§ 528 S. 2) möglich. Daher darf dem Berufungsführer **nicht mehr als beantragt** zugesprochen werden. Das Berufungsgericht kann jedoch innerhalb einer Abrechnung Einzelposten erhöhen und andere vermindern, wenn sich nur das Gesamtergebnis nicht erhöht;[295] anders ist dies jedoch bei selbstständigen Ansprüchen, wie auf materiellen Schadensersatz und Schmerzensgeld.

Darüber hinaus darf die Stellung des Berufungsführers – über eine Zurückweisung seiner Berufung hinaus – **nicht verschlechtert** werden (**Verbot der reformatio in peius**, → Rn. 8). Daher kann allenfalls seine Berufung zurückgewiesen werden. Zur Verdeutlichung dienen folgende Beispiele: 102

Verstoß gegen das Verschlechterungsverbot
Beispiel 1: Einer Klage über 5.000 EUR ist unter Abweisung im Übrigen zu 3.000 EUR stattgegeben worden. Die Berufung des Klägers kann bei Unbegründetheit der Klage aufgrund des Verschlechterungsverbots nur zurückgewiesen, nicht aber kann dem Kläger der – im Ergebnis zu Unrecht – zugesprochene Betrag aberkannt werden. Umgekehrt

---

[292] BGHZ 51, 135; OLG Hamm NJW-RR 1987, 187; Anders/Gehle/Goertz § 538 Rn. 24; Zö/Heßler § 538 Rn. 60; nicht jedoch an bloße nichttragende Hinweise, vgl. OLG Schleswig JurBüro 1990, 459.
[293] BGH JZ 1977, 232; OLG Karlsruhe JZ 1984, 635; OLG Koblenz JurBüro 2008, 42. A.A. OLG Köln NJW-RR 1987, 1152.
[294] OLG München MDR 1990, 348; OLG Saarbrücken MDR 1996, 1191; KG MDR 2006, 48; weitergehend Zö/Heßler § 538 Rn. 58: bei jeder Zurückverweisung.
[295] BGH NJW-RR 2004, 95; Mus/Voit/Ball § 528 Rn. 15.

kann bei Berufung des Beklagten und Begründetheit der Klage nur die Berufung zurückgewiesen, nicht aber der Beklagte zu weiteren 2.000 EUR – obwohl materiellrechtlich angebracht – verurteilt werden. Anders ist dies jedoch selbstverständlich bei beiderseitiger Berufung oder Anschlussberufung (→ Rn. 8).

Beispiel 2: Klage auf 10.000 EUR, Hilfsaufrechnung zu 5.000 EUR; erstinstanzliches Gericht hält die Klageforderung zu 8.000 EUR sowie die Gegenforderung für voll begründet und verurteilt daher zu 3.000 EUR. Falls das Berufungsgericht auf Berufung des Beklagten die Klageforderung nur zu 5.000 EUR bejaht, ergeht eine Klageabweisung, da von dem Bestand der Gegenforderung auszugehen ist.[296] Anders ist dies jedoch wiederum im Falle einer Anschlussberufung des Klägers: Eine solche kann schon anzunehmen sein (Auslegung!), wenn er sich sachlich gegen die Gegenforderung wehrt.

Beispiel 3: Zug-um-Zug-Verurteilung. Auf Berufung des Klägers kann die Klage aufgrund des Verschlechterungsverbots nicht abgewiesen werden, auf Berufung des Beklagten darf keine uneingeschränkte Verurteilung ausgesprochen werden.[297]

Beispiel 4: Klageabweisung wegen durchgreifender Hilfsaufrechnung des Beklagten. Auf die Berufung des Klägers kann die Klage nicht wegen Unbegründetheit der Klageforderung abgewiesen werden.[298] Bei Berufung des Beklagten darf der Klage nicht unter Verneinung der Aufrechnungsforderung stattgegeben, sondern allenfalls die Berufung verworfen werden; von dem Bestand der Gegenforderung hat das Berufungsgericht auszugehen.[299] Bei Verurteilung des Beklagten richtet sich seine Berufung regelmäßig gegen die Zuerkennung der Klageforderung und die Aberkennung der Aufrechnungsforderung; der Beklagte kann aber die Berufung auch auf die Aufrechnungsforderung beschränken, vom Bestand der Klageforderung ist dann auszugehen.[300] Auch ist das Verschlechterungsverbot dann verletzt, wenn die erste Instanz eine Zahlungsklage unter Abweisung im Übrigen teilweise stattgibt und das Berufungsgericht eine von dem Beklagten zur Aufrechnung gestellte Gegenforderung, die die erste Instanz als unbegründet angesehen hat, mit dem in erste Instanz abgewiesenen Teil der Klageforderung verrechnet.[301]

Kein Verstoß gegen das Verschlechterungsverbot

Beispiel 5: Erstinstanzlichen Klageabweisung **als derzeit unbegründet** (nicht fällig). Auf Berufung des Klägers kann über die Zurückweisung der Berufung hinaus eine Abweisung als endgültig unbegründet ausgesprochen werden; denn der Kläger hat kein schutzwürdiges Interesse an einer bloßen Zur-Zeit-Abweisung.[302]

Beispiel 6: Erstinstanzlichen Klageabweisung **als unzulässig**. Auf Berufung des Klägers ist ohne Verstoß gegen das Verschlechterungsverbots nunmehr eine Abweisung als unbegründet möglich (→ Rn. 84).

Beispiel 7: Fasst das Berufungsgericht einen unbestimmten und daher zur Vollstreckung ungeeigneten Urteilstenor auf eine in der Sache unbegründete Berufung des Beklagten nunmehr so bestimmt, dass er jetzt eine Vollstreckung ermöglicht, liegt hierin ebenfalls kein Verstoß gegen das Verschlechterungsverbots: Zwar wird dann an sich die Stellung des Beklagten über die Zurückweisung seiner Berufung hinaus verschlechtert; dies beschwert ihn aber im Ergebnis nicht, weil der Kläger ohnehin eine Vollstreckbarkeit des

---

[296] BGHZ 36, 319.
[297] Zö/Heßler § 528 Rn. 27; Anders/Gehle/Göertz § 528 Rn. 13.
[298] BGH NJW 1990, 447; BGH NJW-RR 1995, 241.
[299] BGHZ 36, 319.
[300] BGH NJW-RR 2001, 1572.
[301] BGH NJW 2011, 848.
[302] BGH NJW 1988, 1982; OLG Nürnberg NJW-RR 1998, 1713.

Titels über eine neue Feststellungsklage erreichen könnte, was sich bei einer Korrektur des Tenors durch das Berufungsgericht erübrigt.[303]

Beispiel 8: Zuletzt ist es dem Berufungsgericht ohne Verstoß gegen das Verschlechterungsverbot gestattet, bei nur teilweiser Anfechtung eines das Gebot der Widerspruchsfreiheit von Teil- und Schlussurteil verletzenden **Teilurteils** aufgrund dieses Verfahrensfehlers das Teilurteil insgesamt aufzuheben.[304]

3. Entscheidung über die Begründetheit: Urteil – Beschluss

Grundsätzlich entscheidet das Berufungsgericht durch **Urteil aufgrund mündlicher Verhandlung**. Im Falle einer **unbegründeten Berufung** kann das Gericht jedoch auch gem. § 522 Abs. 2[305] ohne mündliche Verhandlung durch **Beschluss** entscheiden, sofern nach Abs. 2 Nr. 4 eine solche nicht geboten ist (dies durch Kammer/Senat, nicht durch den Einzelrichter).

103

a) Voraussetzungen für eine Entscheidung durch Beschluss

Eine Entscheidung durch Beschluss ist unter folgenden **Voraussetzungen**, die nach Auffassung **aller** Kammer-/Senatsmitglieder (**Einstimmigkeit**) gegeben, **zudem kumulativ** vorliegen müssen, möglich:

104

aa) Zulässigkeit der Berufung

Die Berufung muss zulässig sein, anderenfalls ist nach § 522 Abs. 1 zu verfahren. Wegen der unterschiedlichen Anfechtungsmöglichkeit muss unterschieden und auch im Beschluss deutlich werden, ob eine „Zurückweisung" der Berufung gem. § 522 Abs. 1 wegen Unzulässigkeit oder gem. § 522 Abs. 2 wegen Unbegründetheit erfolgt.

105

bb) Offensichtliche Aussichtslosigkeit der Berufung (§ 522 Abs. 2 Nr. 1)

Weiter muss der Berufung von vornherein jede Aussicht auf Erfolg fehlen, dh es muss für jeden Sachkundigen ohne längere Nachprüfung erkennbar sein, dass die vorgebrachten Berufungsgründe das angefochtene Urteil nicht zu Fall bringen können.[306] Grundlage bildet insoweit die Aktenlage, an der auch eine Verhandlung voraussichtlich nichts ändern wird.

106

Eine offensichtliche Aussichtslosigkeit ist auch anzunehmen, wenn das Urteil – nach entsprechendem Hinweis – im Ergebnis mit anderer Begründung aufrecht zu erhalten ist.[307] Die Erfolgsaussicht einer mit der Berufung vorgenommenen Klageerweiterung (auch Hilfsantrag), Widerklage oder Aufrechnung ist unerheblich; mit solchen Maßnahmen kann daher eine Beschlusszurückweisung nicht verhindert werden, sie werden vielmehr entsprechend § 524 Abs. 4 wirkungslos.[308] Bei Beachtlichkeit neuen Vortrags,

---

303 BGH NJW 2008, 153 mit der (problematischen) Begründung, dass das von Amts wegen zu beachtende Verfahrensgebot der Bestimmtheit von Vollstreckungstiteln ein größeres verfahrensrechtliches Gewicht als das Verschlechterungsverbot habe.
304 BGH NJW 2013, 1009.
305 Zur Reform des § 522 Abs. 2 vgl. Stackmann JuS 2011, 1087.
306 BT-Drs. 17/6406 S. 11 unter Zitierung von BVerfG NJW 2002, 814 (815).
307 Mus/Voit/Ball § 522 Rn. 21 a; MK/Rimmelspacher § 522 Rn. 21.
308 BGH NJW 2014, 151; Zö/Heßler § 522 Rn. 37; THP/Seiler § 522 Rn. 14; Mus/Voit/Ball § 522 Rn. 21 a; MK/Rimmelspacher § 522 Rn. 23: ggf. aber mündliche Verhandlung geboten.

insbesondere bei Notwendigkeit einer neuen oder erneuten Beweisaufnahme, scheidet eine Beschlusszurückweisung demgegenüber stets aus.[309]

cc) Keine grundsätzliche Bedeutung

107 Die Rechtssache darf keine grundsätzliche Bedeutung haben (§ 522 Abs. 2 Nr. 2), zudem darf die Fortbildung des Rechts oder die Sicherung einer einheitlichen Rechtsprechung eine Entscheidung des Berufungsgerichts nicht erfordern (§ 522 Abs. 2 Nr. 3). Eine Zulassung der Berufung bindet das Berufungsgericht nur hinsichtlich der Zulässigkeit der Berufung, hindert aber nicht die Zurückweisung wegen Unbegründetheit.[310]

dd) Keine gebotene mündliche Verhandlung

108 Eine **mündliche Verhandlung darf zuletzt nicht geboten** sein.[311] Geboten ist eine mündliche Verhandlung dann, wenn die Entscheidung aufgrund einer umfassend neuen rechtliche Würdigung ergeht und diese nicht hinreichend im schriftlichen Verfahren dargelegt werden kann[312] oder die Rechtsverfolgung für den Berufungsführer existenzielle Bedeutung hat (zB Arzthaftungssachen).[313]

b) Weiteres Verfahren

109 Liegen die genannten vier Voraussetzungen vor, steht es nunmehr im **pflichtgemäßen Ermessen** des Gerichts *(„soll… zurückweisen")*, die Berufung durch Beschluss zurückzuweisen: eine Verpflichtung zur Zurückweisung besteht daher nicht, vielmehr wird lediglich die Möglichkeit zur Entscheidung ohne mündliche Verhandlung eröffnet.[314]
Die Entscheidung ist gem. § 522 Abs. 2 S. 1 „unverzüglich"[315] zu treffen, dh sobald das Gericht eine solche hinreichende Übersicht über den Streitstoff des Berufungsverfahrens hat, dass eine entsprechende Beurteilung möglich ist. Dies setzt das **Vorliegen der Berufungsbegründung** voraus, zudem einen **schriftlichen Hinweis des Berufungsgerichts** (Mitteilung der Gründe) an die Parteien zu der beabsichtigten Beschlusszurückweisung mit Frist an den Berufungsführer zur Stellungnahme (§ 522 Abs. 2 S. 2: rechtliches Gehör). Nicht notwendig ist das Vorliegen **der Berufungserwiderung** (§ 521).[316] Wurde dem Berufungsgegner jedoch für die Berufung eine Frist gem. § 521 Abs. 2 oder zur Stellungnahme gesetzt, sollte sie freilich abgewartet werden.[317] Zur Streitfrage, ob der Berufungsgegner bereits vor der Entscheidung nach § 522 Abs. 2 PKH erhalten kann → Rn. 40.

> **Hinweis:** Beabsichtigt der Beschwerdeführer Revision bzw. Nichtzulassungsbeschwerde einzulegen, so ist die weitere Prüfung betreffend die Stellung eines **Schutzantrags im Sinne des § 712** in der Berufungsinstanz angezeigt. Denn in der Revisionsinstanz kann eine Antragstellung im Sinne des § 719 Abs. 2 nur dann erfolgreich sein, wenn der Schuldner

---

309 Zö/Heßler § 522 Rn. 36; vgl. auch BGH NJW 2017, 736
310 MK/Rimmelspacher § 522 Rn. 24; Mus/Voit/Ball § 522 Rn. 23; einschränkend wohl ThP/Seiler § 522 Rn. 14: nach § 511 Abs. 4 zugelassene Berufung eignet sich nur ausnahmsweise für das Beschlussverfahren.
311 Vgl. zur Berufungszurückweisung gem. § 522 Abs. 2 trotz Terminierung: BVerfG NJW 2011, 3356.
312 Zö/Heßler § 522 Rn. 40.
313 BT-Drs. 17/6406 S. 9.
314 Zö/Heßler § 522 Rn. 29 u. 31.
315 Vgl. dazu BVerfG NJW 2011, 3356.
316 BGH NJW-RR 2018, 303 mwN; vgl. auch MK/Rimmelspacher § 522 Rn. 31.
317 MK/Rimmelspacher § 522 Rn. 31.

V. Die Begründetheit der Berufung § 19

bereits in der Berufungsinstanz einen Schutzantrag im Sinne des § 712 gestellt hat.[318] Unterlässt es also der Schuldner einen solchen Schutzantrag zu stellen, obwohl ihm dies in der Berufungsinstanz möglich und zumutbar war, kommt eine Einstellung der Zwangsvollstreckung durch das Revisionsgericht gem. § 719 Abs. 2 ZPO nicht mehr in Betracht. Da § 297 in einem Verfahren ohne mündliche Verhandlung keine Anwendung findet, ist der Antrag durch Einreichung eines Schriftsatzes wirksam gestellt.[319]

In dem Beschluss ist die Zurückweisung der Berufung zu begründen, soweit die Parteien nicht bereits zuvor über diese Gründe informiert worden sind. Aus dem Beschluss muss sich die Einstimmigkeit der Entscheidung ergeben. 110

> Tenor: „Die Berufung des Klägers gegen das Urteil des Amtsgerichts Göppingen wird auf seine Kosten zurückgewiesen." Kostenentscheidung: § 97 Abs. 1; Ausspruch über die vorläufige Vollstreckbarkeit (§ 708 Nr. 10 S. 2).[320]

Die Zurückweisung der Berufung ist mit der Nichtzulassungsbeschwerde anfechtbar (§ 522 Abs. 3 iVm § 544), sofern die mit der Revision geltend zu machende Beschwer über 20.000 EUR liegt (§ 544 Abs. 2 Nr. 1).

4. Beiderseitige Berufung oder Anschlussberufung

Bei **beiderseitiger Berufung** oder **Anschlussberufung** ist über beide Berufungen zu entscheiden, was im Tenor zum Ausdruck kommen muss. 111

> Beispiel: Der Klage auf 4.000 EUR ist unter Abweisung im Übrigen zu 2.000 EUR stattgegeben worden. Beide Parteien legen selbstständige Berufung in voller Höhe ein.

Bei **voller Begründetheit der Klage:** „*1. Die Berufung des Beklagten gegen das Urteil des Landgerichts Stuttgart wird zurückgewiesen. 2. Auf die Berufung des Klägers wird das vorbezeichnete Urteil abgeändert. Der Beklagte wird verurteilt, an den Kläger über den durch das Urteil bereits zuerkannten Betrag hinaus weitere 2.000 EUR (oder „ ... weitere 2.000 EUR – insgesamt also 4.000 EUR –") zu zahlen.*"

Bei **Unbegründetheit der Klage:** „*1. Die Berufung des Klägers gegen das Urteil ... wird zurückgewiesen. 2. Auf die Berufung des Beklagten wird das Urteil geändert: Die Klage wird abgewiesen.*"

Bei **Begründetheit der Klage zu 3.000 EUR:** „*1. Die Berufung des Beklagten gegen das Urteil ... wird zurückgewiesen. 2. Auf die Berufung des Klägers wird das vorbezeichnete Urteil abgeändert. Der Beklagte wird verurteilt, an den Kläger über den durch das Urteil bereits zuerkannten Betrag hinaus weitere 1.000 EUR zu zahlen. Die weitergehende Berufung des Klägers wird zurückgewiesen.*"

Bei einer **Zug-um-Zug-Verurteilung, beiderseitigen Berufungen und uneingeschränkter Begründetheit der Klage:** „*1. Die Berufung des Beklagten gegen das Urteil ... wird zurückgewiesen. 2. Auf die Berufung des Klägers wird das vorbezeichnete Urteil dahin abgeändert, dass die Zug-um-Zug-Einschränkung entfällt.*"

5. Klageänderung, Widerklage und Aufrechnung in der Berufungsinstanz

Klageänderung, Widerklage und Aufrechnung sind in der Berufungsinstanz grundsätzlich noch möglich. Ihre Zulässigkeit bestimmt sich nach § 533, **kumulativ vorliegen müssen folgende drei Voraussetzungen:** 112

Die **Berufung oder Anschlussberufung muss** zunächst **zulässig sein** (→ Rn. 14 ff. und → Rn. 68 ff.). Gegeben sein muss also ua eine Beschwer des Berufungsführers, zudem

---

[318] BGH FamRZ 2004.
[319] BGH NJW 2012, 1292.
[320] Zö/Heßler § 522 Rn. 42.

muss weiterhin **die Beseitigung dieser Beschwer in ausreichendem Umfang** (Berufungssumme → Rn. 56) erstrebt werden. Eine Anschlussberufung ist allerdings auch nur zum Zweck der Klageänderung, Widerklage oder Aufrechnung zulässig; Klageänderung, Widerklage oder Aufrechnung des Berufungsgegners ist daher in der Regel **als Anschlussberufung zu werten** (→ Rn. 72).

Weiter muss der **Gegner einwilligen oder das Gericht** die Klageänderung/Widerklage/ Aufrechnung für **sachdienlich erachten** (§ 533 Nr. 1). Eine Einwilligung kann auch durch rügelose Einlassung erfolgen (§ 525, 267).[321] Für die Beurteilung der **Sachdienlichkeit** ist die **Prozessökonomie** entscheidend, maßgeblich ist insbesondere, ob es sich um denselben Prozessstoff handelt und ob durch die Zulassung einem weiteren Prozess vorgebeugt wird; insoweit gelten dieselben Grundsätze wie zur Klageänderung in erster Instanz[322] (→ § 8 Rn. 33 ff.). Entsprechendes gilt bei Parteiwechsel (Klageänderungstheorie);[323] zum Beklagtenwechsel → § 6 Rn. 43. In den Fällen des § 264 Nr. 2, 3 ist die Klageänderung jedoch kraft Gesetzes, also ohne Einwilligung oder Zulassung zulässig: § 533 findet insoweit keine Anwendung.[324]

Zuletzt darf die Klageänderung/Widerklage/Aufrechnung nur auf solche **Tatsachen** gestützt werden, die ohnehin **gem.** § 529 der Entscheidung über die Berufung zugrunde zu legen sind (§ 533 Nr. 2); hierunter fällt auch solcher Tatsachenstoff, der in erster Instanz zwar vorgetragen wurde, für die Entscheidung über die Klage aber unerheblich war.[325] Eine Begründung mit neuen Tatsachen ist daher grundsätzlich nur möglich, soweit diese auch für die Berufung erheblich und nach § 531 oder als unstreitig zuzulassen sind,[326] nicht jedoch allein zur Begründung der Klageänderung, Widerklage oder Aufrechnung. Neuer Vortrag **nur zur Klageerweiterung** soll aber nach § 531 Abs. 2 Nr. 3 zuzulassen sein, da erstinstanzliches Unterbleiben keine Nachlässigkeit bedeuten könne.[327]

Die **Entscheidung** über den zulässig geänderten Klage- bzw. Widerklageantrag erfolgt nach den allgemeinen Grundsätzen (Zulässigkeit und Begründetheit).

VI. Das Berufungsverfahren

1. Allgemeines

113 Das Berufungsverfahren entspricht weitgehend dem **Verfahren erster Instanz** (§ 525), allerdings ist ohne mündliche Verhandlung eine Verwerfung/Zurückweisung der Berufung durch Beschluss möglich (§ 522; → Rn. 66).

Wird die Berufung nicht verworfen oder zurückgewiesen, so entscheidet das Berufungsgericht zunächst über die Übertragung des Rechtsstreits auf den Einzelrichter (§§ 523, 526, 527). Sodann ist unverzüglich **Termin zur mündlichen Verhandlung** zu bestimmen (§ 523 Abs. 1 S. 2). Ein schriftliches Vorverfahren ist nicht vorgesehen (vgl. aber § 521 Abs. 2); vorbereitende Maßnahmen sind zulässig und auch üblich. Der **Verhandlungstermin** entspricht demjenigen der ersten Instanz (§§ 525, 136, 137, 279).

---

321 BGH NJW-RR 2005, 437.
322 BGH NJW 2007, 2414.
323 BGH MDR 2003, 1054.
324 BGH NJW 2017, 491; BGH NJW-RR 2006, 390; BGH MDR 2010, 1011; OLG Düsseldorf MDR 2012, 1435.
325 BGH MDR 2012, 486.
326 BGH NJW-RR 2005, 437.
327 BGH NJW 2017, 491; BGH MDR 2006, 565; BGH NJW-RR 2006, 390. A.A. MK/Rimmelspacher § 533 Rn. 14.

VI. Das Berufungsverfahren § 19

Eine besondere Güteverhandlung ist entbehrlich, aber zulässig (§ 525 S. 2); die Verpflichtung zum Hinwirken auf gütliche Beilegung (§ 278 Abs. 1) gilt jedoch. Zu beachten ist, dass eine **Hinweispflicht** gem. § 139 auch bei **anderer rechtlicher Beurteilung** als das erstinstanzliche Gericht (und dadurch ggf. Erforderlichkeit ergänzenden Parteivortrags) besteht.[328] Bei **Säumnis** einer Partei gilt § 539.

2. Rücknahme der Berufung

Eine **Rücknahme der Berufung** (§ 516) ist **ohne Zustimmung des Berufungsgegners** möglich. Die Rücknahme kann **bis zur Verkündung des Berufungsurteils** (also auch noch nach dem Verhandlungstermin) erfolgen.[329] Sie hat den **Verlust des Rechtsmittels** (einschließlich Kostentragungspflicht, § 516 Abs. 3) zur Folge. 114

> Hinweis: Eine Berufungsrücknahme führt ggf. zu einer Ermäßigung der gerichtlichen Verfahrensgebühr (GKG KV 1221, 1222).

Eine **Verpflichtung zur Berufungsrücknahme** (die außergerichtlich, formlos und ohne Anwaltszwang möglich ist)[330] stellt noch keine Rücknahme dar, macht aber die Berufung auf **Einrede unzulässig**[331] (entsprechend zur Klagerücknahme oder zum Berufungsverzicht, → § 13 Rn. 33).

Die Rücknahme der Berufung ist von der (auch im Berufungsverfahren möglichen) **Rücknahme der Klage** zu unterscheiden. Durch die Berufungsrücknahme wird nur die Berufung erledigt, so dass das **erstinstanzliche Urteil rechtskräftig** werden kann. Demgegenüber wird durch die Klagerücknahme das erstinstanzliche Urteil **wirkungslos** (§ 269 Abs. 3 S. 1); Letztere ist indes nur mit Zustimmung des Beklagten möglich (§ 269 Abs. 1). 115

3. Erledigung der Hauptsache

Eine **übereinstimmende Erledigungserklärung** des Rechtsstreits als solchen – also der **Klage** – ist auch in der Berufungsinstanz möglich, mit der Folge, dass das Urteil wirkungslos wird und dass über die Gesamtkosten (beider Instanzen) nach § 91a zu entscheiden ist.[332] 116

Im Falle einer **einseitigen Erledigungserklärung** des Klägers zur Klage ergeht eine Entscheidung je nach prozessualer und materiellrechtlicher Situation: Entweder erfolgt eine Aufhebung/Abänderung des Urteils und Feststellung der Erledigung im Berufungsurteil oder aber eine Abänderung und Klageabweisung bzw. Berufungszurückweisung.[333]

Nach hM ist auch eine Erledigung bzw. Erledigungserklärung **nur der Berufung** möglich, wenn nur diese nachträglich unzulässig oder unbegründet geworden ist, mit der Folge, dass sich nur die Berufung – **nicht die Klage** – erledigt und dass nur über die

---

328 BGH NJW 2007, 2414.
329 BGH NJW 2011, 2662.
330 BGH VersR 1993, 714; FamRZ 1989, 268.
331 BGH NJW-RR 1992, 568; NJW-RR 1997, 1288; BGH VersR 1993, 714.
332 BGH VersR 2007, 84; Zö/Althammer § 91a Rn. 18, 20; ThP/Hüßtege § 91a Rn. 27ff.
333 Hk-ZPO/Gierl § 91a Rn. 68; ThP/Hüßtege § 91a Rn. 40.

Kosten des Berufungsverfahrens gem. § 91a zu entscheiden ist, **während es bei dem erstinstanzlichen Urteil verbleibt.**[334]

> Beispiel: Der Klage ist in erster Instanz stattgegeben worden, obwohl der Beklagte die Fälligkeit bestritten hatte; nach Berufungseinlegung tritt auch nach der Darstellung des Beklagten Fälligkeit ein, so dass daher das erstinstanzliche Urteil nunmehr auf jeden Fall zutreffend ist.

4. Prozessvergleich

117 Ein **Prozessvergleich** ist nach allgemeinen Grundsätzen möglich. Durch den Vergleich wird das Urteil, soweit angefochten, grundsätzlich von selbst wirkungslos, sofern es nicht im Vergleich aufrechterhalten wird (→ § 16 Rn. 14).

VII. Berufungsurteil

1. Rubrum

118 Die Parteien sind nach ihrer Parteistellung in erster Instanz (Kläger/Beklagter) und in der zweiten Instanz (Berufungskläger/-beklagter oder Berufungsführer/-gegner; Anschlussberufungskläger/-beklagter) zu bezeichnen. Ob dabei zunächst der Berufungsführer aufgeführt wird oder wie im erstinstanzlichen Urteil der Kläger, ist eine Frage der örtlichen Übung.

Im Übrigen – auch im Tenor – werden die Parteien im Urteil dann nur noch mit „**Kläger**" und „**Beklagter**" bezeichnet.[335]

2. Entscheidungstenor

a) Hauptausspruch

119 Der Hauptausspruch ergeht je nach Ergebnis, unter Bezeichnung des angefochtenen Urteils nach Gericht, Verkündungsdatum und Aktenzeichen; zudem mit der Angabe, um wessen Berufung es sich handelt. Eine **unzulässige Berufung** wird **als unzulässig verworfen** (§ 522 Abs. 1). Eine **unbegründete Berufung** wird **zurückgewiesen**.

Bei **begründeter Berufung** erfolgt eine **Abänderung** des erstinstanzlichen Urteils (§ 528 S. 2) und es ergeht eine **neue anderweitige Entscheidung**. Auch bei vollständig neuer Entscheidung wird mit Rücksicht auf § 528 weitgehend tenoriert, dass das Urteil „*abgeändert*" wird; verbreitet ist aber auch die Tenorierung, dass das Urteil „*aufgehoben*" werde.[336]

Bei **teilweise begründeter Berufung** erfolgt eine entsprechende teilweise Abänderung des Urteils und Neuentscheidung, dies unter Verwerfung bzw. Zurückweisung der weitergehenden – erfolglosen – Berufung, wobei in der Regel zweckmäßigerweise der Tenor zur Hauptsache zur besseren Klarheit neu gefasst wird. Bei nur geringfügiger Abänderung kann die Berufung aber auch „*zurückgewiesen werden mit der Maßgabe, dass ...*".

---

[334] BGH NJW 2020, 1143; BGH NJW-RR 2019, 317; BGH NJW 2009, 234; NJW 1998, 2453; Zö/Althammer § 91a, Rn. 19; Mus/Voit/Flockenhaus § 91a Rn. 8; Gaier JZ 2001, 445. Zur Gegenauffassung vgl. ThP/Hüßtege § 91a Rn. 8a.
[335] Anders/Gehle Abschnitt S Rn. 78.
[336] Anders/Gehle Abschnitt S Rn. 69.

VII. Berufungsurteil § 19

Bei Vorliegen der Voraussetzungen von § 538 Abs. 2 wird das Urteil „*einschließlich des zugrunde liegenden Verfahrens aufgehoben und der Rechtsstreit zur erneuten Verhandlung und Entscheidung – auch über die Kosten des Berufungsverfahrens – zurückverwiesen*" (→ Rn. 100).

b) Kostenentscheidung

aa) Bei erfolgloser Berufung

Ist die Berufung **erfolglos**, trägt der **Berufungsführer die Kosten** (§ 97 Abs. 1). 120

bb) Bei begründeter Berufung

Ist die Berufung **begründet**, trägt grundsätzlich der **Berufungsgegner** gem. § 91 als **Unterliegender** die Kosten, und zwar – da er im Ergebnis im Rechtsstreit **insgesamt** unterliegt – des gesamten Rechtsstreits, also **beider Instanzen**.[337] 121

Beispiel: Auf die Berufung des Beklagten wird das stattgebende Urteil erster Instanz abgeändert/aufgehoben und die Klage abgewiesen: „*Die Kosten des Rechtsstreits werden dem Kläger auferlegt*" (= Kosten der 1. und 2. Instanz, da er insgesamt unterliegt).

Entsprechend ist bei **begründeter Teilanfechtung** zu verfahren:

Beispiel: Klage und Urteil gegen den Beklagten über 4.000 EUR; der Beklagte legt hinsichtlich 2.000 EUR Berufung ein, mit der er voll obsiegt:

„*1. Auf die Berufung des Beklagten wird das Urteil ... abgeändert und wie folgt neu gefasst: Der Beklagte wird verurteilt, an den Kläger 2.000 EUR zu zahlen. Im Übrigen wird die Klage abgewiesen. 2. Die Kosten des Berufungsverfahrens trägt der Kläger. Die Kosten des Verfahrens erster Instanz werden gegeneinander aufgehoben.*" Die Kostenentscheidung beruht hinsichtlich des Berufungsverfahrens auf § 91: Der Kläger ist insoweit voll unterlegen; hinsichtlich des Verfahrens erster Instanz ergibt sich durch das Berufungsurteil ein (nur) Teilunterliegen: § 92.

Dem **Berufungsführer** sind die Kosten des Berufungsverfahrens im Falle einer begründeten Berufung demgegenüber dann ganz oder teilweise aufzuerlegen, wenn er **nur** aufgrund **neuen Vorbringens** obsiegt, das er schon in erster Instanz hätte vortragen können (§ 97 Abs. 2).

Beispiel: Der Beklagte beruft sich mit der Berufung erstmals auf Verjährung. Falls zuzulassen und durchgreifend: Die Klage wird wegen Verjährung abgewiesen. Kosten der Berufung: der Beklagte gem. § 97 Abs. 2; Kosten der ersten Instanz: der Kläger gem. § 91 als Unterliegender (→ Rn. 90).

Keine Kostenentscheidung ergeht zuletzt, wenn der endgültige Prozesserfolg oder der Umfang des Obsiegens/Unterliegens noch nicht feststeht.

Beispiel: Zurückverweisung gem. § 538 Abs. 2 Nr. 4 (Grundurteil), Aufhebung und Zurückverweisung (→ Rn. 100): Das erstinstanzliche Gericht hat dann über die gesamten Kosten des Rechtsstreits – auch der Berufung – nach §§ 91, 92, nicht nach § 97, zu entscheiden.[338]

cc) Bei teilweise begründeter, teilweise erfolgloser Berufung

Im Falle einer **teilweise begründeten, teilweise erfolglosen Berufung** erfolgt im Ergebnis eine **Kostenverteilung** gem. § 92 hinsichtlich der Kosten beider Instanzen, konkret: 122

---

337 ThP/Hüßtege § 97 Rn. 7 f.
338 Zö/Herget § 97 Rn. 7.

hinsichtlich der erfolglosen Berufung gem. § 97, der erfolgreichen gem. § 91 und hinsichtlich der ersten Instanz und im Gesamtergebnis gem. § 92.[339]

Beispiel 1: Klage und Urteil über 4.000 EUR; volle Berufung des Beklagten nur in Höhe von 2.000 EUR erfolgreich:

„1. *Auf die Berufung des Beklagten wird – unter Zurückweisung der weitergehenden Berufung – das Urteil ... abgeändert und wie folgt neu gefasst: Der Beklagte wird verurteilt, an den Kläger 2.000 EUR zu zahlen. Im Übrigen wird die Klage abgewiesen.* 2. *Die Kosten des Rechtsstreits (beider Rechtszüge) werden gegeneinander aufgehoben.*" Im Ergebnis gleiches Obsiegen bzw. Unterliegen der Parteien.

Beispiel 2: Hat der Beklagte das Urteil nur in Höhe von 2.000 EUR angefochten und ist die Berufung nur zur Hälfte (1.000 EUR) begründet:

„1. *Auf die Berufung des Beklagten wird – unter Zurückweisung der weitergehenden Berufung – das Urteil ... abgeändert und wie folgt neu gefasst: Der Beklagte wird verurteilt, an den Kläger 3.000 EUR zu zahlen. Im Übrigen wird die Klage abgewiesen.* 2. *Die Kosten des Berufungsverfahrens werden gegeneinander aufgehoben. Die Kosten des Verfahrens erster Instanz werden dem Kläger zu 1/4 und dem Beklagten zu 3/4 auferlegt.*"

dd) Bei beidseitiger Berufung bzw. Anschlussberufung

123 Im Falle einer **beiderseitigen Berufung bzw. Anschlussberufung** ergeht eine Kostenentscheidung gemäß dem Obsiegen bzw. Unterliegen der Parteien, jeweils unter Berücksichtigung ihrer Beteiligung am **Gesamtstreitwert** des Berufungsverfahrens bzw. des Verfahrens erster Instanz, mithin eine **einheitliche Kostenentscheidung** für jede Instanz.

Beispiel: Klage über 4.000 EUR, Urteil zu 2.000 EUR, unter Abweisung im Übrigen. Kläger legt volle Berufung ein, Beklagter Anschlussberufung zu 1.000 EUR. Falls die Klage zu 3.000 EUR begründet ist: Zurückweisung der Anschlussberufung, auf die Berufung des Klägers: Abänderung des Urteils und Verurteilung des Beklagten zu 3.000 EUR, Zurückweisung der weitergehenden Berufung. **Kosten** des Berufungsverfahrens (Streitwert 3.000 EUR): Kläger 1/3, Beklagter 2/3, der ersten Instanz: Im Ergebnis obsiegt Kläger zu 3.000 EUR und unterliegt zu 1.000 EUR: 1/4 Kläger, 3/4 Beklagter. Kostenvorschrift: § 92, oder auch: §§ 97, 91 hinsichtlich der Berufungsinstanz und § 92 hinsichtlich der ersten Instanz.

c) Vorläufige Vollstreckbarkeit

124 Die vorläufige Vollstreckbarkeit ergeht nach **§§ 708 Nr. 10, 711 bei vermögensrechtlicher Streitigkeit**, im Übrigen nach den allgemeinen Bestimmungen. Schuldnerschutzanordnungen sollen gem. § 713 jedoch dann nicht ergehen, falls eine Revision **unzweifelhaft nicht statthaft** ist (§ 544 Abs. 2 ZPO).

d) Zulassung der Revision

125 Die Entscheidung über die **Zulassung der Revision** (§ 543 Abs. 2) erfolgt **im Tenor** (zweckmäßig) oder **in den Gründen:** Die Zulassung ist ausdrücklich auszusprechen, ein Schweigen bedeutet Nichtzulassung.[340] Die Zulassung kann auch auf einen rechtlich

---

339 ThP/Hüßtege § 97 Rn. 15 ff.
340 Zö/Heßler § 543 Rn. 4, 16; Mus/Voit/Ball § 543 Rn. 14.

VII. Berufungsurteil § 19

selbstständigen und damit abtrennbaren Teil des Streitstoffes beschränkt werden, der Gegenstand eines Teilurteils sein könnte[341] (zB Zulässigkeit der Klage).[342]

Hinweis: Die Begründung einer Nichtzulassung ist zwar nicht zwingend geboten, wegen der grundsätzlichen Statthaftigkeit einer Nichtzulassungsbeschwerde jedoch zweckmäßig und bei Antrag bzw. Anregung seitens der Parteien jedenfalls ein „nobile officium".[343]

Zuzulassen ist die Revision bei **grundsätzlicher Bedeutung** der Rechtssache (§ 543 Abs. 2 Nr. 1), also bei einer noch nicht höchstrichterlich entschiedenen entscheidungserheblichen, für Vielzahl von Fällen bedeutsamen Rechtsfrage,[344] sowie bei Erforderlichkeit einer Entscheidung des BGH **zur Fortbildung des Rechts oder Sicherung einer einheitlichen Rechtsprechung** (§ 543 Abs. 2 Nr. 2), dies etwa bei streitigen Rechtsfragen und insbesondere im Falle einer Abweichung von BGH- oder OLG-Rechtsprechung (Divergenz).[345]

3. Begründung des Berufungsurteils (§ 540)

Das Berufungsurteil ist formal nicht in Tatbestand und Entscheidungsgründe aufgeteilt, vielmehr erfolgen die Ausführungen einheitlich unter der Überschrift „Gründe".[346] Gleichwohl ist gem. § 540 Abs. 1 eine inhaltliche Trennung des Berufungsurteils vorgesehen, und zwar in einen **Sachverhaltsteil** sowie in einen **Begründungsteil**.

Im **Sachverhaltsteil** erfolgt eine Bezugnahme auf die tatsächlichen Feststellungen des angefochtenen Urteils (an die das Berufungsgericht ja grundsätzlich gebunden ist), eine Darstellung etwaigen neuen Vortrags der Parteien und zwingend einer – zumindest sinngemäßen – **Mitteilung der Berufungsanträge** (das mit der Berufung erfolgte Begehren muss deutlich werden).[347]

Im Rahmen des **Begründungsteil** sind die **tragenden Erwägungen der Entscheidung in knapper Form** wiederzugeben. Insoweit sind zunächst – jedenfalls soweit erforderlich – **neu getroffene Tatsachenfeststellungen** (auch die Zulässigkeit neuen Vortrags) zu begründen, so dass – zusammen mit den erstinstanzlichen Feststellungen, soweit diese übernommen werden – die Tatsachengrundlage der Entscheidung des Berufungsgerichts zweifelsfrei ersichtlich wird.[348] Sodann hat eine **rechtliche Begründung der Entscheidung** zu erfolgen, also eine Darlegung, weshalb der Rechtsauffassung des erstinstanzlichen Gerichts gefolgt – ggf. durch Bezugnahme auf die Begründung des erstinstanzlichen Urteils – oder von ihr abgewichen wird; dabei hat eine Auseinandersetzung mit in der Berufungsinstanz neu aufgetretenen rechtlichen Gesichtspunkten zu erfolgen.[349] Zuletzt sind **Ausführungen zu den Berufungsangriffen** aufzunehmen, dies insbesondere im Falle einer erfolglosen Berufung.

---

341 BGH NJW 2011, 1228.
342 BGH MDR 2011, 1065.
343 MK/Krüger § 543 Rn. 31; Zö/Heßler § 543 Rn. 17.
344 BGH NJW 2003, 65; Zö/Heßler § 543 Rn. 11.
345 BGH NJW 2003, 1943; Zö/Heßler § 543 Rn. 13.
346 Zö/Heßler § 540 Rn. 3; Anders/Gehle Abschnitt S Rn. 86.
347 BGH NJW-RR 2004, 967; NJW-RR 2005, 716; BGH NJW 2006, 2767.
348 BGH NJW 2004, 293; BGH NJW-RR 2004, 494; BGH NJW 2005, 830; NJW 2006, 1523.
349 BGH NJW-RR 2007, 1412.

127

Berufung: Grundsätzliches Prüfungsschema

I. **Zulässigkeit** (Hauptberufung, mehrere selbstständige Berufungen)
   1. **Zulässigkeitsvoraussetzungen** (→ Rn. 14 ff.):
      (1) Statthaftigkeit: grundsätzlich gegen erstinstanzliche Endurteile (§ 511 Abs. 1) → Rn. 15 ff.
      (2) Beschwer des Berufungsführers → Rn. 20 ff.
      (3) Mindestbeschwer (mehr als 600 EUR) oder Zulassung (§ 511 Abs. 2) → Rn. 25 ff.
      (4) Zulässige Parteien → Rn. 29
      (5) Frist- und formgerechte Einlegung (§§ 517, 519) → Rn. 30 ff.
      (6) Frist- und formgerechte Begründung (§ 520) → Rn. 41 ff.
         (a) Berufungsanträge: begehrte Abänderung → Rn. 43 f.
         (b) Berufungsgründe: Rechtsverletzung, Zweifel an erstinstanzlicher Tatsachengrundlage, neues Vorbringen (§ 531 Abs. 2): **Ein** konkreter Angriff genügt. → Rn. 46 ff.
      (7) Erstreben der Beseitigung der Beschwer (Abänderung des Urteils), daher Berufung nicht nur zur Klageänderung oder Widerklage zulässig. → Rn. 55 ff.
      (8) Berufungssumme: Konkreter Angriff über 600 EUR (oder Zulassung). → Rn. 56 ff.
      (9) Allgemeine Verfahrensvoraussetzungen → Rn. 62
      (10) Kein Verzicht auf Berufung → Rn. 63
   2. **Bei Unzulässigkeit** (zwingender prozessualer Vorrang): **Verwerfung** (§ 522 Abs. 1) → Rn. 64 ff.

II. **Begründetheit**
   1. **Gegenstand der Berufung/Prüfung** (→ Rn. 75 ff.):
      a. Erstinstanzliches Urteil, soweit zulässig angefochten (§ 528) → Rn. 76
      b. Gesamter erstinstanzlicher Streitstoff und zulässiges neues Vorbringen (§§ 529, 531), verzichtbarer Verfahrensfehler nur bei Rüge (§ 529 Abs. 2 S. 2) → Rn. 77
      c. Erweiterung (§ 533): Klageänderung, Widerklage und neue Aufrechnung → Rn. 112
   2. **Untersuchungsgang** (→ Rn. 81 ff.):
      a. Zulässigkeit der Klage: Bei Unzulässigkeit Prozessabweisung der Klage; bei Annahme Zulässigkeit gegen erstinstanzliches Urteil ggf. Aufhebung und Zurückverweisung. → Rn. 82 ff.
      b. Schlüssigkeits- und Erheblichkeitsprüfung: **Umfassend und uneingeschränkt**, ohne Bindung an erstinstanzliches Urteil und Berufungsrügen (§ 529 Abs. 2 S. 2). → Rn. 85 f.
      c. Tatsachenfeststellung (Beweisstation, → Rn. 87 ff.):
         aa. Bedenkenfreie Tatsachenfeststellung der ersten Instanz: grundsätzlich Bindung → Rn. 87.
         bb. Bei konkreten Zweifeln: (insoweit) neue Tatsachenfeststellung → Rn. 91 ff.
         cc. Neue Tatsachen (§ 531 Abs. 2) → Rn. 88 ff.
   3. **Entscheidung zur Begründetheit** (→ Rn. 103 ff.):
      a. Einstimmig aussichtslos unbegründet: **Beschlusszurückweisung** (§ 522 Abs. 2).
      b. **Grundsätzlich eigene Sachentscheidung** des Berufungsgerichts (§ 538 Abs. 1).
      c. Ggf. (Aufhebung und) Zurückverweisung: § 538 Abs. 2.

III. **Anschlussberufung** (§ 524) → Rn. 68 ff.
   1. **Zulässigkeit:** § 524 Abs. 2, 3; keine Beschwer/Berufungssumme erforderlich, daher auch nur zur Klageänderung oder Widerklage zulässig → Rn. 71 f.
   2. Abhängig von der Durchführung der Hauptberufung bis zum Sachurteil → Rn. 73 f.
   3. Entscheidung: Zulässigkeit – Begründetheit (allgemeine Grundsätze) → Rn. 103 ff.

Literaturverzeichnis

Anders/Gehle: Das Assessorexamen im Zivilrecht, 15. Auflage 2022
(zitiert: Anders/Gehle)
Anders/Gehle: Zivilprozessordnung, 80. Auflage 2022
(zitiert: Anders/Gehle/Bearbeiter)
Borgmann/Jungk/Schwaiger: Anwaltshaftung, 6. Auflage 2020
(zitiert: Borgmann/Jungk/Schwaiger)
Gerold/Schmidt: Rechtsanwaltsvergütungsgesetz, 25. Auflage 2021
(zitiert: Gerold/Schmidt/Bearbeiter)
Grüneberg: Bürgerliches Gesetzbuch, 81. Auflage 2022 (zitiert: Grüneberg/Bearbeiter)
Hk-ZPO: Saenger (Hrsg.), Zivilprozessordnung, 9. Auflage 2021
(zitiert: Hk-ZPO/Bearbeiter)
Mayer/Kroiß: Rechtsanwaltsvergütungsgesetz, 8. Auflage 2021
(zitiert: Mayer/Kroiß/Bearbeiter)
Münchner Kommentar: Münchner Kommentar zur Zivilprozessordnung,
6. Auflage 2022 (zitiert: MK/Bearbeiter)
Musielak/Voit: Kommentar zur Zivilprozessordnung, 19. Auflage 2022
(zitiert: Mus/Voit/Bearbeiter)
Oberheim: Zivilprozessrecht für Referendare, 14. Auflage 2021 (zitiert: Oberheim)
Saenger/Ulrich/Siebert: Gesetzesformulare ZPO, 5. Auflage 2021
(zitiert: GF-ZPO/ Bearbeiter)
Schellhammer: Zivilprozess, 16. Auflage 2020 (zitiert: Schellhammer)
Schuschke/Walker/Kessen/Thole: Vollstreckung und vorläufiger Rechtsschutz,
7. Auflage 2020 (zitiert: Schuschke ua/Bearbeiter)
Stein/Jonas: Kommentar zur Zivilprozessordnung, 23. Auflage ab 2014,
22. Auflage ab 2002 (zitiert: StJ/Bearbeiter)
Thomas/Putzo: Zivilprozessordnung, 43. Auflage 2022 (zitiert: ThP/Bearbeiter)
Zöller: Zivilprozessordnung, 34.Auflage 2022 (zitiert: Zö/Bearbeiter)

Stichwortverzeichnis

Die Angaben verweisen auf die Paragrafen des Buches (**fette Zahlen**) sowie die Randnummern innerhalb der einzelnen Paragrafen (magere Zahlen).
Beispiel: § 9 Rn. 10 = 9 10

Abänderungsklage **7** 44
Abfindungsklausel **16** 34
Abgabe einer Willenserklärung **7** 23
Aktenvortrag **5** 7 ff.
– anwaltlicher Aktenvortrag **5** 16
– Art und Weise des Vortrags **5** 20 ff.
– Aufbau **5** 9 ff.
– beurteilender Teil **5** 14
– Einleitung **5** 11
– Entscheidungsvorschlag **5** 13, 15
– Erarbeitung des Aktenvortrags **5** 17
– Hinweise der Justizprüfungsämter **5** 8
– Sachbericht **5** 12
– Zeiteinteilung **5** 19
Allgemeiner Gerichtsstand **9** 47
Alternativantrag **8** 13
Amtsgerichte (Zuständigkeit) **9** 41
Amtshaftungsprozess **9** 42
Anderweitige Rechtshängigkeit **9** 14
Anerkenntnis **6** 12 f., 25, **10** 9
– Beseitigung **14** 38 ff.
– Erklärung **14** 11 ff.
– Formen **14** 2 ff.
– Kosten **10** 9, **14** 24 ff.
– prozessuales **14** 4 ff.
– Teilanerkenntnis **14** 41 ff.
– Urkundenprozess **17** 28 f.
– vertragliches **14** 8 ff.
– Voraussetzungen **14** 10 ff.
Anerkenntnisurteil **13** 35 f., **14** 17 ff.
– Kosten **14** 24 ff.
– Rechtskraft **14** 37 f.
– Rechtsmittel **14** 34 ff.
– Sachprüfung **14** 21 f.
Anhängigkeit
– Bedeutung **1** 14 ff.
– Vorwirkung **1** 15 ff.
Anhörungsrüge **5** 85 ff.
– sekundäre Gehörsrüge **5** 91 f.
Anscheinsbeweis **11** 15
Anschlussberufung
– Begriff und Bedeutung **19** 68
– Verhältnis zur Hauptberufung **19** 73 f.
– Zulässigkeit **19** 68 ff.

– Zulässigkeitsvoraussetzungen **19** 71 f.
Anschlusstatsachen **11** 65
Antragsmehrheit
– Antragstellung im Eventualverhältnis **8** 14
– kumulative Antragstellung **8** 12 ff.
– Prüfungsreihenfolge **8** 24
Anwaltsvergleich **16** 52
Aufrechnung **10** 21 ff.
– bei Berufung **19** 110
– Hilfsaufrechnung **10** 35 ff., **17** 37 f.
– materiellrechtliche Wirkung bei prozessualer Unzulässigkeit **10** 46
– mehrere Forderungen **10** 24
– Primäraufrechnung **10** 32 ff.
– Prozesshandlung **10** 22 ff.
– prozessuale Bedeutung **10** 26 ff.
– prozessuale Voraussetzungen **10** 23 ff.
– Prüfung des Aufrechnungseinwandes **10** 30
– Rechtskraft der Entscheidung **10** 39 ff.
– Rechtsnatur **10** 25
– Verjährungshemmung **10** 28
Augenschein **11** 87 ff.
– Abgrenzung zu anderen Beweismitteln **11** 87
– Beweisantritt **11** 88
– Beweisverfahren **11** 89 ff.
– Durchführung **11** 90
Auskunftsbegehren(-klage) **7** 17
Auslagenvorschuss, Beweisaufnahme **11** 38
Ausländersicherheit (fehlende) **9** 18
Ausschließliche Gerichtsstände **9** 49
Ausschlussvereinbarung **9** 11
Außergerichtlicher Vergleich **16** 44 ff.
Aussichtslose Verteidigung **10** 5 ff.
– Anerkenntnis **10** 9
– Klaglosstellung **10** 7
– Vergleichsangebot **10** 6
– Versäumnisurteil **10** 11

Befundtatsachen **11** 65
Beratung **5** 4 f.
Beratung des Mandanten
– Art und Weise des Vorgehens **2** 8 ff.

463

Stichwortverzeichnis

- Aufrechnung **10** 21
- Berufung **19** 2 ff.
- Klageerhebung **2** 5 ff.
- Kostenrisiko **2** 12
- Vergleichsabschluss **16** 1 ff.
- Verteidigung **10** 1 ff.
- Widerklage **10** 52

Berufung **19** 1 ff.
- allgemeine Verfahrensvoraussetzungen **19** 62
- Anträge **19** 43 ff.
- anwaltliche Beratungsgesichtspunkte **19** 3
- Aufhebung **19** 96 f.
- Bedenken gegen die Feststellungen erster Instanz **19** 91 ff.
- Begründetheit **19** 75 ff.
- Begründung des Berufungsurteils **19** 124
- Begründungsteil **19** 124
- Berufungsbegründung **19** 41 ff.
- Berufungsgründe **19** 46 ff.
- Berufungsschrift **19** 32 ff.
- Berufungssumme **19** 56 ff.
- Berufungsverfahren **19** 111 ff.
- Beschwer des Beklagten **19** 24
- Beschwer des Berufungsführers **19** 20 ff.
- Beschwer des Klägers **19** 23
- Beseitigung der Beschwer **19** 55 ff.
- Beweisaufnahme **19** 98
- Einlegung **19** 30 ff.
- Einlegungsfrist **19** 31
- Einstellungsantrag nach §§ 719, 707 **19** 35
- Entscheidung bei Unzulässigkeit **19** 64 ff.
- Entscheidung durch Beschluss **19** 104 ff.
- Entscheidungsgegenstand **19** 75 ff.
- Entscheidungsgrundlage **19** 79
- Entscheidungstenor **19** 117 ff.
- Entscheidung über die Begründetheit **19** 103 ff.
- Erfolgsaussichten **19** 5
- Erledigung der Hauptsache **19** 114
- funktionale Zuständigkeit **19** 4
- gegen Kostenentscheidung **19** 18
- Grundsatz der Meistbegünstigung **19** 19
- Hauptausspruch **19** 117
- Kostenentscheidung **19** 118 ff.
- Kostenrisiko **19** 6
- mehrfache Einlegung **19** 36
- Mindestwert der Beschwer **19** 25 ff.
- neue Behauptungen/Beweisantritte **19** 88 ff.
- Parteien **19** 29
- Prozesskostenhilfeantrag **19** 37 ff.
- Prozessvergleich **19** 115
- Prüfungsschema **19** 125
- reformatio in peius **19** 8, 102
- Rubrum **19** 116
- Rücknahme **19** 112 f.
- Sachentscheidung zur Begründetheit der Klage **19** 101 ff.
- Sachverhaltsteil **19** 124
- Schlüssigkeits- und Erheblichkeitsprüfung **19** 85 f.
- Statthaftigkeit **19** 15 ff.
- taktische Überlegungen **19** 2 ff.
- Tatsachenfeststellung **19** 87 ff.
- Teilanfechtung zur Risikobegrenzung **19** 7
- teilweise **19** 44
- Untersuchung der Begründetheit **19** 81 ff.
- Urteil **19** 116 ff.
- Verfahren bei Unzulässigkeit **19** 64 ff.
- Verfahren bei Unzulässigkeit der Klage **19** 82 ff.
- Versäumnisurteil **19** 16
- Verzicht **19** 63
- vorläufige Vollstreckbarkeit **19** 122
- Vortrag einer Rechtsverletzung **19** 47
- Vortrag hinsichtlich erstinstanzlicher Tatsachenfeststellungen **19** 48
- Vortrag hinsichtlich neuer Angriffs- und Verteidigungsmittel **19** 49
- Vortrag zur Kausalität **19** 50
- Zulässigkeit **19** 11 ff.
- Zulässigkeit der Klage **19** 82 ff.
- Zulässigkeitsvoraussetzungen **19** 14 ff.
- Zulassung **19** 25 ff.
- Zulassung der Revision **19** 123
- Zurückweisung **19** 96 f.

Berufungsanträge **19** 43 ff.

Berufungsschrift **19** 32 ff.

Berufungssumme **19** 56 ff.

Beschwer des Berufungsführers **19** 20 ff.

Beseitigungsklage **7** 24 ff., 25

Besonderer Gerichtsstand
- ausschließliche Gerichtsstände **9** 49
- Erbschaftsklagen **9** 56
- Erfüllungsort **9** 56
- nicht-ausschließliche Gerichtsstände **9** 56
- Prüfungskompetenz **9** 62
- unerlaubte Handlung **9** 56

Bestellung eines anderen Rechtsanwalts **2** 18

Beweis **11** 1 ff.
- Anordnung der Beweisaufnahme **11** 35
- Beweisantrag **11** 18 ff.

Stichwortverzeichnis

- Beweisbedürftigkeit 11 3
- Beweislast 11 11 ff.
- Beweismittel 11 55 ff.
- Beweistermin 11 40 ff.
- Beweisverfahren 11 4 ff.
- Beweisverwertungsverbot 11 26
- Beweis von Amts wegen 11 16
- Beweiswürdigung 11 9
- Durchführung der Beweisaufnahme 11 16 ff.
- entscheidungserhebliche Tatsachen 11 2
- Haupttatsachen 11 2
- Hilfstatsachen 11 2
- offenkundige Tatsachen 11 3

Beweisantrag (-angebot/-antritt) 11 18 ff.
- Ablehnung 11 26
- Rücknahme 11 25
- unzulässiges Beweismittel 11 26
- Verzicht 11 25
- Voraussetzungen 11 19

Beweisaufnahme 4 21
- Anordnung 11 35
- Auslagenvorschuss 11 38
- Beendigung 11 54
- Beweisantrag 11 18 ff.

Beweisbedürftigkeit 11 3

Beweisbeschluss 11 35, 36 ff.
- Beispiel 11 39
- Inhalt 11 37

Beweislast 11 11 ff.
- Bedeutung 11 11 ff.
- Durchbrechung 11 15
- Verteilung 11 13 ff., 14

Beweislastverteilung, Beispiele 11 15

Beweismittel 11 55 ff.
- Augenschein 11 87 ff.
- Parteivernehmung 11 73 ff.
- Sachverständiger 11 63 ff.
- Unerreichbarkeit 11 26
- Ungeeignetheit 11 26
- Urkundenbeweis 11 80 ff.
- Zeuge 11 55 ff.

Beweisstation bei Berufung 19 87 ff.

Beweistermin 11 40 ff.

Beweisverfahren, selbstständiges 11 92

Beweisverwertungsverbot 11 26

Beweis von Amts wegen 11 16

Beweiswürdigung 11 9

Darlegungslast 11 11 ff.

Darlegungs- und Beweislast, Feststellungsklage 7 65

Doppelrelevante Tatsachen 9 67

Drittwiderklage 10 72 ff.

Durchführung der Beweisaufnahme 11 16 ff.

Eidesstattliche Versicherung 7 18

Einheit der mündlichen Verhandlung 4 8
- Durchbrechung 4 11
- Gleichwertigkeit der einzelnen Termine 4 9

Einigungsgebühr 16 3, 28

Einspruch
- Notfrist 12 31 f.
- Vollstreckungsbescheid 1 66 ff.

Einzelrichterzuständigkeit 3 1 ff.

Entscheidung
- Beschluss 5 24 f.
- durch den Einzelrichter 3 1 ff.
- durch die Kammer 3 1 ff.
- Urteil 5 24 ff.

Erbschaftsklage 9 56

Erfüllungsortsgerichtsstand 9 56

Erklärung mit Nichtwissen 11 2

Erledigung
- Aufrechnung 15 44 f.
- einseitige 15 33 ff.
- Erklärung des Beklagten 15 4 f.
- Klageänderung 15 16 ff.
- Kostenentscheidung 15 10 ff., 11 ff.
- Schweigen des Beklagten 15 5 f.
- Teil des Rechtsstreits 15 25 ff., 55 ff.
- übereinstimmende Erledigungserklärung 15 2 ff.
- vor Rechtshändigkeit 15 57 f.
- Wirkungen 15 8 ff.

Ermessen 4 27

Eventualantrag 8 14
- unechte Hilfsantrag 8 15
- uneigentlicher Hilfsantrag 8 15

Eventualaufrechnung 10 35 ff.

Eventualwiderklage 10 68 ff.

Existenz der Parteien 9 5

Fehlerhaftes Verfahren 9 76 ff.
- nicht verzichtbare Mängel 9 78
- verzichtbare Mängel 9 77

Festsetzung von Schmerzensgeld 7 5

Stichwortverzeichnis

Feststellung beweisbedürftiger Tatsachen 11 4 ff.
Feststellungsantrag, einseitige Erledigungserklärung 15 35 f.
Feststellungsinteresse 7 57 ff., 9 22
- Folge bei Fehlen 7 64

Feststellungsklage 7 49 ff., 9 16
- Begründetheit 7 67
- Darlegungs- und Beweislast 7 65
- fehlendes Feststellungsinteresse 7 59 ff.
- Feststellungsinteresse 7 57 ff.
- gegenwärtiges Rechtsverhältnis 7 53 ff.
- positive/negative 7 49 ff.
- Prozessurteil 7 70
- Rechtskraft 7 70 ff.
- Sachurteil 7 71 ff.
- Sachurteilsvoraussetzungen 7 52 ff.
- selbstständige Feststellungsklage 7 50 ff.
- Tenorierung 7 68
- unselbstständige 7 74 ff.
- unzulässig 7 66
- Verhältnis der negativen Feststellungsklage zur Leistungsklage 7 62
- Verhältnis der negativen Feststellungsklage zur positiven Feststellungsklage 7 63
- Verhältnis der positiven Feststellungsklage zur Leistungsklage 7 60 ff.
- vorläufige Vollstreckbarkeit 7 69
- Zuständigkeit 7 51
- Zuständigkeitsstreitwert 7 51

Flucht in den Widerrufsvergleich 4 59
Flucht in die Säumnis 4 55
Fluchtwege zur Vermeidung der Zurückweisung 4 53 ff.
Förderungspflicht des Gerichts 3 17 f.
Freibeweis 11 5
Fristversäumung 4 45
- Präklusion 4 29 ff.
Früher erster Termin 3 11
Gehör, rechtliches 11 96
Generalquittung 16 34
Gerichtskostenvorschuss 1 13 ff.
Gerichtsstage
- Aktenvortrag 5 7 ff.
- Beispiel Beweisbeschluss 11 39
- Beweislastfragen 11 12
- mündliche Verhandlung 4 62
- Prozessvergleich 16 23
- Vernehmung von Zeugen 11 43 ff.

- Vorbereitung des Verhandlungstermins 4 62
- Votum 3 19 f.

Gerichtsstand
- dinglicher 9 49
- Wahl 9 61

Gerichtsstandsvereinbarung 9 64
Geschäftsverteilungsplan Gericht 3 1
Gestaltungsklage 7 79 ff.
Geständnis 6 12 f., 25 f.
Gewillkürter Parteiwechsel 9 9
Glaubhaftmachung 11 6
Grundsatz der Meistbegünstigung 19 19
Grundurteil 5 45 f.
- Erlass 5 53 f.

Güterichter 3 16
Güteverhandlung 4 15 f., 23
Gütliche Beilegung 3 16

Haupttatsachen 11 2
Haupttermin 4 12 ff.
- Abschluss 4 24 ff.
- Antragstellung 4 18
- Aufruf der Sache 4 13
- Beweisaufnahme 4 21
- Eröffnung der Verhandlung 4 14
- Erörterung des Sach- und Streitstands 4 19
- Güteverhandlung 4 15 f.
- mündliche Verhandlung ieS 4 17 ff.
- Vergleichsanregungen 4 23
- Verhandlung der Parteien 4 20

Herausgabeklage 7 22
Hilfsantrag, einseitige Erledigungserklärung 15 35 f.
Hilfsaufrechnung 10 35 ff.
Hilfswiderklage 10 68 ff.

Individualisierungstheorie, verbesserte 8 2
Informationseinholung durch RA 2 2 ff.
Internationale Zuständigkeit 9 39

Kammerentscheidungen 3 1 ff.
Kammerzuständigkeit 3 1 ff.
Klage
- Anhängigkeit 1 14 f.
- auf künftige Leistung 7 33 ff.
- auf künftige Zahlung oder Räumung 7 35
- auf wiederkehrende Leistung 7 39 ff.

Stichwortverzeichnis

- Einleitung 1 1 ff.
- -grund 8 1 ff.
- Klagebegehren 7 1 ff.
- Klageschrift 1 2 ff.
- mündliche 1 1 f.
- ordnungsgemäße Klageerhebung 9 3 ff.
- Rechtshängigkeit 1 21 ff.
- wegen Besorgnis nicht rechtzeitiger Leistungen 7 45
- Zulässigkeit 9 2 ff.

Klageänderung 8 26 ff.
- Begriff 8 26 ff.
- bei Berufung 19 110
- Einwilligung des Beklagten 8 33
- Entscheidung über Zulässigkeit 8 42
- Fluchtweg zur Vermeidung der Zurückweisung 4 57
- Kostenentscheidung 8 38
- mit Antragsermäßigung 8 39
- Sachdienlichkeit 8 34
- Streitwert 8 38
- unzulässige Klageänderung 8 41 ff.
- Urkundenprozess 17 61 f.
- Voraussetzungen 9 12
- Wirkungen 8 36
- Zulässigkeit 8 30, 32

Klageänderungstheorie 15 34 f.

Klageantrag
- bei Unterlassungsklage 7 24 ff.
- Bestimmtheit 7 3

Klageerhebung, Prozesskostenhilfe 1 49 f.

Klageerweiterung
- Fluchtweg zur Vermeidung der Zurückweisung 4 56
- in der Berufung 19 45
- Urkundenprozess 17 61 f.

Klageerwiderung 10 14 ff.
- Antrag 10 16
- Aufbau 10 19
- Begründung 10 18 ff.
- formelle Anforderungen 10 15 ff.
- Rubrum 10 15

Klagehäufung
- objektive Klagehäufung 8 3 ff.
- subjektive Klagehäufung 8 3 ff.

Klagerücknahme
- Fluchtweg zur Vermeidung der Zurückweisung 4 53
- Streitgenossen 13 31 ff.
- taktische Überlegungen 13 1 ff.
- teilweise 13 29 ff.
- Voraussetzungen 13 9 ff., 15 ff.

Klageschrift
- Begründung 2 27 ff.
- formelle Anforderungen 2 26 ff.
- Inhalt 2 25 ff.
- Mängel 1 11 ff.
- Voraussetzungen 1 3 ff.

Klageverzicht 13 35 ff.
- taktische Überlegungen 13 1 ff.
- Voraussetzungen 13 36 ff.

Klaglosstellung 10 7

Kognitionsbefugnis 9 62

Konkurrierende Gerichtsstände 9 61

Kontakt mit Mandanten 2 32

Kosten
- Anerkenntnis 10 9
- Baumbachsche Formel 6 15 f.
- Begriff 5 102 ff.
- Gerichtskosten 5 103 f.
- Rechtsanwaltskosten 5 104 f.

Kostenentscheidung
- Berufung 19 18
- Stufenklage 7 21

Kostenerstattung 5 115 ff.
- fehlende 9 19
- Festsetzungsverfahren 5 118 ff.

Kostenrisiko 2 12

Künftige Leistung 7 33 ff.

Landgericht, Zuständigkeit 9 42

Leistungsklage 7 2 ff.
- Beseitigungsklage 7 25
- Bestimmtheit Klageantrag 7 3 ff.
- Gegenstand 7 2
- Herausgabeklage 7 22
- Klage auf Abgabe einer Willenserklärung 7 23
- Klage auf künftige Leistung 7 33 ff.
- Klage auf künftige Zahlung oder Räumung 7 35
- Klage auf wiederkehrende Leistung 7 39 ff.
- Klage mit Fristsetzung (§ 255) und auf künftige Leistung 7 47
- Klage wegen Besorgnis nicht rechtzeitiger Leistungen 7 45
- Rechtsschutzbedürfnis 7 28 ff.
- unbezifferter Zahlungsantrag 7 5 ff.
- Unterlassungsklage 7 24 f.
- Zahlungsklage 7 4 ff.

Mahnbescheid, Widerspruch 1 58 ff.

Stichwortverzeichnis

Mahnverfahren
- Beginn 1 54 ff.
- Einleitung 1 50 ff.
- Mahnbescheid 1 55 f., 57 f.
- Streitgericht 1 61 f.
- streitiges Verfahren 1 60 ff.
- Verweisung 1 62 f.
- Voraussetzungen 1 55 ff.
- Vordrucke 1 54 ff.

Materiell-rechtlicher Kostenerstattungsanspruch 13 21 f.

Mietstreitigkeit 9 41

Mündliche Verhandlung 4 1 ff.
- Antragstellung 4 18
- Einheit der mündlichen Verhandlung 4 8
- Entscheidungsgrundlage 4 10
- Erörterung des Sach- und Streitstands 4 19
- fakultative 4 4
- Festlegung des Streitgegenstands 4 5 ff.
- Gerichtsstage 4 62
- ieS 4 17 ff.
- nach Schluss der mündlichen Verhandlung eingegangener Vortrag 4 6 f.
- RA-Stage 4 60
- Verhandlung der Parteien 4 20
- Wiedereröffnung. 4 26 ff.

Mündlichkeitsgrundsatz 4 1 ff.
- Ausnahmen 4 3

Nachforderungsklage 7 44

Nachverfahren, Grundsätze 17 48 ff.

Nebenintervention
- Entscheidung 6 54 ff.
- Interventionswirkung 6 56 ff.
- Voraussetzungen 6 49 ff.

Nicht-ausschließliche Gerichtsstände 9 56

Notfrist, Einspruch 12 31 f.

Objektive Klagehäufung 8 3 ff.
- Alternativantrag 8 13
- besondere Zulässigkeitsvoraussetzungen 8 8
- Entstehung 8 7
- kumulative Antragstellung 8 12 ff.
- Lebenssachverhalt 8 5
- Verhältnis der Streitgegenstände 8 11 ff.

Obligatorisches Schlichtungsverfahren 9 3

Offenkundige Tatsachen 11 3

Parteianhörung 11 60

Parteibeitritt 6 44 ff., 9 9

Parteien 6 1 f.
- Sachurteilsvoraussetzungen 6 2 ff.

Parteien des Prozesses
- Existenz 9 5

Parteifähigkeit 9 5

Parteivernehmung 11 73 ff.
- Abgrenzung 11 73
- der beweisbelasteten Partei 11 75
- des Gegners 11 74
- von Amts wegen 11 76
- Zulässigkeit 11 74 ff.

Parteivernehmung von Amts wegen, Voraussetzungen 11 77

Parteiwechsel 6 29 ff.
- Beklagtenseite 6 35 ff., 43 f.
- gewillkürter 6 33 ff.
- gewillkürter Parteiwechsel 9 9
- Klägerseite 6 40 ff.
- kraft Gesetz 6 31 ff.

Petitorische Widerklage 10 71

Postulationsfähigkeit 9 8

Präklusion s. Zurückweisung verspäteten Vorbringens 4 29

Primäraufrechnung 10 32 ff., 34

Privatgutachten 11 71

Produzentenhaftung 11 15

Prozessfähigkeit 9 6

Prozessfortsetzungsvoraussetzungen 9 1

Prozessführungsbefugnis 9 8

Prozesshindernisse 9 17 ff.

Prozesskostenhilfe
- Antrag 1 26 ff.
- Für Teil der beabsichtigten Klage 1 43 f.
- Klageerhebung 1 49 f.
- Mittellosigkeit 1 27 f.
- Prüfverfahren 1 32 ff.
- Ratenzahlung 1 38 f.
- Rechtsmittel 1 42 f.
- Verbindung mit Klage 1 47 ff.
- Wirkungen 1 45 ff.
- Zeitpunkt der Erfolgsaussicht 1 35 f.

Prozesskostenhilfeantrag bei Berufung 19 37 ff.

Prozesstaktik
- beklagten 13 5 ff.
- Berufung 19 2 ff.
- Erledigung 15 58 ff.
- Fluchtwege zur Vermeidung der Zurückweisung 4 53 ff.
- Kläger 13 1 ff., 2 ff., 15 58 ff.

468

Stichwortverzeichnis

- Urkundenprozess **17** 1 ff., 4 ff., 31 f.
Prozessuale Arglist **9** 15
Prozessurteil **9** 1, 68
- Rechtskraft **9** 37
Prozessvergleich **16** 1 ff.
- Abschluss **16** 7
- als Vollstreckungstitel **16** 18 ff.
- Bedingung **16** 10
- Beispiel schriftlicher Vergleichsvorschlag **16** 25
- Bestätigungsvorbehalt **16** 12
- Einwendungen **16** 43
- in Berufungsinstanz **19** 115
- Kostenregelung **16** 35
- materiellrechtliche Wirksamkeitsvoraussetzungen **16** 9
- prozesstaktische Erwägungen **16** 1
- Rücktrittsrecht **16** 12
- schriftlicher Vergleichsvorschlag **16** 25
- Streit um Auslegung **16** 42
- Streit um Fortbestand **16** 40 ff.
- Streit um Nichtigkeit **16** 37 ff.
- Streit um Nichtzustandekommen **16** 37 ff.
- Tätigkeit des Anwalts **16** 27
- Teilvergleich **16** 3
- typische Vergleichsinhalte **16** 30 ff.
- Vollstreckungsgegenklage **16** 22
- Vorschlag **16** 24
- Widerrufsvorbehalt **16** 11
- Wirksamkeitsvoraussetzungen **16** 5 ff.
- Wirksamkeitsvoraussetzungen als Prozesshandlung **16** 6
- Wirkungen **16** 13 ff.
- Zustandekommen **16** 23, 24
- Zwangsvollstreckung **16** 20
- Zwischenvergleich **16** 4
Prozessvoraussetzungen (echte) **9** 1 ff.
Prüfungsschema, Berufung **19** 125
Prüfung von Amts wegen **9** 26 ff.

RA-Stage
- Aktenvortrag **5** 16
- Aufrechnung **10** 21
- aussichtslose Verteidigung **10** 5 ff.
- Beratung zum Vergleichsabschluss **16** 1 ff.
- Beratung zur Berufung **19** 2
- Beratung zur Klageerhebung **2** 5
- Beratung zur Verteidigung **10** 2 ff.
- Beweisantritt **11** 24
- Beweislastfragen **11** 11 ff.

- Beweistermin **11** 53
- Glaubhaftmachung **11** 6
- Gründe für eine Widerklage **10** 52
- Informationseinholung durch RA **2** 2
- Klageerwiderung **10** 14 ff.
- Klageschrift **2** 25 ff.
- mündliche Verhandlung **4** 60 f.
- Prozesskostenhilfe bei Berufung **19** 37 ff.
- Prozessvergleich **16** 27
- Tätigkeit des Rechtsanwalts **2** 1 ff.
- Vergleichsabschluss **16** 1 ff.
- Verteidigung **10** 1 ff.
- Verteidigungsanzeige **10** 14 ff.
- Vorbereitung des Verhandlungstermins **4** 61
- Widerrufsvergleich **16** 11
Räumungsprozess **16** 32
Rechnungslegungsbegehren **7** 17
Rechtsanwaltskosten, Kostenfestsetzung **5** 107 f.
Rechtshängigkeit
- anderweitige **9** 14
- Begriff **1** 21 f.
- Wirkungen **1** 22
Rechtskraft
- der Entscheidung über die Aufrechnungsforderung **10** 39 ff.
- des Prozessurteils **9** 37
Rechtskräftige Vorentscheidung **9** 14
Rechtsmittel **19** 1
Rechtsschutzinteresse (-bedürfnis) **9** 13, 22
reformatio in peius **19** 8
- Beispiele **19** 102
Regelungsklausel **16** 34
Relationstechnik **5** 2 ff.
Richterwechsel **5** 5 f.
Rücktritt vom Prozessvergleich **16** 12
Rügelose Einlassung **9** 65
Ruhen des Verfahrens
- Fluchtweg zur Vermeidung der Zurückweisung **4** 58

Sachantrag **12** 19 ff.
Sachdienlichkeit der Klageänderung **8** 34
sachliche Zuständigkeit **9** 40
Sachurteil **9** 1
Sachurteilsvoraussetzungen **8** 2
- Berücksichtigung von Amts wegen **9** 26 ff.
- Existenz der Parteien **9** 5

469

Stichwortverzeichnis

- Feststellung 9 25 ff., 26 ff.
- gewillkürte Vertretung 9 7
- in Bezug auf den Streitgegenstand 9 11 ff.
- Parteien 6 2 ff.
- Parteifähigkeit 9 5
- Prozessfähigkeit 9 6
- Prozessführungsbefugnis 9 8
- Prüfungsreihenfolge 9 35
- Prüfung von Amts wegen 9 26 ff.
- Sachurteilsvoraussetzungen für bestimmte Klagearten 9 16 ff.
- Übersicht 9 5 ff.
- Vertretung nicht prozessfähige Partei 9 6
- Zivilrechtsweg 9 10
- Zuständigkeit 9 10

Sachverständigengutachten 11 67

Sachverständiger 11 63 ff.
- Anschlusstatsachen 11 65
- Aufgabe 11 64
- Befundtatsachen 11 65
- Beweiswürdigung 11 69
- Gutachten 11 67
- Haftung 11 72
- Vergütung 11 72
- Weitere Gutachten 11 70

Säumnis
- Beklagter 1 68 f.
- echtes Versäumnisurteil 12 1 f.
- Teilurteil 12 9 f.

Schiedsgerichtsvereinbarung 9 20

Schiedsgutachtenabrede 9 20

Schiedsvereinbarung 9 20

Schlüssigkeitsprüfung 12 18 ff.

Schlussurteil 14 45 ff.

Schmerzensgeld 7 5
- Angabe einer Größenordnung 7 8
- Beschwer Berufung 7 13
- Festsetzung angemessener Betrag 7 5
- Klageantrag 7 6
- Kostenentscheidung 7 11
- Rechtskraft Urteil 7 12 ff.
- Tenorierung 7 9 ff.

Schriftliches Verfahren 4 3

Schriftliches Vorverfahren 3 12

Schriftsatznachlass 4 7

Selbstständige Beweisverfahren 11 92
- Zulässigkeitsvoraussetzungen 11 93

Streitgegenstand 8 1 ff.
- Antragsmehrheit 8 4
- Lebenssachverhalt 8 5

- Sachurteilsvoraussetzungen 8 2
- Teilbarkeit 5 30 f.

Streitgenossen
- Klagerücknahme 13 31 ff.
- Kostenentscheidung 5 114 ff.
- Versäumnisurteil 12 47 f.

Streitgenossenschaft 6 7 ff.
- einfache 6 8 ff.
- notwendige 6 18 ff.
- Teilurteil 6 15 f.

Streithilfe 6 49 ff.

Streitige Tatsachen 11 1 ff.

Streitverkündung 6 58 ff.
- Voraussetzungen 6 59 ff.
- Wirkung 6 64 ff.
- Zweck 6 58 f.

Streitwert 5 95 ff.
- Arten 5 96 f.
- Festsetzung 5 100 ff.
- Gebührenstreitwert 5 97 ff.
- Übereinstimmende Erledigungserklärung 15 23 f.

Strengbeweis 11 4

Stufenklage 7 14 ff.
- Anträge 7 15
- Auskunftsbegehren 7 17
- Eidesstattliche Versicherung 7 18
- einzelne Stufen 7 16 ff.
- Kostenentscheidung 7 21
- Rechtskraft 7 20
- Zahlungs- oder Herausgabeantrag 7 19 ff.

Tatbestandsberichtigung 19 9

Tätigkeit des Rechtsanwalts 2 1 ff.
- Art und Weise des Vorgehens 2 8
- aussichtslose Verteidigung 10 5 ff.
- Beratung des Mandanten zur Klageerhebung 2 5 ff.
- Beratung des Mandanten zur Verteidigung 10 2
- Beratung zum Vergleichsabschluss 16 1 ff.
- Berufung 19 2 ff.
- Bestellung eines anderen Rechtsanwalts 2 18
- Informationseinholung durch RA 2 2
- Klageerwiderung 10 14 ff.
- Klageschrift 2 25 ff.
- Kontakt mit Mandanten 2 32
- Kostenrisiko 2 12
- Verteidigung 10 1 ff.

Stichwortverzeichnis

- Verteidigungsanzeige 10 14 ff.
- Wahl des Gerichts 2 17
- Weisungsrecht des Mandanten 2 24

Teilanfechtung 19 44

Teilklage, Rechtsschutzbedürfnis 7 31

Teilurteil
- Anerkenntnis 14 41 ff.
- Erlass 5 33 f.
- Kostenentscheidung 5 38 f.
- Rechtskraft 5 38 f.
- Schlussurteil 5 37 f., 14 45 ff.
- Streitgenossenschaft 6 15 f.

Teilvergleich 16 3

Tenorierung
- Feststellungsklage 7 68
- Schmerzensgeldklage 7 9 ff.
- Zwischenfeststellungsklage 7 78

Terminsvorbereitung durch Gericht 3 15 ff.
- Förderungspflicht des Gerichts 3 17 f.
- gütliche Beilegung 3 16

Typische Vergleichsinhalte 16 30 ff.

Übertragene Zuständigkeit
- Allgemeines 3 4 ff.
- Anfechtbarkeit 3 7
- originäre Zuständigkeit der Kammer 3 6
- originäre Zuständigkeit des Einzelrichters 3 5

Unbezifferter Zahlungsantrag 7 5 ff.
- Angabe der Schätzungsgrundlage 7 7
- Angabe einer Größenordnung 7 8
- besonderes Zulässigkeitserfordernis 7 7 ff.

Unechter Hilfsantrag 8 15

Uneigentlicher Hilfsantrag 8 15

Unterlassungsklage 7 24 ff., 16 32

Unzuständigkeit des Gerichts 9 68
- Verweisung 9 69

Urkunde 11 80
- Beweiskraft 11 82 ff.

Urkundenbeweis 11 80 ff.
- Beweisantritt 11 81
- Beweiskraft Urkunde 11 82 ff.
- Urkunden 11 80

Urkundenprozess 9 22
- Abstehen 17 7 f., 9 f.
- Anerkenntnis 17 28 f.
- Beweiswürdigung 17 25 f.
- Bindung 17 50 ff.
- Grundurkunde 17 20 f.
- Hilfsaufrechnung 17 37 f.
- Nachverfahren 17 46 ff.
- Prüfungsaufbau 17 26 f.
- Taktik 17 1 ff., 31 f.
- Versäumnisurteil 17 20 f.
- Vorverfahren 17 12 ff.
- Wechsel-, Scheckprozess 18 1 f.
- Widerspruch 17 30 f.
- Wohnraummiete 17 15 f., 16 f.

Urteil
- Arten 5 59 ff.
- Berichtigung 5 80 ff.
- Endurteile 5 27 f.
- Entscheidungsgründe 5 73 ff.
- Ergänzung 5 80 ff.
- Erlass 5 60 ff.
- Inhalt 5 69 ff.
- Kostenaufhebung 5 111 ff.
- Kostenentscheidung 5 108 ff.
- Prozessurteil 5 25 f.
- Sachurteil 5 26 f.
- Schlussurteil 5 37 f.
- Streitgenossen 5 114 ff.
- Stuhlurteil 5 67 f.
- Tatbestand 5 71 ff.
- Teilurteil 5 29 f.
- Urkundenprozess 5 39 f.
- Urteilsformel 5 70 f.
- Verkündung 5 62 f.
- Verkündungsersatz 5 68 f.
- Verkündungsmängel 5 63 f.
- Vorbehaltsurteil 5 39 f.
- Zustellung 5 77 f.

Verfahren mit mündlicher Verhandlung
- früher erster Termin 3 11
- schriftliches Vorverfahren zum Haupttermin 3 12

Verfahrensarten
- Auswahl 3 8
- früher erster Termin 3 11
- schriftliches Vorverfahren 3 10, 12
- Überblick 3 8 ff.
- Zwecke 3 9 ff.

Verfahrensvoraussetzungen 9 1 ff.

Verfallklausel 16 31

Vergleich, außergerichtlicher 16 44 ff.

Vergleichsangebot 10 6

Vergleichsvorschlag 16 24, 25

Verhalten des Beklagten, Verteidigung 10 1 ff.

Verhandeln 12 8 ff.
- teilweises Nichtverhandeln 12 9 f.

471

Stichwortverzeichnis

- unvollständiges Verhandeln 12 8 f.
Verhandlungstermin 4 1 ff., 12 7 f.
- Ablauf 4 12 ff.
- Abschluss 4 24 ff.
- Antragstellung 4 18
- Aufruf der Sache 4 13
- Bedeutung 4 1 ff.
- Beweisaufnahme 4 21
- Eröffnung der Verhandlung 4 14
- Erörterung des Sach- und Streitstands 4 19
- Güteverhandlung 4 15 f.
- mündliche Verhandlung ieS 4 17 ff.
- Mündlichkeitsgrundsatz 4 1 ff.
- Vergleichsanregungen 4 23
- Verhandlung der Parteien 4 20
Verjährung, Hemmung 1 22 f.
Vermögensrechtliche Streitigkeit 9 41
Vernehmung von Zeugen 11 43 ff.
Versäumnisurteil 5 58 ff.
- Berufung 19 16
- echtes Versäumnisurteil 12 28 f.
- Einspruch 12 27 ff.
- Entscheidung 12 24 ff.
- im schriftlichen Verfahren 12 23 ff.
- PkH-Antrag 12 11 f., 23 f., 30 f.
- Rechtskraft 12 26 f.
- Sachantrag 12 19 f.
- Säumnis des Beklagten 12 18 ff.
- Säumnis des Klägers 12 17
- Schlüssigkeitsprüfung 12 18 ff.
- Taktik 12 2 f.
- Teileinspruch 12 47 f.
- unschlüssige Klage 12 21 f.
- Urkundenprozess 17 20 f.
- Vollstreckung 12 48 f.
- Voraussetzungen 12 3 ff.
- Wegfall der Wirksamkeit 15 9 f.
- zweites Versäumnisurteil 12 39 ff.
Versäumung bestimmter Fristen, Präklusion 4 29 ff.
Verteidigung des Beklagten 10 1 ff.
Verteidigungsanzeige 10 14 ff.
Verurteilungsklage 7 2 ff.
Verweisung 9 69
Verweisung nach § 281 9 69, 70
- Bindungswirkung 9 72
- Entscheidung 9 70
- Folgen 9 71
Verzögerung
- absoluter Verzögerungsbegriff 4 37

- Begriff 4 36 ff.
- relativer Verzögerungsbegriff 4 38
Vier-Augen-Gespräch 11 60
Vollstreckungsbescheid
- Einspruch 1 66 ff.
- Säumnis 1 68 f.
- unkorrekter Erlass 1 59 f.
- Wirkungen 1 65 67
Vorbehaltsurteil 10 47 ff.
- Urkundenprozess 17 50 f.
Vorbereitung des Verhandlungstermins 3 15 ff.
- Förderungspflicht des Gerichts 3 17 f.
- gütliche Beilegung 3 16
Vorentscheidung, rechtskräftige 9 14
Vorläufige Vollstreckbarkeit 5 121 ff.
- Feststellungsklage 7 69
- Prüfungsreihenfolge 5 124 f., 126 f.
- Sicherheitsleistung 5 125 ff.
Vorrang der Zulässigkeitsprüfung 9 21
Votum
- Allgemeines 3 19
- Aufbau 3 20

Waffengleichheit 11 60
Wahl der Verfahrensarten zur mündlichen Verhandlung 3 8 ff.
Wechsel/Scheckprozess 18 1 f.
Weisungsrecht des Mandanten 2 24
Wertsicherungsklausel 16 31
Widerklage 10 51 ff.
- allgemeine Erwägungen 10 52 f.
- bei Berufung 19 110
- Drittbeteiligung 10 72 ff.
- Entscheidung 10 63 ff.
- Erhebung/Entstehung 10 54
- Fluchtweg zur Vermeidung der Zurückweisung 4 56
- Hilfswiderklage 10 68 ff.
- in der Berufung 19 45
- petitorische Widerklage 10 71
- Sachzusammenhang zur Klage 10 60
- Teilurteil 10 65
- Verhandlung 10 63 ff.
- Wider-Widerklage 10 70
- Zulässigkeitsvoraussetzungen 10 55 ff.
Widerrufsvergleich 4 59
- Fluchtweg zur Vermeidung der Zurückweisung 4 59
Wider-Widerklage 10 70

Stichwortverzeichnis

Wiedereröffnung der mündlichen Verhandlung 4 26 ff.
Wiedereröffnung der Verhandlung 4 7
Wohnsitz des Beklagten 9 47
Zahlungsklage 7 4 ff.
Zeuge
- Abgrenzung zu anderen Beweismitteln 11 56
- Beweisantritt 11 55 ff.
- Entschädigung/Vergütung 11 61
- Gesellschafter GmbH/GbR/OHG/KG 11 57
- Pflichten 11 61
- Prozessbevollmächtigter 11 57
- Prozessstandschafter 11 57
- prozessunfähige Partei 11 57
- Streitgenosse 11 57
- Streithelfer 11 57
- Verwertung Aussage 11 62

Zeugenaussage, Verwertung 11 62
Zivilrechtsweg 9 10
Zulässigkeitsvoraussetzungen der Klage 9 1 ff.
Zurückweisung verspäteten Vorbringens 4 29 ff.
- einzelne Konstellationen 4 31 ff.
- Fluchtwege 4 53 ff.
- Verletzung von Prozessförderungspflichten 4 44 ff.
- Versäumung bestimmter richterlicher Pflichten 4 32 ff.
- Verspätung verzichtbarer Zulässigkeitsrügen 4 48 ff.
- Verzögerungsbegriff 4 36 ff.

Zuständigkeit 3 1 ff., 9 38 ff.
- des Amtsgerichts 9 41
- des Landgerichts 9 42
- doppelrelevante Tatsachen 9 67
- Einzelrichterzuständigkeit 3 2
- Feststellung 9 66
- Gerichtsstandsvereinbarung 9 64
- internationale Zuständigkeit 9 39
- Kammerzuständigkeit 3 3
- örtliche 9 46, 47, 61
- rügelose Einlassung 9 65
- sachliche Zuständigkeit 9 40
- übertragene Zuständigkeit 3 4 ff.

Zweigliedriger prozessualer Streitgegenstandsbegriff 8 4
Zwischenfeststellungsklage 7 74
- Entscheidung 7 78
- Erhebung 7 75
- Tenorierung 7 78
- Zulässigkeitsvoraussetzungen 7 76 ff.

Zwischenstreit 5 43 f.
Zwischenurteil 5 41 f.
Zwischenvergleich 16 2 ff., 4